DK科学发现大百科

（修订版）

DK | Penguin Random House

Original Title: Eyewitness Guides Evolution
Copyright © 1993,2009 Dorling Kindersley Limited, London
Original Title: Eyewitness Guides Invention
Copyright © 1991,2000,2013 Dorling Kindersley Limited, London
Original title: Eyewitness Guide Flight
Copyright © 1990,2003,2011 Dorling Kindersley Limited, London
Original title: Eyewitness Guide Future
Copyright © 1998,2002 Dorling Kindersley Limited, London
Original title: Eyewitness Guide Endangered Great Scientists
Copyright © 2007,2011 Dorling Kindersley Limited, London
A Penguin Random House Company

版权贸易合同登记号　图字：01-2016-7942

审图号：GS（2024）2441号
本书中第44、64、65、66、67、249页地图系原文插附地图。

图书在版编目（CIP）数据

DK科学发现大百科 / 英国DK公司编著；郭红梅等译
. --修订版. --北京：电子工业出版社，2025.1（2025.11重印）
ISBN 978-7-121-47781-2

Ⅰ.①D… Ⅱ.①英… ②郭… Ⅲ.①科学知识—少儿
读物 Ⅳ.①Z228.1

中国国家版本馆CIP数据核字（2024）第088818号

本书各部分的作者、译者、审校者如下：
《进化》 琳达·甘姆琳 著，郭红梅 张玲 译，张劲硕 审
《发明》 莱诺·班德 著，宋爽 贾甜甜 译
《飞行器》 安德鲁·纳洪 著，徐立乐 徐艳秋 丰慧 译
《未来》 迈克尔·谭比尼 著，田雨 任兴华 译
《伟大的科学家》 杰奎琳·福提 著，于佳 译，郑一奇 审

责任编辑：董子晔
印　　刷：鸿博昊天科技有限公司
装　　订：鸿博昊天科技有限公司
出版发行：电子工业出版社
　　　　　北京市海淀区万寿路173信箱　邮编：100036
开　　本：889×1194　1/16　印张：19.75　字数：637千字
版　　次：2017年1月第1版
　　　　　2025年1月第2版
印　　次：2025年11月第3次印刷
定　　价：158.00元

凡所购买电子工业出版社图书有缺损问题，请向购买书店调换。若书店售缺，请与本
社发行部联系，联系及邮购电话：（010）88254888，88258888。
质量投诉请发邮件至zlts@phei.com.cn，盗版侵权举报请发邮件至dbqq@phei.com.cn。
本书咨询联系方式：（010）88254161转1865，dongzy@phei.com.cn。

FSC
混合产品
纸张 |
支持负责任林业
FSC® C018179

www.dk.com

DK科学发现大百科

（修订版）

英国DK公司　　编著
郭红梅　　　　等译
张劲硕　　　　等审

电子工业出版社

Publishing House of Electronics Industry
北京·BEIJING

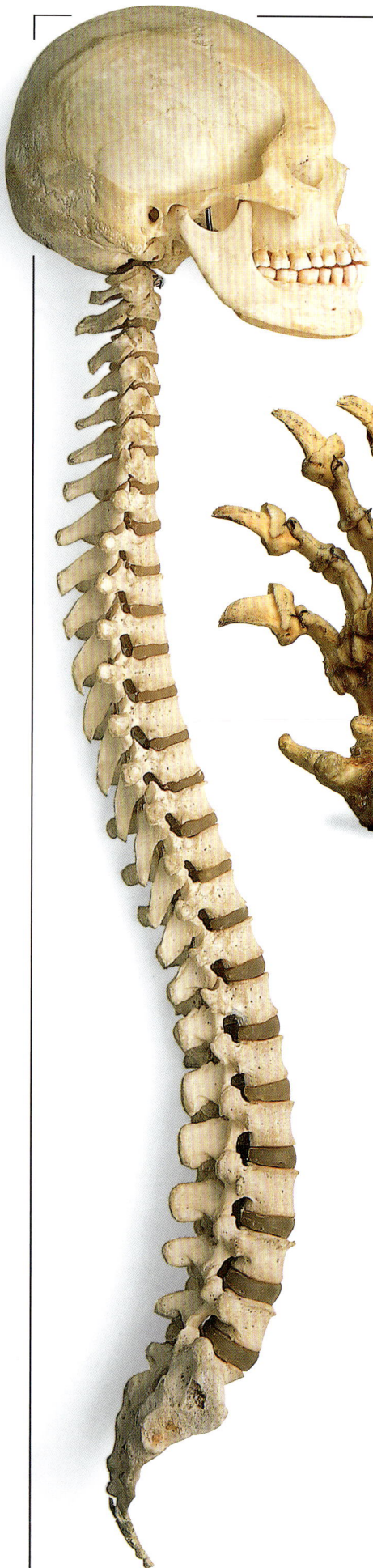

目 录

第一章　进化

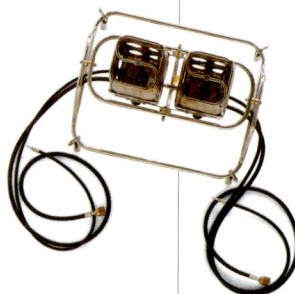

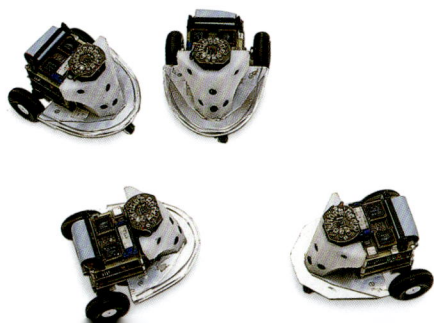

第五章　伟大的科学家

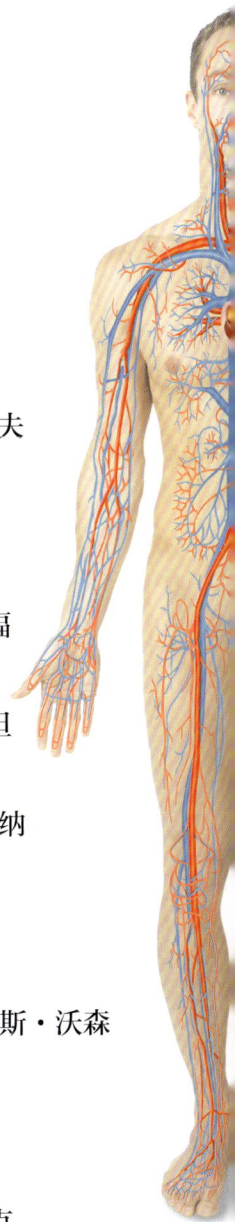

伸长触角的蜗牛

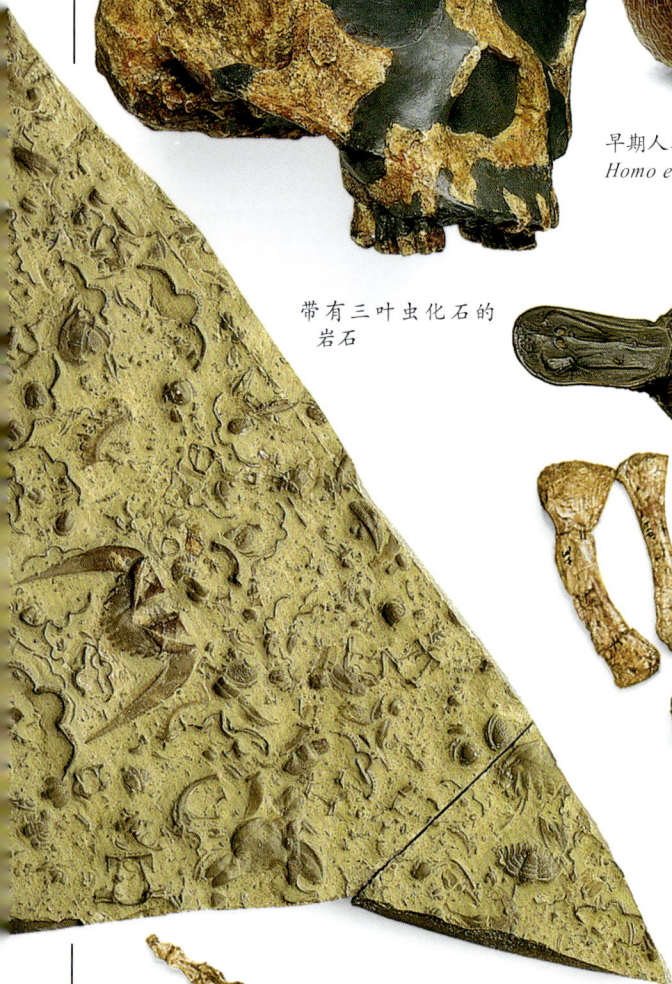

早期人类（直立人，
Homo erectus）的头骨

带有三叶虫化石的
岩石

鸭嘴兽

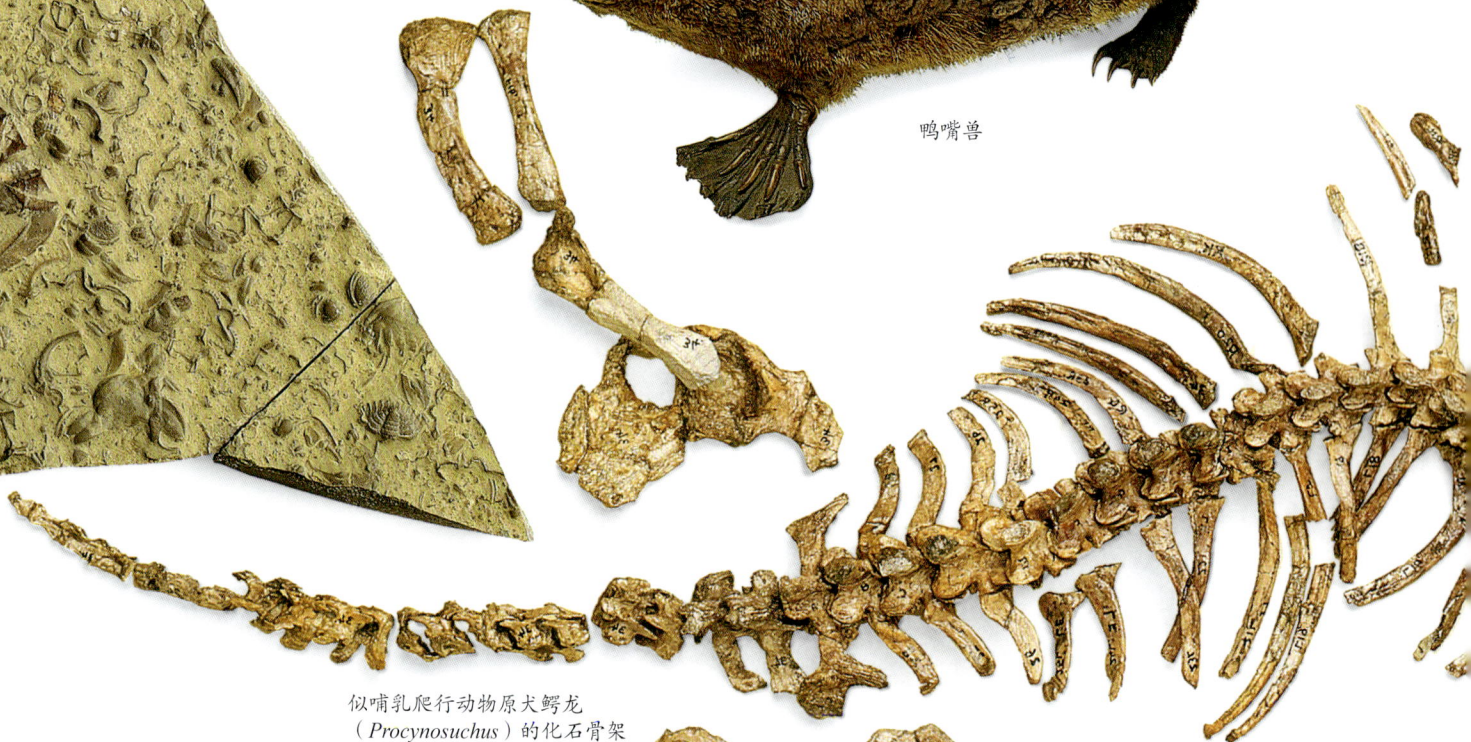

似哺乳爬行动物原犬鳄龙
（*Procynosuchus*）的化石骨架

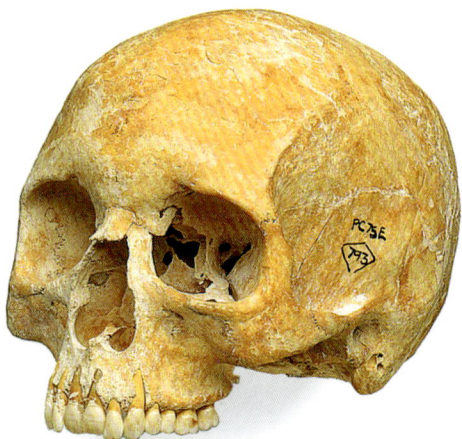

现代人类头骨

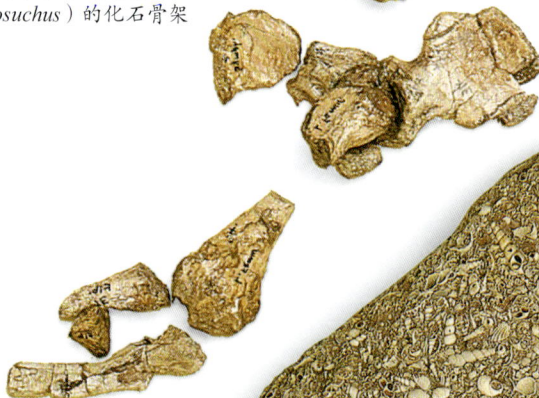

含数百万海贝壳
的岩石

进 化

Evolution

回到过去，解开大千世界无数生物的身世之谜。

幼蛙

南美三色紫玫瑰蛱蝶
（*Agrias claudina butterfly*）

蜜蜂兰

造物之说

人类从哪儿来？地球是如何产生的？动植物从何而来？几千年来，人们一直在思索这些问题，由此产生了很多神话传说。有些传说认为神创造了人类和宇宙万物，有些传说认为世界并不存在创造者，而是从无到有，或者认为世界的开端是一片混沌。虽然这些神话传说各不相同，不过它们总是试图揭示生命的某些特定内容。这些传说为人类的生存提供了一种规则和指南。这些故事可能阐述男人和女人应有不同的行为方式，或告诉人们如何对待身边的动植物。很多宗教领袖认为这些传说可以教人类如何生存，而不是对地球上生命起源的问题进行描述。

世界的创造者
日本造物说认为伊奘诺尊和伊奘冉尊，用镶有宝石的矛去搅动海洋，坠落的水滴就形成了一个岛屿。他们便定居在那儿，之后伊奘冉尊又创造了整个日本岛。

本初
这些16世纪的插画呈现的是《圣经》中的造物传说，该传说有两种不同的版本，都可以在《圣经》的第一卷——《创世纪》中找到。第一种说法认为，男人和女人是在上帝造物的第六天同时被创造出来的。第二种说法则认为，上帝创造的第一个生灵是一个男人——亚当。他让伊甸园里长满植物，继而创造了所有动物，他最后创造了女人——夏娃。

从蛋中孵出
这个石刻来自太平洋复活节岛，表现的是一个鸟头神抱着一个蛋。根据复活节岛上的传说，世上第一个人是鸟蛋孵化而来的。

蛋

人类的创造者

这是海神唐加罗瓦的塑像，由太平洋鲁鲁土岛人雕刻而成。塑像上爬满了小人，这些小人是由海神创造出来的。

中世纪插图——从火焰中爬出的火蜥蜴

生于火焰

除了几个比较著名的造物之说，还有一些讲述动植物起源的小故事。在欧洲，火蜥蜴被认为是生于火焰的动物。

附着在海神唐加罗瓦身上的人

解释世界

《圣经·创世纪》中记载，上帝禁止亚当和夏娃吃善恶树上的果实，可是一条蛇诱惑夏娃偷吃了禁果。于是上帝惩罚蛇从此只能靠腹部行走，只能吃泥土。

变形

茗荷通常附着在浮木上。在中世纪有种说法，茗荷生长于浮木之上，之后化成黑雁飞走。

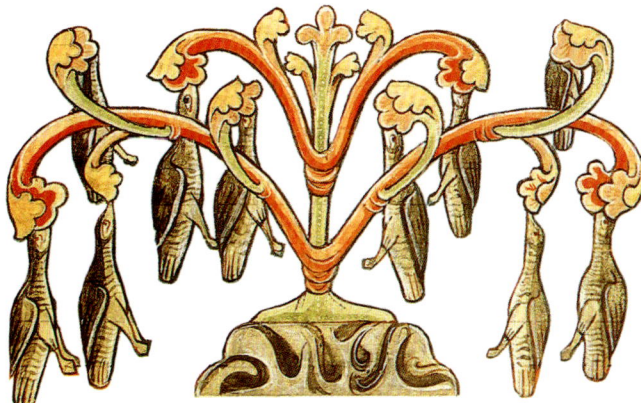

致命的尖叫

在欧洲，有一个关于曼德拉草的小传说。据说，这种草的根部像人形，当被拔出地面时，会发出尖叫声。这种声音可以使听到的人丧命。

中世纪"白颊黑雁树"图示

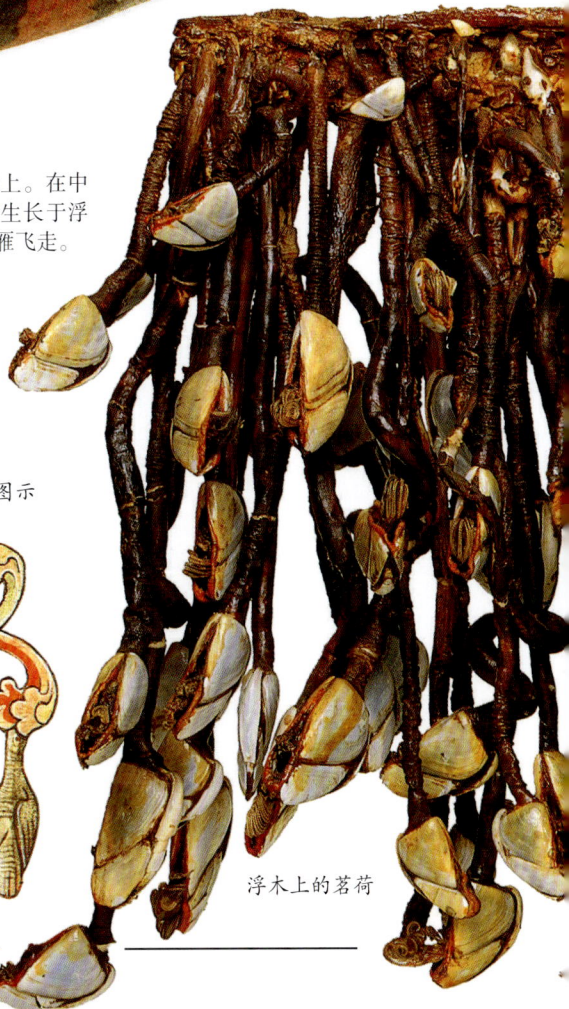

中世纪有关曼德拉草的富有想象力的木刻

浮木上的茗荷

化石与神话

化石是在岩石中硬化的生物遗体或印迹。至少3万多年前，人类就发现化石了。有关化石的神话世界各地都有。罗马学者老普林尼曾收集了一些荒诞不经的故事来解释化石的起源：海胆化石被认为是由一群缠绕在一起的蛇制造出的泡沫球。还有一种观点认为，雨水将生物的种子或卵从海洋中"捡"出来，形成化石。下雨时，这些种子和卵随着雨水渗进岩石，生长为它们各自真实形态的石质复制品。有一种更为奇特的说法从中世纪一直延续至17世纪，那就是地球有自己的"创造力"这种力量可以复制生物。

精灵的食物

在英格兰南部，人们把心形海胆化石看成是精灵的面包，他们在食橱中放上这种化石，以保佑家中食物充足。

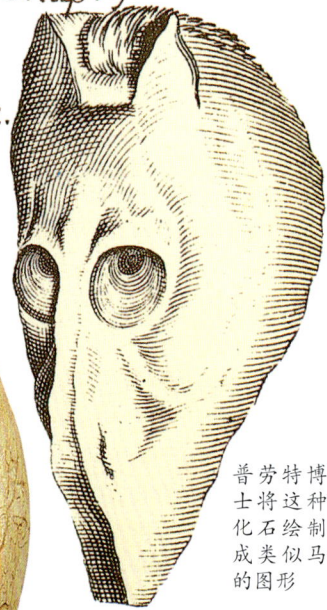

TAB.VII chap:5.
1
ƒ.142.

普劳特博士将这种化石绘制成类似马的图形

化石模型

石马

这块不同寻常的化石展示的是一种名叫褶翅蛤（*Myophorella*）的贝壳的内部形态。贝壳本身已经分解消失。该动物类似牡蛎，强劲的肌肉把两片贝壳结合在一起。这块肌肉在化石的两面留下了圆形的印记。

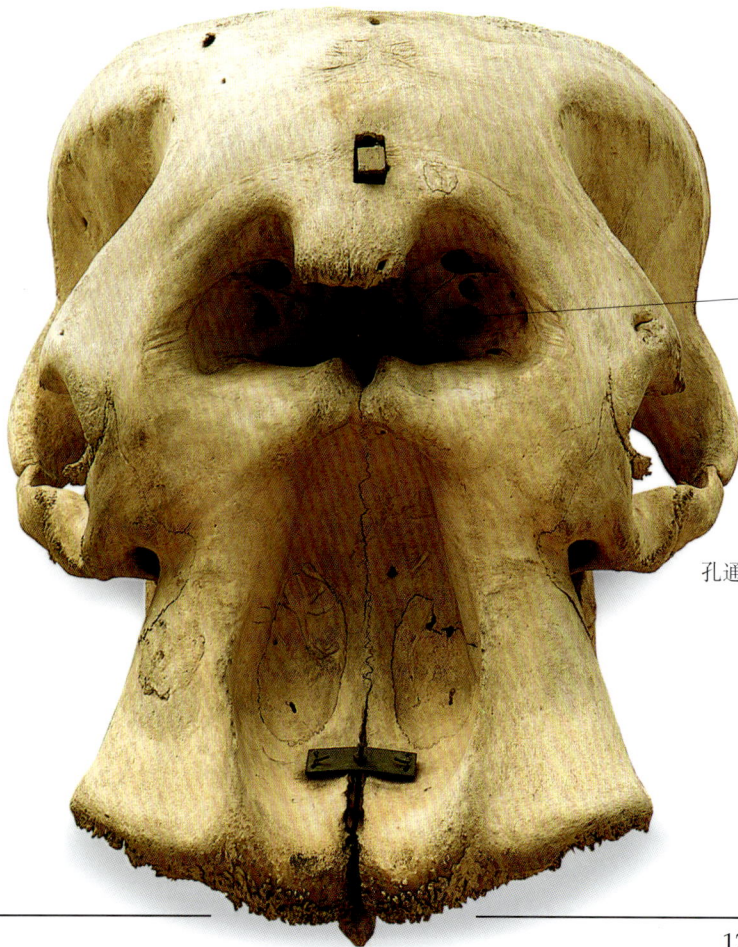

象鼻处的头骨开口

独眼巨人

当古希腊人在地中海的西西里岛发现这种头骨化石时，他们认为这属于一种巨人，其额头上有一只独眼。其实，这是大象的头骨，血管和呼吸道穿过这个孔通往象鼻。

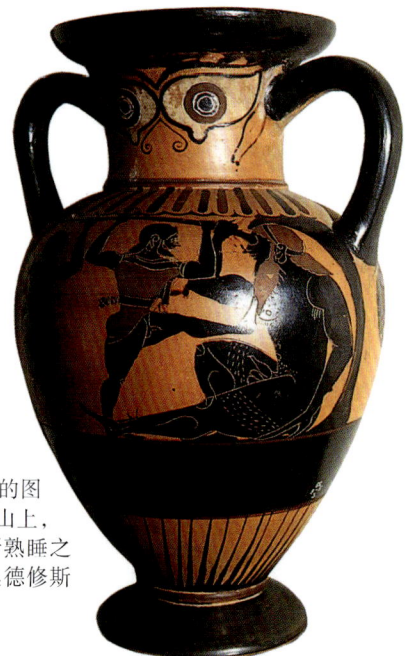

刺瞎巨人

这是一只古希腊的花瓶，瓶身上的图画显示的是在西西里岛的埃特纳山上，奥德修斯趁独眼巨人波吕斐摩斯熟睡之际，戳瞎了他的眼睛。随后，奥德修斯和他的同伴得以从岛上逃脱。

天外飞来的石舌

1667年，尼尔斯·斯坦森解剖了一条死亡的鲨鱼，才意识到原来这些都只不过是鲨鱼的牙齿。他并非第一个能合理解释化石成因的人，但大多数人还是喜欢相信那些荒诞不经的故事。

牙根

牙刃

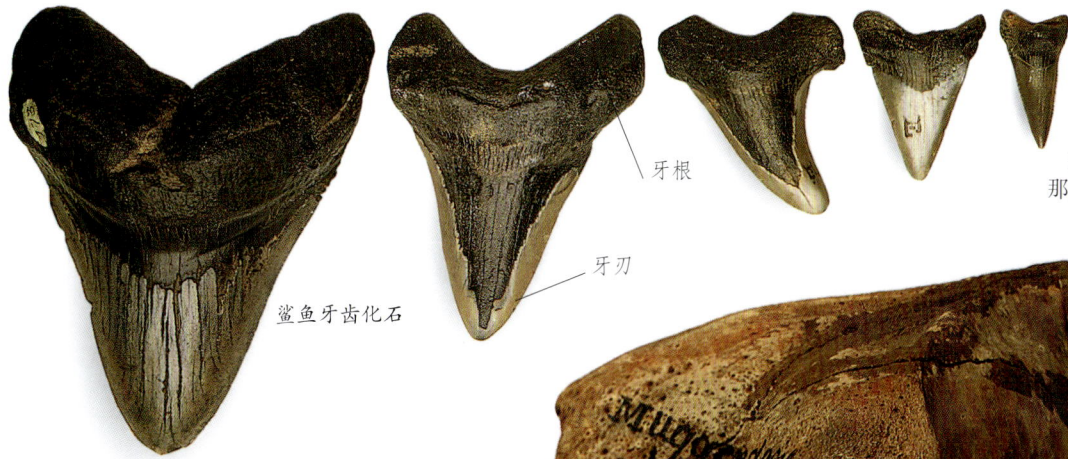

鲨鱼牙齿化石

传说中的怪兽

在距今4万多年前的最后一次冰河时期，欧洲曾出现过许多巨熊。有的熊冬眠时死在洞穴里，其中不少变成了化石。凉爽的黑暗洞穴环境有助于完整保存其骨骼遗骸，甚至是脚印和爪痕。

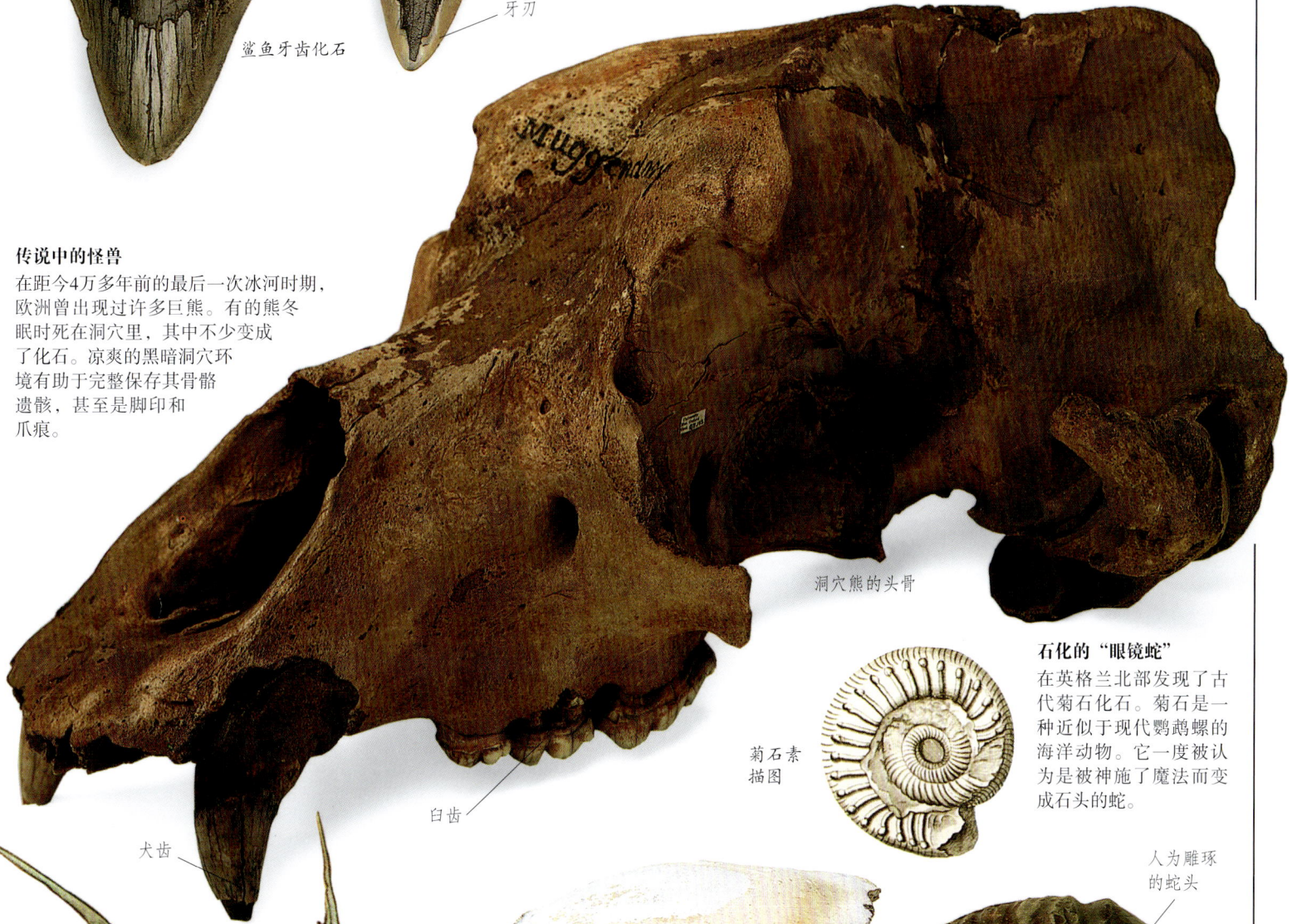

洞穴熊的头骨

石化的"眼镜蛇"

在英格兰北部发现了古代菊石化石。菊石是一种近似于现代鹦鹉螺的海洋动物。它一度被认为是被神施了魔法而变成石头的蛇。

菊石素描图

犬齿

白齿

人为雕琢的蛇头

传说中的飞龙

这是真菌化石吗？

尽管外形看上去犹如毒蕈，其实这个奇怪的物体是古代海洋中的一种海绵动物。这些海绵已在燧石中变成了化石。

菊石化石

洪水受难者

一个有关化石的难解之谜是有些贝壳和其他海洋生物的化石出现在山顶。一些古希腊的学者，如毕达哥拉斯和希罗多德解释说，这些山区的岩石肯定曾低于海平面。但早期基督教哲学家特土良声称，是洪水（如《圣经》所描述的一样）把贝壳带到了这么高的地方。当时的地质学家比较接受这种观点。那时，这种理论被称为"洪积论"，认为地球上所有的沉积岩（成分是沙、淤泥和石灰）都是由洪水沉积下来的。所有被淹埋的受难者都作为化石保存在其中。这种观点并非科学理论，却曾盛极一时，到了1820年，此观点由于反对者的证据非常确凿，已基本消失了。

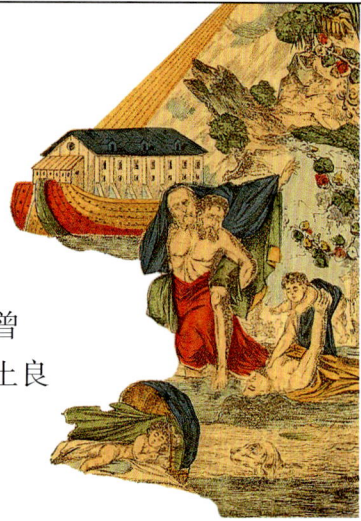

诺亚和洪水
《圣经》中描述了一次巨大的洪水，地球上的陆地被淹没，持续了40天。上帝让诺亚建立一艘方舟，每一种动物各载上一雄一雌，以确保物种不会灭绝。

威尔士斯诺登山顶的贝壳状石灰岩

岩石抬升
到了18世纪和19世纪，地质学家意识到，大多数沉积岩源自海中的沙、淤泥和石灰。死亡有机体的遗体被埋葬于此，最终变为沉积岩中的化石。后来，地壳运动使岩石受到挤压、破裂、弯曲变成褶皱层。这样，一些海底的岩石便被抬升成山脉。

化石猎人
约翰·斯古策，瑞士化石收藏家，狂热的"洪积论"者——他认为，洪水造就了所有的沉积岩和化石。

缺失的化石

如果所有的化石都是由被洪水淹死的动物形成的，那么就应该有大量陆地动物化石，鱼类化石应该少一些，因为鱼可以游泳。事实正好相反。然而，某些陆地环境，如沼泽和湖泊，在这种环境中，陆地生物的活动痕迹往往能形成化石。

珍稀的昆虫化石

罕见的蜻蜓化石

蜥蜴

很少形成化石
昆虫蜥蜴和海蛇尾的化石则很少被发现。

海洋生物——海蛇尾动物化石

贝壳岩石
一些岩石完全是由快速沉积的贝壳构成的。其他的，如煤和白垩，形成过程非常缓慢。

鲈鱼化石

白垩与煤炭

人们逐步认识到沉积岩是不可能在短短几年就形成的。例如煤炭和白垩是由生物遗骸演化成的——数以万亿的浮游生物构成了白垩，而不计其数的植物堆积演化才能变成煤炭。显然，这种岩石必须经历漫长的时间才能形成。

古老的石头
1858年，一位地质学家在显微镜下观察白垩，发现它几乎完全是由微小的颗石藻构成的。这些颗石藻是海洋表面的微小浮游生物。我们之所以知道这一点，是因为如今海面上的浮游生物是它们的近亲。上图白垩峭壁中有厚厚的白垩层。

微观结构
当白垩在电子显微镜下呈现影像时，其结构表明，它几乎完全由微生物的钙质骨骼所组成。

煤炭中的蕨类植物

煤炭森林
煤炭几乎完全是由沼泽和森林中的植物遗骸演变的。植物死亡后，压在它上面的重量日益增加，经年累月使其变成煤。煤层厚度可达20米。

让·巴蒂斯特·德·拉马克

让·巴蒂斯特·德·拉马克是最早提出进化论观点的人之一。他认为,有两种进化的力量在起作用。第一种是"进化倾向",经过这一自动的过程,万物变得更加复杂。第二种力量是生物必须适应当地的环境:由于动物试图适应环境,这种努力使它们的身体产生了变化。由此,长颈鹿的脖子变长了,可以够得到树上的叶子;涉禽的腿变长了,以使自己的身体保持干燥。拉马克认为,第二种力量总是与第一种相冲突。为了使第二种力量发挥作用,上一代后天获得的特性(如较长的颈部)需要全部遗传到后代身上。但现在我们知道,这种情况是不会发生的,除了少数罕见的例子之外。可在拉马克时期,人们普遍持上述观点。之后近一个世纪,所有人,包括达尔文在内都相信这是对的。现在,"拉马克学说"这一术语单指对后天获得特性的继承。

革命的思想家
法国博物学家拉马克使得人们开始思考进化问题。

难以捉摸的体液

拉马克认为,"难以捉摸的体液"在周身组织中流淌,从而产生了运动和变化。他认为这种体液很神秘,不过可以找出两种:热量(热)和电力。

带电观点
当时,科学家们对电力抱有极大的兴趣。这对于拉马克来说是一种无形的吸引力。法国科学家让·安托万·诺莱做了很多实验来研究静电对植物和动物的影响。

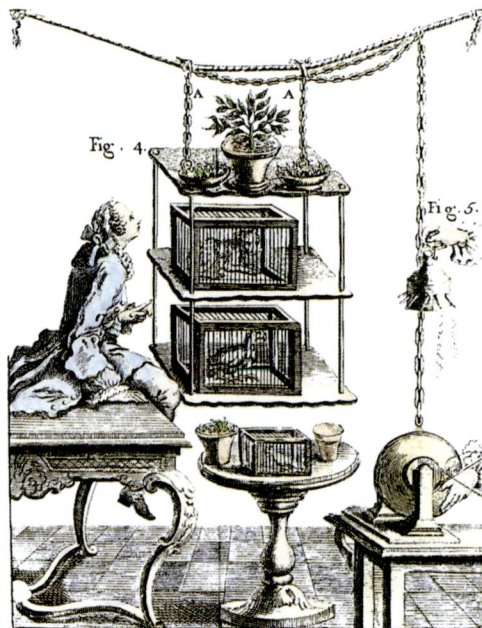

Fig. 4.

Fig. 5.

高温和缺水
根据拉马克的理论,为了使腹部高于水面,涉禽养成了"伸长双腿"的习惯。所以,他认为诸如草鹭这样的物种就是这样发展出长腿的。

感受未来之路
拉马克认为蜗牛视力低下,蜗牛的祖先没有触角,用头部探索周围环境。这种探路行为会发出"大量神经液以及其他体液"到头部正前方。时间长了,就产生了"顶端的触角"。

延伸的触角

关注证据

为了证明进化的存在，拉马克提出进化的方式就是一个物种的成员可以因地点不同而出现不同的形态，如蝴蝶。他提出的继承后天获得特性、简单生命形式的不断创新等观点后来都被证明是错误的。

三色紫玫瑰蛱蝶 *sardanapalus* 亚种
（秘鲁和巴西）

三色紫玫瑰蛱蝶 *claudina* 亚种
（巴西中东部）

三色紫玫瑰蛱蝶 *lugens* 亚种
（秘鲁）

三色紫玫瑰蝶 *claudianus* 亚种
（巴西东南部）

三色紫玫瑰蛱蝶 *godmani* 亚种
（巴西中部）

三色紫玫瑰蛱蝶 *intermedius* 亚种
（哥伦比亚东南和委内瑞拉）

制造新物种

这些可爱的蝴蝶来自南美的不同区域，这一点证明了拉马克的有关某个物种内部发生变异的观点。来自不同地区的物种可以杂交，它们被称为"亚种"。拉马克还指出，密切相关的物种可以看上去很相像，就像这些亚种一样。据此他认为，相关的物种都是从亚种发展出来的。如今我们认为这种想法是正确的。

自发产生的生命体

拉马克认为，非生命物质（如潮湿的稻草）中会自发地产生新的微生物，新的个体随之出现。法国微生物学家路易斯·巴斯德通过实验证明如果稻草蒸煮彻底，就不会自发产生出任何有生命的东西。

继承

如果像拉马克所认为的那样，后天获得的特性可以继承下来，那么在热带国家生活的白种人的后代，生来就会有晒黑的皮肤。从这张19世纪在印度生活的英国家庭的照片来看，情况并非如此。

诗人兼植物学家

在拉马克之前，诗人约翰·歌德出版了一本关于植物进化学说的书。

灭绝的动物

据《圣经》记载，诺亚方舟上有每一种动物的雌雄两个个体，而且全部在洪水中存活了下来。基督教教义也告诉我们，每个生物都不可能完全消失或"灭绝"。一旦发现不明生物的化石，人们就认为这些生物仍然生活在世界的某个角落。然而，到了18世纪末，在北美，巨型地懒和乳齿象的巨型骨骼被发现。地球上所剩无几的未经探索的地区中，没有哪个地方面积足够大，可以隐藏如此庞大的生物。因此人们开始猜测它们有可能已经灭绝了。法国一些科学家是第一批接受灭绝论的学者。后来，这种理论在美国被普遍接受，然后慢慢在其他国家生根发芽。

科学总统
美国总统托马斯·杰弗逊（Thomas Jefferson，1743—1826）也是一个化石收藏家。起初，他不赞同动物灭绝论，但后来发现的化石证据使他相信确有此事。

失去的世界
西方科学界于1799年发现了奇异的澳大利亚鸭嘴兽。这一发现表明，在世界上有许多未知的生物，而"灭绝"的动物有可能在某个地区仍然存在。

巨型地懒的骨架

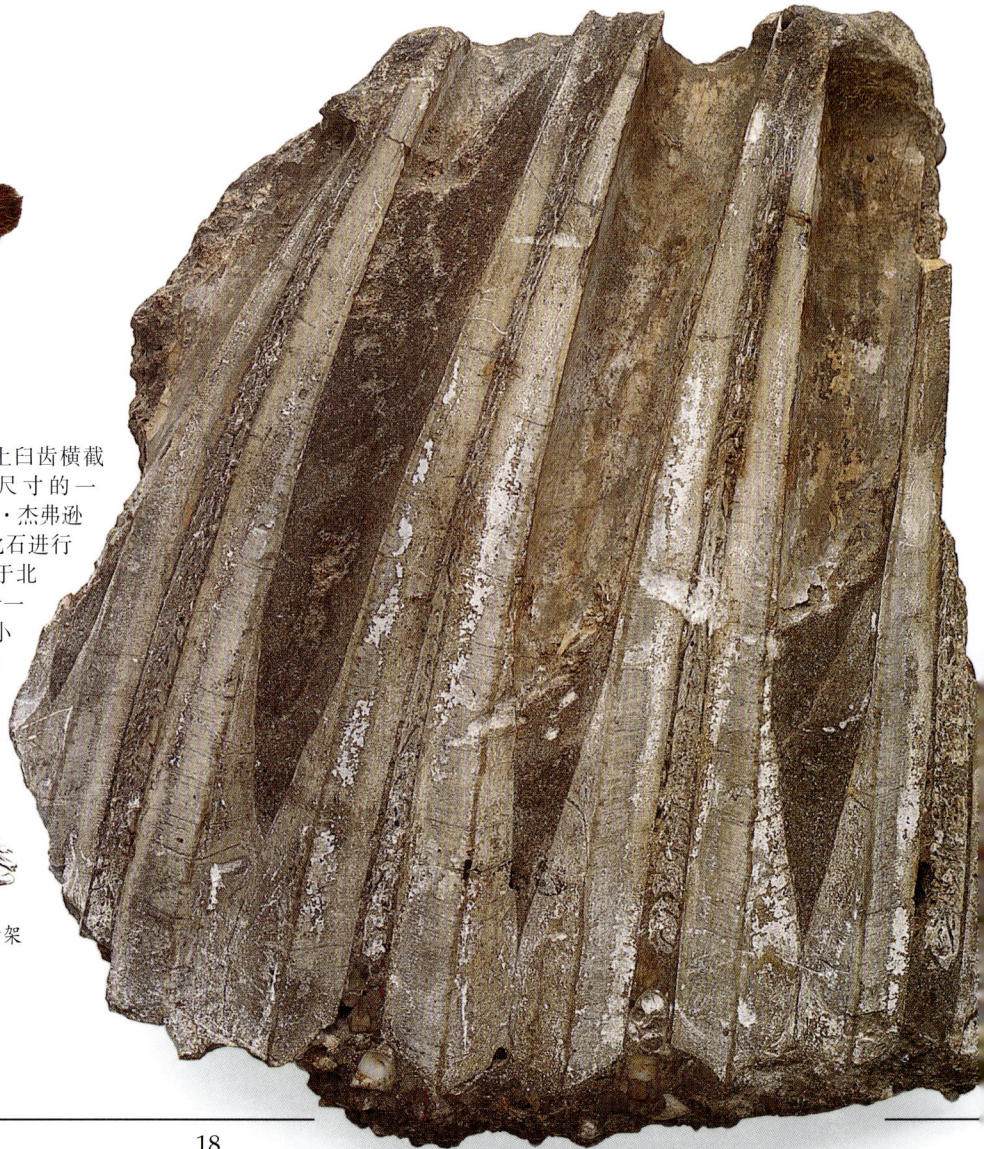

难以隐藏
这是巨型地懒的上臼齿横截面，大小是实际尺寸的一半。1797年，托马斯·杰弗逊首次对另一只地懒的化石进行了描述，该化石发现于北美，体形几乎和上一个一样。与鸭嘴兽那样的小型动物不同，如此庞大的动物的活体是不可能不被发现的。到19世纪30年代，灭绝论已被广泛接受。

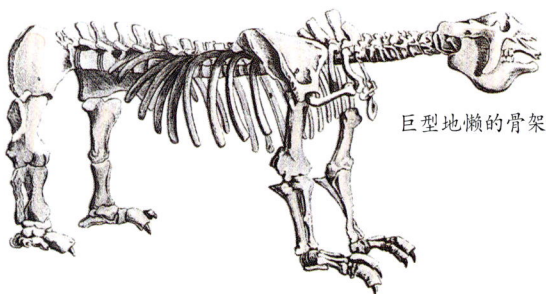

人的第二白齿

皮尔博物馆（左图）

查尔斯·威尔逊·皮尔是一个艺术家、马戏团老板兼化石收藏家。1799年，他找到并挖掘出两具乳齿象的骨架。这是已经灭绝的大象近亲。这些化石被拼接成一具完整的骨骼，皮尔把它陈列在自己的"天然珍品"博物馆中。

巨型白齿

乳齿象等大型哺乳动物的化石要比恐龙化石发现得早。从19世纪20年代起，更大的恐龙化石被发现，灭绝论得到了普遍认同。

乳齿象的第二白齿

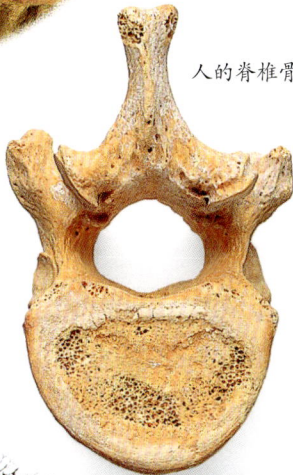

吊出泥沼

皮尔的乳齿象骨骼被发现于沼泽地，挖掘起来很困难。皮尔设计了一种机器，抽取泥沼中的水。这台机器由一架大型踏车来带动，蜂拥而至的游客前来目睹挖掘工作，并一起操作转轮。

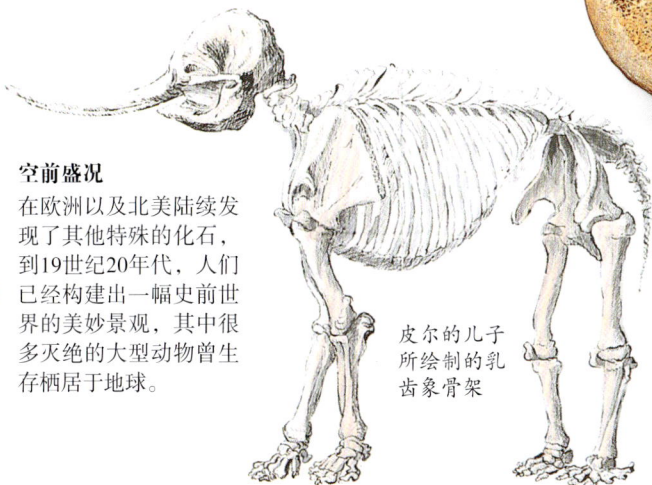

人的脊椎骨

乳齿象的脊椎骨

空前盛况

在欧洲以及北美陆续发现了其他特殊的化石，到19世纪20年代，人们已经构建出一幅史前世界的美妙景观，其中很多灭绝的大型动物曾生存栖居于地球。

皮尔的儿子所绘制的乳齿象骨架

骨骼的争论

与人类的脊椎骨相比，乳齿象的脊柱骨（右图）是巨大的。第一次对乳齿象的科学描述是法国科学家和反进化论者居维叶做出的。他和自己的同事拉马克不同，他开始接受灭绝论。

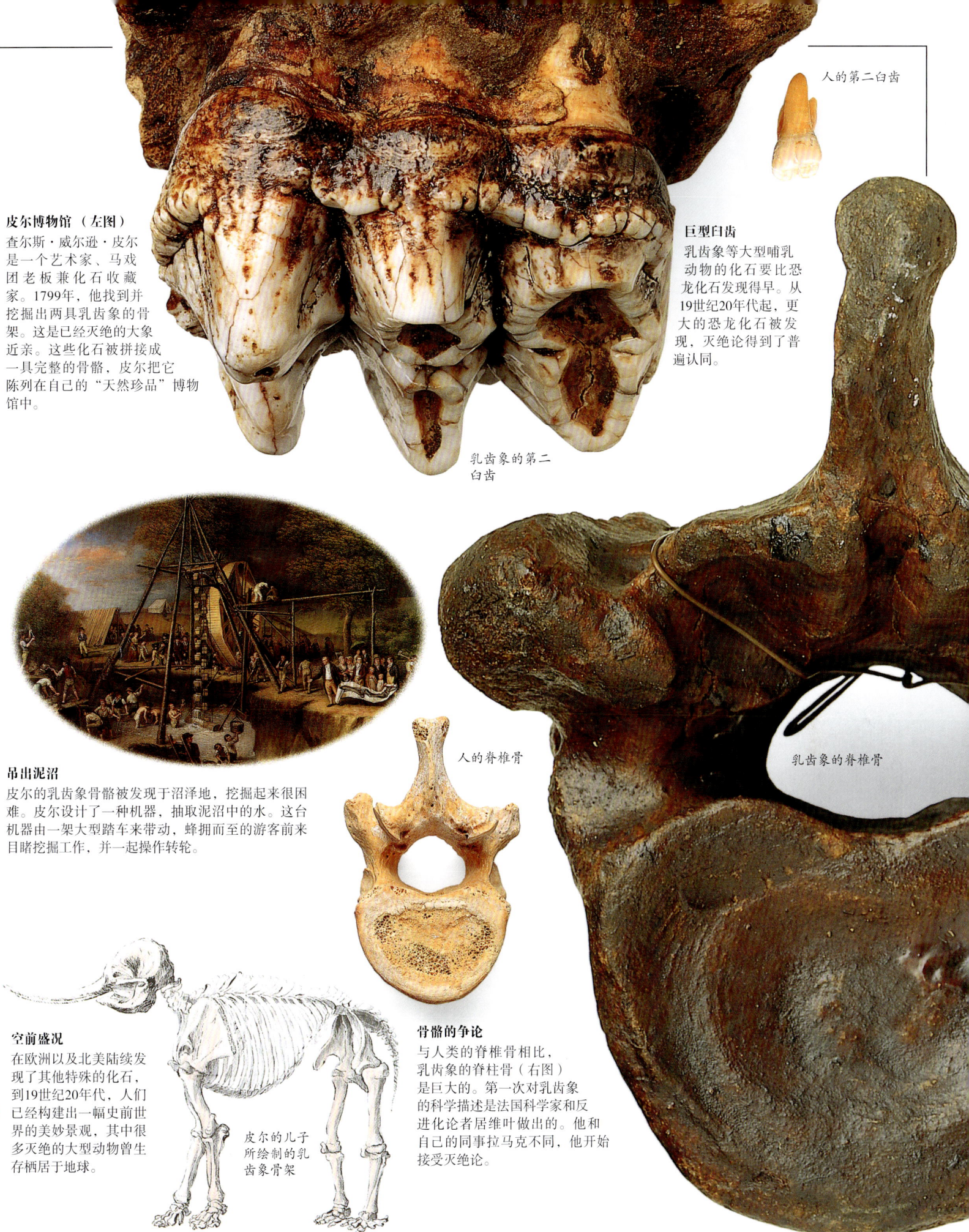

一连串的灾难

18世纪末期，德国博物学家亚伯拉罕·维尔纳根据地质年代将岩层分成三个层系，分别是原生纪、第二纪和第三纪。维尔纳认为，这些地层的形成是由于全球范围内发生了一系列灾难性的洪水。到了19世纪初，英国的威廉·史密斯和法国的乔治·居维叶分别提出：化石可以用于判定连续岩层的特点。到19世纪中叶，查尔斯·莱尔等地质学家提出：沉积岩地层的成因并不是灾难性洪水，而是一种逐步的侵蚀与沉积过程。许多欧洲地质学家将地层和时间细分为一系列不同的地质时期。

乔治·居维叶
居维叶认为，灾难已数次使地球上的大部分生物灭绝，但有些地区的生物总是躲过了劫难，各种动物就在这些地区重新传播开来。后来，他也承认，这些地方的部分动物已经灭绝。

来自埃及的证据
1798年，居维叶欣喜地发现，古埃及的白鹮木乃伊的骨架与真实的白鹮一模一样。他声称这种稳定性可以证明生物没有发生进化。

白鹮木乃伊

不变的白鹮
现代白鹮确实与古埃及时的一样，而其他物种的进化则非常迅速。这一切都取决于环境。拉马克认为物种特征并非一成不变，这一点是正确的。

埃及的白鹮雕塑

现代白鹮

来自运河的线索

威廉·史密斯发现，连续岩层可以通过其中的化石来辨认，始终按照相同的序列排列。所以他能够识别并绘制岩层的演替，并且能将全国各地分离的岩层匹配起来。

威廉·史密斯

岩层

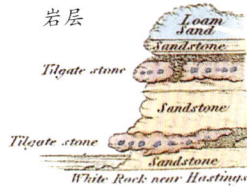

这是一幅史密斯绘制的地质图，每种地层分别用不同的颜色来标示。

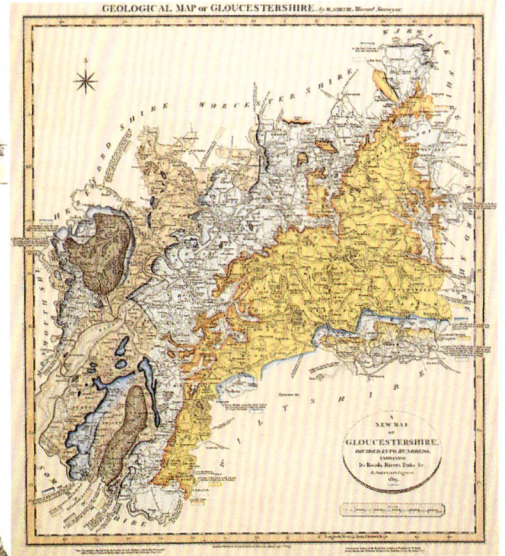

休·米勒——苏格兰石匠兼化石搜寻者

米勒的鱼

休·米勒发现了已灭绝的盔甲鱼化石。他错误地以为，这种鱼比现代鱼类更高级，因为一场大的灾难而毁灭。米勒的著作试图调和地质理论与《圣经》之间的矛盾之处。

米勒发现的鱼化石

米勒制作的已灭绝鱼类的纸模型

有争议的发现

米勒的理论是，曾经有过多个造物时期，每一次都被大的灾难所毁灭。已灭绝动物的化石都属于早期的造物产物。后来在英国发现了一些存有灭绝动物化石的洞穴，旁边有手工制作的石器。这些发现使这一理论不攻自破。

冰人

美国科学家路易斯·阿加西是居维叶的追随者，他提出了一种新的灾难——冰河时代。现代地质学表明，地质变化有两个过程都在起作用，即渐进的过程和可预见的过程。此外还有不同程度的不可预测事件，如灾难性的地震、海啸、冰河时代，以及气候的迅速变化。

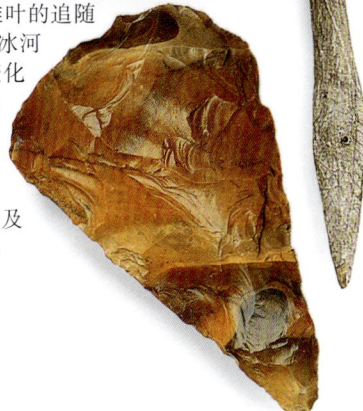

同时发现的猛犸牙齿和人造手斧

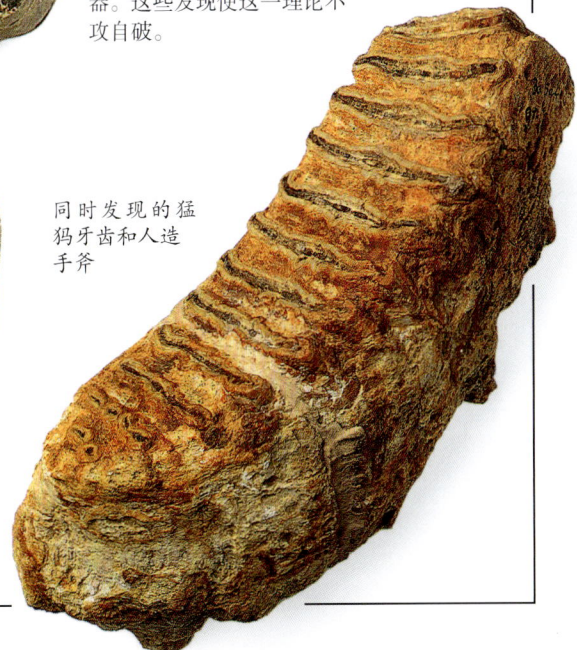

早期人类制作的手斧

21

恐龙热潮

恐龙骨骼化石早在17世纪初就已被发现，但当时人们并没有意识到这是一种巨型爬行动物的化石。在这一领域做出突破性贡献的是吉迪恩·曼特尔（Gideon Mantell，1804—1892），他是英国医生及化石收集者。1822年，他发现了一些不寻常的大型牙齿，最后，他发现这些牙齿类似于鬣蜥的牙齿。他把自己发现的这一生物命名为禽龙（*Iguanodon*，即"鬣蜥齿"的意思），并发表文章，描述了这种长12米的蜥蜴。在此期间，巴克兰也独立发现了某种巨型爬行动物。此后这类发现不断涌现，但"恐龙"（意思是"可怕的蜥蜴"）这一称谓直到1841年才正式确立，是由理查德·欧文命名的，他是著名的解剖学家、居维叶的追随者。不过欧文把恐龙作为反对进化论的武器，声称它们比现存的爬行动物更高级。现代进化论认为，进化并不总是意味着进步。如果环境发生变化，高级动物可能灭绝，而较低等的亲缘动物可能会存活下来。

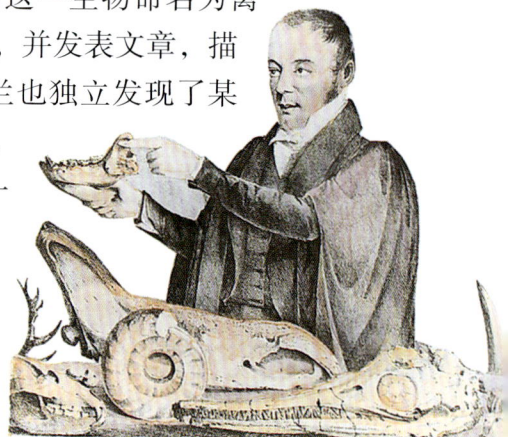

挖掘禽龙
上图展示的是在苏塞克斯（位于英格兰南部）采石场进行的挖掘活动，曼特尔的禽龙牙齿就是在此发现的。

令人惊讶的发现
上图中威廉·巴克兰（1784—1856）展示了一些标本。前面的长嘴头骨属于海洋爬行动物鱼龙，它是恐龙家族中独立的一类。1810年，人们首次对鱼龙进行描述，但误以为是鳄鱼。1824年，巴克兰发现了斑龙的颌骨碎片及其他部位骨骼。19世纪50年代，理查德·欧文监督制作了斑龙模型（下图），但该模型基本是错误的。同一位雕塑者还把禽龙模型弄反了。

有争议的模型
斑龙模型是基于巴克兰描述的恐龙形态制成的，后来被改成与真实恐龙一般大小的尺寸，与伦敦水晶宫内的其他恐龙模型一同参展。后来，纽约市的官员们批准在中央公园举办一次类似的展览，当地个别官员批评这些模型是"反宗教"的典型。随后有人冲进展览馆，损毁了所有模型，展览被迫中止。

巴克兰发现的颌骨碎片

拼凑成头骨的碎片

达尔文的敌人

"恐龙"这个词的创造者理查德·欧文（Richard Owen，1804—1892），曾撰文抨击达尔文的《物种起源》，并预测，达尔文将在10年内被人遗忘。后来，他又不满达尔文的名气，并暗示自己先于达尔文形成了进化的理论。1853年新年前夜，欧文和21名科学家在他的禽龙模型里共进晚餐（下图）。

吉迪恩·曼特尔

曼特尔把禽龙想象为一只巨大的蜥蜴。在重建模型的过程中，曼特尔把角状的尖端物体（下图）放在了这具动物的鼻尖处。后来发现这其实是动物的拇指骨。

几十只恐龙

1878年在比利时，矿工发现了39具禽龙骨架。化石脚印表明，禽龙可能是用后腿走路的。人们认为禽龙是半直立行走，所以在比利时复建模型时参照了鸸鹋和袋鼠的骨骼结构。

禽龙"龙角"模型

Distal Phalanx of Iguanodon
CAST OF THE
HORN OF THE IGUANODON
This extraordinary Fossil is described, Wonders of Geology
Vol. I. p. 406.
THE ORIGINAL IN THE BRITISH MUSEUM.
J. TENNANT, GEOLOGIST, 149, STRAND, LONDON.

被错置的拇指骨

转变中的理念

现代有关禽龙的认识是基于对其骨骼上的痕迹的研究得来的，从中可以更详细地了解肌肉和肌腱的相关信息。研究结果表明，禽龙主要靠两条腿走路，用强壮的尾巴来平衡身体。

秘密作者

1844年，当恐龙这一发现震惊公众时，一本名为《造物遗痕》的书出版了。该书赞同进化论观点。作者是罗伯特·钱伯斯（Robert Chambers，1802—1871），这一事实在其死后才公布。钱伯斯试图使进化思想深入人心，但是遭到了科学家的尖锐批评，他们指出了书中的不当之处。

放大尺寸

这具禽龙模型和其他模型一起，后来被放大了尺寸。自1854年以来，一直被安放在水晶宫。

查尔斯·达尔文

　　查尔斯·达尔文，英国博物学家，他不是第一个提出进化论观点的人，他的真正成就是提出了与进化论一致的论证，并且以大量准确的信息作为论证的基础。19世纪早期，进化论的概念并不得人心。英国惧怕发生革命，极力抵制进化论观点。一本有关进化论的书籍《造物遗痕》，匿名发表于1844年，随后遭到查禁。所有这一切迫使达尔文不得不长期保持沉默。那时进化理论已经在他的头脑中逐渐形成了。1858年，博物学家阿尔弗雷德·华莱士也发现了自然选择现象，此后不久，达尔文出版了《物种起源》。

"小猎犬号"上使用的望远镜

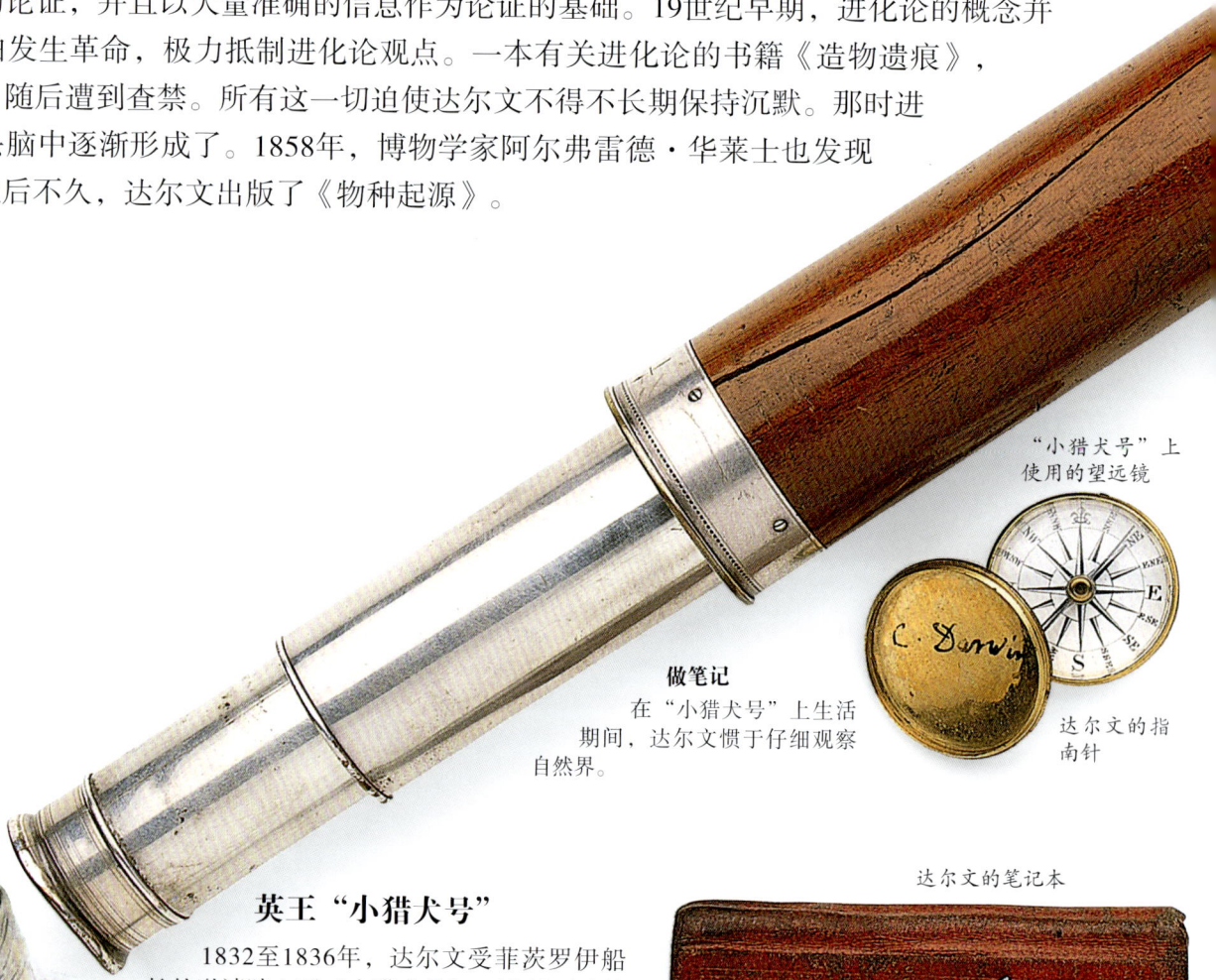

查尔斯·达尔文

做笔记
在"小猎犬号"上生活期间，达尔文惯于仔细观察自然界。

达尔文的指南针

达尔文的笔记本

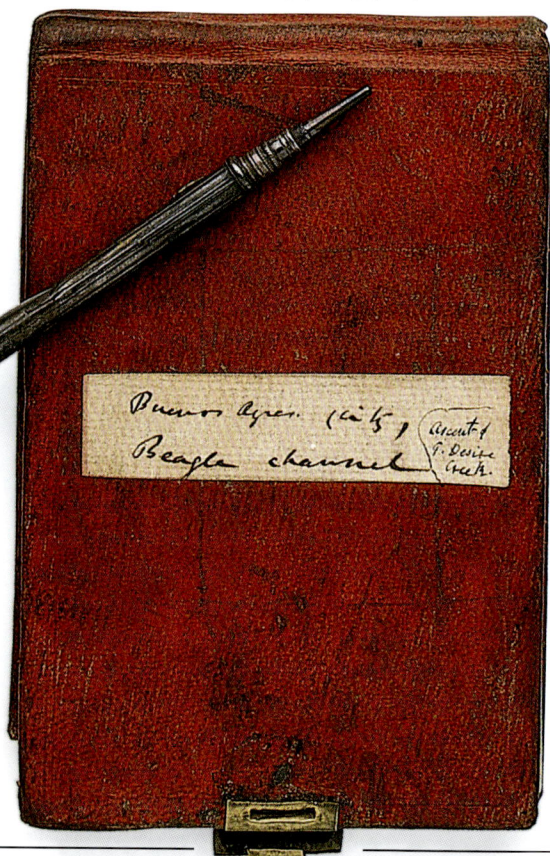

英王"小猎犬号"

　　1832至1836年，达尔文受菲茨罗伊船长的邀请踏上了"小猎犬号"，进行环球航行。在南美洲，特别是在加拉帕戈斯群岛，他注意到当地的动植物有许多令人费解的特征。后来他了解到，这些特征是进化的结果。

航行中的思考
达尔文在踏上英王"小猎犬号"时，还不是一位进化论者，但在随后的5年里，进化论的想法在他脑中形成了。在之后的几年中，他得到了同时代的一些权威博物学家的支持——甚至是那些曾经反对进化论的人。

上岸
在航行中，达尔文随身带着一本查尔斯·莱尔的《地质学原理》。书中写道，地球的地质特征可以由慢作用力来解释。例如泥沙的沉积。达尔文上岸后所观察到的现象证实了莱尔的观点，这意味着地球的年龄已经非常古老了。

火地岛人迎接"小猎犬号"

伟大的博物学家

"小猎犬号"起航前，达尔文在剑桥大学攻读，打算成为一名教士。在那里，他对自然历史产生了浓厚的兴趣。

伊拉斯莫斯·达尔文

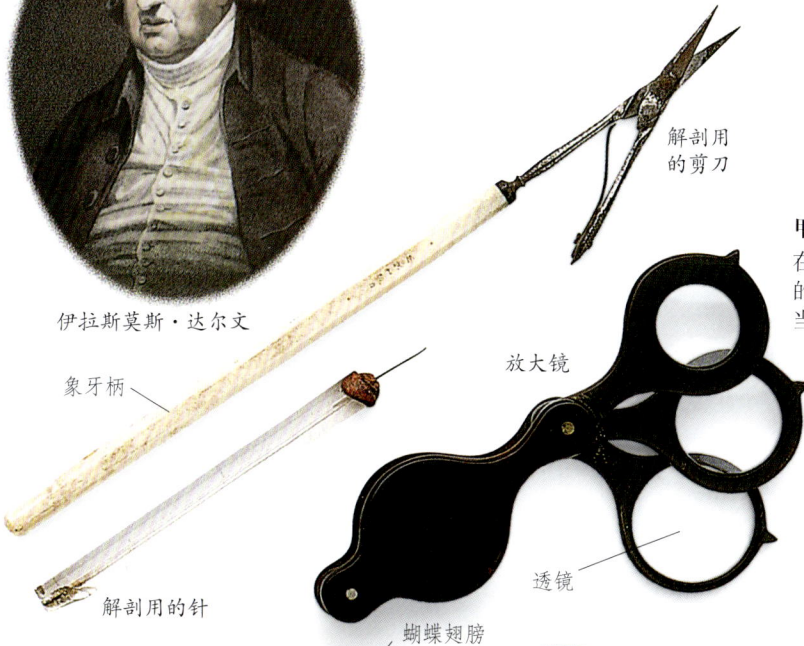

查尔斯的祖父伊拉斯莫斯·达尔文是位医生、诗人和植物学家。他有很多朋友是科学家和实业家，这些人质疑传统观念，被认为是危险分子。伊拉斯莫斯·达尔文在拉马克之前写了一首有关进化论的史诗体长篇诗歌。

伊拉斯莫斯·达尔文

达尔文的部分甲虫标本

解剖用的剪刀

象牙柄

放大镜

透镜

解剖用的针

蝴蝶翅膀

甲虫狂热

在剑桥读书时，达尔文是一个狂热的甲虫收藏者。达尔文的动力是当讨论动植物的话题时，他总有第一手资料。

关于蚯蚓

写完《物种起源》后，达尔文作为自然学者，继续从事相关工作。他后来出版了一本书，内容全与蚯蚓有关，这幅漫画的作者显然对此有些迷惑不解。

摘自漫画杂志《笨拙》的一幅漫画

达尔文故居内的收集箱、甲虫标本和显微镜载片

收集数据

达尔文在家里（位于肯特郡当村的达尔文故居）的温室种植了许多植物。他对攀缘植物、食虫植物和兰花特别感兴趣。其他博物学家将一些可能让他感兴趣的种子或者整株植物送给他，有一些种子包一直留存至今（右图）。即使没有写过《物种起源》，达尔文的工作也足以使他成为一个伟大的生物学家。

赠送给达尔文的种子包

种子

From The Royal Gardens, KEW.

生命的证据

达尔文认为进化发生的机制就是自然选择，直至今日，
人们仍然把它看成是推动进化的主要力量。他收集足够
的证据来使人们相信进化确实已经发生。最重要的证据
则应从现存生物中得来。这一点早已引起其他博物学家
的关注，包括拉菲内克，他在1836年写道："所有的物
种都可能曾经是变种，继而逐渐成为物种"。达尔文提
供了大量的数据，其中一个重要证据是，基本形态相同
的骨头可以在所有哺乳动物的四肢中找到。这种相似性表明，它们应该是同一祖先的
后裔。

黑猩猩的胳膊
黑猩猩的胳膊和手接近
于脊椎动物的基本结
构：有五个手指、五块
手骨，手腕处有一系列
小骨，有两个下肢骨和
一个上肢骨。

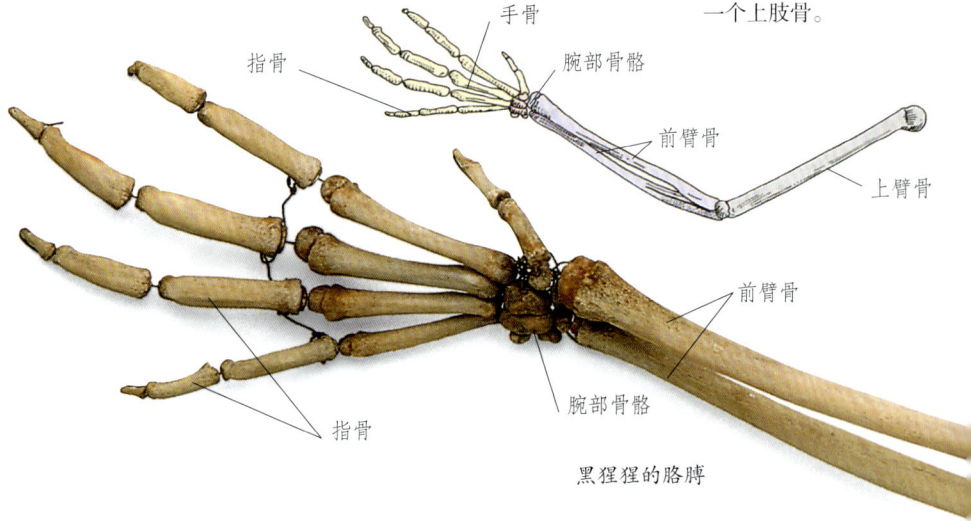

手骨
指骨
腕部骨骼
前臂骨
上臂骨
前臂骨
指骨
腕部骨骼

黑猩猩的胳膊

蜜蜂兰
这些地中海蜜蜂兰看起来
非常相似，但它们不能交
配。每个物种是由不同类
型的昆虫授粉的，这就成了
它们的一种隔离机。它们似乎很
明显是从同一个祖先进化而来的。
这一祖先可能先后发展出很
多变种或亚种。

蝙蝠

蝙蝠翼的
骨架

蝙蝠翼
蝙蝠的手和指骨已经
进化成翼膜的支撑物。
蝙蝠翼和海豚鳍肢的基本
结构相似，这是进化的有
力证据。

猫头鹰翅膀上的骨骼

前臂骨

马的小腿骨

猫头鹰

马

猫头鹰的翼

像所有的鸟类一样，猫头鹰已经失去了5个脚趾中的两个。剩余3个中有2个在尖端结合在了一起。尽管有这样的差异，其翅膀的基本结构与所有其他陆地脊椎动物（哺乳动物、鸟类、爬行动物和两栖动物）一样。

手骨

犰狳

犰狳的前肢骨

手骨

指骨

马的腿部

马骨的基本结构发生了巨大的变化。为了能够快速奔跑，腿部要长且强健。为了增加力量，其4个手指已经退化，而中间的一个变得很厚，末端还带有"蹄子"。

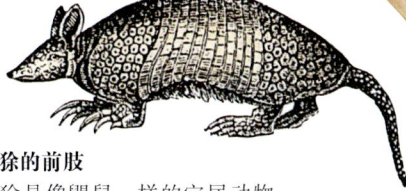

犰狳的前肢

犰狳是像鼹鼠一样的穴居动物，所以它的前腿粗短且强壮，便于挖掘洞穴。下肢骨中有一个超出肘部之外，是一个强有力的杠杆，有肌肉覆盖。

上肢骨

两个脚趾

两个退化的手骨

肩胛

海豚的鳍肢骨

二趾树懒的胳膊

海豚的鳍状肢

海洋哺乳动物——海豚的手骨已经变得很短，并且十分强健。指骨呈分散式分布，用以支撑鳍状肢。海豚的后肢骨骼几乎完全消失。

上臂骨

二趾树懒

二趾树懒

正如它的名称所示，这种树懒的前肢上只有2个脚趾，其他3个已经退化。大部分时间它是倒挂在树枝上的，所以只需要2个强大且构造简单的爪子即可。

前臂骨

指骨

短而强健的指骨

海豚

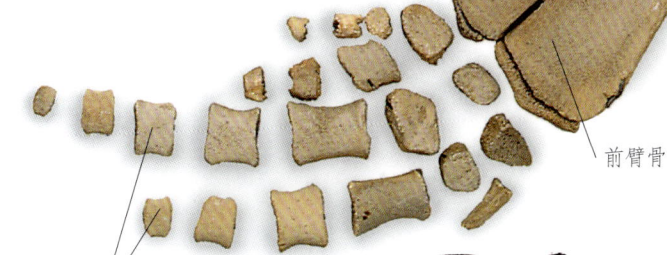

动物和植物的分布

植物采集者
植物学家约瑟夫·胡克是英国皇家植物园邱园的园长。他是达尔文的好朋友和同事，曾告诉达尔文很多关于植物分布的信息。

在达尔文生活的年代，人们普遍认为，每个物种都是由上帝创造的，可以很好地适应某一特定环境。这种"特定创造"理论有许多漏洞，在澳大利亚，来自欧洲的哺乳动物带来的生存竞争使得一些原生哺乳动物灭绝。假如澳大利亚的原生哺乳动物恰恰是适应当地环境的，那么怎么会发生这样的情况呢？岛屿论是达尔文论点的重要组成部分。佛得角群岛的动物基本上与非洲的一样，而加拉帕戈斯的动物则与南美洲的动物相像。既然这两个岛屿群有很多相似之处，为什么造物主没有在这两个地方创造类似的动物？

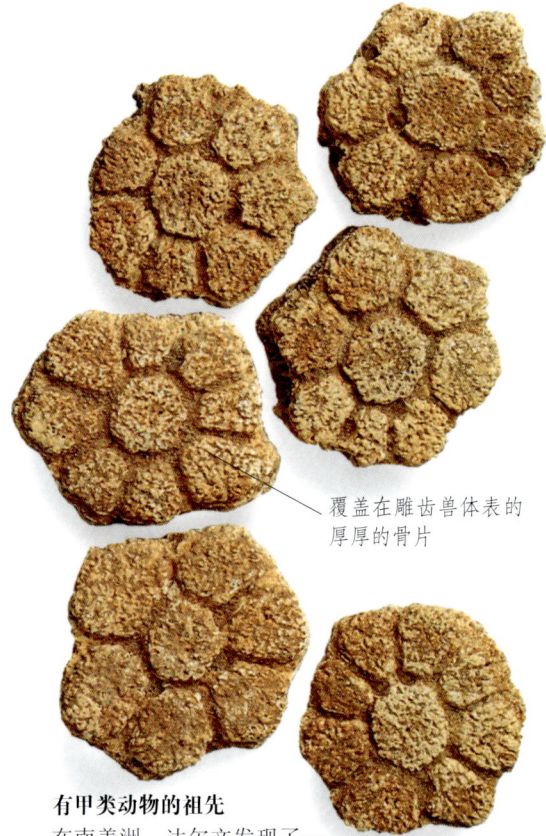

覆盖在雕齿兽体表的厚厚的骨片

有甲类动物的祖先
在南美洲，达尔文发现了一只雕齿兽的化石，他意识到，它与在南美生活的犰狳十分相像。动物间的这种连续性，为生物进化思想提供了强有力的证据。

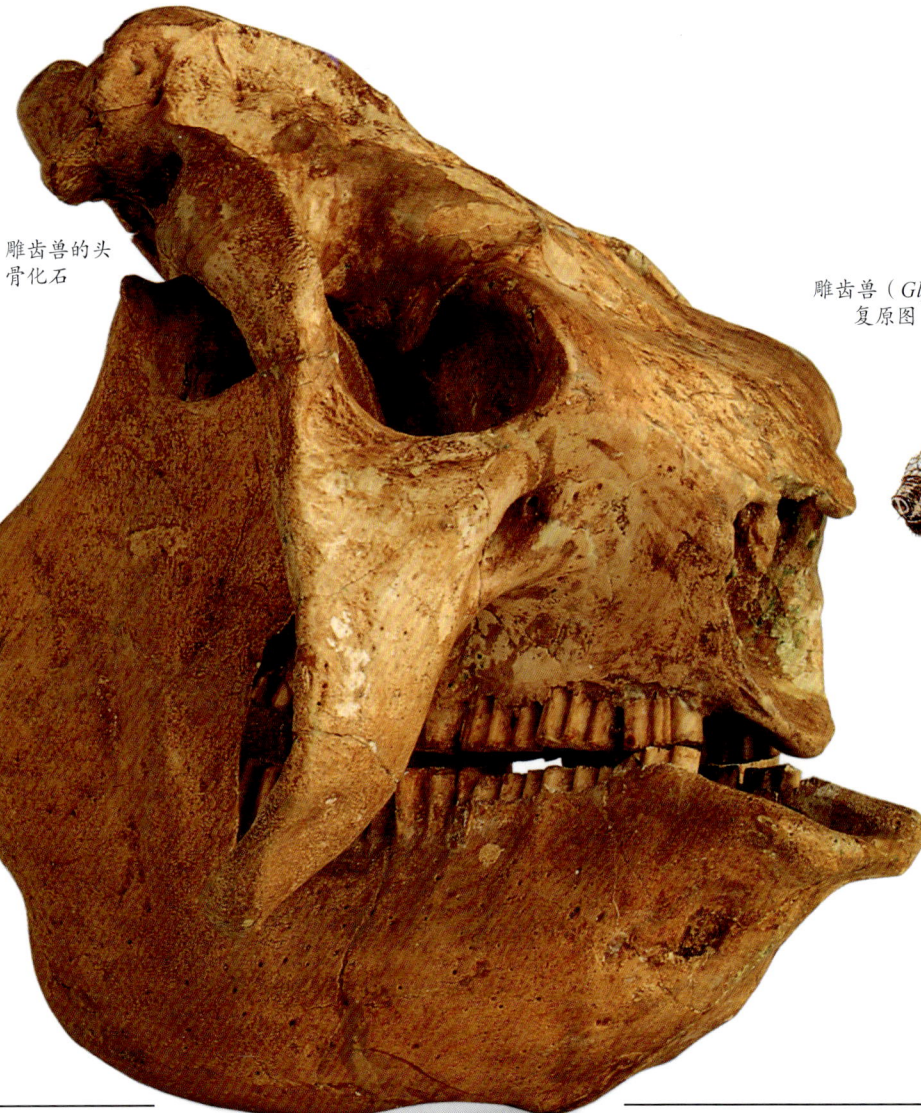

雕齿兽的头骨化石

雕齿兽（Glyptodon）复原图

曾生活在岛上
现代犰狳只是南美洲许多不同寻常的哺乳动物之一。在地质史上，南美洲曾一直是一个岛屿，这持续了亿万年。在这段时期，有许多独特的哺乳动物在此进化形成。

现代犰狳

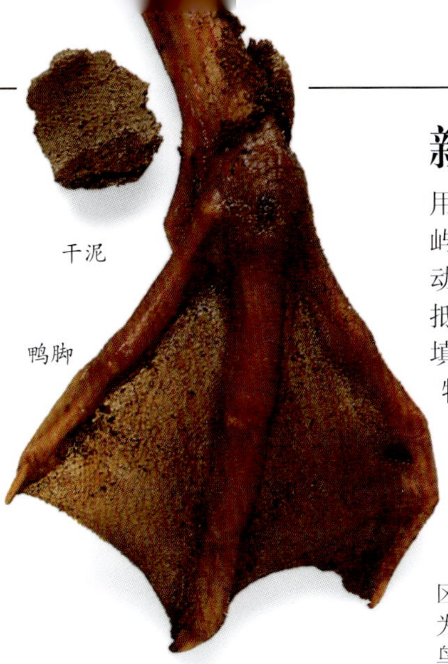

新西兰

用进化论的思想可以很好地解释这些岛屿上的动物。强大海流使大多数哺乳动物无法到达那里，而能够靠飞行抵达的鸟类和昆虫等不断进化，填补了一般情况下属于哺乳动物的生存空间。

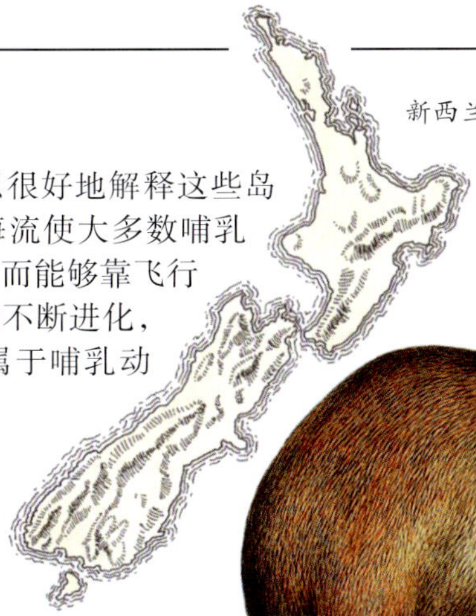

新西兰

恐鸟与鹬鸵

鹬鸵不会飞行，只存在于新西兰。该地区还有一种无翼大鸟，称为恐鸟，现已灭绝。恐鸟与鹬鸵是由几百万年前迁徙到新西兰岛上的飞鸟进化而来。

巨型恐鸟

鹬鸵

从泥土中抽出的萌芽

巨型蟋蟀

由于新西兰没有鼠类，所以大型灌木蟋蟀或沙螽取代了进化链中鼠类所在的一环。

幽灵般的脚爪

恐鸟灭绝的时间较晚，原因是过度捕猎。它们的遗迹（不是化石）尚未完全腐烂，偶尔仍能在洞穴中发现。上图是恐鸟的脚爪。

沙螽

植物的漫游

植物是怎么迁徙到某个岛屿上的呢？达尔文认为，水鸟经过长距离飞行，停留在岛屿上休息，可能无意中运输了某种植物的种子。他从鸟的脚上剔下干泥，浇上水，结果出现了萌芽的种子。

加拉帕戈斯

加拉帕戈斯群岛之旅为达尔文提供了一些很好的证据。这些岛屿上的动物与南美洲的相像，但许多物种是独一无二的。

加拉帕戈斯群岛的地图
（摘自达尔文《一个博物学家的环球旅行记》）

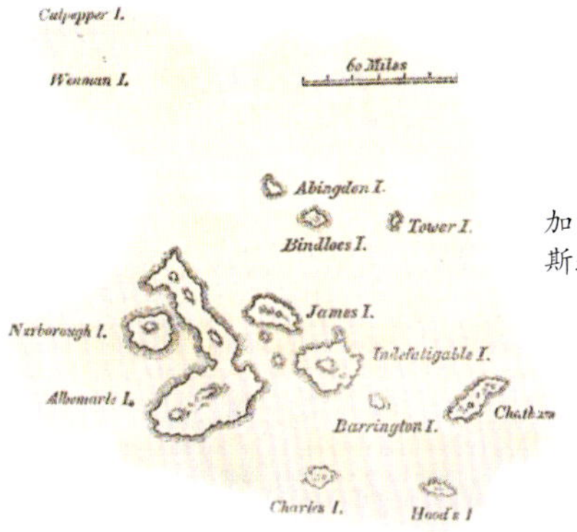

达尔文发现的地雀

加拉帕戈斯地雀显然与南美地雀有关系。这里的13个物种各自有不同形状的喙。不同的喙适合摄取不同的食物。

加拉帕戈斯地雀

鸟类袭击

亨利·贝茨为达尔文提供了很多亚马孙雨林的动植物资料。贝茨是早期研究地球偏远地区自然现象的博物学家之一。

偶然的着陆

加拉帕戈斯群岛距南美洲大约1300千米。加拉帕戈斯地雀的祖先可能是几百万年前一小群被吹散而降落到这里的大陆雀类。

化石证据

那时，化石尚未给达尔文提供需要的证据。他希望化石能够填补主要的动物种群之间的进化空白，但这样的化石并不是马上就能找到。他也意识到，许多古生物学家也会利用其专业知识来批评他的进化观点，因此达尔文没有尝试使用化石证据来支持自己的理论。但现在已经有了足够的化石证据可以填补进化的空白。例如，合弓纲四足哺乳动物的逐渐进化过程可以由一系列已灭绝动物的化石来证明，如兽孔目犬齿类化石。

内部构造
菊石被切成两半，可以看到其复杂的内腔。

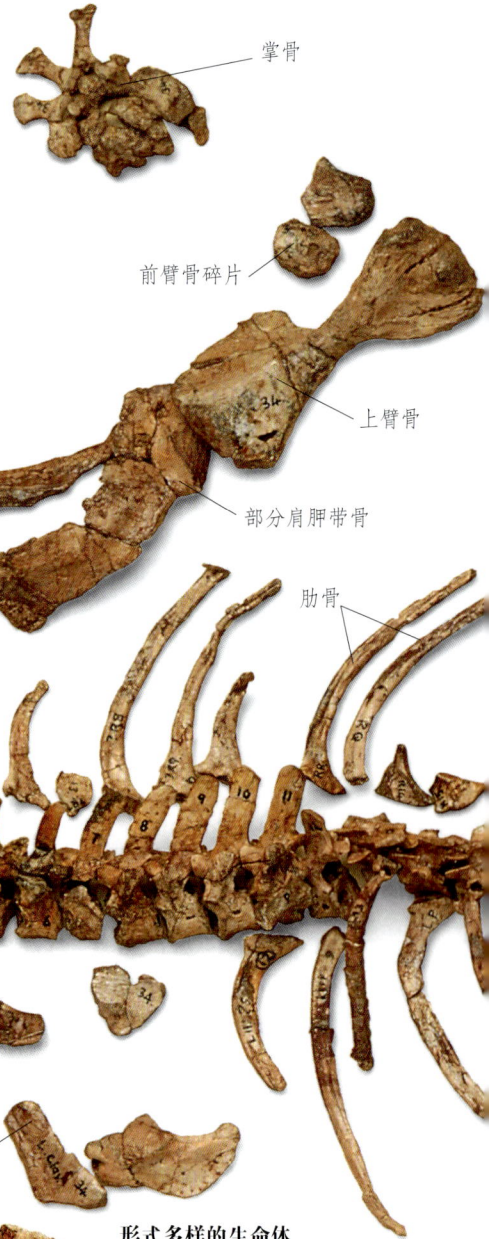

掌骨

前臂骨碎片

上臂骨

部分肩胛带骨

肋骨

似哺乳动物
这是一种称为原犬鳄龙的动物骨骼化石，是一种已灭绝的合弓纲四足动物——犬齿类爬行动物。真正的哺乳动物就是从犬齿类爬行动物进化而来的，所以它们比其祖先更具哺乳动物的特征。

合弓纲颞弓（*Synapsid*）开口，只在哺乳动物和似哺乳爬行动物骨骼中才会出现

下颌骨

肩胛带部分

寒武纪大爆发

对于寒武纪时期生命的突然出现，即"寒武纪大爆发"，越来越多的前寒武纪岩石被发掘出来。现在化石记录可以上溯到三十多亿年前，但直到前寒武纪晚期之前，这些化石仍然都只属于非常原始的生物体。

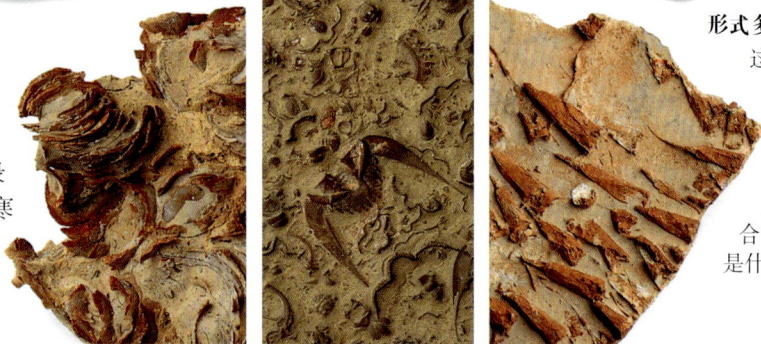

形式多样的生命体
这些岩石碎片（左图）都来自于寒武纪时期，里面包含各种甲壳类动物的遗迹——有海洋软体动物（最左边）、数种三叶虫（中图）以及一种海百合（*Ridersia*）。它们的祖先是什么仍是一个谜。

古生物细胞
这块前寒武纪岩石上的圆圈是蓝藻的化石，或称为蓝绿色藻类化石。为了确认它是生物，科学家现在可以对岩石进行化学分析。

卷曲的壳体

这种生物在早期发展出了带有体腔的贝壳，其中大部分充满气体，作为浮体外壳使用。这种浮体外壳很有用，但长长的浮体外壳在游泳时是很难掌握方向的。蜷曲起来是一个很好的解决办法。

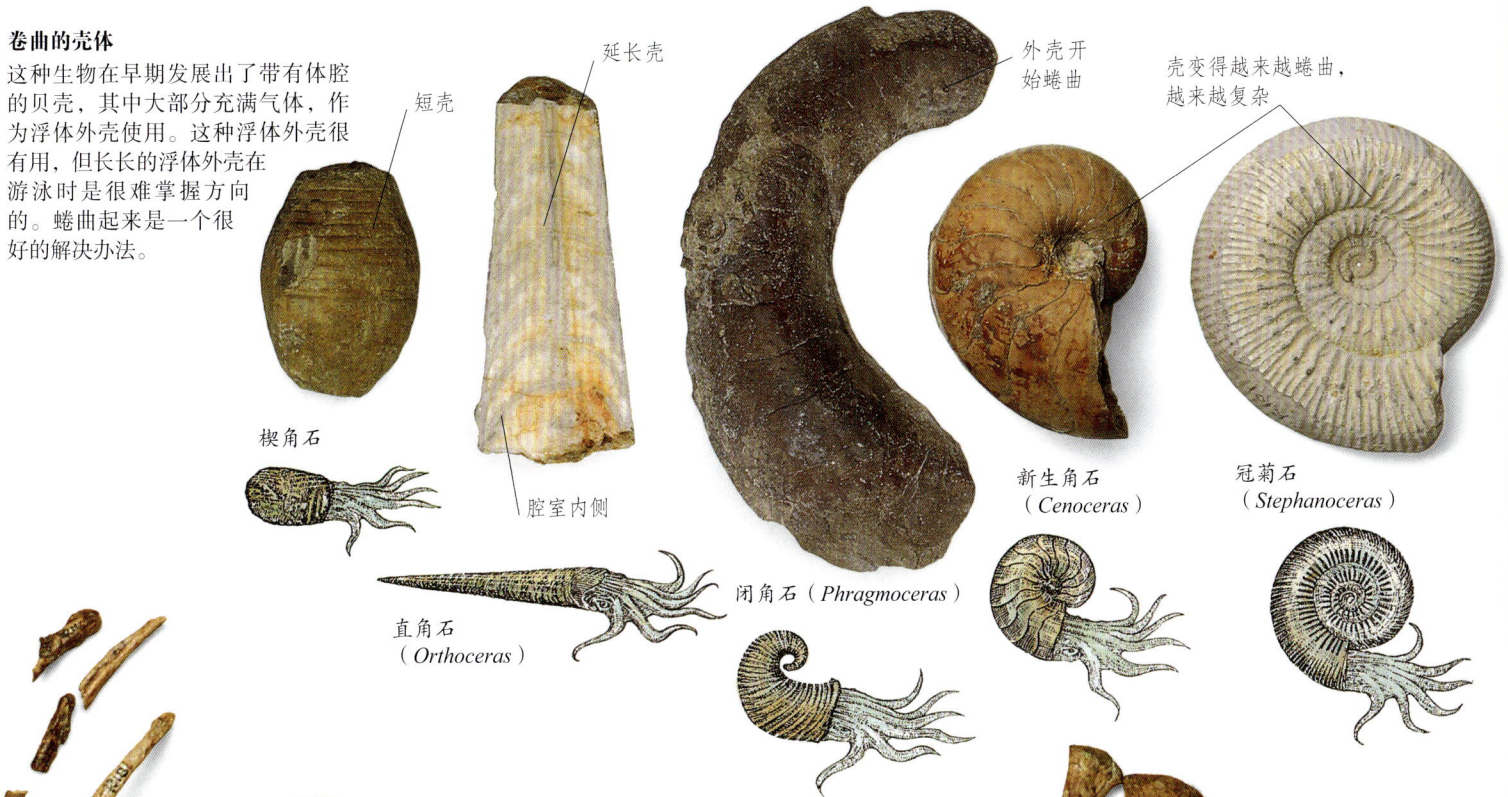

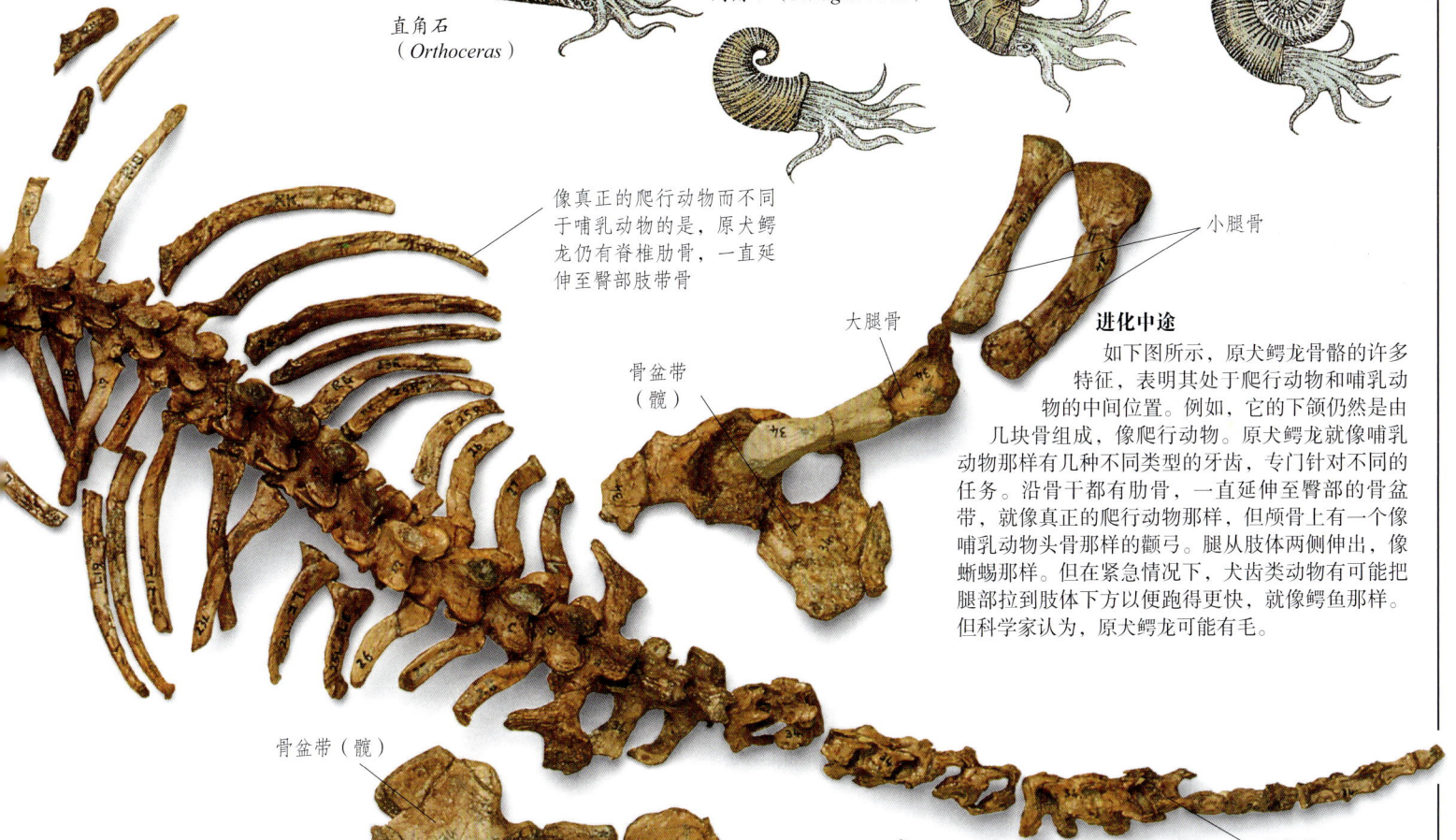

短壳

延长壳

外壳开始蜷曲

壳变得越来越蜷曲，越来越复杂

楔角石

腔室内侧

新生角石（*Cenoceras*）

冠菊石（*Stephanoceras*）

直角石（*Orthoceras*）

闭角石（*Phragmoceras*）

像真正的爬行动物而不同于哺乳动物的是，原犬鳄龙仍有脊椎肋骨，一直延伸至臀部肢带骨

大腿骨

骨盆带（髋）

小腿骨

进化中途

如下图所示，原犬鳄龙骨骼的许多特征，表明其处于爬行动物和哺乳动物的中间位置。例如，它的下颌仍然是由几块骨组成，像爬行动物。原犬鳄龙就像哺乳动物那样有几种不同类型的牙齿，专门针对不同的任务。沿骨干都有肋骨，一直延伸至臀部的骨盆带，就像真正的爬行动物那样，但颅骨上有一个像哺乳动物头骨那样的颞弓。腿从肢体两侧伸出，像蜥蜴那样。但在紧急情况下，犬齿类动物有可能把腿部拉到肢体下方以便跑得更快，就像鳄鱼那样。但科学家认为，原犬鳄龙可能有毛。

骨盆带（髋）

尾椎骨

假化石

首次在加拿大的前寒武纪岩层中发现化石时，达尔文将这些生物命名为曙动物（"黎明的动物"），但后来发现它们只不过是些矿物晶体。

大腿骨

小腿骨

完整骨架插图
原犬鳄龙

曙动物"化石"（19世纪绘制）

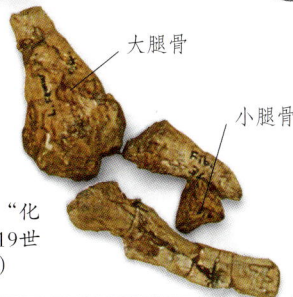

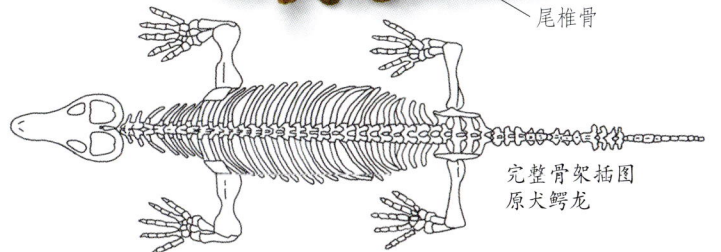

艺术家绘制的原犬鳄龙的复原图

31

地球有多老？

在观察过现有生物以及化石的证据之后，达尔文开始相信进化确实发生了。同时，他问自己："进化是如何发生的？"1838年，他偶然想到了自然选择理论。自然选择的一个明显特点是，它起作用的速度很缓慢，因为其作用的发生是偶然的而非有目的的。达尔文知道通过自然选择实现进化需要大量的时间，但他并不担心这一点，因为查尔斯·莱尔的《地质学原理》使他确信，地球已有几十亿年的历史。然而，1866年，物理学家威廉·汤姆森（William Thomson）同时对莱尔和达尔文予以抨击，声称地球最多只有1亿年的历史。后来，他提出的数字下降至2 000万年。直到1904年，汤姆森的本质性错误才被人们清晰地认识到。

慢作用力
查尔斯·莱尔的地质理论是对居维叶做出的回应。莱尔利用不断发生作用的自然力来解释地质。莱尔声称，由于自然力作用十分缓慢，地球一定十分古老。

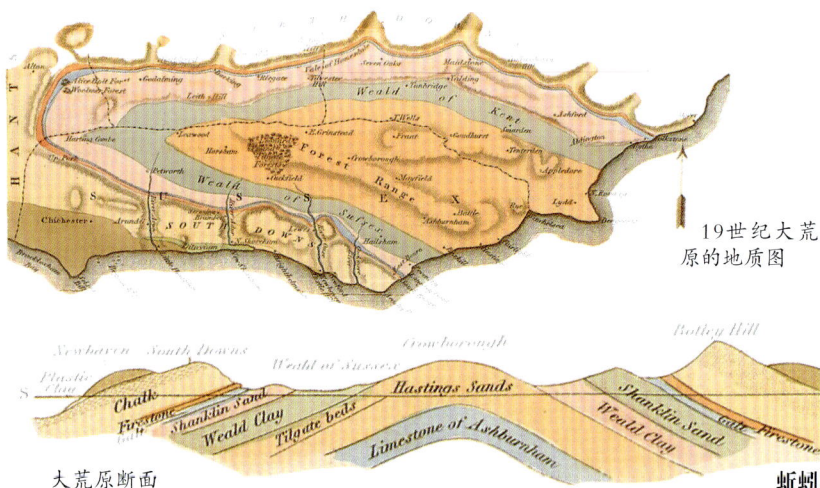

19世纪大荒原的地质图

大荒原断面

大荒原的年龄
达尔文所居住的地区在英格兰南部，称为大荒原。那里有许多海底沉积层，后来由于地质运动，岩层被抬升，产生褶皱，继而又被侵蚀掉了。达尔文估算出的结果是它有3亿年，其实荒原里的丘陵只有2 000～3 000万年的历史。

达尔文故居里摆放的蠕虫石

蚯蚓石
后来，达尔文的兴趣发生了转移，他开始关注蚯蚓。他怀疑土壤中蚯蚓的活动会慢慢摧毁建筑物。为了测量蚯蚓侵蚀建筑物的速度，他在自家草坪上放置了一块沉重的石磨，测量石头每年的下降高度。

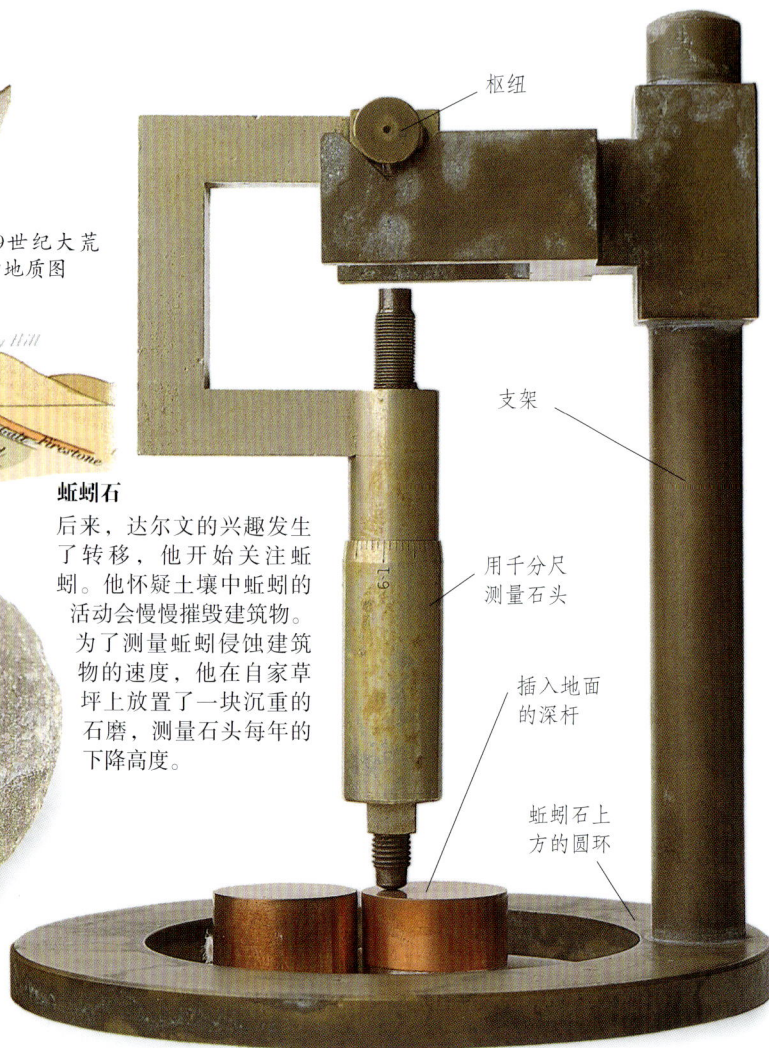

枢纽

支架

用千分尺测量石头

插入地面的深杆

蚯蚓石上方的圆环

早期的盖革计数器，用于测量元素的放射性

云母窗

充气铜柱

电力供应

绝缘把手

错误答案
放射性是在1896年被发现的。1903年，皮埃尔·居里发现镭元素不断释放出热量，使地壳变暖。汤姆森没有意识到这一点，这使他对地球的年龄计算完全错了。然而，他以为自己的一个计算结果可以推翻由莱尔和达尔文收集的所有证据。

乔治·达尔文
乔治·达尔文是查尔斯·达尔文的十个儿子之一，是一位数学家和天文学家。父亲要他核对汤姆森对地球年龄的计算方法，他得出的结论是汤姆森计算结果在数学上没有错误。

开尔文爵士
威廉·汤姆森是一位英国物理学家，后来被封为开尔文勋爵。出于某种宗教动机，他和他的追随者对达尔文展开了攻击。他们不愿承认自然选择是没有确定目标或方向的。

放射性元素定年法
如今，人们可以根据岩石中的放射性元素准确测定其形成的年代。每种放射性元素都以恒定的速度分解（衰变），并且总是形成相同的产物。通过测量最古老的矿石年代（44亿年），并对照陨石的年龄（45亿年），地质学家测算出地球的年代约为45.5亿年。

月球岩石
月球和地球在同一时期形成，但由于月球上没有大气层，所以没有发生侵蚀。地质学家计算出月球岩石的年龄有45亿年，跟预测结果吻合。

确切日期
陨石与地球形成于同一时期。同位素年代测定结果表明，陨石的年龄有45亿年。月球岩石和陨石的年龄都证实了地球的年龄与现代地质学家计算的结果相吻合。

人工选择

不可能存在的植物
还没有人能够培育出一棵可以长到大树那么高的白菜。

为了尽可能地收集进化的证据，达尔文开始研究家养动植物。在他生活的时代，人们通过"人工选择"或"选择性繁殖"在培育动植物新品种方面取得了很大进展。达尔文在了解了近50年内动植物的改良程度后认为，几千年来，动植物有可能发生更大的变化。这使他猜测，所有的绵羊品种可能都是一个祖先的后裔。其他博物学家反对他的这一看法，认为不同品种必定来自不同的野生种。随后的证据显示，达尔文是正确的：所有不同品种的绵羊的确是从同一祖先通过选择性繁殖进化而来的。其他家养动物，如奶牛、狗、马，也是如此。

野生鸽子
鸽子培育者就是利用这种野生鸽子作为鸽子繁殖的原始材料。圈养的所有不同品种的鸽子都是它的后代。

达尔文的业余爱好
达尔文对所有不同品种的鸽子进行杂交，惊讶地发现：新生鸽子的羽毛颜色与野生鸽子相同，即使其父母中任何一方都没有这种颜色。他意识到，野生鸽子必定是鸽子的祖先。

鸽子的品种
这些是达尔文研究过的一些不同品种的鸽子。他认为，如果选择性繁殖可以带来如此多的变化，那么单凭自然力的作用，也可以产生类似的变化。

古代的牛
古埃及的墓葬壁画展示了许多不同品种的牛。达尔文称，选择性繁殖应该早于埃及人就开始了。现在有充分的证据表明他的想法是正确的。

马恩岛猫

巨型狗
爱尔兰猎狼犬是体型最大的狗之一：它的肩高约1米。最小的吉娃娃只有20厘米高。对它们DNA进行研究发现，所有品种的狗都是欧洲狼的后代。

无尾猫
马恩岛猫这个品种是一种无尾猫。对猫进行选择性繁殖比狗更难，因为猫喜欢在夜间活动，自由交配。许多狗品种的培育均有目的性，这就解释了为什么狗的品种比猫更多。

爱尔兰猎狼犬

樱桃西红柿

大，更大
番茄的祖先已在南美洲发现，这种微小的"番茄"只不过比红醋栗稍大一点。

大番茄

秃头狗
中国冠毛犬除了头部和尾部长有一缕长毛之外，全身几乎是裸露的。育种者可以改变狗的脾性、大小、体形和颜色。它的皮毛可长可短，或直或卷。

中国冠毛犬

奇怪的水果
黄番茄和粉红葡萄柚只是植物育种者创造的颜色奇怪的水果之一。达尔文相信，人工选择过程暗示了进化可以以何种方式进行，即他所谓的"自然选择"。

无籽栽培
在自然界中，水果的存在仅仅是为了散布种子。育种员设法培育出了无籽水果，包括无籽香蕉、葡萄、橘子等。

黄番茄

粉红葡萄柚

无核橘

所有香蕉都是无籽的

无籽葡萄

变异与遗传

到了1837年，查尔斯·达尔文已十分确信进化的存在，并积极找寻进化背后的推动力。他开始尝试任何可能回答这个棘手问题的方法，通过请教育种员，他得知被挑选出的物种个体间的差异原本很微小。狗的饲养员选择具有同一种特征的两只狗，并对其进行杂交。然后挑选继承了该特征的小狗继续进行繁殖。这样重复几代，该特征就会变得越来越突出。达尔文认为类似的过程可能也会发生在野外，他称为"自然选择"。自然选择所需的要素分别是：变异、遗传和竞争。

没有任何两个是相同的
海洋软体动物蜒螺的变异体现在外壳的颜色和图案方面。可能在大小或外壳厚度方面有非常小的变化，并不明显，但却会影响动物的生存。

正常的
起绒草

变异的蜒螺
（*Nerites*）贝壳

起绒草突变体
富勒所绘制的起绒草是川续断科植物的突变体，种子穗由直的变为弯曲的。19世纪时人们注意到了突变体，但直至20世纪遗传学家才开始系统地进行研究。突变体的出现是由DNA的突然变化造成的（基因突变）。事实上，大多数突变是破坏性的，突变体经常会夭折。但也有少数基因突变是有益的，而这些变化是自然选择的主要变异来源。

富勒所绘的
起绒草

不断变化的蝴蝶

变异在铜灰蝶身上表现明显。根据不同情况，有些变异了的蝴蝶可能比其他的蝴蝶更好地适应周围环境。例如，在凉爽的夏季，深色蝴蝶在阳光下身体升温更加迅速，因为深色可以更好地吸收热量。

正常的毛足鼠

达尔文和遗传

达尔文面临的最大问题是遗传。他曾错误地认为，后天获得的特性可以遗传。但是他认为，随机变异和选择更重要。达尔文更明显的错误是认为父母的特点将融合到后代体内。他已经意识到，如果遗传确实会牵涉到父母特性的融合，那么它对于通过自然选择方式进行的进化来说就是一个障碍。因为如果父母有一方带有有用的新特性，这一特性将在后代体内被冲淡。尽管意识到了这一点，他却没有想清楚原因。

白化毛足鼠

色彩线索

达尔文知道，患有白化病的毛足鼠和正常毛足鼠交配后，下一代的颜色不会发生混合。他还发现了一些其他的例子，但认为它们只是例外情况罢了。

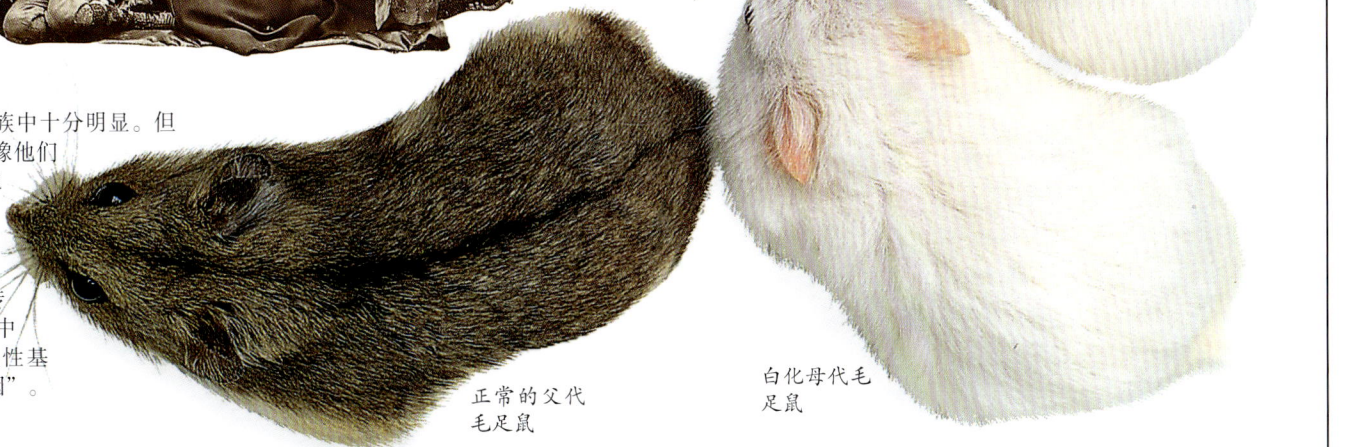

家族特征

遗传在大多数家族中十分明显。但是，孩子往往不像他们的父母，而是像他们的祖父母或其他亲属。达尔文对此感到困惑，但后来遗传学家意识到这其中起作用的是"显性基因"与"隐性基因"。

正常的父代毛足鼠

白化母代毛足鼠

生存斗争

很多动物每年产卵数以百计。但这些卵所孵化的幼崽当中，只有极少数成活——对于博物学家来说，这是一个显而易见的事实。1833年，诗人阿尔弗雷德·丁尼生男爵写道："上帝和自然是否不和？大自然制造的噩梦是那样多。她似乎仅仅关心物种，而对个体的生命毫不在乎。"达尔文知道动植物会大量死亡，但很多年后他才意识到，这种生命的损失可能就是进化背后的驱动力。自然学家兼牧师托马斯·马尔萨斯于1798年出版了《人口原理》，该书认为万物的增加远远快于粮食的供应，而且对于人类而言，人口数量只有靠饥荒和疾病来控制。达尔文一读到这本书，自然选择的观点在他脑海中瞬间闪现，使他立刻明白了先前所观察的各种结果。

饿死穷人

托马斯·马尔萨斯牧师是一位慈祥的人，但他的文章在英国推动了残酷的新《贫困法》的出台。根据马尔萨斯的理论，从长远来看，救济穷人只会使贫困状况加剧，因为受到救济的穷人又会生更多的孩子。

蒲公英花

簇绒状的种子

运气与幸存

一朵蒲公英花可以产出几十粒种子。种子是否能够掉落在一处好地方，机遇显然起着决定性作用。但对于那些生存下来的种子来说，新的斗争即将开始：争夺湿度、光线和空间。在这些比赛中，机遇所扮演的角色较小，植物的自身素质显得更加重要。

即将散播种子的蒲公英花球

种子飞散后的蒲公英花球

一个蒲公英花球上的数十粒种子

猎人和猎物

一头消瘦而饥饿的北极熊在雪地里追逐一只灵巧的北极狐。生存竞争最重要内容之一是吃饭的需要以及避免被其他生物吃掉。

空间争夺

像大多数海鸟一样，鲣鸟筑巢时易受捕食者袭击，所以它们只在面积很小的布满岩石的岛屿上筑巢，那里没有老鼠和狐狸摧毁它们的鸟蛋和幼鸟。由于合适的岛屿很少，它们总是挤在一起。动物之间对于筑巢点的竞争是"生存斗争"的另一种表现形式。

初次来到这个广阔世界的幼蛙

血红的牙齿和利爪

诗人阿尔弗雷德·丁尼生男爵于1833年写了一本诗集《悼念》，比达尔文的《物种起源》早出版25年。它包括令人难忘的诗句"自然血红的牙齿和利爪"。这句话后来也被用来象征人们对自然选择观点的仇恨。

卵

青蛙的卵

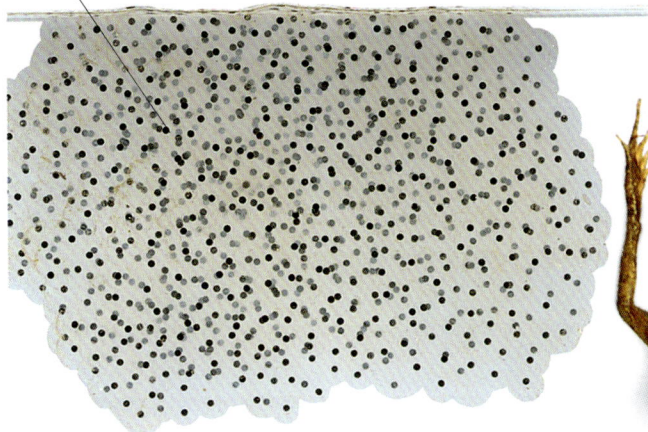

数字游戏

青蛙每年可以产卵数百枚。显然，其中大部分卵或蝌蚪死亡了。有些卵和蝌蚪被真菌杀死，有一些则是被捕食者吃掉。其他的死于食物缺乏。

成年青蛙

自然选择

进化是如何发生的？查尔斯·达尔文的答案是通过"自然选择"。他认识到，同一物种的个体之间总有一些变异，有些体型稍大，有些毛皮厚一点，还有一些腿稍长。从某种意义上说，机会对于决定哪些能够生存起到一部分作用，但是个体的特点有时也必然起一定作用。腿较长的动物可以跑得更快，从而能逃避捕食。毛皮较厚的动物则可以度过严冬。只有那些有机会生存下来的才会生产下一代——这就是遗传的重要之处。如果稍长的腿部或稍厚的毛皮能够传递给后代，那么下一代中会有更多的动物拥有这些有用的特性。历经几百代，这些小的变化可能会累积起来，形成较大的显著差异。达尔文提出，这一进程会产生适应性，而且只要时间足够，还能产生新的物种。

伟大的头脑
1858年英国博物学家阿尔弗雷德·华莱士写信给达尔文，请他给自己的一篇短文提意见。这篇文章也提出了自然选择的观点。华莱士还不知道，达尔文已经思考这个问题20年了。于是，二人匆忙联合出版了相关著作。

死于严冬
这只鹰死于寒冷和食物匮乏，它已经永远失去了生育下一代的机会。另外一只鹰有着较厚的羽毛，或更好的狩猎能力，则可活到第二年春季生产下一代。

浅色树皮上的飞蛾

英国19世纪时的工业污染

伪装色

这只布满斑点的蛾子白天栖息在树干上。它长着灰白杂色的翅膀，而树干上则长着地衣。蛾子的翅膀有着很好的伪装色，保护它不被鸟吃掉。但是污染使地衣消失了，而且随着工业的发展，树干被工厂烟囱喷出的烟尘熏黑了。颜色更深的斑点蛾由于发生突变而产生了，并且具有更好的伪装形式。渐渐地，颜色更深的蛾子变得越来越多。

深色树皮上的飞蛾

性选择

除了自然选择，达尔文还确定了另一种重要的进化机制：性选择。动物交配的时候，对于性伴侣是很挑剔的。通常是雌性选择雄性，或是雄性通过搏斗获得对雌性的控制权。只有被选择为性伴侣的动物才有机会把自己的特征传递给下一代。

雄性孔雀的尾部羽毛

花朵

争取交配权

每年来到海滩繁殖的象海豹中，只有少数雄性能够获得一片领地。这些领地的拥有者，将一群雌象海豹聚集在一起，成为自己的"后宫"，与它们进行交配。这种性选择可以使雄性变得体型巨大，勇猛有力。雌性象海豹只有雄性体型的一半还不到。

"喂了肉食"的植物会开出更多的花，也就能产生更多的种子，从而有更多的后代

这是怎么发生的呢？

自然选择可以使皮毛变得较厚，或是腿变得更长，这都容易看出来，可它如何使全新的特性产生呢？在任何情况下，自然选择都必须有的放矢，比如对于某种现有的特性进行修改，以产生新的特性。

蓬勃生长

放在叶片上的肉

有吸引力的尾巴

雄性孔雀向雌性展示尾部，而雌性孔雀则会选择尾部最漂亮的雄性。最初，可能是鲜艳的羽毛得到青睐，但这个过程一旦开始，羽毛的色彩和图案会变得越来越复杂。

很少开花

没有"喂肉食"的植物

饥饿的植物

茅膏菜（捕虫草）的树叶已经进化成为一种捕虫陷阱。它们生长在土壤贫瘠的沼泽中，偶尔淹死在它们潮湿的树叶上的小昆虫为它们提供额外的矿物质。自然选择会有利于那些能够获取这种额外营养的植物。如果某个植物出现了黏性的叶片，它就会比别的植物长得更好，因为小苍蝇会粘在叶片上。达尔文用茅膏菜做过实验，给其中一些放小块的肉，但不给另外的提供任何"肉食"。那些获得肉食的植物长得更快，而且开出了更多花，结出了更多的种子。

理解适应性

威廉·佩利
（1743—1805）

任何博物学家都可以很清楚地看到，任何植物和动物都很会适应当地的气候和生活方式。达尔文提出，这些适应是自然的结果。但是，此前已经有了关于适应性的非常有说服力且广为接受的理论"自然神学"将所有的适应性都解释为造物主的杰作。英国牧师威廉·佩利所著的《自然神学》，最充分地表达了这种思想。好在两种对立的理论各自都可以根据事实进行验证。

佩利的手表

在《自然神学》的开头，威廉·佩利用一个例子来证明他的基本观点。他想象自己走过一片荒地，手表的存在可以证明，有制造它的钟表匠。接着佩利拿手表和一只动物进行类比。正如手表证明了钟表匠的存在，因此动物（或植物）就能证明造物主的存在。

叶口蝠的面部

造物主设计的回声？

蝙蝠通过发出非常高频的声音，并倾听回声为自己导航。有些蝙蝠具有构造精致的鼻叶，以传递声音。事实上，在各种蝙蝠身上，有许多"雷达装置"，而且从简单到复杂之间有一系列过渡形态。这使生物学家确信，这些功能可以而且已经通过自然选择进化产生了。

目的是什么？

受到自然神学的启发，博物学家开始从每种生物身上寻找上帝所怀的"目的性"，而这是一项艰巨的任务，特别是对于害虫来说，比如老鼠和跳蚤。在达尔文看来，"任何动物"唯一的目的就是生存和繁衍。如果某个生物个体能做到生存和繁衍，那么它就成功地把自己的特性传递给了下一代。

欧洲鼹鼠

细长的手和指骨支撑翼膜

同样的骨骼

蝙蝠的翼和鼹鼠粗短的手臂，与所有哺乳动物的前肢一样，具有相同的一组骨头。这种惊人的相似性只能说明一个道理，这些动物来自同一个祖先。

用于挖掘的强壮的前肢

叶口蝠

远非完美

根据自然神学，生物的适应性改进应完美无缺。而根据达尔文的理论，适应性总是受限于植物或动物的祖先，因为自然选择只能在现有的原材料基础上起作用。如果原材料对于生存目的并不理想，或自然选择尚未有足够时间起作用，那么适应性的改变将不会那么完美。

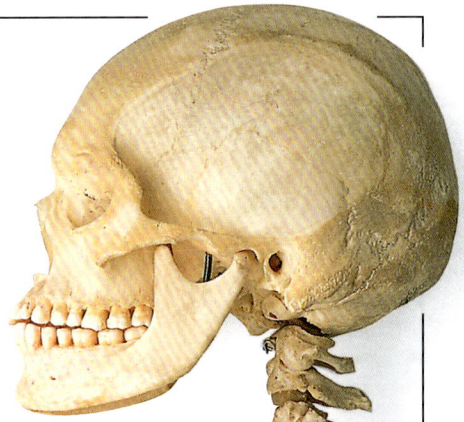

熊猫的爪子

熊偶尔会攻击其他动物

熊猫的拇指

熊大多是杂食动物，它们的爪子有5个很短的"手指"。大熊猫自熊演化而来，它吃竹笋，需要拇指抓握竹子。而实际上，大熊猫也进化出了一个拇指，但它很短，尚不完善，是从腕部凸出来的。看来，熊掌太"专业化"，自然选择难以"逆转"其基本任务，无法进化出真正的拇指。于是，熊猫就从腕骨那里长出了一根假拇指。

假拇指

仍在适应

许多人有腰背痛，或是臀部、膝盖、脚部的问题，而手臂的疼痛则很少见。以达尔文的理论来看，这其中也蕴含着道理。在哺乳动物中，人类是罕见的直立行走的物种。化石证据表明，我们直到500~800万年之间，才开始尝试直立行走。人类的背部和腿部还没有时间完全适应这种姿势。

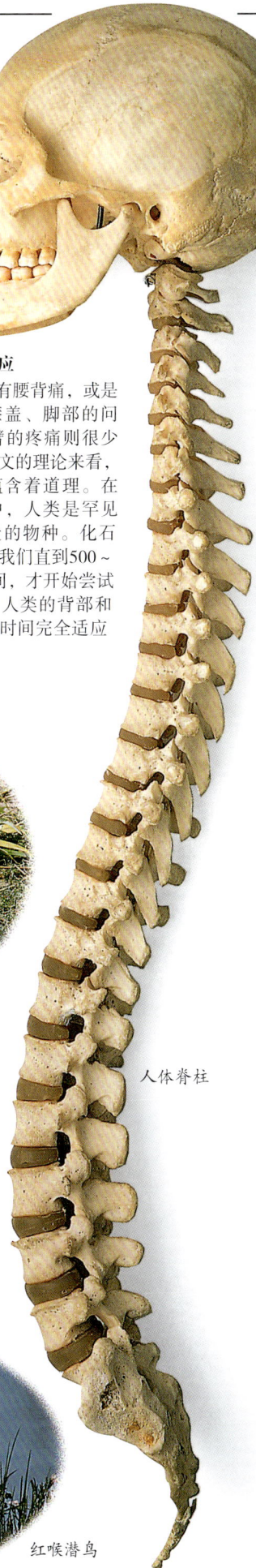

人体脊柱

军舰鸟

王企鹅

军舰鸟拼图

达尔文指出，军舰鸟和斑胁草雁都长有脚蹼，但它们都不涉水。他解释说，它们都是水鸟的后代，脚蹼是其祖先遗留下来的。

大熊猫

设计问题

潜鸟几乎无法在陆地上行走（下图），因为它们的腿太靠后了。大多数潜鸟的腿都比较靠后，因为这是提高游泳效率的最佳位置。企鹅（左图）通过采用直立行走的方式已经解决了这个问题。而潜鸟假以时日也能学会直立行走。如果存在"钟表匠"，那么他可能一开始就会让它直立行走，或是在其身体中间再加两条腿。

红喉潜鸟

新物种如何形成?

虽然达尔文将自己的书命名为《物种起源》，但书中很少提到新的物种如何出现。事实上，他把物种起源的问题看成"谜中之谜"。一般说来，大多数新物种的产生，是由于某个种群与同类分离，尤其是当这个种群生活的环境与亲代不同的时候。在新的环境条件下，或者仅仅因为它们被隔绝开，某个种群可能会开始朝不同的方向发展，并可能发展成为一个新的物种或亚种。随着时间的推移，该亚种可能发生较大的变化，甚至两者之间无法再杂交。一旦发生这种情况，二者就属于两个不同的物种了。有时，新的物种也可能以其他的方式出现，而无须任何地理上的隔离。

布冯
法国的乔治·布冯第一个将物种定义为一组具有潜在的杂交能力且不能与其他物种杂交的群体。

银鸥（*Larus argentatus argentatus*）

小黑背鸥（*Larus fuscus graellsi*）

一个物种还是两个?
银鸥（左图）和小黑背鸥（右图）都是居住在东西伯利亚的海鸥的后裔。这些海鸥的祖先分散到东部和西部。随着时间的推移，迁徙的两只海鸥在地球的另一端——北欧碰面了。这两种鸟已经较其祖先产生了很大的改变，除了在极罕见的情况下，它们从不杂交。

环物种
每一个银鸥的不同亚种都与近邻的亚种杂交，小黑背鸥也是如此。在东西伯利亚，银鸥与那些所谓的小黑背鸥邻居杂交，但后者也可以称为银鸥。这些海鸥形成了一个"环物种"，并显示了新的物种如何通过积累小的变化而产生。

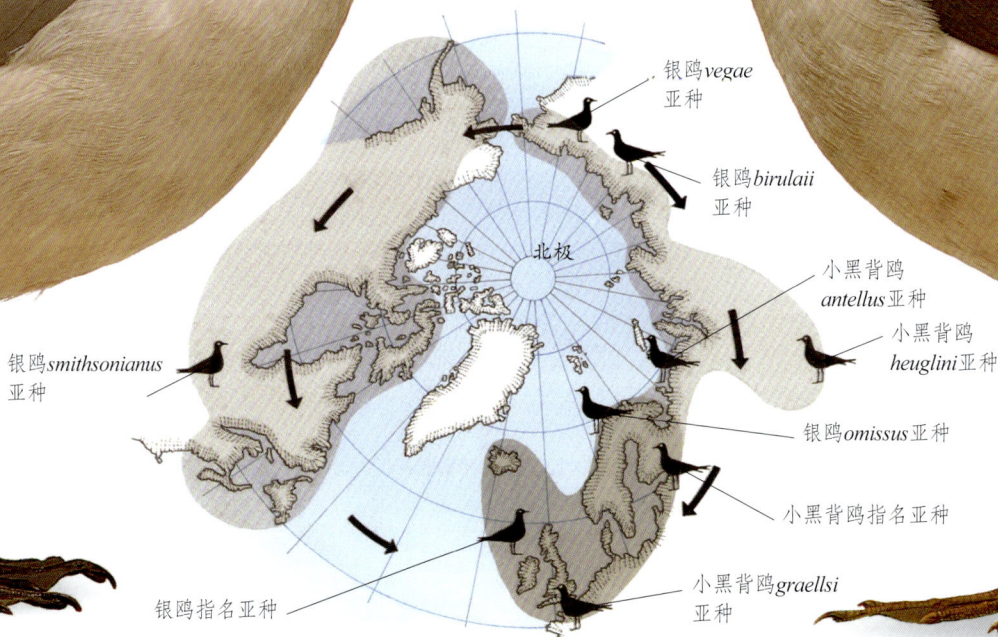

银鸥*smithsonianus*亚种

银鸥*vegae*亚种

银鸥*birulaii*亚种

北极

小黑背鸥*antellus*亚种

小黑背鸥*heuglini*亚种

银鸥*omissus*亚种

小黑背鸥指名亚种

银鸥指名亚种

小黑背鸥*graellsi*亚种

隔离机制

在隔离环境中，新的物种可能产生，但往往会迁回到原物种生存的地方。这两个物种可能仍然存有足够的相似性，能够交配并繁育后代，但是它们的杂交后代是不育的。对于原物种来说，进行这种杂交是一种时间和精力的浪费，因此它们只接受自己的物种作为伴侣。动物通过利用气味、声音、色彩或行为来作为识别信号。这些信号能够保持物种分离，被称为"隔离机制"。

棕柳莺   林柳莺   欧柳莺

不是一个，而是三个
英国博物学家吉尔伯特·怀特第一个注意到棕柳莺、欧柳莺、林柳莺是三个不同的物种，而不是同一个物种。林柳莺略大，羽毛鲜亮，但棕柳莺和林柳莺看起来几乎一模一样。但是，这三种鸟的"鸣唱声"却截然不同。因此鸣叫就成了一种隔离机制，将从其他物种隔离开。

选择伴侣
蝴蝶在白天飞行，通过身体的图案和颜色识别潜在的配偶。而飞蛾是在夜间飞行，则更多地依靠气味来辨别伴侣。对于许多物种来说，也存在一些内部机制防止不同物种之间杂交。

南美甜油彩裙绡蝶交配

选对伴侣
这些蝴蝶都正确地选择了配偶，但情况也并非总是如此顺利。因为隔离机制和适应性一样，是一种进化的产物，并不一定完善，因此也会偶尔产生错误。

亚洲凤蝶交配

伴侣的气味
老鼠和许多其他哺乳动物靠体味识别同类。而另一些物种则使用特殊的求偶仪式。它们使用这种仪式来辨别同类，确认找到了正确的伴侣。

分离
狄奥多西·杜布赞斯基与T.H.摩根合作研究果蝇，对遗传学和进化理论的综合作出了贡献。他提出了"隔离机制"这一术语，专指用于防止不同物种之间交配的生物屏障。

过渡生物

达尔文认为，自然选择可以产生适应性，但它能否使海洋动物变成陆地动物，或是将不会飞行的动物变成能飞行的动物？一些过渡性物种的化石被我们发现，有助于回答这个问题。如肺鱼和卵生哺乳动物，不是现如今生活在世界上的其他动物的祖先，但它们可能与那些动物的祖先有关，或可能有着类似的进化道路。对肺鱼而言，与化石的比较表明，在3.8亿年前，曾有许多已经灭绝的肺鱼和其他能呼吸空气的鱼生活在地球上。化石表明，四足动物结构的演化源自某种鱼类，它们有成对的肌肉强大的鳍，比如澳洲肺鱼，不过后者仍主要在水中生活。因此，这些鱼是预先有了适应性演化，产生了四足动物的四肢，后来才走上陆地生活。而说起任何重大的转变，比如从生活在水中变为生活在陆地上，要求动物获得多种特性——用于呼吸空气的肺和在陆地运动的肢体。

渐进滑翔

飞鼠可以从一棵树到另一棵树滑翔。滑翔的动物可能是普通树栖动物在跳跃的时候逐渐获得了某些皮翼，而渐渐演变出来的。此后，一些滑翔动物可能演变成鸟和蝙蝠等飞行动物。

奥萨·格雷（Asa Gray，1810—1888）

美国进化论者奥萨·格雷也探讨过过渡状态的问题。达尔文写信给他："想到目前人眼睛的功能让我不寒而栗，但是当我想到已知的演进等级，我的理智告诉我，应该征服这种不寒而栗的想法"。

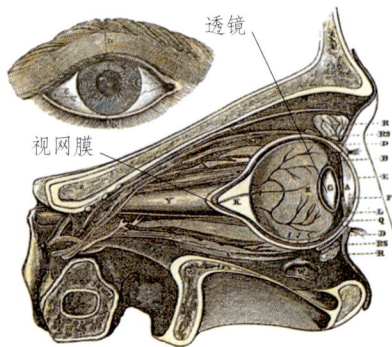

精细的进化等级

最简单的眼睛只不过是一团光敏感细胞。它们所能做的只不过是区分黑暗和光亮。更高等的动物进化产生了透明的镜头，可以将光线聚集到感光细胞上，从而形成了现在的视网膜。

透镜

视网膜

飞鱼

达尔文观察到飞鱼"在空中滑翔距离很远，并能借助拍打鳍的动作略微上升并转向"。谁又能料到，"在其早期过渡状态，它们曾不得不完全依赖其原始的飞行器官（鳍）来逃避被其他鱼吃掉？"

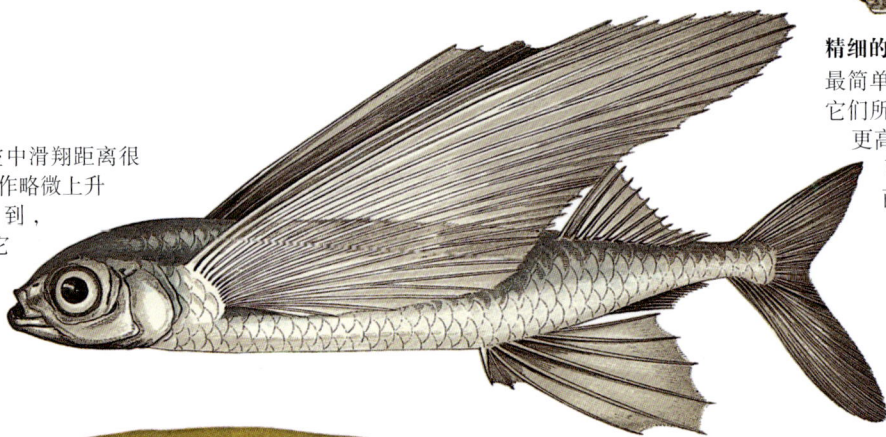

澳洲肺鱼（下图）

肺鱼目前只有6种，可以在水塘表面呼吸空气，这让它们可以生活在氧气含量少的死水中。

激烈的反对

为了自身防御，气步甲喷射出有毒液体。反进化论者声称，当两种化学物质混合在一起，就会发生爆炸，产生喷射反应，而每一种化学物质自身是无用的。这种观点并不正确。这两种化学物质是一起产生的，只有在酶的作用下，它们才会产生反应。这两种化学物质及酶在动物活体内也有其他用途，并不仅仅是为了产生这种喷射反应。它们已经存在，只等自然选择对其产生作用。

气步甲

这两种化学物质都在这一腺体内产生

这里生产出酶

防御系统示意图

化学物质储存室

喷射

爆炸室

甲虫截面

卵生哺乳动物

针鼹不是哺乳动物的直接祖先，但它们表明，哺乳动物在哺育后代之前，先产生了温血、有皮毛、产乳等特性。卵生哺乳动物的存在，支持了哺乳动物是从爬行动物进化而来的化石证据。其他的证据来源，如解剖学或DNA和蛋白质上的比较，也表明了同样的进化路线。

小针鼹幼崽在母亲的育儿袋中

发展成熟的腿可以行走

多鳞铜蜥
（ *Chalcides polylepis* ）

缩小的腿部

楔鼻石龙子（ *Sphenops sepsoides* ）

普通铜蜥（ *Chalcides chalcides* ）

失去双腿的石龙子

在铜蜥（一种石龙子）身上可以看出从正常蜥蜴到无腿蜥蜴的进化过程。这说明了蛇是如何逐渐从有腿的爬行动物进化来的。第一阶段可能是爬行动物的腿变得越来越小，但仍然有跑动的功能。这些铜蜥有时候可以不用腿行走，只是伸直双腿，使腿与身体平贴着。这使它们能够通过蠕动穿过草丛，或是钻入岩石中狭窄的裂缝。

极小的腿

腿的遗留痕迹

昆氏铜蜥
（ *Chalcides guentheri* ）

针鼹产下的类似爬行动物的卵

针鼹

过渡生物化石

古象
这具3 500万年前的始乳齿象（*Phiomia*）化石（这里是艺术家所描绘的复原图）。

像活着的过渡生物一样，过渡生物化石也能揭示出新的种群如何从现有种群中产生。不过完整的过渡生物极其罕见，找到某种现存种群的实际祖先的概率非常小。科学家希望找到的最好证据，是一个与这种物种祖先有关系的化石。这意味着要想重建过去的活动，必须做一些猜测。有关物种如何演变的观点经过了反复论争，受到许多质疑。每当发现新的化石，它们都被用来检验过去已有的理论，或者确认，或者推翻。有助于揭示进化过程的化石中，就有早期青蛙的化石（下图）。青蛙化石表明，宽大的头骨比长腿出现得更早。宽大的头骨和嘴是在水下捕捉快速移动猎物的典型特征，这一特征似乎指引了青蛙进化的方向。

艺术家描绘的5 000万年前的小古猫（*Miacis*）

走到半路
小古猫化石骨架表明，它的进化导致了貂和鼬的产生。小古猫化石在由德国古代茂密的森林所演变的煤层中被发现。

艺术家绘制的2 000万年前的古海狮（*Enaliarctos*）复原图

古海狮
另一个古海狮的化石揭示了类似狗的祖先如何进化成了海狮。

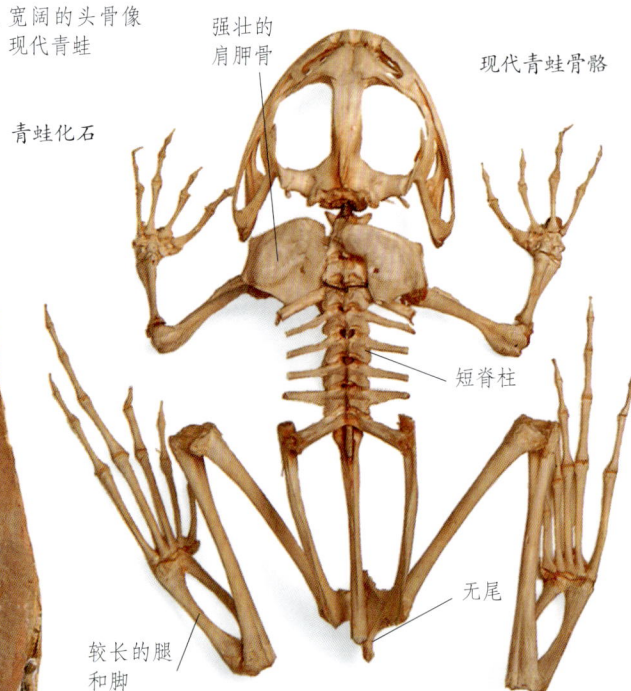

宽阔的头骨像现代青蛙

青蛙化石

后腿长

尾巴短

强壮的肩胛骨

现代青蛙骨骼

短脊柱

无尾

较长的腿和脚

跳跃
青蛙是从蝾螈类动物进化来的，这种动物像鱼类一样，靠身体侧面摆动游动。在陆地上，它们开始行走。青蛙化石表明，早期青蛙可能会捕捉水中活动的猎物。这就带来了快速游泳的需求，青蛙发展出了更长的腿，从而为跳跃铺平了道路。

嗜鸟龙（*Ornitholestes*）——
骨骼非常像始祖鸟的小恐龙

从恐龙到鸟

始祖鸟（*Archaeopteryx*）化石是已知最古老的鸟化石之一，始祖鸟在解剖学上与小型两足恐龙等非常相似，但是始祖鸟的两翼有羽毛。19世纪后期，托马斯·亨利·赫胥黎认为，始祖鸟综合了爬行动物和鸟的特征，说明它可以作为达尔文进化论的第一个化石证据。带羽毛恐龙的发现，把鸟类进化自恐龙的观点变得无可争议。

艺术家描绘的始祖鸟
滑翔图

翼上的羽毛

翼上的羽毛

翼骨

翼骨

部分脊椎

腿骨

尾骨

脚

尾部羽毛的鲜明印记

始祖鸟化石

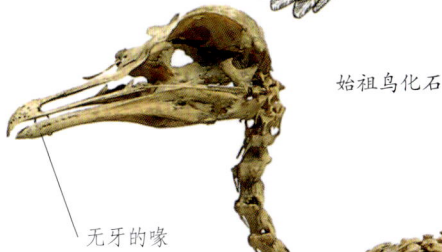

无牙的喙

轻质中空的骨头

现代鸟类

虽然始祖鸟有飞行的羽毛，它飞起来仍有难度。是什么原因导致在飞行能力形成之前演化生长出羽毛？许多科学家现在怀疑某些恐龙是温血动物。小型的温血动物需要保暖，所以身体上有羽毛——虽然只不过是一堆乱七八糟的爬行动物的鳞片。此后，在保暖用的羽毛的基础上，演化出滑翔用的羽毛。

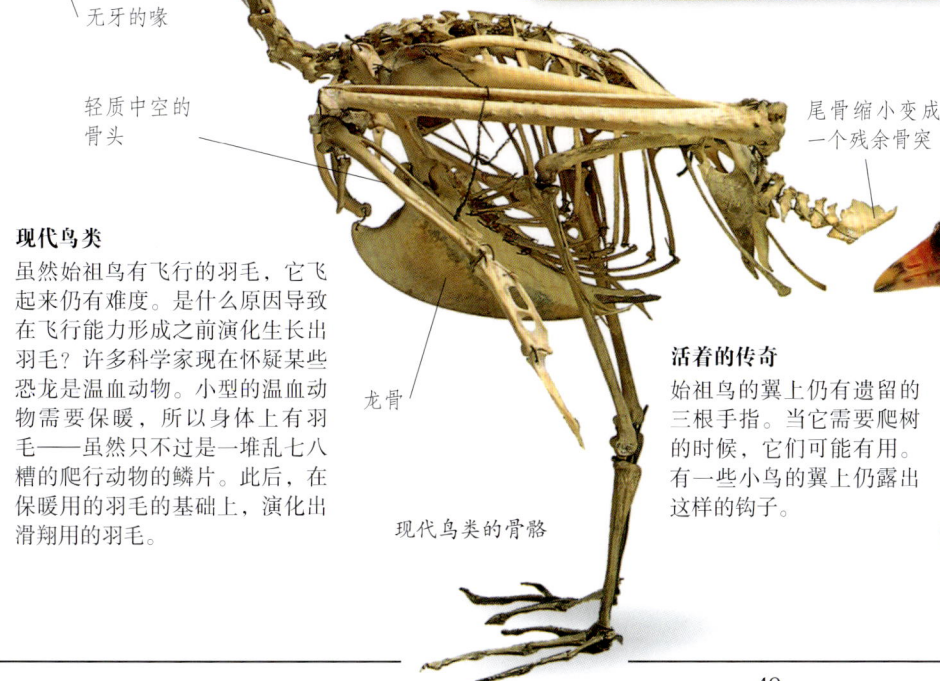

龙骨

现代鸟类的骨骼

尾骨缩小变成
一个残余骨突

活着的传奇

始祖鸟的翼上仍有遗留的三根手指。当它需要爬树的时候，它们可能有用。有一些小鸟的翼上仍露出这样的钩子。

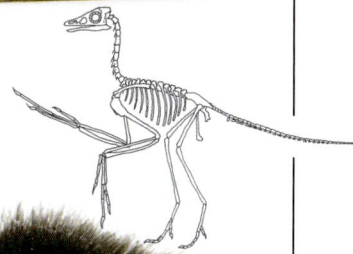

始祖鸟类似恐
龙的骨架

黑水鸡幼雏

翼钩

跳越和间隔

虽然已经发现了许多中间过渡生物化石，其间仍有很多跳越和间隔，但不是全部可以解释。最令人费解的是，在寒武纪突然出现了许多新的和相当复杂的动物。人们仍然没有完全弄清其中的原因，但科学家在不断研究这个问题。第二个难题是在古生代和中生代结束时期化石的戏剧性变化，现在已经有了相当充分的解释。第三个问题是许多种群之间缺乏中间的过渡生物，特别是在过渡到无脊椎动物的时候。似乎中间过渡阶段的生物比较少见，也许是因为变化发生得比较迅速，而且只发生在世界上的某个较小区域。这意味着，只有极少的过渡生物能够成为化石。

寒武纪大爆发
这个节肢动物化石发现于加拿大落基山脉的布尔吉斯页岩中，属于古生代开始时的寒武纪。

充满变化的时代
三个主要的地质时代（前寒武纪、古生代、中生代），每个都包括几个主要的地质时期，这三者之间的差异更大。相邻地质时代之间化石的主要差异是由大规模物种灭绝造成的。

中生代的终结
亚利桑那州的陨石坑是许多影响了地球及地球生命的撞击事件的最新例子。中生代结束于6 500万年，当时发生了一个重大的灭绝事件，这与一个巨大的直径11千米的陨石撞击墨西哥湾同时发生。地球生命被摧毁，鹦鹉螺和恐龙等生物发生了群体灭绝，只剩下较小的带羽毛的恐龙，即我们所知的鸟类。

含有贝壳和三叶虫化石的岩石

2 中生代
三叠纪岩石中含有菊石，属于中生代时期，即恐龙生存的时代。6 500万年前这个地质时代结束时，当时地球上60%的物种灭绝了。

1 古生代
这一块石头来自古生代志留纪时期。这个时代结束于2.51亿年前，当时超过90%的物种灭绝了。大气和海洋所发生的戏剧性变化有可能是造成这一切的原因。

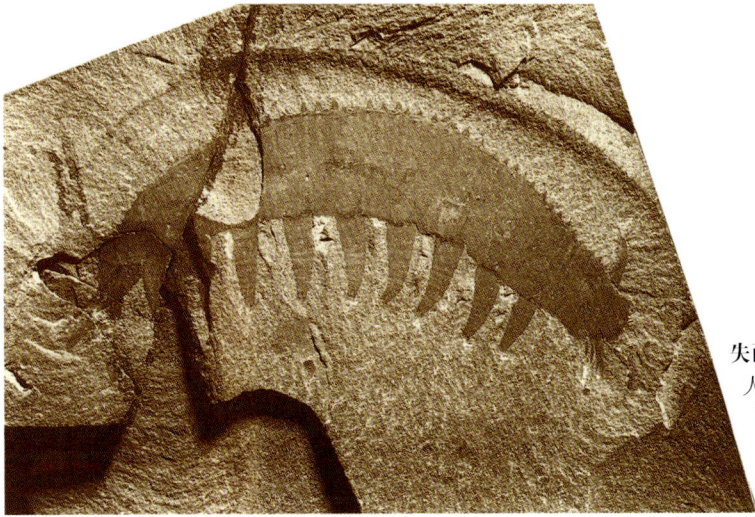

失而复得

人们曾以为腔棘鱼已经灭绝了。所有已知的腔棘鱼化石都有2亿多年的历史了。可是，在1938年，一条活的腔棘鱼从海里被捕捞上来。如果腔棘鱼能够生存2亿年而没有留下任何化石，那么生命进化的过程中某些步骤缺乏记录也就不奇怪了。

难以辨认

河鸟（下图）靠跳入水中获取食物，它看起来像是陆地鸟类。但它适应水下生活的特性尚未出现。如果它们灭绝了，没有人会通过其化石猜得到它们原本是如何生活的。

伯吉斯页岩层中的野兽

我们没有理由怀疑，寒武纪动物就像这个伯吉斯页岩中的化石一样，是前寒武纪生命的后裔。所有生物都由同样的基本化学物质和相同的遗传密码联系在一起。

软体动物化石印迹（左图和下图）来自澳大利亚的埃迪卡拉山

灭绝已久

前寒武纪岩石中的这些软体动物（右图）恰恰生活在寒武纪之前，被称为震旦系动物群。

3 新生代

这块石头（右下图）上面有鱼化石来自第三纪，是新生代的一部分。我们现在仍处于新生代，这个时期哺乳动物和鸟类填补了恐龙消失产生的许多空隙。大灭绝后，一些幸存的物种进化成新的形式，重新遍布地球。

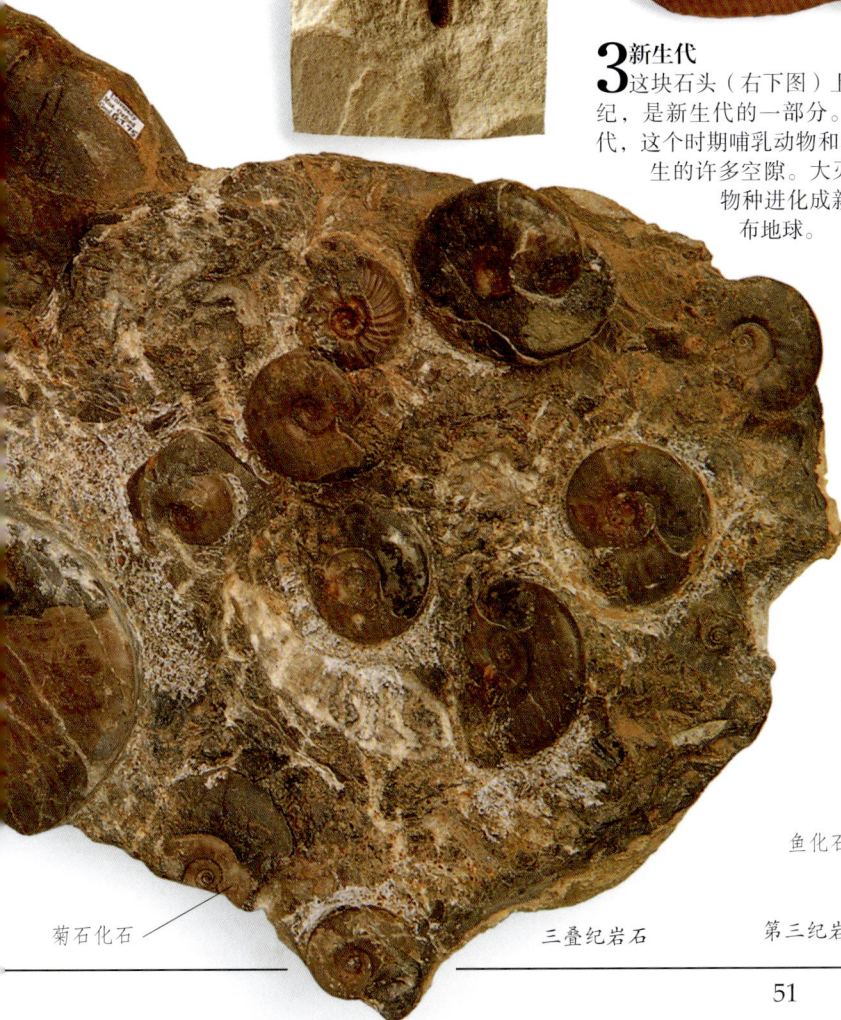

鱼化石

菊石化石

三叠纪岩石　　　第三纪岩石

阶梯和分支

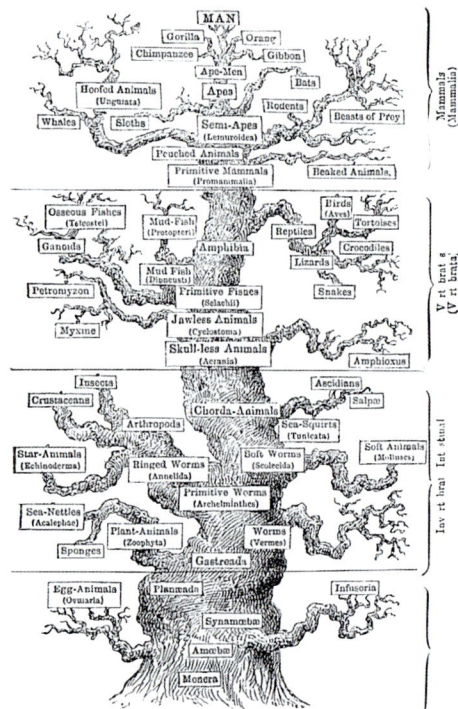

一切为了进步

恩斯特·海克尔充分发展了"进化即进步"的思想。他认为，自然刻意朝着最终目标前进，即人类。随着人们对于过去发生的事情了解得越来越多，这种想法越发显得没有道理。

在19世纪的欧洲和北美洲，"工业革命"改变了每个人的生活。社会生活的各个方面都在经历一个变革的过程。大多数人，尤其是当权者，认为所有这些变化都会带来"进步"，而进步一定是好的。达尔文本人并没有朝这方面思考，因为他知道，生物进化的实际并不太适合这种新思想。进化历史更像是一个不断分支的灌木丛，而不像是不断上升的阶梯。不过，达尔文并没有反对他的追随者，托马斯·赫胥黎和恩斯特·海克尔，这两个人都从进步的角度宣传进化论。这种观点迅速流行起来，直至今天仍有广泛的影响力。

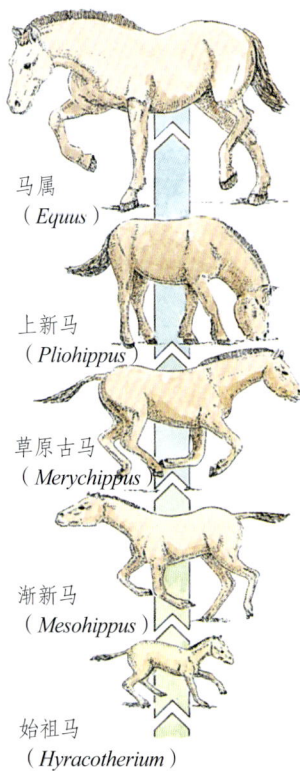

历史的回声

除了把人类放在进化的顶部，海克尔的进化树还包含了他的另一个理论：重演。他认为，胚胎在发育过程中，会经历其祖先所有的进化阶段。进化树最底端的五个"祖先"是根据胚胎发育的早期阶段描绘的。

奔驰

马的进化往往用这幅图来说明（左图），但是这个进化"阶梯"给出的是一个假象。进化并不走直线，而且并不总是稳步地由小变大，由简单变复杂。有关进化的一种更为符合实际的图景应该是一棵分支稠密的树（下图）。

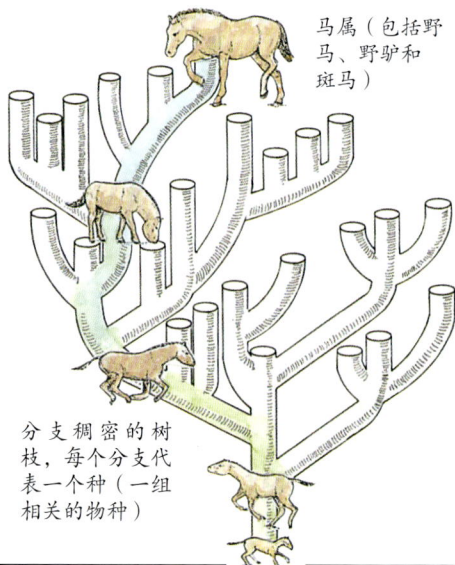

马属（*Equus*）

上新马（*Pliohippus*）

草原古马（*Merychippus*）

渐新马（*Mesohippus*）

始祖马（*Hyracotherium*）

马属（包括野马、野驴和斑马）

分支稠密的树枝，每个分支代表一个种（一组相关的物种）

人类消失的尾巴 （下图）

胚胎的早期阶段确实与有关的早期动物相似。例如，人类胚胎在大约4周龄时（下图）有一组平行沟——类似鱼鳃的缝。在这个阶段它还有一个尾巴，后来会消失。胚胎发育过程的确有时与进化的历史相呼应，但它并不会重复进化的每一步。

达尔文的斗犬

托马斯·赫胥黎是英国科学家，在许多公开场合辩论宣传进化论。他以达尔文的名义为进化论而战，不过，赫胥黎的灵感主要来自海克尔，他将达尔文的思想改成了"进步"的观念。

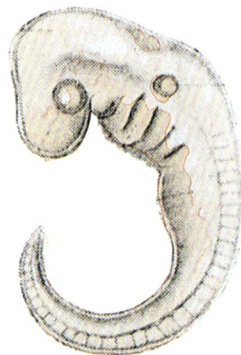

半翅目
（蝽、蝉）

蜉蝣目（蜉蝣）

蜻蜓目（蜻蜓、
豆娘）

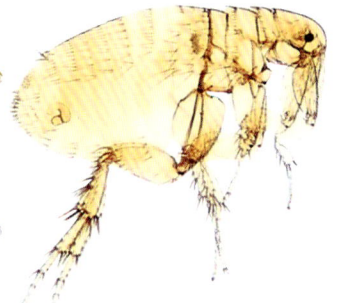

双翅目
（蚊、蝇）

襀翅目（石蝇）

毛翅目
（石蛾）

没用的翅膀

这幅显微镜图像显示出，跳蚤没有翅膀，不会飞，它们是从能飞的昆虫演变来的，为什么会丧失经历了数百万年才进化得到的东西？对于跳蚤的生活方式而言，翅膀很容易受到伤害，所以翅膀对它来说是种负担。

脉翅目（草蛉、蚁蛉）

膜翅目（蜜蜂、
胡蜂、蚂蚁、寄生
蜂、锯蝇）

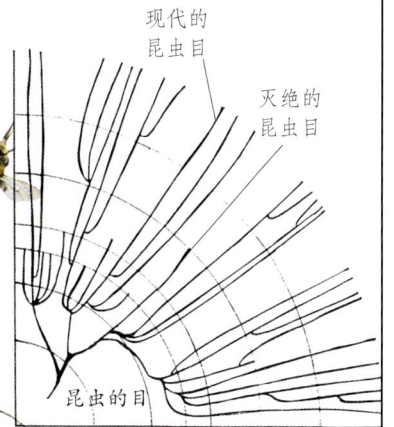

现代的昆虫目

灭绝的昆虫目

昆虫的目

昆虫"进化树"

会飞的昆虫出现在3亿多年前，很快进化形成了许多不同的形态。正如这棵进化树显示的那样，其中的一些分支物种灭绝了。今天，至少有28个目的昆虫，其中14个在此页都有说明。就像跳蚤的例子所表明的那样，进化并不一定是为了进步，而是为了适应和生存。虽然进化往往带来更大的体型和更高的复杂性，但这种明显的"进步"其实只是一个副作用。

鳞翅目（蝴蝶、蛾、
弄蝶）

蜚蠊目
（蟑螂）

革翅目（蠼螋）

竹节虫目
（螳螂、
竹节虫和
叶虫）

鞘翅目（甲虫）

直翅目（蚱蜢、蝗虫）

格雷戈尔·孟德尔

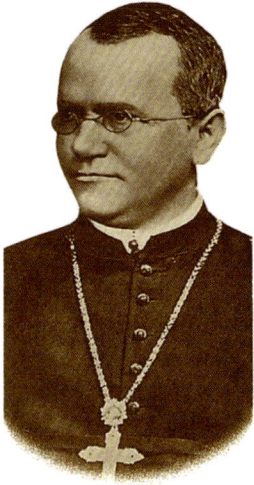

格雷戈尔·孟德尔
孟德尔虽然才华出众，可他是一对贫困农民夫妇的儿子，只有进入当地的修道院才可以继续科学研究。

格雷戈尔·孟德尔既是修道士又是物理学家。作为一个物理学家，他善于寻找能够用数学描述的简单定律，而这正好是研究遗传学的好方法。由启发性的猜测出发，孟德尔选择研究"非此即彼"的特性，比如豌豆种子的颜色。孟德尔的研究成果在1865年出版，可直到1900年才被人们理解，当时科学家又有了同样的发现。"孟德尔遗传学说"就此诞生了，并且在1909年，人们造出了"基因"（gene）一词，用来表示他所说的遗传微粒。起初孟德尔遗传学说似乎反达尔文主义，到了20世纪20年代，人们认识到，大多数特性都是由几十个基因控制的，每个都起较小的作用，加起来产生很大的影响。多个控制某个特征的基因可以产生许多小作用，但每个基因的作用方式又完全相同，起到的是"非此即彼"的作用。孟德尔遗传学说明确支持了达尔文的观点，二者的理论结合形成了一个新的理论——新达尔文主义。

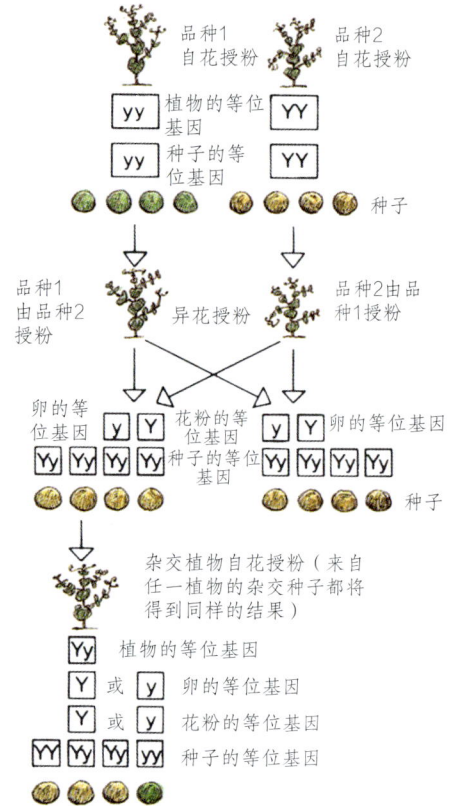

盆景
盆景树木和生长在恶劣环境中的树木一样，显示出外来力量对于大小等特征的影响有多大。为了研究遗传学，重要的是看到那些没有被外部因素影响的特性，或是保持外部因素完全一致的特性。

紫杉盆景，树身低于30厘米

重度修剪阻碍了树木发育

图中是一个普通的紫杉树枝，树身长到了25米

寻找基因

孟德尔研究了同一个物种的不同类型。他把具有鲜明特征的不同品种进行杂交，比如种子颜色明显不同的品种。他的实验结果表明，遗传不是简单地混合，而是受基因因素影响的。

红墨水

蓝墨水

杂交豌豆（左图）

孟德尔把绿色的豌豆种子和黄色的杂交。杂交后的所有种子都是黄色的。然后种下这些种子，且允许这些植物自花授粉。结果它们结出的种子有黄色和绿色两种，比例是3:1。孟德尔意识到，必须有某种遗传粒子（现在叫作基因），它们不能分裂或融合。在这种情况下，有一个基因控制种子的颜色，但这个基因有两个不同的版本（或称等位基因）。其中一个等位基因编码黄色，另一个编码绿色。每个种子都有两个等位基因，如果它们类型不同，种子就是黄色的：编码黄色的等位基因（称为显性基因）掩盖了编码绿色的等位基因（称为隐性基因）。

红色和蓝色墨水混合产生紫色墨水

红色和蓝色的珠子混合产生紫色的珠子；每个珠子代表一个控制花颜色的等位基因

红色珠子

蓝色珠子

混合特性

如果某个开红色花的植物品种与另一个开蓝色花的品种杂交，其后代通常有紫色的花朵。似乎效果和混合墨水相似。

墨水不能分离

分离颗粒（下图）

对于大多数的特性来说，每一个特性都涉及几十个基因，而不仅仅是一个，豌豆的颜色就是这样。每个基因都有某种较小的作用，但合起来它们可以产生显著的影响。把红色和蓝色的珠子混合起来显示了许多基因共同作用的结果，是一种遗传特性的混合，但这种结果只是表面现象。由紫色花的品种杂交育种还可以得到蓝色和红色的植物。就像珠子一样，这些基因可以重新被分离出来。

珠子和墨水不同，不同颜色的珠子可以重新分离出来

T.H.摩根（1866—1945）

托马斯·摩根于1907年开始研究果蝇。到了1911年，他的研究表明基因位于染色体上。他的工作有助于人们认识到，大多数特性都是由多个基因控制的。

在瓶中育成

果蝇比植物更容易研究。它们可以存放在瓶子里，繁殖迅速，而且它们的基因往往会自发变化（即"基因突变"）。通过对这些果蝇的研究，摩根设法找出了每一个基因在某个染色体上的特定位置。染色体位于细胞核中，是每个细胞的中心。

正常的果蝇

经过微小突变的果蝇

这种"白色微型分叉"有三个突变

正常的果蝇

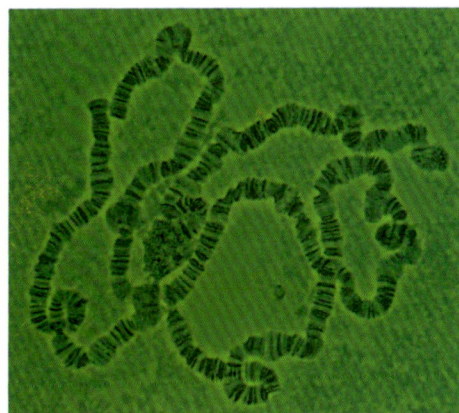

观察基因

研究果蝇对遗传学家还有额外的好处——它们的唾液腺中有巨大的染色体，因此这些染色体比正常的染色体更容易研究。染色体上的每个条纹都对应单独的基因座位，即位点。现在我们知道，基因由DNA组成。

解决DNA难题

X射线图
罗莎琳德·富兰克林利用X射线衍射研究DNA晶体。晶体散射X射线的方式揭示出晶体中分子的化学性质和结构。

到了20世纪20年代，人们已经清楚地认识到，携带基因的染色体包含脱氧核糖核酸（DNA）和蛋白质，可没有人知道哪一种是遗传物质。詹姆斯·沃森和弗朗西斯·克里克猜测，带有遗传物质的是DNA。他们于1953年获得了成功，而且正如他们所希望的那样，所发现的结构也揭示出遗传的机制。DNA分子像是一个梯子被扭曲成了双螺旋结构。梯子的每一级都由称为碱基的化学物质构成，每一级都有两个碱基（称为"碱基对"）。一共有四种不同类型的碱基（腺嘌呤A、胞嘧啶C、胸腺嘧啶T和鸟嘌呤G）。他们注意到，这使DNA能够分裂，并产生自身的完美复制品，而分子中的碱基顺序包含着遗传信息。

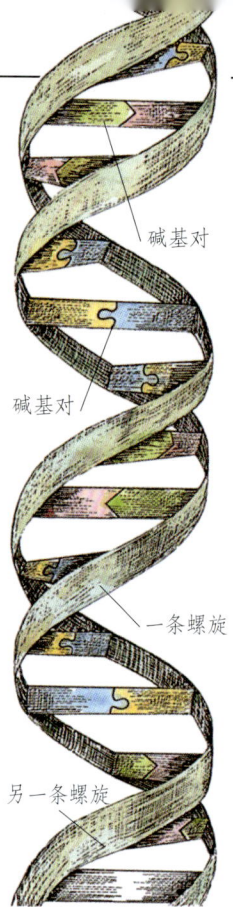

碱基对

碱基对

一条螺旋

另一条螺旋

双螺旋
此图显示了组成DNA分子的不同的碱基对。每个碱基只能与另外的一种碱基配对。

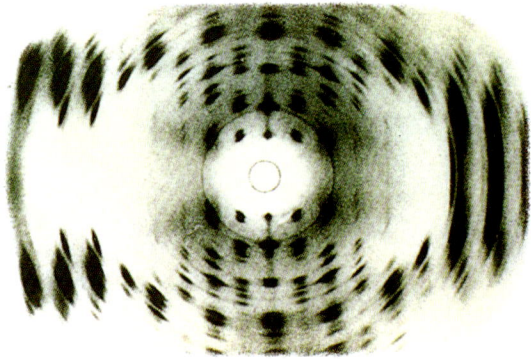

测绘分子结构
罗莎琳德·富兰克林的X射线衍射照片也显示，DNA中的糖和磷酸盐位于双螺旋外面。这为沃森和克里克提供了极其重要的信息。

生命的螺旋
为了自我复制，DNA分子需要进行分裂。随着碱基对分开，双螺旋也一点一点相互分开。然后新的碱基对在分开的两股上各自形成。由于每个碱基只能与另外的一种搭配，这样就可以确保原双螺旋的每一半都能制造双螺旋的完整精确的副本。这样一来，遗传信息就可以从上一代传递到下一代。

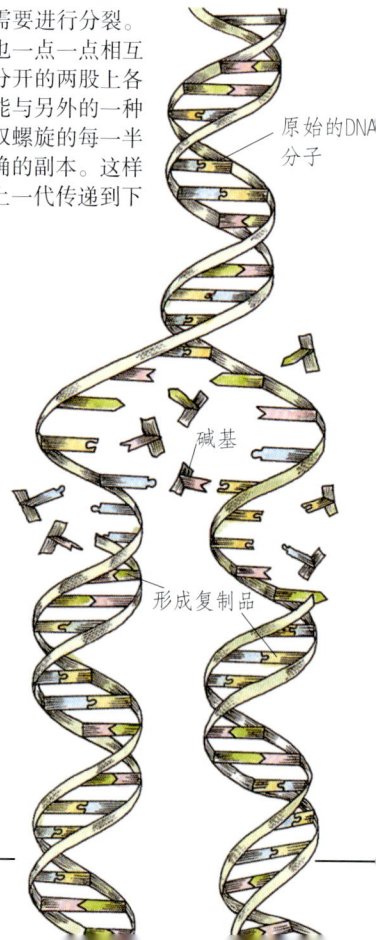

原始的DNA分子

碱基

形成复制品

成功的模型（左图）
这是詹姆斯·沃森（左）和弗朗西斯·克里克（右）于1953年提出的最初DNA分子模型的一部分。碱基的顺序携带大量的信息，而且可根据"遗传密码"翻译出来。

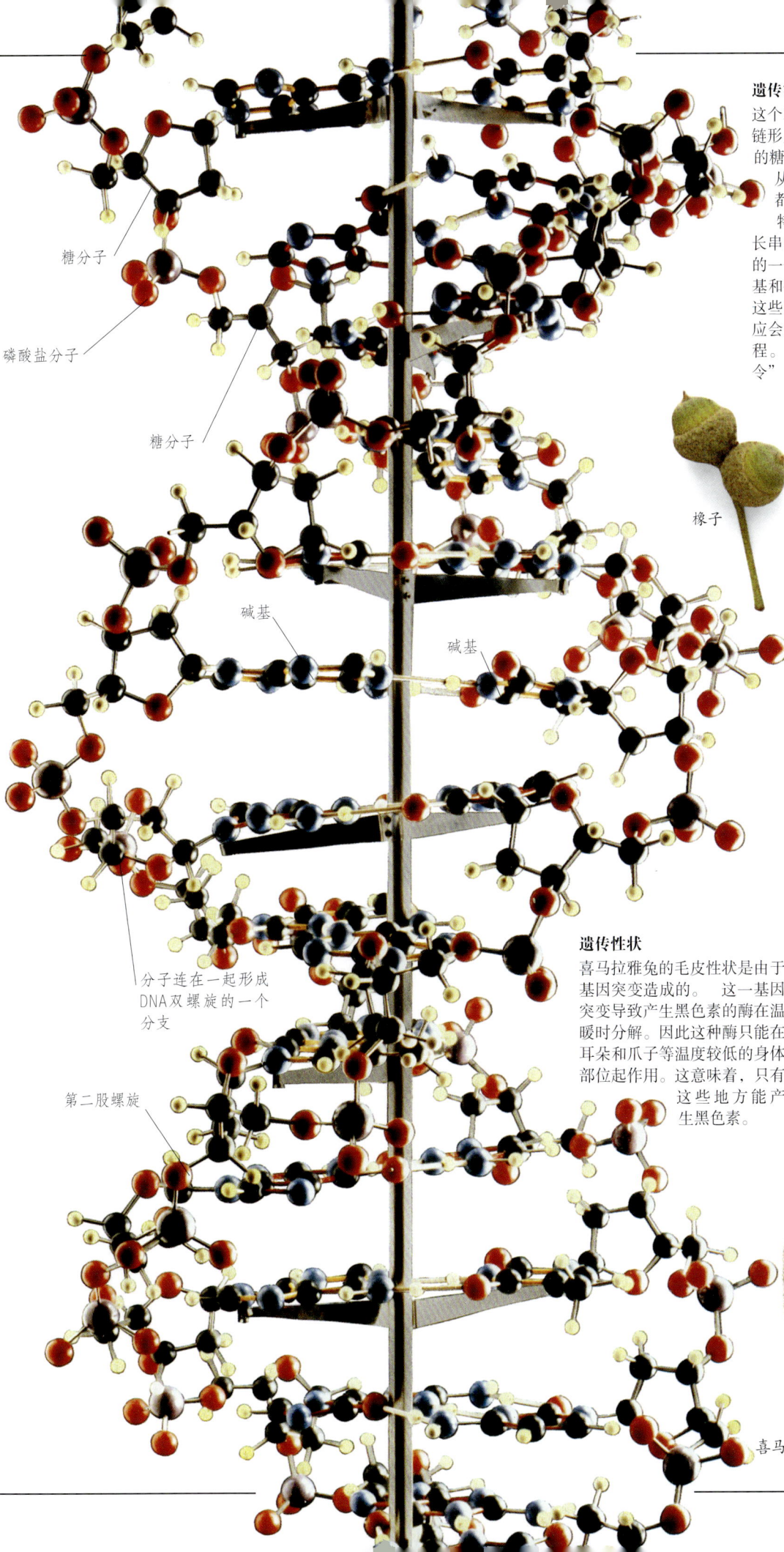

糖分子

磷酸盐分子

糖分子

碱基

碱基

分子连在一起形成
DNA双螺旋的一个
分支

第二股螺旋

遗传密码

这个现代的DNA双螺旋结构模型表明，两个长链形成了双螺旋的骨干，这两个长链是由相同的糖和磷酸盐分子构成的。只是其碱基不同。

从螺旋的一个特定地方开始，每组3个碱基都起到"密码子"的作用，并转化为一组特定的氨基酸。通过这种方式而产生的一长串氨基酸构成了蛋白质链。对于每个蛋白质的一个链来说，其中每个基因都包含数千个碱基和代码。这些蛋白质包括数千种不同的酶，这些酶控制生物体内所有的化学反应。这种反应会产生生长、运动、消化和所有其他生命过程。通过以酶和其他蛋白质的形式发布"命令"，DNA就能控制生命的各个方面。

橡子

有毒的橡子

由于DNA的差异，灰松鼠体内有一种酶，能够分解橡子的毒素，这样，它们在冬季就可以饱餐橡子。红松鼠缺乏产生这种酶的基因，就无法从橡子中得到多少益处。

遗传性状

喜马拉雅兔的毛皮性状是由于基因突变造成的。这一基因突变导致产生黑色素的酶在温暖时分解。因此这种酶只能在耳朵和爪子等温度较低的身体部位起作用。这意味着，只有这些地方能产生黑色素。

喜马拉雅兔

分子证据

科学家们发现，DNA本身及它所产生的蛋白质都包含有关进化的重要证据。如果两个新的物种由一个共同的祖先进化产生，那么它们的DNA及它们的蛋白质分子也会慢慢开始改变，建立起差异。差异的数量与它们分开的时间是成正比的。这一发现以及对此可能的解释是在20世纪60年代由日本科学家木村资生提出的。他提出，许多突变的影响既不算好也不算坏。他将这些称为"中性突变"。这种突变可能会改变蛋白质分子的某个氨基酸，但不影响蛋白质对动物身体的作用。木村资生的理论仍然存在争议，但是突变会依照固定的速率积累却是毫无疑问的。身体内部的分子会创建关于过去的纪录。这可以用来检查通过化石或生物结构的比较所得出的进化树的准确性。这一独立的证据来源在很大程度上证实了已经制定出的进化树，表明有关进化的科学思想是正确的。

DNA指纹图谱
DNA对于发现生物之间的关系究竟有多么密切非常有意义。这里将两个孩子（C和C）的DNA与其各自父母（M和F）的DNA进行比较。这种方法被称为"DNA指纹"比对。它可以用来确定孩子的父亲。

深低温冷冻
已经灭绝的猛犸的尸体有时会在西伯利亚的冻土中被发现。这些遗骸仍然含有DNA，这种古老的DNA可以与猛犸的近亲进行比较，比如大象的DNA。

来自过去的蛋白质
一种简单的比较蛋白质的方法是使用免疫系统。这是动物对疾病起到防御作用的系统。它对外来物质发生非常具体的反应。因此，如果一种动物接种了从大象的蛋白中获取的"疫苗"，那么它的免疫系统也将对跟大象相似的蛋白质做出反应。关系越近，反应越强。大象和其近亲的家族树（左图）就是用这种方法推算出来的。

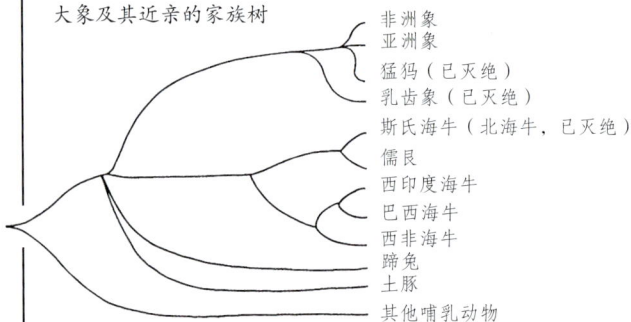

大象及其近亲的家族树

非洲象
亚洲象
猛犸（已灭绝）
乳齿象（已灭绝）
斯氏海牛（北海牛，已灭绝）
儒艮
西印度海牛
巴西海牛
西非海牛
蹄兔
土豚
其他哺乳动物

时间尺度（百万年前）
60 40 20 0

西伯利亚冻土中保存的猛犸

A B C

寄居蟹 阿拉斯加王蟹

藏在壳里的寄居蟹

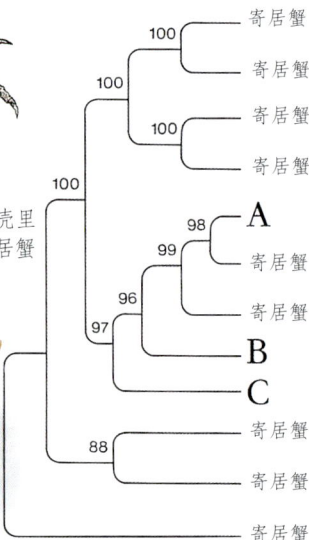

理论检验
寄居蟹体型较小，依赖其他软体动物的壳作为自己的家。由于它习惯寄居在螺壳中，腹部变成了向一边弯曲的形状。阿拉斯加王蟹很大，从来没有生活在软体动物的壳中，但动物学家怀疑它们是从寄居蟹进化而来的，因为它们的腹部稍微不对称，与寄居蟹的腹部类似。当DNA比较成为可能之后，动物学家提取了许多不同品种的寄居蟹和阿拉斯加王蟹的DNA。结果表明，王蟹确实与寄居蟹存在非常密切的关系（左图）。

100 寄居蟹
寄居蟹
100
100 寄居蟹
寄居蟹
100
98 A
99 寄居蟹
96
97 B
C
88 寄居蟹
寄居蟹
寄居蟹

E

F

G

H

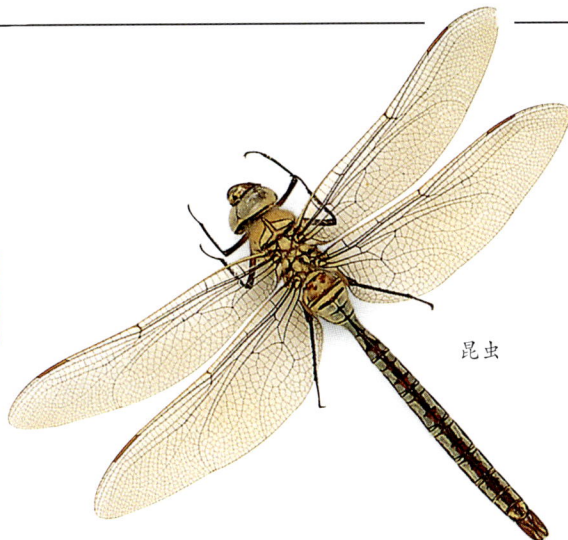

昆虫

开花植物

旗语

旗语是约定俗成的。没有任何理由说某个旗向左伸出应该是"F"，但是使用旗语的人都知道，这一姿势确实代表"F"。同样，将DNA转录为蛋白质的遗传密码也是任意的。DNA的三个碱基，即胞嘧啶–胞嘧啶–鸟嘌呤（C–C–G，按该顺序），对蛋白质链中的氨基酸脯氨酸进行编码。然而，没有任何理由能解释，它们为何要编码脯氨酸，而不是编码另一种氨基酸。

哺乳动物

蝎子

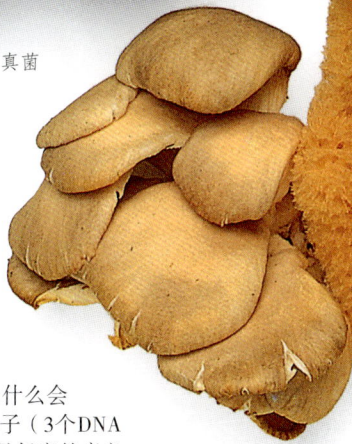

真菌

海绵

软体动物

一劳永逸的代码

进化的一个非常强有力的证据，是地球上所有的生物都共享相同的遗传密码。如果最初存在一种以上的生命形式，那么它们为什么会采用了相同的密码，每个密码子（3个DNA碱基）获得了固定的而且完全是任意的意义？而如果所有的生命都来自一个共同的祖先，这一情况就非常合情合理了。一旦密码被建立起来，就将很难对密码进行任何演变，因为这将破坏整个系统，使蛋白质的生产变得不可能。化石证据表明，最早的生命形式是细菌，因此很可能是它们"发明"了现在万物所共享的遗传密码。

生命的起源

生命是怎么开始的？最早的化石是有38亿年历史的复杂的有机分子化石。在此之前，没有关于生命进化的确凿证据，因此科学家必须从其他方面解答这些问题。一种办法是设法重造早期地球上的环境。这种实验最早在20世纪50年代尝试过，实验很容易就产生了只有在生物中才会发现的复杂的化学物质。这些包括蛋白质的组成部分、DNA和RNA（核糖核酸，类似于DNA，也参与蛋白质的生产）。一旦早期地球上形成了复杂的化学物质，还需要一些重要的步骤将它们变成真正的生物。一些科学家认为，第一个重要步骤是形成RNA，它可以形成自身的精确副本。最近，这一步骤已在实验室里完成了。第二个主要步骤是RNA和蛋白质之间建立起联系，并确立遗传密码。

能量输入

生物体内的化学物质很复杂。要想从简单的分子发展成复杂的分子，能量是必需的。早期地球上所具有的一种可能的能量来源是雷电。

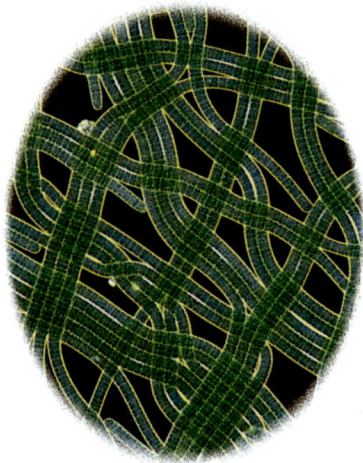

开始自给自足

最初的细菌应该是靠食用地球生产的复杂化学物为生，但假以时日，它们吃掉的会超过所能形成的。当供应出现短缺，许多细菌会饿死，但也有一些能够自己造出食物的细菌，会进化出来。这些细菌包括蓝藻等（左图）。

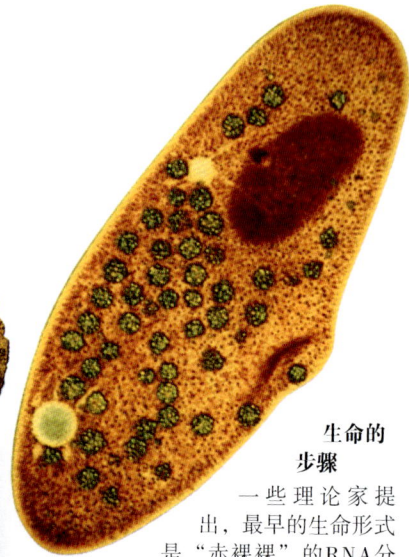

氧气革命

有些细菌像植物一样，利用太阳的能量给自己生产食物，并在这个过程中释放氧气。第一批这类细菌在35亿年前进化出来，开始生产氧气，慢慢在空气中累积起来。这一时期，这些氧气与岩石中的铁结合产生了铁矿石带（右图）。随着时间的推移，空气中的氧气也使新的、体型更大、更活跃的动物进化出来。没有氧气，这种活跃的生命形式就不可能产生。

生命的步骤

一些理论家提出，最早的生命形式是"赤裸裸"的RNA分子，没有任何膜包围。还有人认为，某种形式的膜比RNA形成得更早。他们指出，一些大的分子自发形成水滴，在它里面，其他分子能够聚集起来。

密封装置

细胞有点像潜艇。细胞膜的作用就像船体，创造一个密封的装置，只允许某些物质进出。

生命的火花
在这个仪器中，一个火花放电可以使简单的气体结合产生复杂的分子，比如氨基酸（蛋白质中的物质）。

电源

电极

气体流通的试管

电极

生命的曙光？

20世纪50年代初，美国化学家斯坦利·米勒设计了检验生命起源问题的实验。他抽空了所有仪器中的氧气，将其充满甲烷、氨、氢、水蒸气等，模拟古代地球大气层。米勒使用电气火花模拟闪电，作为能量来源。实验结束后，他的仪器中出现了复杂的分子——只有生物中才能找到的那些分子。可是迄今为止，只有一个实验者设法使这些生命的"积木"自发结合起来形成了更复杂的分子。显然，这是生命进化的下一个关键步骤。

合理的猜测
这幅照片中，斯坦利·米勒正在进行实验工作。他提出，火山气体可能参与创造了古代地球的大气层。但有些人对具体有哪些气体存在持不同意见。基于合理的猜测，米勒试验了几种可能的气体组合。几乎所有这些组合都能产生生物所独有的复杂化学物质。

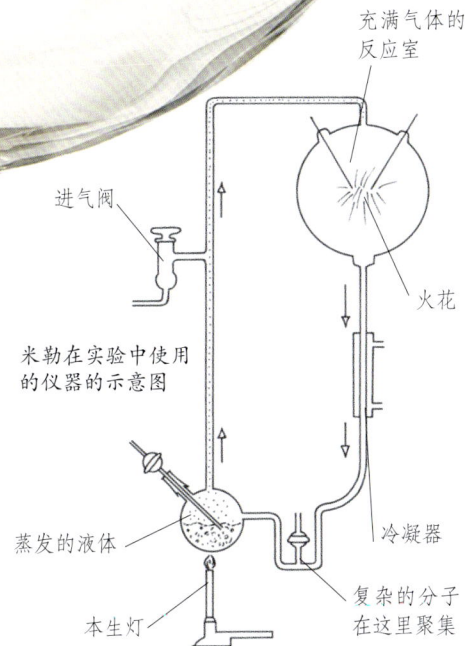

充满气体的反应室

进气阀

火花

米勒在实验中使用的仪器的示意图

蒸发的液体

本生灯

冷凝器

复杂的分子在这里聚集

科学与信仰

许多不同的文化对生物界是如何产生的这一问题有着不同的传统信仰，这些信仰通常不容置疑或改变。而关于生命历程的科学观点是不同的：因为科学家不断寻找到新的证据，对现有的理论提出质疑。随着时间的推移，一些理论变得非常成熟，而且被公认为是事实。地球绕太阳运行就是这样一个理论。关于进化发生的细节，可能仍有争论，但是进化的确发生了。检验理论的一个方法，就是使用它们来进行预测，然后检验这些预测。由于进化的过程非常缓慢，很难像检验其他科学理论那样以这种方法进行检验。而观察清洁空气对斑点蛾的效应，验证了自然选择的理论。

猿还是天使？

上图是19世纪法国的一幅漫画，把达尔文画成了猿的样子。拿着铁环的是法国医生和哲学家马克西米连·利特雷，达尔文的支持者。人类的祖先是一种类猿生物，这方面的证据非常多，但这种观点也让很多人感到惶恐。阿尔弗雷德·华莱士解决了这一科学和信仰之间的困境。他提出，虽然人类确实是进化产生的，但人类的精神却来自某种超自然的现象。

科学和新闻界

史蒂芬·杰·古尔德是一位不断检验和质疑进化论细节的科学家。可悲的是，新闻界往往断章取义，用充满戏剧性的和误导性的标题报道有关科学的辩论。比如下面这个：

科学家声称，达尔文错了

——来自科学记者的报道

清洁的空气，更白的蛾子

自19世纪50年代以来，在英国的工业区，颜色较暗的斑点蛾取代了较白的斑点蛾。科学家推测，这是由于污染降低了白蛾伪装的能力。食虫鸟类所进行的自然选择在这里起了重要作用。20世纪70年代，经过了几年的时间，空气变得更干净了。暗色蛾子的数量下降了，而白蛾的数量增加了。

错误的轨道？

对于进化论，科学家是否完全搞错了？有时这样的说法是由反对进化论的人提出的。在科学上，错误的思想无法长久存在。苏联遗传学家特罗菲姆·李森科案就证明了这一点。他赞成拉马克的观点，因为这种观点和苏联的官方思想一致，而李森科也在取得了学术霸权后放逐了信奉孟德尔遗传学说的遗传学家，统治了苏联遗传学界多年。然而，最终反对拉马克遗传学的证据变得非常确凿，意识形态必须为科学让路。李森科名誉扫地，被迫辞职。

困惑与预测

社会性昆虫，如蜜蜂、胡蜂和蚂蚁，生活在自己的领地中，由一个雌性生产所有的后代，而领地的其他成员则负责保护和喂养的工作。这样的社会性昆虫如何能进化产生一直是个谜。20世纪70年代，美国动物学家理查德·亚历山大提出了一种解答。他提出，某种照顾幼虫的昆虫，有可能由于生活在某个"食物堡垒"中这一直接原因而进化成一种社会性昆虫。所谓"食物堡垒"，是指一个受到良好保护的巢，可以把食物运进去，或是里面已经有了食物。他还提出了一个大胆的预测，即社会性的哺乳动物也可以进化出像这些昆虫一样的生活方式。

胡蜂巢

胡蜂和蜜蜂、白蚁一样，是社会性昆虫。每个领地的胡蜂都会建起复杂的巢，巢的中心是一个雌性成年蜂（蜂后），它负责生育所有的幼蜂。其他胡蜂负责保卫领地或外出采集食物。直到1976年，人们才知道只有昆虫才有这种奇怪的生活方式。

裸鼹形鼠掘进过程中形成的山丘

不大可能存在的哺乳动物

亚历山大认为，像蜜蜂那样的社会性哺乳动物可能会进化出来。他预测，如果这种哺乳动物这样做，那么它们可能是生活在较为干旱的地方，在那里一些植物有巨大的块茎。几年以后，令科学家吃惊的是，南非动物学家珍妮弗·贾维斯研究发现，东非的一种哺乳动物裸鼹形鼠，其生活方式和理查德·亚历山大曾经预测的一模一样。

"盲目"挖掘

裸鼹形鼠中的工鼠也负责保卫领地，给幼鼠带来食物。在挖土的时候，它可以关闭门牙后面的口腔，避免吞咽土壤。这种裸鼹形鼠几乎是瞎子，很少冒险进入阳光之下。

工鼠采集食物

洞穴中的雌性裸鼹形鼠（鼠后）

住在地下的鼠后

鼠后是整个领地中唯一繁殖后代的裸鼹形鼠。它通过自己的主导行为使其他雌性裸鼹形鼠不育。它处在洞穴最深处，非常安全（上图）。在巢室里，它哺育幼鼠（右图），直到它们可以食用块茎。

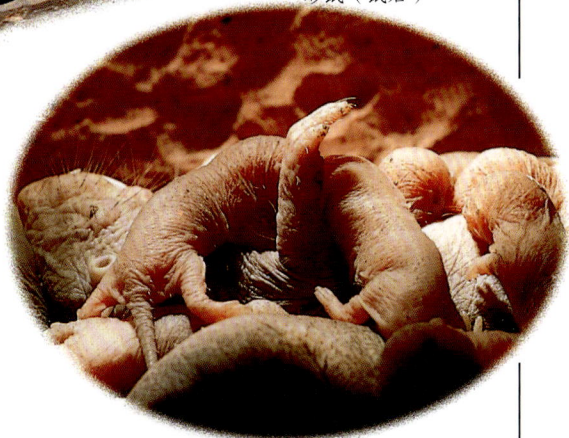

可放弃的工鼠

当领地遭到蛇的攻击时，工鼠可能会牺牲自己的生命来保卫领地。

裸鼹形鼠的幼鼠在吃鼠后的奶

裸鼹形鼠中的工鼠

鼠后比工鼠体型大

生命的历史

对岩石、化石和生物进行科学研究，可以描绘出过去所发生的事情的图景。在世界不同地方工作的千百名科学家都对建立这样的图景作出了贡献。

生命形成之前

陨石与地球形成于同一时间。地球的地壳在大约45亿年前凝固，但随后的数百万年，地球上没有任何生命。对于生命起源的早期步骤，我们只能猜测，最早的细菌化石形成于大约35亿年前。

细菌化石

细菌进化有多种类型，获取食物的方法也各异。有些蓝藻形成了较大的群落，甚至不用借助显微镜也能看到。

体型变大

直到前寒武纪末，肉眼看得见的更大的生命形式才开始出现。那时大多数生物属于震旦系动物群。

早地

浅海

寒武纪大爆发

在寒武纪早期，许多复杂的海洋动物突然出现在化石记录中。

伯吉斯页岩

寒武纪岩石中有许多不同种类的无脊椎动物化石。

板块运动

经历过漫长的地质时期，地壳板块运动造成的海洋和陆地的运动使地球上的大陆发生了漂移。

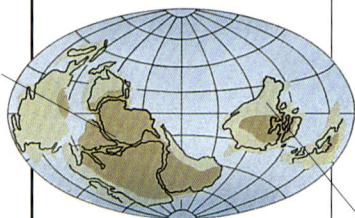

幸存下来的简单生命

在这种苔藓虫化石群落中，每一个微小的开口都有一个简单而微小的动物。我们现在发现，苔藓虫数百万年来像其他许多简单的生物一样，没有发生多大变化。

鹦鹉螺

长着较长的壳的软体动物，如直角石也属于古生代生活在海洋中的无脊椎动物。

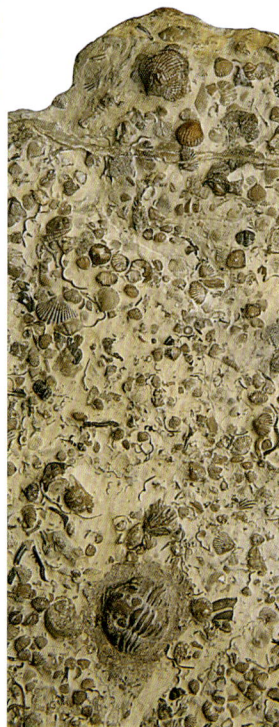

志留纪海洋

原始节肢动物三叶虫兴盛起来，在奥陶纪和志留纪时期分布广泛。它们的化石表明，它们在海底生活。它们以及一种巨大的海蝎子——身长可达2米，长着厚厚的装甲和巨大的钳子，后来都灭绝了。

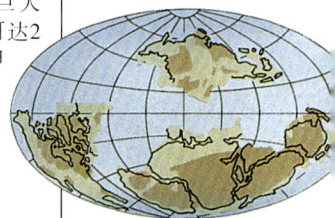

甲壳鱼

早期无下颌的鱼多数身上都覆盖着甲壳，可能是为了抵御巨型海蝎子。

鱼类时代

泥盆纪时代，一些陆地结合在一起，形成了大洲，出现了广阔的干旱地区、大型河流和湖泊。当旱季来临，许多水域都会变干。这些条件有利于能够直接呼吸空气的鱼类生存，它们还可以利用肌肉发达的鳍从一个水域转移到另一个水域。

前寒武纪	寒武纪	奥陶纪	志留纪	泥盆纪
		古生代		

时间跨度

在生命的历程中，大部分时间都是简单的单细胞动物，主要是细菌。它们是近30亿年中唯一有生命的东西。与此相比，6 500万年前中生代末期恐龙的灭绝则更像一个新近发生的事件，现代人类的出现则只是10万年前，就更晚了。

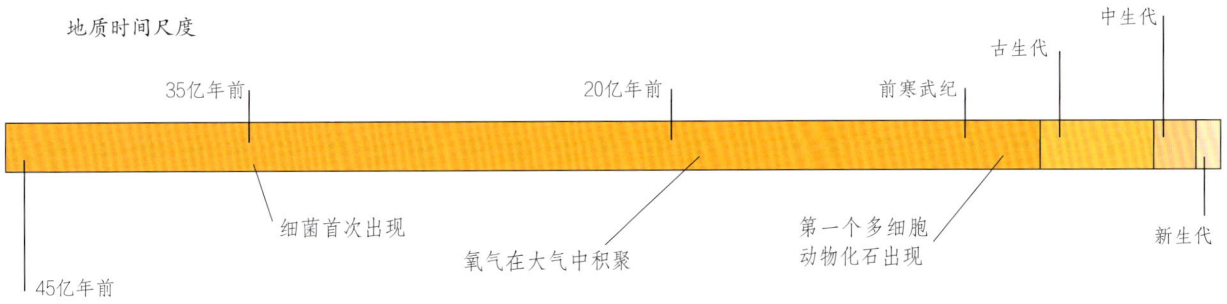

地质时间尺度

35亿年前 20亿年前 前寒武纪 古生代 中生代

45亿年前

细菌首次出现 氧气在大气中积聚 第一个多细胞动物化石出现 新生代

二叠纪晚期的原犬鳄龙，一种合弓纲四足动物（见26页）

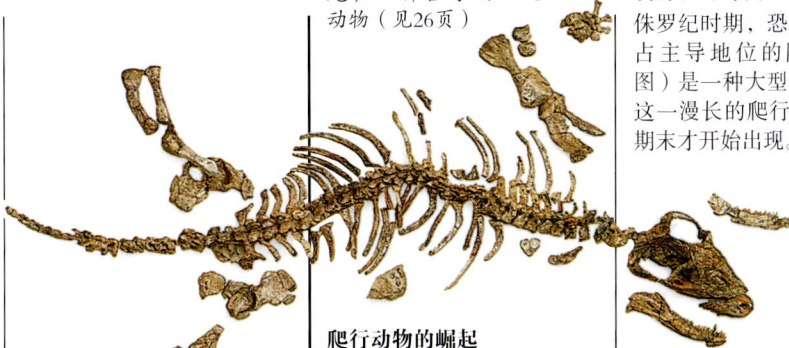

蕨类植物化石

植物像动物一样，是从细菌进化产生的，这可能发生在前寒武纪末期。最简单的植物是单细胞的藻类。从这些藻类演变出了地衣、苔藓、蕨类、树木，以及过去和现在曾有过的所有其他植物。

陆地上的生命

最初，生命只存在于海洋中，直到奥陶纪晚期，像地衣和苔藓等原始陆地植物才进化产生。第一个真正的陆生植物在志留纪时期进化产生，到了泥盆纪晚期和石炭纪，就变成像树一样大了。

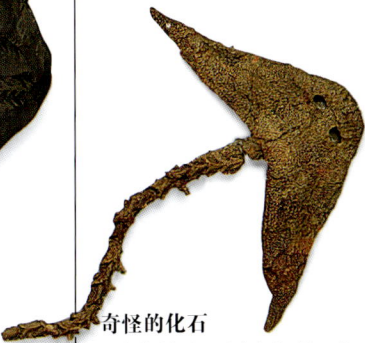

爬行动物的崛起

在二叠纪，一些合弓纲四足动物——犬齿类爬行动物，进化出类似哺乳动物的特性，并变得繁盛起来。新的似哺乳爬行动物出现，并兴盛于三叠纪，同时期，恐龙的祖先也出现了。

奇怪的化石

长着像箭头一样头部的两栖动物笠头螈（*Diplocaulus*）生活在二叠纪。这个化石的腿不见了。

泛古大陆（又称超级大陆）

在二叠纪末期，所有物种中超过90%最终都灭绝了，这是地球史上最大规模的灭绝。二叠纪时期，所有的大陆都碰撞到一起，形成一个超级大陆，被称为"泛古陆"。

螺旋状的幸存者

到了三叠纪，大多数鹦鹉螺都有紧紧缠绕的外壳。更特化的菊石在白垩纪末期灭绝，但一些鹦鹉螺幸存了下来。

爬行动物时代

侏罗纪时期，恐龙扩张和分化，成为白垩纪占主导地位的陆地动物。暴龙（右图）是一种大型食肉恐龙，直到这一漫长的爬行动物统治时期末才开始出现。

植食恐龙

禽龙（下图）是一种以植物为食的恐龙，在白垩纪中期很常见。在这期间，许多新的恐龙物种进化出现，但白垩纪末期，所有都灭绝了。

早期鸟类

始祖鸟的化石表明了鸟类是在侏罗纪时期从恐龙进化来的。

不断改变的世界

到了白垩纪末期，单一的超级大陆分裂了，每个大陆开始朝向它们目前的位置漂移。在此之后，出现了一场大灭绝，所有的恐龙和许多其他动物消亡了。

青蛙化石

最近的发现表明，现代两栖动物，如蝾螈和青蛙，是在二叠纪时代起源的，而无足目两栖动物是在石炭纪时代起源的。

石炭纪	二叠纪	三叠纪	侏罗纪	白垩纪
古生代		中生代		

到目前为止

过去6 500万年来，哺乳动物一直是陆地的主宰。它们的祖先是2亿年前从四足似哺乳爬行动物进化而来的小型夜行动物。在恐龙时代，它们仍然很小，但开始变得多样化，有了在水中生活或能够滑翔等多种生活形态。恐龙灭绝后，哺乳动物迅速发展壮大，体型越来越大，种类也越来越多。鸟类也同样繁盛起来。

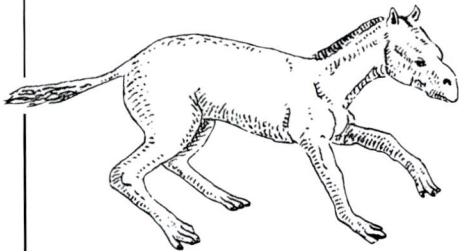

冰河时代的熊
这个洞熊头骨约有2万年的历史。这些大型的熊生活在最后一个冰河时代，在极端寒冷的冬天，它们靠在洞穴中冬眠而生存了下来。

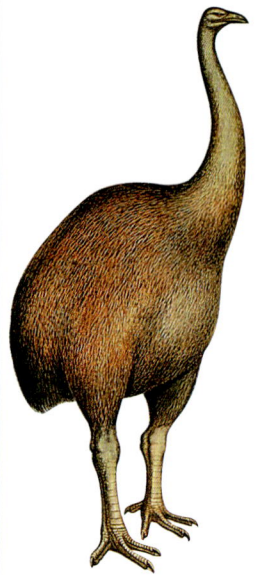

早期的马
始祖马是5 500万年前最早的类似马的哺乳动物。马和一般哺乳动物的进化过程，很好地说明了进化不是一个稳定的进步过程。

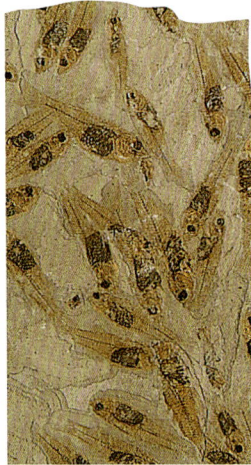

巨大的乳齿象
这块脊椎骨（下图）是一个乳齿象的。这是一种类似大象的动物，主要吃树叶。美洲乳齿象一直存活到第四纪，直到大约1万年前才消亡。

海豹的祖先
早期的哺乳动物在体形上都有点像狗。它们逐渐演变产生了更成熟化的外观，如海豹、鹿、马等。

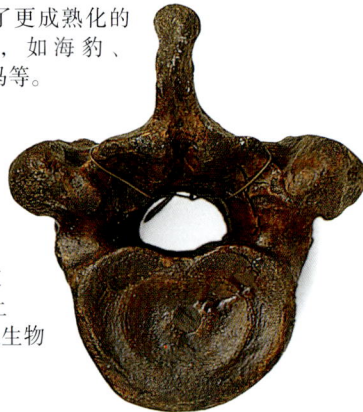

鱼类和植物
不断进化的不仅是占主导地位的动物（如哺乳动物）。只不过进化史最吸引人的可能是这一部分。在新生代，鱼（上图）和植物（左图）以及其他生物都发生了变化。

进化道路的末端
已经灭绝的古兽马仅能通过这个下巴和其他找到的化石为人所知。这是一种类似貘的动物。

极似现代大象
被称为始乳齿象的动物是后来演变出大象、猛犸及乳齿象的物种。

古猿
原康修尔猿是一种早期猿类，生活在约2 000万年前。猿是从猴子进化来的。2 000万年前，它们的种类很多，但许多种类随着地球气候变得干燥、森林萎缩而灭绝了。

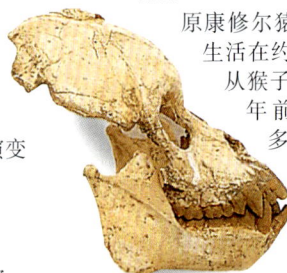

进化群岛
大陆分离，对哺乳动物的进化产生了巨大的影响，特色种群在孤立的大洲上繁衍出现。

剑齿虎
大型的类似老虎的食肉动物。它们有又长又尖的牙齿，是为了捕食像猛犸这样移动缓慢、毛皮较厚的动物而进化出来的。

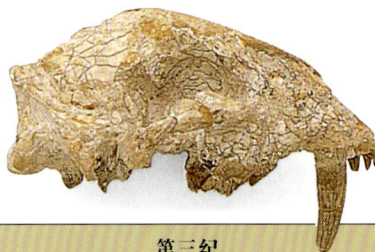

中新世树叶化石

先进的叶子
这些叶子已经有大约2 000万年的历史，来自一种开花植物，这是新近进化产生的植物类型。在此之前，地球上的优势植物是针叶树和苏铁属植物。

灭绝的鸟
恐鸟是曾在新西兰生活的一种大型鸟类。这种鸟类化石表明，如果没有哺乳动物，鸟类有可能占主导地位。体型巨大的不会飞的掠食性鸟类进化产生，捕食哺乳动物。

第三纪

新生代

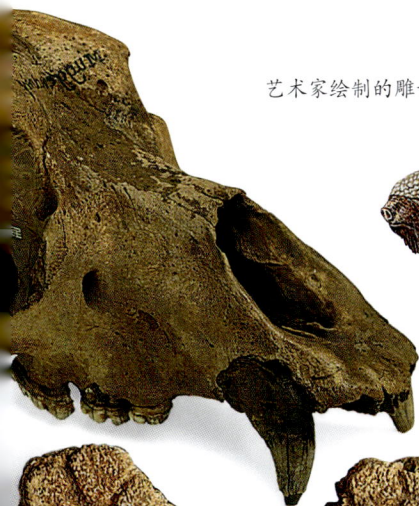

艺术家绘制的雕齿兽

铠甲动物
这个雕齿兽是南美洲许多独特的哺乳动物之一，现在已经灭绝。南美大陆曾经长时间孤立，后来由于海平面下降，与北美大陆重新结合在一起。来自北方的动物竞争以及被捕食，迫使许多南美哺乳动物灭绝了。

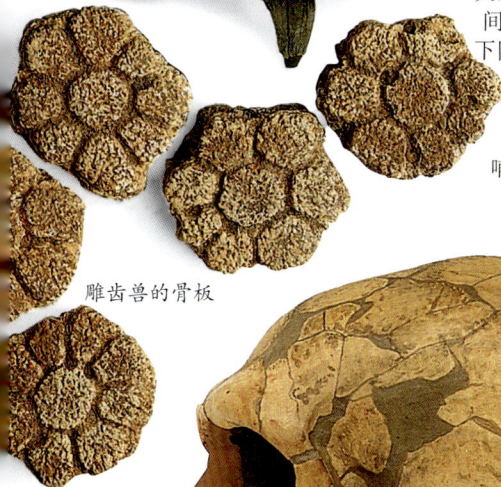

雕齿兽的骨板

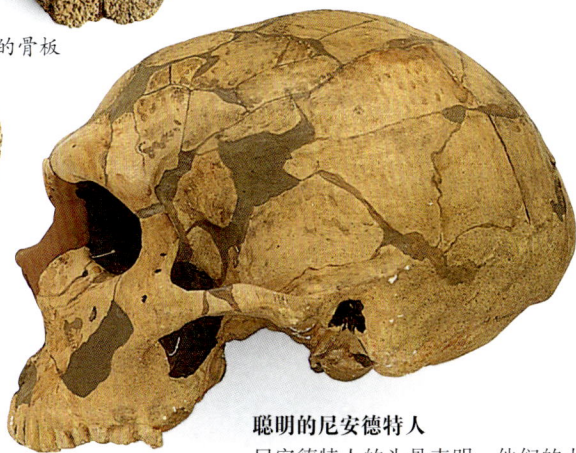

聪明的尼安德特人
尼安德特人的头骨表明，他们的大脑至少与现代人类的一样大。不过，他们都非常强壮，而且似乎已经非常适合冰河时代的气候。

现代世界
到了第四纪，地球上的各大洲几乎都到达了目前的位置。第四纪生物进化的重要因素有冰河时期以及气候的急剧波动，这使世界各地的气候寒冷下来。

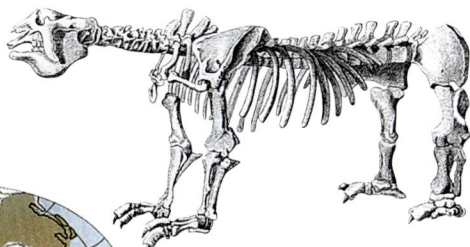

冰

食叶动物
南美洲巨型地懒的觅食方式可能是坐在地上，把树枝或整个树木拉下来，吃树的叶子。

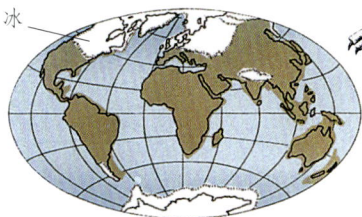

人类进化

原始人类开始直立行走（直立人），脑容量较大，是从类人猿的祖先进化来的。自从600万年前，人类和黑猩猩这两个物种分化以来，已经有20多个与人类有关物种的化石遗迹被发现，这些化石表明，小型的类人猿至少400万年前就开始直立行走，而约250万年前，脑容量才显著增加。我们这一物种的第一批成员——智人，大约20万年前才出现在非洲。

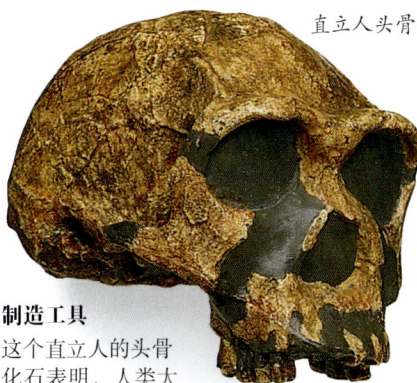

直立人头骨

20万年前的手斧

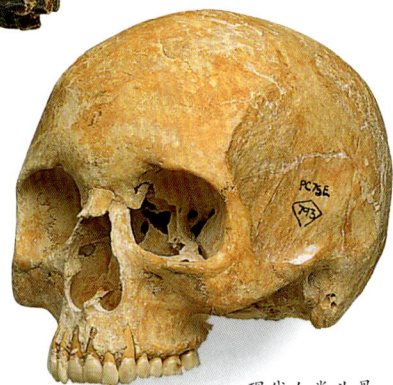

制造工具
这个直立人的头骨化石表明，人类大脑逐渐变大，这一过程开始于约250万年前。同时，眼睛上方眉骨开始变小，脸和下巴凸出得也不那么明显了。智力提高和制造更好的工具的能力显然是一起发生的。最早的石器在250万年前在非洲造了出来。

现代人类头骨

更大的大脑
智力的改善无疑有助于早期原始人类的生存。例如，直立人通过合作猎取大型动物，这将需要语言和智慧。但是现代人类的智慧和创造力似乎超越了野外生存所需的范畴。我们很难把音乐天赋或数学能力看成是自然选择的结果。

音乐神童莫扎特

第四纪

新生代

19世纪手摇钻

横撑轮

电子管（真空管）

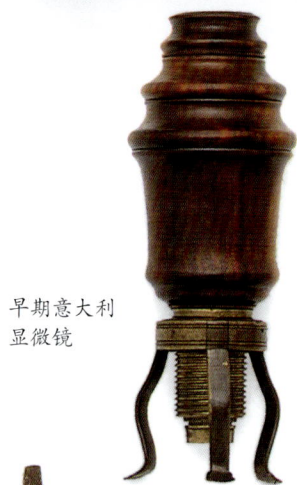

早期意大利
显微镜

烛台型电话

1928-1369

19世纪的自来水笔

银板照相法
相机的镜头

古埃及砝码

发 明

Invention

见证历史上影响和改变世界的伟大发明。

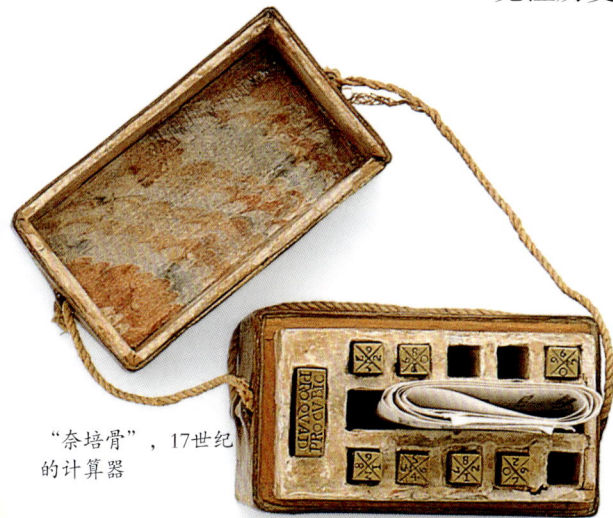

罗马悬梁天秤

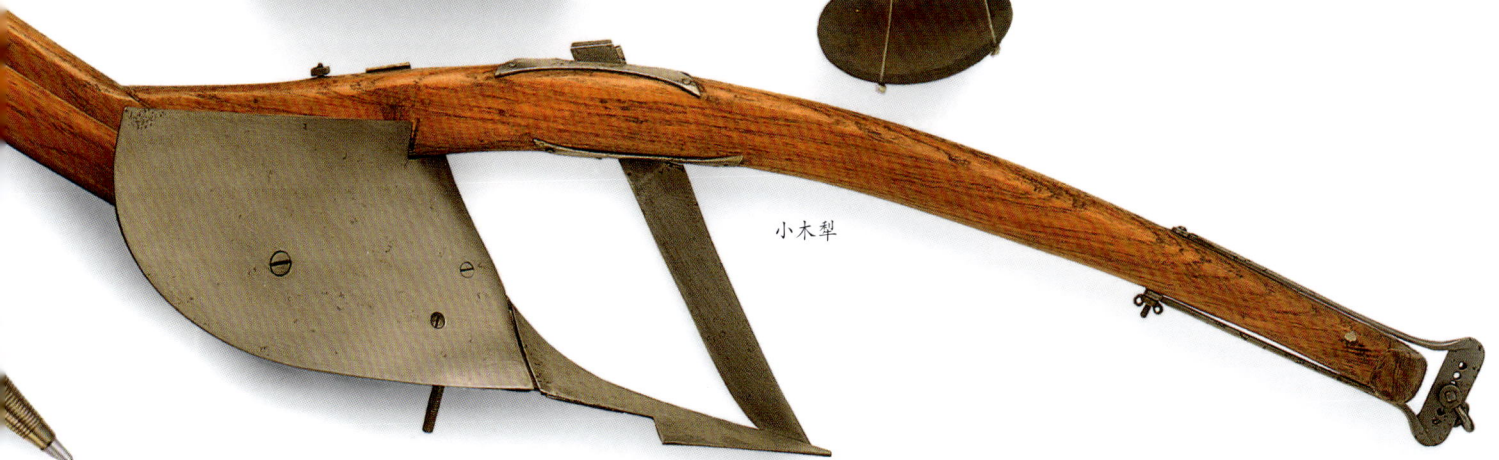

"奈培骨"，17世纪
的计算器

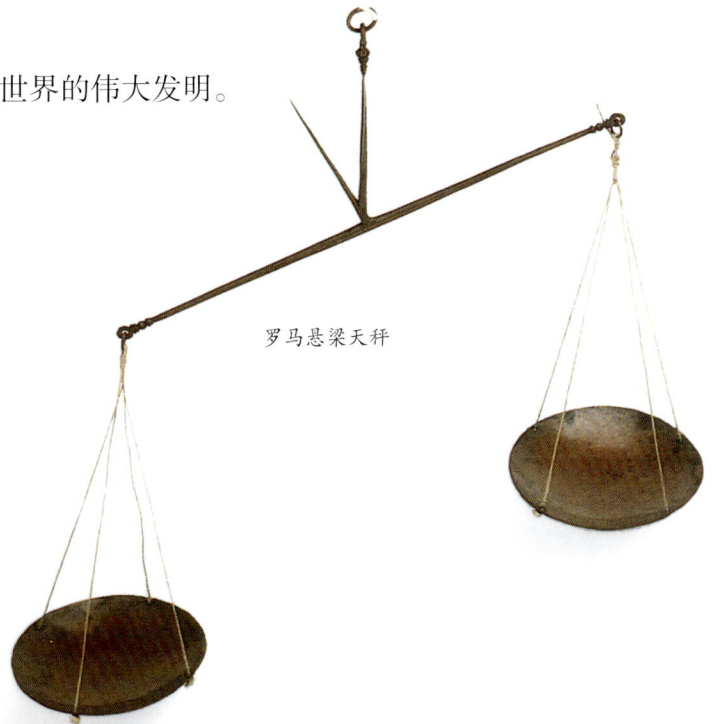

小木犁

20世纪40年
代的圆珠笔

什么是发明?

发明是人类通过努力设计出来之前并不存在的事物,与之相反,发现是揭示那些已经存在但并不为人所知的事物。发明通常是把已有技术以一种全新独特的方式加以整合的结果。一项发明可以是某个人独立工作也可以是团体合作的成果。同一项发明甚至在世界不同地方同时出现。

短柄

栓轴

长刀刃

使用者可以通过把手来调整耕耘时的深度和方向。

玻璃珠

把手

开罐器
起先人们必须用锤子和凿子开罐头。1855年,英国发明家耶茨发明了这种爪式开罐器。利用把手的杠杆作用,刀刃沿着罐头边缘将其切开。

玻璃
尽管在公元前2500年前,埃及人已经能够制作亮晶晶的玻璃,然而无人知晓玻璃的加工方法(苏打与砂子混合后加热)的起源。

剪刀
3000多年前,剪刀几乎同时在多个地方被发明出来。早期剪刀类似用弹簧将两片刀刃弹开的钳子。现代剪刀利用了栓轴和杠杆原理,使用起来更加舒适方便。

盖子

牛头

刀刃

罐头
1810年,法国的尼古拉斯·阿佩尔最先完善了将食物高温杀菌后装入密封容器的技术,从而得以长时间保存食物。阿佩尔使用的是带木塞的玻璃瓶。1811年,两个英国人唐金和豪尔引进了真空罐并建立第一家罐头食品厂。

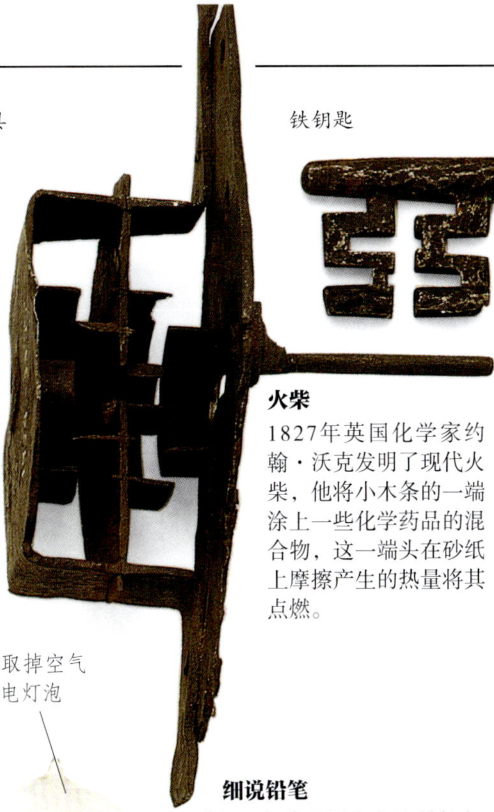

锁具

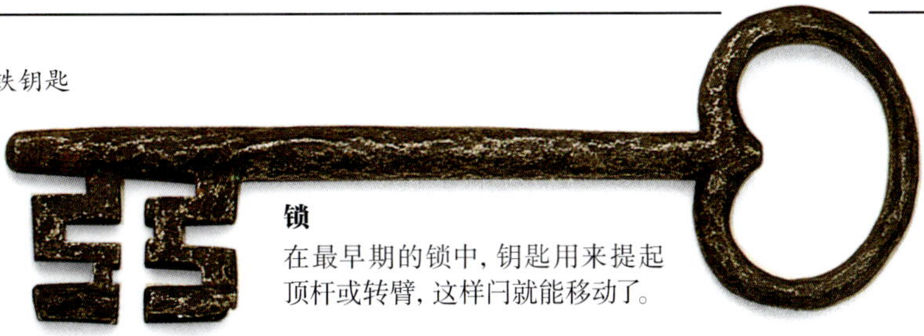

铁钥匙

锁

在最早期的锁中，钥匙用来提起顶杆或转臂，这样闩就能移动了。

拉链

1893年，美国工程师惠特寇姆·朱迪森发明了拉链。现代拉链配有金属链牙和拉头，由吉迪恩·苏德巴克发明，并在1914年获专利。

火柴

1827年英国化学家约翰·沃克发明了现代火柴，他将小木条的一端涂上一些化学药品的混合物，这一端头在砂纸上摩擦产生的热量将其点燃。

抽取掉空气的电灯泡

砂纸

细说铅笔

18世纪70年代法国和奥地利各自独立发明了铅笔中的"铅"。铅笔生产商很快发现通过改变铅笔铅芯的石墨和黏土的比例可以使其具有不同硬度。

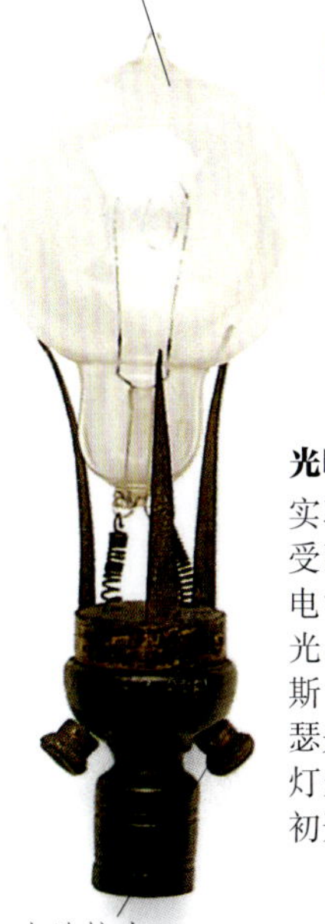

把尺子卷入容器的卷绕器

纸 下图

大约公元前50年，中国最先制造出了纸。最早的纸是用布、木头和草混合物制造而成的。

光明时代 左图

实验证明，电流通过导线时会受到导线的阻力产生热量。若电流足够强，导线会发出白热光。几个独立发明家有托马斯·爱迪生（Thomas Edison）和约瑟夫·斯万（Joseph Swan）。碳灯丝的白炽灯从19世纪80年代初开始大量生产。

电路接头

纸卷

卷尺测量 上图

卷尺测量长度是由埃及人最初使用的测量链和测杆进行测量演化而来的，后来希腊人和罗马人也开始使用。

亚麻卷尺

挖土和松土的犁刀

犁

犁是由农民使用了数千年的简单的锄头和掘地的铲子于公元前5000年演变而来的。通过改变其不同部件的形状和尺寸，用犁一次就可完成破土、松土和翻土的工作。

拴马或牛缰绳的地方

挖开表层松软土壤的犁头

翻土、破土的犁铧

发明的故事

有时，因引进新技术和不同进展情况的影响，一项发明会历经数世纪发展演变。埃及人最早使用钻孔工具。大约公元前230年，希腊科学家阿基米德研究出利用杠杆和齿轮来传递并增加力量。但直到中世纪才开发出利用曲柄来增强杠杆作用的曲柄钻。利用齿轮的齿轮曲柄钻更是到近代才产生。

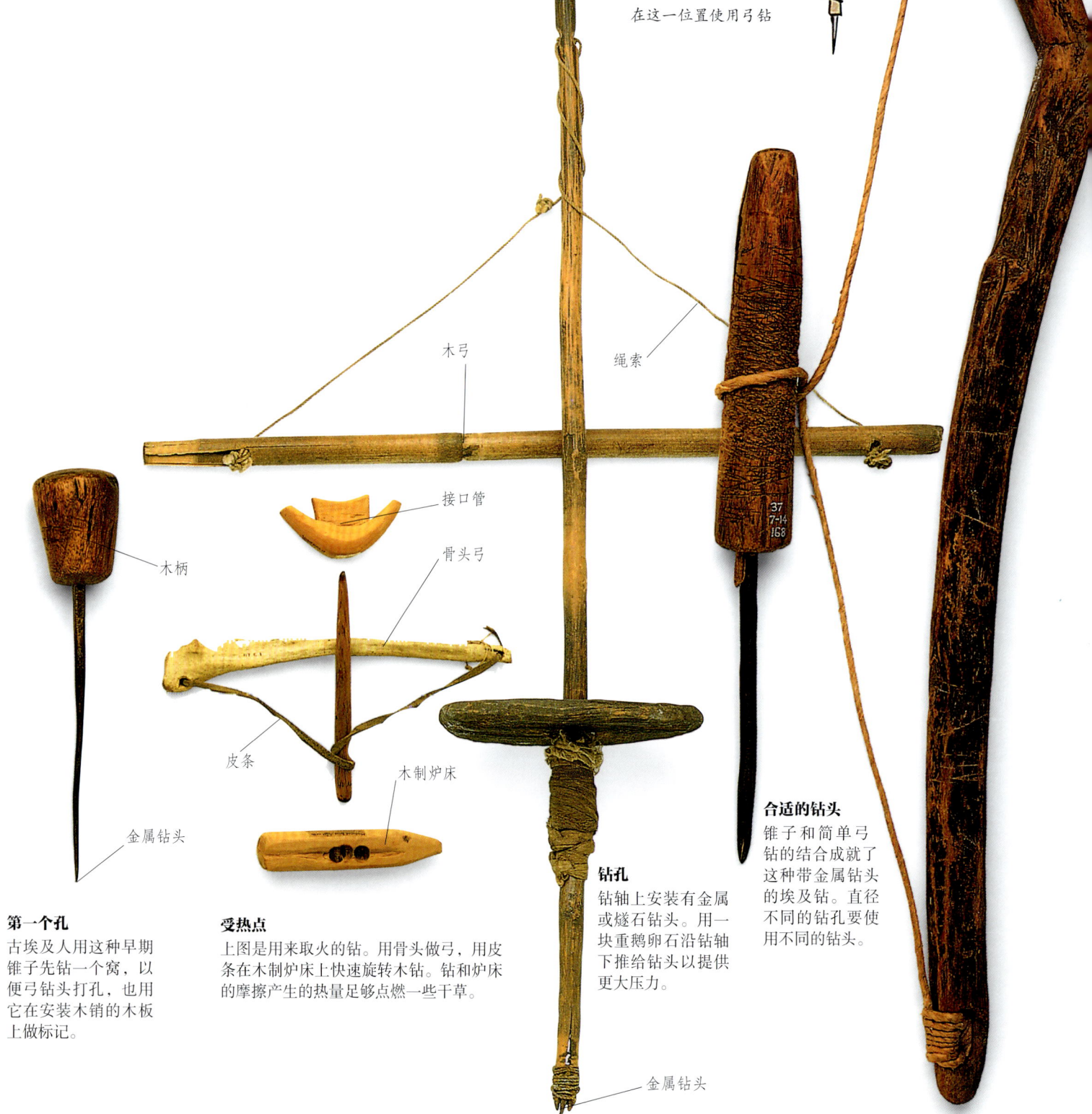

在这一位置使用弓钻

木弓

绳索

接口管

木柄

骨头弓

皮条

木制炉床

金属钻头

第一个孔
古埃及人用这种早期锥子先钻一个窝，以便弓钻头打孔，也用它在安装木销的木板上做标记。

受热点
上图是用来取火的钻。用骨头做弓，用皮条在木制炉床上快速旋转木钻。钻和炉床的摩擦产生的热量足够点燃一些干草。

钻孔
钻轴上安装有金属或燧石钻头。用一块重鹅卵石沿钻轴下推给钻头以提供更大压力。

合适的钻头
锥子和简单弓钻的结合成就了这种带金属钻头的埃及钻。直径不同的钻孔要使用不同的钻头。

金属钻头

较宽的螺纹去除废料

螺纹

转圆操作

螺丝锥有个螺纹顶尖，用其先开一个便于下钻的小窝。左右旋转把手，顺时针使用工具钻入，逆时针将其移开退出。

螺旋钻

钻头、螺旋钻等螺旋锥和曲柄钻一起使用，钻头进入的时候边槽会将废料移出。螺丝刀钻和曲柄钻一起使用，比普通螺丝刀能产生更多旋转力。

螺丝起子

螺旋钻

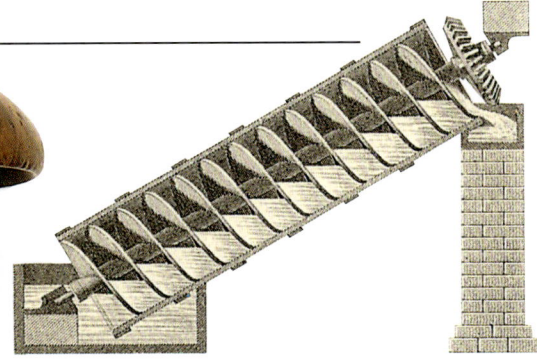

拧螺丝

螺杆泵用来提升水位。阿基米德用其关于斜面的知识诠释它的工作原理——螺杆实际上是旋转的斜面。

曲柄钻和钻头

运用杠杆原理，曲柄钻可以增加旋转力。手摇曲柄具有杠杆作用。摇杆越宽，杠杆作用越大，其最大有效宽度能达到约30厘米。

握把

销固钻头的装置

钻头卡盘

主把手

曲柄

传动齿轮

主轮

传动齿轮

钻头卡盘

钻头种类

齿轮曲柄钻

曲柄钻采用齿轮传递手柄的旋转力，例如，主轮若有80个齿，小传动轮上有20个齿，则主轮每转动一圈，钻头旋转4次。

工具

大约375万年前我们的远祖进化成直立行走的人并开始在广袤的草原上生活。腾出的双手有了新用处，渐渐地，原始人学会了使用工具。他们用鹅卵石和石头切肉，捣碎骨头来获取骨髓。近200万年前，人们学会把火石制成斧头和箭头，用骨头制成棍子和锤子。大约140万年前，人类学会了用火。用火做饭，促使我们近代祖先发明创造了各种打猎工具。人们开始干农活时则需要另外一套工具。

双用途工具
锛子是由8000年前问世的斧头发展而来的，它的刀刃与手柄几乎成直角。

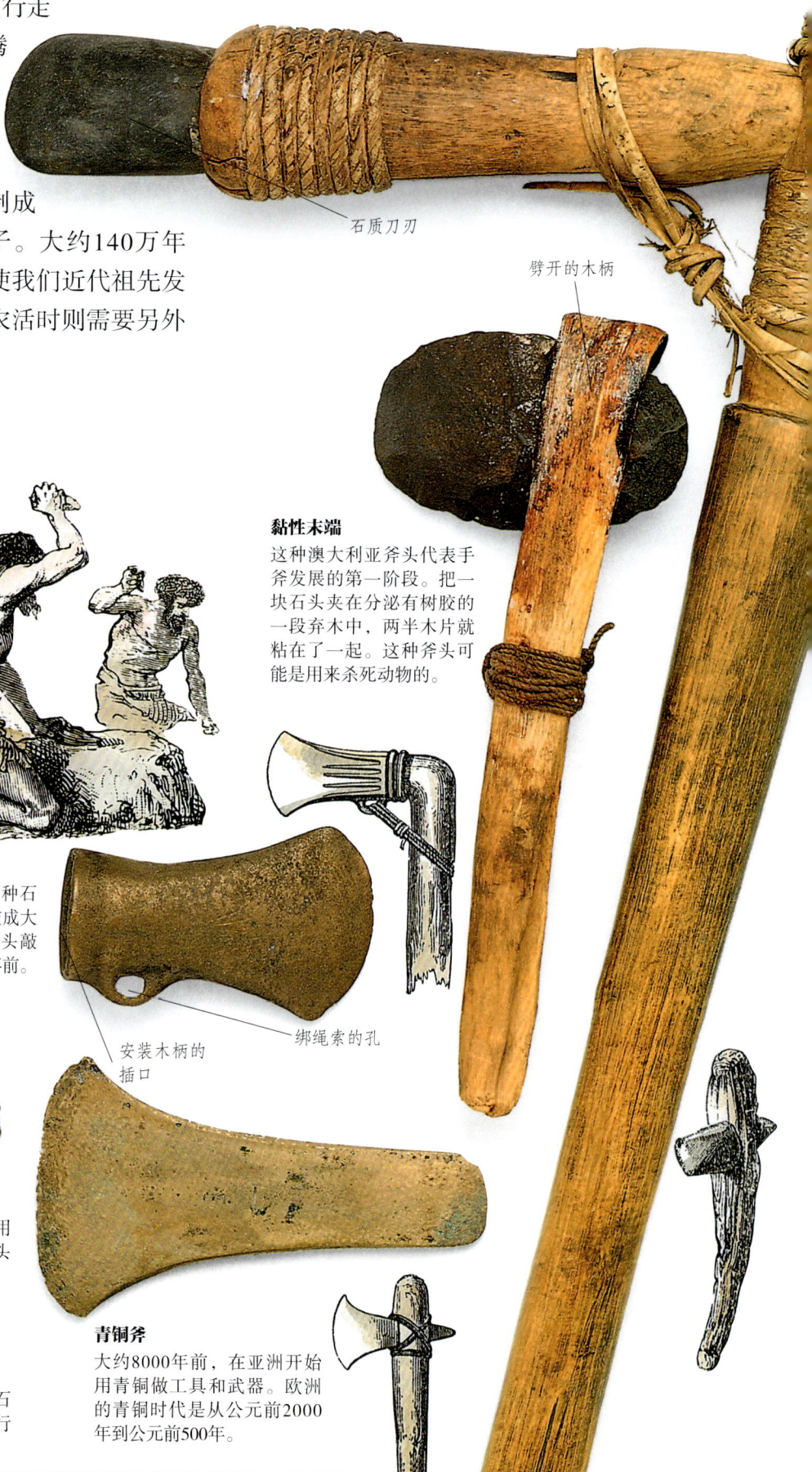

石质刀刃

劈开的木柄

黏性末端
这种澳大利亚斧头代表手斧发展的第一阶段。把一块石头夹在分泌有树胶的一段弃木中，两半木片就粘在了一起。这种斧头可能是用来杀死动物的。

石斧
在英国肯特郡发现的这种石斧，最初是用石锤将其敲成大致的形状，而后用骨制锤头敲击而成。它大约出现在2万年前。

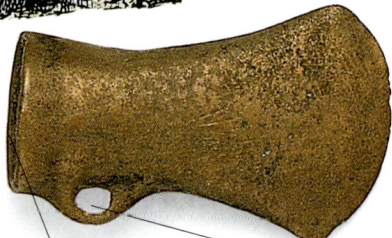

安装木柄的插口

绑绳索的孔

另外的好东西
如果没有燧石，软石头也会被用来制作工具，就像这把粗石斧头一样。

打磨斧头
做这种斧头，要用一块石头在岩石和地面上以鹅卵石对其进行磨制，直至光滑。

青铜斧
大约8000年前，在亚洲开始用青铜做工具和武器。欧洲的青铜时代是从公元前2000年到公元前500年。

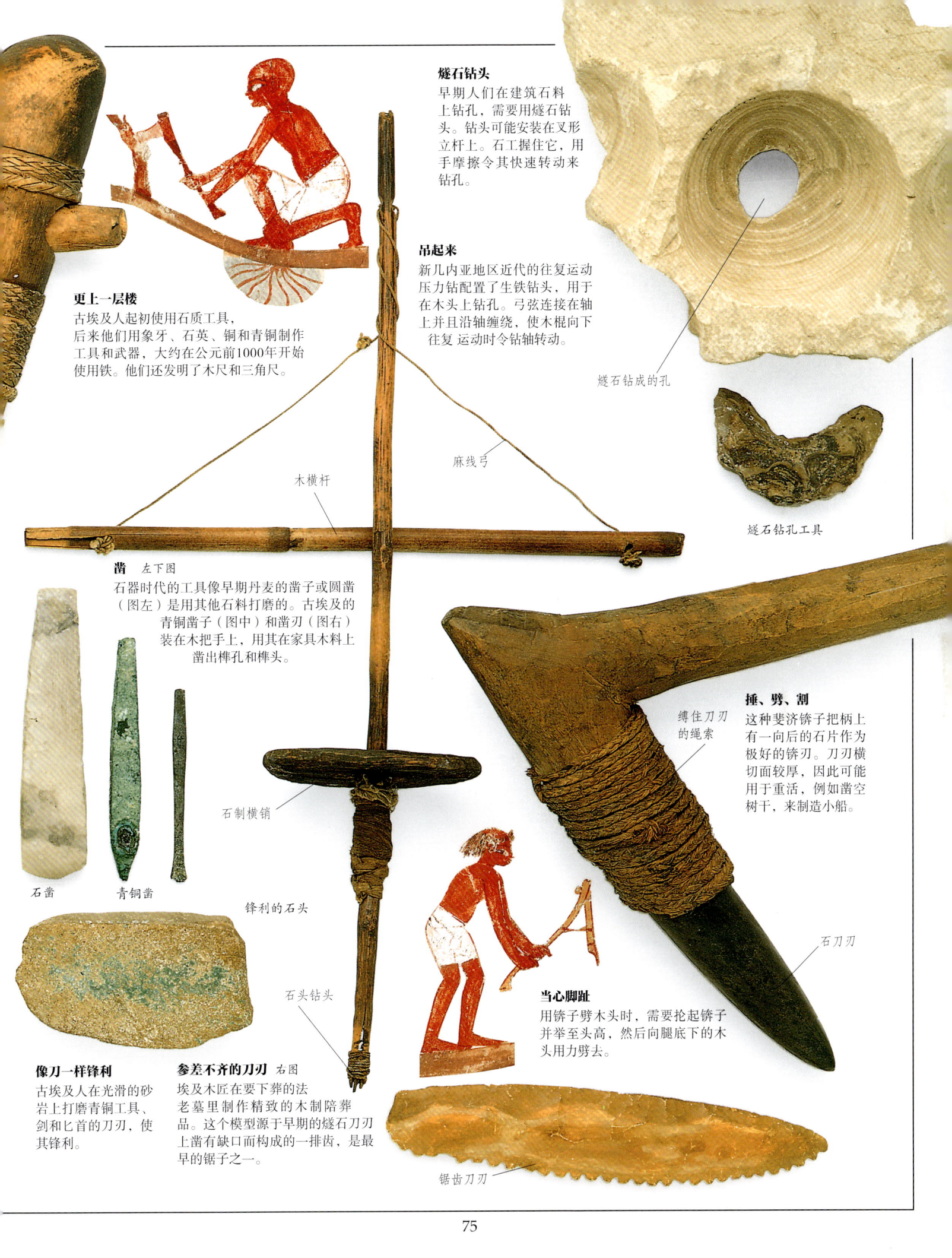

燧石钻头

早期人们在建筑石料上钻孔，需要用燧石钻头。钻头可能安装在叉形立杆上。石工握住它，用手摩擦令其快速转动来钻孔。

燧石钻成的孔

燧石钻孔工具

更上一层楼

古埃及人起初使用石质工具，后来他们用象牙、石英、铜和青铜制作工具和武器，大约在公元前1000年开始使用铁。他们还发明了木尺和三角尺。

吊起来

新几内亚地区近代的往复运动压力钻配置了生铁钻头，用于在木头上钻孔。弓弦连接在轴上并且沿轴缠绕，使木棍向下往复运动时令钻轴转动。

木横杆

麻线弓

凿　左下图

石器时代的工具像早期丹麦的凿子或圆凿（图左）是用其他石料打磨的。古埃及的青铜凿子（图中）和凿刃（图右）装在木把手上，用其在家具木料上凿出榫孔和榫头。

石凿

青铜凿

石制横销

锋利的石头

石头钻头

捶、劈、割

这种斐济锛子把柄上有一向后的石片作为极好的锛刃。刀刃横切面较厚，因此可能用于重活，例如凿空树干，来制造小船。

缚住刀刃的绳索

石刀刃

当心脚趾

用锛子劈木头时，需要抡起锛子并举至头高，然后向腿底下的木头用力劈去。

像刀一样锋利

古埃及人在光滑的砂岩上打磨青铜工具、剑和匕首的刀刃，使其锋利。

参差不齐的刀刃　右图

埃及木匠在要下葬的法老墓里制作精致的木制陪葬品。这个模型源于早期的燧石刀刃上凿有缺口而构成的一排齿，是最早的锯子之一。

锯齿刀刃

轮子

大多数机器如钟表、风车、蒸汽机以及汽车和自行车等都使用轮子。轮子最早出现在5000多年前的美索不达米亚地区（今伊拉克境内）。陶工用轮子辅助制作陶器。大约同一时代，马车和运输工具上开始安装轮子，这样能够相对轻松地运送重物和大宗物品。早期的轮子是实心的。大约在公元前2000年，出现了辐条轮，其重量较轻，用在战车上。公元前100年出现的轴承使轮子更容易转动。

陶工的轮子
公元前300年，希腊和埃及人已发明了脚动轮。

三分轮面

驾驶者的保护屏障

坚固的木制车轴

石器时代的建筑师 左图
在发明轮子之前，人们可能曾以树干为滚柱把巨大的建筑石块等物品推到合适的位置。

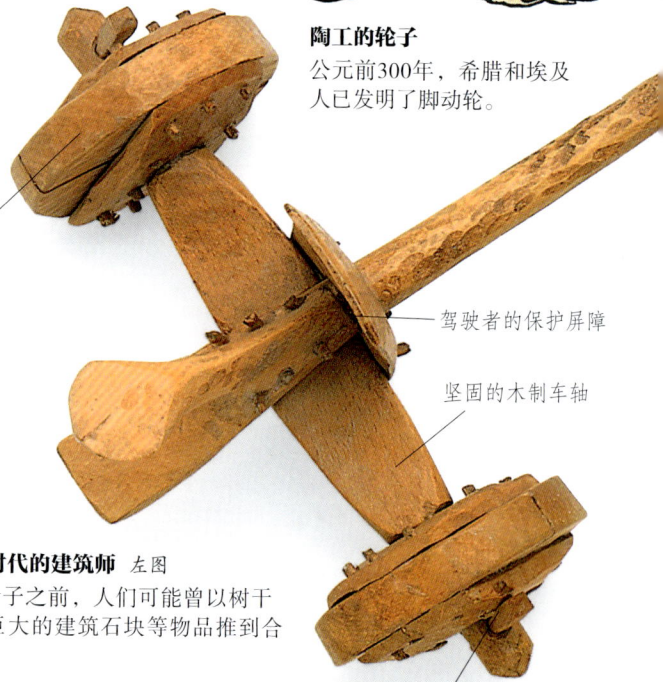

固定轮子的木销子

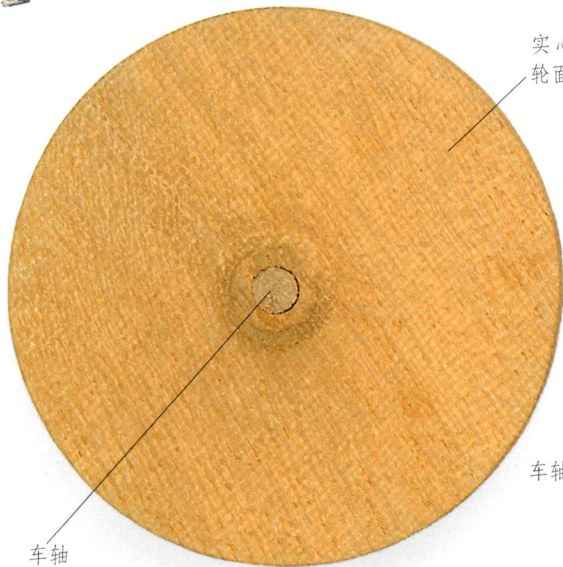

实心的木头轮面

车轴

车轴

横杆

车轴

稀少的实心轮子
早期的轮子有时是树干上砍成的实心轮盘，这种轮子并不多见。

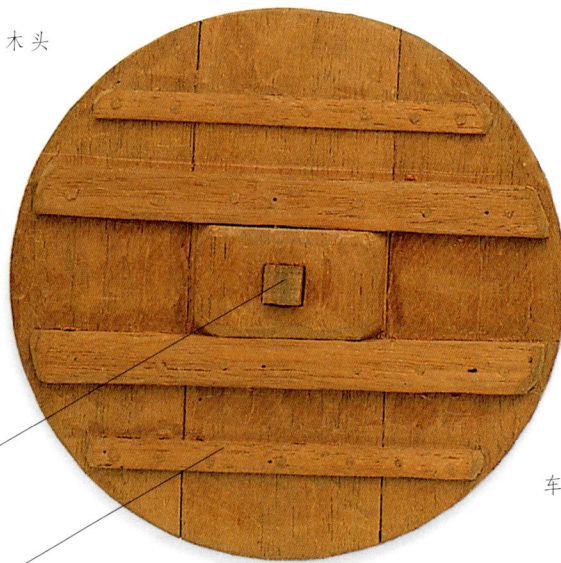

木轮
三分轮面轮子，由木制或者金属横杆将木块固定到一起而成。它们适用于崎岖的路面。

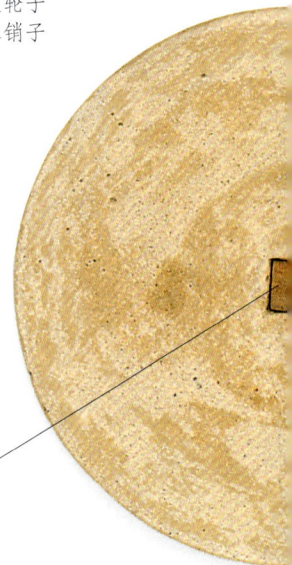

石轮
一些地方木材稀缺，因此用石头制作轮子。此种石轮很重但是耐用。石头轮子起源于中国和土耳其。

76

战争中的轮子

这种轮子让战车成为可能。

皮带

木制底盘横梁

皮制轴承

约公元前100年在法国和德国的凯尔特人制造出带简易轴承的货车。在车轴和轮毂之间装有皮轴套。它们能减少摩擦，让轮子容易转动。

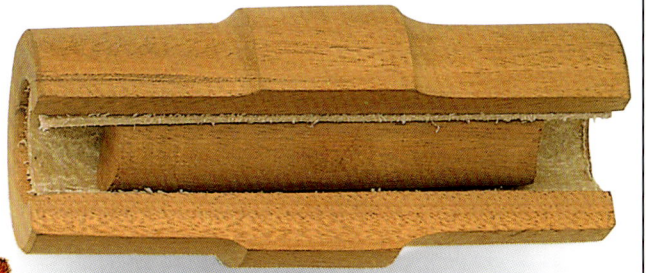

滚柱轴承

横杆

把马拴到横杆上，横杆用皮带绑到底盘上。

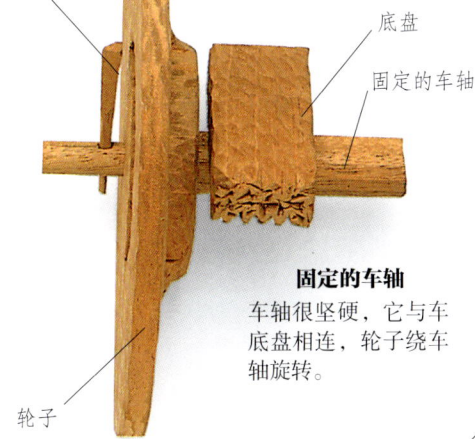

轮子的限位木销

底盘

固定的车轴

固定的车轴

车轴很坚硬，它与车底盘相连，轮子绕车轴旋转。

轮子

底盘

旋转车轴

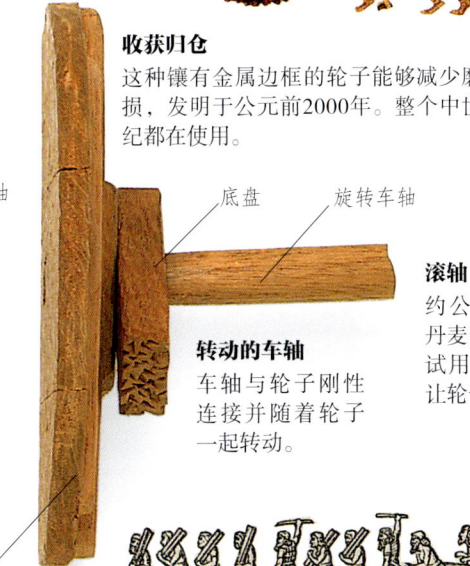

收获归仓

这种镶有金属边框的轮子能够减少磨损，发明于公元前2000年。整个中世纪都在使用。

转动的车轴

车轴与轮子刚性连接并随着轮子一起转动。

轮子

滚轴

约公元前100年丹麦四轮马车制造者尝试用滚柱环绕车轴，从而让轮子更平滑地旋转。

滚柱

早期的中东马车

轮上中空令其更轻便

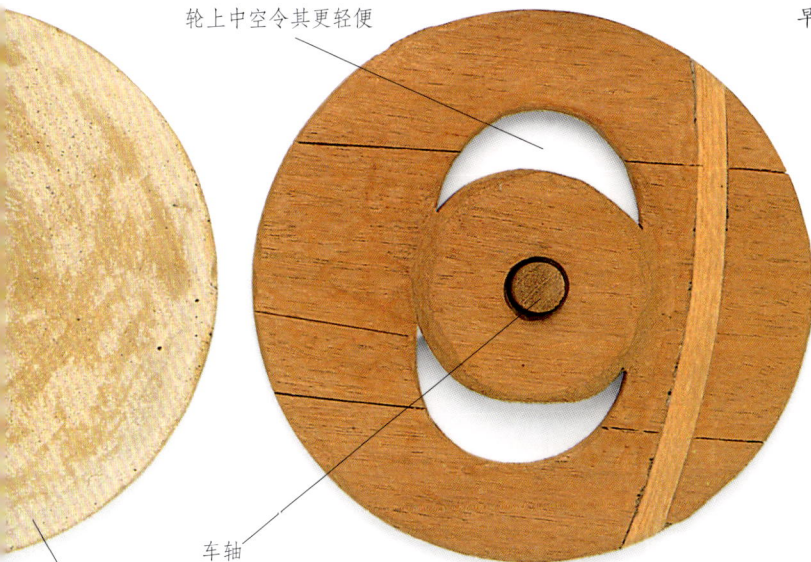

石头磨成

车轴

早期半实半空轮子

此类型轮子叫作"Dystrop"轮子，约发明于公元前2000年。

车轴

支撑轮子的辐条

横撑轮

如果轮子的大部分被去掉，则可用横撑来增加其强度。这种车轮已与全辐条式车轮相去无几。

金属加工

从很早的时候，人们便发现了一些金属并把它们当作简单的装饰品。人们最早使用的金属是铜，铜是利用烈火加热矿石提炼出来的。接下来就是制作青铜。青铜是铜和锡的合金，不易锈蚀。青铜质地坚硬而且易于加工，可以用其制作刀剑、首饰等各种物品。铁的最早使用大约在公元前2000年。铁的藏量很丰富但是难以熔化，最初只用锻打而非铸造来加工。

大约公元88年的罗马铁钉

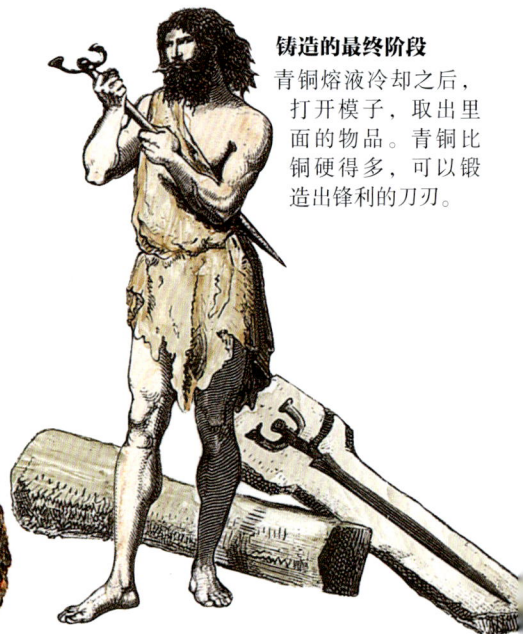

铸造的最终阶段
青铜熔液冷却之后，打开模子，取出里面的物品。青铜比铜硬得多，可以锻造出锋利的刀刃。

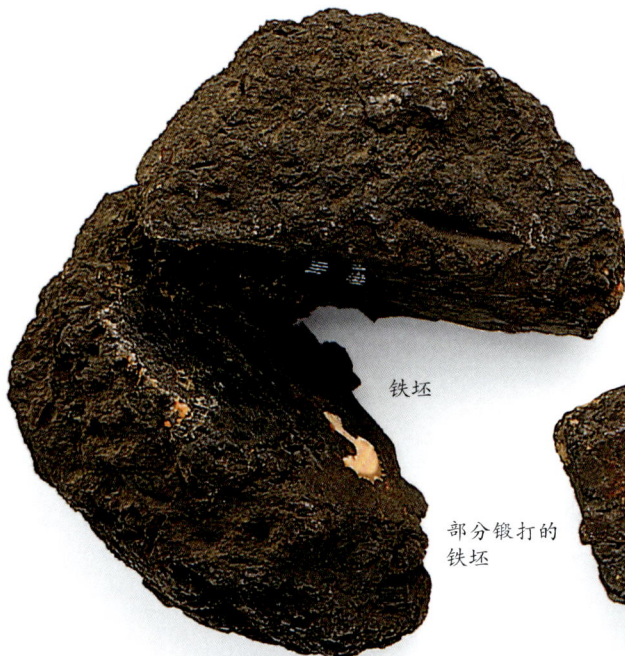

铁坯

部分锻打的铁坯

铁矿石

铁坯
早期的熔炉温度不足以熔化铁，生产的金属块多孔，称为铁坯。灼烧铁坯至红热时，将其锻打成形。

铸造——第一阶段
制造青铜的第一阶段是将铜锡矿石加入大钵或简易熔炉中进行冶炼。青铜比单独的铜更容易熔化和分离。

铸造——第二阶段
将熔化的青铜倾倒入模子中，使之冷却凝固，这一工艺即铸造。

铁剑制造
公元1世纪时人们将几个铁片和铁棒放在一起不断翻转锻打，制成铁剑。这种工艺称为型样锻接。

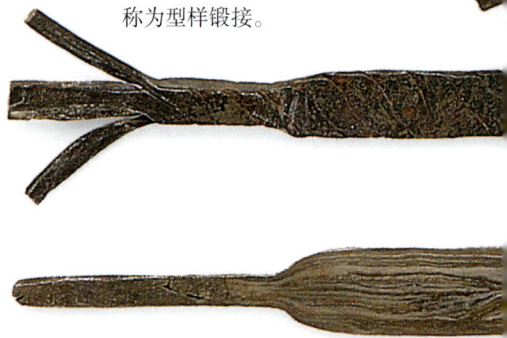

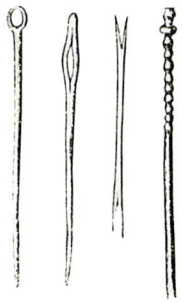

形形色色的针
青铜能够加工成小而精巧的物品，比如各种纤细的针。

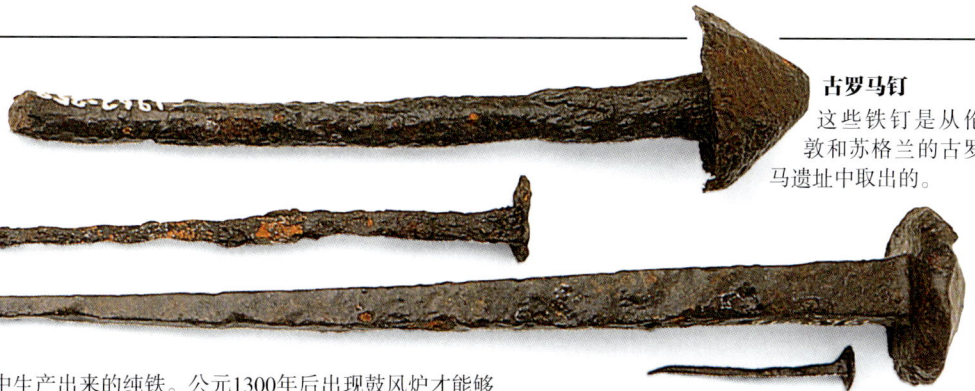

古罗马钉
这些铁钉是从伦敦和苏格兰的古罗马遗址中取出的。

锻打或铸造？
锻铁是在简易熔炉中生产出来的纯铁。公元1300年后出现鼓风炉才能够将铁熔化进行铸造。

马脚绊是马蹄铁的前身。马蹄铁用锻铁制成，绑在马蹄的合适部位上。

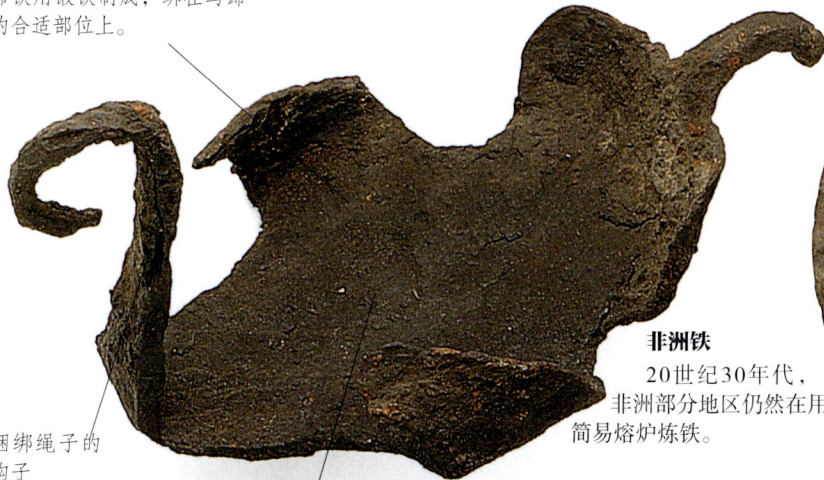

捆绑绳子的钩子

放马蹄的平面底座

非洲铁
20世纪30年代，非洲部分地区仍然在用简易熔炉炼铁。

用锻铁制作的磨形锄

倒钩

切中要点
铁常用来制造武器，结构相当精巧。这支矛枪装有木制枪柄。

青铜饰品
青铜手镯常有精致的图案装饰。饰品发簪有带花纹的中空簪头。

手镯　　发簪

铁锤　右图
几个世纪以来，人们一直用铁做锤头。这把简单的铁锤来自苏丹，铸造时间大约是1930年。

铁条拧在一起以增加强度

刀尖用铁片锻打制成。

带装饰的剑
以锻接法制造的剑刀锋坚硬锋利，而且刀身优良坚硬。扭在一起构成刀身的铁条，沿刀身形成装饰性的图案。

铸好的剑

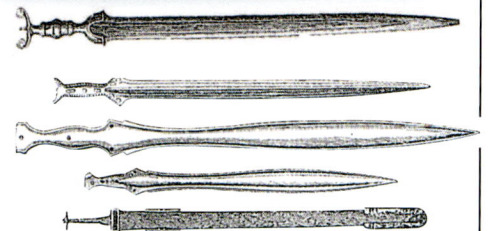

小把手
青铜剑常有装饰性剑柄和护手。手柄通常短小，我们现代人握上去很不舒服。

度量衡

最早的度量衡体系用于称量作物、测量农田大小，以及为商业交易提供标准。大约公元前3500年前，古埃及开始用秤。他们有标准的砝码，此外也有标准的长度测量单位，叫作康比特，约等于52厘米。汉谟拉比法典记载了古巴比伦王国的标准砝码以及不同的重量和长度单位。古希腊和古罗马时代，秤、天平和尺子已在日常生活中使用。当今的重量及长度测量体系：英制（英尺、磅）和公制（米、克）分别在14世纪和18世纪90年代建立。

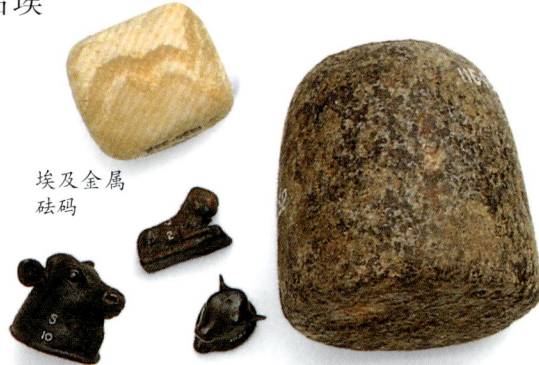

早期埃及
石质砝码

埃及金属
砝码

金属砝码
古埃及人用岩石做砝码。大约公元前2000年，随着金属加工工艺的发展，开始应用青铜和铁浇铸的砝码。

悬挂待称物
体的钩子

用黄金称重
生活在当今加纳的一个金矿地区的阿善提人，他们用金制饰品制作标准砝码。

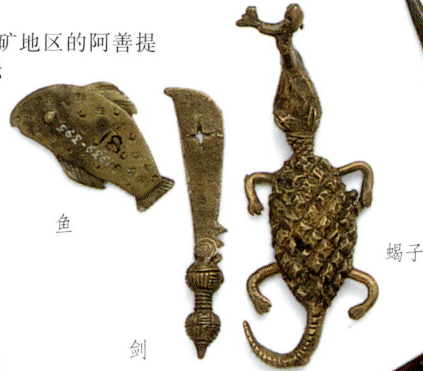

鱼

剑

蝎子

指针

称称他多重
古埃及的天平，用于所谓的"称心"仪式，是在人死后进行的。

失衡
这台罗马天平中心有个青铜转动杆，把要称的物品放在秤杆一端悬挂的盘子上，使其与另一端悬挂的重量已知的物品相平衡。两个秤盘平衡时，秤杆指针在中间。

秤盘

放小砝码
的凹盘

套筒式砝码
这些是17世纪法国的套筒式砝码，一个正好放在另一个里构成一组齐整的套筒砝码。

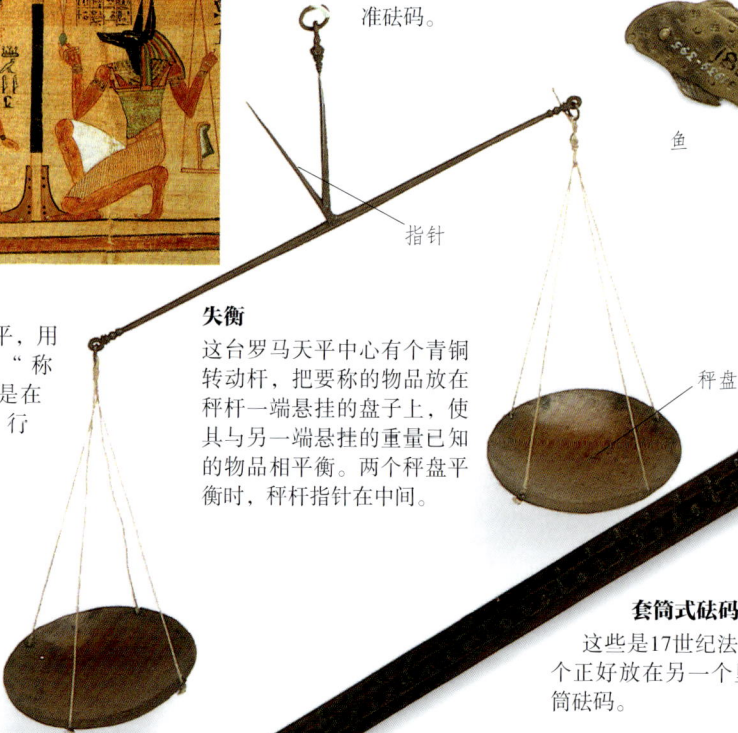

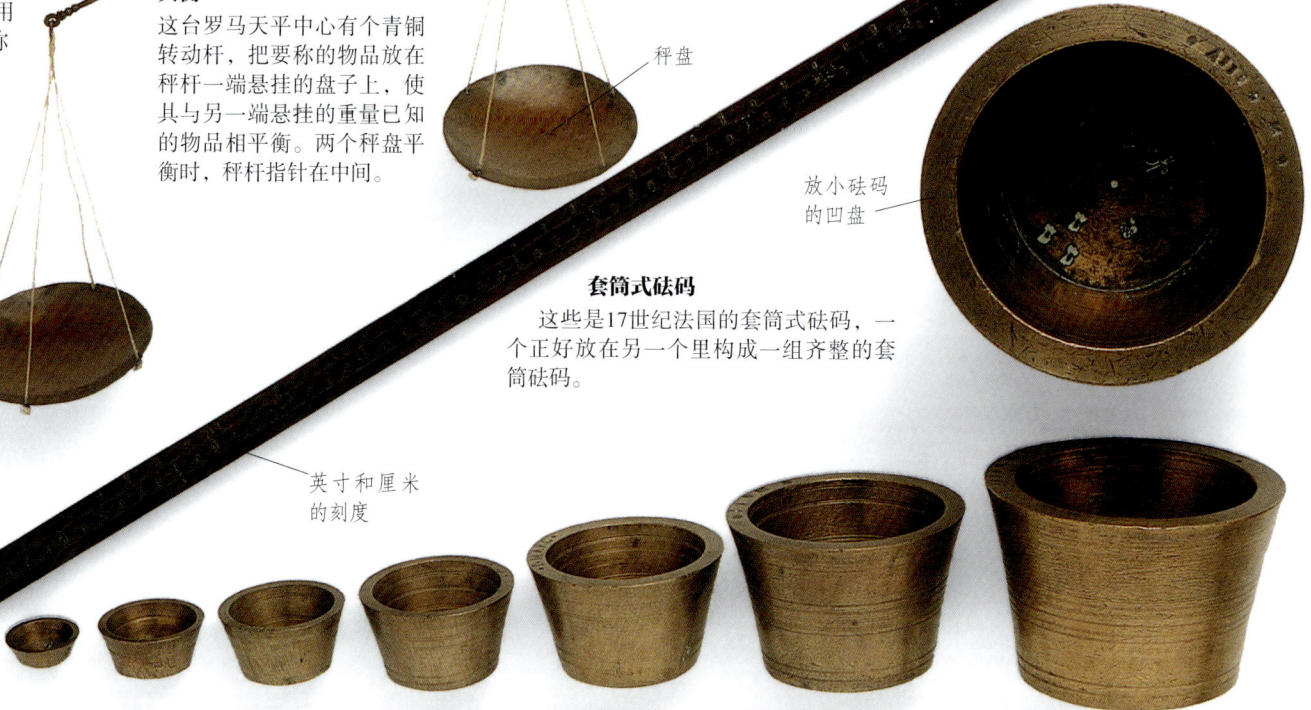

英寸和厘米
的刻度

使用提秤 右图
砝码沿着提秤的长长秤杆移动，读出从支点到平衡点距离的刻度，也就得到了物体的重量。

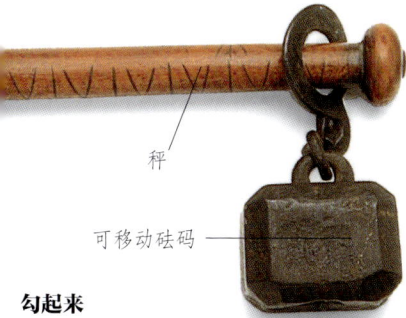

秤

可移动砝码

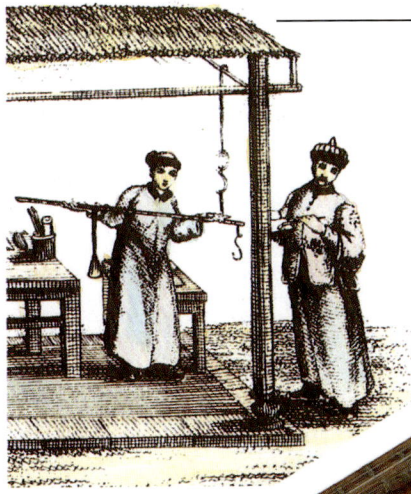

量身材
第一个官方标准码是由英国国王爱德华一世于1305年建立的。那是一条铁棒，分为3英尺，每英尺为12英寸。这是19世纪裁缝用来量布匹长度的码尺，它也有厘米刻度。

脚放在这里

游标

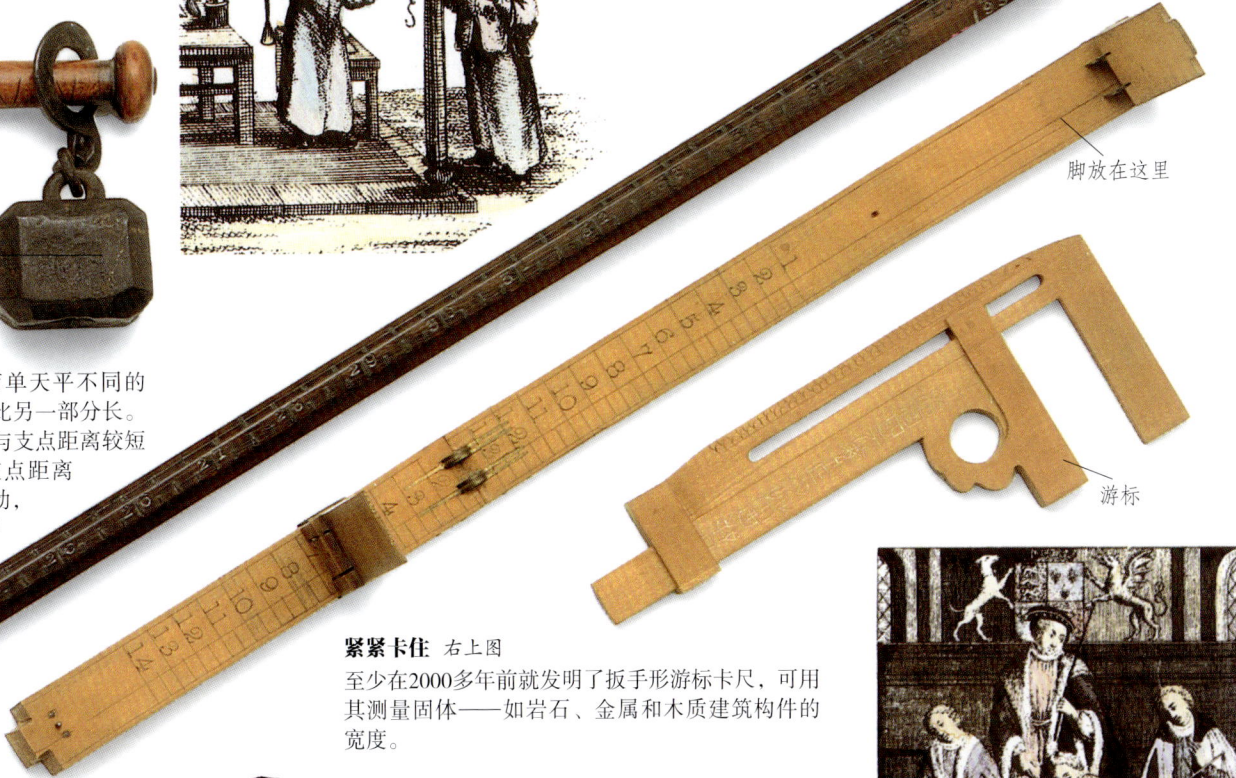

勾起来
大约公元前200年罗马人发明了提秤。与简单天平不同的是，提秤上杆的一部分比另一部分长。比如一袋谷物吊在秤杆与支点距离较短的一端，而砝码在与支点距离较长的那部分秤杆上移动，直至平衡。图中的提秤可追溯到17世纪。

紧紧卡住 右上图
至少在2000多年前就发明了扳手形游标卡尺，可用其测量固体——如岩石、金属和木质建筑构件的宽度。

一大步 右上图
这是英国测量脚的尺寸的量尺，把4.33英寸作为1号，每增加三分之一英寸就是增加1号。

灵活的工具 左图
卷尺用于因直尺不能弯曲而不适用的某些场合。

装满 下图
把液体装在这个蒸馏器配套的容器中，体积标识在瓶颈部的狭窄部位，由此可迅速看出正确的体积数。

令其正确
上图中这些人正在检验重量和液体计量标准，以确保其精确无误。

体积标识

无短缺计量
这台印度谷物计量器用来分发标准体积的松散物品。

钢笔和墨水

大约7000年前，古巴比伦和古埃及人在石头、骨头和泥板上雕刻符号和简单图画。他们用这些记录建立土地使用权、灌溉权，记载丰收的年景、税务评估和账目。他们最初的书写工具是燧石，然后是削尖的木棍。大约公元前2500年，中国和埃及人制成墨，利用泥土里的颜料像氧化铁等可以制成不同颜色的墨。在中世纪发明了油墨，用于印刷。而书写用墨水和铅笔是非常现代的发明。自来水笔和圆珠笔则是更加现代的发明。

轻如鸿毛
公元500年，人们开始以中空的翎毛作笔来书写，首次作为钢笔使用。干燥洁净的天鹅毛或火鸡毛因其毛杆较粗能含较多墨水，且易于握持，而最为常用、最受欢迎。用刀子把毛杆削光并劈开少许，确保墨水顺畅地流出。

沉重的读物
美索不达米亚泥板文书业已证实是人类最早的文字记录。书写者用楔形尖笔在湿泥上做记号。这类书写的记号叫作楔形文字。

精致的笔尖
公元前1000年，埃及人把芦苇和灯芯草切割后制成笔尖，用芦苇钢笔将灯烟写在纸莎草纸上。

汉字

关于纸莎草纸
纸莎草纸是由从纸莎植物的茎上取出的芯制成的。将树心排成层铺开，捶打制成纸片。书写者（左图）正在记录一场战争。纸莎草纸（右图）来自古埃及。

神来一笔
古代中国人用骆驼或老鼠毛制成的毛笔蘸墨水写字。他们用以少许兽毛粘在中空的芦苇杆上制成的毛笔在丝绸上进行精细的书写。

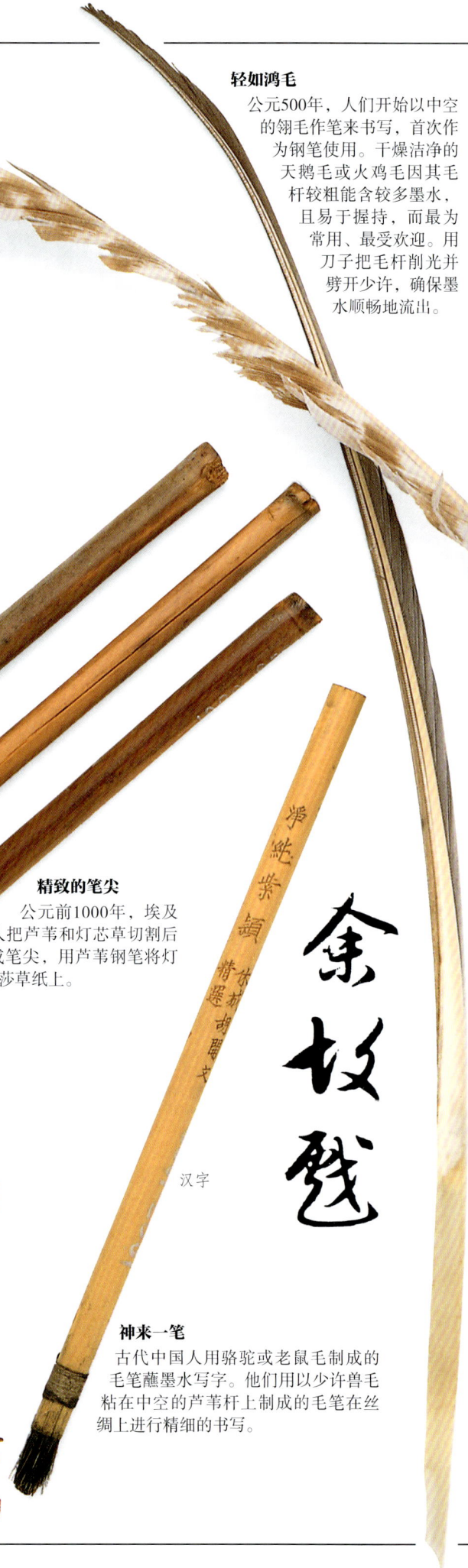

早期圆珠笔
的蓄墨囊

纤维笔尖

给笔灌墨水的
金属压杆

可自由滚动的圆珠

轻轻地写

20世纪60年代发明了纤维或软头钢笔。笔内有一吸水材料做的蓄墨囊，镶嵌在蓄墨囊上的笔尖上有一狭缝，使之一触到纸，墨水即可顺畅流出。

关于圆珠笔

19世纪80年代美国人约翰·劳德发明了圆珠笔。现代圆珠笔由乔瑟夫和乔治·比尔于20世纪40年代发明。装满墨水的塑料管笔尖是个能自由移动的微小金属珠。管内墨水通过极小的间隙流到金属珠上，又经它流到纸上。

堵塞笔芯

大约1800年自来水笔在欧洲诞生。笔中有一金属套管，管内有一橡胶囊用以贮存墨水，墨水是用诸如靛蓝之类的天然植物染料制成的。若是不将染料精细研磨，墨水就会堵塞笔尖。1844年，爱迪生·特曼发明了第一支好用的自来水笔。

笔芯

直到20世纪60年代还在学校使用那样的蘸水笔。早期的笔尖都是全钢制。当今的钢笔尖都是加了如铱或铂等耐磨金属的。

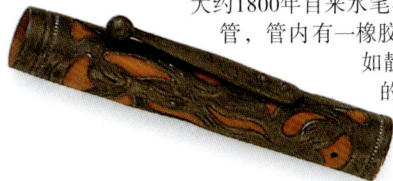

王室专享

中世纪的书记员用羽毛笔精心制作带有插图的手稿。下图记录了15世纪卡斯蒂利亚的国王亨利的加冕仪式。

尖锐的笔尖

蘸水笔的各类笔尖

造纸

中国的造纸技能通过伊斯兰国家最终传到欧洲，基本工艺和中国的相似。纸由木浆和碎布经水浸泡打制成浆制成。

抄纸 右图
把带有格栅的托盘放到纸浆里，取出格栅，再将水抖落。

悬挂晾干
将格栅上形成的纸片取下放在一片毡上，然后将其悬挂、晾干。

笔尖磨损

羽毛笔在硬纸或羊皮纸上经常书写，笔尖会磨损，需要不时重新磨尖。17世纪发明了羽毛笔尖翻新器，用它可将笔尖磨损的部分整齐地剪去。

光

最初的人造光来源于火。两万年前，人们意识到可以通过烧油获得光，于是，最早的油灯便出现了。后来，人们制成了用植物纤维为灯芯的灯，并发明了蜡烛。点燃灯芯，火焰会融化一些蜡和兽脂，它们燃烧便发出了光，所以说蜡烛实际是一盏更加方便的油灯。直到20世纪汽灯普遍应用之前，油灯和蜡烛一直是人造光的主要来源。电灯在近代才取代了它们。

洞穴光
做饭的火是最早的人造光源。进一步很容易就又有了烧木火炬，从而就能把"光"带走或是悬于黑暗洞穴的高处了。

贝壳灯 右图
把油注入一只贝壳中，端口处放上一灯芯，就成了油灯。图中的灯制造于19世纪，但是贝壳灯几个世纪前就已问世。

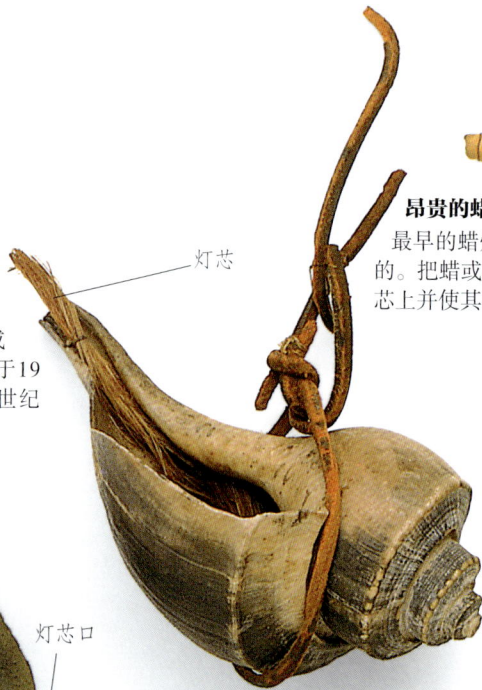

灯芯

昂贵的蜡烛
最早的蜡烛是5000年前制成的。把蜡或兽脂倒在悬挂的灯芯上并使其冷却就成了蜡烛。

盛蜡的容器

灯芯

灯芯口

茶碟状的陶灯也有数千年了。这个灯可能是大约2000年前埃及制造的。

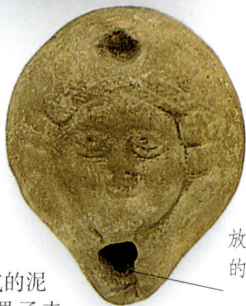

罩子 右图
罗马人制成的泥灯顶端用罩子来保持油清洁。为了发出强光，有时不只要放一个漏嘴和灯芯。

放灯芯的孔

灯芯

挖空 左图
挖出一个洞的石头是最基本形式的油灯。这个出自英国设得兰群岛，19世纪时还在使用。在法国的拉斯科洞穴中亦有15000年前的类似的灯被发现。

模具
从15世纪开始蜡烛用模具制造。模具制蜡烛较为容易，但是直到19世纪这种工艺机械化后才广泛使用。

熄灯
用锥形蜡烛熄灭器熄灭蜡烛，没有气味也没被烧伤的危险。

像引火物一样干燥
人们在发明火柴之前，用引火盒点火或灯。用燧石击打一块金属能够发出火花。盒子里一些干燥物质能够点燃。

把手

钢片

引火物

盖子

烛台

打火石

引火盒

灭火盖

甜蜜与光明
利用蜂箱里搜集的蜂蜡，可以将其卷成圆柱状。

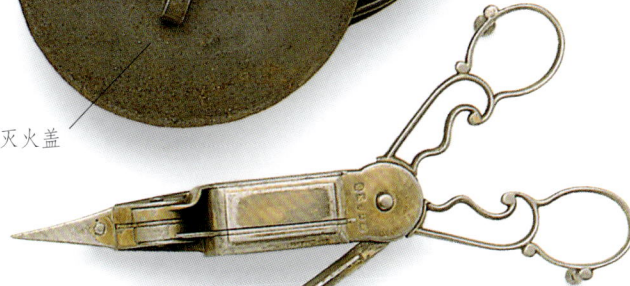

修剪灯芯
灯芯修剪器，可以夹住灯芯并将烧过部分剪断收入容器。

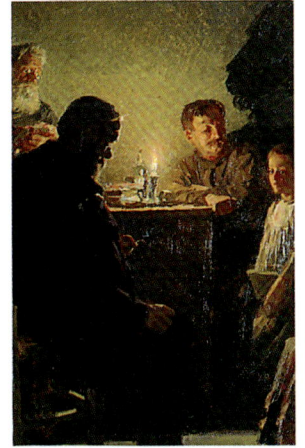

烛光 上图
一根蜡烛只发出一点点光——一烛光（光照强度单位）。

保护装置
灯笼用于保护火焰不被风吹灭，而且减少火灾发生的风险。

将蜡烛升高用的把手

在街上 上图
这幅雕刻显示了1667年在巴黎点燃的第一盏蜡烛街灯。

螺旋器 左图
随着蜡烛燃烧你可以转动螺旋器让蜡烛保持在同一高度燃烧。

计时

大约3000年前，古埃及天文学家利用太阳的运行规律，开始较为准确地报时。埃及的"影子时钟"是个日晷，根据落在标记物上的影子位置指示时间。其他早期的报时工具主要依靠通过蜡烛的规律燃烧或通过小孔的水流来确认时间。第一台机械钟表用金属棒规律摇摆，控制钟盘指针的移动。

时间之书
中世纪的时间之书里的图画是不同月份的农民生活。这是《法国特雷斯克财富钟报杜贝里公爵》一书中三月的插图。

锤线
古埃及使用特殊天文仪器麦开特观测天空中某些星星的运动，来计算夜晚的时间。该锤线的主人是大约公元前600年的天文牧师贝斯。

便携式象牙日晷

穿针的孔

圆柱形日晷
这个小型象牙日晷有两个指时针，一个夏天用，一个冬天用。

罩子

细线指针

指针日晷 右图
德国折叠日晷有个细线指针，可根据不同纬度调节。小钟盘显示意大利和巴比伦时间。钟盘也指示一天的长短和黄道带十二宫中太阳的位置。

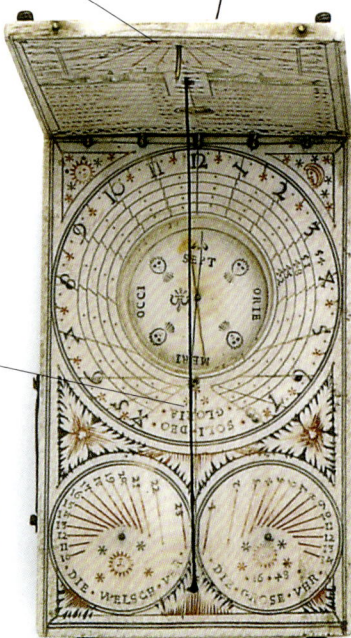

时间柱
这种表通过穿针穿过一根竖直棒投下的影子计时。根据一年时间不同，可把针放在不同位置。

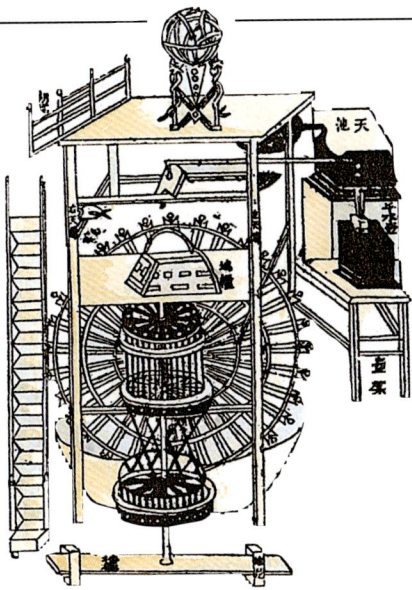

水运仪象台
1088年苏颂发明水运仪象台，放置在一座10米高的塔上。每个桶装满水，水轮会停止转动，记录时间间隔。齿轮把运动传给浑象仪球体。

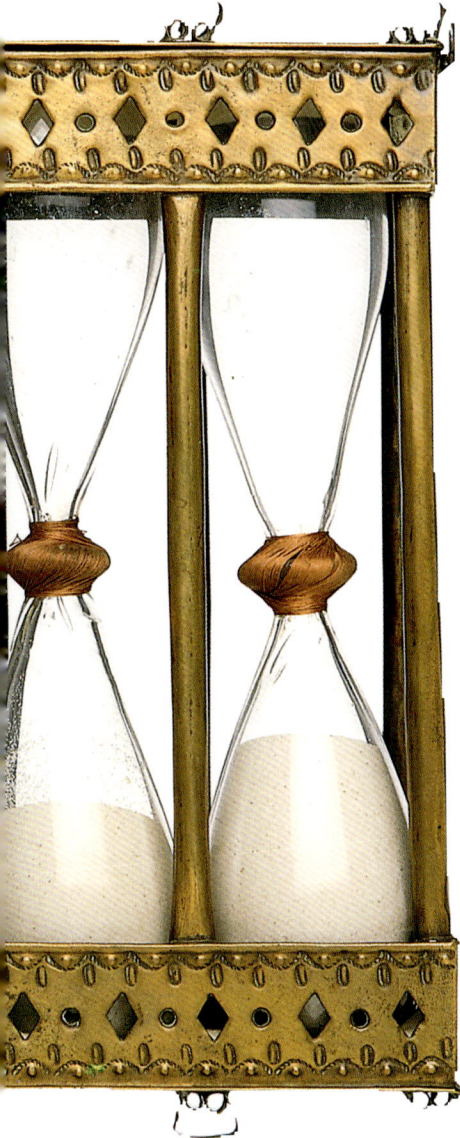

可调节的砝码

灯钟
这个日本灯钟上有可转动的平衡杆。移动杆上的小砝码控制钟表。表只有指标小时的指针。17世纪50年代以前分针很少见。

座钟 下图
这种钟表是在17世纪发明的。此钟是由英国著名制表匠托马斯·汤比恩制造。它有一个拨盘用于调节机械系统和选择鸣钟报时或非鸣钟模式。

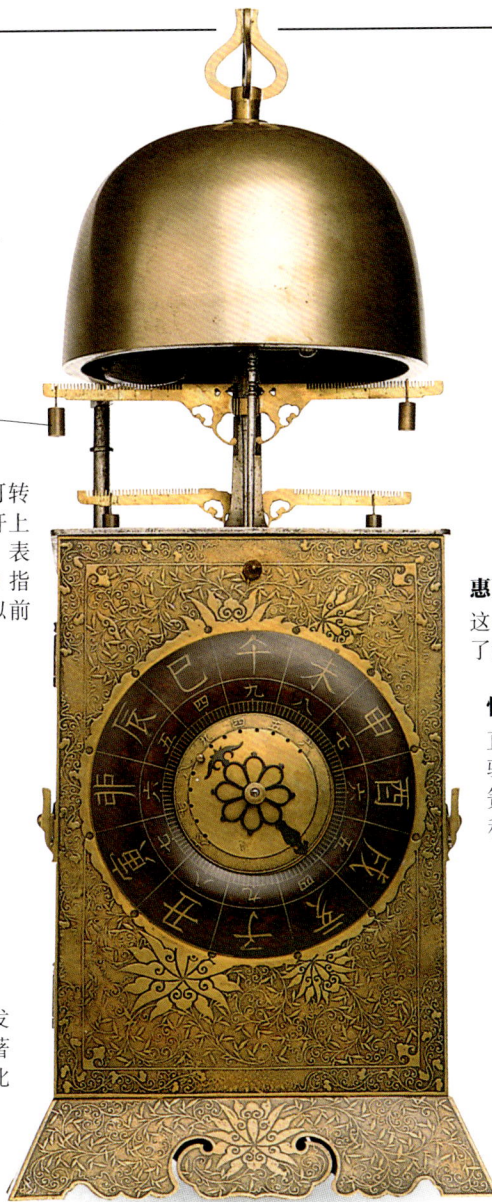

惠更斯
这位荷兰科学家在17世纪中叶制造了第一台实用的摆钟。

怀表
直到16世纪，钟表都是下落的垂物驱动，不能来回搬动。采用螺旋弹簧驱动指针就可以制造出便携钟表和手表，但是这种钟表不太精确。

游丝表
1675年惠更斯发明了游丝。从而可以造出走时更为准确的钟表。托马斯·汤比恩将游丝构造引入英国，使英国制表业取得领军地位。

沙漏 上图
尽管这只沙漏是后来很晚时期的制品，但是可能最早使用沙漏计时是在中世纪，大约1300年。

驾驭动力

人们一直在寻找可以使工作更轻松、更高效的动力。起初，借助于机械更有效地发挥人类肌肉的力量。但很快人们认识到，动物如马、骡子、公牛的肌肉力量比人的大得多，动物就被训练来牵拉重物或拉磨。风和水是另外两种重要的动力源。大约5000年前，埃及制造了第一艘帆船。公元前1世纪，罗马人用水磨加工谷物。直到今天水力驱动仍然很重要且被广泛应用。风车磨坊在中世纪跨越欧洲向西遍布各地。

肌肉力量

尽管在世界其他地区，马是最普遍的畜力动物，但在北极地区人们仍然用狗拉雪橇。

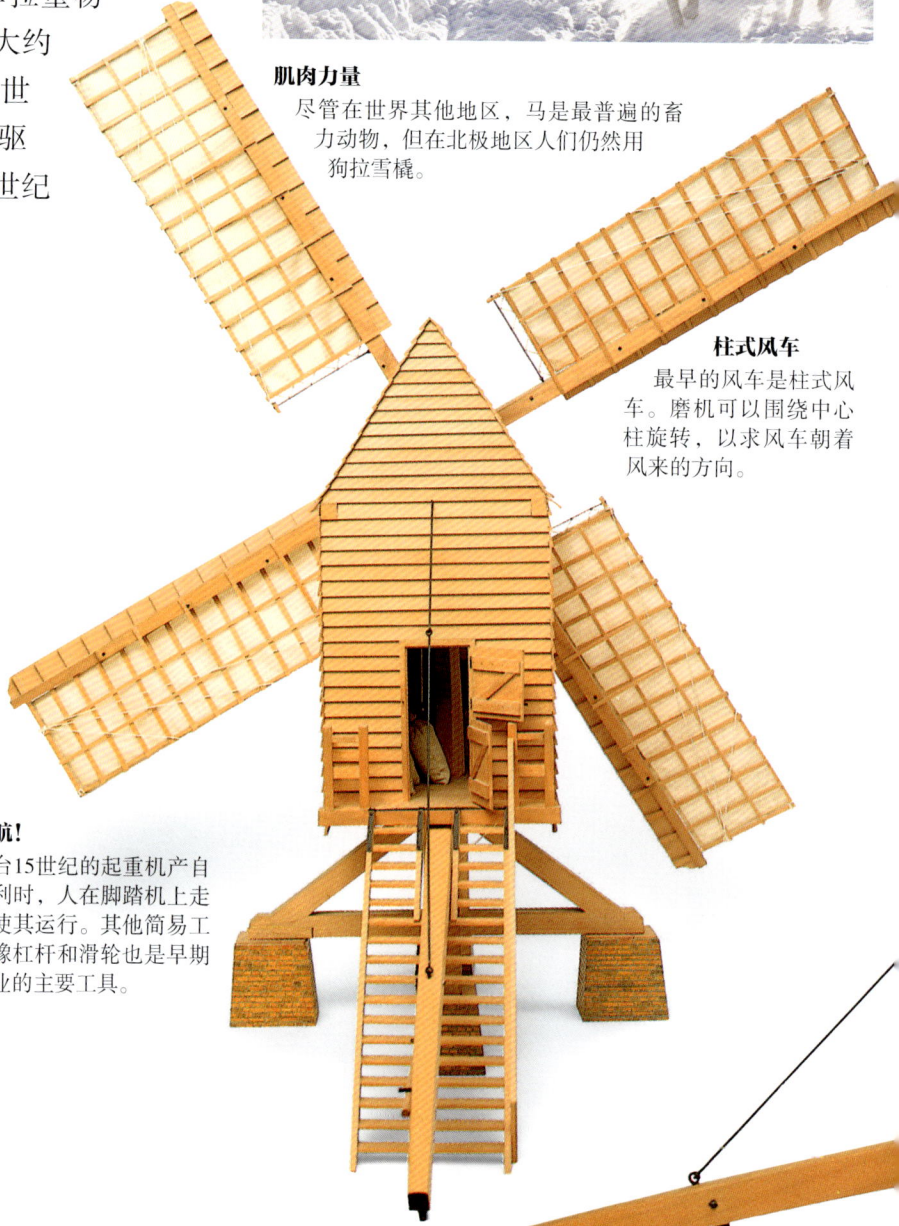

柱式风车

最早的风车是柱式风车。磨机可以围绕中心柱旋转，以求风车朝着风来的方向。

起航！

这台15世纪的起重机产自比利时，人在脚踏机上走动使其运行。其他简易工具像杠杆和滑轮也是早期工业的主要工具。

尾杆

第一台水磨

有记录表明，大约公元前70年，罗马人用两种水轮磨谷物：下冲式水轮，水从下面流过冲击水轮转动；上冲式水轮，水从上部流过。上冲式水轮因水轮叶片所载的水的重力作用而更为高效。

标准风车 左图
哈拉狄风车产生于19世纪中期，是风力泵的前身，现在偏远地方依然使用。

适用广泛的动力源
中世纪，水轮机用于完成布匹漂洗或给鼓风熔炉的鼓风机风囊鼓风等种种工作，后来用于工厂驱动机械。

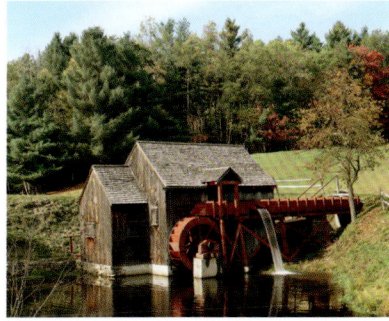

翼板

风车翼
简单的风车翼是用帆布覆在木架上制成的。改进的叶片在18世纪70年代由安德鲁·梅克勒发明。它是由许多带有铰链、以弹簧定位的翼板构成。风大时，翼板条张开使风通过而不会造成破坏。

柱式风车内部 右图
磨坊内部，风车叶片的轴连在一个叫作制动轮的较大齿轮上，制动轮和另一个连于立轴上称为石帽母的齿轮啮合在一起，立轴驱使碾盘转动。

风轴

风翼支架

翼帆

放磨石的石箱

带齿轮的制动轮驱动碾盘

固定的柱子

支撑风车
这台柱式风车的脚柱明显可见，但有的是隐藏在实体墙后。这种结构发展成了塔式风车，塔式风车有小型顶盖的固定塔，顶盖能够朝风来的方向转动。

旋转磨坊立柱体或称"木架"

转动风车
风车有了一个叫作"扇尾"的带帆叶的小风轮。它可使风车转动到风来的方向。

操控谷物车的绳索

桁梁

印刷

印刷术产生以前，每卷书都是通过手写而成的。这使得书稀少又昂贵。6世纪，中国和日本人开始使用凸版印刷术印书。印刷术最伟大的发明是活字印刷——将每个小板块上的单个活字排成行，既可印刷，活字还可重复使用。活字印刷术11世纪始于中国。15世纪，活字印刷首次在欧洲使用。约翰纳斯·古腾堡是最重要的先驱，他发明了铸字——一种廉价快速的批量制造印刷活字的方法。15世纪30年代，活字印刷很快在欧洲普及。

早期印刷的字
大约1040年，带有一个字的小板块最先在中国使用。这些是土耳其早期印刷的字。

模具
古腾堡在硬金属上雕刻了字母作为冲具，用其在软金属上冲出字模。

冲印在金属上的字母

形状良好
每块模板有一个字母或符号的印记。

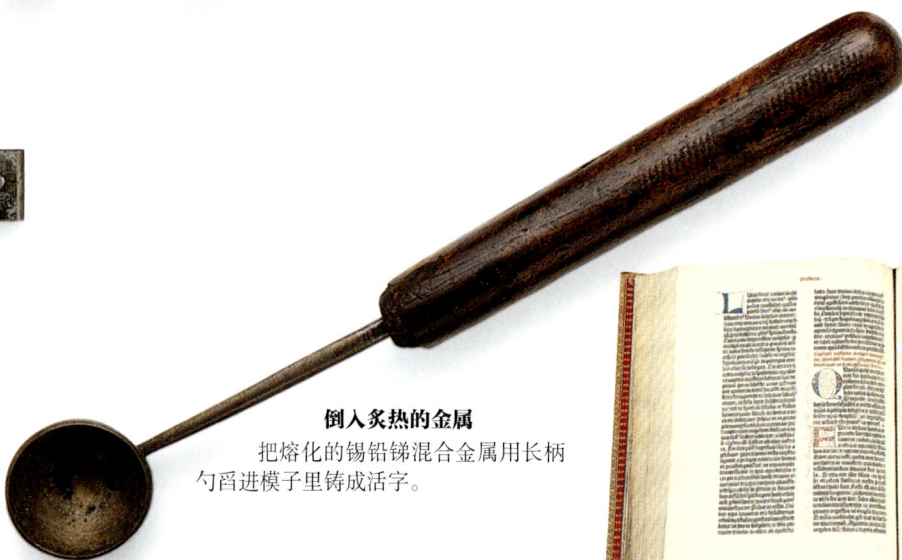

倒入炙热的金属
把熔化的锡铅锑混合金属用长柄勺舀进模子里铸成活字。

这是一块日本的早期印刷板，上面刻有整段的文章。

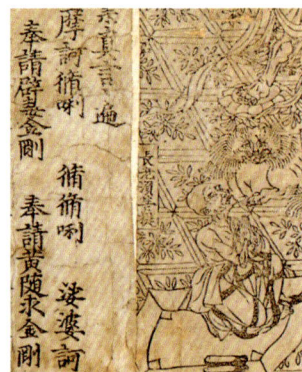

来自东方
这是一本中国早期的书。

古腾堡圣经
1455年，古腾堡印刷了第一部大型书籍《圣经》，至今被认为是印刷者技艺的代表作。

固定刀片的螺丝

金属刀片

仔细修剪
这是一台活字刨床，用以修剪金属字的背面，以确保所有铸字高度恰好一致。

活字铸模
阴模像这样置于铸模底部。合上铸模从顶部倒入熔化的金属。开启铸模侧板，即可取出铸好的活字。

把铸模插在这里

固定铸模的弹簧

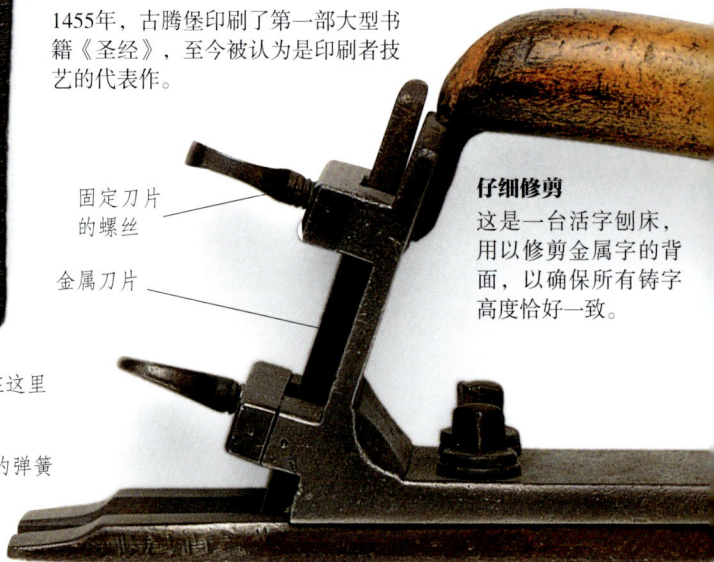

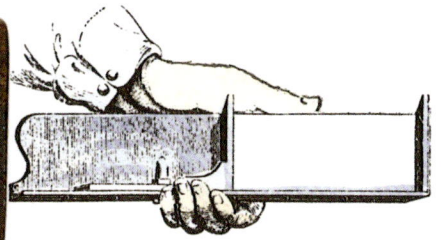

反字 上图
早期印刷者在排字盘中令字母从右向左进行排字，因为印刷出来的字是活字的镜像。

一块活字

如何手握传统排字盘

调节字距 下图
从这块现代的排字盘中的字可以看出，可在字间插入小金属片来调节字的行距。

间距插条

夹钩可设置行距调节

排版人排版

古腾堡的工作间
大约1438年，德国金匠古腾堡发明了用熔化金属制造单个字母活字的方法。图中能看到印刷工人在古腾堡工作间排版、印刷。

将字锁定位置的螺丝

排好版的一页活字

紧握
字排好后放在金属活版架里，用木片或金属片把字的位置固定好构成印版，然后把印版放在印刷机上，着墨，印刷。

光学发明

光学原理基于光线从一种介质进入另一种介质时发生弯曲即折射的特性。公元10世纪，中国人就已经了解了曲面玻璃（透镜）折射光线的情况。几千年来，人们照镜子（最初用明亮的金属制成)观察自己。直到17世纪才开始制造能够将较小物体放大或将远处物体看得更清的光学器具。这一时期的发明包括17世纪初问世的望远镜和大约1650年发明的显微镜。

模糊视力

用眼镜纠正视力缺陷的透镜已经应用700多年了。像这种早期眼镜商卖的眼镜，需要时则架在鼻梁上。15世纪50年代纠正近视的眼镜问世。

在远处

望远镜一定已经被发明了多次，无论何时只要有人当把两片透镜这样放在一起，就能发现远处物体被放大了。

镜片

10世纪中国有了凸透镜，但是利用透镜制造放大镜和老花镜可能开始于欧洲。

17世纪的眼镜

17世纪的眼镜片通常都带有颜色

皮革包覆的镜筒

镜头盖

给镜头着色

早期的折射式望远镜生成的图像模糊不清。1729年，切斯特·霍尔让人把两种不同类型的玻璃制成的透镜放在一起制成主透镜。一片透镜的色彩失真由另一片抵消。

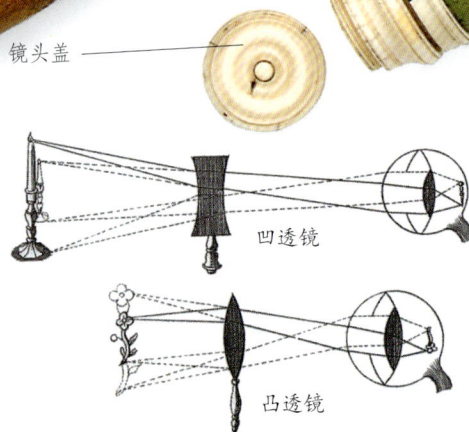

观察星空

意大利著名天文学家伽利略率先使用折射式望远镜研究宇宙。这是伽利略一个最早的望远镜的复制品。

凹透镜

凸透镜

目镜

物镜

安东尼·冯·雷文霍克 左图
荷兰人雷文霍克在金属框里安装
一个小透镜制成简易显微镜。他
将物体放大到280倍，是研究微观
大自然的第一人。

组合显微镜 上图
组合显微镜有两个透镜。主透镜
放大物体，目镜放大业已放大
的图像。

镜头盖

镜头盖

关于反射
反射式望远镜内装
有一面反光镜，从而避免
色彩失真且无须使用长焦透
镜，镜筒也就不须很长。

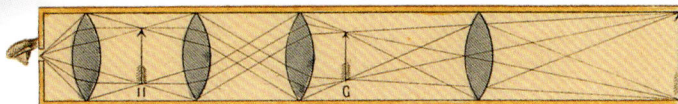

控制调焦装置

关于平面
这台17世纪的望远镜上配装了
象限仪和铅垂线，可帮助天
文学家计算出天空中物体
的高度和经纬。

目镜

窥视者
窥视镜管里装有反光镜可反射
光线，因此使用者貌似正视前
方实则却在窥视侧面。

18世纪的袖珍
望远镜

焦点调
整器

袖珍望远镜
这种双筒观歌剧
用望远镜，由两个
并排装在一起的望远镜
构成。到1880年已发明了
棱镜双筒望远镜。棱镜望远
镜的镜筒的长度可缩得
很短，却能获得较大的放大
效果。

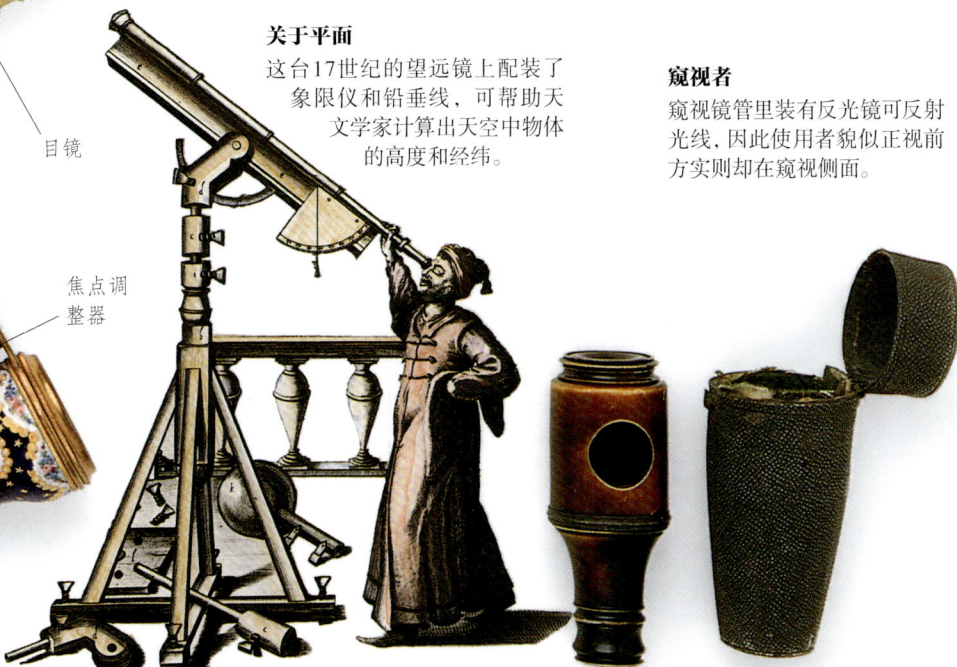

93

计算

直到有了物品买卖，计算才变得很重要。除了手算，第一种辅助工具是用小鹅卵石代替数字1到10。大约5000年前，美索不达米亚人在地面上挖几个沟将鹅卵石放进去，把鹅卵石从一个沟挪到另一个就有了简单的计算。后来，中国和日本使用算盘，用几排珠子代表百位、十位和个位。到了17世纪有了对数、滑动计算尺和基础机械计算器。

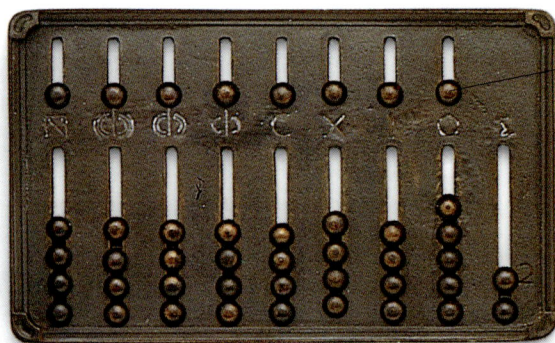

上面珠子是下面珠子代表的数值的5倍。

使用算盘

有经验的人能够用算盘很快地计算。因此使用算盘计算的方法在中国和日本一直很受欢迎。

袖珍计算器

上图是古罗马小型铜质手握算盘的复制品。古罗马使用的算盘和中国的相似。每个杆上面部分有一个珠子，这些算盘珠代表的数是下面珠子的5倍。

算盘

中国算盘，下面每个杆上5个珠子各代表1，上面两个珠子各代表5。使用者通过移动算盘珠进行计算。

苛刻的交易

中世纪，商人开始在整个欧洲做贸易，快速计算已然很重要。这幅佛兰芒的油画中，商人在合计金币重量。

记账

在计数木签上，刻痕代表不同的数字。然后将木签分为两半，交易双方各执一半，都有各自的凭据。

刻痕

使用对数

两数相乘，只需把其对数相加。计算尺也是用相邻数字的刻度按照这一原理进行计算。

平衡刻度

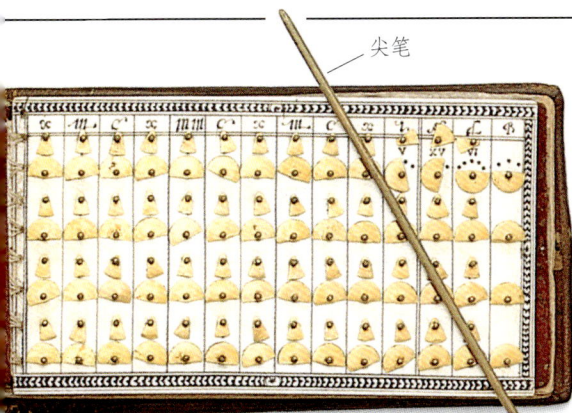

尖笔

一个宝贝
这个"算柱石"是1616年威廉·普拉特制造的，用以进行加减运算。尖笔用于推动标有数字的轮子。它用黄铜和象牙制成，可能是为某个富人特制的。

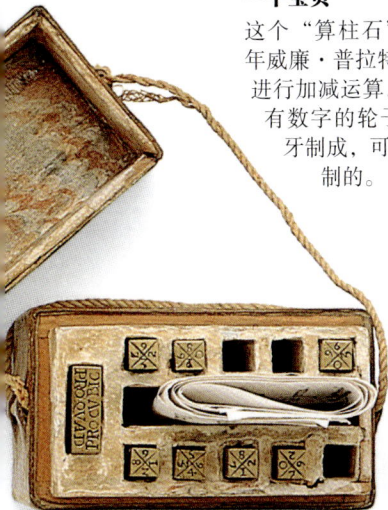

旋转杆棒上的数字

旋转杆棒的销子

纳皮尔的乘除器
这些棒条在17世纪早期由约翰·纳皮尔发明。沿棒条两侧的数字是末端数字的倍数。要找出数字X的倍数，把代表X的棒条并排在一起，将相邻数字相加即是所求的答案。

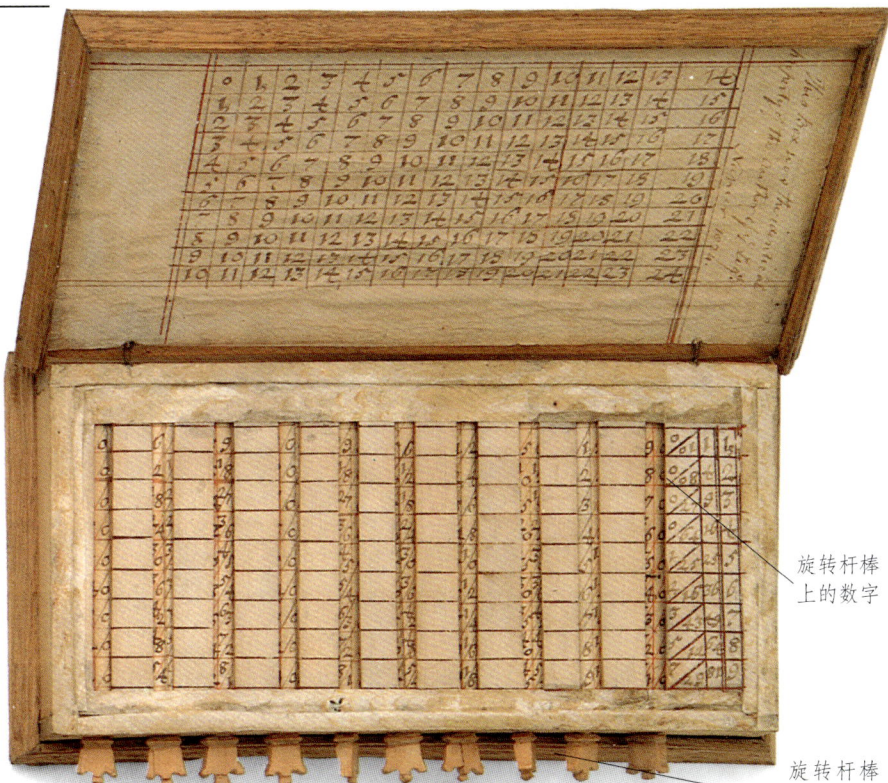

简便计算表
该装置利用纳皮尔的乘除器原理，但是数字刻在旋转滚筒上，这样部件就不容易丢失。

帕斯卡的计算器
帕斯卡1642年发明了计算器。机器由一些在同心环里带数字的齿轮组成。把要加或要减的数字转进去，小孔后就显现出答案。

答案在这里显现

布莱斯·帕斯卡

在这里转动数字

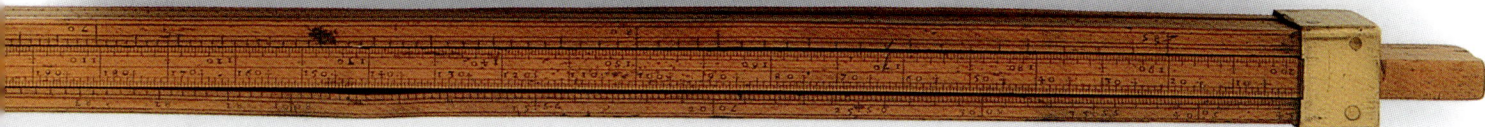

Cantainne   disaynes   mille   Cantainne   disainne   Nonbre
de mille   de mille   cinple

蒸汽机

蒸汽蕴含的能量一直强烈吸引人们的关注。公元1世纪，希腊科学家发现，也许蒸汽中的能量能够加以利用。17世纪末，工程师伍斯特侯爵和托马斯·萨弗里设计出早期的蒸汽机。1712年，出现了第一台真正的实用蒸汽机，设计者是托马斯·纽科门。苏格兰仪器制造者詹姆斯·瓦特则进一步改进了蒸汽机，节省了热量，还利用蒸汽使活塞向下运动来增加效率。新蒸汽机很快变成了工厂和矿厂主要的动力源。后来又研发出更为小巧、压力更高的蒸汽机用于火车头和轮船。

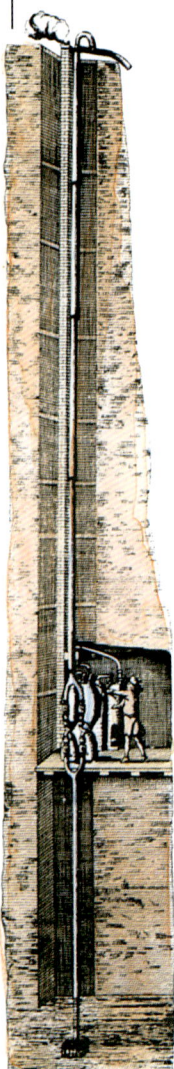

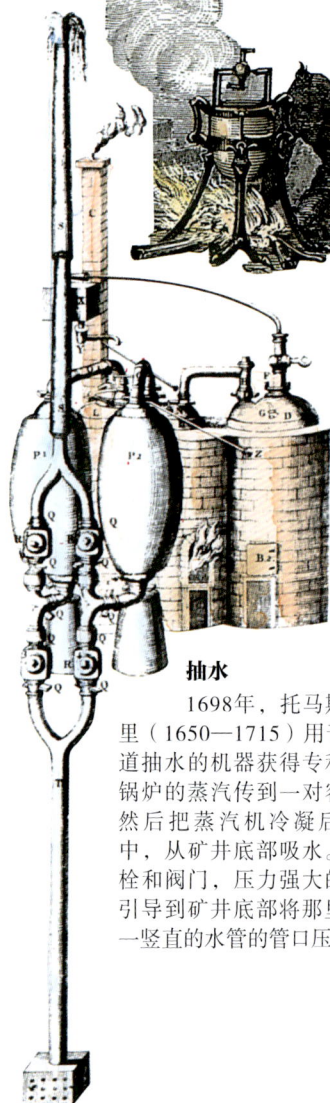

希腊蒸汽能量

1世纪期间，希腊亚历山大里亚地区的科学家希罗发明了汽转球。在球内烧水，蒸汽从附在球上的弯曲喷气管中喷出来。这样能使蒸汽球回转，但该设备没有任何实际用途。

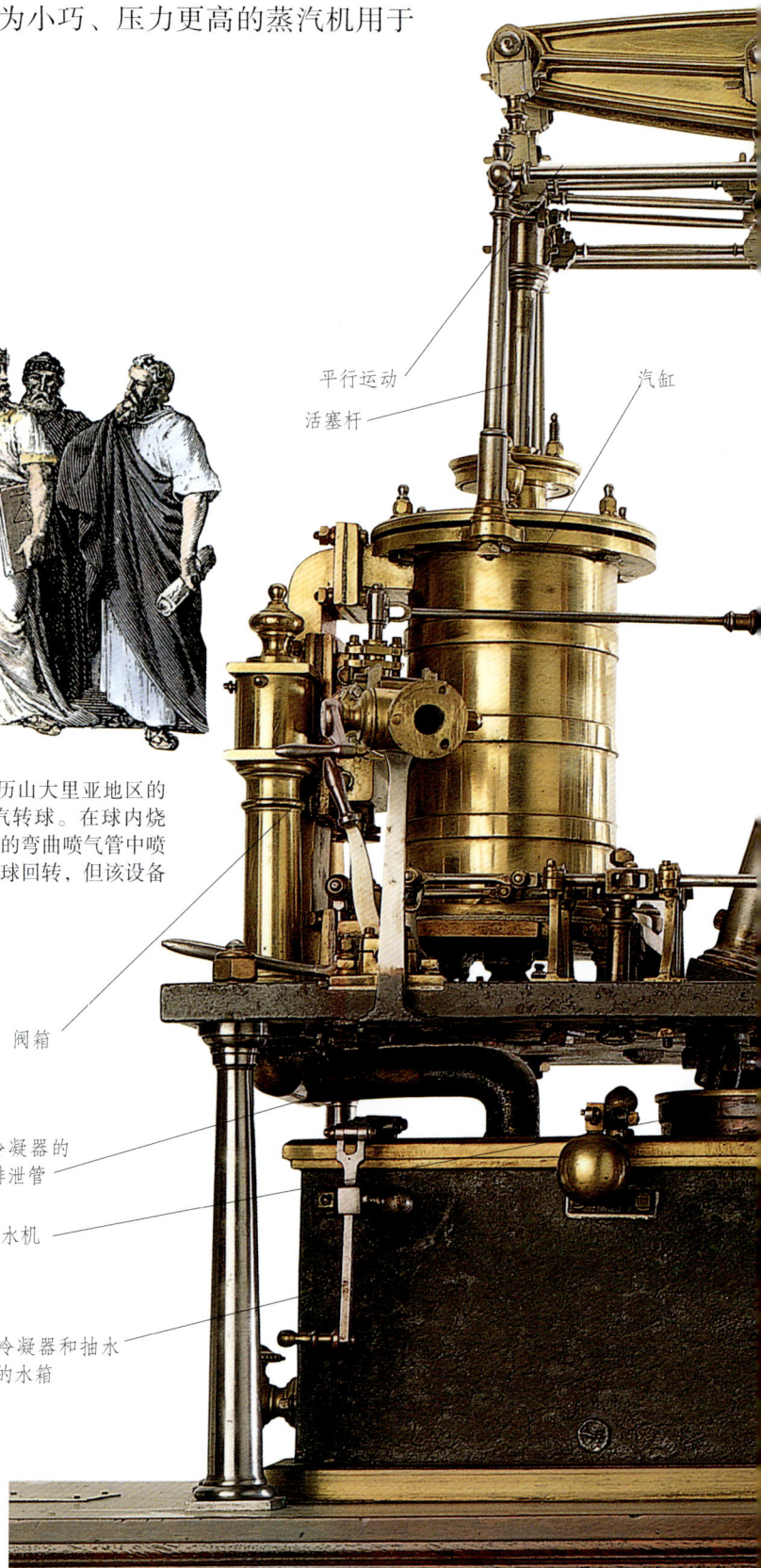

抽水

1698年，托马斯·萨弗里（1650—1715）用于矿山巷道抽水的机器获得专利。出自锅炉的蒸汽传到一对容器里，然后把蒸汽机冷凝后返回水中，从矿井底部吸水。通过活栓和阀门，压力强大的蒸汽被引导到矿井底部将那里的水从一竖直的水管的管口压出。

平行运动

汽缸

活塞杆

阀箱

冷凝器的排泄管

抽水机

装冷凝器和抽水机的水箱

横梁式蒸汽机

纽科门的发动机叫横梁式蒸汽机。其顶部有一巨大的横梁往复运动，传递汽缸中运动活塞的能量，当活塞向上运动时，蒸汽进入汽缸，即刻被压缩。压缩蒸汽的压力迫使活塞向下运动。詹姆斯·瓦特对这种蒸汽机进行了改进。

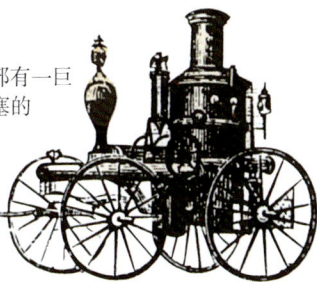

横梁

不断进步中

理查·特里维西克（1771—1833）是一位英国采矿工程师，1804年他发明了一种使用高压蒸汽的小型蒸汽机，为第一辆蒸汽机车提供动力。乔治·斯蒂芬孙1814年制成他的第一台机车——"皮靴号"。随后一系列其他机车相继问世，比如第一种比马快的铁路机车——"火箭号"，速度可达47千米/小时。

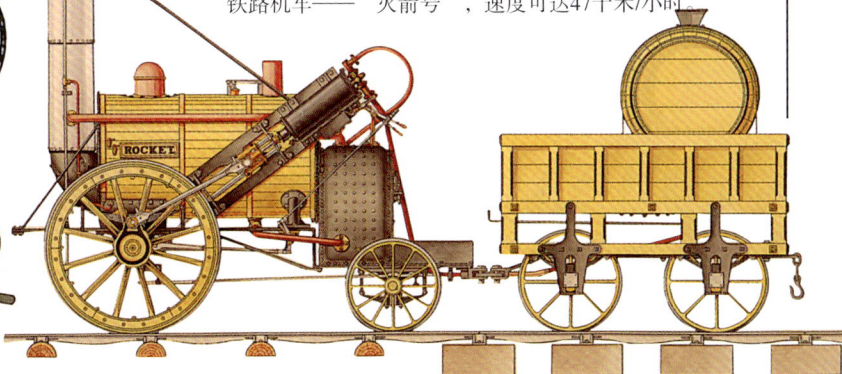

ROCKET

调节器

到站之后……

人们将他们的小汽车驶到火车上，这样在到达铁路终点时，就立刻有了后续交通工具。

飞轮

曲轴

在海上

"萨凡纳号"是第一艘横渡大西洋的蒸汽动力轮船。1819年，它用了21天的时间，从美国纽约航行到英国的利物浦。它有帆也有引擎。只用蒸汽动力横渡大西洋的第一艘轮船是"天狼星号"，它在1838年从伦敦航行到纽约。

航海和测量

航海大约5000年前起源于尼罗河流域和幼发拉底河流域。埃及人在运用测量技术方面占有领先地位，航海则和测量密切相关，二者都要进行角度的测量和距离的计算。大约公元前500年，科学家们建立了天文学、几何学和三角学等科学，并且发明了观象仪和指南针等器械。之后，中世纪的航海家创造了在海上无须参考地标就能找到航海路线的经纬系统。罗马人率先广泛使用精确的测量仪器，文艺复兴时期出现了最重要的测量工具——经纬仪。

中国海员的
指南针

英国
指南针

朝正确的方向
大约1200年欧洲开始使用磁罗盘，但是中国早就注意到一块悬浮的天然磁石（一块磁铁矿）能指出南北方向。

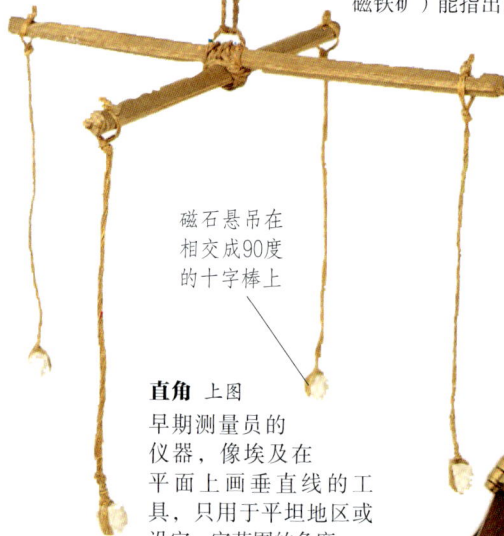

磁石悬吊在
相交成90度
的十字棒上

直角 上图
早期测量员的
仪器，像埃及在
平面上画垂直线的工
具，只用于平坦地区或
设定一定范围的角度。

把手

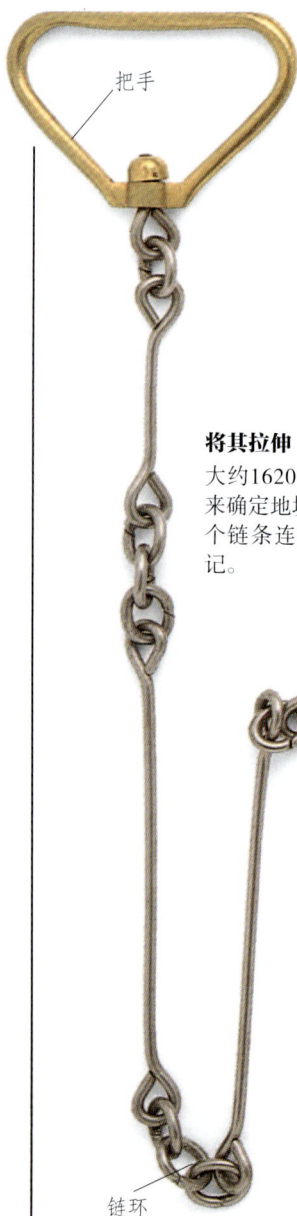

将其拉伸
大约1620年，埃德蒙·甘特发明了这种金属链来确定地块的面积。链条长20米，由100个链条连接构成，在一定间隔处置有标记。

黄铜标记

链环

中间摇杆

八分仪
18世纪30年代，英国海员约翰·哈德利发明了八分仪，用于测量太阳、月亮或星星的高度，以便找到他们所在的纬度。

以太阳设定 上图
天体观测仪是5世纪阿拉伯人从希腊的天文仪器发展而来的，根据天空中太阳位置断定时间。

旋转整圆
1676年，建筑师乔安尼斯·马卡里乌斯以他精致的圆周罗盘自豪，使用者可以通过比较角度，来计算出远处物体的距离。

三套分刻度和角度

长度刻度

瞄准处

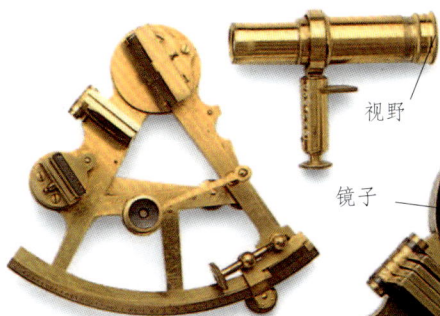

视野

镜子

小型六分仪 上图
从1850年起，军事人员和筑路专家使用这种六分仪，分别用于绘制军事地图和测量公路、铁路的地面。

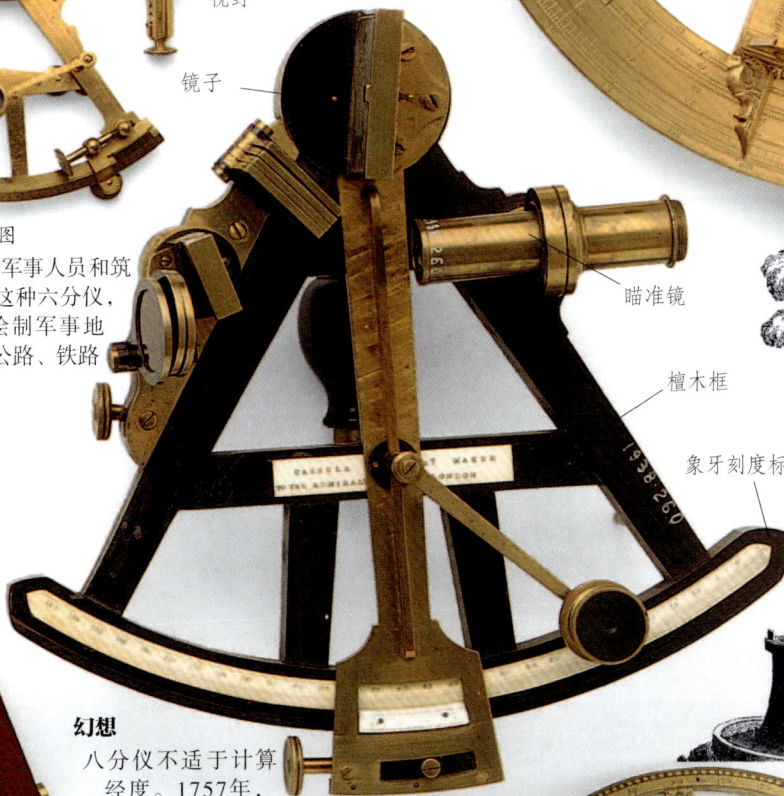

瞄准镜

檀木框

象牙刻度标尺

幻想
八分仪不适于计算经度。1757年，英国的约翰·坎贝尔发明了能测量经纬度的六分仪。

有刻度的角度尺

读数标记

瞄准处

明亮地燃烧
埃及亚历山大港的灯塔是第一座灯塔，也是世界七大奇迹之一，建于公元前300年，高110米。塔内的镜子将熊熊大火的亮光反射给海上遥远之处的船舶。

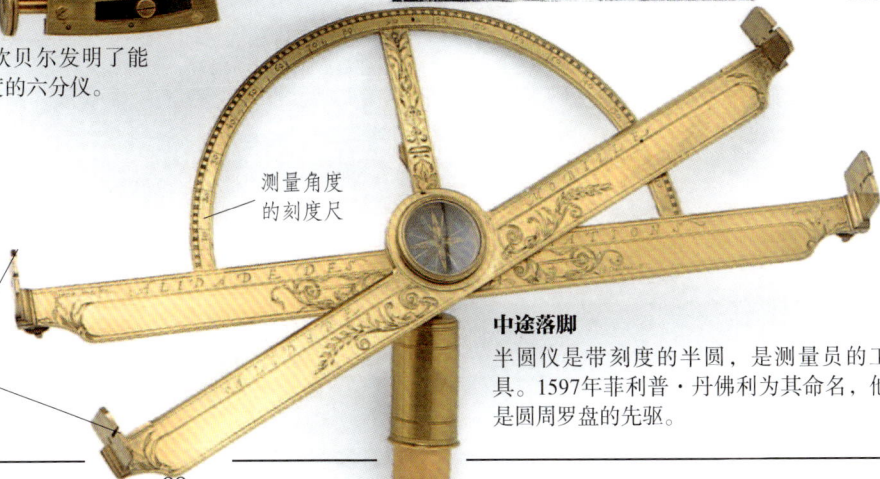

测量角度的刻度尺

中途落脚
半圆仪是带刻度的半圆，是测量员的工具。1597年菲利普·丹佛利为其命名，他是圆周罗盘的先驱。

纺织

大约1万年前，人类学会了怎样制作衣服。借助纺锤，将羊毛、棉花、亚麻或者大麻首先纺成细线，然后，用这线编织成各种织物。最早的织机只不过包括一对木棍。稍后出现的机器称为织布机。虽然在18世纪工业化革命时发明了许多方法可用于自动化加工，纺织的基本原理到现在也没有多少变化。新式机器，比如走锭纺纱机，能够同时纺成很多线，借助像飞梭这样的部件，可以非常快地织成宽幅布匹。

中世纪的制衣
约在1300年，一种改良的织布机叫作卧式织布机，从印度传到欧洲。它有绳线或者铁丝框架，用来分开经线，手持梭子穿过织机。

古代纺锤
手动旋转这样的纺锤使纤维绞合在一起。吊起纺锤，这样就能够将纤维纺成线。

驱动线绳

毛条

木轮

在家织布
这架手纺车是在公元1200年左右从印度传到欧洲的，右手转动纺轮，同时左手捻出黏附在旋转纺纱上的羊毛纱条。

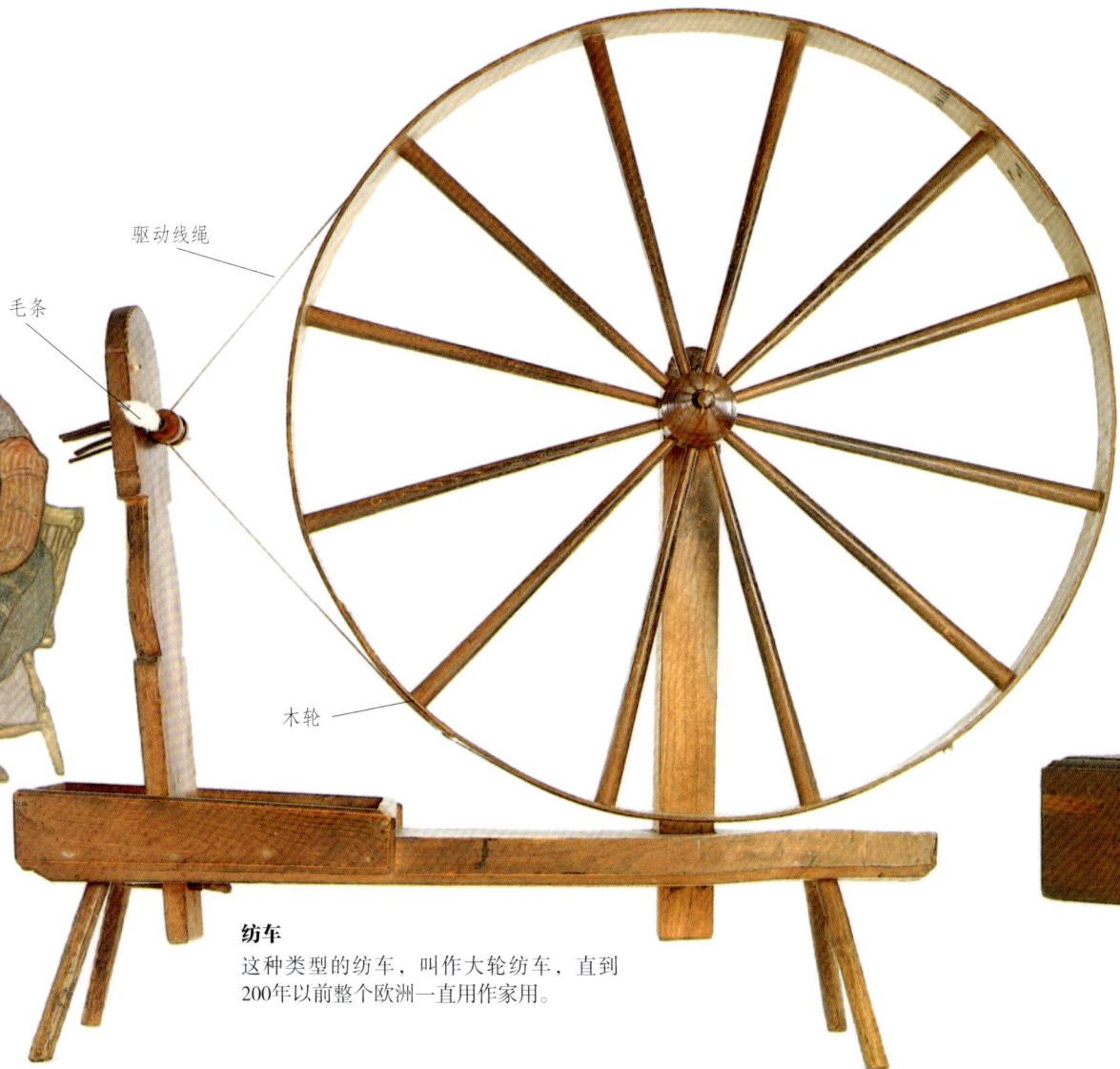

纺车
这种类型的纺车，叫作大轮纺车，直到200年以前整个欧洲一直用作家用。

水力纺纱机 右图

大约250年前，纺织机有了许多改进。1769年，英国人里查德·阿克莱特发明了水力纺纱机。几十年后，塞缪尔·克朗普顿发明了走锭纺纱机，一次能旋转1 000条线。

童工 上图

由于有了水力或蒸汽驱动的新机器，纺纱由家庭作业转入工厂。

动力纺织

1787年出现第一台蒸汽动力织机。其梭每分钟穿布次数超过200次。19世纪30年代，水力或者蒸汽动力织机在工厂中已经普及。

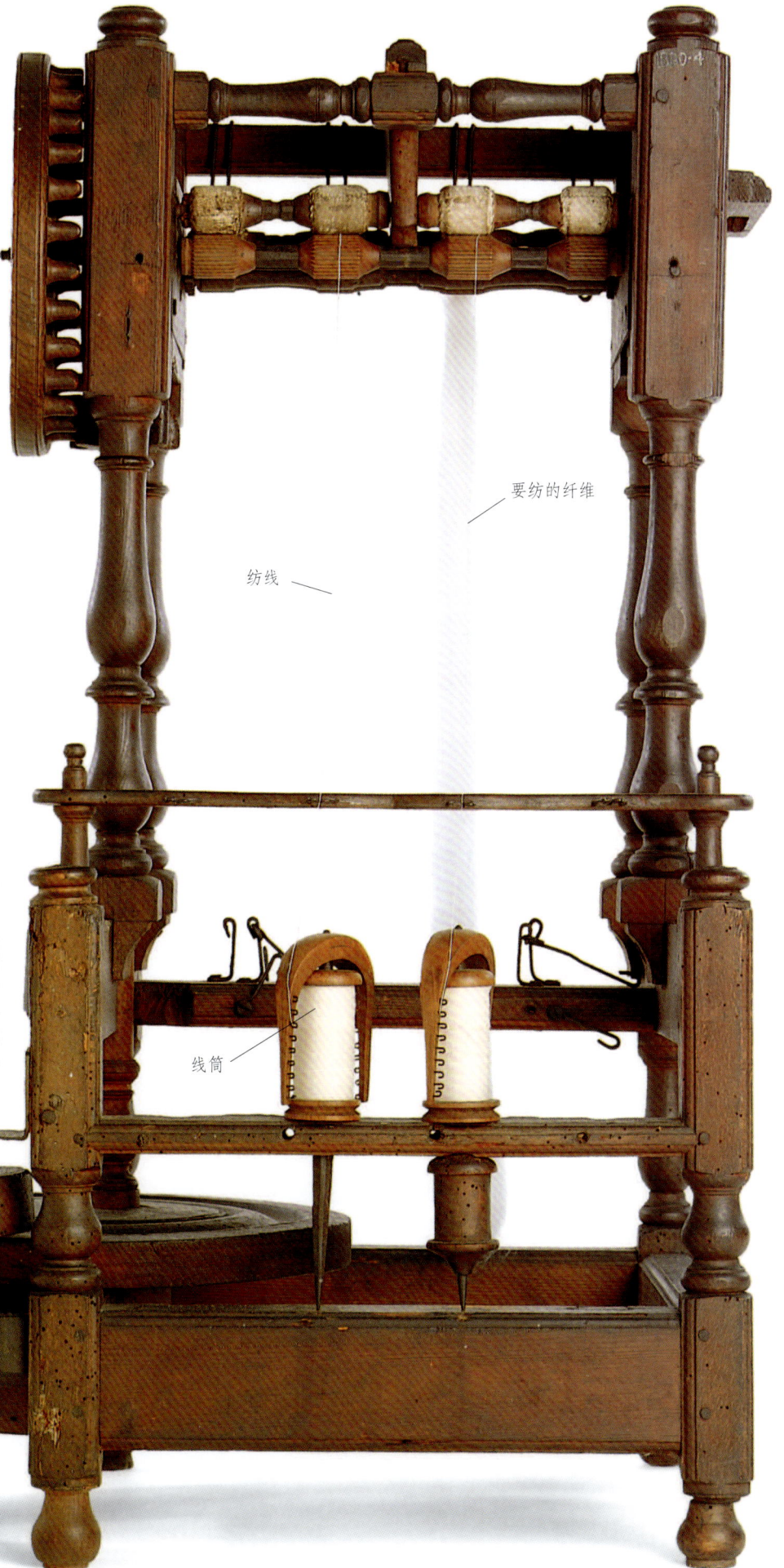

要纺的纤维

纺线

线筒

驱动轮

电池

2000年前，希腊科学家泰利斯在琥珀上摩擦布料产生小电火花。但是过了很长时间人们才成功地用这种能量生产电池——一种产生稳定电流的装置。1800年亚历山德罗·伏打出版了制作第一个电池的详细材料。伏打电池是利用某些溶液和金属电极间的化学反应产生电流的。约翰·弗里德里克·丹尼尔改进了伏打的设计。如今的电池沿袭了同样的基本设计，但是采用的是现代化材料。

金属电极

纤维衬垫

伏打电堆
伏打的电池由弱酸或盐溶液浸湿的隔离垫夹在锌、银或铜制的金属盘之间构成。电流通过连接金属盘底层和顶层的电线流动。电压单位伏特就是根据伏打命名的。

闪电
1752年，美国发明家本杰明·富兰克林在暴风雨中放风筝。电流沿湿风筝线传下来并产生小火花，这显示了闪电乃是巨大的电火花。

动物电
加尔瓦尼（1737—1798）发现死青蛙的腿碰到金属棒杆时会抽搐。他认为动物腿上有"动物电"。伏打认为青蛙腿的抽搐是由金属棒杆和青蛙腿上水分形成的简单电池引起的。

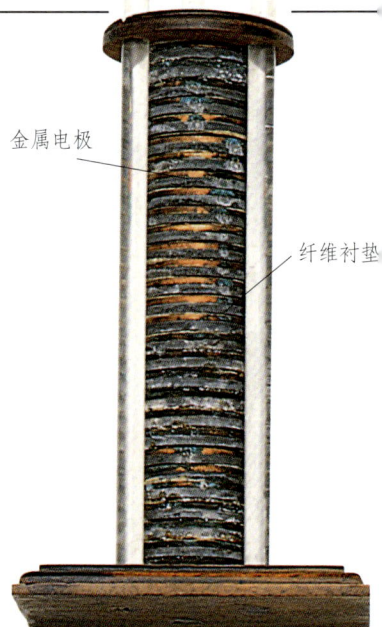

装酸或溶液的空间

槽式电池
要产生更高电压和更大电流，就要把每个带有一组不同金属电极的许多电池连在一起。1800年英国发明家克鲁克香克创造了这种槽式电池。他把金属板背面焊接起来，然后黏合到一个木箱的插槽里，木箱里装满稀酸或氯化铵溶液。

锌板

提起锌板的把手

铜板

浸入，使其干燥
大约1807年，英国化学家伍朗斯顿把锌板安在U形铜板的中间，这样锌板两侧都得到利用。

可靠电力

丹尼尔电池能在相当长时间内产生稳定的电压。电池的铜电极浸在硫酸铜溶液里，锌电极浸在硫酸溶液里。两种液体用有气孔的瓶子分开。

可充电电池

法国科学家加斯顿·普朗特是发明铅蓄电池的先驱，他用铅做电极，电池电用完后可再充电，反复使用。

锌条电极

铜可用作电极

有孔瓶

电池接线端子

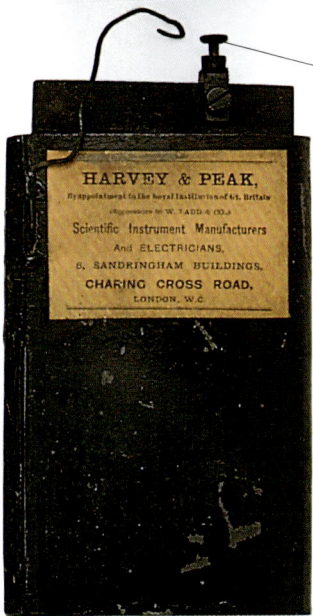

加斯纳电池 左图

化学家卡尔·加斯纳是发明干电池的先驱。他用锌皮做负极，碳棒做正极。正负极之间是氯化铵溶液和熟石膏的糊状物。

哈勃气泡 右图

一些早期电池使用浓硝酸但是会释放毒气。为避免这种危害，19世纪50年代人们发明了重铬酸电池。

电池 左图

所谓的"干"电池是在锌做的容器内放置类似糨糊的湿的电解质，起到一个电极的作用。另一个电极是二氧化锰，经由碳棒相连。现代化的小型电池的电极使用多种材料。水银电池是第一种长寿命干电池。大多数可充电电池采用锂，锂是一种最轻的金属。它们可反复充电数百次，广泛用于笔记本电脑、移动电话和便携式音乐播放器。

摄影术

摄影术的发明首次使人们可以快速获得任何一个物体的影像。摄影术是光学和化学结合的产物。16世纪，意大利的艺术家们如卡纳莱托借助透镜和针孔照相机绘制精确的图画。1725年，德国教授约翰·亨利奇·舒尔兹表示暴露在阳光下的硝酸银溶液是因为光而并非因为高温才变黑。1827年，人们把感光材料涂在金属板上，就获得了一个物体永久可视的纪录。

黑盒子
针孔照相机起初就是一个暗室或在前端带有小开口的大盒子，背面则是一个可以投影的屏幕或壁面。从16世纪开始，用镜头代替针孔。

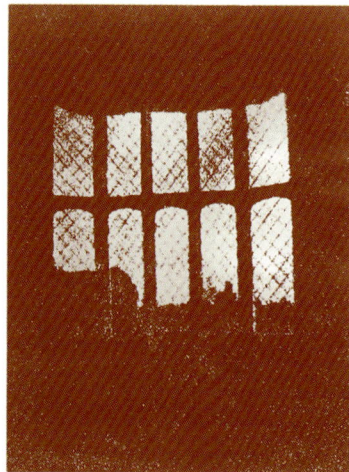

卡罗式摄影法
到了1841年，英国人威廉·亨利·福克斯·塔尔博特发明了卡罗式摄影法。上图是他1839年发表的研究的改进版。用此种方法可获得负片，然后用其洗印出正片。

银版摄影法

1826年，约瑟夫·尼埃普斯把沥青涂在一片青灰色板上，并放于照相机内对其曝光。有光线照射的部分沥青则变硬，未变硬的部分便融化留下一个可见图像。1839年路易斯·雅克·达盖尔发明了高级摄影法——银版摄影法。

露出底片 下图
一些银版照相机是从相机身盒后面的小孔看被摄物体。摄影底片由一个盒子保护，将其插入一定位置，把镜头罩和底片盒移开让底片曝光，拍完然后换另一盒。

镜头盖

调焦旋钮镜头

银版照相影像
银版摄影法是在一块铜板上涂上银后以碘蒸汽对其处理使之具有光敏特性。然后将铜板放在相机中进行曝光，以雾化水银令其显影，以浓盐溶液令其定影。

光环圈

底片盒

调整
这台1840年的可折叠式银版照相机利用螺旋式镜头配件和不同尺寸的光圈环调整镜头光圈，这样在不同的照明条件下就可以拍摄特写和远距离物体。

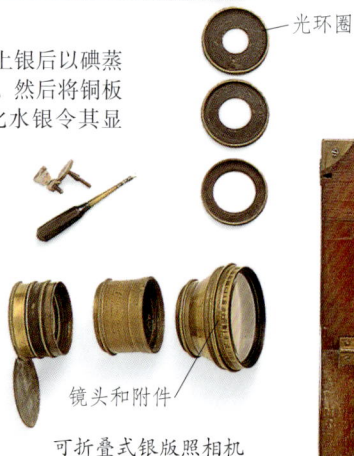

镜头和附件

可折叠式银版照相机

沉重的负荷
早期照相工艺不能放大照片，因此大照片要用大玻璃底片。

湿版摄影法

摄影术的先驱们主要使用银盐作为光敏材料。1851年，弗雷德里克·司各特·阿切尔发明了较以前的摄影底版感光性能更强的玻璃底版。用它摄影，曝光不到30秒，即可获得细节很好的负片。

制作湿底版的化学药品

湿的负片

底片盒

化学药品 右上图
湿底版上涂布有银盐和黏稠的火棉胶。此种湿底版用苯三酚显影，硫代硫酸钠定影。

底版箱的滑入滑出
这种湿底版相机安在三脚架上。摄影底片插到相机后面部分，插有底版的这部分可以滑入、滑出到装有镜头的前半部，以放大或缩小并获得清晰的图像。通过镜头上的调焦旋钮进行对焦。

现代摄影术

19世纪70年代，涂布有感光性能极强的溴化银并有明胶保护层的底版问世。很快出现了感光更好的纸，在暗室里用负片可以更快、更容易地洗印大批正片相片。

卷片钮

大众摄影术
20世纪初，伊士曼发明了这样的便宜的盒式照相机，业余摄影爱好者们从此诞生。

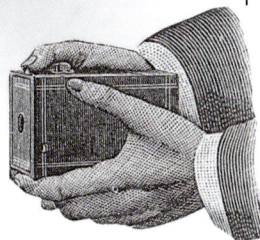

袖珍照相机 右图
到20世纪20年代，德国卡尔·蔡司发明了小型精密照相机。1937年，单镜头反光照相机爱克赛型在许多方面成了整个现代照相机时代的先驱。

取景器

卷片钮

镜头

单镜头反光照相机

胶卷
伊士曼的早期胶卷包括一个细长的纸卷，洗印前把负片从上面取下然后放在玻璃板上。1889年，赛璐珞胶卷上市。人们把感光乳液涂抹在透明的赛璐珞片基上，就不需要纸卷的保护了。

N Kodak Film C

Gevaert EXPRESS SUPERCHROM

Agfa Isochrom

医学发明

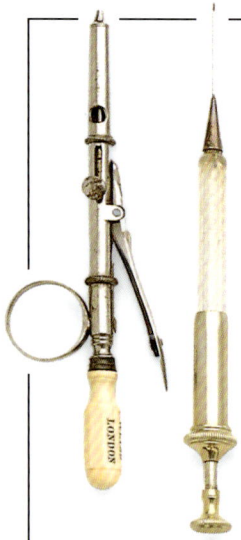

注射器
相较于古时的注射器，现在，注射器由中空玻璃或塑料管和活塞式注射提杆构成。

蒸汽发生器

石炭酸蓄备罐

早期人们用草药治病，史前头骨上被发现的圆形孔，大概就是外科大夫用盘形锯钻的。古希腊人用这种手术给头部受到严重损伤的大脑减压。古代中国人用针灸治病，将针插入身体的某一部分减轻疼痛和疾病症状。但是直到19世纪，外科医生使用的器械才较以前发生了些许变化——有解剖刀、钳子、各种钩子、锯片和其他工具，用于截肢或拔牙。19世纪，医学迅速发展。今天依然使用的许多器械，如听诊器和牙钻，都是那时发明的。

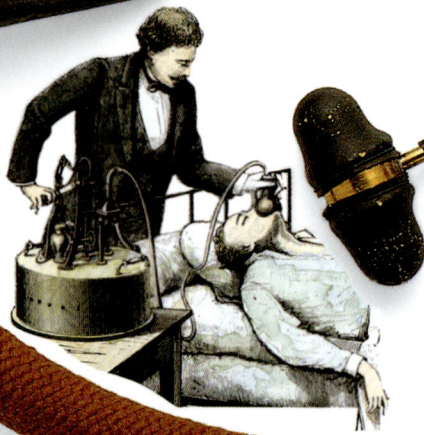

柔韧的橡胶管

麻木的疼痛
1846年乙醚麻醉药发明以前，病人做手术时都能清醒地感觉到疼痛。

放在病人嘴上可控制吸气呼气的阀门的器具

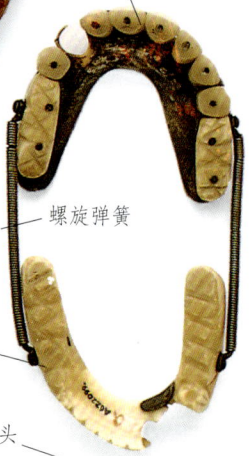

瓷牙

螺旋弹簧

象牙下夹板

钻头

牙套 上图
18世纪80年代法国首次制造出全套假牙。这套局部镶牙大约制于1860年。

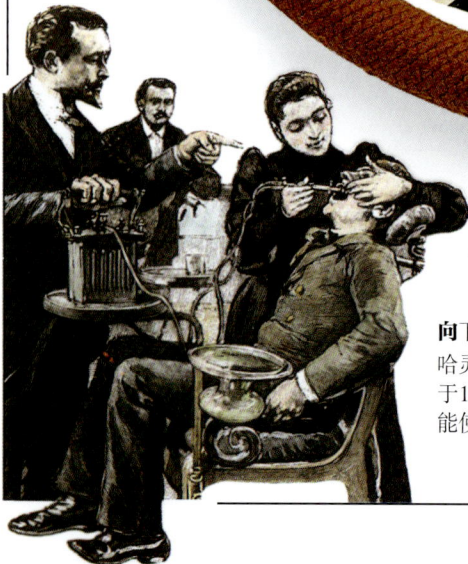

无知觉
到了19世纪50年代，牙医使用麻醉剂止疼。

向下钻 右图
哈灵顿"Erado"发条牙钻始于1864年。拧紧发条，牙钻能使用两分钟。

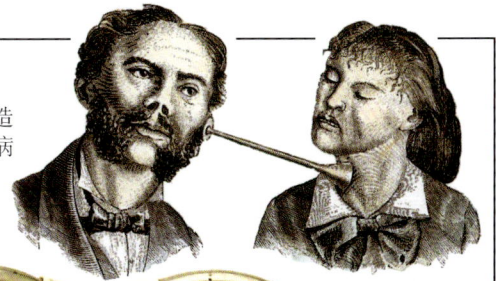

雾杀菌 左图
到1865年，苏格兰外科医生乔瑟夫·利斯特发明碳酸蒸汽消毒喷雾器，可产生石碳酸气雾杀死手术部位的细菌。

蜡烛

听诊管
1819年，法国医师勒内创造了一种管子能够用其听到病人的心跳。

象牙听筒

内窥镜 右图
19世纪发明了无须外科手术就可观测身体内部的不同类型的内窥镜。

放在病人耳内的窥镜

听诊
今天使用的双管听诊器可听心、肺、血管产生的声音，以及子宫里胎儿的心跳声。

聚光的漏斗

观察镜头

量脉搏 左图
17世纪，内科医师威廉·哈维第一个揭示了血液如何在体内流动。

乙醚排气阀

进气阀

逐渐加压 上图
首先探知脉搏，而后慢慢对位于绑带下的皮肤，逐渐加压直至脉搏消失，以这种方法测量血压。量血压的仪器是塞缪尔·巴史克发明的，叫作血压计。

发烧 右图
这些大约是1865年的温度计，直的放在口中，末端弯曲的放腋下。

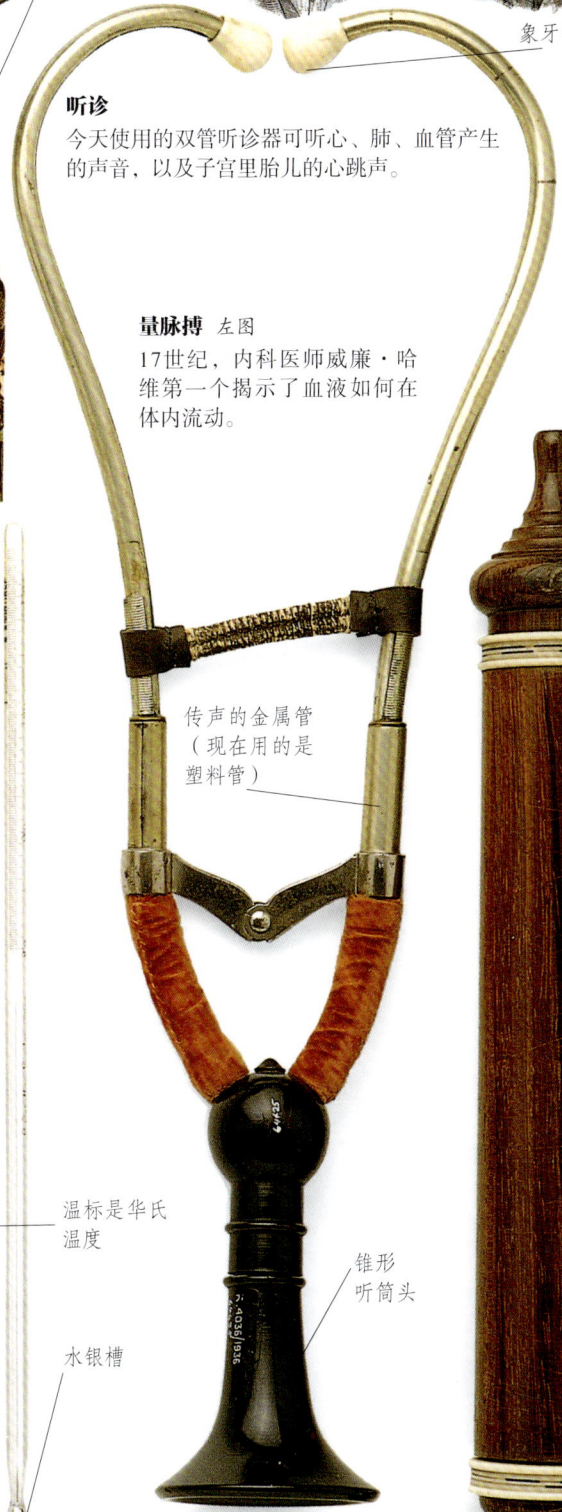

传声的金属管（现在用的是塑料管）

温标是华氏温度

水银槽

锥形听筒头

浸透乙醚的海绵

感觉头晕
19世纪使用乙醚作为麻醉剂。1847年发明的"Letheon"乙醚吸入器，由一个玻璃罐组成，里面装满浸泡了乙醚的海绵，病人吸气时吸入通过这些海绵混有乙醚的空气。

弯曲的玻璃管——适合放于腋下

空管中的声音
这个19世纪30年代的听诊器上的圆盘形声音收集器可能是用以听诸如肺产生的高音调声音，而非心跳产生的低音调声音的。

R 1978 1936

A625399

电话

几个世纪以来，人们尝试利用篝火或闪光镜传递信息、远距离发送传递信号。1793年法国人克劳德·查佩发明了"电报机"，那是在高塔上的活动臂发送表示数字和字母的信号。而后的40年中，电报被发明出来；1876年，贝尔发明了电话，使得语音首次能够沿电线传递。贝尔所做的与聋人相关的工作引起了他对空气振动是如何产生声音的兴趣。

连线
两个人正在用早期的爱迪生设备打电话。一种是新式接收器，另一个是用于听、说的两部分组成的仪器。所有呼叫均需通过操作员来进行。

开幕致辞
亚历山大·格雷厄姆·贝尔（1847—1922）发明了电话技术。图示为他在纽约首次给芝加哥打电话的情景。

一体机
早期电话如"箱式电话"，有一个既是话筒也是听筒的喇叭状部件。该话机包含一个振动膜，有人对着话筒讲话时会振动。振动使电线中的电流变化，受话端再将变化的电流转变回可以听到的振动。

磁铁　　　听筒也是话筒

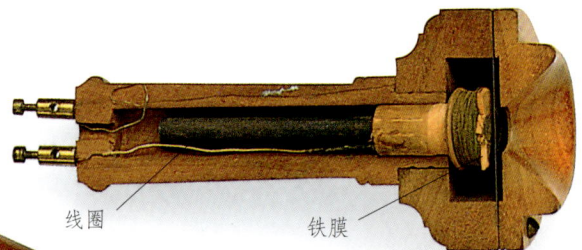

线圈　　　铁膜

电报

电报作为电话的先驱，可沿电线传递信号。第一台电报机用于帮助联系铁路上的火车。

听筒
这个大约为1878年的听筒中，流过线圈的波动电流使铁膜片振动而发声。

信息机器
用莫尔斯电码（左图）可以传递点和长线组成的信号。在库克和惠斯通系统（右图）中，电流使指针指向不同字母。

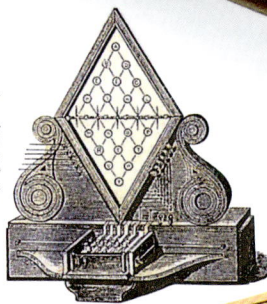

不要挂断
1877年，托马斯·爱迪生发明了话筒和听筒分开的组件。这种模式的听/话筒挂到一个特殊开关上时，可令线路断开。

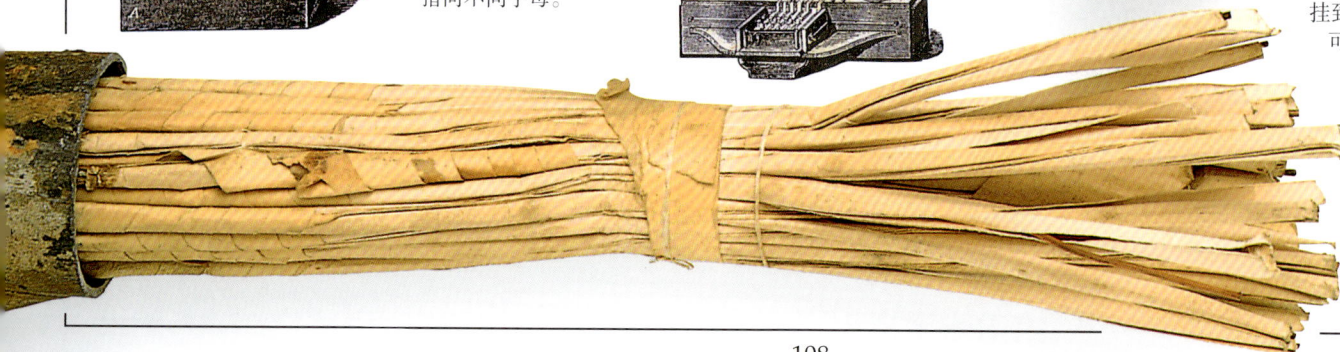

接通声音的电线
一些早期的电报电缆使用装有玻璃护套的铜线。

轻轻松松听电话

1879年托马斯·爱迪生发明壁挂电话，并且设计了一个麦克风和接收器。听电话时使用者必须摇动把手。

听筒

话筒

1930 B

听筒挂钩

立柱电话

20世纪二三十年代的烛台型电话，有一个拨号盘可通过自动交换机拨号。

听筒

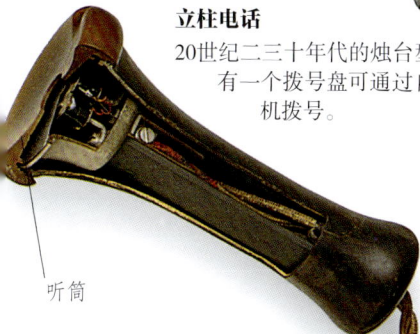

拨号盘

重复那个号码

最早的电话交换台是手动控制的。操作员接通你的号码和你想要拨的号码。

电话提手

直到1885年，送话器和受话器才被连接成一体。起初电话提手是金属的，到了1929年塑料电话提手就很普遍了。

话筒

送话器声波令送话器中的炭粒聚集或散开，造成线路中的电流强度变化。

你的长途电话

这台"摇篮"电话是1937年制造的，那时候在伦敦和纽约之间已有跨过大西洋的越洋电话。

放号簿的抽屉

录音机

第一次记录声音是1877年，托马斯·爱迪生希望用一台试验机将电话通话内容转换为电报信息。随着触针在纸上移动留下刻纹，这台机器就记录了声音。后来人们利用磁的某些特性，发明了磁带录音系统。随着1935年塑料磁带的发明，接着是20世纪60年代微电子学的应用，录音设备得到极大的商业发展。

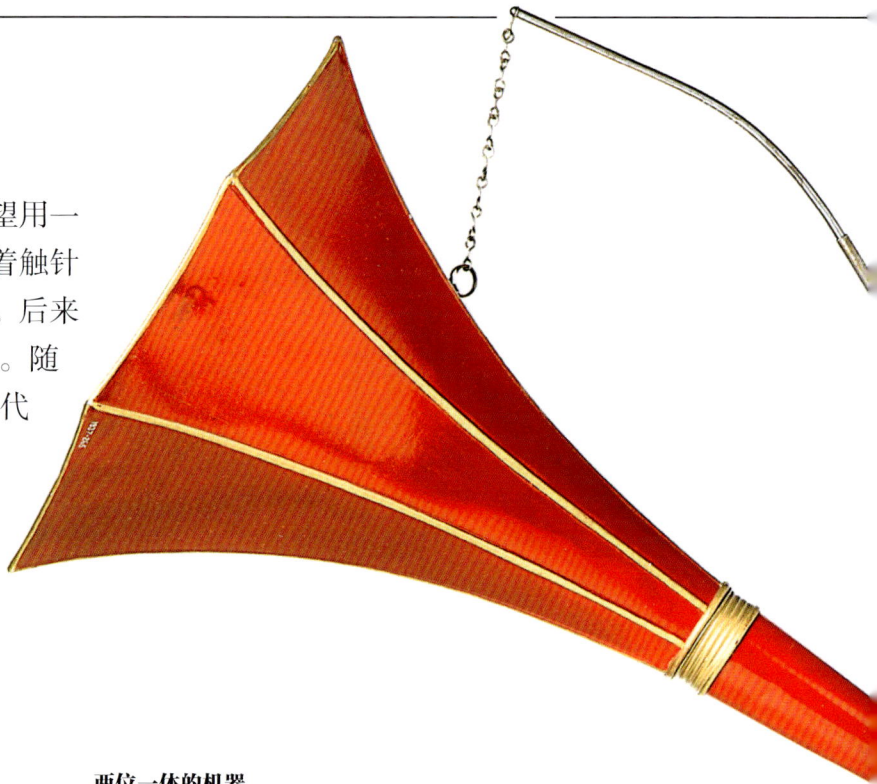

两位一体的机器

到了1877年，爱迪生发明了单独的录音机和单独的播放机。声音进入喇叭，引起膜片振动，带动触针，在卷绕在录音鼓上的锡箔纸上划下刻纹。将播放触针及其膜片接触锡箔，旋转录音鼓，第二个膜片就会重新播放出录下的声音。

话筒（未安装喇叭）

驱动轴，将刻在固定触针下面移动箔片的长度刻成线痕

黄铜鼓——锡箔环绕绑在上面

剖面图显示录音鼓上的刻针

爱迪生留声机显示了针和喇叭的位置

喇叭的位置

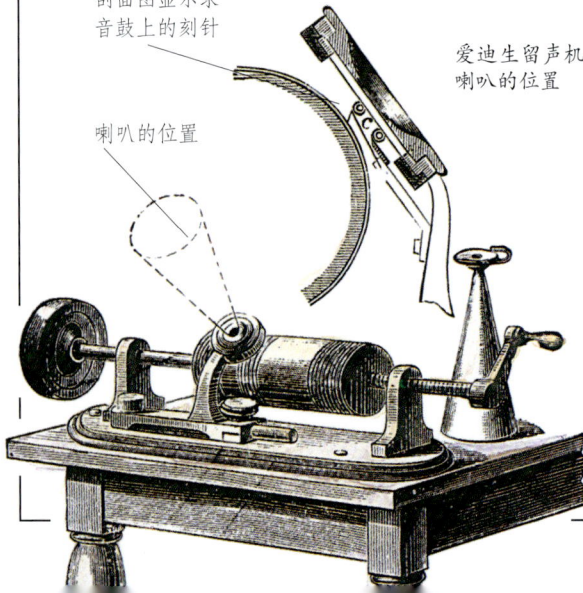

再播放一次，萨姆

播放机制包括钢制触针及其触及的铁制膜片。木支架翻转过来，这样当其旋转的时候，触针会与箔片靠得更紧。箔片的振动传到膜片上。随着触针沿着刻纹凹凸移动，声音就被播放出来了。

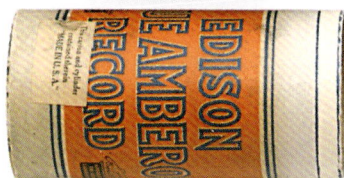

蜡筒和盒子

在刻槽中 上图

爱迪生最后使用的是蜡筒上的连续刻槽沟，其深度随要录制声音的强度变化。这些录音可持续大约4分钟。

针

抒情唱片 左图

爱迪生的锡箔录音能持续大约1分钟，而且很快就会被钢制触针磨坏。在19世纪80年代，奇切斯特·贝尔，和查理斯·丁特使用宝石唱针，并开发出更耐用的覆蜡圆筒取代了锡箔。这部留声机是爱迪生大约在1905年发明的。

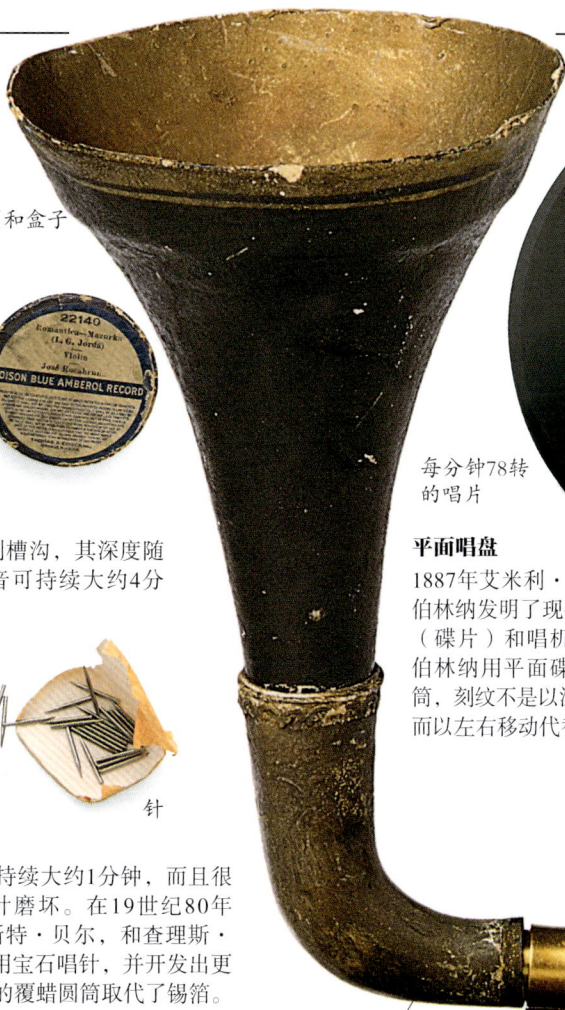

每分钟78转的唱片

平面唱盘

1887年艾米利·伯林纳发明了现代唱片（碟片）和唱机的雏形。伯林纳用平面碟片代替圆筒，刻纹不是以深度变化，而以左右移动代替。

切断唱片 上图

伯林纳的第一个唱碟使用玻璃盘，上面覆有软石蜡作为"负片"。1895年，他发明了一直到现在还在使用的方法——虫胶"正片盘"。

喇叭播放铁膜片发出的声音

钢针

转盘

磁带录音

1898年丹麦发明家瓦蒂玛·波尔森制作出第一台磁带录音机，是用钢琴丝来录音的。20世纪30年代两个德国公司德律丰根和法本发明了涂有磁性氧化铁的塑料磁带，很快取代了钢丝和胶带。

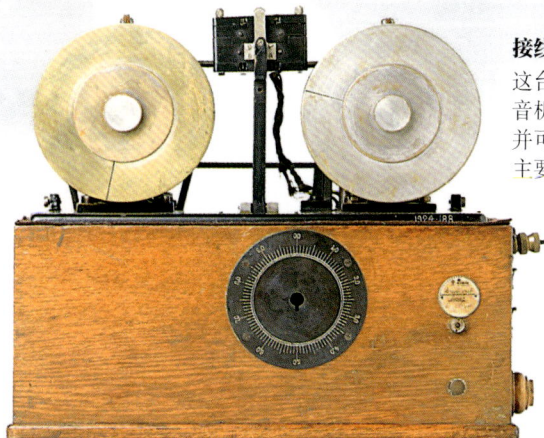

接线通电 左图

这台1903年的波尔森录音机是由电力驱动的，并可重复播放。此机器主要用于听写和电话信息留言。

关于磁带 上图

这台大约1950年产的录音机有3个磁头，一个用于消除原先的录音，一个用于录音，最后一个用于播放。

内燃机

内燃机和轮子一样，开创了交通运输的革命。燃料在气缸内燃烧，产生高热气体，推动缸内的活塞向下运动。活塞运动产生的动力驱动轮子或机械。1859年比利时发明家艾蒂安·勒努瓦发明了第一台实用内燃机。这台内燃机用煤气驱动。1876年，德国工程师尼古拉斯·奥托制出改进的四冲程发动机。戈特利布·戴姆勒和卡尔·本茨研发的四冲程内燃机，导致了第一辆汽车在1886年诞生。

第一辆汽车
戴姆勒和本茨改进了奥托内燃机，可用汽油运行这意味着可以不受煤气供应所限，拥有足够的动力驱动客车。

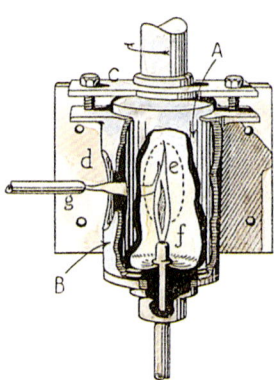

排气歧管

冷却风扇

改良的蒸汽机 左图
这是一台19世纪90年代制造的介于蒸汽机和现代汽油机之间的发动机。沿气缸有一个滑阀系统。活塞推压燃烧的燃料时，滑阀滑开令气体逸出。

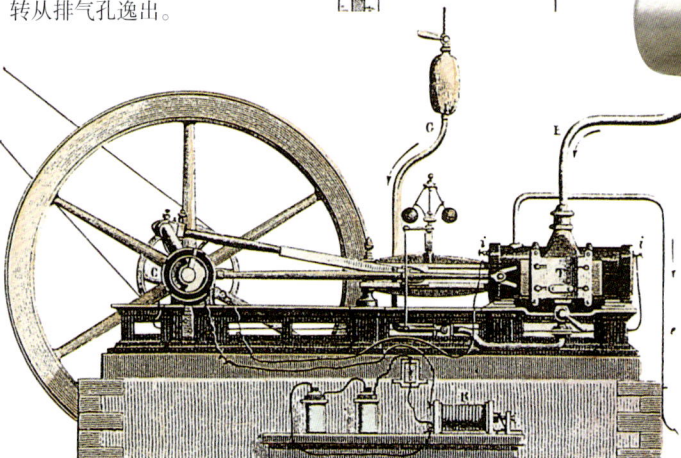

失败的设计
这台1838年的内燃机设计并不成功，其燃料在气缸燃烧，热气却随着气缸旋转从排气孔逸出。

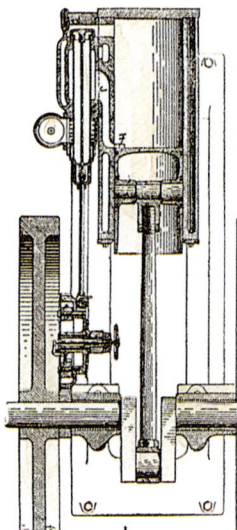

煤气发动机
1859年，勒努瓦的内燃机是通过活塞运动把煤气和空气的混合气体吸入气缸，由电火花点燃、爆炸，迫使活塞运动到气缸底部。

凸轮轴

机轴

四冲程发动机

在进气冲程，活塞向下移动，通过开启的进气阀将油气混合物吸到气缸内。压缩冲程是将活塞向上移动压缩混合物。火花塞在冲程顶部点燃混合物。在做功冲程中，膨胀的燃料向下推动活塞。排气冲程中，活塞向上移动，迫使燃烧后的燃料通过开启的排气阀排出。

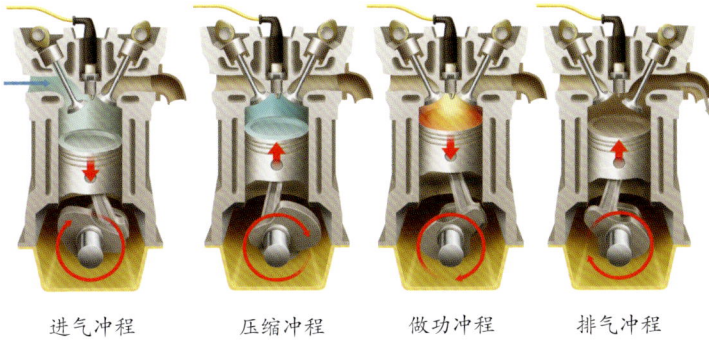

进气冲程　　　压缩冲程　　　做功冲程　　　排气冲程

人们的汽车

1908年，"T型"号福特汽车是大批量生产的第一辆汽车。到了1910年，许多现代汽车的主要特点已经确定：车前部安装四冲程发动机，通过驱动轴将动力传给后车轮。

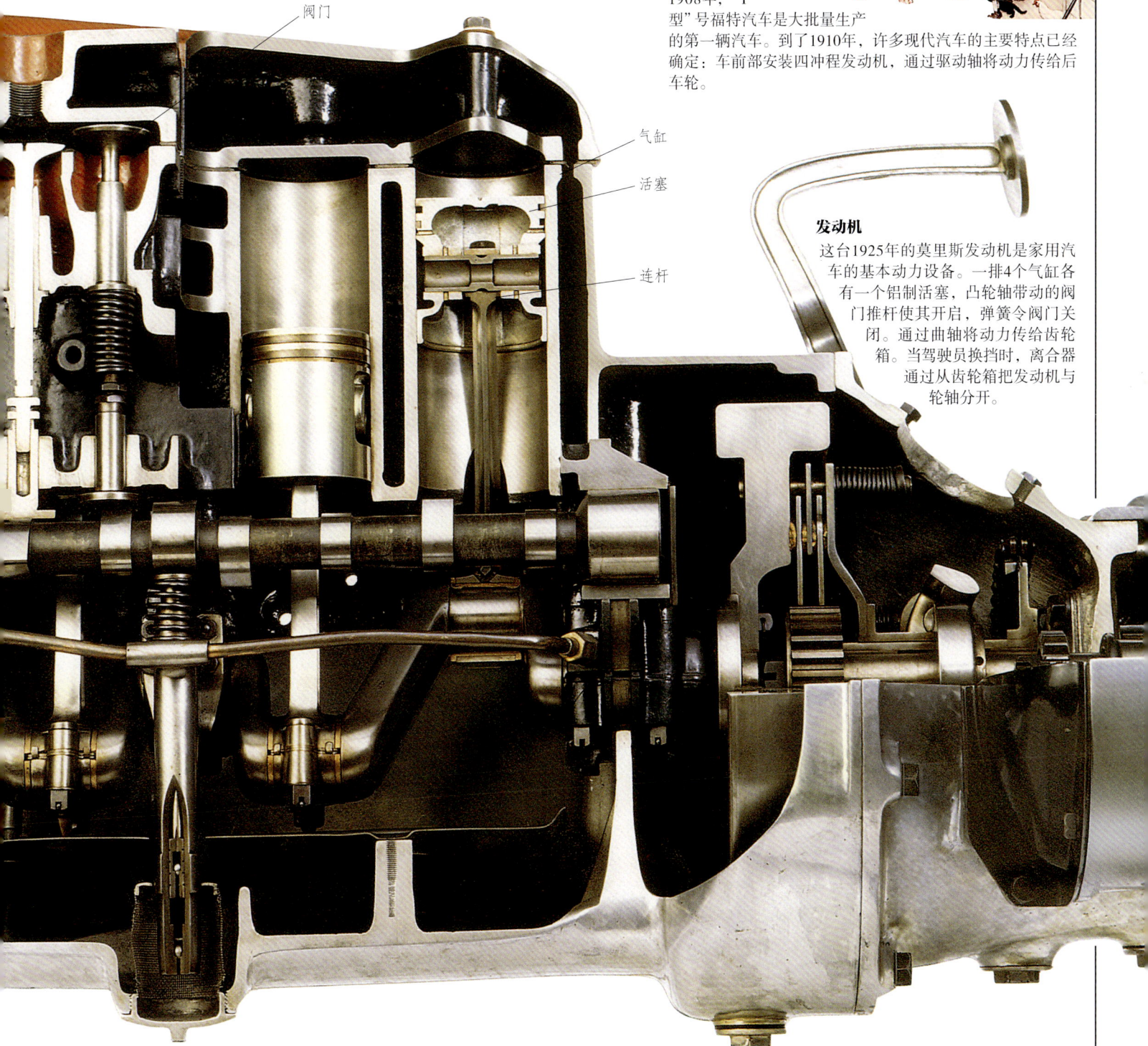

阀门

气缸

活塞

连杆

发动机

这台1925年的莫里斯发动机是家用汽车的基本动力设备。一排4个气缸各有一个铝制活塞，凸轮轴带动的阀门推杆使其开启，弹簧令阀门关闭。通过曲轴将动力传给齿轮箱。当驾驶员换挡时，离合器通过从齿轮箱把发动机与轮轴分开。

电影

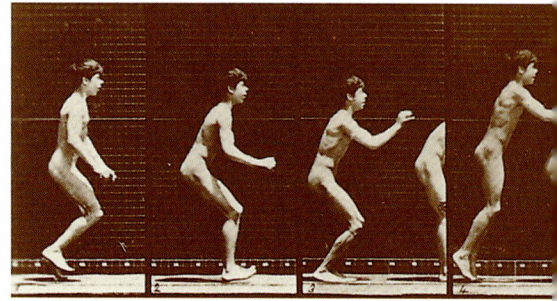

1824年，英国医生罗杰特注意到如果以极快的速度观看位置极其接近的一系列物体时，似乎就会看到一个运动的物体。人们没花多少时间就明白了，一系列静止的影像可以创造出活动的影像。在十年内全世界的科学家开发出形形色色令人产生这种幻觉的装置。而魔力灯照射系统的改进，与摄影术发展的结合，则推动了电影技术的进步。19世纪90年代，法国的奥古斯特和路易斯·卢米埃尔兄弟首次成功公映了电影术制造出的移动影像。他们发明了电影摄影放映一体机，将图像记录到赛璐珞胶片上。

不停旋转
19世纪70年代晚期，爱德华德·麦布里奇设计了放映活动图像的动物实验镜。把照片绘制到玻璃盘上的一连串图画，玻璃盘旋转则形成活动图像。

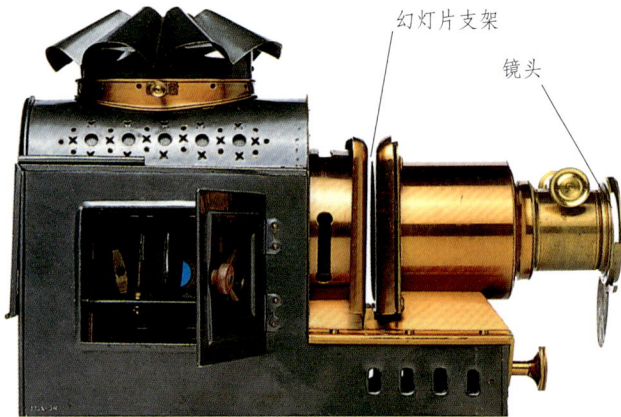

幻灯片支架

镜头

神奇的光表演 上图
幻灯机用光源和镜头把透明幻灯片上的图像放映到屏幕上。

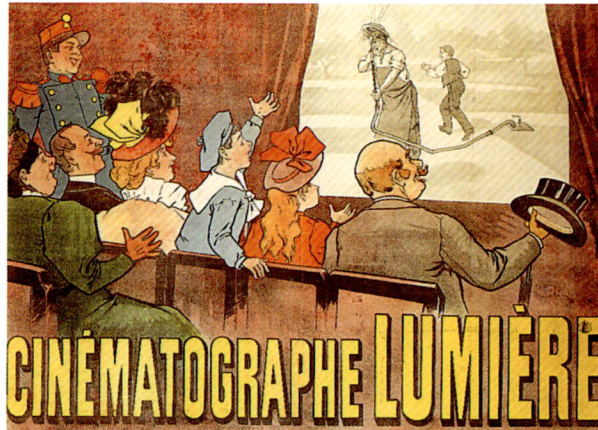

CINÉMATOGRAPHE LUMIÈRE

银幕
欧洲第一部正规电影的放映使用了卢米埃尔系统。

活动影像
卢米埃尔兄弟跻身于最先放映移动图像者之列。

早期的电影制作者在工作

镜头罩防止杂散光进入镜头

影片特点 上图
到了19世纪80年代，布里奇制作了成千上万可以演示活动的动物和人的系列照片。

弯曲的长路 右图
电影摄影机和放映机的过片速率是每秒16~24帧，放映几分钟的电影就需用数米长的胶片。这台1909年的英国电影机有2个可盛120米胶片的片盒。

不透光的木制胶卷盒

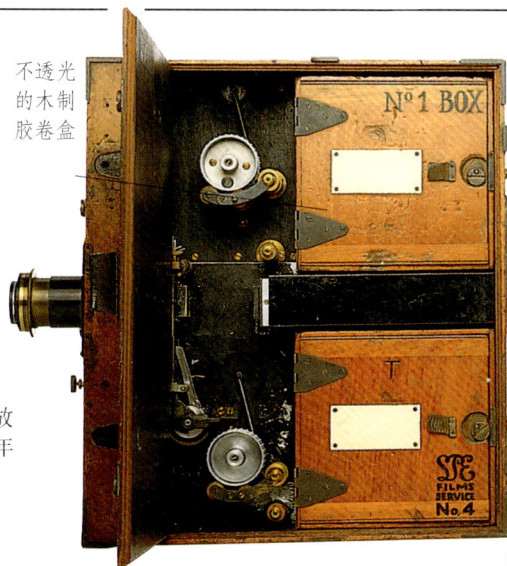

N°1 BOX

SFS FILMS SERVICE No.4

TECHNICOLOR

胶卷轴

棱柱分光器

美妙的彩色电影
这台1932年的彩色分光电影摄影机镜头后面有一个棱柱分光镜，拍摄电影时，分别对3条感红光、蓝光和绿光的负片单独曝光。3条负片各自冲洗出来，再将其合成一个全色正片，用于放映。

取景器

镜头窗口

胶片盒门——被敞开以显现胶片卷片系统和镜头窗口

电影胶卷过片计数器

收音机

伽利尔摩·马可尼发明了第一台收音机。他使人类得以远距离无线通信。他的发射机使用海因里希·赫兹发明的电火花发生器。爱德华·布兰利发明了"粉末检波器"检测无线电波。粉末检波器将无线电波转换成电流。1894年马可尼曾经发射无线电信号越过房间令电铃鸣响。8年的时间里，他数次发射无线电信息越过4 800千米的大西洋。

一个精明的人 上图

1888年，德国物理学家海因里希·赫兹最先证实了无线电波的存在。他拿几组金属球擦出电火花，在附近电路产生电流。

玻璃灯泡

正极（阳极）

栅极

灯丝（负极－阴极）

二极管

加热

早期的收音机不灵敏。1904年，英国人约翰·安布罗斯·弗莱明首次使用二极管（带两个电极的装置）作为更好的无线电波检测器。

三极管

载波

热离子管发展成为1906年的三极管，在阴极和阳极中有第三个电极，叫栅极。三极管使电话信息和麦克风信号得以放大。放大的信号与特殊的无线电载波结合就可以发射到很远的距离之外。

晶体管触须线收音机

20世纪20年代早期，电台第一次开始广播，收听者用由硅晶体或铅化物和俗称"触须"的细须触线构成的接收器收听。无线电信号弱，因此要使用耳机。

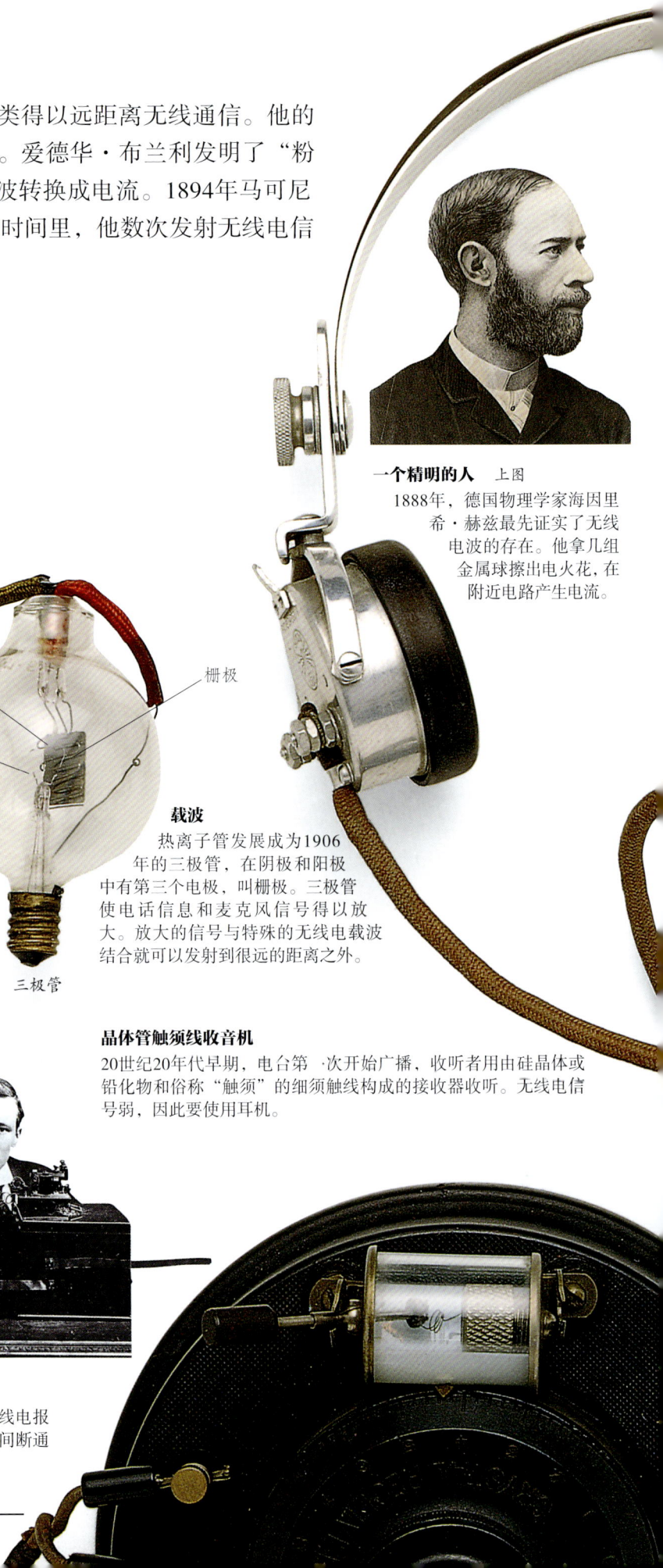

与电池连接

穿越天空

马可尼研制的第一台实用的无线电报系统，使跨越陆地和海洋的不间断通信成为可能。

声音沉重
电子管和其他无线电部件需要直流电源。到了20世纪40年代，电源也还没普及，收音机需耗费大型高能量电池，其结果就是无线电接收机既大又重。

调谐电容器　　　线圈　　电子管

调谐刻度盘

音量控制

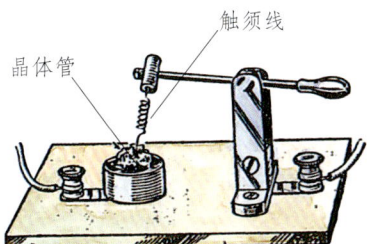

晶体管　　触须线

须触线做什么？
晶体检测器只在触须线和晶体有点接触时才能工作。要达到这种点接触，往往很困难，因此晶体检波装置极为难用。热离子管很快就取代了它。

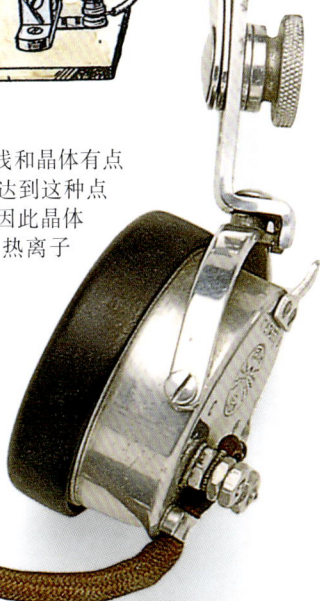

接收良好
早期电子管接收器有一个固定在音箱中的扬声器。

电子管插脚

字和画
20世纪20年代，像三极管这样的电子管非常重要，它不仅第一次可以将广播讲话从英国传到澳大利亚，而且对电视摄像机、发射机和接收机的研制也至关重要。

收音机走进家家户户
到了20世纪20年代，在欧洲和美国许多家庭都有了收音机。

聚会
司各特的一幅油画显示了人们圣诞节时聚在一起听无线电收音机的情景。1922年对于当时的人来说，收音机还是有很大吸引力的新奇东西。

用于家庭的发明

1831年，科学家迈克尔·法拉第发现了如何发电。起初，一些大型房屋和工厂安装自己的发电机并使用电照明。1879年白炽灯被发明。1882年，第一座大型发电站在美国纽约建成。慢慢地，机械工具都被效率更高的电器取代了。利用电流热效应的电热水壶、炊具和取暖器在这时也相继问世。这些电器中有的和今天使用的电器设计很相似。

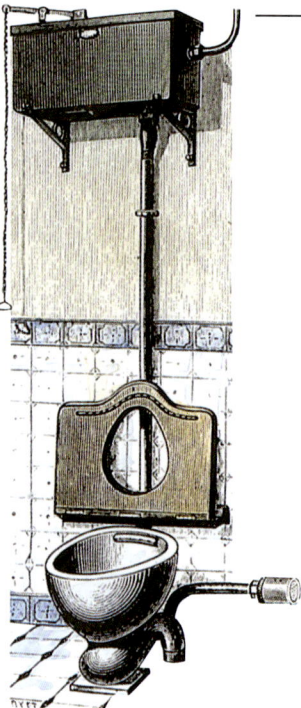

马桶

1591年，约翰·哈林顿博士（John Harrington）第一个向公众展示了抽水马桶。但是他的主张直到在主要城市安装了下水管道系统后才被广泛接受。

保持凉爽

20世纪20年代出现了电冰箱。给食物储存方式带来巨变。

茶沏好了

这款1902年的自动沏茶机可自动完成沏茶流程的各个阶段。茶沏好后，蒸汽会促使闹钟响起提醒作用。

电烧水

1921年的"天鹅牌"电水壶第一次使用完全浸没式发热组件。之前的电水壶是在壶底单独的夹层内安装电热件，像这样在壶底单独的间隔有组件，会浪费许多热量。

THE "WILSON" COOKER is Perfection for Baking Bread Pastry and TEA CAKES

厨师的朋友

19世纪之前，必须点火做饭。到了1879年设计出了电锅，到1890年，用电热元件制出了底面下有电线的电熨斗。19世纪20年代，可以弯成任何形状的现代电热元件投入使用。

电热件

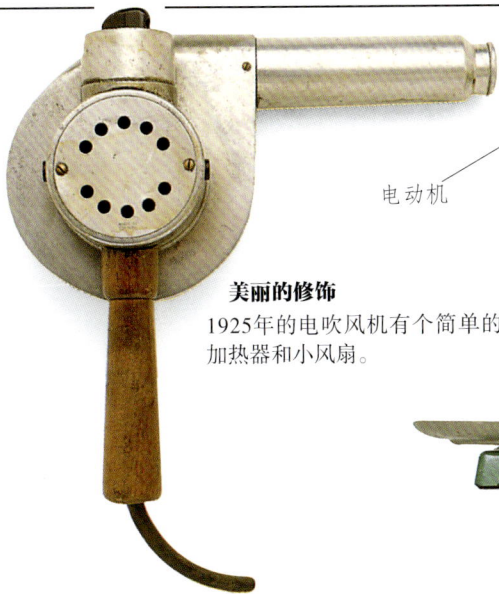

美丽的修饰
1925年的电吹风机有个简单的加热器和小风扇。

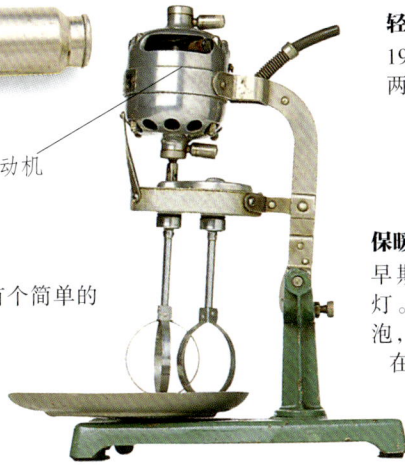

电动机

轻松搅拌
1918年款的食品搅拌器有两个电动马达驱动的搅刀。

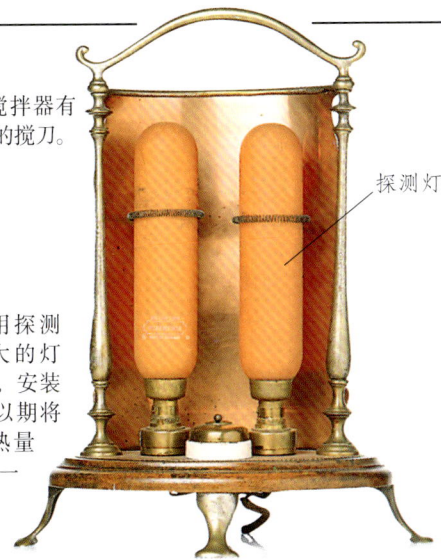

探测灯

保暖
早期的电暖炉使用探测灯。它像一个极大的灯泡，外面被罩起来，安装在反射镜前面，以期将它发出的热量集中在一起。

加热件

电熨斗
最早的电熨斗通过在斗形熨具内烧木炭来工作，非常危险。1882年，一种比较安全的电熨斗获得专利。

风箱

重型熨斗 左图
从18世纪直到20世纪早期，最常见的熨斗就是重型熨斗。熨斗成对使用，当一个使用时另一个在余火上加热。

速煮 左图
1679年，法国人丹尼斯·巴平发明了高压锅。在坚固的锅内形成高压蒸汽，很短时间内便能将饭煮好。

清理 右图
20世纪早期的机械真空吸尘器需要两个人操作。用一木柄操作风箱，吸进尘土。1908年美国人威廉·胡佛开始制造电吸尘器。

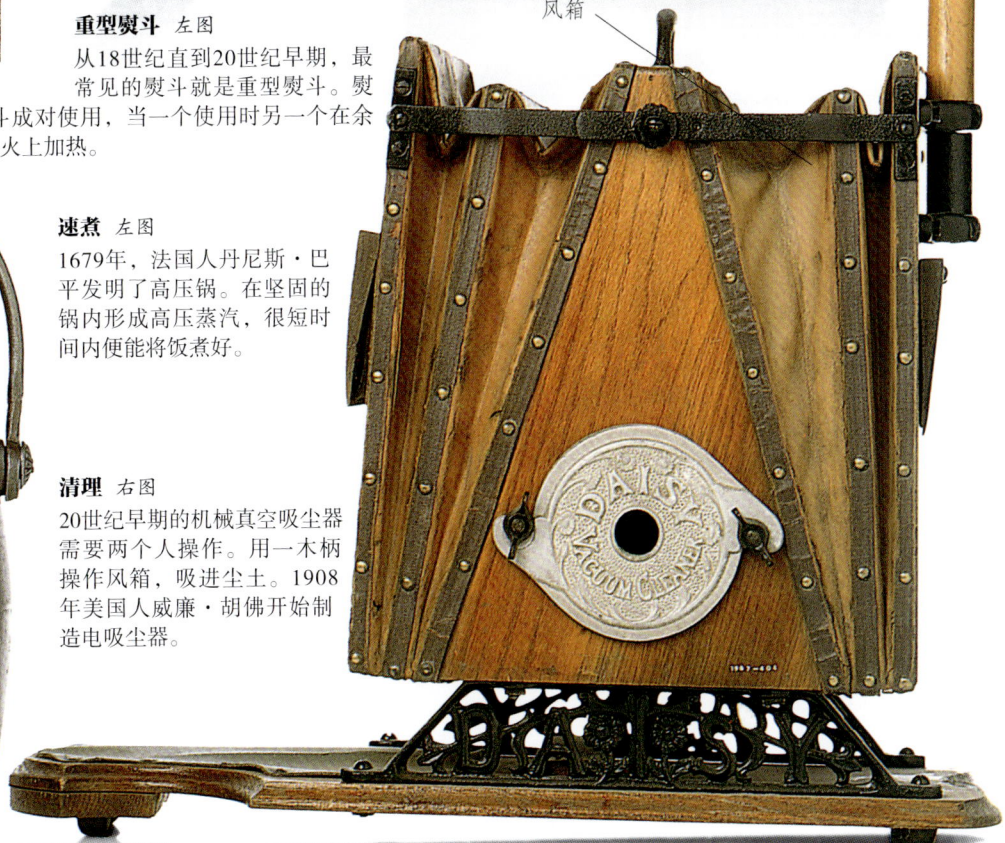

阴极射线管

1887年，物理学家威廉·克鲁克斯研究电的性能。他使用两块内置金属板作电极的玻璃管，当对玻璃内施以高电压，并把管内空气泵出来时，有电流在两块极板间通过，并使玻璃管内产生辉光。随着管内气压下降（接近真空）辉光熄灭，但是玻璃管本身发光了。克鲁克斯将引起这种现象的射线叫作阴极射线。实际上它们是无形的电子流。后来，斐迪南·布劳恩在玻璃管内壁上涂敷荧光体，当受到阴极射线轰击时能够发光，将电信号转变为光学图像。这是现代电视显像管的前身。

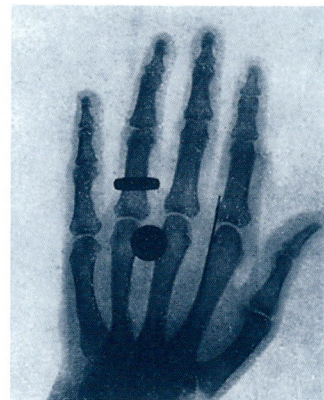

这只手昭示了什么
1895年威廉·伦琴使用和克鲁克斯相似的管子发现了X射线。

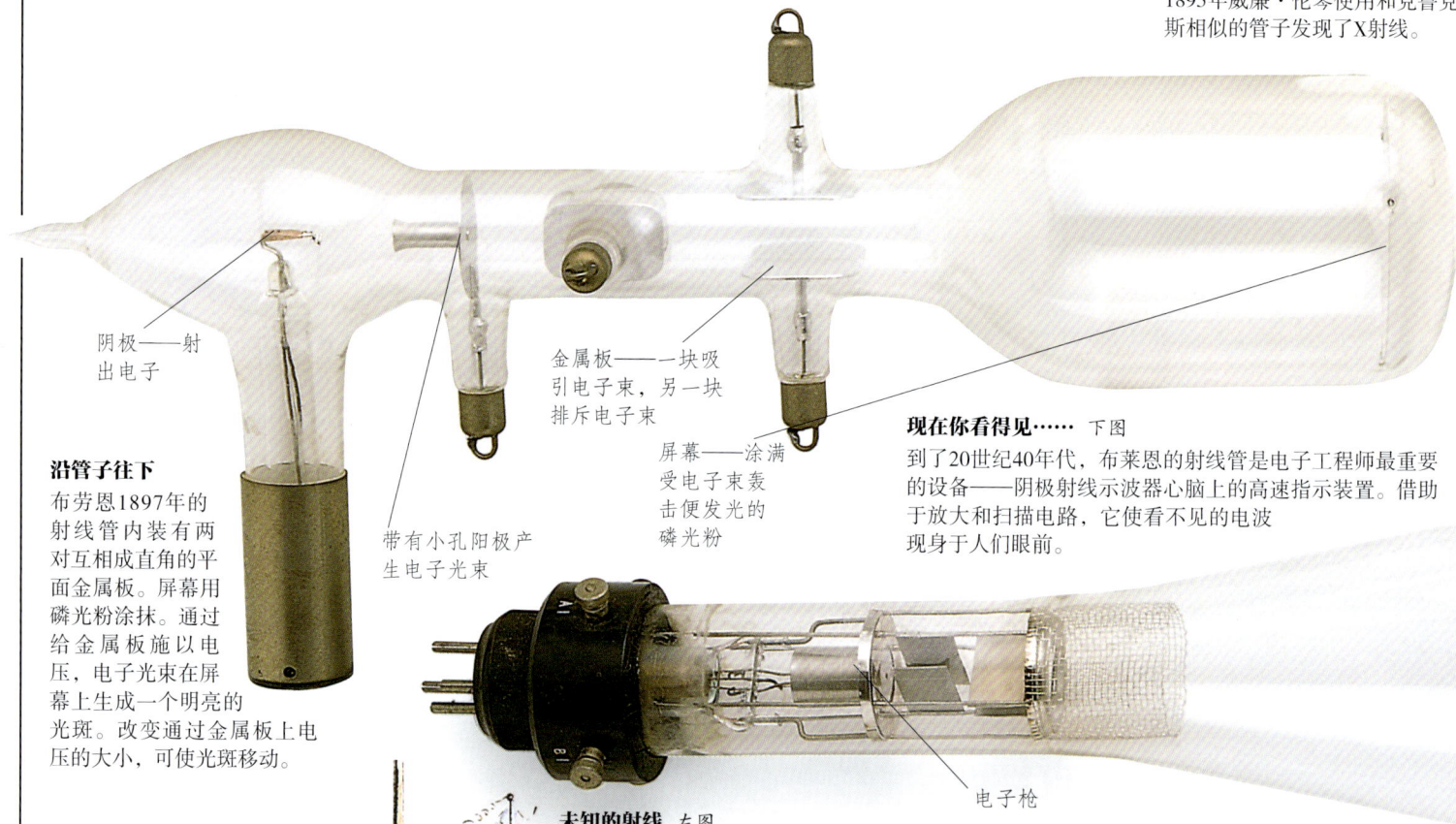

阴极——射出电子

沿管子往下
布劳恩1897年的射线管内装有两对互相成直角的平面金属板。屏幕用磷光粉涂抹。通过给金属板施以电压，电子光束在屏幕上生成一个明亮的光斑。改变通过金属板上电压的大小，可使光斑移动。

带有小孔阳极产生电子光束

金属板——一块吸引电子束，另一块排斥电子束

屏幕——涂满受电子束轰击便发光的磷光粉

现在你看得见…… 下图
到了20世纪40年代，布莱恩的射线管是电子工程师最重要的设备——阴极射线示波器心脑上的高速指示装置。借助于放大和扫描电路，它使看不见的电波现身于人们眼前。

电子枪

未知的射线 左图
德国物理学家威廉·伦琴注意到，和阴极射线管一样，对其施加高电压时，放放电管里会发出另外一种形式的辐射。和阴极射线不同，他称这种射线为X射线，这种未知的射线不会因带电的金属板或磁铁的作用而偏转。

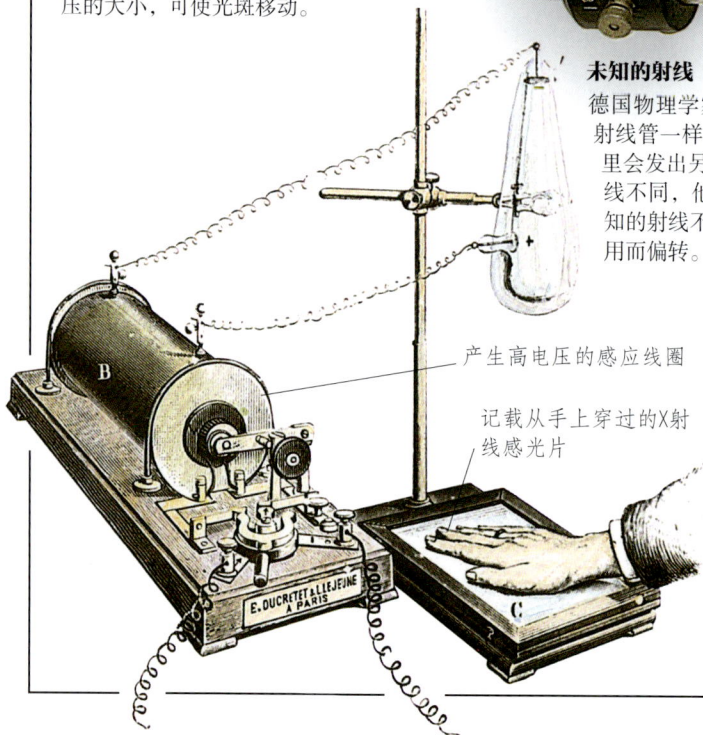

产生高电压的感应线圈

记载从手上穿过的X射线感光片

在自旋 右图
到了1884年，保罗·尼普科夫发明了一种上面有许多小孔构成的螺线旋转圆盘，它可将一个物体的影像投射到屏幕上。1926年，苏格兰发明家约翰·罗吉·贝尔德（图中站立者）使用尼普科夫圆盘而非阴极射线管，第一次向世界展示了电视机。

电视走向公众

1936年，英国广播公司（BBC）开始第一次为公众提供高清晰的电视广播服务。1939年，美国无线电公司（RCA）开始了美国第一个完全意义上的电视服务。

单束电子枪

电磁偏转线圈

便宜的电视

到了20世纪60年代晚期，日本索尼公司开发出单枪三束彩色显像管并获专利，这意味着他们就无须为其生产的每个显像管支付任何费用。

单枪产生3个分离光束

三束显像管

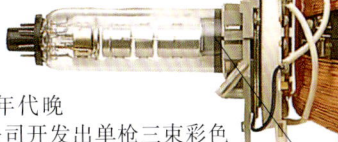

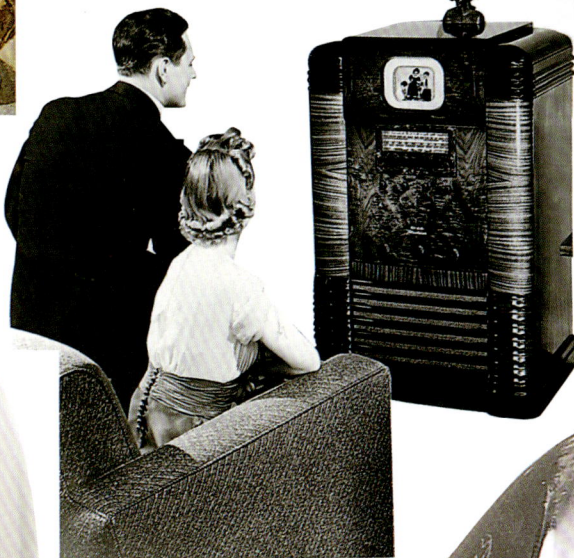

比眼睛看得更快 下图

直到20世纪60年代，许多家用电视接收器都是只产生黑白图像并靠电子管工作。

荧光屏

盒子前面 上图

早期的电视机，像美国无线电公司（RCA）的"胜利者"型号，其屏幕虽小，但是由于含有大量其他元器件而必须置于一个大型箱体内。

电子枪

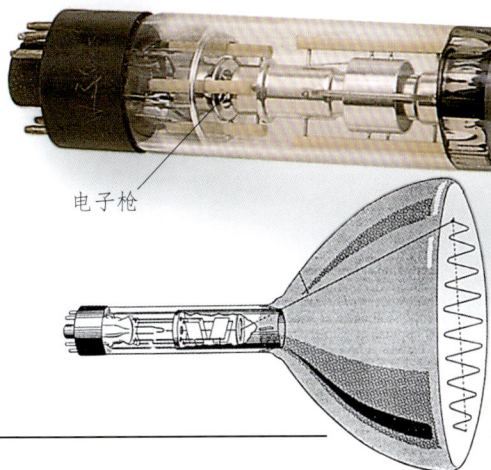

飞行

乘坐人造飞行器最早飞上天空的动物有小公鸡、鸭子和羊。它们是1783年9月乘法国蒙哥尔费兄弟制成的热气球升空的。最早的动力飞行先驱有英国人威廉·亨森和约翰·斯特林费洛，他们在19世纪40年代制造了用蒸汽机驱动的模型机。美国莱特兄弟第一次完成了真实的动力控制飞机飞行。1903年，他们的飞机"飞行者"号用轻型汽油发动机驱动。

机载车厢
后来的飞机设计者采用了亨森和斯特林费洛"空中蒸汽车"的很多特点。有独立的带方向舵和升降机的尾翼，以及向上倾斜的机翼。该飞机看起来很奇怪，但其实用的设计令人惊异。

木头和帆布机翼

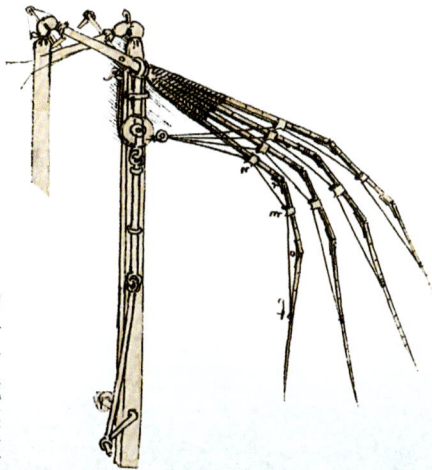

机械翅膀
500年前，莱昂纳多·达·芬奇设计了很多飞行器。它们大部分装有机械翅膀。莱昂纳多还设计了一架简易直升机。

第一次飞行 下图
1783年的6月4日，约瑟夫和艾蒂尔·蒙哥尔费展示了纸质的热气球。同年晚期，兄弟两个又将动物和人类送上天空。

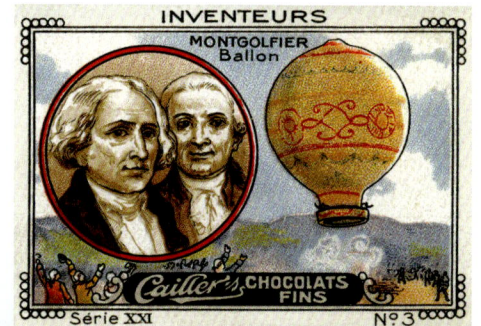

INVENTEURS
MONTGOLFIER
Ballon
Cailler's CHOCOLATS FINS
Série XXI   N° 3

自由滑翔 上图
德国工程师奥托·李林达尔制成第一架有人驾驶的滑翔机。1896年他因滑翔机失事故去。这张图展示了在空中控制飞机的基本要素。

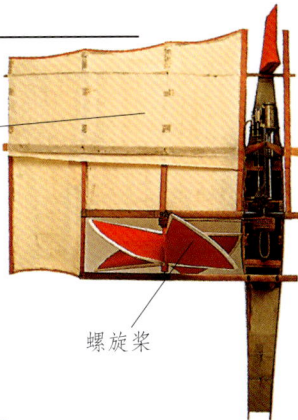

机翼

螺旋桨

世界的主人 右图
这种飞行器的设计出现在儒勒·凡尔纳写的《世界的主人》一书中。但凡尔纳不理解动力来源，设计总的来看不切实际。

打开引擎 左图
亨森和斯特林费洛制造的飞机模型有个特制的轻型蒸汽引擎，用其驱动双螺旋桨。

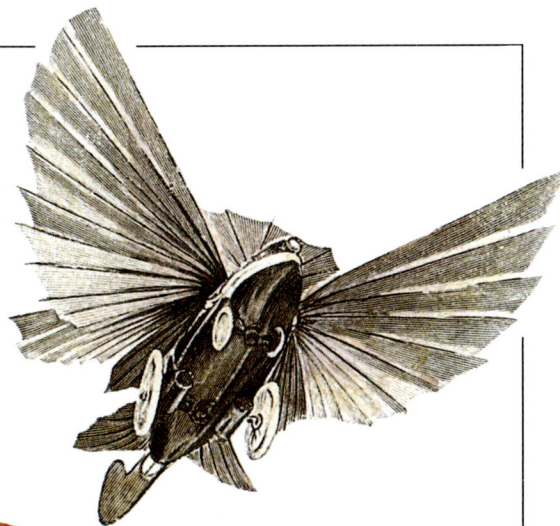

蒸汽引擎的外壳

控制 上图
美国维尔伯和奥维尔·莱特兄弟花费3年时间做滑翔机实验，学习如何控制飞机。在"飞行者"号上，飞行员趴在下机翼上并扭动机翼控制在飞机侧斜方向飞行。飞机也有升降舵（爬升和下降）和方向舵（控制左右转向）。

第一次动力飞行
1903年12月17日，飞机在北卡罗来纳州的基蒂霍克附近起飞，飞行员是奥维尔·莱特。飞机升了3米高，但12秒后重重地落下。兄弟两个那一天又飞行了3次。最长的一次飞行持续了59秒，升到了260米的高度。

塑料

塑料是种很容易制成不同形状的材料，它由众多小分子聚合到一起形成的长链分子构成。这种长链长分子赋予了塑料特殊的性质。第一种塑料叫作硝化纤维塑料，是由大多数植物体内都存在的一种链状分子纤维素组成。1907年人们发明出第一种真正的合成塑料——酚醛塑料。20世纪二三十年代的化学家发明了利用在石油中发现的物质制造塑料的诸多方法。如今，我们广泛使用的是聚乙烯、尼龙和丙乙烯塑料。

人造象牙
早期塑料的外观和触感很像象牙，这样的材料用来制刀柄或梳子。

压制的装饰

第一种塑料 右图
1862年，亚历山大·帕克斯制成"硝化纤维塑料"，这是第一种半合成塑料。

坚硬光滑的表面

在火焰中
19世纪60年代，发明了赛璐珞塑料。它取代象牙来制作台球以及化妆盒这样的小物品。不幸的是，它有易燃易爆的缺点。

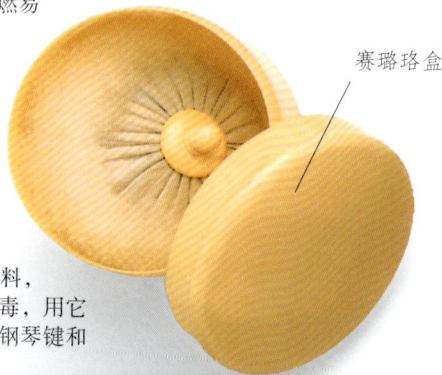

耐热
比利时裔美籍化学家贝克兰用煤焦油内的化学物制成塑料。他称其为酚醛树脂，这种塑料遇热时变硬而不会熔化。

赛璐珞盒

在房子周围
20世纪二三十年代的塑料，像尿素甲醛塑料很硬无毒，用它来制造箱子、钟表盒、钢琴键和灯具。

耐热的酚醛塑料容器

大理石效果的表面

丙烯酸玻璃

胶卷

发泡聚苯乙烯蛋箱

人造海绵 上图

泡沫塑料 上图

20世纪20年代首次制造出聚苯乙烯。有两种类型：一种硬质泡沫塑料和一种充满小孔的叫作发泡聚苯乙烯的轻型泡沫塑料。

各种纽扣和钢笔

玩具砖

形状和尺寸

塑料可做成很复杂的形状，类似这种精致的网织品。

塑料纤维 左图

1934年，美国化学家华莱士·卡罗瑟斯发明了称为尼龙的塑料。1941年发现的聚酯是另一种适合制作塑料的纤维。聚酯纤维可织成织物用来做衬衫、裤子和套服。

尼龙线

尼龙绳 左图

极细的尼龙线就有极大的强度，因此用其制尼龙绳非常理想。

分开的尼龙纤维

塑料扳手

铸塑法制成的聚乙烯铲子和球拍 右上图

聚乙烯假花

硅片

1947年，美国贝尔电话实验室的科学家发明了体积小、价廉、耐用的晶体管来控制电流。随着航天器的发展，到了20世纪60年代末，每5平方毫米就集成有千万个晶体管和各种其他器件的硅片问世。这些硅片很快被用于许多其他的领域。它们也取代了计算机中庞大的电子线路。而后，信息技术革命接踵而至，从玩电子游戏到管理政府各个部门，计算机无所不能，可以处理一切事务。

巴贝奇引擎
计算机鼻祖查尔斯·巴贝奇的"差分机"是一种机械计算装置。

包括几百个小芯片的硅片

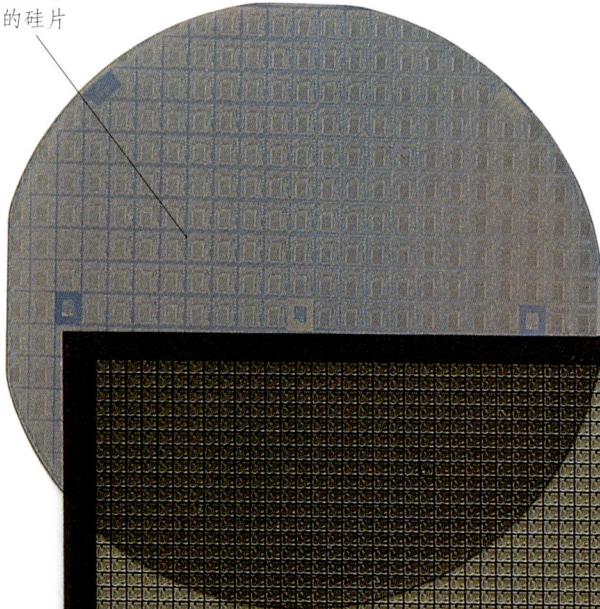

要制造的连接矩阵

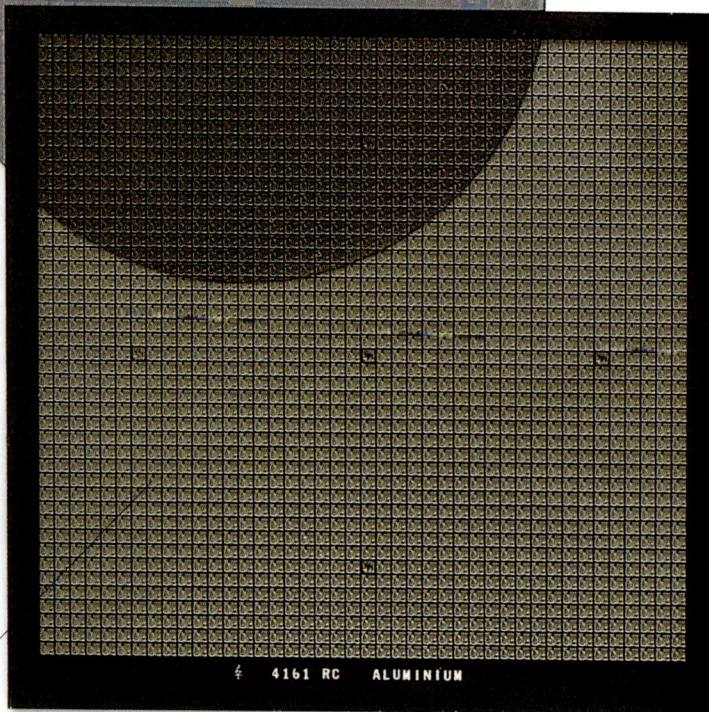

4161 RC ALUMINIUM

旧芯片退场
20世纪70年代早期，人们研制出不同类型的芯片以完成特定的任务，每个硅片只有几平方毫米，安装在带有镀金或镀锌铜针脚的连接架上。极纤细的金丝将芯片边缘上的焊点与芯片架连接起来。整个单元被封装在一个绝缘护套内。

瓷外壳

硅晶体
硅通常是和氧结合在一起，叫作二氧化硅，石英是其一种形态。纯硅是坚硬的深灰色非金属物质，以晶体形式存在。

制作芯片
电气部件与它们之间的连接线都是在一个0.5毫米厚的纯硅片上分层制造的。首先，把化学杂质掺入到硅片的特殊区域以改变其电气特性；然后把铝接点（相当于传统电线）置于其顶部。

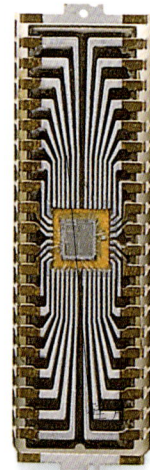

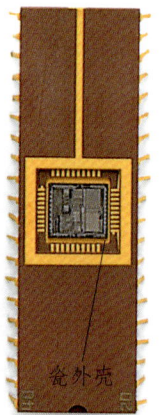

印刷电路板接点

接在一起
在印刷电路板上，绝缘板上线路四周无用的铜均被蚀刻掉。芯片以及其他元器件或插接或焊接在绝缘板上的孔洞内。

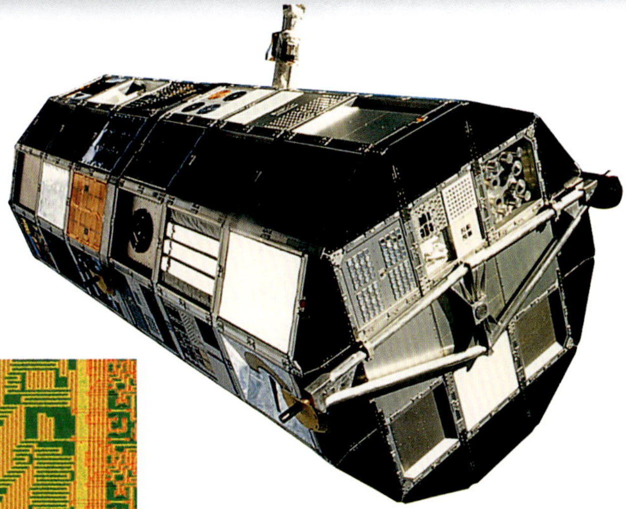

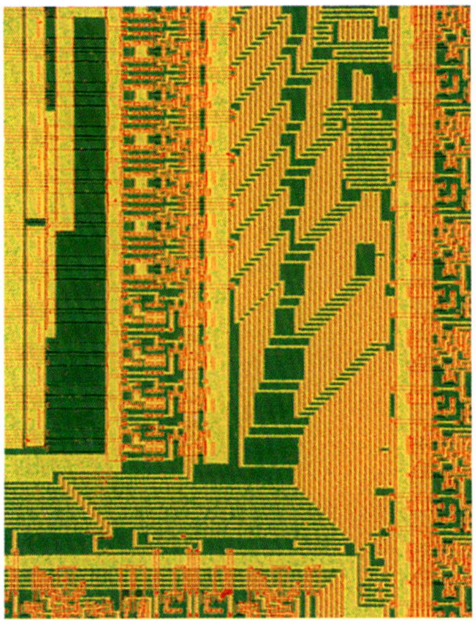

台式电脑
20世纪70年代晚期，计算机繁荣起来。"PET台式机"是早期大批量生产的个人电脑之一，主要用于商务和在学校使用。

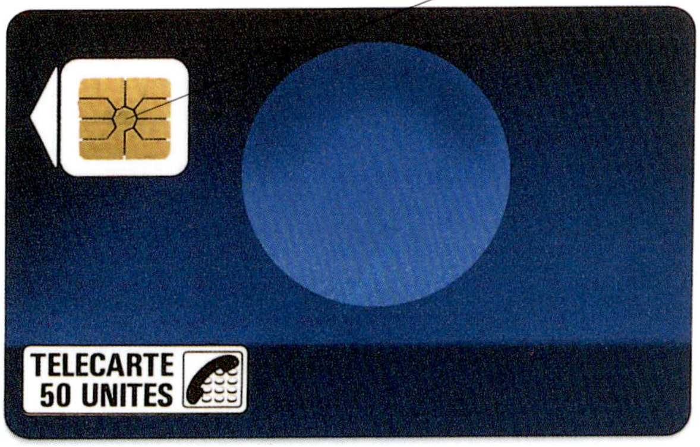

显示器

进入太空 下图
电脑就是这个卫星航天器的核心，硅片意味着控制装置可以安装在卫星航天器有限的空间内。

键盘

硅芯片

触摸技术
平板电脑是一种全部原件都包含在一个面板中的小型电脑。它们都有触摸屏，通过触摸屏幕上的区域就能进行操作。最先于2010年推出的iPad是最成功的平板电脑之一。

智能电话卡
智能卡在单个硅芯片上包含了一个微处理器和一个存储器。把这种卡插入到电话中，芯片就会通过金触点接收电能和数据。它还可以用于安全检查，并记录使用了多少钱。

触摸屏

气球升降表"微动气压
计"（1870年）

滑翔用背囊

全部包以装甲
的螺旋桨（1919年）

一战中飞行员的头盔

太阳能机动滑翔
飞翼的三轮装置

布里斯托尔战斗机（1917年）

弹簧空速指示器

飞行器

Flight

见证人类如何实现飞行梦想，不断取得令人震惊的飞行成就。

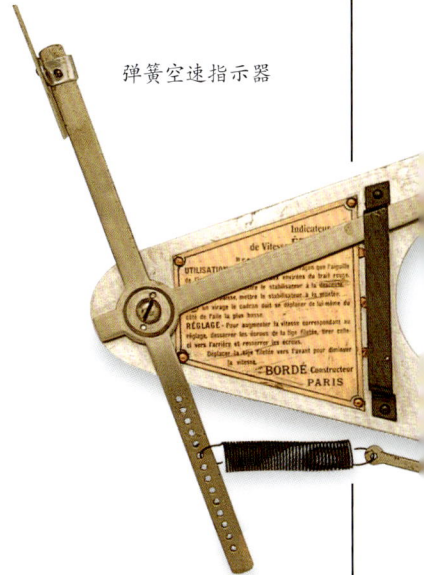

飞行数据记录器，
俗称"黑匣子"

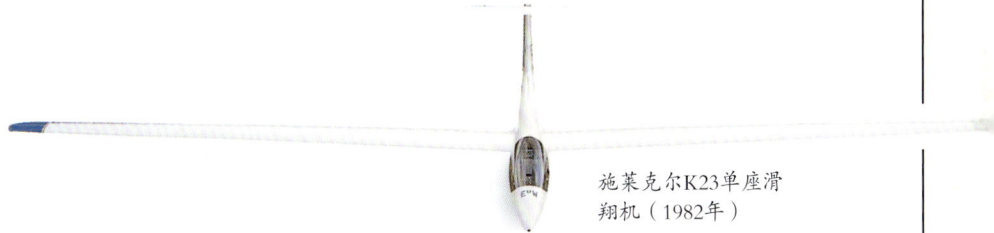

施莱克尔K23单座滑
翔机（1982年）

埃利奥特便携式高度计
（1910年）

安扎尼"扇形"发
动机（1910年）

霍克公司"雄鹿"
钢制着陆轮
（1927年）

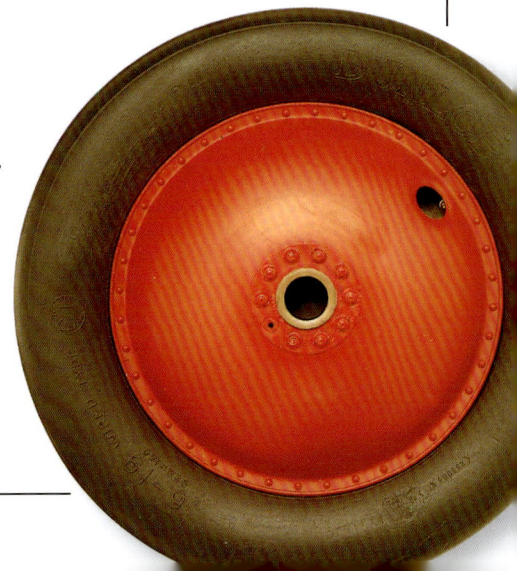

像鸟一样飞翔

传说中，古希腊人代达罗斯（Daedalus，一译泰达罗斯）可以像鸟一样飞翔。从此，能够像鸟一样飞翔便成了人类的一个梦想。15世纪，意大利杰出的艺术家和思想家列奥纳多·达·芬奇也相信，人可以向鸟类学习如何飞翔，但后来他认识到，人类的双臂不够强壮，不能长时间扇动翅膀飞翔。他设计并草绘出一种模仿翅膀振动的机器——扑翼飞机。几世纪后，人们在达·芬奇的笔记中发现了这些设计草图。据人们所知，达·芬奇从未建造这些机器，而且很可惜，这种飞机也根本无法飞上过蓝天，模仿鸟类飞翔远比达·芬奇所理解的复杂。但达·芬奇的设想无疑是关于发明飞行器最早的科学尝试之一。

飞鸭

1678年，一位名叫贝斯尼尔的法国锁匠试图用一种类似鸭蹼的翼形工具飞行。他运气不错，竟然安全着陆了。

第一次飞行事故?

古希腊传说中，代达罗斯曾为克里特岛国王迈诺斯修建了一座迷宫。因害怕他泄露迷宫的秘密，国王把他囚禁了起来。然而，代达罗斯和儿子伊卡洛斯用蜡和羽毛制成了像鸟的翅膀一样的工具，并使用它飞到高空，逃出了监狱。但伊卡洛斯由于飞得过高，翅膀上的蜡被太阳融化了，因此坠入了大海。

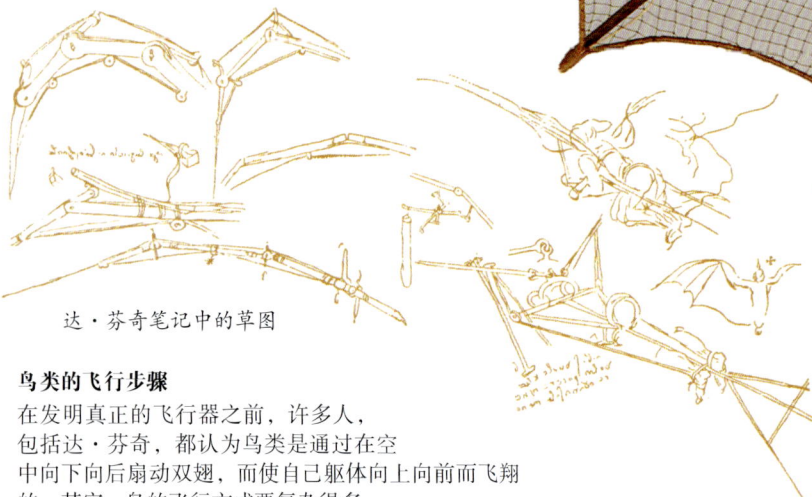

达·芬奇笔记中的草图

鸟类的飞行步骤

在发明真正的飞行器之前，许多人，包括达·芬奇，都认为鸟类是通过在空中向下向后扇动双翅，而使自己躯体向上向前而飞翔的。其实，鸟的飞行方式要复杂得多。

鸟的形象

达·芬奇笔记中可以看出，他曾经十分专注地研究鸟类的飞行。达·芬奇认为，鸟类运用翅尖挤压气流，并以此推进身体前行。因此，他设计出了精致的铰链和滑轮，用来控制机翼的前端。但他关于鸟翅尖的看法是错误的。

用于增加飞行者肌肉
力量的滑轮组带

踏板支点

附属翼铰链

驱动两翼轻微上
扑的手动绞车

皮带

侧视图

过重而无法飞行

根据达·芬奇的设计，用木材、皮革、绳索、铁等制造的飞
行器重达300千克。相比之下，1983年飞越英吉利海峡的"蝉
翼信天翁"号（Gossamer Albatross）人力飞机，仅重90千克，
但是其机翼长达30米。

双腿蹬踏板以使两
翼强力下扑

绳索可牵引翅膀向
上或向下扇动

主绞车

扑翼骨架

通过滑轮的双翼
张力索

牵动双翼
的绳

覆盖羽毛
的罩网

盘旋翼扑翼骨
架导向座

木制扑翼支架

现代建造的达·芬奇扑
翼式飞机的正面图

展翅飞翔的永恒梦想

1920年，帕萨在法国发明了这个看上
去未必能飞的机器。到了1932年，苏
联还有一位艺术家兼幻想家弗拉基米
尔·塔特林，设计出了像鸟一样拍击
双翼的滑翔机。

轻于空气的飞行器

首先把人类带上天空的并不是鸟儿一样的翅膀，而是像个大气泡样的东西。人们认为，如果气球中充满着一种比空气更轻的气体，它就会像船漂浮在水上一样飘浮在空中。事实上，热空气便是首选的答案——因为热空气的密度小于冷空气。1783年，法国蒙哥尔费兄弟制作了第一个注满热气的巨大纸质气球。这个气球搭载着两名男子在巴黎升上了高空。不到两个星期，雅克·查尔斯和M·罗伯特往涂覆了橡胶的丝质气球里注入氢气，结果证明氢气更为实用。

环箍悬挂在气球顶端网上

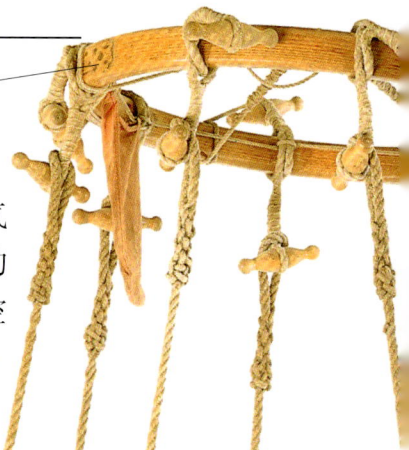

首次飞行
1783年11月21日，弗朗索瓦·德·罗齐埃和达尔朗德侯爵乘坐蒙哥尔费兄弟的热气球翱翔在巴黎上空，这使得他们二人成为世界上首批飞行员。

如梦似幻的飞行
超过40万人目睹了查尔斯和罗伯特的历史性飞行，这把扇子是这一壮举的纪念品。

热气球狂热期
巴黎社会进入"热气球狂热期"。这个魔灯是见证这一时代新奇迹的纪念品，拉下灯里面的那部分就能给人以气球上升的幻觉。

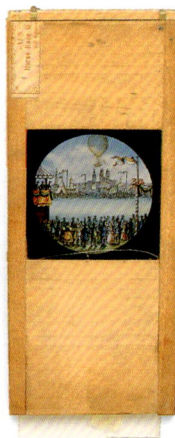

将大筐悬挂在吊索环上的短绳

结实的护栏上绑有沙袋，在需要的时候将其抛下以维持飞行高度

上流社会的运动
在19世纪晚期，热气球成为时髦的社会运动，有钱人常常比赛谁飞得最远，飞得最高。

软着陆
早期热气球着陆时总伴随着巨大的声响。因而有些人想出对策，在气球的载物筐下面绑上一个柳条筐，缓冲着陆时的震动。

充气气球
乘热气球时，一旦热空气冷却，飞行过程就将被迫终结。充气气球有两条控制绳，拉动其中一条，可由气球顶端的阀门释放气体，用于下降。另外一条在气球安全返回地面后用来排空气球里的气体。

飞艇

气球飞行只能随风而行，因此，1852年，亨利·吉法尔制造了雪茄形的气球，采用蒸汽动力，使其飞行方向可以控制。后来，配以汽油发动机，钢性框架加上蒙皮，此种飞艇就成了早期大型飞行器的前身。20世纪20年代，巨型飞艇被用来载送乘客飞越大西洋。但由于易燃的氢气造成一系列灾难，此种飞艇就不再使用了。

飞艇的里程碑
1910年10月，法国人建造的克莱门特·巴亚德Ⅱ号，成为第一艘横跨英吉利海峡的飞艇。

飞艇 下图
德国齐柏林飞艇公司引领了世界飞艇制造业的发展。但是它制造的245米长的巨型飞艇"兴登堡"号于1937年坠毁，令35人丧生。

高高在上
19世纪晚期，气球竞赛迅速蹿红。专业飞行员常常坐在吊索环上，以便腾出载物筐中的空间供游客乘用。

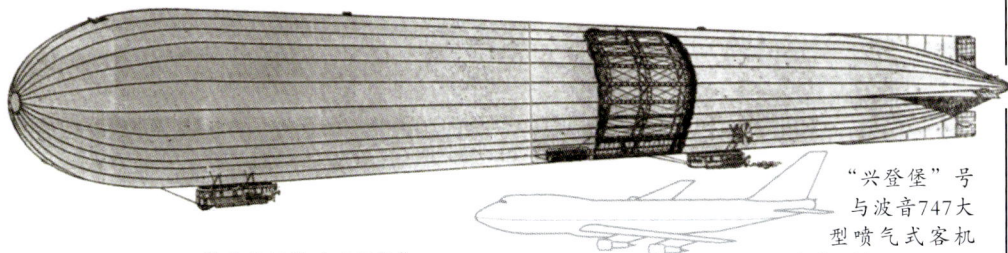

袖珍气压计（1909年）

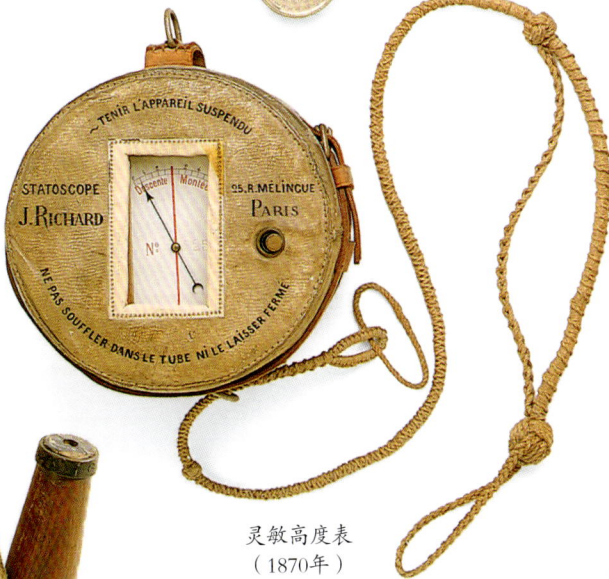

"兴登堡"号与波音747大型喷气式客机尺寸的比较

上升和下降 左图
人们可以通过抛弃配重的沙袋弥补气囊缓慢漏气带来的后果，从而将气球维持在一个较为稳定的高度。但若抛弃过多的沙袋，会使气球上升过高，气球飞行者就要释放更多气体——为了使气球下降到合适的高度，也因为在高空，气囊中的充气会膨胀，必须适当排气。早期气球飞行者都带有灵敏高度表，以确定气球是在上升还是下降。

灵敏高度表
（1900年）

灵敏高度表
（1870年）

充气时系留气球用的锚

制造氢气
氢气是通过往铁制旋转装置上淋硫酸生成的。

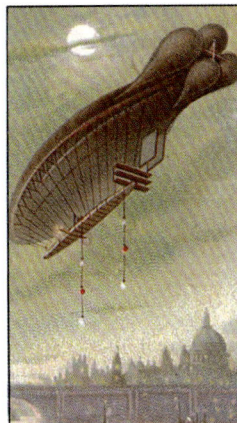

氢气检测仪
由于氢气极其易燃，因此需要格外谨慎，检查是否存在泄漏。这种表可以检测出氢气。

着陆时的筐子由柳条制成。它既分量轻，又可在着陆时减轻声响。

空中滑翔

英国工程师乔治·凯利爵士从风筝中得到灵感，认为可以通过翼型构造的飞行器实现人们的飞天梦。通过对风筝的实验，凯利明白了机翼在空中升起的原理，世界上第一架滑翔机便诞生了。此后，在19世纪90年代中，一位名叫奥托·李林达尔的德国年轻人大胆尝试，制造出了一系列小型滑翔机，很像现代的悬挂式滑翔机，并使其可以在控制下航行。这件事情具有重大意义，他也当之无愧地成为"全世界第一个真正的飞行员"。

尾翼

最古老的飞行器
风筝诞生于3000多年前的中国，14世纪传入欧洲。

吊挂在空气中
李林达尔滑翔机的照片在世界范围内一经刊登，引来无数人效仿。这种飞行方法很科学。他认为，飞行员应当先学会滑翔，再尝试动力飞行。这个建议对以后莱特兄弟的成功起到了关键作用。

滑翔先驱

乔治·凯利爵士（1773—1857）率先研究出了机翼工作原理，并于1804年制作成了有上反角的前翼和有起稳定作用的尾翼的滑翔机。所有现代飞行设备都是基于这种滑翔机发展而来。1853年，80岁高龄的他又制成了全尺寸的滑翔机。

乔治·凯利爵士

飞机设想（下图）
凯利头脑中充满了对各式各样飞行器的构想，包括飞艇、载人滑翔机等。

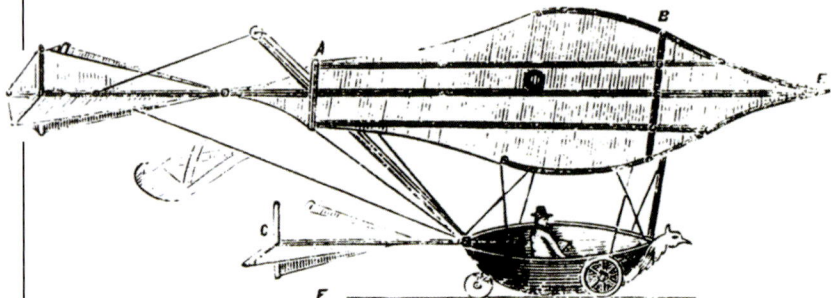

棉布覆盖而成的机翼

李林达尔1895年第11号滑翔机的复制品

飞行中的机翼

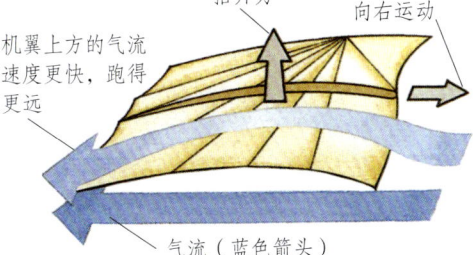

抬升力

机翼从左向右运动

机翼上方的气流速度更快，跑得更远

气流（蓝色箭头）

用于保持机翼形状的木梁

机翼的工作原理

机翼切入空气，机翼上方的气流被向上推，速度变快，变得稀薄，使得这里的压力降低。但下部气流流动相对较慢，压力增加。因此，实际上，机翼同时受到其上方向上吸的力和下方向上的推力。李林达尔等先驱们发现，有弧度的表面是更佳选择。如今，机翼比起那个年代的要更厚，效率也高得多。机翼自左向右移动，蓝色表示气流，垂直箭头表明升力。

悲剧事件

1896年，李林达尔在一次滑翔机飞行中不幸失事身亡。事故发生在柏林近郊的旷野，当时一阵强风袭来，使滑翔机失控。

双翼

莱特兄弟制造飞机时也借用了19世纪中期的法裔美国人奥克托夫·查纽特所制造的这架双翼机的联结构架设计。

充当减震器的柳木箍

李林达尔用前臂支撑住身体并通过腿的摆动来调整重心以此来控制滑翔机。

柳木肋

贝尔的风筝

许多飞行界的先驱都曾相信巨大的载人风筝会有美好的前景。这个风筝是由电话发明者亚历山大·格雷厄姆·贝尔设计的。

动力飞行

要想真正地远距离飞行，就必须采用发动机。早在1845年，英国人威廉·亨森和约翰·斯特费罗就制造了一架以特制的轻型蒸汽发动机驱动的模型飞机。蒸汽机是当时仅有的发动机。动力飞行机的想法不再是个单纯的梦。在此后的50多年里，许多工程师尝试使蒸汽引擎的飞行机升空。但蒸汽发动机不是动力不足就是太过沉重，需要发明一种小巧且功率强大的发动机，动力飞行才真正可能成为现实。

飞鹰的力量
长久以来人们便知道，想要飞翔，仅凭人力还是不够的。

"全动尾翼"或升降舵

机翼覆盖的丝绸宽达6米（25英尺）

机翼张线

发动机皮带轮

舵

锅炉

输气管道

连杆

汽缸和活塞

蒸气动力
亨森和斯特费罗发明了一种轻型蒸汽引擎，将其安装在飞机模型上，蒸汽锅炉不超过25厘米高。发动机所需热量来自荼炔或酒精燃烧器，蒸气通过一排锥形管排出。汽缸中的蒸气带动活塞上下运动，令木制皮带轮转动，从而通过动力传送带，带动两个螺旋桨转动。

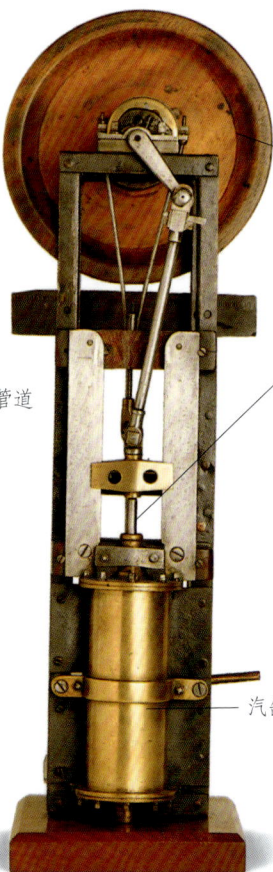

它飞起来了吗?
1848年，斯特费罗制造了另外一个模型。要想令其腾空，他需要将它顺着倾斜的导索向下滑10米，然后在引擎运行状态下将其释放。有记载说，这个模型向上爬升了一点儿之后就撞到了墙上。

短暂的跳跃飞行

19世纪末，蒸汽发动机技术取得了重大的改进。1890年，法国工程师克莱蒙·阿代尔制造了名叫"风神"（Eole）的蝙蝠形蒸汽飞机，可能成功地飞了一下。

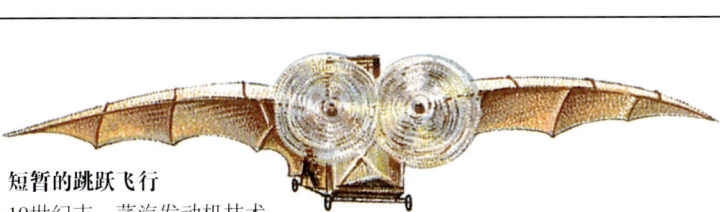

用丝绸在木质框架上做的推进式螺旋桨

几乎要升空

前后双排翼使得美国科学家塞缪尔·兰利的"机场"号相当稳定。1896年，一架蒸汽动力飞机模型飞行了1千米。7年后，兰利制造了一种全尺寸由汽油发动机提供动力的飞机，但它两次都在起飞时坠毁了。

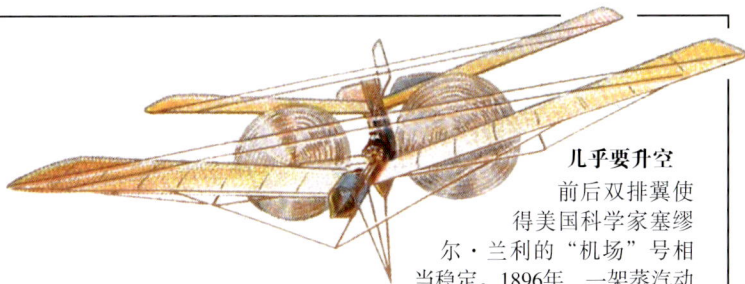

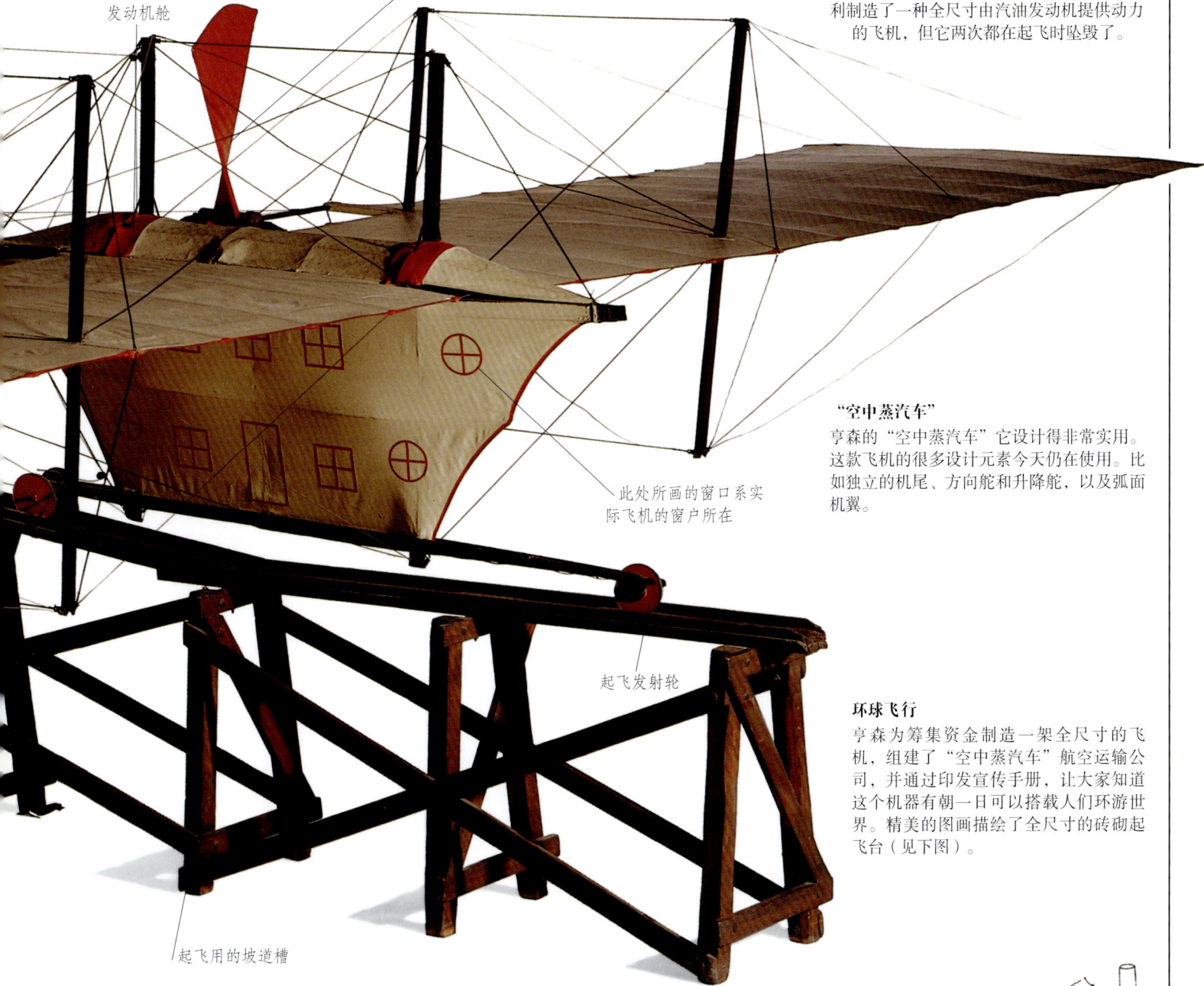

发动机舱

"空中蒸汽车"

亨森的"空中蒸汽车"它设计得非常实用。这款飞机的很多设计元素今天仍在使用。比如独立的机尾、方向舵和升降舵，以及弧面机翼。

此处所画的窗口系实际飞机的窗户所在

起飞发射轮

环球飞行

亨森为筹集资金制造一架全尺寸的飞机，组建了"空中蒸汽车"航空运输公司，并通过印发宣传手册，让大家知道这个机器有朝一日可以搭载人们环游世界。精美的图画描绘了全尺寸的砖砌起飞台（见下图）。

起飞用的坡道槽

第一架飞机

机翼由木架支撑的亚麻布制成，这种布料经过特殊处理，紧绷在木架上。

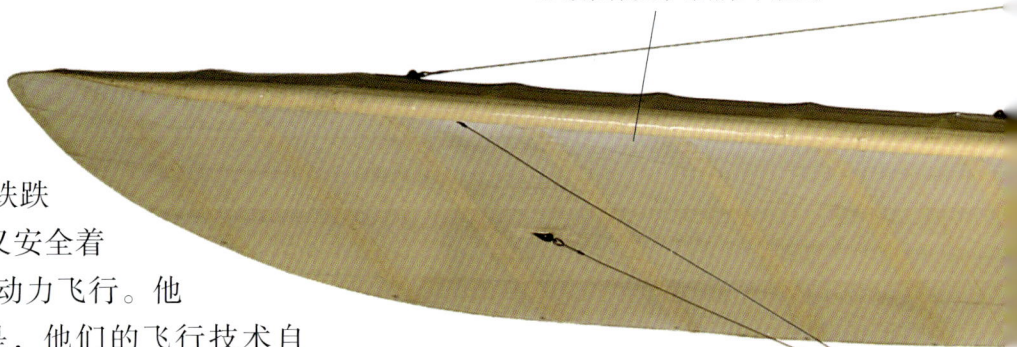

1903年12月一个星期四，在美国东部城市基蒂霍克，奥维尔和威尔伯·莱特兄弟制造的汽油引擎飞机跌跌撞撞地飞上了天，飞了40米远后，又安全着陆。这便是世界上首次人类控制的动力飞行。他们的成就绝非偶然。尤为重要的是，他们的飞行技术自1899年起也取得了巨大进步。当1908年威尔伯·莱特兄弟把他们的"飞行者"号带到法国时，莱特兄弟已远远超过了欧洲的航空先驱。从那时起，航空飞行在世界各地发展起来，动力飞行很快变得十分常见。在1909年7月25日，路易·布莱里奥驾驶他的小飞机从法国出发，飞行41千米，横越英吉利海峡抵达了英国。

莱特兄弟的飞机（上图）
莱特兄弟意识到他们的飞机需要某种平衡控制装置，防止飞机翻滚。因此这架飞行器配有绳索，可以扭动左右两侧的机翼，使一侧或另一侧抬起。这意味着它能做出平衡的倾斜转弯的动作。

飞行员驾驶舱

革新后的有弹性缓震杆的弹簧底盘

机翼控制拉索

布莱里奥XI型
自1905年路易·布莱里奥第一次尝试飞行开始，他的航空生涯似乎都充满了灾难。但他开创了后来人们所熟悉的单翼机，有独立的尾翼，发动机在前。此后，1908年，受莱特兄弟控制飞机的方法的启发，他也在自己的飞机上加入了机翼控制拉索，并取得了巨大成功。

"布莱里奥XI型"飞机侧视图

"布莱里奥XI型"
飞机正视图

单翼

尾翼翼梢的升降舵，可
令飞机俯冲或爬高。

摩托发动机
这个布莱里奥3缸发动机最初是由亚
历山德罗·安扎尼为增加一种两
缸"V"形摩托车发动机功率而设计
的。但它的动力也并不足以把布莱里
奥带到大海的另一边。

克劳维埃螺旋桨性能优
良，能使有限的发动机
功率得到最大利用。

安扎尼3缸发动机

飞越海峡之后 右图
飞越英吉利海峡之后，布莱里奥声
名大噪。100多架XI型飞机被订购一
空，这使他成为第一个大规模批量
生产飞机的制造商。

方向舵控制索

用以控制方向
的方向舵

机身骨架由杉木、山
核桃木等坚固有韧性
的木材制成

绷紧的支架拉索将
支架紧固成形

升降舵控制索

航空先驱

莱特兄弟、布莱里奥，以及其他勇于创新的航空先驱们，都取得了令人振奋的成就。当巴黎一家剧院的观众在观看演出时，发现阿道夫·裴高（Adolphe Pégoud）——第一位表演飞行特技的飞行员——也在观众席上，观众们立即让演出中止，而请他来讲述自己的飞行经历。最初的飞行员都颇负盛誉，因为那时的飞行活动充满危险。飞机的驾驶舱是露天的，坐在其中不舒服且非常寒冷。因此保暖服装对飞行员至关重要。当布莱里奥飞越英吉利海峡时，他身着有暖水装置的服装。很快，特殊的飞行员服装就研发了出来。

软"铬"皮革

寻找路线
早期，飞行员都是径直飞往目的地。完善的地图是无价之宝。

温暖的毛衬里

脚部保暖
保暖靴至关重要。飞行员的靴子用软羊皮制成，长及大腿，但穿着的时候可以根据自己的需要进行剪裁。

厚橡胶的鞋底有助于飞行员登机。

防风飞行装备
1911年前后的服装材质以羊毛内衬为主。

飞行服（1916年）

第一次世界大战期间，飞行服得到了极大发展。皮革在当时被认为是最好的材料，但很快又被一种叫作"锡德科特"（Sidlot）的整幅的加蜡棉制、内挂丝绸及毛皮衬里的服装取代。

立领用以保持颈部温暖

护目镜支托

飞行中的头部保护
兜帽型头盔和面罩被用于高空飞行。但是，有些技术熟练的大牌飞行员觉得自己不戴任何飞行头盔或护目镜才会格外清醒。

佩戴护目镜
对大多数飞行员来说，护目镜可以防风、给眼睛至关重要的保护。这是一副有色护目镜，以减少眩光，它用防爆裂的玻璃制成。

羊皮内衬的皮手套

防风按扣袖口

飞行中的手部保护
在高空气流中伸手操作控制器件，如果没有暖和的手套保护，手很快就会冻伤。

防风
第一次世界大战中飞行员需要高速远距离飞行，因此飞行员服装必须具备防风功能，尤其是颈部、腕部和脚踝部位。

141

双翼机

早期飞机机翼有单翼、双翼、三翼，甚至更多。但是1909年布莱里奥飞越英吉利海峡，向世界展示了单翼机的风采。在此后的几年中，单翼机在各类飞行竞赛中占据了主导位置。遗憾的是，竞赛单翼机的事故率偏高。1912年，法国和英国军方高层都决定彻底禁止使用单翼机。他们担心独翼不够结实——因为单翼机若要获得与双翼机类似的升力，它的机翼就要特别长。在坚固性和低风阻之间，最好的折中方案是双翼飞机。因此第一次世界大战开始的时候，几乎所有战斗机和侦察机都是双翼机。由于战争的需要，航空制造业得到了长足发展。第一次世界大战结束时，飞机已成为一种相对精密而可靠的飞行器。

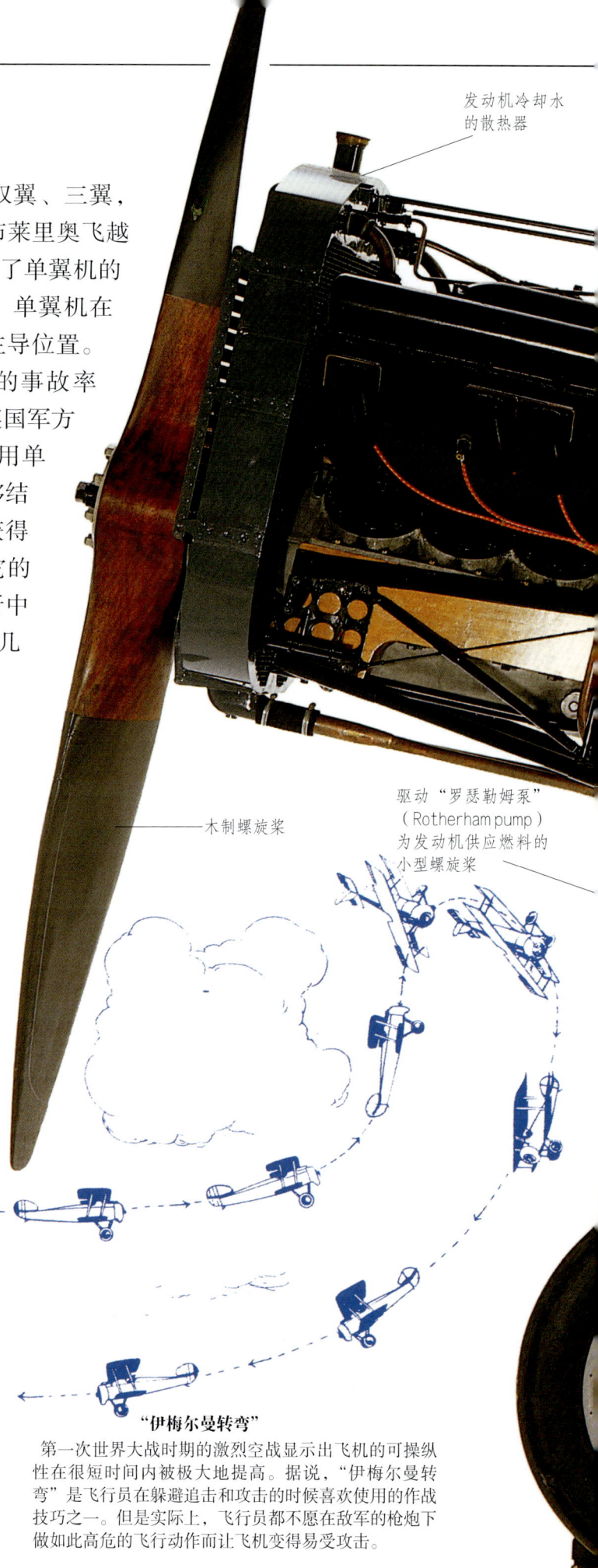

发动机冷却水的散热器

木制螺旋桨

驱动"罗瑟勒姆泵"（Rotherham pump）为发动机供应燃料的小型螺旋桨

福克三翼机
战争期间诞生了一部分三翼机。战时德国的福克三翼机据说"爬高敏捷"。该机的操纵性能也非常好。但是空气阻力使这种飞机的飞行速度慢，到1917年时，再没有空军使用它了。

"伊梅尔曼转弯"
第一次世界大战时期的激烈空战显示出飞机的可操纵性在很短时间内被极大地提高。据说，"伊梅尔曼转弯"是飞行员在躲避追击和攻击的时候喜欢使用的作战技巧之一。但是实际上，飞行员都不愿在敌军的枪炮下做如此高危的飞行动作而让飞机变得易受攻击。

8汽缸300马力的伊斯帕诺-絮扎（Hispano-Suiza）"V"形发动机

维氏飞机可以通过散热器上的一个小孔向前方开枪

时间控制装置可以确保只有在螺旋桨水平的时候子弹才会射出

升降和转弯操纵杆

飞行员座椅

方向舵控制拉索

舵把

油箱

桦木框架

支撑支柱

机翼支撑短架

钢丝外胎着陆轮

缠斗

"缠斗"是指能够向前方进行机枪射击的单座战斗机之间的空战。由于飞行员必须将整个飞机瞄准对方才能射击，因此飞行技能至关重要。

布里斯托尔战机
（1917年）

战争初期，火炮侦查这一危险任务是由一架飞行速度快的单座战斗机掩护的飞行速度慢的双座战斗机来完成的。然而，1917年英国布里斯托战机出现后，强有力的发动机令飞机速度更快，使其既可作侦察机亦可为战斗机。

（接下页）

（接上页）

路易斯机枪安放在
斯卡夫旋转环上，
可以使观察员向多
个方向开火。

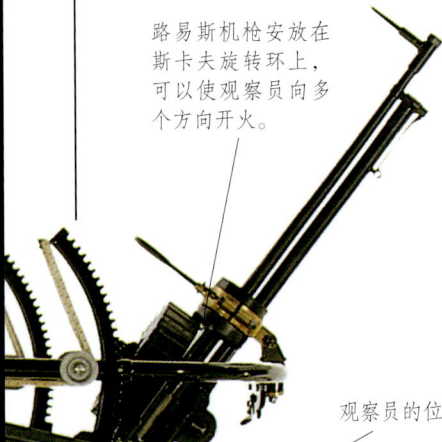

军转民的飞机
战争后期大型双翼轰炸机的
出现为以后和平时期的航空
客运业奠定了基础。

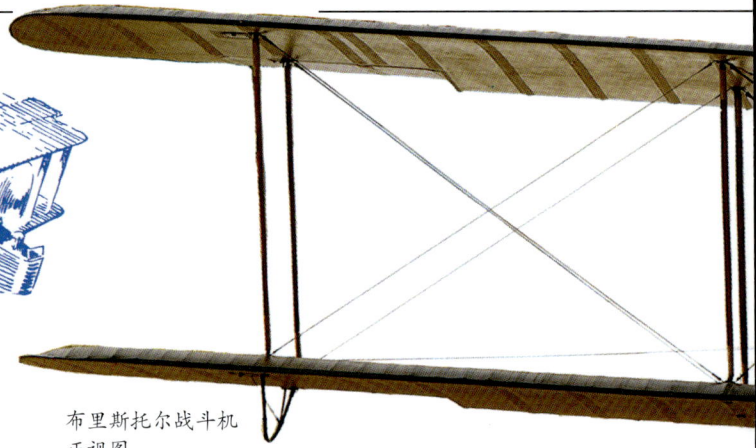

布里斯托尔战斗机
正视图

控制翼固定点

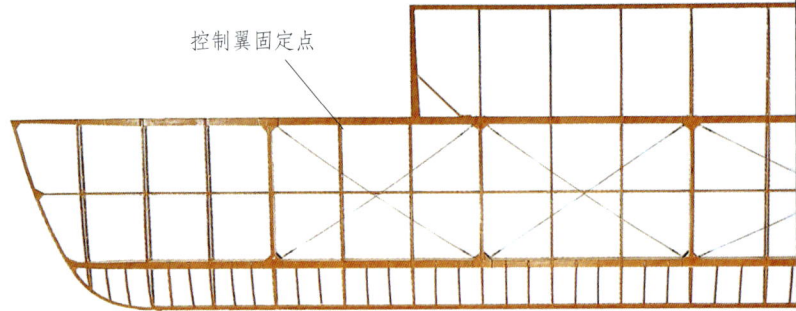

观察员的位置

杉木机身

蒙布
木制双翼机的机翼覆盖上亚麻织物之后，就会变
得异常坚固。亚麻覆盖层通常会涂上赛璐珞材
料，使其收缩定形。

除去亚麻覆盖层，露
出木制框架的机身。

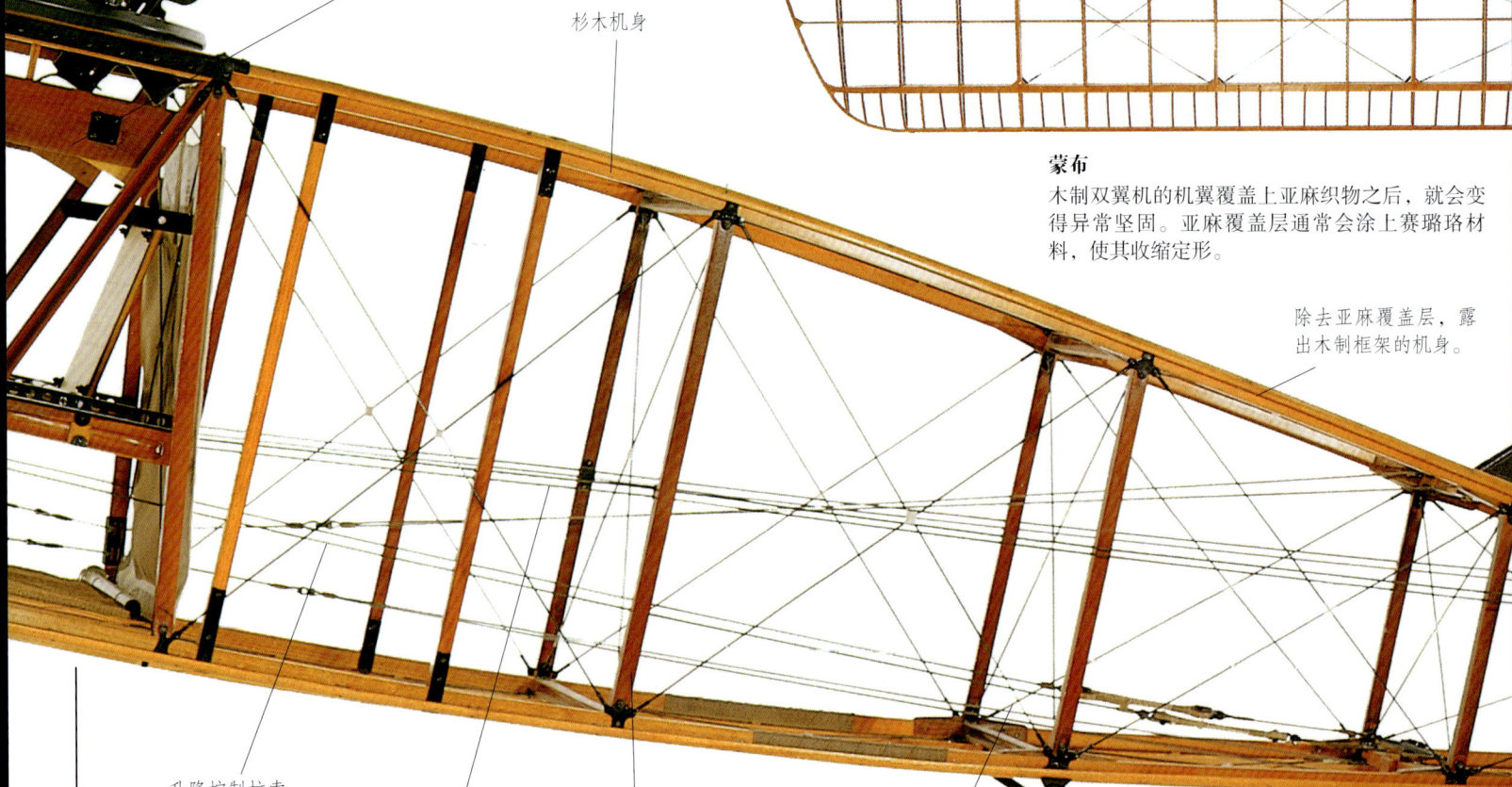

升降控制拉索

方向舵控制拉索

立撑

斜控制拉索，对保持框
架的坚固非常重要。

制作框架
构建木制飞机框架中出现
的主要问题之一便是如何
将垂直的木条和水平的长
木条（机身纵梁）结合起
来，同时不影响其结实程
度。这里展示了1910年前
后的三种解决方案。

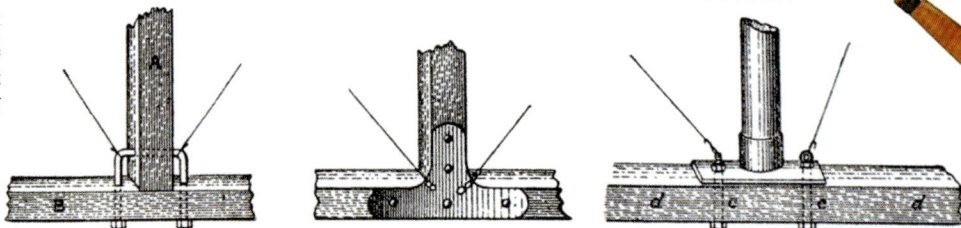

飞机尾部的
弹簧缓震杆

连接上下机翼
的立撑

连接上下机翼的
张线

好大的风阻
双翼机两机翼处有许多立撑和张
线，因此前部面积较大，受到明
显的风阻，速度较慢。即便布里
斯托尔号的发动机功率很强大，
时速仍只能达到约108千米。

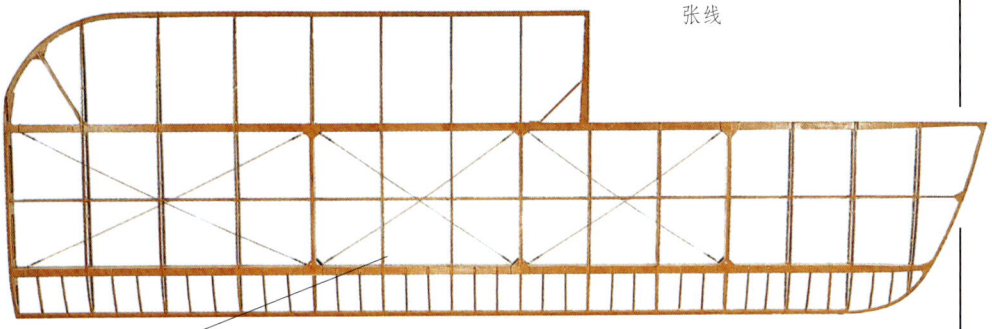

机翼框架

拉杆

"捆绑"牢靠
大型双翼机机翼较坚固，因为众多立撑和张
力拉索把上下机翼联结在了一起。

方向舵

转向机尾
像布里斯托尔这样的双翼机都有较大的
方向舵，来使飞机在较低的速度下精确
转向。

布里斯托尔战斗机的
机尾部位

尾翼支架

飞船 右图
在战后的几年中，越来越大的双翼机相继
问世。1932年，肖特兄弟公司的这些"萨
拉范"（Sarafand）水上飞机可在空中巡
航11个小时，被用作海上巡逻机。

飞机演变史

1909年8月，首个国际航空展在法国兰斯举行。此后20年间，航空业取得了举世瞩目的进展。在1909年时，飞机的设计没有封闭的驾驶舱，机身框架以木质居多，发动机功率较低。在当时的航空展上，所有飞机中最高时速仅为75千米，飞行高度最高的也仅达150米。然而，在短短4年后，飞机飞行时速已达到200千米，飞行高度也达到了6 000米，并且可以向观众展现许多高难度的飞行技巧。到1929年，飞翔在天空中的是具有流线型机身和机翼的新型全金属飞机，飞行速度快得达到之前不敢梦想的程度。

德佩迪森（Deperdussin）（1909年）
德佩迪森是第一次世界大战前最领先的飞机制造商之一，他们的单翼机曾在飞行速度上取得过辉煌的纪录。

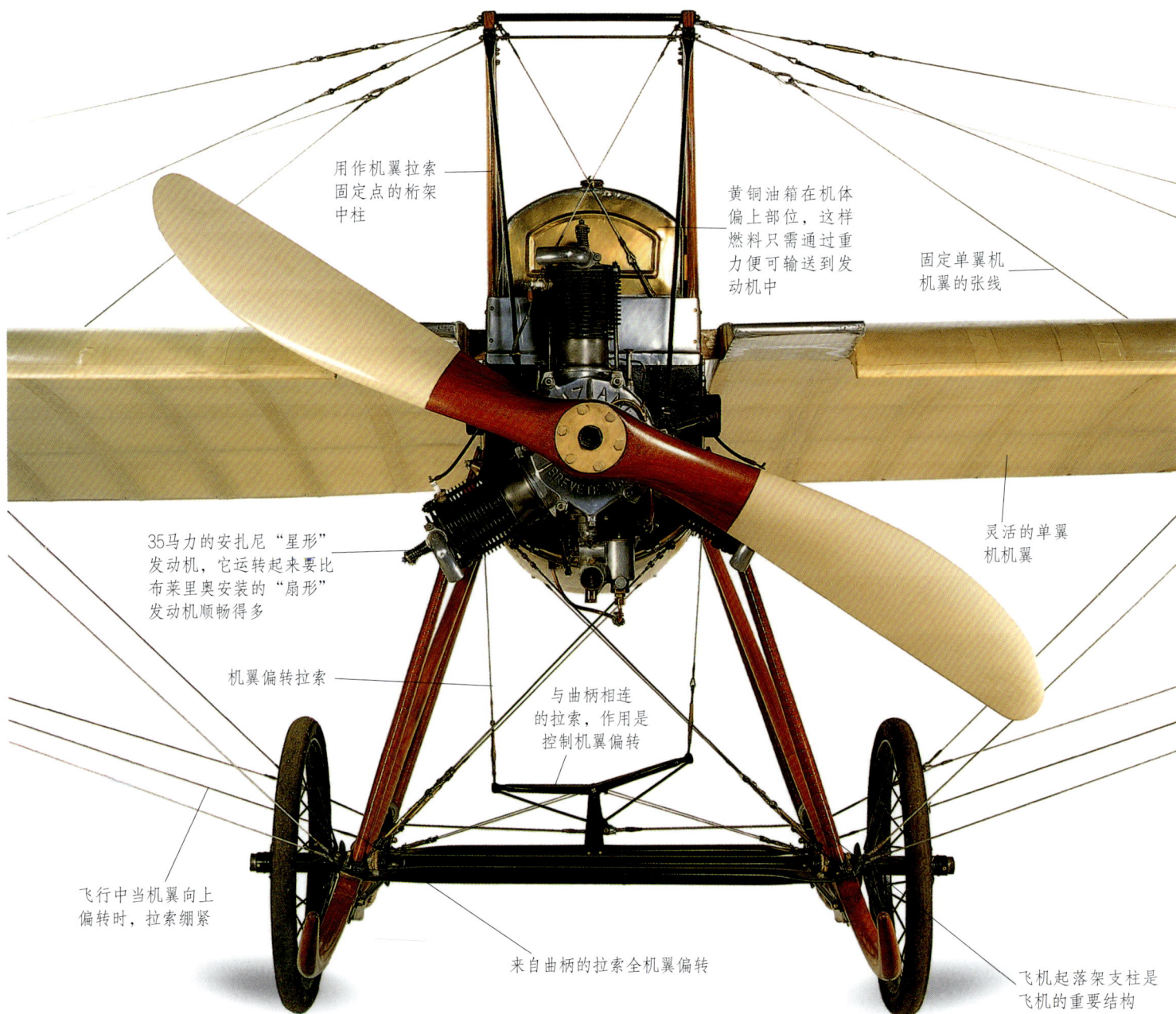

用作机翼拉索固定点的桁架中柱

黄铜油箱在机体偏上部位，这样燃料只需通过重力便可输送到发动机中

固定单翼机机翼的张线

35马力的安扎尼"星形"发动机，它运转起来要比布莱里奥安装的"扇形"发动机顺畅得多

灵活的单翼机机翼

机翼偏转拉索

与曲柄相连的拉索，作用是控制机翼偏转

飞行中当机翼向上偏转时，拉索绷紧

来自曲柄的拉索全机翼偏转

飞机起落架支柱是飞机的重要结构

索普威恩"幼犬"（1917年）

飞机在第一次世界大战前的几年中取得了长足进步，战争中广泛使用的双翼战斗机更快，也更易于控制。轻型转子发动机为像索普威斯"幼犬"这样的战斗机提供动力，时速可达185千米以上，而且操控性能提升。飞机降落时，飞行员仅需升高或降低坚固的翼尖上的副翼。到战事结束时，一些飞机制造商开始尝试"单体机身"，这样，飞机的坚固性完全来自一体的外壳，而不是来自机身内部框架的支撑。

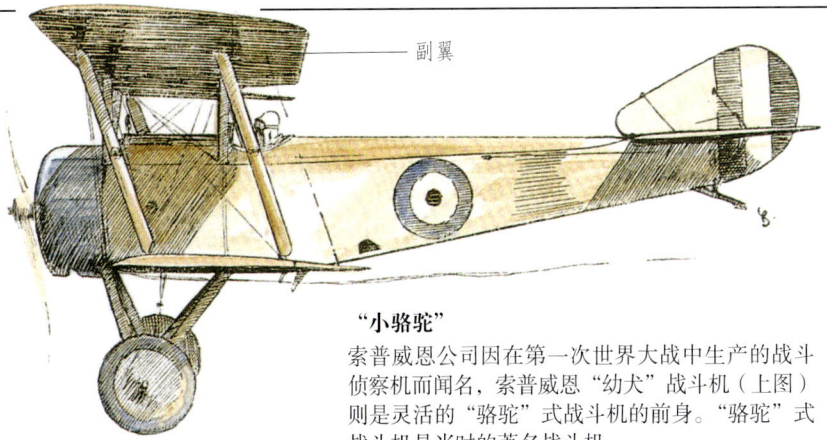

副翼

"小骆驼"

索普威恩公司因在第一次世界大战中生产的战斗侦察机而闻名，索普威恩"幼犬"战斗机（上图）则是灵活的"骆驼"式战斗机的前身。"骆驼"式战斗机是当时的著名战斗机。

瞄准器

维克斯机枪

整流罩，用以收集转子发动机抛出的机油

流线型的支柱

100马力转子发动机

排列有序的张线使飞机结构极其坚固结实

排气口

性能优良的弧面翼

（接下页）

（接上页）

霍克公司的"雄鹿"（1927年）

第一次世界大战快结束的时候，许多飞
机制造厂商开始试验采用金属材质制造
飞机，并且很快认识到金属有更大的优越
性。整个20世纪20年代，各空军部队还都更乐
于使用双翼机。但此时，木材加织物材料的机翼
已经被安装在金属的一体式飞机身上。到了20世纪20年
代末的时候，发动机动力更强大，机翼和机身流线型更
好，即使是双翼机的最高时速也能超过320千米。

飞行中的"雄鹿"

"雄鹿"是由霍克公司的西德尼·卡
姆设计的一种双座的轰炸机，也是当
时飞得最快的飞机之一。

流线型机翼前缘

钢管基础构架上覆以
浸刷过涂料的织物

风挡

前缘铆以铜带加固
的木制螺旋桨

罗罗公司发动机舱内安
装有525马力的"茶隼"
发动机

用于减少阻力
的流线型前端

发动机排气口

张力拉索

发动机进气口

维克斯公司生产的油气
减震器可以发挥弹性阻
尼功能，吸收飞机着陆
时的震动。

暴露在冷空气中
的散热器

充气轮胎

起落架轮轴

休泼马林 S6B

20世纪20年代中期，许多飞机设计师决定重新采用单翼设计以减少阻力，并充分利用新型大马力发动机。在20世纪20年代末也出现了一系列小型全金属机型。施奈德水上飞机竞赛促使许多飞机设计师不断改进设计。每年，意大利马奇斯飞机和英国的休泼马林飞机都竞相刷新飞行速度的纪录。到了1931年，最高飞行时速已超过650千米。许多参赛飞机都得益于其强大的增压发动机。起初，增压器是用于将额外的空气压缩到发动机中的风扇，以在高空时提高空气密度、增加进气量。但现在，在任何高度都用增压器，以使发动机达到最大功率。

"喷火"战斗机

休泼马林和罗罗公司在S6B飞机上的经验，在他们开发"喷火"战斗机时派上了用场。"喷火"战斗机是第二次世界大战期间著名的战斗机。

飞行试验中，又增加了质量平衡配重，以免高速情况下，方向舵产生破坏性的震动。

内置发动机滑油箱的尾翼

具有增大螺距的铝合金锻制的费尔雷-里德（FaireyReed）螺旋桨，用于高速飞行。但这也使起飞变得不好控制。

2700马力罗罗公司增压V12发动机

流线型全金属机身

机身冷却油管道

散热器建在机翼夹层内，以减少阻力。

内含燃料罐的浮子

浮子支架，内含燃助管和发动机冷却剂管。

散热器建在浮子尖端的表面夹层内，以减少阻力。

施奈德奖得主
休泼马林S6飞机在1929年以529千米的时速赢得了施奈德奖。

轻型飞机

单发动机轻型飞机是当今世界上用途最广泛的飞机，它常被用于训练飞行员，或是作为边远地区的基本运输工具。这种飞机构造简单，有固定的起落架，机翼在机舱上方，机尾部有一个小型汽油发动机，用来驱动前部的螺旋桨。这种飞机的工作原理与老式飞机大致相同。只有材料是全新的——用铝合金和塑料取代了传统的木材和亚麻布。

飞行的史诗
查尔斯·林德伯格（Charles Lindbergh，一译林白）设计的"圣路易斯精神"号。1927年，他驾驶这架飞机完成了横跨大西洋之旅。

"雪鸟"
自第二次世界大战以来，轻型飞机的基本构造极少发生改变。然而，"雪鸟"却对"超微型飞机"的最现代化的发展贡献不菲。结果使这架飞机不仅构造轻巧，造价也极其低廉，甚至不比家用汽车贵多少。

小型双汽缸罗塔克斯（Rotax）发动机

油箱里的燃料足够飞行两个半小时，或是190千米。

汽油动力
虽然现在更大、更快的飞机通常采用的是喷气式发动机，不过对于小型飞机而言，汽油发动机已经足够了。

机舱上部结构由轻型铝制成，顶部同时是安装机翼的部位。

固定起落架

螺旋桨是用胶合板制造的

仪表盘
"雪鸟"的设备仪表盘上，数字显示取代了指针式显示和缆线。

类似纸板箱结构的合金板构成前翼，可以抗变形。

承重
每架飞机的机翼都刚好能给飞机提供恰当的升力。机翼长度（翼展）和机身连接区的长度非常关键。机翼必须很轻也很坚固。"雪鸟"的机翼是在铝合金框架上覆盖化纤织物制成的。但交叉连接支架和支撑杆必须非常仔细地设计。

空气螺旋桨
大多数轻型飞机都有传统的层压木双螺旋桨叶片，牵引飞机向前。

取消副翼后，机翼的框架结构变得非常简单。

简单构造

塞斯纳172E"天鹰"属于典型的多用途轻型飞机，用于训练、休闲或商务。机身为全金属制成，4汽缸160马力驱动，时速220千米。

小赛手

轻型飞机的基本构造为：高机翼、前置发动机、固定起落架。这一模式大致在20世纪30年代成型，以英国康珀公司（Comper）的"褐雨燕"（Swift）飞机为标志。"褐雨燕"的7缸星形发动机使其具有惊人的速度。1933年，它以创纪录的时间从英国飞到澳大利亚。

铝合金机身

平衡翼

莱特兄弟飞行器前端的小机翼有助于保持飞机飞行的水平，但在这之后，飞机起稳定作用的机翼都位于飞机尾部，称作尾翼。没有尾翼，飞机在飞行中会上下倾斜失控。水平尾翼沿上铰接可以上下翻转的"升降舵"，飞行员用来控制飞机升降。

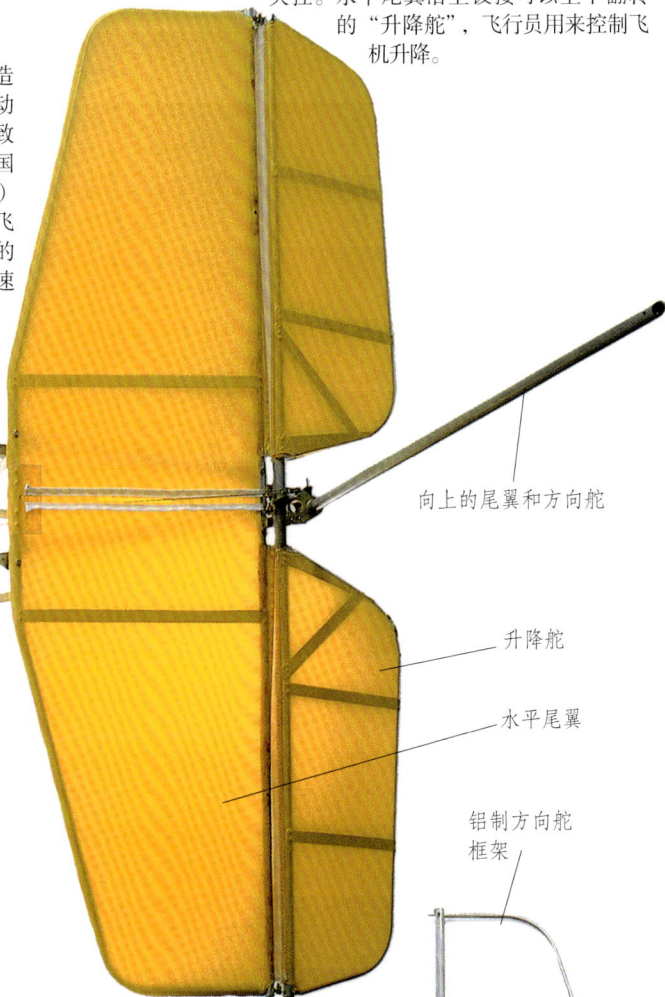

向上的尾翼和方向舵

升降舵

水平尾翼

长机身

轻型飞机的主机身其实只是一个锥形管，在恰当的位置固定着主翼和尾翼。"雪鸟"飞机速度较慢，机身只需要用织物蒙覆在方形铝材质的框架上即可。

机身

铝制方向舵框架

着陆时起作用的是中间的阻流板，而不是机翼上所带的副翼。

飞机框架用加热枪缩紧，包裹上特殊的塑料薄膜。

转向尾翼

每架飞机后方都有一个直立的尾翼来保持直线飞行。但尾翼后部铰接一个"方向舵"，可以控制飞机左右转向。不过在空气中控制飞机，飞行员还需要用主翼上的"副翼"或阻流板来控制。

制成的飞机

造好的"雪鸟"飞机非常轻便结实，直到时速降为55千米时才会"停车"（停止飞行）。

151

航空发动机

火花塞
如同汽车发动机一样，飞机的活塞发动机也是通过火花塞点燃汽缸里的燃料，推动活塞。

动力飞行直到20世纪汽车活塞发动机发明之后才成为现实。实际上，许多早期的飞机都是直接用汽车和摩托车的活塞式发动机加以改造的。不过，气冷式摩托车发动机在飞行中常常失去动力；而液冷式汽车发动机又过于沉重。因此，飞机制造者开始自行设计制造发动机。

从此，飞机活塞发动机日渐强大成熟。第二次世界大战结束后，喷气发动机问世，活塞发动机则只用于轻型飞机了。

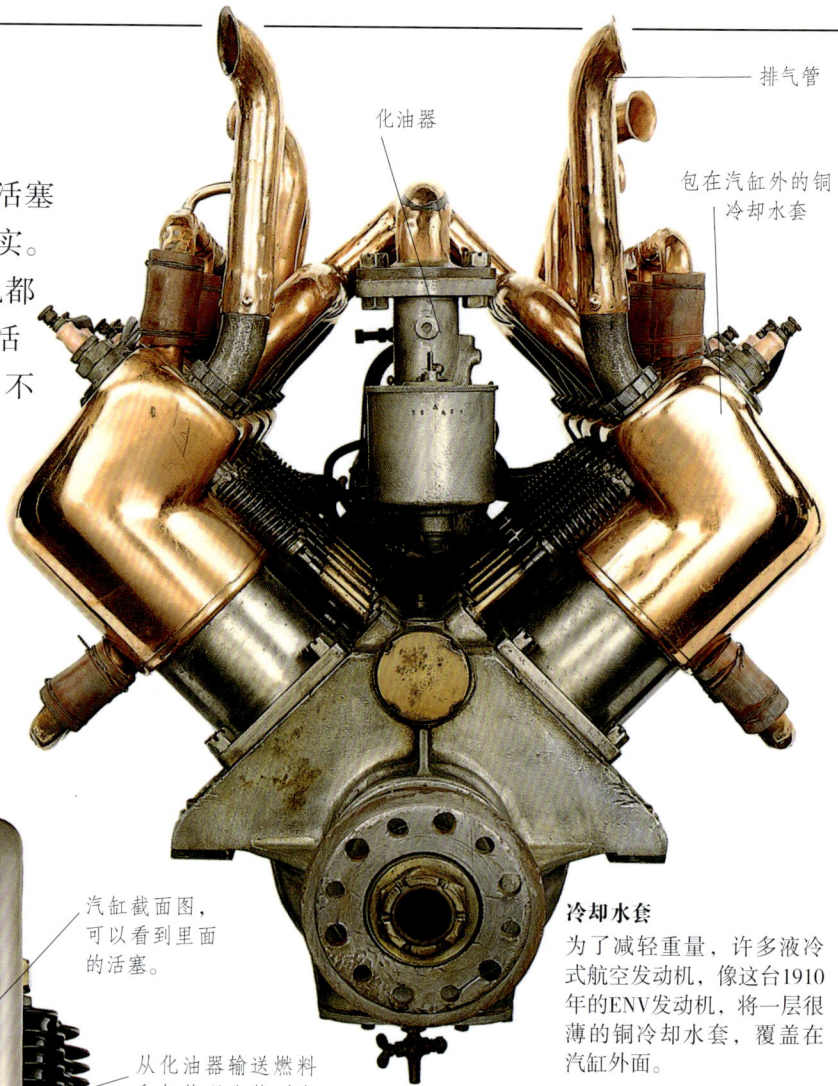

化油器

排气管

包在汽缸外的铜冷却水套

冷却水套
为了减轻重量，许多液冷式航空发动机，像这台1910年的ENV发动机，将一层很薄的铜冷却水套，覆盖在汽缸外面。

汽缸截面图，可以看到里面的活塞。

从化油器输送燃料和气体混合物到汽缸的管道

活塞——通过燃烧燃料压缩到汽缸底部，再由曲轴带到原位。

内含由活塞驱动的曲轴箱

排气管法兰盘

铸铁汽缸，散热片暴露在气流中从而加速冷却。

从汽车到飞机
1910年的安扎尼"扇形"发动机也是一款摩托车发动机。这也是1909年布莱里奥飞越英吉利海峡时使用的那种发动机。25马力的输出刚好够完成任务。

以一定速率向汽缸传输燃料的化油器

控制化油器内燃料水平的浮子

螺旋桨安装在此处，靠曲轴转动

转缸式发动机

早期航空发动机汽缸不是液冷系统较重的直列式，就是冷却性能极不好的星形。1909年，法国塞甘兄弟发明了转缸式发动机。它也有一排环状汽缸，但中间的曲轴保持静止不动时，这些汽缸都随螺旋桨转动。

曲轴，在周围汽缸绕其旋转时保持静止。

进气管从曲轴箱把燃料和空气混合物输进汽缸

令燃料进入和排出燃烧后的废气的阀门

汽缸转动时，周围的气流使其冷却。

随汽缸转动的曲轴箱

精细加工的汽缸，缸壁厚度仅为1毫米

航空巨无霸

桑德斯–罗公司的"公主"号水上飞机就是用6个大的涡轮螺桨喷气发动机来驱动12个螺旋桨。

连杆，用以将所有活塞和围绕一根曲轴的轴承相连。

轻型动力

如今轻型飞机的活塞发动机都非常轻便精巧，韦斯莱克发动机仅重8.4千克，其输出功率却与布莱里奥1908年的"安扎尼"号（重70千克）不相上下。

化油器

螺旋桨轴

汽缸

螺旋桨

当年莱特兄弟很快就知道，飞机的螺旋桨远非在空气中转动的桨那么简单。它们是驱动飞机前进的旋翼，和使飞机上升的机翼同样重要。所以螺旋桨的形状和机翼的形状对飞机都非常重要。多年以来，螺旋桨设计上的细微改进，都能极大幅度地改善其工作效率。随着制造材料从层压木材变成了锻造铝合金，螺旋桨的强度也获得极大提高，这样才能与功率不断增加的发动机相匹配。

莱特（1909年）
莱特兄弟专为测试飞机机翼和螺旋桨建造了一个风洞。这一设计表明他们已经知道螺旋桨的桨叶必须是转成尖端处角度较小的形状。

菲利普斯（PHILLIPS）（1893年）
早期的飞机螺旋桨，比如这款由飞翼专家霍雷肖·菲利普斯设计的，更像是轮船上的螺旋桨。不过它功率还不错，能使重量180千克的实验飞机升上天空。

螺旋桨桨叶是木制的

越接近中心轴，桨叶的扭曲角度越大。

模型（1909年）
这一实验性的螺旋桨外形非常好，但是当时的旋转速度慢，这种桨片设计没有必要。

叶片尖端的转动速度比桨中心处更快。

螺旋桨这样转

螺旋桨中心

螺旋桨前缘

螺旋桨后缘

倾斜度和扭曲
螺旋桨的牵引力受到桨叶在空气中转动的速度和角度的影响。因为螺旋桨叶片尖端处的转速比桨中心更快，因此，叶片接近中心轴处的角度大，而桨叶叶片尖部角度很小。这样使叶片上各处产生的牵引力均衡相等。

为防海水侵蚀而对桨叶采取包铜处理

长桨（LAND）（1917年）

这副层压木材制的螺旋桨桨叶长且结实，是为肖特184型水上飞机的225马力发动机配备的。桨叶尖端处包铜是为了保护螺旋桨免遭海水侵蚀。

沃坦（WOTAN）（1917年）

这副精致的德国螺旋桨上，可以看到明显的分层木片结构。制作的时候，是将大致像螺旋桨形状的一层层木板黏合起来，然后打磨成精巧的叶片。

额外的桨片

由于发动机功率增加，螺旋桨的桨片也增加到了3个或4个，以应对额外的负载。

铆在螺旋桨上的黄铜

云杉和白蜡的层压木材

改变桨叶角度的旋转轴承

海勒·肖·比彻姆（HELE-SHAW-BEACHAM）（1928年）

最理想的情况是，飞机的螺旋桨可以根据起飞和巡航的需要调整桨叶的角度，巡航时角度大，起飞时角度小。因此，在20世纪20年代后期，许多飞机开始用能够调整桨片角度的螺旋桨。这种特殊的"可变角度的螺旋桨"靠机油压力进行调整。

费尔雷·里德（FAIREY-REED）（1922年）

第一次世界大战后，飞机设计师力图降低螺旋桨叶片的厚度，使其在空气中阻力更小。但是木制桨片一旦过薄就很难受力。1920年，里德开创了锻造铝制螺旋桨的时代。在以后的几年中，铝制螺旋桨逐渐取代了木制桨。

囚特格雷奥（INTEGRALE）（1919年）

包铜的木制螺旋桨能防止敌人攻击。在发明断续齿轮之前，一些法国战斗机螺旋桨的装甲更厚，为的是避免被己方机枪向前射击的火力破坏。

回转螺旋桨叶片使飞机不论着陆还是高速巡航时都能达到合适的工作效率。

桨扇发动机

为节约燃料，喷气式飞机的发动机制造商试验了一种桨扇发动机，但这种发动机在实际使用中噪声太大。

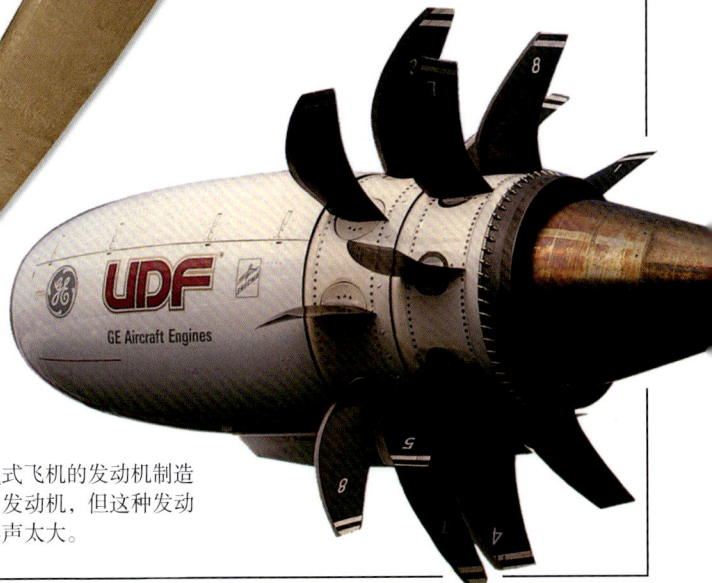

航空风行全球

两次世界大战之间的这段时间是航空业发展的黄金时代。这期间，阿尔科克和布朗在人类历史上第一次不间断飞越了大西洋，林德伯格和金斯福特·史密斯（Kingsford Smith）在1928年分别只身飞越太平洋，都创造了历史。从那时开始，飞机开始定期运送乘客。此间，航空业发展最快的国家，非美国莫属。但美国的航运最初主要是基于发展邮政航班的考虑。值得一提的是，民航客机设计在美国突飞猛进。1933年，世界上第一架现代民航客机——波音247问世。

空中之星
登上著名的伦敦至巴黎航班的第一批乘客，许多都是美国电影界和体育界的明星。

克罗伊登机场
早期机场通常都不大，仅有一道草坪跑道和几间帐篷。1928年，世界上第一座现代化机场于伦敦近郊的克罗伊登落成。

驾驶的飞机装有自动导航系统以减轻飞行员在长距离飞行时的压力，这在20世纪30年代是一项非常先进的技术。

金属机身外层十分坚固，支撑拉索和框架支柱都失去了存在的必要。

我是"机长"
1919年，因斯通海运公司（Instone）推出一条空中航线，飞行员都穿着船长那样的蓝色制服。这也成了如今飞行员的标准正装。

波音247D
波音247D是当时世界上最先进的飞机之一。它有平滑的单翼、流线型全金属外壳机身，以及飞行时缩入机翼内的起落架。这些设计都有助于减少飞机飞行时所受的空气阻力，因此247D的飞行时速可约达300千米，这个速度已经超越了当时大部分战斗机。

压力空速管

波音247D
正视图

飞行时波音247D
起落架回缩

德·哈维兰"龙"号

艰难的旅行

1933年的德·哈维兰"龙"号飞机（上图及右图）是最小的飞机之一，只能运送8名乘客。即使是当时"大型"的波音247D，也只能运送10名乘客。直至20世纪30年代，固定成排的座椅才成为标准配置。即便在20世纪30年代，长时间的飞行对乘客仍是一个严峻的考验。那时的飞机没有加压舱，需要飞得很低，会因遇到气流而颠簸摇晃得很厉害。如果飞机飞高一些躲避恶劣天气，乘客又必须忍受高空的严寒和缺氧。

德·哈维兰"龙"号的客舱

可变角度的螺旋桨可以在巡航时保持高速，并在起飞时提供额外动力。

高可靠性的550马力普惠"黄蜂"气冷星形发动机

尾翼

飞往埃及的水上飞机

大型水上飞机可以使乘客到达遥远的异域。能够在水上着陆这一点很重要，因为当时机场数量有限，彼此距离也很远，飞机的机械故障时有发生，而且长途飞行必须分为几段航程，中间需要停飞过夜。

单翼设计可以实现高速飞行，同时也能节约成本。

副翼

夜晚着陆时的灯光系统

起落架电动伸缩系统，可以在起飞后收回起落架。

皇家风格

英国的汉德利·佩奇（Handley Page）大型双翼机，如这架"大力士"号，是20世纪30年代规模最大、最豪华的客机。此种飞机安全性能很好，皇家航空公司飞行超过200万英里（约322万千米），无一死亡事故。但同美国飞机相比，它的飞行速度较慢。

喷气客机

空中座椅
低噪声发动机、低尾气排放，让乘客在喷气客机中体验到了高空飞行的舒适。

20世纪50年代，喷气式客机使航空旅行发生了巨变。比起早期的客机，喷气式客机不仅快，而且安静。它可以在高空（平流层）平稳飞行，避开恶劣天气。飞机上有增压舱，保护乘客不受高空低气压的危害。在外形上，现在的喷气飞机与30年前的看起来没有什么变化；但是在机壳下面，先进技术俯仰皆是：尖端的电子操控系统和导航系统使得安全性能更高；机身框架用重量轻、强度高的碳纤维和其他复合材料制成；计算机设计的机翼降低了燃油成本；先进的涡扇发动机把噪声降到了最低。

分段制造
现代喷气客机是分段制造的，然后通过螺栓、铆钉或强力粉剂等装配在一起。为最大限度减少结合部位，分段制造的部件数量尽可能地少。

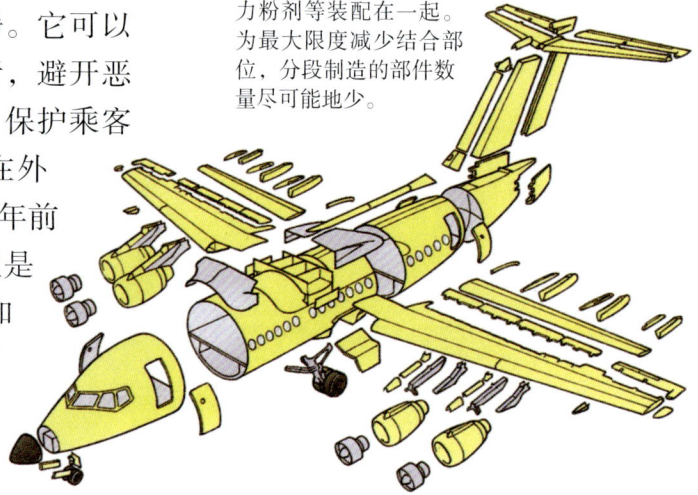

机身部分
大部分机身的身管直径相同。由于大小和形状都相同，机身建造就相对简单且便宜。如果制造商想改变飞机长短，添加或减少一段机身即可。

安装基座在机翼后端，含中央油箱

制造中的BAe146飞机机身中央部分

用金属制成的机翼涂层能够增加稳固性

飞机装配过程中，在起落架收缩凹尾处用千斤顶支撑着整个机身。

喷漆之前用绿色铬基涂料进行防腐处理。

油箱腔

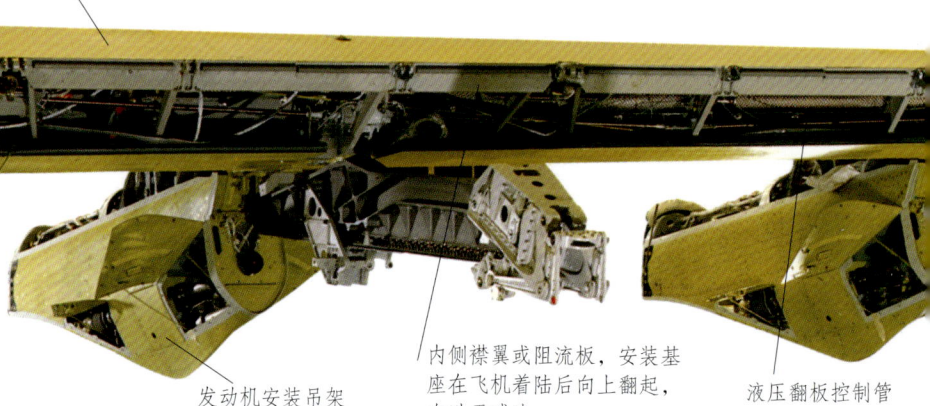

机翼
随着机翼设计的不断进步，喷气客机的机翼较之前纤巧了许多。这样也把阻力降到了最低。因为在高速飞行中，机翼必须装有一系列复杂的副翼，以在起飞时获得额外的升力、低速飞行和着陆时具有更好的控制，另外还装有阻流板，为的是着陆后迅速令飞机减速。

发动机安装吊架

内侧襟翼或阻流板，安装基座在飞机着陆后向上翻起，有助于减速。

液压翻板控制管

德·哈维兰"彗星"号

"彗星"号是世界上最早的喷气式客机,它于1952年投入使用。但在这个机型投入使用的早期,却发生了一系列不幸的事故,直到1958年波音707和1959年道格拉斯DC-8投入使用后,喷气客机的时代才真正来临。

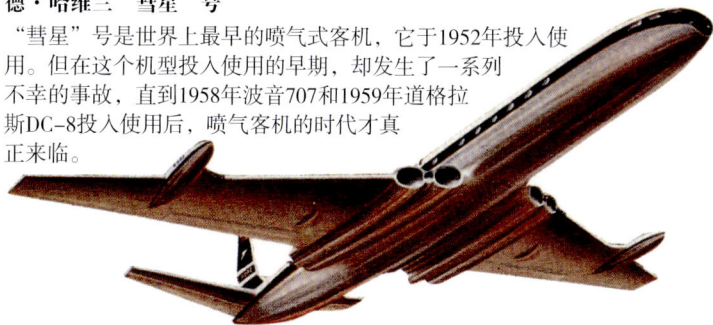

大型喷气式客机

波音747是第一架大型宽体喷气式客机,它于1970年首次投入使用。正是这种大型喷气式客机,使亿万人都能承受得起空中飞行的费用。

波音787

被称为梦幻客机的波音787于2011年投入使用。这是使用碳纤维材料制造主体结构大部件的设计革命。这项设计减轻了飞机重量,并使波音787成为市场上最省燃油的客机。

轻合金的框架,用一整块金属支撑。

安装乘客上方行李柜的支架

隔音层

客舱地板

电器控制缆线

液压控制管路

将蒙皮固定在机身上,额外增加强度。

铝合金蒙皮

行李舱

BAe 146的机身内部构造

安装令飞机着陆时保持平稳的阻流板之基座。

安装可以伸出到机翼下方以使飞机低速飞行的襟翼的装配点。

副翼

装配中的BAe 146右侧机翼后视图

竣工的喷气客机

BAe 146是现代化的中型喷气客机,采用的是高旁通比涡扇发动机以实现安静而经济的运行。

300

喷气推进

喷气式飞机诞生于20世纪30年代，标志着航空史上的一场革命。当时一些活塞发动机的飞机已经能够以时速超过700千米的速度飞行，但这要消耗大量燃料，而喷气飞机轻而易举就能达到这一速度。到了20世纪60年代，一些军用喷气战机的时速甚至可以达到2 500千米。现在几乎所有客机、大多数军用机和许多小型商务机都采用某种类型的喷气式发动机。只有协和式飞机例外，这是一款超音速客机，但超音速飞行噪声过大，成本过高。不过喷气发动机技术一直在稳步改进。

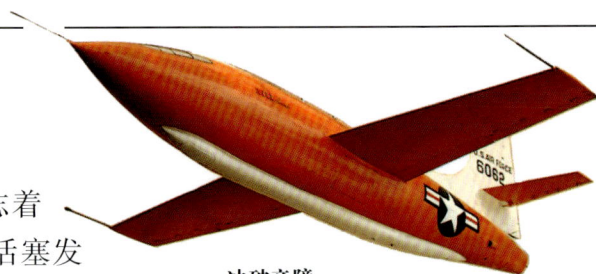

喷气机先锋
最早的喷气发动机的原型机是由德国设计师帕布斯特·冯·奥海因和英国设计师弗兰克·惠特尔同时制成。惠特尔发动机1941年首次在格洛斯特E28/39上应用（上图）。

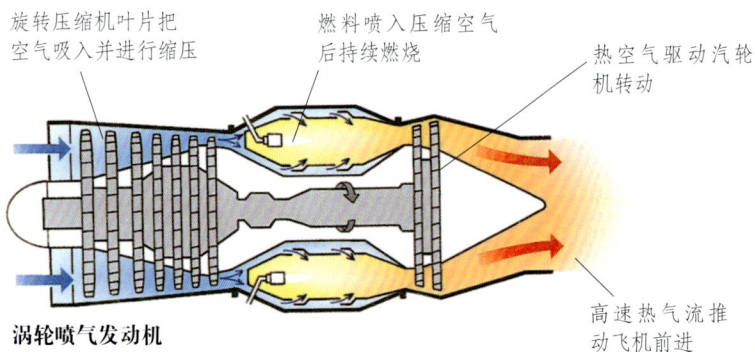

冲破音障
1947年，在专门设计的贝尔X-1火箭飞机中，试飞员查克·耶格尔成功做到了超音速飞行——时速1 100千米。

涡轮动力

喷气发动机实际上应该称为"燃气涡轮机"。这种发动机靠持续燃烧燃料来驱动涡轮叶片。在涡轮喷气发动机中，涡轮机仅用来驱动压缩机；而在涡扇发动机中，涡轮机也驱动前端的大风扇。

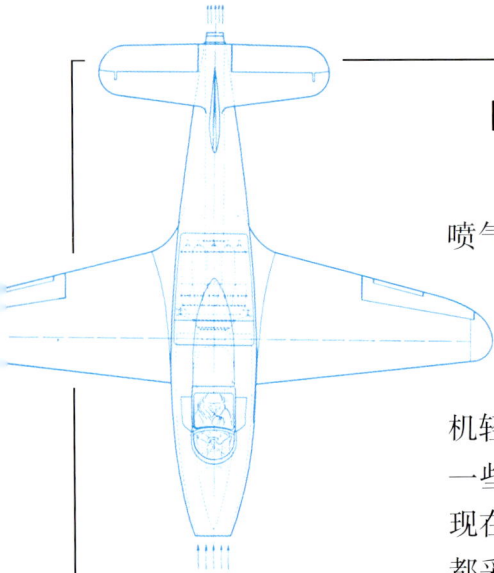

旋转压缩机叶片把空气吸入并进行缩压

燃料喷入压缩空气后持续燃烧

热空气驱动汽轮机转动

高速热气流推动飞机前进

涡轮喷气发动机
结构最简单的喷气发动机是"涡轮喷气发动机"，由飞机尾部排出的热空气推动飞机。在"涡扇"发动机中，热空气喷射流与来自多叶片风扇的反向气流共同作用，而"涡桨"发动机却是由螺旋桨驱动的。

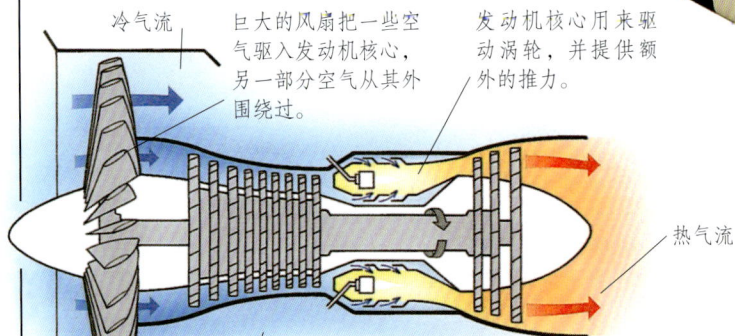

冷气流

巨大的风扇把一些空气驱入发动机核心，另一部分空气从其外围绕过。

发动机核心用来驱动涡轮，并提供额外的推力。

热气流

涡扇
高速的涡轮喷气发动机很适合协和式飞机和超高速军用飞机。但大多数民航客机都使用更安静、更经济的涡扇发动机。在这类发动机中，空气由涡轮带动的风扇驱动。

绕过发动机核心的气流提供大部分的低速推力。

引擎核心的入口

外部变速箱驱动液压泵和发电机

罗尔斯·罗伊斯"泰"涡轮发动机截面图

160

罗尔斯·罗伊斯"泰"涡轮发动机正视图

钛风扇叶片

罗尔斯·罗伊斯"泰"涡轮发动机后视图

来自发动机核心的热气流排出口

旁路冷气流排出口

排气喷嘴

强力风扇

现代涡轮风扇发动机的强大动力主要来自前部的巨大风扇，扇叶的设计对于燃油的经济性有关键影响。在罗尔斯·罗伊斯"泰"发动机中，风扇可以推入3倍于进入发动机核心的空气进入引擎旁路外管道。而早期的涡轮风扇发动机，这两者的比例大致相等。

燃烧室，喷射的燃料在压缩空气中连续燃烧。

推动冷气流和热气流

涡扇发动机的大部分推进动力多是由经过旁路外管道的冷气流产生的。而来自发动机核心的、速度更快的热气流是通过尾管喷出的。尾管上有瓣轮，可以迅速混合冷热气流，减少噪声。

旁路气流外管道外壳由碳纤维和塑料蜂巢结构构成，以获得较轻的重量和良好的隔音效果。

涡轮机由特种金属合金制成，能够承受长时间炽热高温运转。

超音速

协和号是唯一成功的超音速大型客机，横越大西洋比普通喷气客机快两倍。但它的涡轮喷气发动机噪声太大。

成排的旋转压缩机叶片驱动压缩空气穿过发动机，并将其压缩。

协和号飞机

起落架

早期的飞机是用安装在木质或金属支架上的摩托车或汽车车轮着陆的。如果飞机降落不当,其冲击力足以毁坏支架。很快人们便在起落架上安装了基准弹簧,以便缓冲飞机降落时的冲击力。但由于飞机越来越重,起降速度提升,压制钢轮和牢固的液体阻尼着陆架取代了木质支架和钢丝轮。为了使降落更加平稳,人们在机翼上安装轮子并加大轮间距。从20世纪40年代开始,除了最小、最慢的飞机外,所有的飞机在飞行时都将轮子收进机翼里,以减少空气阻力。后来被应用到汽车上的如离合器和"防抱死"制动系统等,最初是在喷气客机起落装置上试验的。现代客机的起落架由悬挂架和制动系统等高度复杂的机械配件组成,使其能承受时速200千米以上、重达150吨的飞机降落时的全部冲击力,并使飞机迅速而安全地着陆。

水面降落

在飞机跑道寥寥可数且相距甚远的年代里,水面降落很有意义。水上飞机上安装有浮筒,使飞机在水面上能像快艇一样运行。这种分水滑行的牵引力可以使飞机达到起飞的速度。

轻盈的轮辐

第一次世界大战前的飞机用的轮子上没有制动系统。因此,它不需要这些精制交错的辐条抵抗制动的力量。

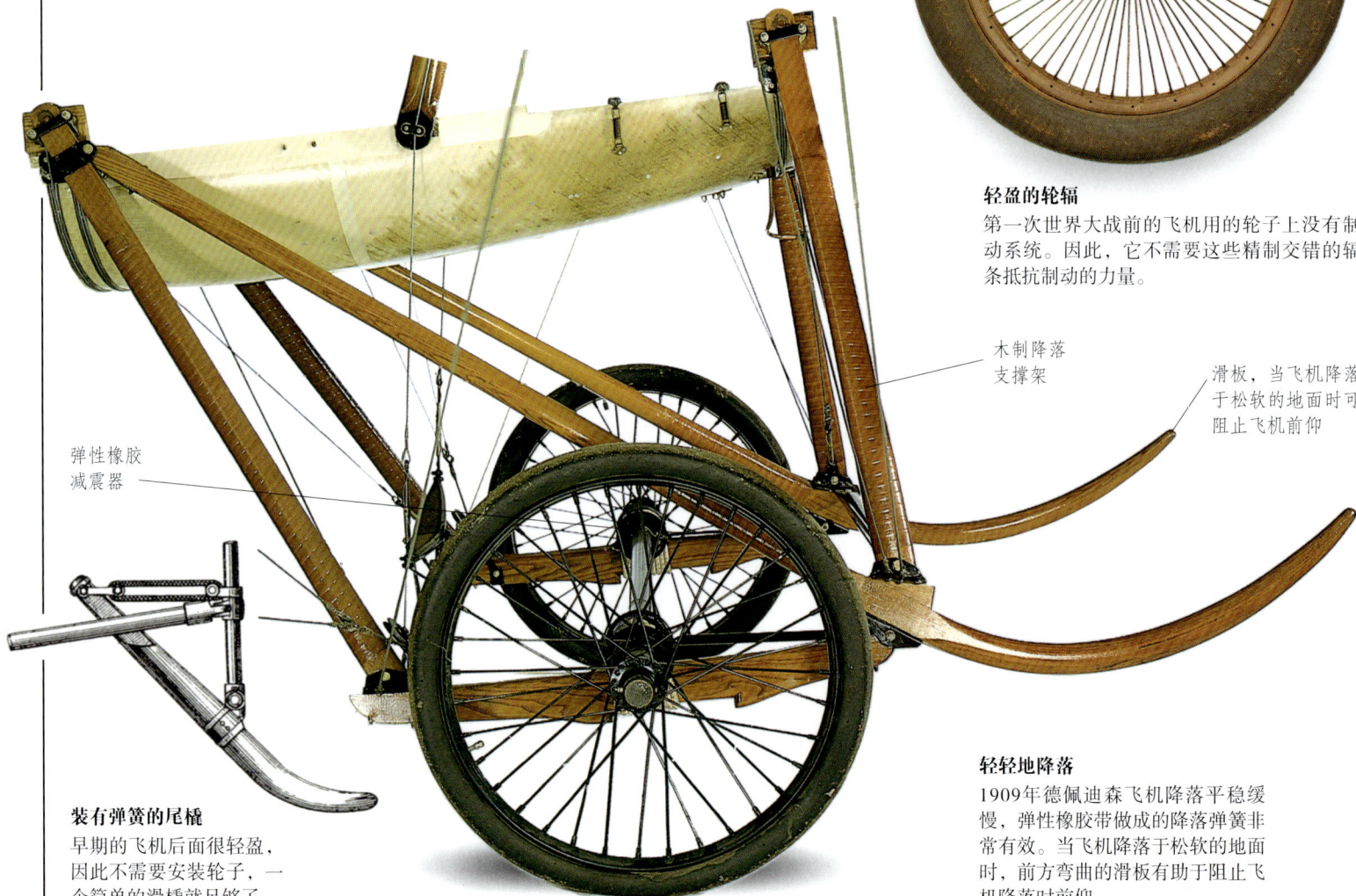

木制降落
支撑架

滑板,当飞机降落
于松软的地面时可
阻止飞机前仰

弹性橡胶
减震器

装有弹簧的尾橇

早期的飞机后面很轻盈,因此不需要安装轮子,一个简单的滑橇就足够了。

轻轻地降落

1909年德佩迪森飞机降落平稳缓慢,弹性橡胶带做成的降落弹簧非常有效。当飞机降落于松软的地面时,前方弯曲的滑板有助于阻止飞机降落时前仰。

降落信号灯

20世纪50年代后，规模较大的飞机从单轮起落架向多轮降落转向架转变。转向架不仅更小、更轻，而且把陆载荷分布在更大的区域内，从而降低轮胎爆裂的危险。同时，大多数飞机都在机头下面安装前轮，使飞机可以水平降落，像汽车一样驶入跑道。在前轮出现之前，飞行员必须在飞机处于刚刚高于地平面的位置时，巧妙地令飞机熄火停住，并让主轮和尾轮同时着陆。

上下

为了提高速度，第二次世界大战时的战斗机如"喷火"战斗机（上）率先使用能在飞行中把轮子折进机翼里的简单起落装置。

液压盘式制动器刹车管

"液压"弹性阻尼器吸收大部分着陆冲击

"喷火"式飞机轮

现在汽车上常见的轻盈、坚固的合金铸轮，很多年之前就已用在像"喷火"式飞机这样的飞机上。

液压滑柱可以上下滑动，从而减少着陆冲击。

辅助阻尼器

旋转接头，以便弹簧伸缩

钢轮

20世纪20年代，压制钢车轮的出现，为那些更快、更重的飞机提供了更多的受力需求。这是一个霍克哈特飞机上的钢轮，与第148页上的相似。

小车式起落架的转向支架

两个大轮子

20世纪三四十年代的大型单翼机和轰炸机的每个机翼各有一个巨大的可回缩轮。下图中的这架20世纪30年代阿姆斯特朗惠氏客机，起落架可折叠。

轮胎，专门设计用于承受巨大的负载和降落过程中产生的高温

20世纪50年代阿夫罗"火神"轰炸机（Avro Vulcan bomber）的起落架

控制飞机

汽车或船只能向左或向右转，但飞机却可以进行三个方向的操控。飞机可以前仰向上飞行或是向下俯冲，还可以侧滚，机翼均可向一侧倾斜下斜飞行，还可以自由向左右转向。许多飞行演习中飞行员同时使用三个控制装置——这就是为什么飞行需要有良好的协调能力。事实上，飞机在空中的所有时间内，飞行员必须不断地变动控制装置，使飞机水平向前飞行。即便是最风和日丽的日子，也会有空气湍流使飞机失去平衡。自动导航装置大大改善了这些情况，使飞行员的生活变得轻松。

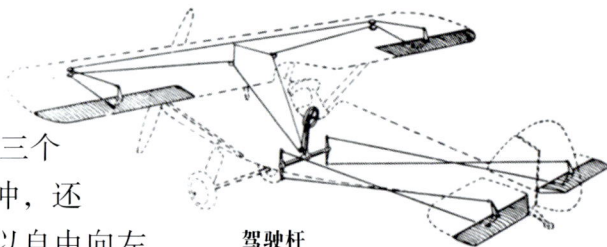

失速
如果飞机速度过慢，机翼迎对的气流可能不能提供足够的升力。那么飞机就会失速，进入螺旋向下状态。

驾驶杆
在1909年，布莱里奥和法国其他早期飞行家们设计使用单杠杆或是杠杆加轮子来控制飞机的俯仰和转向，通过缆索操作机翼上的副翼和机尾的升降舵来完成这些动作。

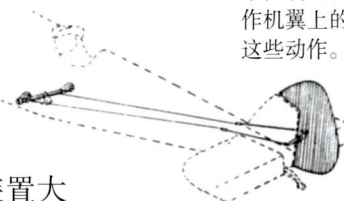

方向舵杆
将方向舵杆向左或向右推动，使飞机方向舵随之变动方向，从而实现偏航。

机头向上

主翼与空气的接触角度更大，增加升力

升降舵升高，将机尾向下推

俯仰
将驾驶杆拉回使升降舵上升。如果飞机水平飞行，机头上升，飞机向上仰。现在由于机翼和空气接触的角度更大，机翼给飞机的升力就更多。如果引擎马力加大，飞机就将开始向上爬升。

升降舵使飞机保持水平

水平飞行
水平飞行时，机尾能帮助保持飞机平稳向前。如果飞机因气流上仰或下俯，机尾能帮助其保持水平。

升降舵向下，增加机尾升力

机头下降

主翼与空气接触的角度越小，就会减少升力和牵引力

下俯
通过向前推动驾驶杆，降低升降舵，使机尾上升。这样使机头向下俯，飞机下降，速度也会增加。为了降到正常着陆所需的速度，飞行员同时需要关小油门、减小发动机功率。

空中向左转弯

如果要向左转弯，飞行员就把驾驶杆推向左面。该操作能提升左侧机翼副翼，减少升力，并降低右翼副翼，增加右面升力。

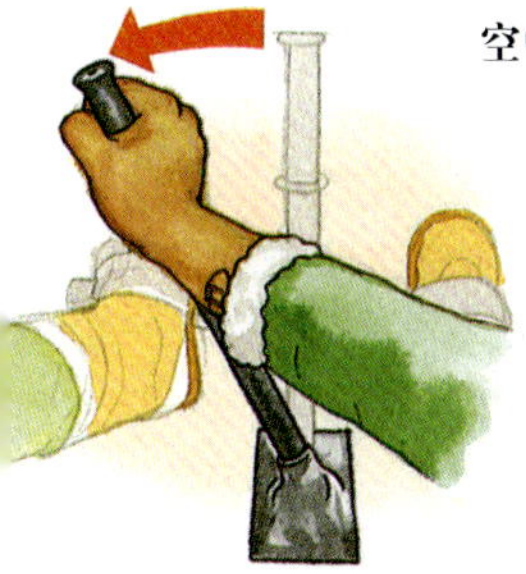

左副翼升高，减少左机翼升力

右副翼降低，增加右机翼升力

空中向右转弯

如果要向右转弯，飞行员就把驾驶杆推向右面，升高右副翼，降低左副翼。如果副翼继续偏转，飞机将会不断向右偏转，最终完成向右转弯。因此，一旦飞机以适当角度完成偏转，飞行员就必须调整驾驶杆，重新归回竖直的原位。

左副翼降低，增加左机翼升力

地面向左转

当飞机在地面上移动时，以左脚蹬推方向舵杆，令舵转到底，飞机即会向左回转。但是在空中飞行却不能以同样的方式转向。就像自行车转弯一样，飞机也必须倾斜转弯。为了做到这一点，飞行员必须使飞机同时倾斜和转向。飞机要倾斜左转，飞行员须向左推动驾驶杆，同时左脚踩住方向舵。

右副翼升高，减少右机翼升力

方向舵向左摆，使飞机向左转弯

地面向右转

飞机要倾斜右转，飞行员须向右推动驾驶杆，同时右脚踩住方向舵杆。平衡方向舵和驾驶杆的移动，使飞机转向角度正确，需要技巧和经验。

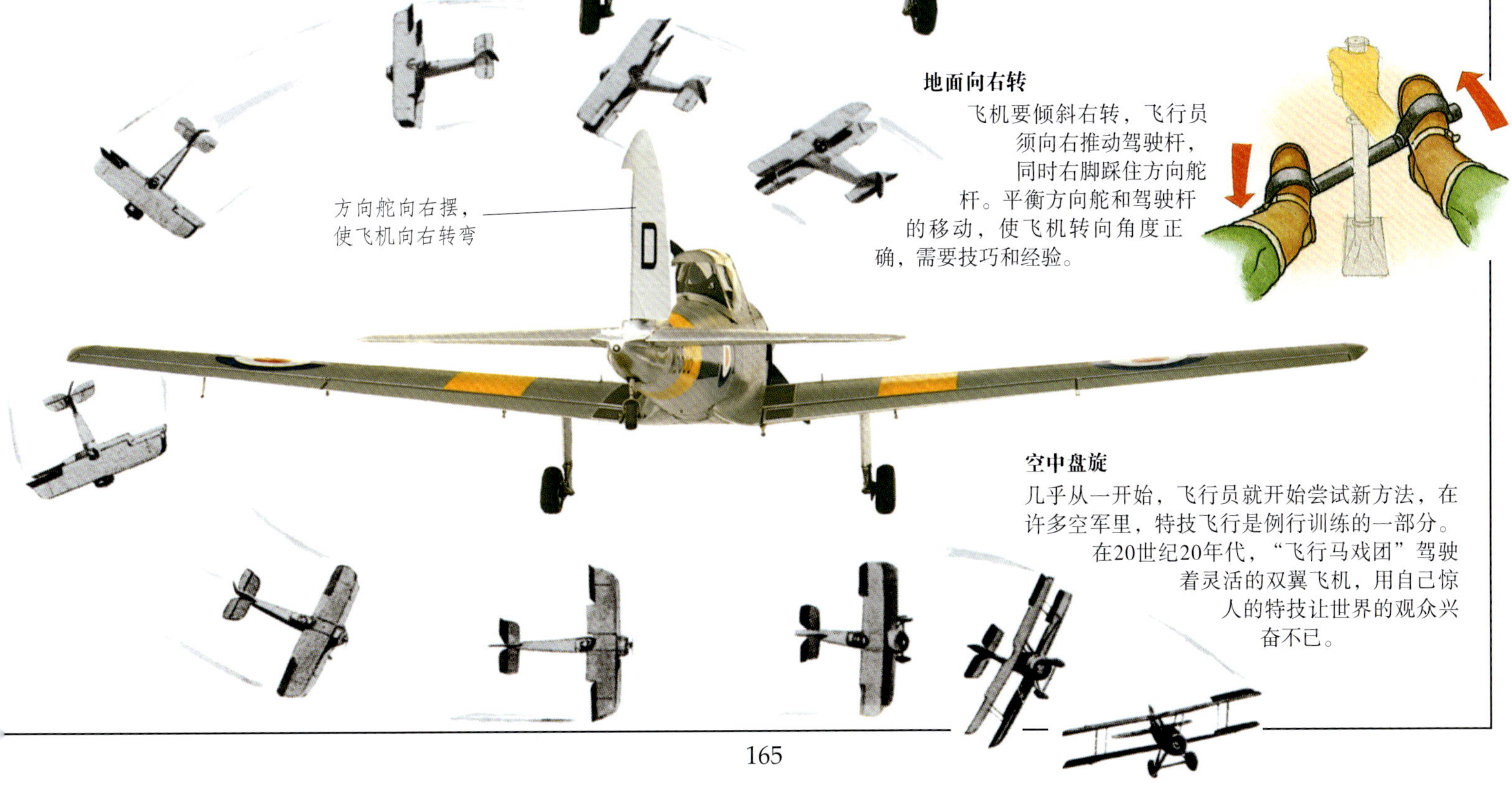

方向舵向右摆，使飞机向右转弯

空中盘旋

几乎从一开始，飞行员就开始尝试新方法，在许多空军里，特技飞行是例行训练的一部分。在20世纪20年代，"飞行马戏团"驾驶着灵活的双翼飞机，用自己惊人的特技让世界的观众兴奋不已。

驾驶舱

20世纪20年代后期，人类发明了安全玻璃后，封闭式驾驶舱才出现。此前，飞机驾驶舱都是露天的，飞行员暴露在狂风或寒冷、潮湿的空气里。除了一个很小的挡风玻璃和保暖衣服外，没有其他任何防护。舱内仪器寥寥，引擎仪表有时也只安装在引擎上。主飞行控制器的布局很早便已经确立：飞行员的脚的位置上是控制转向的方向舵杆，两膝之间是驾驶杆，用来控制飞机使其下降、上升及倾斜转向。早期的一些飞机用方向盘代替驾驶杆。现在的轻型飞机上还在使用这种基本布局。

像驾驶杆一样，控制轮前后转动可控制飞机下降和上升

德佩迪森（1909年）
最早的飞机驾驶舱内没有仪表。飞机上有一个大型油箱挡住前面的视线，飞行员必须不断将身子探出驾驶舱检查高度和飞行姿态。

维克斯公司"维米"飞机（VICKERS VIMY）（1919年）
维米机是第一次世界大战后期英国为了远距离飞行对德国的工业目标进行轰炸而设计的，驾驶舱内有两个座位，分别供飞行员和侦察员使用。引擎速度表和油压表安装在引擎上。

计时器

显示高度的高度表

飞越大西洋 上图
1919年6月14至15日，约翰·阿尔科克（John Alcock）和亚瑟·布朗（Arthur Brown）忍耐了16个小时的寒气和雨水，驾驶着这架维米飞机实现了人类历史上第一次无间断横跨大西洋的飞行。

提供用于启动飞机时所需电流的手摇磁发电机

仪表灯开关

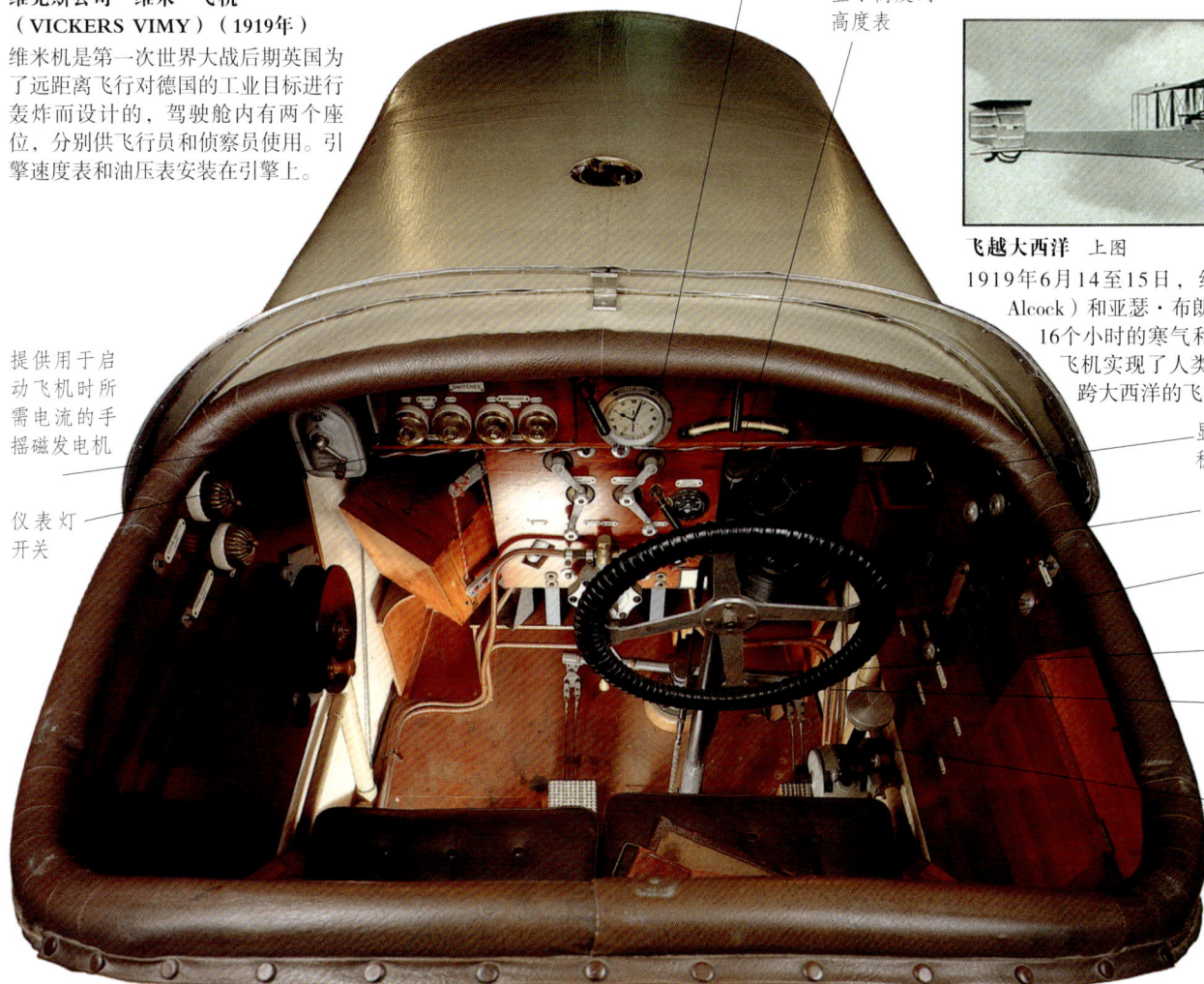

显示倾斜转弯和俯仰程度的倾斜仪

指南针

发动机散热器百叶窗控制器

方向舵杆

控制轮，可使飞机向左或右行倾斜转弯

发动机油门和燃料混合控制器

"虎蛾"号

到了20世纪30年代，驾驶杆操纵已经变成了标准形式的操控装置，甚至像德·哈维兰"虎蛾"号这样最简单的飞机，也有了一系列基本的仪器：高度表、指南针、发动机转速表和油压表。但是，仍然没有人工地平线显示装置帮助飞行员保持飞机的水平。因此飞机只能在天气晴朗、可看到地平线时候才能飞行。

转向仪

小挡风玻璃

告示牌上写道：可以进行特技飞行

发动机计数器式转速表

指南针

空速表

高度表

驾驶杆

在特技飞行时用于关闭着陆/起飞缝翼的手柄

天王虎（SKY TIGER）

德·哈维兰"虎蛾"双翼飞机是20世纪30年代最流行的轻型飞机之一。该飞机简单可靠，用途广泛：培训、农药喷洒、大胆的特技表演等。

告示牌提醒飞行员，飞机能以每小时150千米的速度巡航，但如果飞行速度低于每小时72千米时发动机将熄火。

发动机油压表

方向舵杆

油门

仪表板

现代客机的驾驶舱里除了基本的飞行控制器外，还有一系列的开关、仪表盘以及飞机液压、导航辅助等显示装置。在越来越多的飞机上，计算机发挥着重要作用，整齐的屏幕取代了大量的仪表盘，飞行员只需轻触开关即可改变显示在这些屏幕上的操作信息。

导航显示模式选择器

马赫（空速）选择器

导航水平投影模式显示器

主要飞行数据显示器

空客A320型客机的驾驶舱模拟器

备用空速表

备用高度表

待机状态备用的人工地平仪

数字距离和无线电磁航向指示器（DDRMI）

系统数据显示器

玻璃座舱

这个驾驶员座舱上的大部分信息都会显示在屏幕上。飞行数据显示屏和导航显示屏（它综合了指南针、雷达屏幕和地图的功能）是两个最重要的显示屏幕。

机长一侧

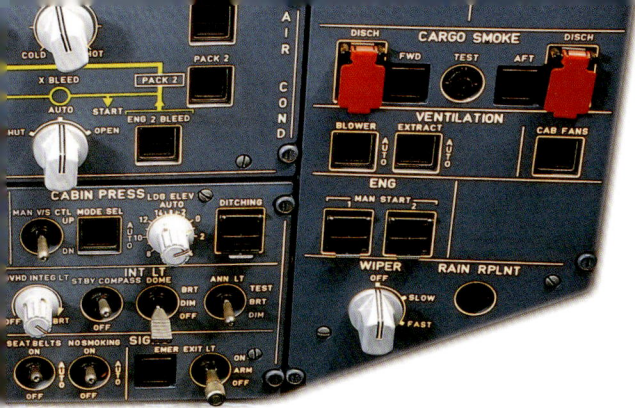

现代驾驶舱

现代飞机的驾驶舱包含许多数据显示仪表，以及飞机的控制装置。驾驶舱有引擎仪表（显示燃油油位和功率）和飞行仪表。有四个主要的飞行仪器——空速表、高度表、人工地平仪和定向陀螺。许多飞机有两个额外的飞行仪器——转弯侧滑仪和垂直速度仪。现代新型飞机通常使用液晶屏幕（LCD）显示数据。

高度选择器

垂直速度或飞行路径
角度选择器

导航显示范围选择器

计时器开始/停止
按钮

主警告灯

主注意灯

弧状模式导
航显示器

主飞行数据
显示器

通风孔

扩音器

起落装置指示器和自动刹车
选择器面板

发动机和警告显示数据

制动压力指示仪

起落装置控制手柄

计时器（时间测量仪）

飞行管理和引导系统控制和显示装置

无线电管理面板

副驾驶一侧

飞行仪表

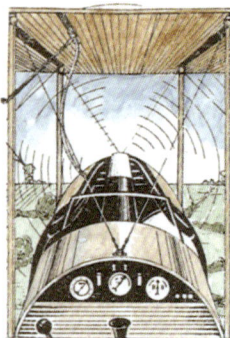

速度过慢而造成的飞机熄火失速的危险表明，每架飞机都应该有一个精确的空速表作为标准配置。随着飞行高度越来越高，距离也越来越远，显示飞行高度的高度表和帮助保持航向的磁罗盘也很快应用到了飞机上。在相当长的时间里，飞行员都是凭感觉判断飞机的飞行姿态来驾驶飞机的。直到1929年埃尔默·斯佩里（Elmer Sperry）发明了陀螺稳定仪器，飞行员才可以借助倾斜转弯仪和人工地平仪。陀螺仪是无论飞机处在什么角度，其旋转顶部都能水平保持地平的仪器——当能见度低时，陀螺仪能使飞机依靠仪器正常飞行。

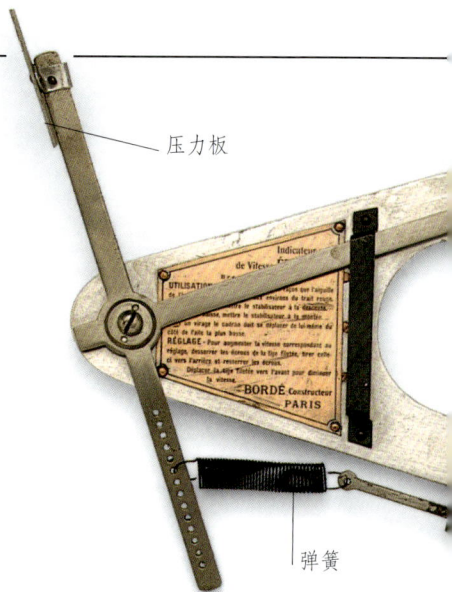

压力板

弹簧

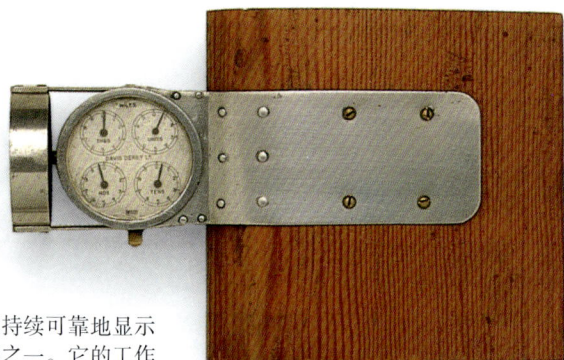

双管

这是最早能持续可靠地显示空速的仪器之一。它的工作原理是将平常的空气压力和飞机向前飞行产生的压力相比对。它的双管直接对着气流，其中一个尾端插入有孔的汽缸内。柔性膜片测量出来的两管之间的压力差表明空速。

究竟有多快？

风速计（anemometers）是最早的速度计之一，原本用于天气预报，根据秒表显示的秒数和仪表显示出气流转动机身前面扇轮的次数，可以粗略地计算飞机飞行的速度。

法恩巴勒空速指示器（1909年）

膜片

静压粗管

动压粗管

静压细管

皮托管

马赫表

20世纪50年代喷气飞机的速度接近甚至超过了音速，因此飞机上便安装了马赫表。这些仪表能显示飞机的飞行速度比音速快多少。

动压细管

连接管

皮托管

法恩巴勒（Farnborough）首创的双管压力法很快成为飞机测速的基本方法。双管被安装在机身的压敏空速管里。橡胶管将空速管和座舱内的空速计相连。

计量器

奥格尔维空速指示器（1918年）

最高飞行速度

第二次世界大战后的数年里，空速表往往有一个箭头指针显示飞机的最高安全速度。

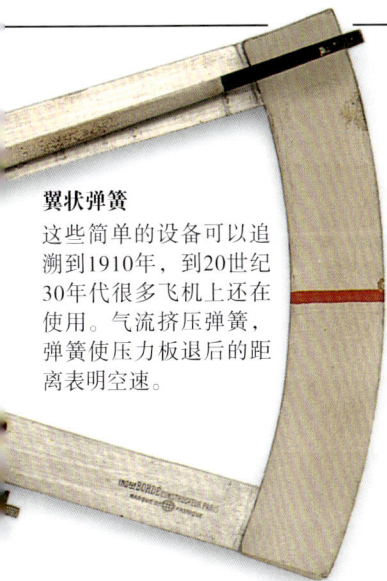

翼状弹簧

这些简单的设备可以追溯到1910年，到20世纪30年代很多飞机上还在使用。气流挤压弹簧，弹簧使压力板退后的距离表明空速。

怎样保持直线飞行？

在这个倾斜转弯仪里，一个简易的气泡水准仪便可以显示飞机倾斜了多少。方向的改变可以通过仪表上部与电动陀螺仪相连接的转向针显示。

飞行高度是多少？

为了知道自己所在的高度，早期的飞行员就需要掏出口袋里的小型测高计，如下图所示。但是一战中战斗机的一些古怪的空中动作表明需要在仪表板（左图）上安装大的刻度盘。

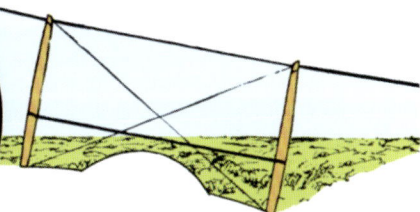

往哪个方向飞行？

这种陀螺仪能使飞机在恶劣的天气降落时更加安全。它帮助飞行员保持由瞄准跑道的无线电波所设定的航向和滑翔斜率。

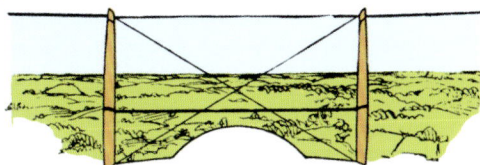

如果瞄准线低于地平线，飞机便会俯冲。

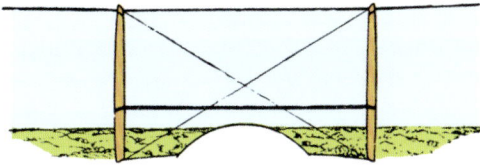

如果瞄准线高于地平线，飞机便会爬升。

如果瞄准线右侧低于地平线，飞机便会向右转弯。

如何保持水平？

早期，飞行员只能看着地平线或借助"瞄准线"（右上），来确定飞机俯仰或转弯的幅度。晚上或云层较厚时，飞行员很快就会迷失方向。研究表明，即使是最有经验的飞行员，在看不见的情况下，飞行超过8分钟便会进入螺旋状态。安装一个陀螺人工地平仪便能解决这一问题。

黑匣子里面

目前所有现代客机和军用飞机都安装有"黑匣子"或曰"飞行数据记录器"。一旦飞机发生意外，它能提供完整的飞行记录。这个匣子连接到飞机的所有主要系统，记录它在飞行中发生的一切：监测驾驶舱的仪器、发动机数据，甚至机组人员所有的讲话内容。

用"凯夫拉"材料做绝缘内衬，防止记录器受火灾高温的损害

记录器电动机

与飞机系统的连接

装在黑匣子里的东西

黑匣子里的所有数据存储在八轨磁带上。该匣子是由异常坚固且绝缘性能非常好的钛合金做成，可防止磁带在飞机失事和火灾中损坏。

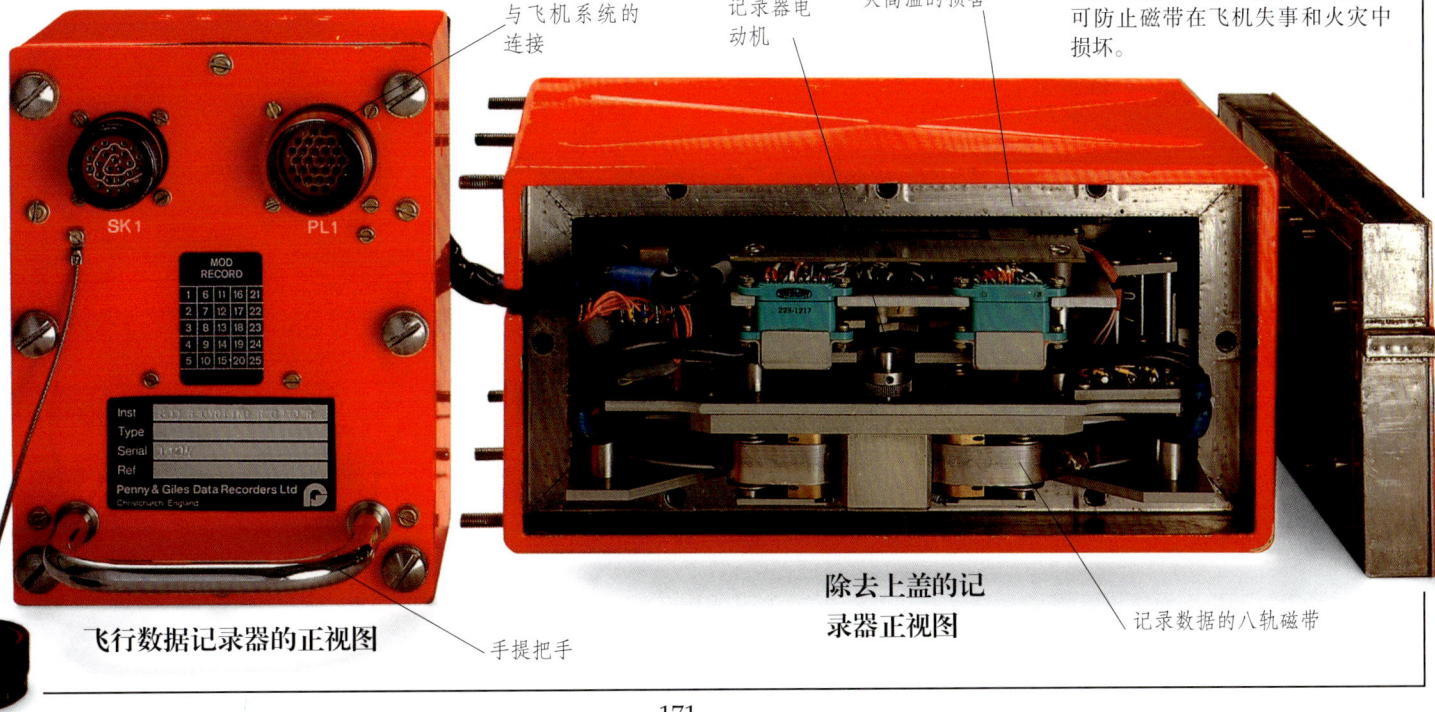

SK 1　PL 1

MOD RECORD

Inst
Type
Serial
Ref

Penny & Giles Data Recorders Ltd
Christchurch, England

飞行数据记录器的正视图

手提把手

除去上盖的记录器正视图

记录数据的八轨磁带

旋转机翼

早在1400年，欧洲的小孩便玩一种有急速旋转叶片的飞行玩具。在莱特兄弟发明"飞行者"号飞机之前，许多人认为飞行的未来要依靠旋转机翼而非固定机翼。他们知道，旋转的机翼也能切分空气给飞机提供升力。20世纪初，确实有很多旋转翼飞行器能在一定程度上飞离地面。然而在西班牙人胡安·德·切尔瓦（Juan de la Cierva）发明自转旋翼机之前，可控制的旋翼飞行似乎是遥不可及的。

胡安·德·切尔瓦
切尔瓦很小的时候便对发明旋翼机很痴迷，他希望这种飞机能使飞行更安全。

自转旋翼机

在早期的直升机实验中，为了使机器上升，发明者总是使用功能更为强大的发动机。切尔瓦却能够预见到旋转机翼在没有发动机的情况下也能提供升力。自由旋转的机翼在空中运动时，由于它下方的空气气压的推动，能够连续不停地旋转。切尔瓦称之为"autogiro"（"giro"在西班牙语中是"旋转"的意思。）

旋翼叶片

瞧！这架飞机没有机翼
旋翼机是没有机翼的飞机——它比固定机翼的飞机要安全得多，因为它不会仅因为速度太慢就熄火失速。事实上，切尔瓦起初制作的旋翼机也有粗短的机翼，以便协助起飞（右图）。旋翼机一旦发生发动机故障，其下降速度比降落伞还慢。

K4232

切尔瓦的C-30
C-30是20世纪30年代制造的所有旋翼机中最成功的。图示的这架飞机是第二次世界大战中出售给军队的旋翼机之一，用作军事侦察和设立雷达的标志。

向上倾斜的水平尾翼和正常的曲度，用以平衡旋翼叶片的旋转作用。

表面覆盖纤维的钢管机身，同双翼飞机相似

空中汽车
在20世纪30年代的一段时间里，很多人认为自转旋翼机将成为人人都适用的飞机，并可以彻底地解决交通堵塞问题。美国生产自转旋翼机的皮特凯恩公司，在广告中推崇："还有什么比乘坐跳进自家草坪上的旋翼机，到乡村俱乐部来一场快速的高尔夫比赛更简单的呢？"

可操纵尾轮

旋转叶片

原始的旋翼飞机往往容易翻滚，这是因为切入空气的前进叶片比后退叶片旋转得快。切尔瓦安装铰链，使前进叶片上升，而不会影响飞机，从而解决了这个问题。

连接叶片的铰链

侧向"牵拉"的铰链和减震器，使得叶片旋转时向前或略微向后，从而减少了叶片根部的应力。

悬挂式驾驶杆，让飞行员能够向任何方向倾斜

发动机驱动，使旋翼开始旋转从而起飞

蜗牛式飞行

为了证明其安全性的潜力，C-30曾经缓慢地在风中飞行，人跑步便能超过它。

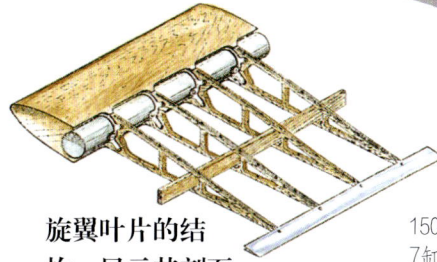

旋翼叶片的结构，显示其剖面和传统机翼很相似

150马力的阿姆斯特朗·西德利7缸星形发动机

传统的螺旋桨能牵引飞机起飞和正常飞行

充油柔性减震器，可吸收着陆时的冲击

173

直升机

在所有的飞行器中，没有哪种像直升机这么功能多样。旋翼叶片使其能够垂直升到空中，长时间在同一地点悬停，并能够在只比公共汽车稍大一点的地方着陆。但直升机消耗燃料的速度惊人，因为发动机通过旋翼提供所有的上升动力。驾驶它需要很高的技巧，因为飞行员需要操纵三个飞行控制装置——飞行方向舵、总距和周期变距操纵装置。但它已经被证实了在诸多场合中的价值：交通监控和惊心动魄的沉船救援，等等。

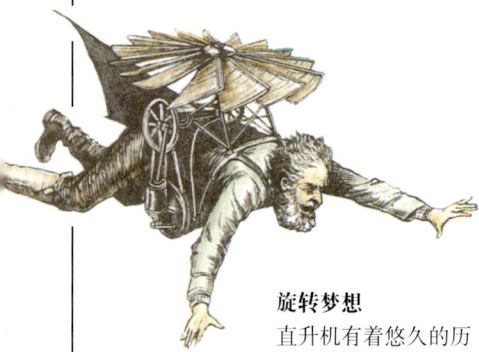

旋转梦想
直升机有着悠久的历史，但许多早期实验者被看作是疯子。

旋翼叶片

变距杆

仪表盘

直升机如何飞行

直升机的旋翼叶片很长、很薄，发动机使其旋转，切入空气。在某种程度上，旋翼也像一个巨大的螺旋桨，像螺旋桨牵引飞机向前一样，牵引直升机向上升。

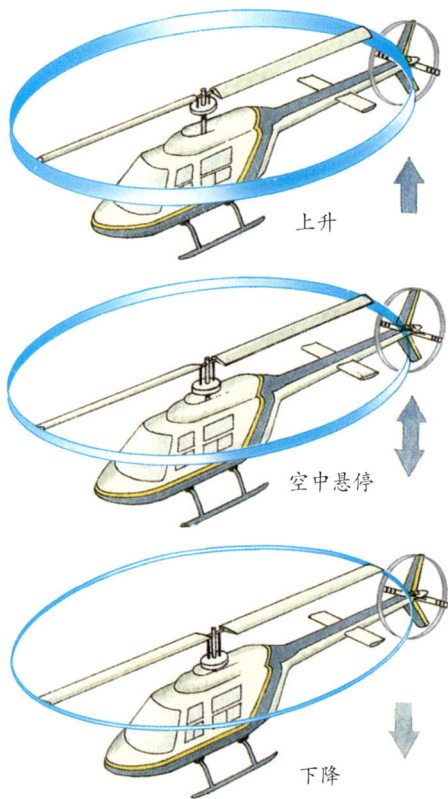

上升

空中悬停

下降

尾部旋翼
没有尾部旋翼，直升机将向与旋翼叶片相反的方向旋转。尾部旋翼的作用就像一个螺旋桨，抵制这种反作用力矩。它也是方向舵，飞行员改变其叶片上的俯仰状态使机尾向左或向右摆动。

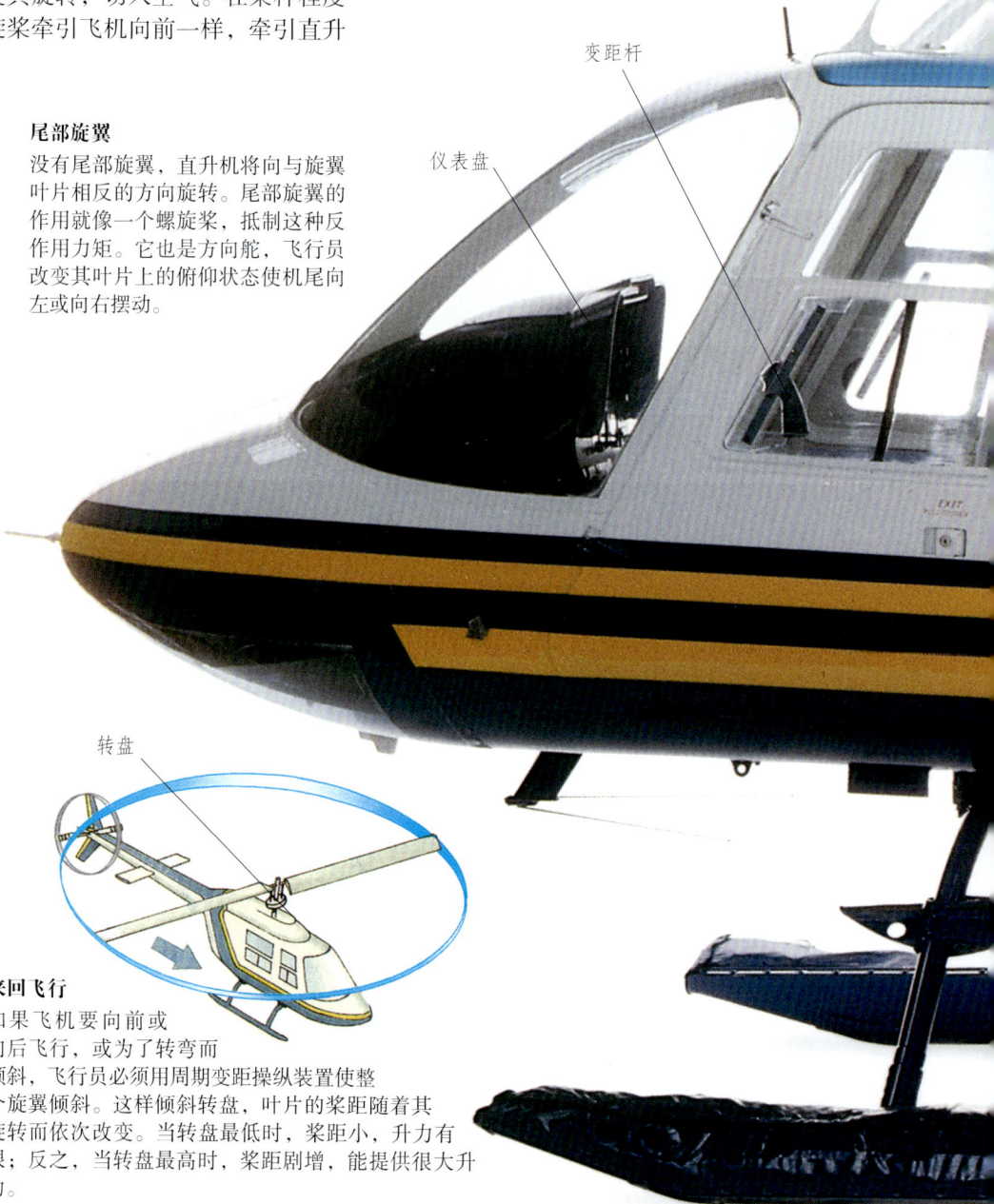

转盘

向上、向下、悬停
飞行员使用总距改变旋翼叶片的角度或称桨距，使飞机上升或下降。当叶片近乎水平切入空气时，不能提供升力，直升机便会下沉。如果要使飞机悬停，必须精确设定两个叶片之间的角度。这通过转盘来实现。转盘是转轴上的一个滑动的轴环，它由连接到叶片上的拉杆向上推或者向下拉。

来回飞行
如果飞机要向前或向后飞行，或为了转弯而倾斜，飞行员必须用周期变距操纵装置使整个旋翼倾斜。这样倾斜转盘，叶片的桨距随着其旋转而依次改变。当转盘最低时，桨距小，升力有限；反之，当转盘最高时，桨距剧增，能提供很大升力。

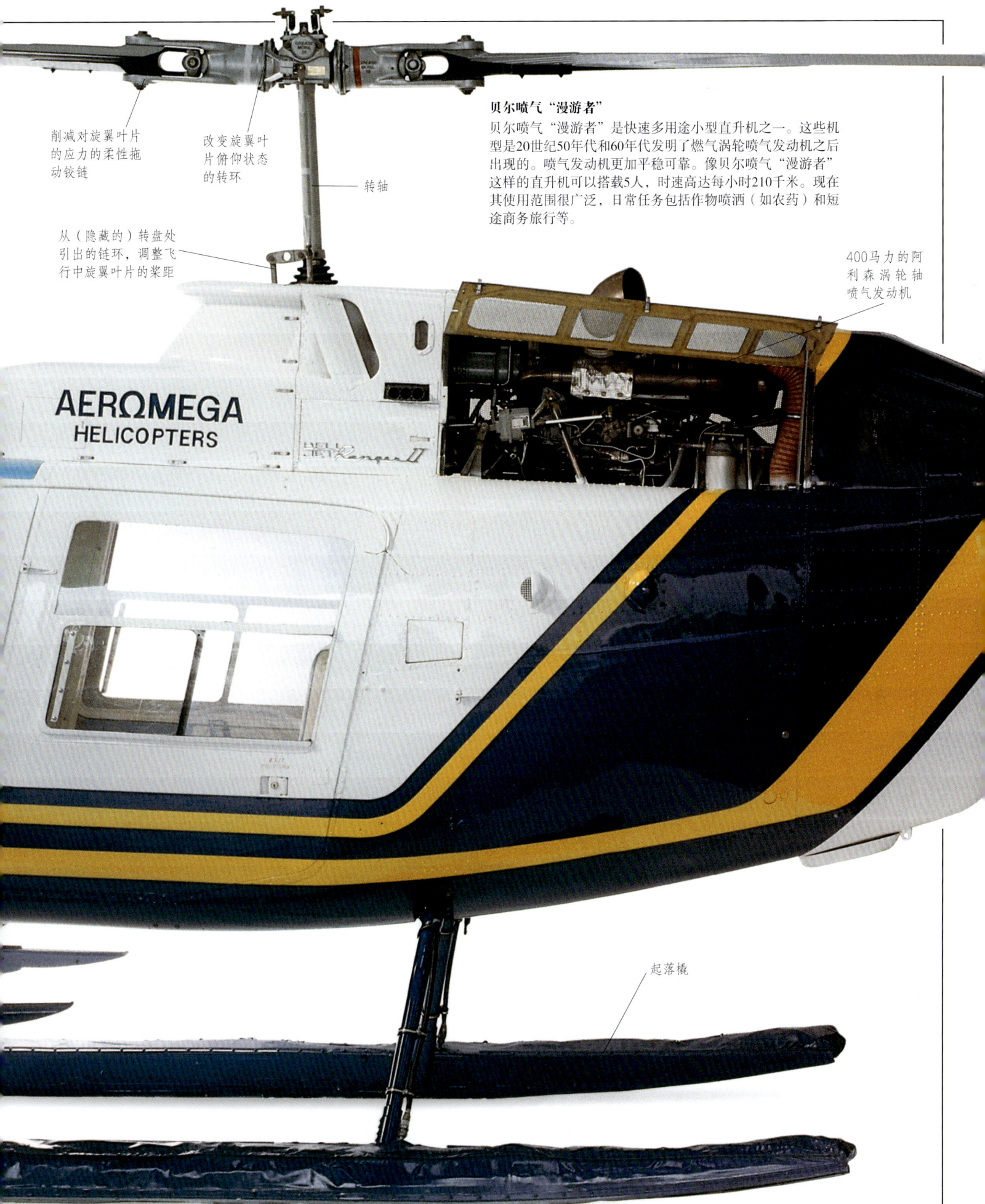

削减对旋翼叶片
的应力的柔性拖
动铰链

改变旋翼叶
片俯仰状态
的转环

转轴

从（隐藏的）转盘处
引出的链环，调整飞
行中旋翼叶片的桨距

贝尔喷气"漫游者"

贝尔喷气"漫游者"是快速多用途小型直升机之一。这些机
型是20世纪50年代和60年代发明了燃气涡轮喷气发动机之后
出现的。喷气发动机更加平稳可靠。像贝尔喷气"漫游者"
这样的直升机可以搭载5人，时速高达每小时210千米。现在
其使用范围很广泛，日常任务包括作物喷洒（如农药）和短
途商务旅行等。

400马力的阿
利森涡轮轴
喷气发动机

AERΩMEGA
HELICOPTERS

起落橇

175

（接下页）

（接上页）

云彩的理发师

关于旋转翼飞机的构想在19世纪激发了很多人的想象力。乔治·凯利爵士（Sir George Cayley）制作的直升机的飞行玩具很有名。但是，有远见的发明者加布里埃尔·德拉·朗代勒（Gabriel de la Landelle）相信有一天像他于1863年所画的"蒸汽客机"（左图）这样的机器，将会在空中威严地飞行。

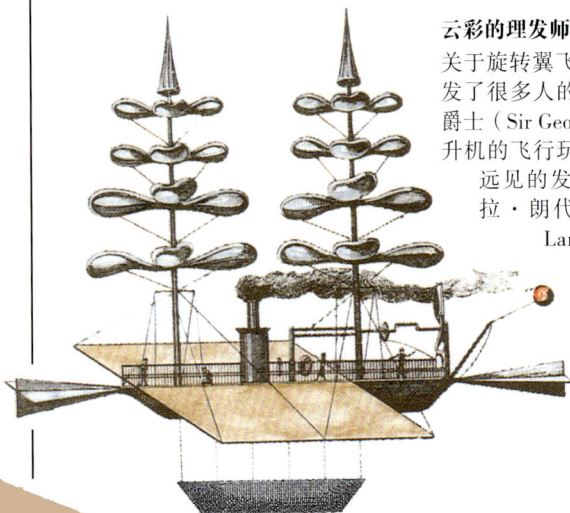

这是第一次直升机飞行吗?

1907年，在距莱特兄弟发明第一架飞机仅仅4年之后，法国机械师保罗·科尼尔（Paul Cornu）建造了这架原始的纵列式双旋翼直升机，使他升起离开地面有20秒时间。

G-HUMT

长杆

稳定器，以防止长杆向上或向下摆动

旋翼叶片的前边缘

转盘

旋翼叶片变距杆

飞行员的座位

发动机舱

VS-300

变速箱

直升机的诞生

直到旋翼机出现，直升机的发明才有了突破，旋翼机告诉人们如何通过改变旋翼叶片的俯仰角度实现对飞机的操控。1937年，德国设计师亨利希·佛克（Heinrich Focke）发明了一种直升机，由机身和两个巨大的旋翼组成。它可以上升或是下降，后退或前进，甚至在空中悬停。几个月内，另一位名叫安东·弗莱特（Anton Flettner）的德国人，制成了第一架真正的直升机。佛克和弗莱特用了两个旋转器（向相反的方向转动），以防止扭矩反作用。但在1939年，伊格尔·西科尔斯基（Igor Sikorsky）想出了更简单的尾旋翼设想，并在他的实验性的VS-300直升机（上图）率先使用了新的设计，此后一直被沿用。

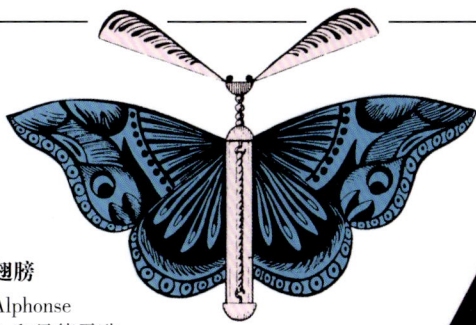

蝴蝶的翅膀
贝诺（Alphonse Penaud）和丹德雷欧（Dandrieux）在19世纪70年代制作的用橡皮筋带动的直升玩具给许多旋转翼爱好者带来了灵感。

旋转飞天的先驱
直升机的实用性在20世纪30年代末得到证实，人们看到了制造微型个人飞行器的可能性。其中包括这个由法国人乔治·萨布利耶（Georges Sablier）设计的奇特的"背包"。它是否能够飞行，我们至今无法得知。

尾旋翼

垂直尾翼

高尾
尾部旋翼防止直升机在旋翼叶片作用下而旋转的倾向，并且起着方向舵的作用。在这架贝尔直升机上，其主旋翼叶片顺时针旋转（从上面看）。因此，要保持平直，尾部旋翼必须沿顺时针方向（朝向自己）推动机尾。如果要使飞机向左行驶，飞行员需要使尾部旋翼叶片放平，从而允许尾部逆时针方向转动（远离自己）。反之则可以向右行驶。

西科尔斯基R-4直升机（1945年） 下图
伊格尔·西科尔斯基在1917年从俄罗斯移民到美国。1939年，在VS-300取得成功之后，他很快便又在名为XR-4的飞机上完善了自己的设计——"X"表明该机是实验性的。美国军队非常欣赏该直升机的优点，所以1942年购买了更多的飞机。下图所示的R-4就是第二次世界大战接近尾声时制造的400架该型号直升机之一。

尾旋尾桨操索

梁

军事用途
直升机能够到达许多无法接近的地带，在战争中具有极大价值。

后着陆轮

英国皇家空军
西科尔斯基
R-4直升机

热气球

气球作为一项运动，在第一次世界大战后几乎绝迹。这主要是因为填充气球的天然气很昂贵，很难获得。随后在20世纪60年代，埃德·约斯特（Ed Yost）、特蕾西·巴恩斯（Tracy Barnes）和其他人在美国开始试验往气球里充热空气。他们的创新之处在于气球表面是用覆盖聚氨酯的尼龙做成，气球里面充满了燃烧着的液态丙烷。这样的组合很成功，它重新唤起了人们对热气球运动的广泛兴趣。

质量很轻的尼龙织物做成的气囊

将各种图案的材料缝在一起，做成气囊

气囊
气囊是结实的尼龙纵横交错织成的，这样能防止表层撕裂。一般情况下，气球顶端的温度要不高于120摄氏度。但是人们为了以防万一，还是在气囊顶端安装了一个温度传感器。

山姆大叔
随着热气球的复兴，现代材料使气球制造商得以摆脱气球传统的形状。现在，你可以看到一座完整的法国城堡或双峰骆驼轻轻地飘浮在天空。

双燃烧器

缆索底端是能快速松脱的弹簧夹，便于安装和拆卸

不锈钢燃烧器支架，上面系着悬挂吊篮的缆索

供地面工作人员使用的手提把手

燃烧器支架
在飞行中，尼龙棒悬挂在气球缆索下，它确保燃烧器远高于驾驶人员的头部。气体管道嵌在尼龙棒里，其表面包裹着有填充物的带挂锁的保护套。

充气
填充气球，也许是整个气球飞行中最棘手的部分。如图，人们正在用燃烧器给气球充气。

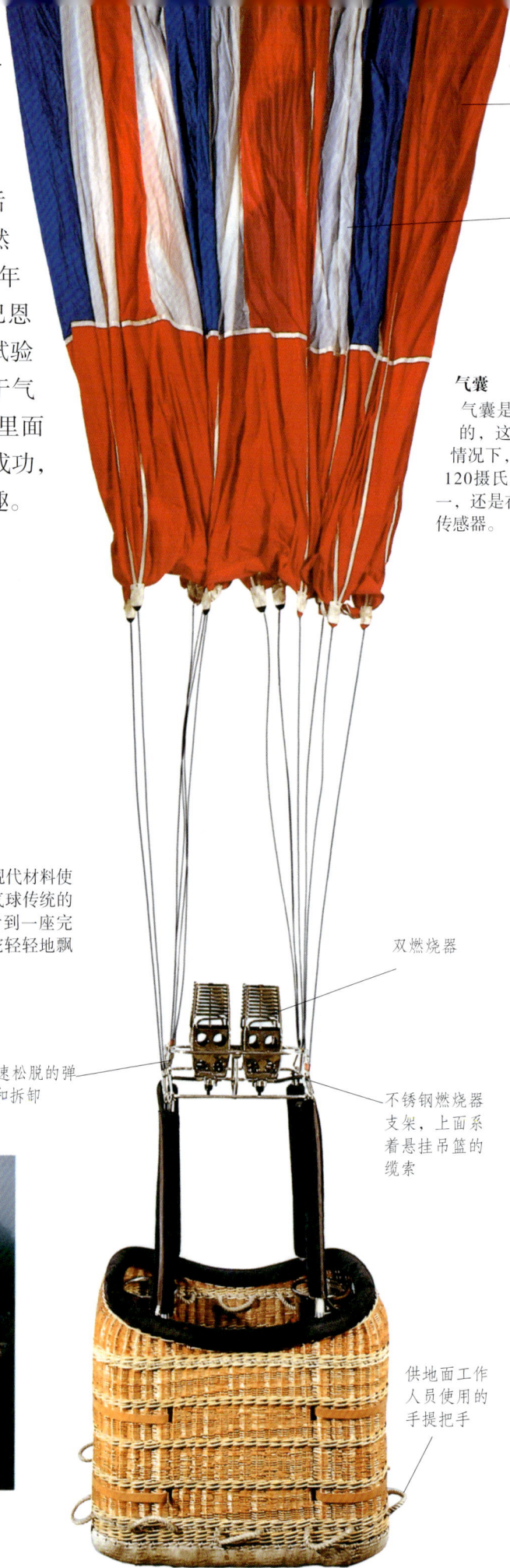

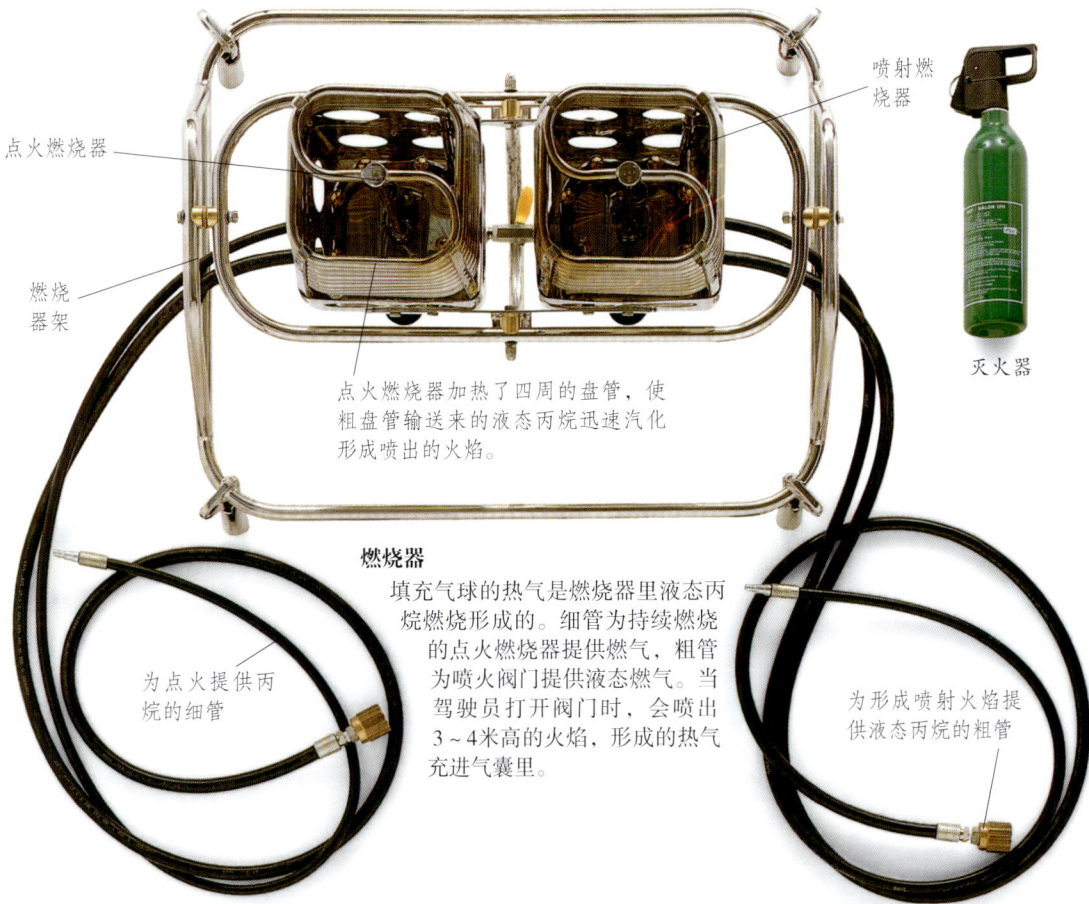

点火燃烧器

喷射燃烧器

燃烧器架

点火燃烧器加热了四周的盘管，使粗盘管输送来的液态丙烷迅速汽化形成喷出的火焰。

灭火器

燃烧器
填充气球的热气是燃烧器里液态丙烷燃烧形成的。细管为持续燃烧的点火燃烧器提供燃气，粗管为喷火阀门提供液态燃气。当驾驶员打开阀门时，会喷出3~4米高的火焰，形成的热气充进气囊里。

为点火提供丙烷的细管

为形成喷射火焰提供液态丙烷的粗管

气瓶
丙烷气瓶通常由质地坚硬且质量轻的铝或不锈钢制成，表面有填垫物，以尽量减少颠簸着陆时乘客受伤的危险。每个气瓶装有约40升的燃气，足够支撑40分钟的飞行。

喷射燃烧器从吊篮底部气瓶中输送的液态丙烷

在着陆过程中供乘客使用的把手

软羔皮衬垫

点火燃烧器嘴从气瓶顶部吸收液体燃气

吊篮
传统的柳条吊篮不但轻盈而且柔韧度强。吊篮凭借不锈钢缆索悬挂在燃烧器架下。这些缆索在吊篮下编织成环形，以保证乘客安全。

飞艇

在第二次世界大战前，人们乘坐飞艇发生了很多悲惨的事故，这似乎表明飞艇的时代已经结束了。不过，飞艇在空中连续停留的能力对像侦察潜艇这样的任务依然有用。直到20世纪60年代末，用安全、不易燃的氦气做燃料的软式小型飞艇仍在使用。20世纪80年代，飞艇行业开始生产更为坚固的新一代飞艇，它用碳纤维和塑料复合材料等现代材料制成，并且改用氦气来充气。

飞艇上部在燃烧

充氢气的飞艇总是有失火的危险。第一次世界大战中德国部队放飞的72架飞艇几乎有一半被大火吞噬，"兴登堡号"飞艇的焚毁标志着巨型飞艇时代的结束。

强化玻璃纤维鼻锥，用来携带锚泊缆索

"天舟"500HL

虽然"天舟" 500HL 飞艇约55米长，但是其规模也只是战前巨型飞艇（如长达245米的"兴登堡号"）的一小部分。现代的飞艇，如"天舟"和齐柏林的NT，都是以内部气压形成外形，而非战前以坚固框架撑起的庞然大物。

自动气囊阀

应对紧急情况的固体压舱物

艇囊充气口

吊舱

气囊下方有乘客和机组人员乘坐的吊舱。吊舱由牢固的轻型碳纤维做成，非常舒适。除了没有方向舵脚蹬，驾驶台与传统的飞机相类似。事实上，由于飞艇没有副翼，飞行员驾驶飞艇，需要通过扭转驾驶杆转动方向舵。

AIRSHIP INDUSTRIES

SKYSHIP 500 HL

驾驶舱　　　　主门　　　　安全舱口

"天舟"500HL飞艇的吊舱

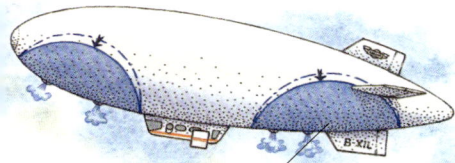

当飞艇下降时，额外的空气被吹入前副气囊，使飞艇头下降

当飞艇上升时，后副气囊充气较前副气囊要满，质量较重，这样有助于鼻锥上升

气泡

"天舟"内部有两个叫作"副气囊"的充气袋。随着飞艇上升，大气压力下降，气体膨胀，阀门自动打开让空气排出艇囊（上图），这样不会浪费氢气。当飞艇再次下降时，空气流进，重新注满艇囊（右图）。

使飞艇向左或向右转的方向舵

AIRSHIP

齐柏林的回归

1994年齐柏林公司的继承者重新开发飞艇业务。1997年，第一艘齐柏林NT（New Technology）飞艇上天，可搭载2名机组人员和12名乘客。它比20世纪30年代能载100多人的飞艇小很多，但仍然是现在世界上最大的飞艇。

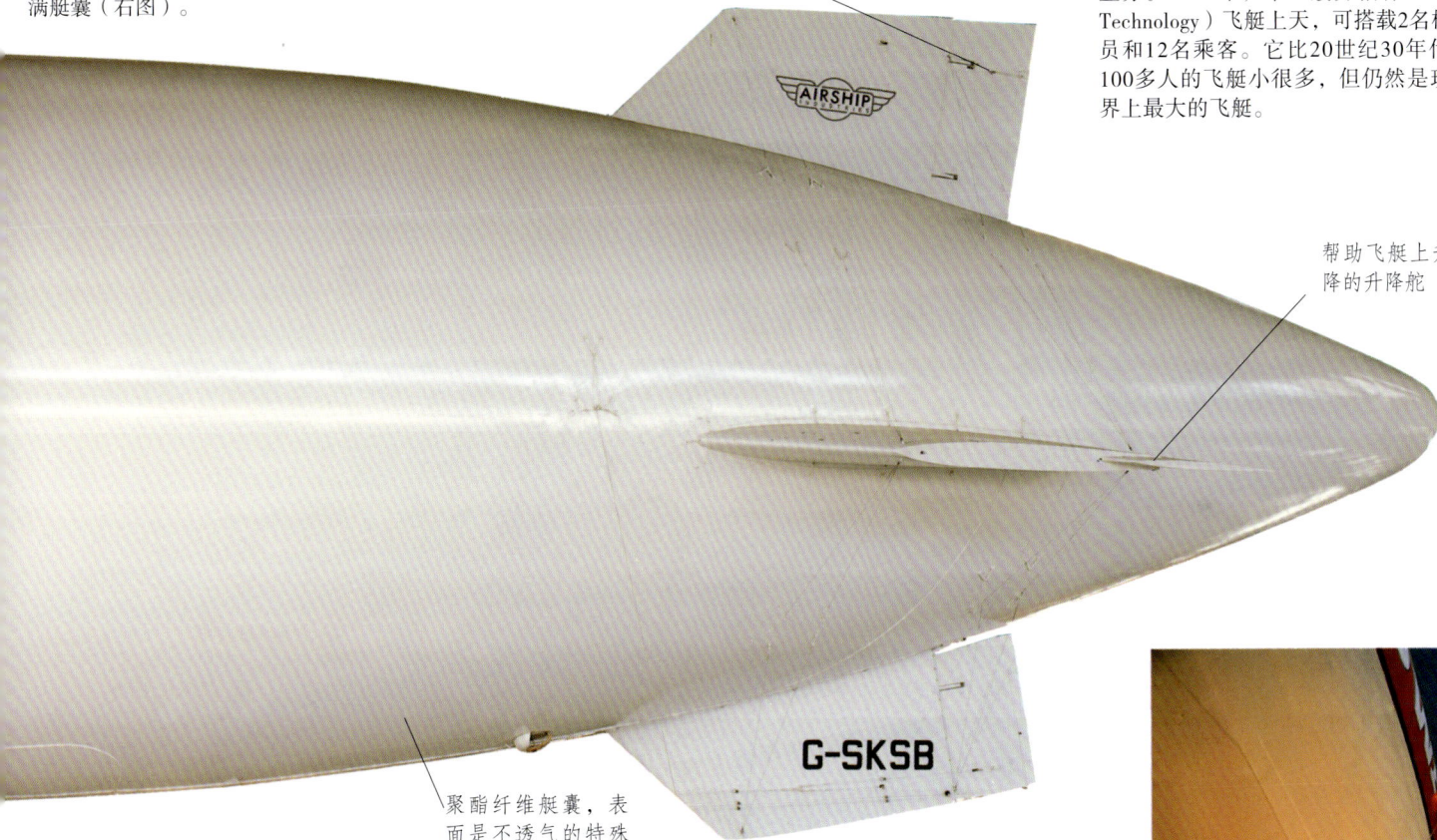

帮助飞艇上升或下降的升降舵

G-SKSB

聚酯纤维艇囊，表面是不透气的特殊涂层

双通风管道

由保时捷911汽车发动机驱动的两个大螺旋桨推动"天舟"前进，速度每小时高达160千米。螺旋桨都包裹在通风管道内，这样能降低噪声，提高推进效率并保护地面工作人员。

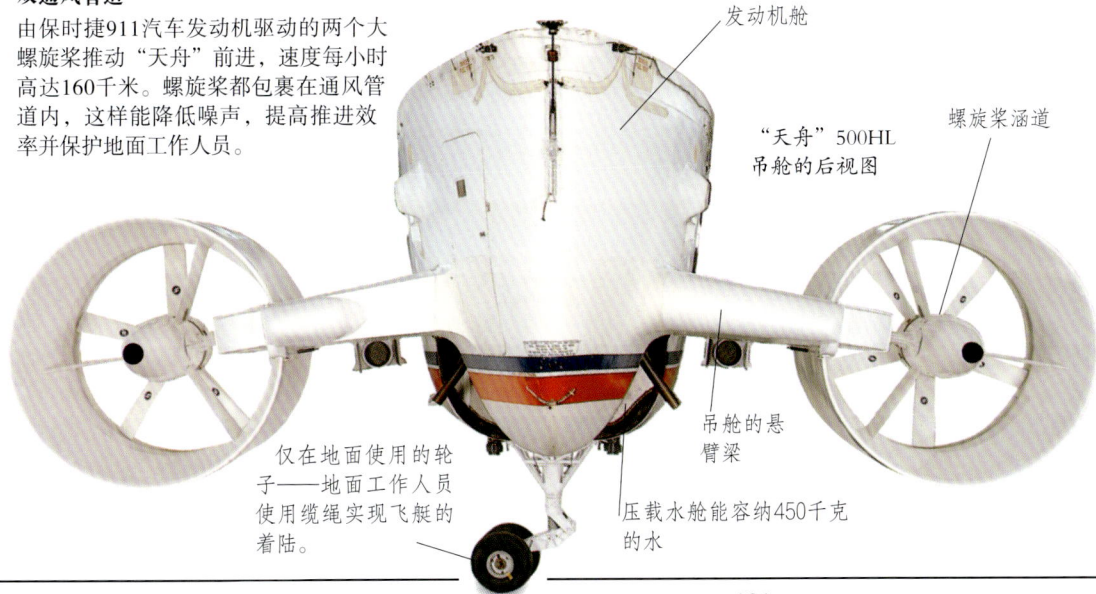

发动机舱

"天舟"500HL吊舱的后视图

螺旋桨涵道

仅在地面使用的轮子——地面工作人员使用缆绳实现飞艇的着陆。

吊舱的悬臂梁

压载水舱能容纳450千克的水

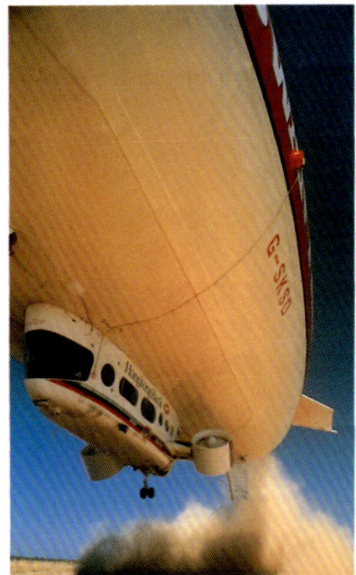

上升和下降

旋转的螺旋桨可使飞艇垂直起飞，还有助于飞艇着陆。否则为了使飞艇变沉下降，尤其是在燃料箱变空变轻的情况下，便不得不释放珍贵的氢气。

现代滑翔机

滑翔大师
老鹰向世人展示了如何借助上升热空气向上滑行。

尽管滑翔机在航空工业的早期发挥了重大的作用，但实现动力飞行后，人们对它们的兴趣减弱了。其问题在于滑翔机在空中真的只能"滑翔"。在20世纪20年代初，有人发现，滑翔机可以借助风力飞过山脊，因而熟练的飞行员可以在高空停留几个小时。几年后，人们发现即使不在山边，滑翔机飞行员也可以借助上升暖气流获得升力。上升暖气流是指被大地加热而上升的空气。自那以后，滑翔运动越来越受欢迎，现代滑翔机已经成为利用空气动力学最有效、最高雅的飞行器之一。

滑翔机起飞
滑翔机可以通过很多种方式起飞。"汽车拖拉"是指用马力强的汽车拖拉滑翔机直至其升到空中。"绞盘牵引"是借助马力强劲的绞盘车带动滑翔机起飞。这两种方法很经济，但提升的滑翔高度不高于300米。如果飞行员无法迅速地从上升气流中获得升力，飞行将只能持续几分钟。"飞机牵引法"是指用牵引飞机将滑翔机拖入空中（右图及下图）。这种方法更加有效，但是耗时长且成本昂贵。

飞机拖着滑翔机在正常起飞

牵引飞机用40米长的拖绳拖拉滑翔机

飞机陡降着陆时，空气制动器与机翼成直角露出机翼

向下翻的翼尖能防止副翼污染地面，并在翼尖处减少涡流

弹性拉绳辅助起飞
很多滑翔俱乐部都设在山上，要进行滑翔经常是进行一次"蹦极"式起飞就行了。一队人用有松紧性的绳拉着滑翔机向山边跑去。滑翔机脱离地面，便一跃飞到空中。

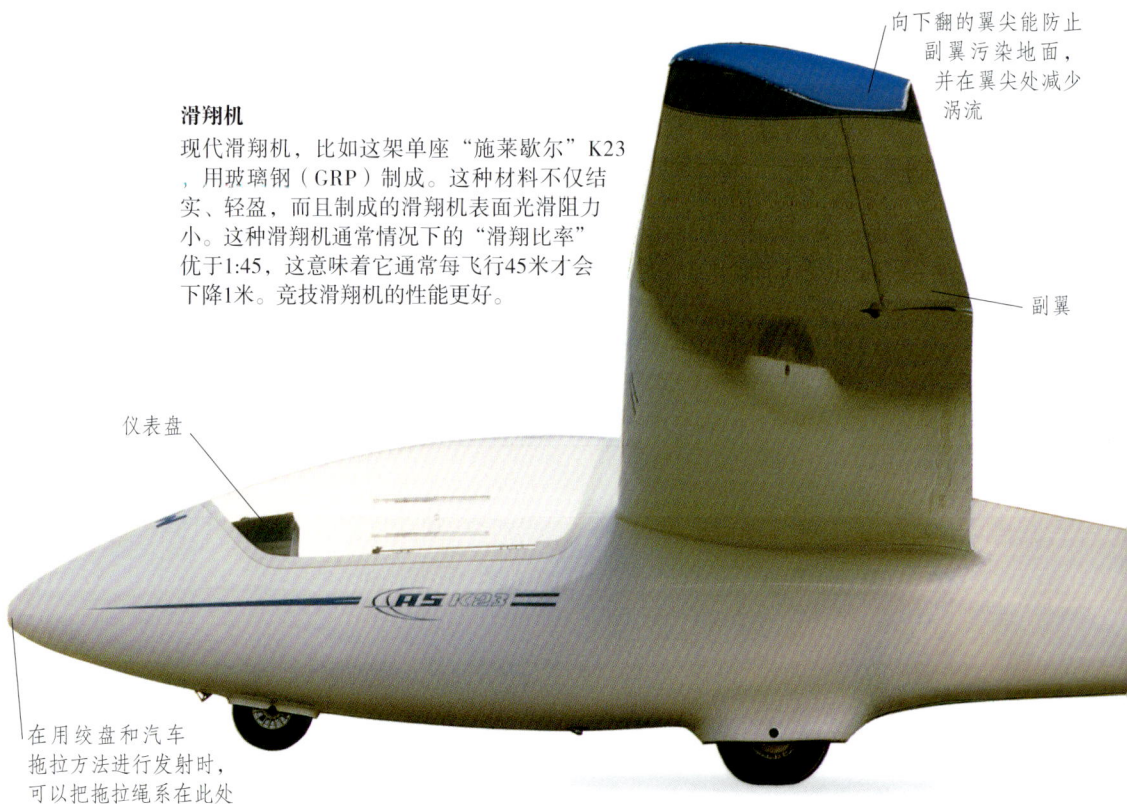

滑翔机
现代滑翔机，比如这架单座"施莱歇尔"K23，用玻璃钢（GRP）制成。这种材料不仅结实、轻盈，而且制成的滑翔机表面光滑阻力小。这种滑翔机通常情况下的"滑翔比率"优于1:45，这意味着它通常每飞行45米才会下降1米。竞技滑翔机的性能更好。

仪表盘

副翼

在用绞盘和汽车拖拉方法进行发射时，可以把拖拉绳系在此处

升降机

T形尾翼

滑翔机在所需高度释放拖绳

摆脱了滑翔机后，飞机立刻加速下降

纤细的机身

机身纤细成锥形，以减少阻力。驾驶舱尽可能制得窄小。在尾翼附近更是缩小到直径不到30厘米。尾翼通常制成T形，这样不仅可以保证其空气动力学性能，而且一旦滑翔机在田野迫降时，还可以保护水平尾翼不被高大作物损坏。

静默飞行

像英国Airspeed公司"霍莎"（Horsa）（左图）这样的大型滑翔机，在第二次世界大战期间有时被用来在敌后空投军队和设备。这些滑翔机一旦被发现，特别容易因速度缓慢而受到攻击。

机翼舱里装有水压载，这给野外飞行增加了额外的重量，其也可在慢速盘旋时排掉

飞行员的座位是半倾斜的，以使驾驶舱降低

翼展

在翼尖处，所有的机翼都会失去一些升力，因为机翼下面流动的空气会翻转到上面来。机翼越长，空气的这种作用就越弱，所以滑翔机的机翼都很长。

EVW

EVW

方向舵

用"飞机牵引"法时，可以把拖拉绳索系在此处

载人风筝

20世纪40年代，一个叫弗朗西斯·罗加洛（Francis Rogallo）的美国人用三角形翼布发明了一种新型飞行器。最初人们仅仅把它当作把设备从天空运回地面的可操纵降落伞。但是一些人开始把自己悬挂在机翼下，并通过移动身体来驾驶这种风筝机。不久，世界各地都出现了从山上飞起来的"悬挂式滑翔机"。悬挂滑翔是现在最流行的空中运动之一。

展开机翼

最早的罗加洛悬挂式滑翔机下降很快，滑翔比仅为1:2.5。所以飞行虽然很刺激但都很短暂。现在新机翼更像常规的机翼，在原来单层的表面下又加入了新的纤维面。经过改造后，滑翔比是1:14或更好。悬挂式滑翔机也可以利用上升暖气流，使飞行距离超过160千米。

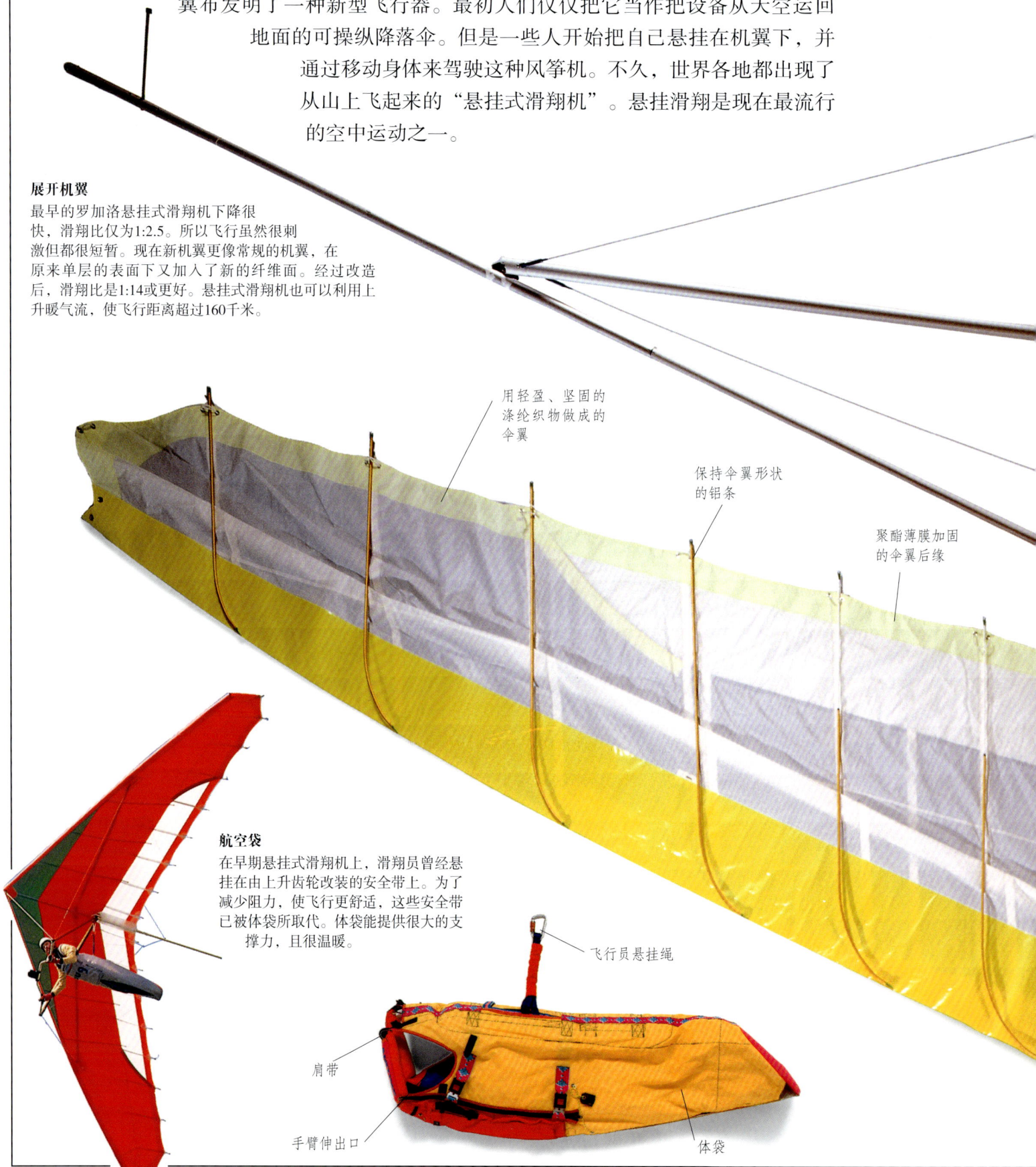

用轻盈、坚固的涤纶织物做成的伞翼

保持伞翼形状的铝条

聚酯薄膜加固的伞翼后缘

航空袋

在早期悬挂式滑翔机上，滑翔员曾经悬挂在由上升齿轮改装的安全带上。为了减少阻力，使飞行更舒适，这些安全带已被体袋所取代。体袋能提供很大的支撑力，且很温暖。

飞行员悬挂绳

肩带

手臂伸出口

体袋

简单的结构

悬挂式滑翔机的框架使用无缝的、航空级铝合金管制成，由不锈钢缆拉紧固定成形。框架坚固、轻巧，构造简单，能折叠起来便于携带。宽大的三角形木桁架下面有一垂直伸出的A形框架。滑翔员把手放在横梁上，通过摆动身体来控制滑翔机。

顶峰体验

在山区，悬挂滑翔爱好者可以乘坐滑雪缆车达到山顶，然后进行滑翔飞行，最后在山底着陆处降落。

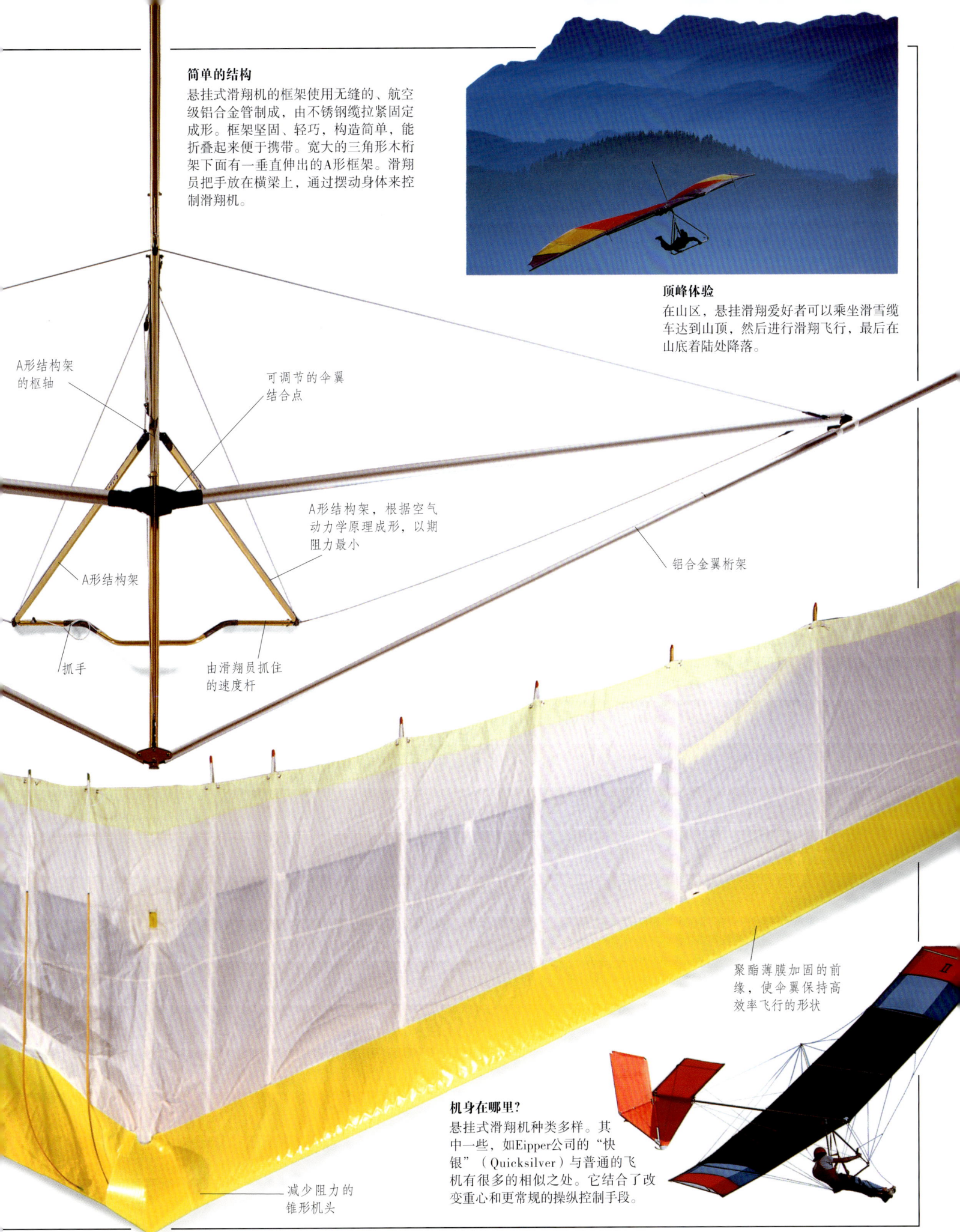

A形结构架的枢轴

可调节的伞翼结合点

A形结构架，根据空气动力学原理成形，以期阻力最小

铝合金翼桁架

A形结构架

抓手

由滑翔员抓住的速度杆

聚酯薄膜加固的前缘，使伞翼保持高效率飞行的形状

机身在哪里？

悬挂式滑翔机种类多样。其中一些，如Eipper公司的"快银"（Quicksilver）与普通的飞机有很多的相似之处。它结合了改变重心和更常规的操纵控制手段。

减少阻力的锥形机头

便携式飞机

从动力飞行出现以后，飞行爱好者便开始向往足够便宜、普通人也可以驾驶的小型飞机。然而，直到最近，即使像德·哈维兰"虎蛾"系列这种最流行的最基本飞机依然是昂贵、复杂的机器。1973年，澳大利亚悬挂式滑翔机先驱比尔·班尼特（Bill Bennett）开始试验一种链锯发动机驱动的悬挂式滑翔机。这种滑翔机在飞行员背后推动螺旋桨，它不是很安全，但的确可行，于是"超轻型飞机"诞生了。自那时以来，超轻型飞机日益改进，如今在世界各地飞行。有些像悬挂式滑翔机一样，保留着柔性翼。其他超轻型飞机，尤其是美国和澳大利亚的飞机，已经发展成为有固定机翼和可控机翼表面的微型飞机。

铝质翼梁

松紧拉索

宽机翼
像悬挂式滑翔机一样，像 Solar Wings公司的"飞马 Q"（Pegasus Q）这样的柔性翼超轻型飞机也有涤纶三角形机翼。为了能承载发动机、三轮车和两个机组人员的重量，其机翼做得比悬挂式滑翔机机翼要宽。

是第一架超轻型飞机吗？
巴西人阿尔贝托·桑托斯·杜蒙特（Alberto Santos Dumont）的19号单翼机，翼展只有6米，也许是第一架超轻型飞机。1907年他在巴黎制造出这架飞机作为空中观光之用，它可以拆开放在汽车里。

层压木质螺旋桨，安全地安装在机组人员后面，推动飞机前进

进气口和过滤器

50马力水冷式，双缸发动机

飞行中的"飞马"
像这样的柔性翼超轻型飞机是非常安全的。只有当速度低于每小时40千米时才会失速。

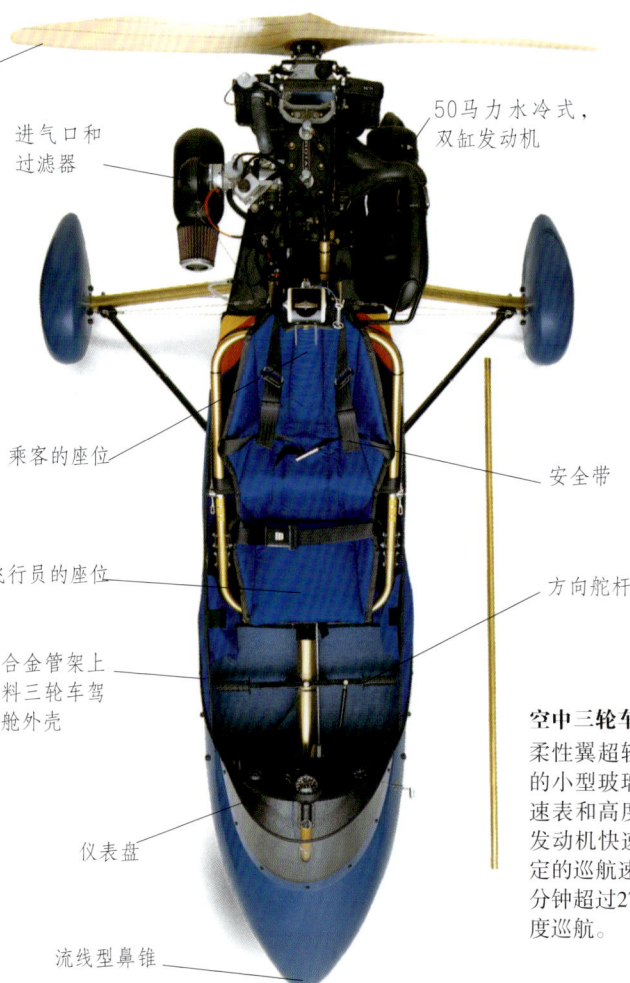

乘客的座位

安全带

飞行员的座位

方向舵杆

铝合金管架上塑料三轮车驾驶舱外壳

空中三轮车
柔性翼超轻型飞机的机组人员通常坐在有三个轮子的小型玻璃纤维车内。一系列仪器控制面板包括空速表和高度表等。起飞时，飞行员踩住脚踏油门使发动机快速转动，在飞行中，可以用手油门设定稳定的巡航速度。Solar Wings公司的"飞马Q"可以每分钟超过270米速度爬升，也可以每小时144千米的速度巡航。

仪表盘

流线型鼻锥

坚固的框架

这架超轻型飞机的铝质框架和悬挂式滑翔机一样地简单、可折叠，但是其强度是后者的3倍。它也有用于飞行的A形结构架。飞行员紧握手握杆，通过改变自己的重心使飞机上升或下降，或向左向右转动。

A形结构架的枢轴

A形结构架

可调节的翼梁结合点

速度杆

手握杆

保持机翼形状的铝质撑杆

方向舵

涤纶机翼

插入的聚酯薄膜的前缘，使外覆盖层挺括，并帮助保持良好的翼型形状

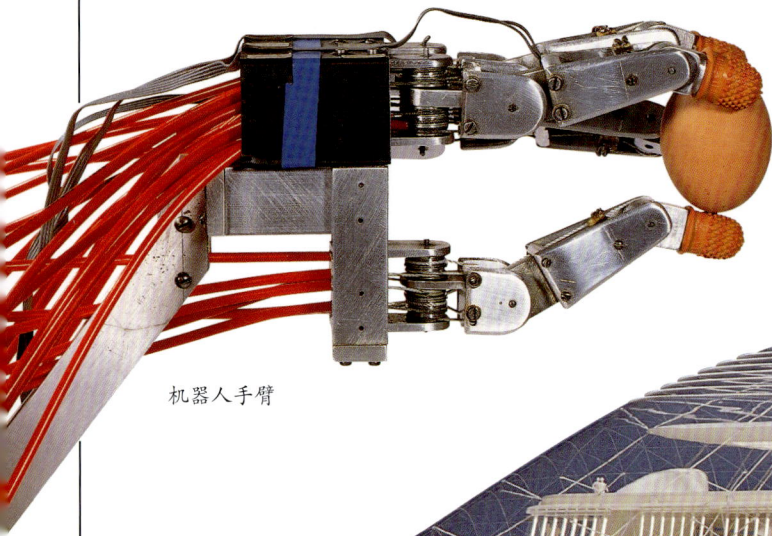
机器人手臂

虚拟现实耳机

未来的办公室

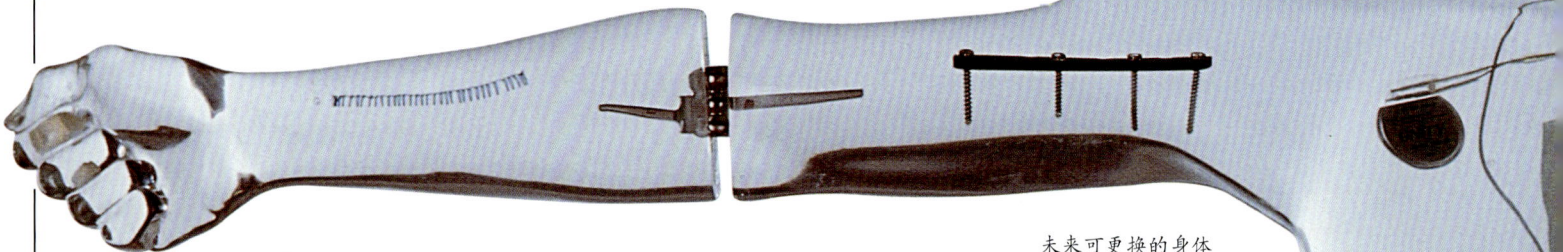
未来可更换的身体
部位

未来的轻型
三轮汽车

未来

Future

前沿科技杰出成就，未来社会发展蓝图。

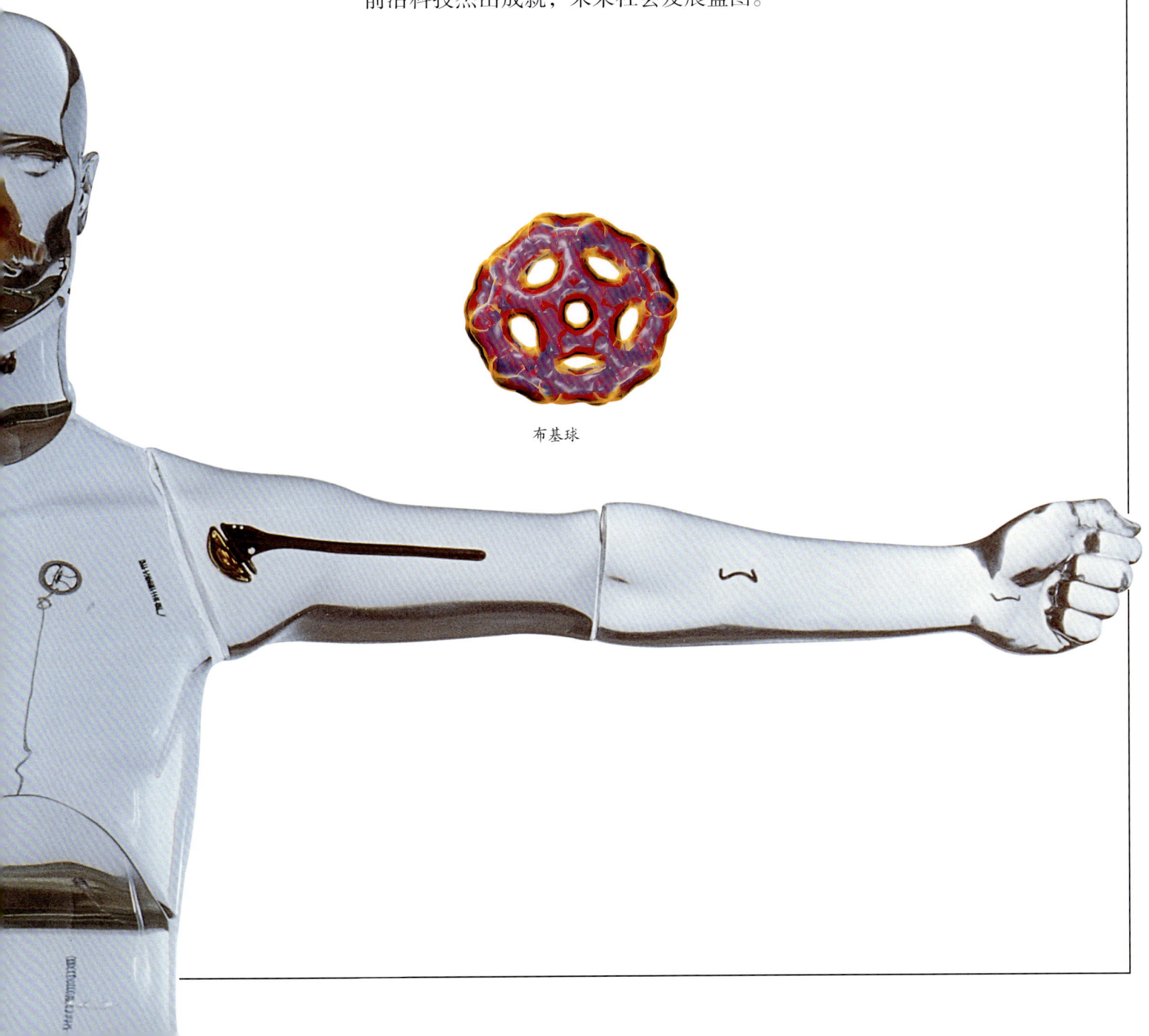

布基球

辉煌的新世界

我们着迷于未来，每当想到下一刻将要发生什么就会激动不已。未来学家通过分析当下趋势预测未来的科学和社会变革情况。想象一下，如果没有汽车、电话、电子计算机、原子弹、太空探测活动以及DNA的发现，世界将是什么样子？以上这些都已对我们产生了深远的影响，但是它们之中又有哪些曾被人们预测到了呢？

水晶球占卜术

数百年来，神秘主义者和占卜师做了各种预测，但他们的预言主要来自对人性的了解。

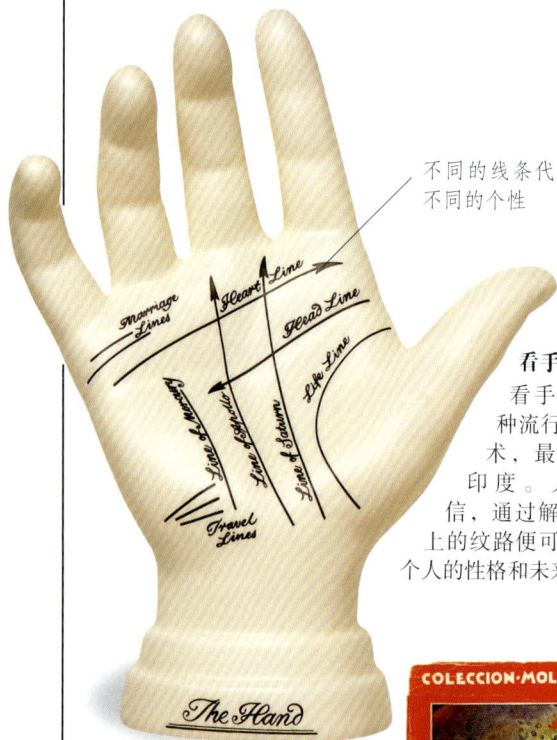

不同的线条代表不同的个性

看手相

看手相是一种流行的卜算术，最早源自印度。人们相信，通过解析手掌上的纹路便可推测一个人的性格和未来。

诺查丹玛斯

诺查丹玛斯的预言最早发表于16世纪。据说，他曾预见伦敦大火以及20世纪的空战。

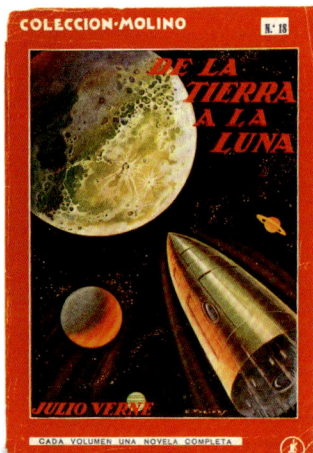

纸牌上的各种形象意味着各种不同的命运

读牌术

人们经常用纸牌来预测未来。读牌之前，先洗牌，然后把纸牌正面朝下放好，再一张张地掀开。

科幻小说

儒勒·凡尔纳（Jules Verne）、H·G·威尔斯（H.G.Wells）、阿瑟·C·克拉克（Arthur.C.Clarke）和艾萨克·阿西莫夫（Isaac Asimov）等科幻作家描绘出了未来世界的景象。

德尔菲神谕

希腊帕纳塞斯山脚下矗立着阿波罗神庙，那里的阿波罗神曾经由其女祭司代言，预测未来。如今，未来学家利用科学信息对未来做出预测。

20世纪10年代

> 我从来不去想未来——
> 未来说来就来。
> ——阿尔伯特·爱因斯坦

阿尔伯特·爱因斯坦

1905年，爱因斯坦提出了相对论。不久，他又提出了完整的引力理论，阐明了宇宙是如何运行的。

摄像

在1907年，卢米埃尔兄弟（Lumière brothers）发明的彩色胶卷掀起了一股照相热潮。

飞机驾驶员趴在飞机上

机翼微有弯曲，以控制飞行

飞行

1903年，莱特兄弟（Wright brothers）飞行了12秒钟、37米的距离，这一事件改变了世界。

发明	1901年 首次实现无线电跨大西洋广播 1901年 胡伯特·塞西尔·布斯（Hubert Cecil Booth）制造出第一台真空吸尘器 1903年 莱特兄弟第一次成功驾驶动力飞机飞行 1904年 卢米埃尔兄弟发明彩色摄像技术 1907年 法国自行车制造者保罗·科尔尼（Paul Cornu）设计的由马达驱动的直升机升空
大事记	1900年 西格蒙德·弗洛伊德所著《梦的解析》一书出版 1902年 布尔战争在南非结束 1904年 日俄战争之初，日本袭击了旅顺港 1905年 阿尔伯特·爱因斯坦提出相对论 1908年 中国年仅两岁的皇帝溥仪登基

20世纪前10年

现在的时间和过去的时间可能都存在于未来的时间中，而未来的时间则存在于过去的时间中。

——T·S·艾略特
（T.S.Eliot）

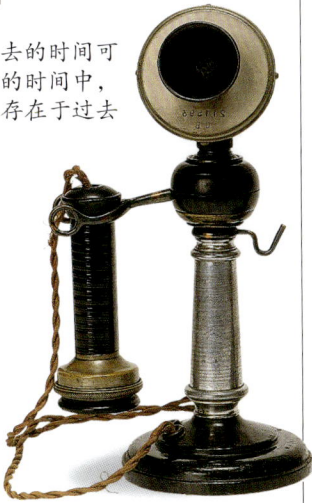

联系他人

电话的发明掀起了伟大的通信革命。相距很远的人们第一次有了直接通话的可能。

耐用金属

1913年，人们发现将铬混入钢中产生的新金属既不会生锈，也很耐刮耐磨。如今不锈钢已在日常生活中广为应用。

便捷的交通工具

亨利·福特（Henry Ford）是汽车规模化生产的先行者。汽车规模化生产改变了工厂生产的本质。

20世纪20年代

预言家最痛苦的事情莫过于预言失败，其次则是预言成功。

——奥尔德斯·赫胥黎
（Aldous Huxley）

起居室的荧屏

半个多世纪以来，人们通过电视收看新闻、电视剧及纪录片。坐在家中看电视的人已经成了各种历史事件的目击者。

华尔街大崩盘

1929年华尔街股市崩盘，引发了世界金融危机。在美国，许多企业倒闭，大批银行破产。

20世纪30年代

你们无法与未来对抗，时间站在我们这边。

——威廉·格莱斯顿
（William Gladstone）

尼龙丝袜

尼龙

很少有材料能像尼龙那样在时装界产生如此巨大的影响，这种人造材料可用来制造各种产品。

惠特尔的喷气式发动机

喷气式发动机

1937年，英国科学家弗兰克·惠特尔（Frank Whittle）创造了第一台喷气式发动机的原型，并于1941年正式投入使用。

关于未来的作品

H·G·威尔斯写了很多科幻小说，其中描绘了地球遭到入侵的情景。

威尔斯在写小说

1913年 福特T型车开始进行规模化生产
1913年 不锈钢首次在英国谢菲尔德市冶炼成功
1914年 交通灯最先在美国俄亥俄州得到应用
1915年 派莱克斯耐热玻璃上市
1915年 首次横贯大陆的电话通信在纽约和旧金山之间实现
1916年 第一辆坦克投入战场

1920年 "汤米"冲锋枪获得专利权
1921年 1 800万俄国人因严重干旱而饿死
1921年 第一条高速公路在德国开通
1922年 加拿大人最先使用胰岛素来治疗糖尿病
1925年 约翰·洛吉·贝尔德（John Logie Baird）首次成功传输电视图像

1933年 德国邮局开通柏林至汉堡间的电报业务
1934年 英国发明家珀西·萧（Percy Shaw）为其"猫眼"路面反射镜申请了专利
1935年 华莱士·卡罗瑟斯（Wallace Carothers）合成了尼龙
1935年 柯达推出第一张彩色胶卷
1937年 弗兰克·惠特尔制作了第一台喷气式发动机的原型

1911年 挪威人罗尔德·阿蒙森（Roald Amundsen）成功到达南极
1911年 中国革命者推翻了清朝的统治
1912年 泰坦尼克号在大西洋上沉没
1914年 第一次世界大战爆发，这场战争最终于1918年以德国的投降而告终
1917年 沙皇尼古拉二世在俄国的统治被推翻

1920年 禁酒令开始实施
1922年 埃及法老图坦卡蒙的墓穴被发掘
1928年 澳大利亚开始实施飞行医生服务
1928年 苏格兰细菌学家亚历山大·弗来明发现了青霉素
1929年 美国华尔街大崩盘，并引发了世界性金融危机

1930年 克莱德·汤博（Clyde Tombaugh）发现了冥王星
1936年 西班牙内战爆发
1937年 兴登堡（Hindenburg）飞艇起火，艇上的97人中有35人遇难
1938年 奥逊·威尔斯（Orson Welles）通过广播剧播出了H·G·威尔斯的小说《世界之战》
1939年 阿道夫·希特勒在德国上台后，挥师侵入波兰，发动第二次世界大战

（接下页）

20世纪40年代

未来我们还得与程序故障和炸弹生活在一起，时间不是十年，而是一万年。
——阿瑟·柯斯勒（Arthur Koestler）

壮观的蘑菇云

原子弹
1945年，广岛和长崎被原子弹夷为平地，一场世界强国间的军备竞赛由此揭开帷幕。

阿瑟·C·克拉克
阿瑟·C·克拉克写了许多关于太空探索的科幻小说。他还预见了全球通信卫星的应用。

20世纪50年代

我们必须变得非常聪明，唯此方能从过去的聪明才智中摆脱出来。
——马克·奥利芬特爵士（Mark Oliphant）

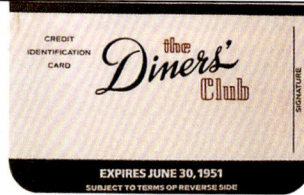

大来信用卡公司
大来信用卡公司发行的信用卡为外出就餐时记账消费的公司管理人员提供了便利。如今信用卡到处都可以使用。

芯片
芯片在20世纪产生了不可估量的影响。这种晶片应用极为广泛，从电子计算机到汽车，随处可见。

芯片

弗朗西斯·克里克和詹姆斯·沃森
1953年，弗朗西斯·克里克（Frances Crick）和詹姆斯·沃森（James Watson）共同发现了DNA的分子结构。所有生命的遗传密码都隐藏在这种分子中。

20世纪60年代

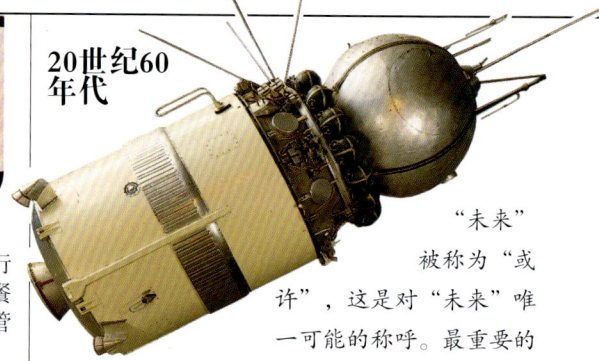

"未来"被称为"或许"，这是对"未来"唯一可能的称呼。最重要的是不要被未来吓倒。
——田纳西·威廉斯（Tennessee Williams）

"电星"
"电星"是第一颗进入地球轨道的通信卫星。该卫星由AT&T公司开发，并由美国国家航空航天局发射。

登上月球的人
当尼尔·阿姆斯特朗（Neil Armstrong）踏上月球时，他说出了一句如今已被载入史册的话："对我来说这只是一小步，但对人类来说却是一大步。"

尼尔·阿姆斯特朗在月球上

发明	1941年 世界第一个气溶胶罐获取专利 1943年 荷兰医生威廉·考尔夫（Wilhelm Kolff）制成了世界上第一颗人造肾 1945年 A·C·克拉克预见了地球同步通信卫星的出现 1945年 微波炉获取专利 1947年 世界第一根晶体管制成 1949年 "彗星"号喷气式客机实现首飞	1950年 第一张信用卡大来卡诞生 1951年 工程师约翰·埃克特和约翰·莫奇利发明了第一台数字计算机UNIVAC 1957年 苏联发射了第一颗人造卫星——斯普特尼克一号（Sputnik 1） 1959年 英国设计师克里斯托弗·科克雷尔（Christopher Cockerell）发明了气垫船 1959年 第一枚人造硅片诞生	1960年 西奥多·梅曼（Theodore Maiman）建造了激光器 1962年 第一颗通信卫星"电星1号"被送入轨道 1963年 荷兰飞利浦公司研制的盒式磁带录音机获取专利 1966年 垂直起降飞机（VTOL）在航空展上揭开面纱 1967年 第一艘核潜艇在法国下水
大事记	1945年 希特勒自杀身亡，第二次世界大战结束 1945年 美国向广岛和长崎投掷原子弹 1947年 飞行员查克·耶格尔（Chuck Yeager）驾驶飞机突破声速 1948年 南非国家党上台，推行种族隔离政策 1949年 北大西洋公约组织成立	1950年 朝鲜战争爆发 1953年 弗朗西斯·克里克和詹姆斯·沃森发现了DNA的结构 1953年 新西兰登山家埃德蒙·希拉里和尼泊尔的丹增·诺尔盖登上珠穆朗玛峰 1954年 英国运动员罗杰·班尼斯特（Roger Bannister）在四分钟之内跑完了一英里。 1955年 第一座迪斯尼乐园在美国加州向公众开放	1961年 航天员尤里·加加林（Yuri Gagarin）成为第一位进入太空 的人 1961年 东德建造柏林墙，将柏林一分为二 1963年 约翰·F.肯尼迪总统遇刺身亡 1967年 以色列发动"六日战争" 1967年 克里斯蒂安·巴纳德（Christiaan Barnard）在南非实施了世界上首例心脏移植手术 1969年 人类首次登上月球

20世纪70年代

我们都应该关注未来，因为我们的余生在未来度过。

——查尔斯·F·凯特林
（Charles F.Kettering）

软盘
20世纪70年代，电子计算机用户可以使用软盘记录数据、安装程序。

条形码
借助于条形码，可快速存取储存在电子计算机里的信息。超市收银员已使用条形码扫描器来读取商品标签。

协和客机
自1976年以来，英国航空公司和法国航空公司联合开发的协和客机以超声速穿梭往返于大西洋两岸。但它却因噪声污染而遭受批评。

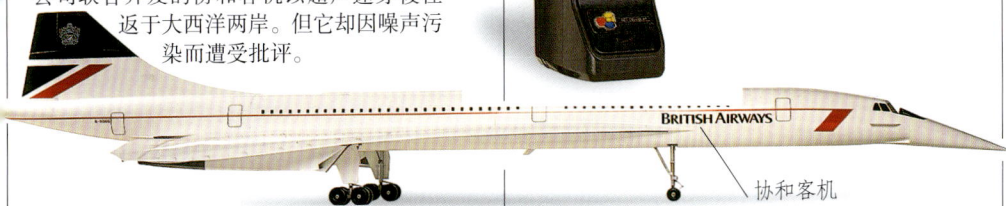

协和客机

20世纪80年代

科幻文学是针对未来的考古学。

——克利夫顿·费迪曼
（Clifton Fadiman）

航天飞机
航天飞机是世界上第一种可重复使用的载人飞船。最早的四艘航天飞机都以著名的舰船名字命名："哥伦比亚号""挑战者号""奋进号"以及"亚特兰蒂斯号"。

天线

移动电话（手机）
现在，无论我们彼此身处何方都能迅速与对方取得联系。如今许多手机用户可以登录互联网。

20世纪90年代

火光满天，无数导弹从天而降，世间万物难逃浩劫。这是最后一次火灾来临前的场景——时间是1999年。

——诺查丹玛斯
（Nostradamus）

前往火星
"探路者号"探测器于1997年7月4日登陆火星。它携带的"索杰纳号"火星车对火星表面进行了探测。

头戴式受话器给人三维视觉体验

数据手套

虚拟现实
虚拟现实技术现已应用于娱乐、医药及设计领域。未来虚拟现实技术将与电影一样为我们所熟知。

1970年　IBM公司制造了第一张软盘
1971年　法国发明食品加工机
1971年　苏联将空间站送入轨道
1972年　英国研究人员戈弗雷·豪恩斯弗尔德（Godfrey Hounsfield）研制出CT扫描仪
1976年　协和超声速客机首次投入商业飞行
1979年　催化转换器在英国研制成功

1981年　世界首架航天飞机"哥伦比亚号"发射升空
1981年　隐形战斗机在美国成功首飞
1982年　第一颗人造心脏移植成功
1984年　遗传指纹分析得到应用
1985年　桌面排版（DTP）技术诞生
1985年　移动电话在欧洲上市

1991年　欧洲第一颗环境卫星ERS-1卫星进入轨道
1992年　美国利用虚拟现实技术开发出3D视频游戏
1993年　第一台电视/收音机声控遥控器投入使用
1998年　数字广播技术问世
2000年　人类全基因组测序完成

1973年　澳大利亚悉尼歌剧院在一片争议声中竣工
1973年　最后一支美国部队撤离越南，但是战争依然持续了两年
1973年　美国人首次在销售产品时使用条形码
1979年　美国宾夕法尼亚州的三哩岛发生核事故

1980年　位于华盛顿的圣海伦斯火山爆发
1982年　阿根廷军队将马尔维纳斯群岛让给英国
1985年　150万人观看了《巨星义助非洲慈善演唱会》（Live Aid）
1986年　"挑战者号"航天飞机发生爆炸
1986年　切尔诺贝利核电站发生重大核事故
1989年　柏林墙被拆除

1992年　臭氧空洞首次扩展至南美洲海岸
1994年　"非洲国民大会"（ANC）领导人纳尔逊·曼德拉当选为南非第一任黑人总统
2001年　恐怖分子袭击了位于纽约的世贸大厦
2004年　印度洋发生海啸，275 000人遇难
2004年　"勇气号"和"机遇号"火星车对火星表面进行了探测

日益变小的地球

世界正变得越来越小。今天，围绕地球的同步轨道通信卫星已有数百颗，这些卫星帮助我们实现彼此的沟通交流。移动电话、传真机、电子邮箱使我们无论身处何地都能随时保持联系。内容涉及文化活动、战争、饥荒等方方面面的即时新闻报道按时播送至千家万户。互联网当初仅仅是几所大学间的小型通信网络，如今在全世界已经拥有数亿用户。很快，电视、电话、电子计算机将合并成一种技术。来自世界不同地区的人们可以通过视频会议系统咨询医生和其他专家。信息技术可以造福全世界。

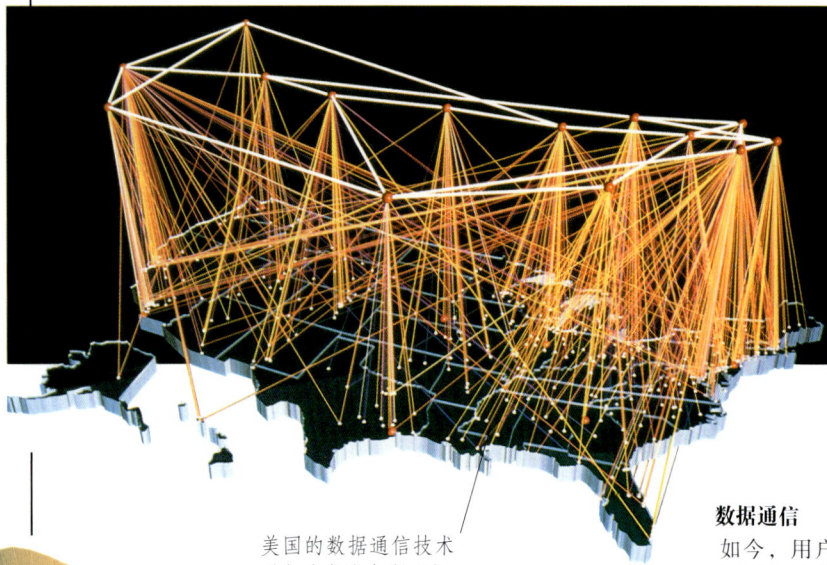

连线

当初这些人凑在一起聆听最新的录音，而现在，借助于互联网，人们可以登录世界各地的网站，并能够与不同文化背景的人分享信息和音乐。

美国的数据通信技术
（如彩色线条所示）

数据通信

如今，用户之间通过信息高速公路彼此联系。在美国，科学家可以利用这样的网络登录大型电子计算机系统。

发送及接收消息

第一颗人造卫星"斯普特尼克一号"于1957年发射升空。自那时以来，已有总计2 000多颗卫星被送入太空世界各地的地面卫星信号接收器（左图）不停地工作。许多国家已经把地球同步通信卫星，如"国际通信卫星Intelsat K系列"（右上图），以及各种电视卫星，如TDF-1广播卫星（右页图）送入轨道。

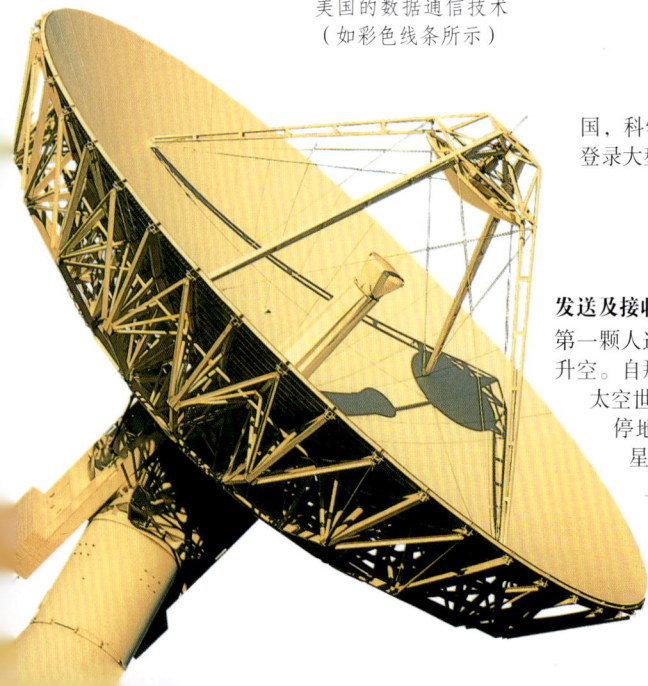

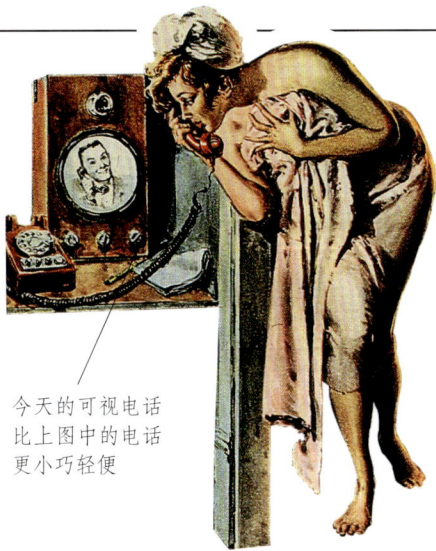

今天的可视电话
比上图中的电话
更小巧轻便

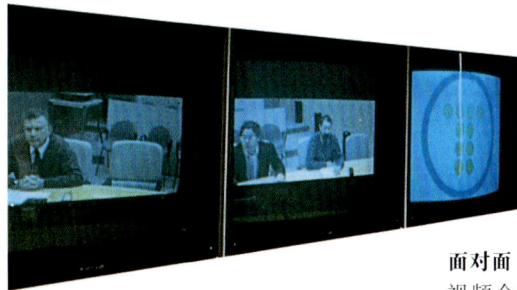

看到你更多的朋友
这是1956年一期杂志上刊登的滑稽照片，彰显了人们对可视电话侵犯他人隐私的担忧。直到20世纪90年代，这类发明才具备了现实的可行性。

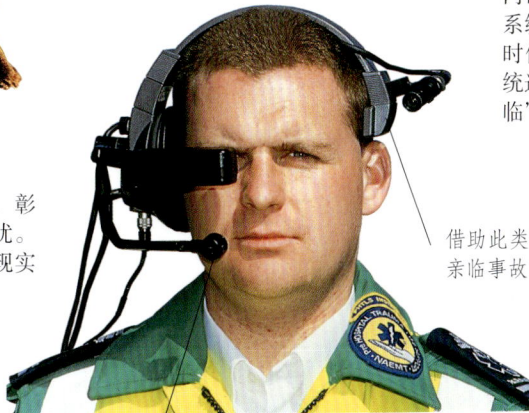

面对面
视频会议已经成为跨国公司内部沟通交流的流行方式。该系统还可以在学校使用，因为有时候学校可能会通过视频会议系统邀请来自世界各地的专家"莅临"演讲或教学。

借助此类设备，专家近乎亲临事故现场

太阳能电池板随时收集并储存能量，以备人们拨打电话使用

耳机上安装了摄像机、显示屏幕和麦克风

医生观看救护人员发送过来的影像，从而提供相应的医疗咨询

挽救生命
在不久的将来，救护人员在事故现场就能够得到医生的及时指导。这种救生设备集合了视频会议系统和卫星通信网络系统。

太阳能电话
世界上许多地方还没有电。太阳能可以提供解决方案。这种太阳能电话亭利用阳光产生的能量传送和接收电话信号。

光纤
过去人们使用铜线电缆传输电话和电视信号，如今却代之以一束束柔韧的光导纤维。光纤可以传导更多的信息，而且信息在通过光纤传输时能实现最低的失真率，即使用光纤可大规模传输图像或电话信息。

一条细如发丝的光纤可以同时接通大约100万路电话

俯瞰地球

1 蓝色星球

20世纪60年代，卫星和航天员从太空传回首批地球照片。我们的地球是以蓝色为主的星球，在浩瀚的宇宙中，她显得渺小而脆弱。

卫星成像技术日益成熟，如今人们可以通过网络看到所在的城镇、街道和房子的卫星照片，甚至能看到自己的汽车停放在哪里。乔治·奥威尔（George Orwell，1903—1950）在其书中预言，未来我们的一举一动都将受监控。从某种意义上说，他的预言是有道理的。今天，卫星从太空俯瞰着我们，在商场和其他公共场所，摄像机记录着我们的一举一动。不过卫星还有其他更广泛的用途。例如，地球资源卫星发回的地球图片为我们提供了极为重要的生态信息。此外，卫星还可以告诉我们城市和环境所发生的变化，并对任何可能威胁地球安全的重大生态问题发出预警。

"老大哥"正在看着你

乔治·奥威尔在其所创作的科幻小说《一九八四》中对未来作出了悲观预测，他预言未来人们的生活会被监控。战战兢兢的市民难逃"老大哥"的法眼。

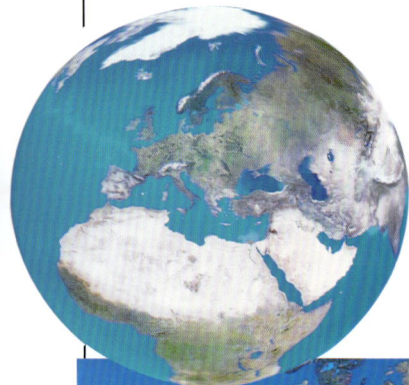

2 欧洲上空万里无云时的景象

随着现代科学技术的进步，太空中的卫星可以锁定地球上的特殊区域，如广袤的植被区、壮阔的沙漠以及雄伟的山脊。然而要实现这一点，必须确保卫星在观测时没有厚厚云层的遮挡。

3 拉近画面

现在焦点对准了位于意大利北部的阿尔卑斯山南段。这些照片是由数千张卫星图片在电子计算机中拼凑而成的。

飓风中心的风暴眼

意大利上空无云时的景象

阿尔卑斯山南段

4 高山风光

进入我们视野的是被冰雪覆盖的高山山脊。到目前为止，这种摄影技术仅限于各国军方使用，但不久便会用于商业用途。

观测天气

气象学家可利用卫星和航天器监控地球天气状况。这张由"亚特兰蒂斯号"航天飞机拍摄的图像呈现了1988年佛罗伦萨飓风横扫大西洋时的危险场面。气象卫星可以观测云层的活动状况，天气预报员再根据这些信息预测天气。

华盛顿市中心景象

天空中的"眼睛"
第一颗地球资源卫星于1974年发射升空，用以监测地球变化。这种卫星提供的数据涉及城市面积、森林砍伐、环境污染、自然灾害等各方面。

高浓度臭氧区

臭氧耗损
臭氧层能够保护地球上的生物免受有害紫外线的辐射。这张照片（左图）展示的是南极上空的臭氧层空洞。颜色显示出臭氧浓度，暗红色为最低，绿色为最高。

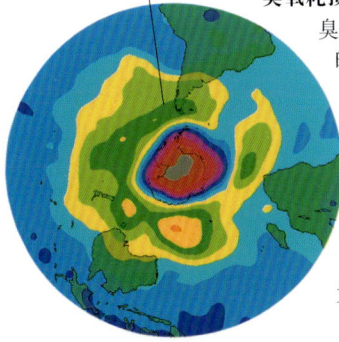

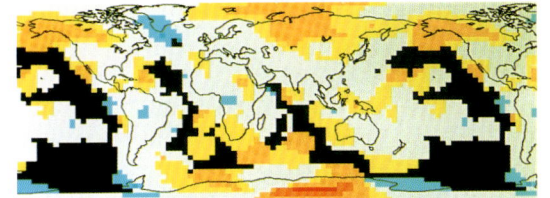

气温变化趋势
这些由电子计算机生成的地图显示出全球气温的变化趋势。有证据表明，气温在21世纪将会明显上升，许多人认为这是全球变暖的迹象。

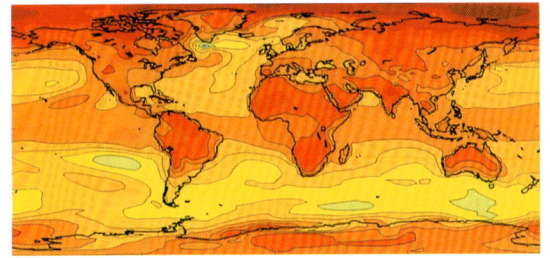

2050年气温预测图

-1 0 1 2 3 4 5

1965~1985年间的气温变化趋势图

-3 -2 -1 0 1 2 3 4 5

5 细察入微
如今，我们可以清楚地察看高山环抱的峡谷中茂密的植被，可以辨认出河流的流向，并估算出山顶覆盖着多少积雪。

河流的轮廓

马特洪峰三维图像

6 导航定位
现在的卫星成像技术能够锁定1米以内的区域。未来，我们甚至可以利用成像技术观测地下景象，或者探索海洋的最深处。

人口膨胀的世界

在过去的200年里，世界人口从10亿左右激增至约70亿，直到现在才开始出现增长速度放缓的迹象。目前的出生率高于死亡率，据研究人口趋势的社会学家估计，只有当世界人口达到100亿或110亿时，出生率和死亡率才有可能持平。随着医疗保健水平的提高、生活条件的改善以及饮食的日益健康，我们的寿命将延长，生活质量也随之会更高。但是如果让地球承担如此多的人口，就必须设法保护和维护地球上的自然资源。各个国家必须联合起来，共同努力，以减少污染，保护森林，控制农药使用量，并找到矿石燃料的替代能源。

人口（单位：10亿）

太多的人要吃饭
人口过多造成资源的紧张。缺乏清洁的饮用水或食物供应不足将会给整个社会带来灾难。

老龄化
不断改善的医疗服务水平、良好的饮食以及日趋健康的生活方式带来的不仅是更长的寿命，同时还有更加健康的身体。

不断膨胀的人口
19世纪初之前，世界人口总数还一直维持在10亿以下。由于健康条件的改善和生活水平的提高，截至1900年，世界人口达到20亿。如今，世界人口总数已逾70亿。右图表明世界人口从1800年开始以数以亿计的惊人速度增长，从2100年以后，世界人口才可能会稳定下来。

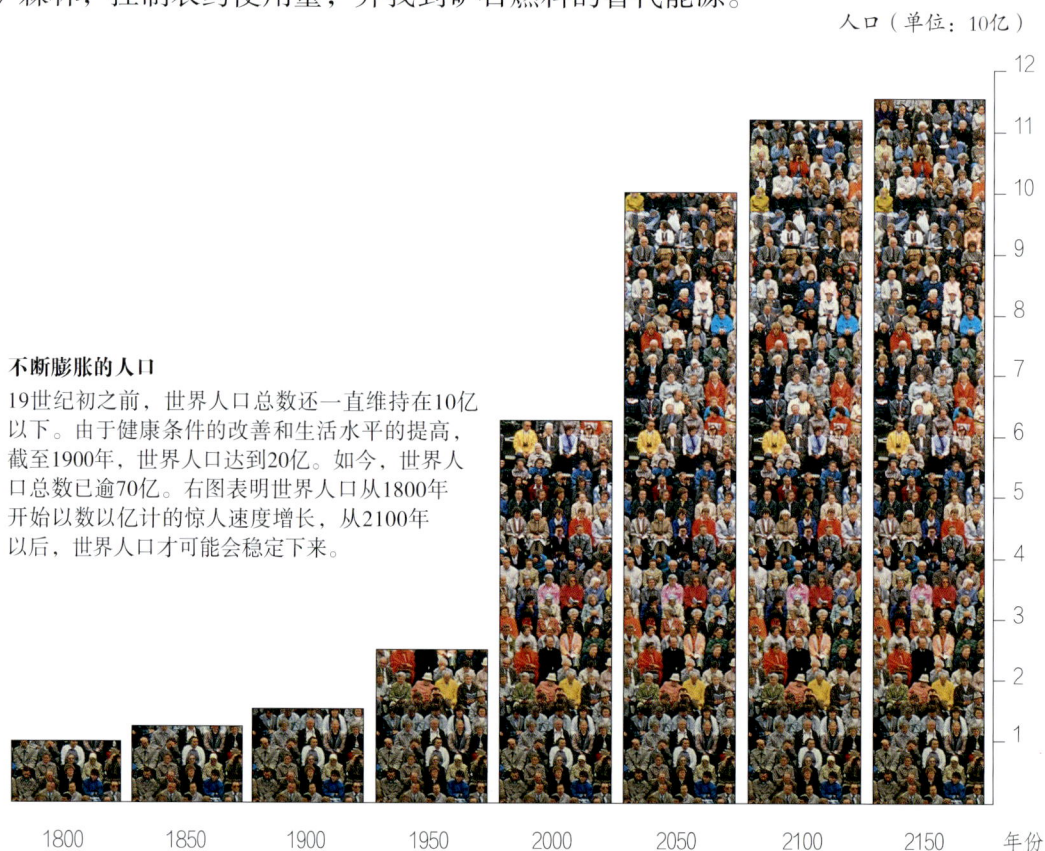

| 1800 | 1850 | 1900 | 1950 | 2000 | 2050 | 2100 | 2150 | 年份 |

城市的扩展
世界人口越来越向城市地区集中。日本"东京—横滨都市圈"的人口已经超过3 300万。据估计，城市及市区人口每年都会新增加6 000万，这给就业、住房、公共服务带来源源不断的压力。

遭受污染的大气
我们每年都要消耗数十亿吨矿石燃料，这将消耗完自然资源并造成大气污染。汽车尾气和工厂废气给人类健康和环境带来灾难。

莫斯科的发电厂

对外来文化的渴求
今后，对消费品的巨大需求可能会耗尽我们的自然资源。

可口可乐成功出口到世界各地

全世界每天消耗的可口可乐超过6.68亿瓶

距离巴西圣保罗市现代建筑群不远处的贫民窟

保护我们的未来
由于对木材和耕地的需求高涨，南美洲雨林正在大片大片地消亡。这会对动植物带来灾难性的后果，并对地球大气造成严重破坏。

发展中国家的经济增长
贫穷的农民从农村来到城市，给那里的住房和公共服务带来巨大压力。目前发展中国家已有260多座城市人口超过了100万，其中人口在1 000万以上的"特大城市"至少有15座。

环保

科技的发展使我们受益匪浅，现在如此，将来也会如此。但人类并非不需要付出代价——臭氧层的破坏及温室气体的影响在未来可能会严重危害我们的星球。空气污染形成了酸雨，而水污染则造成了大量野生动物的死亡。自然资源正被迅速消耗殆尽。由于我们某些不当的行为，地球上的一些动物已经灭绝。如果我们不能更加负责地利用有限的资源，后果将不堪设想。

未来的景象
从20世纪50年代起，一些建筑师们便开始饶有兴致地设计未来房屋，上图所示的房子就是其中之一，该房子可以任意旋转，房屋的穹顶可调节气温，这样人们在严冬也可以享受夏日活动了。

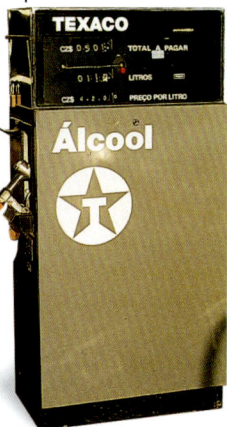

未来城市中的理想工具
汽车是应用极为广泛的交通工具。然而，由于汽车带来污染以及未来汽油短缺的问题，汽车生产商们转而开发环保型且能耗低的汽车。

汽油的替代品
由于矿石燃料不可再生且价格昂贵，全世界的科学家都在寻找替代能源。从谷物中提取的酒精就是汽油的一种替代品。

车体重量变小，减轻了发动机的负担，耗油量也随之减少

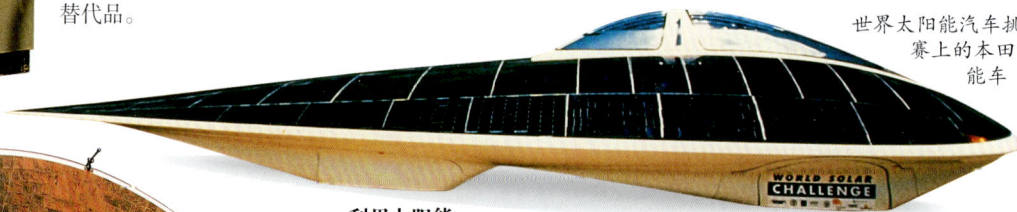

世界太阳能汽车挑战赛上的本田太阳能车

利用太阳能
太阳能汽车携带太阳能电池，可将太阳能转换为电能，以此驱动电动机运转。但现在的太阳能汽车仍然价格昂贵，而且在性能方面还有待提高。

太阳能发电站
太阳能虽然有巨大的开发潜力，但其采集成本高，转换储存困难。聚光型集热器（左图）可以将阳光集中到一点，由此产生的高温足以带动蒸汽涡轮发电机发电。集热器反射镜的方向由电子计算机控制，以确保其全天面对太阳。

流线型轮廓可避免风的阻力

巨大的三脚结构支撑着整座建筑

回收利用

未来我们生产的产品会经久耐用、便于修理。这些产品极易拆除，而且还能以意想不到的方式重复利用（如右图所示），或者至少能被安全而高效地处理掉。

从车上拆下来的橡胶轮胎

轮胎分解后正待重新加工

汽车轮胎分解后制成的手提包

闷热混浊的空气可从建筑物顶端的天窗排出

冬季，顶部温暖的空气可以使来自底部的寒冷空气变暖

太阳辐射使玻璃面板之间的空气变热

镜子将自然光反射到办公室里

未来的办公室

传统的办公室冬季能耗高，到了夏季则需要消耗更多的能源制冷。由于室内常常不通风，而且缺少自然光，电力照明及空调系统需要全天开着。能源利用率低的办公室需要重新设计建造。这座气势雄伟的办公楼在设计上最大限度地利用了自然风和自然光，能够有效地解决这些问题。

空调被自然通风系统所取代

建筑物高踞于地面以上，远离污染物

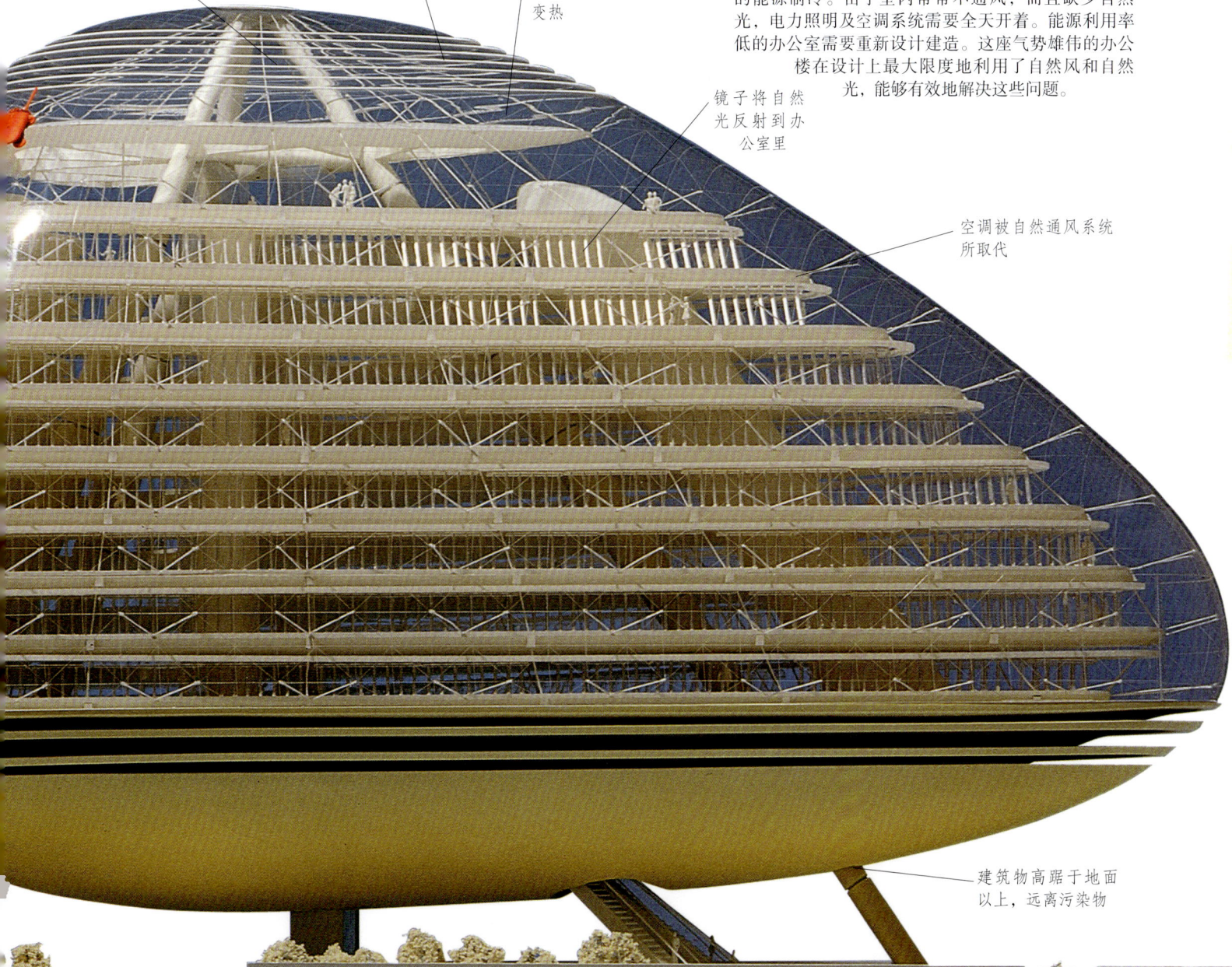

（接下页）

（接上页）

玻璃房子内
与外界隔绝的
"盒子"

未来之家

今天的大多数房子都具有节能的特性，但在设计上能与英国绿色智能住宅样板房相媲美的则寥寥无几。这幢高科技房屋极大地降低了对自然资源的消耗。底层地板位于地面以下。上面部分则由轻型材料制成，建造起来既方便又快捷。不过修剪草坪将是新的挑战，因为这幢房子最不同寻常之处就是房顶上面栽种了草皮。

轻巧的房体建筑在牢固的地基上

房子底部三面受大地庇护

根据需要安装的预制分隔墙

草皮下面的波状屋顶层一方面为屋顶存储水分，另一方面又可避免水进入屋内

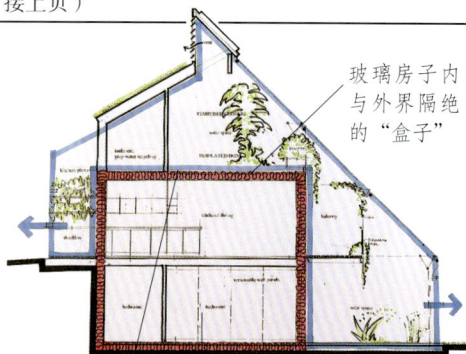

墙用水泥砌成，并覆以瓷砖

最简易的回收方法

房子所属区域内都有废物分类回收箱。房子外面有雨水收集池，收集的雨水可用来灌溉花园或者洗车。此外还有回收有机废物的堆肥箱。

玻璃房子可调节气候

棚屋屋顶上也栽种着绿草

内部设施

房子内部有一个控制中心，可以很方便地控制管道及电力服务系统。由电话操控的电子计算机可以调节节能灯、家用电器及供暖装置。此外，该电子计算机还可控制用于保护房子的烟火探测器及安全系统。

控制中心可以对内部设施进行直接控制

玻璃房子内可栽种植物

雨水收集池

盛放有机废物的堆肥箱

灵活的房子

浴室和厨房都是预先建好的，并与控制中心相连，不过，房子内其他空间可随意调整。房子的整体结构是开放性的，房主可以根据需要改变房间数量。

房内节能照明系统可预先设定好程序

洗碗机和炉子可以遥控

暖气在地板下面，这样便于挪动分隔墙

厨房是预先建好的，并与控制中心相连

需要额外房间时可以挪动分隔墙

隔热百叶窗可使住户避免阳光直射，并减少热量吸收

太阳能电池通过热交换器给水加热，以备家庭使用

房子封闭性极佳，房内潮湿气体可通过烟囱排到室外

百叶窗可以手动控制，也可由屋顶的太阳能电池调控

光伏板可补充电力

通风系统利用烟囱效应将空气向上提升，从而使玻璃房子内的空气实现流通

双层玻璃窗户用来保存热量，但在温暖的天气里也可以打开

房子内的窗帘可自动打开和关闭，以最大化地利用太阳能

墙壁极为隔热，在冬季时可避免热量散失，夏季时则可防热

外墙由轻质材料建成

前墙全部打开后，房子内外界限不再分明

楼梯直通下面的花园，花园内的温度可以人工调节

雨水收集系统带有手泵，便于浇灌花草

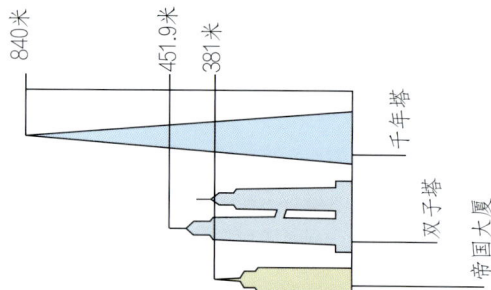

未来之城

城市有较大的经济文化发展空间。随着世界人口的激增，建设新城市，改造旧城市将成为必需之举。这些城市需要悉心规划。办公楼和公寓楼将以前所未有的高度耸立着，楼内有商店、餐厅以及各种休闲设施。多数情况下居民们无须再下楼了。人口增长引发的环境污染问题亟待加强管理，这就需要使用高耗能引擎。同时，建筑物也将使用可再生能源，提高能源利用率。

新千年的城市建设

解决城市拥挤的途径之一就是向上发展，建造高楼大厦。千年塔是由英国建筑师诺曼·福斯特（Norman Foster）设计的，选址于日本东京。该塔有150层高，是一个拥有独立设施的小镇"天空中心"，可容纳5万人。高速双层电梯每次可将80人送至"天空中心"（sky centers）。中心有餐馆、商店以及各种娱乐设施。居民可搭乘高速电梯前往其他楼层，到达自己的寓所或工作场所。

双子塔能抵御强风和地震

840米

451.9米

381米

千年塔

双子塔

帝国大厦

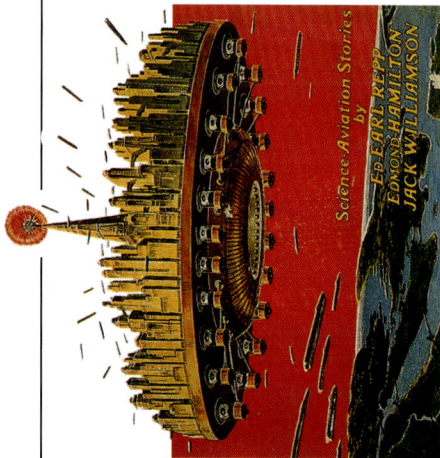

飞翔的城市
这是一名幻想家于1929年构想的纽约未来的景象——一座旅行之城悬行于地面之上。我们到达这种空中之城的最佳方法很可能就是乘坐绕地球轨道运行的太空飞船。

帝国大厦

高耸云霄
从城市建筑的角度看，今天的曼哈顿为解决空间不足问题提供了一条途径。在这个纽约的小岛上，高楼大厦密密匝匝，其中不乏世界顶级高楼。

日本东京的胶囊式酒店房间

未来的酒店
日本东京的旅馆以特殊的方式充分节约空间。旅客们都睡在各自的"胶囊"里，"胶囊"中有空调，并配备了电视机及洗衣设施。

每30层楼都有一处"天空中心",用于举办社区活动

其他楼层是寓所和写字楼

宽敞的玻璃窗为每个楼层提供阳光

空中夹廊连接着41和42层

钢筋结构支撑着圆锥形大楼

滨海公寓

东京千年塔建筑模型

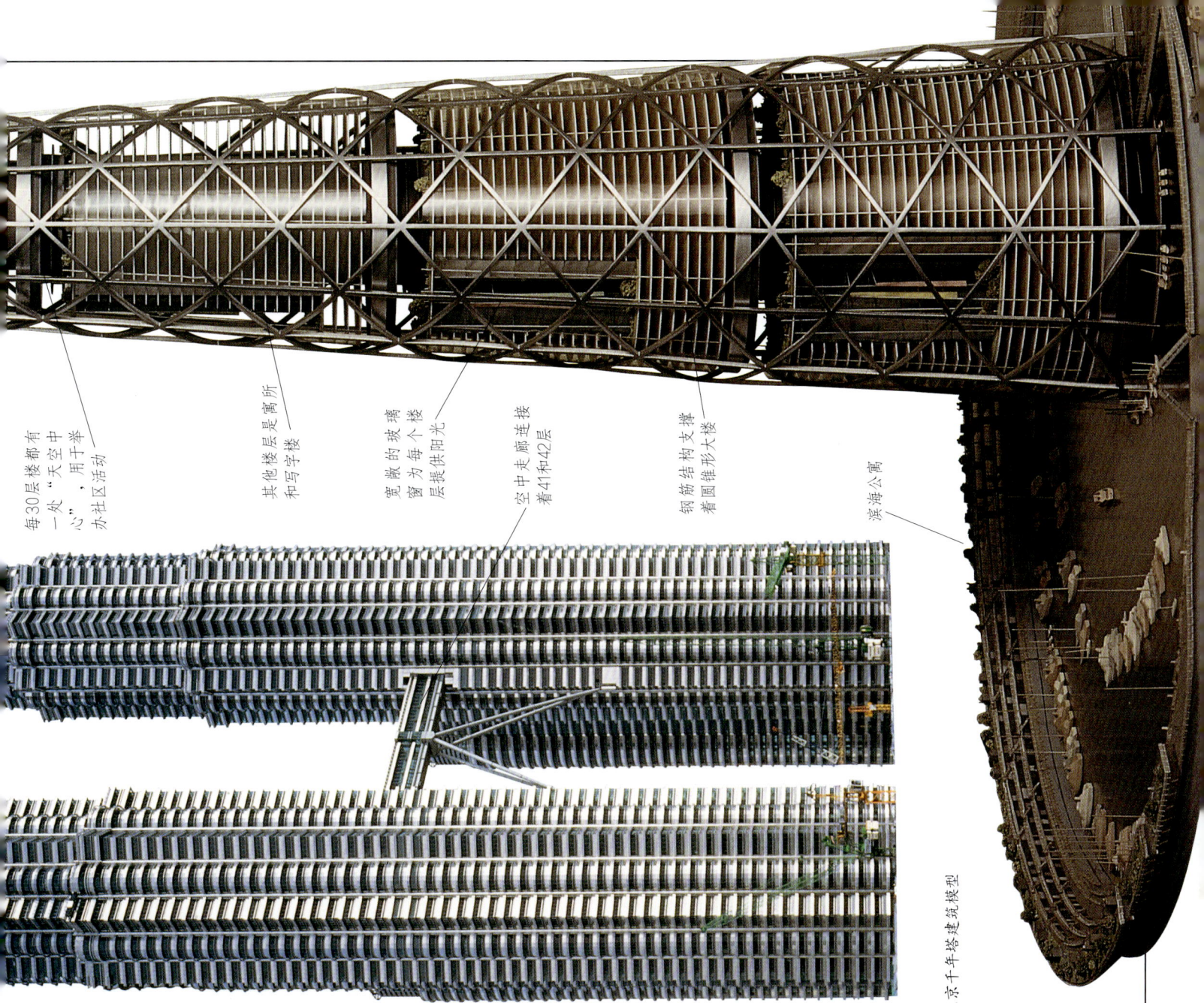

未来的地下世界

在地下建造服务设施已不再是新鲜事了。人类使用地铁的历史已经有一个多世纪。在未来,为了节约空间,城市内所有车辆及交通设施都可以在地下运行。

双子塔

矗立在马来西亚吉隆坡市的双子塔是一座88层高的节能大厦,其高度仅次于509米高的台北(中国台湾)101大楼。该塔是一座办公大楼,但塔内也建有购物中心、科学研究中心、艺术画廊及音乐厅。

客房建于轮子之上,轮子每分钟转动3次

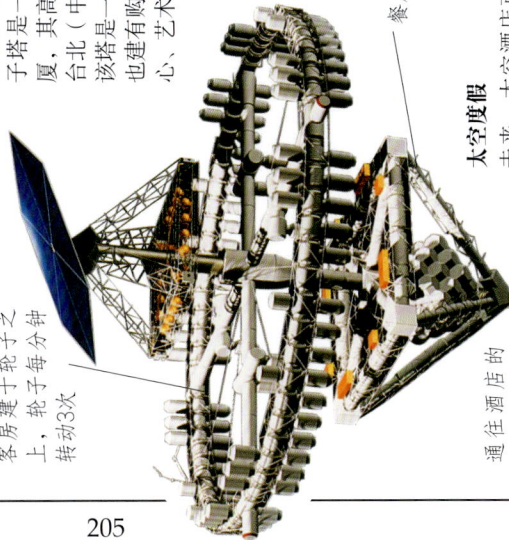

太空度假

未来,太空酒店可能会变为现实。这种高空绕地球运行的酒店将在地球以上450千米的高空运行。届时将有专门的航天飞机负责往返于地球的旅客,此外,该航天飞机还可观光送客送往月球。

通往酒店的电梯竖井

餐厅和运动中心

交通管理

在未来，为实现效率最大化，人们将预先规划自己的行程。卫星导航系统可将司机所处的地理位置数据呈现于电子地图上，司机只需要表明自己的目的地，汽车就会提供最佳路线。车上安装有功能强大的计算机，可对汽车行驶状况进行监控，并会自动采取措施。比如，当驾驶状况不稳定时，计算机就会判定司机此时已昏昏欲睡，继而熄灭发动机。长途驾驶时，司机可以选择行驶在自动化公路上。在这里，汽车会组成车队行驶，其速度和行驶方向由计算机控制。随着跟踪系统的改进，天空中会有更多的飞机，这些飞机能够安全飞行而绝不会出现拥挤或碰撞现象。在未来空中导航系统（FANS）的指导下，飞行员可以改变航线，转而利用高空喷射气流，提高飞行速度并节约燃料。

精准地预测
早在1919年，在许多人口稠密的城市里，由于汽车数量众多，停车难题就已经显而易见了。当时提出了建设多层停车场的解决方案。

汽车由电力驱动

电力公路
20世纪50年代的这则宣传画昭示着未来的交通状况——没有事故、没有拥堵。汽车沿着电力高速公路飞驰，其速度和方向由嵌于道路中的电子设备控制。

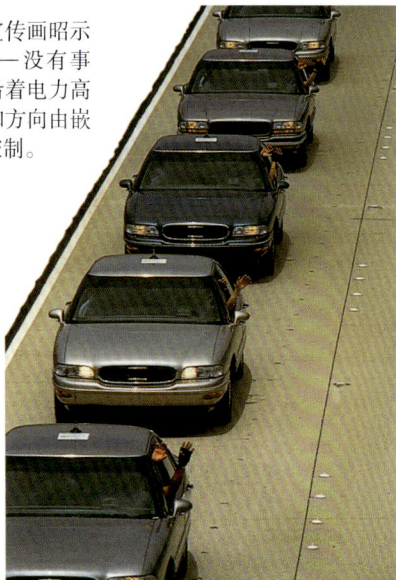

自动化公路
今天，自动化公路正在成为现实。自动转向、自动加速、自动制动的汽车当前正处于试验阶段。这些车上安装着计算机，可以接收道路电子装置发出的信号。

借助于这一计算机模拟系统，研究人员可以预测出不同条件下司机的驾驶行为

未来的单轨道路

一家美国公司开发出了具有革命性意义的新型单轨交通系统(The Beam)。使用该轨道的汽车悬挂于轨道的一侧,因此单轨两侧车辆可实现双向行驶。

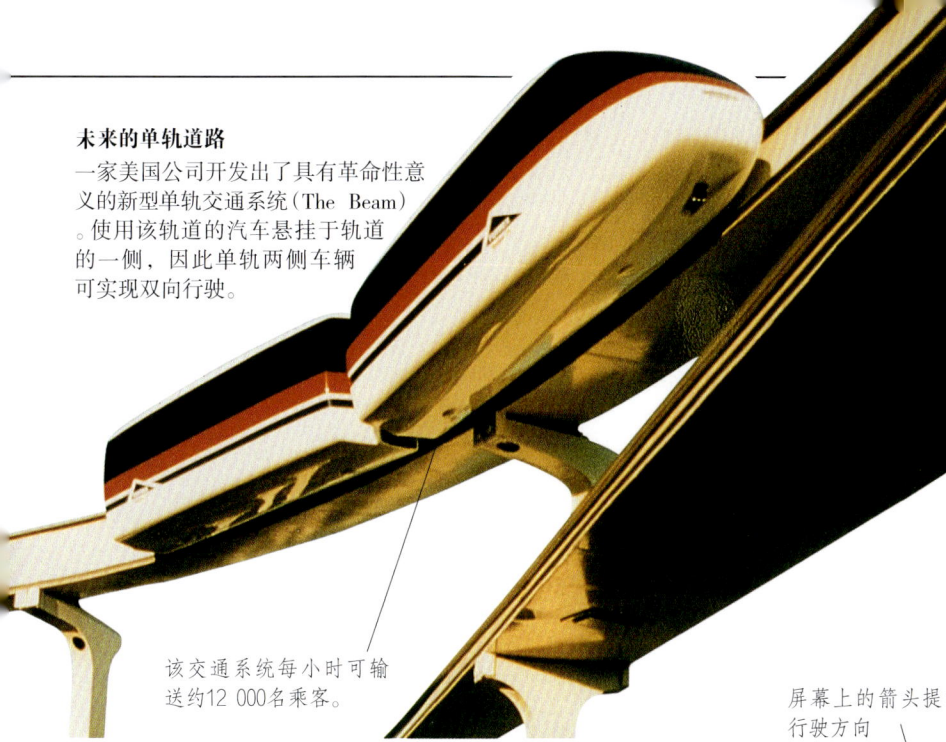

该交通系统每小时可输送约12 000名乘客。

每架飞机在雷达屏幕上都有标识

一切良好

新一代雷达系统配备了功能强大的电子计算机,能够跟踪飞机并预测其飞行轨迹,如此一来,航空交通管制员就能更加容易为飞机选择飞行航道了。无论飞机是在地面还是在空中,新的安全系统都能控制所有飞机的位置。

屏幕上的箭头提示行驶方向

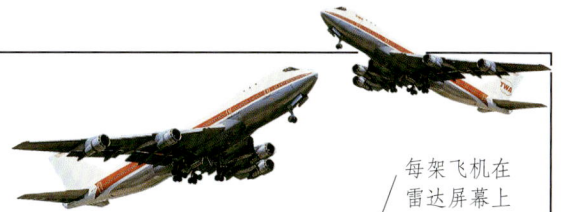

车内导航系统

在不久的将来,所有的新车上都将安装导航设备。该系统(右图)接收全球定位卫星发出的定位信号。司机输入目的地名称后,电子计算机会查找出最佳行驶路线,并以数字化语音告知司机如何前往那里。

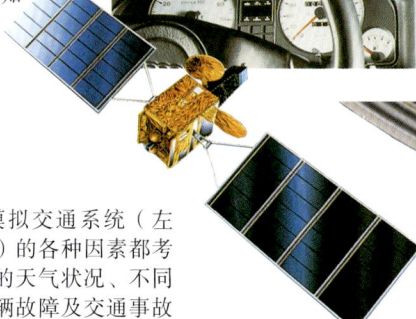

不再拥堵的交通

交通拥堵的原因很复杂。模拟交通系统(左图)将影响现实交通(右图)的各种因素都考虑在内。这些因素包括多变的天气状况、不同的车辆种类和驾驶风格、车辆故障及交通事故等。研究这些信息旨在更合理地规划道路,控制行车速度,并为司机提供其他可选择的行车路线。

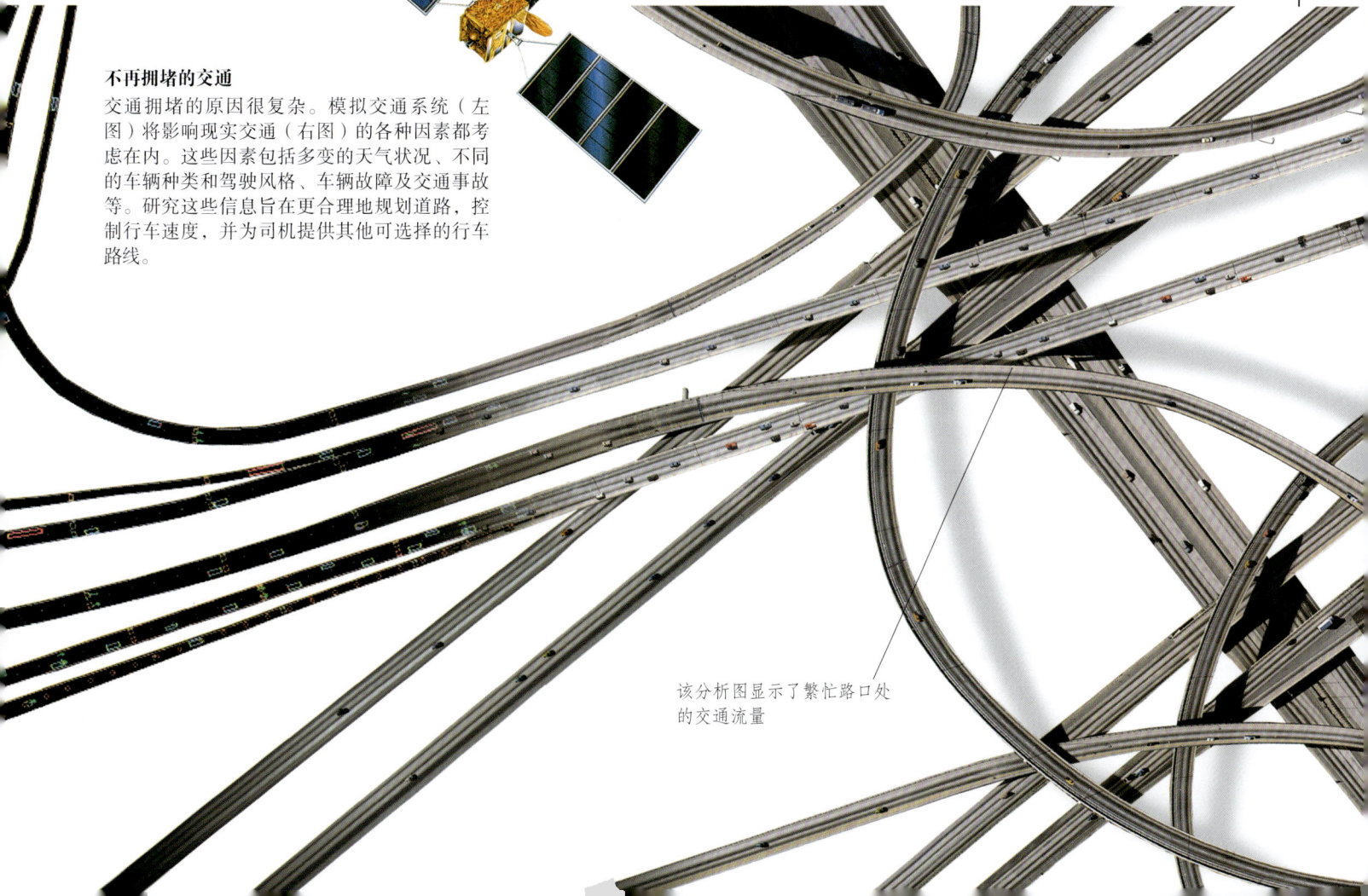

该分析图显示了繁忙路口处的交通流量

旅行

在21世纪，我们对旅行的渴望与日俱增。有车一族越来越多，道路也更加拥挤。天空正面临着飞机过多的危险。现在人们正着眼于如何解决这些潜在的问题。未来的火车旅行将更加快捷，也更加经济实惠。当公路拥堵时，火车可为乘客出行和货物运输提供另一条可选择的途径。此外，大型高超声速飞机也可能会在未来的某一天问世，其速度将是协和客机的五倍，搭乘这种飞机的乘客只需很短的时间即可周游世界。

战胜交通拥堵
这是一张1923年的图画，如图所示，未来的人们可搭乘"鱼雷式"汽车，这种汽车能够在拥挤的街道上方行驶，这样便能解决城市交通拥堵的问题了。

计算机根据速度计算出最佳倾斜角度

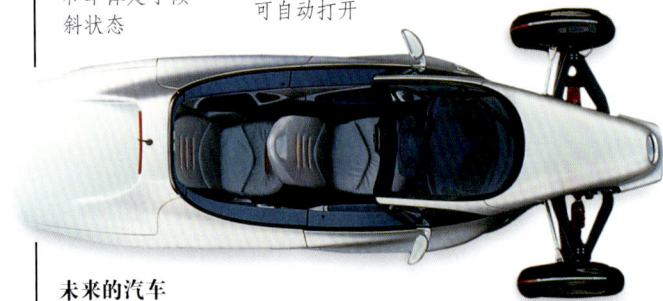

转弯时，前轮和车体处于倾斜状态

车灯由感应器控制，可自动打开

展翼航行
未来各大洲之间运输商品时，船舶或许仍然是最可靠的交通工具。一些油轮和游艇上已安装了由电子计算机控制的翼帆，这些船舶可以降低燃料成本，并可抵御海上飓风。

太阳能电池板提供能源

未来的汽车
这种轻型三轮车可搭乘一名司机和一名乘客。车内安装有电子计算机，能够计算出最高转弯速度。当汽车转弯时，前轮和车体可以倾斜。这样就既保证了最佳速度，又尽可能地保证了安全性和舒适性。

车顶可存放在后备箱里

喷气飞机式方向盘

轻便的铝制车身

可减小摩擦的专用轮胎

涡扇发动机

折叠前翼

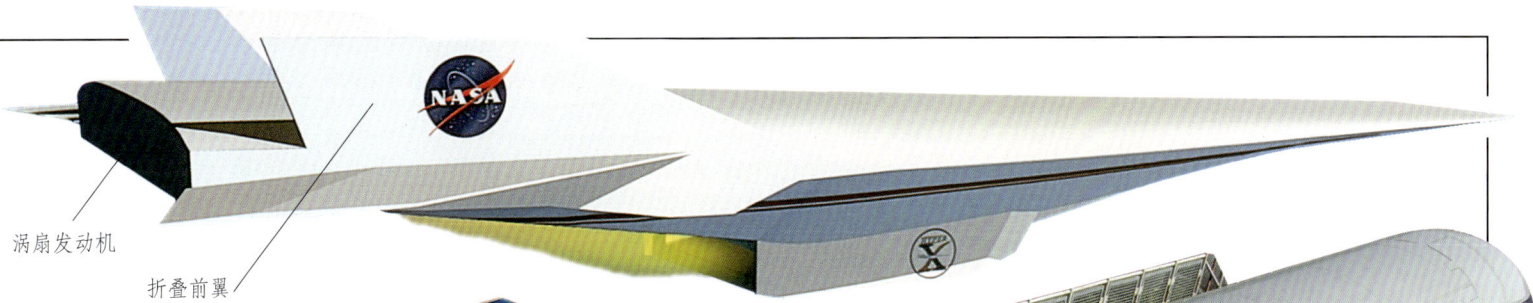

高超声速飞行

自20世纪70年代中期英国和法国建造协和客机以来，往返于大西洋之间的乘客已经实现了超声速旅行的梦想。美国国家航空航天局目前正在研发高超声速飞机（Hyper-X），此种飞机速度将达到五倍声速。高超声速飞机将是无人驾驶飞机，并将由B52飞机发射。

悬浮旅行

这是日本研发的磁悬浮列车。这种列车不依靠车轮行驶，而是借助磁力悬浮在空中。在高强度磁场的作用下，列车能以超过每小时200千米的速度在单线轨道上方滑行。

单线导轨

直升机式旋翼

涡轮螺旋桨发动机

汽车在高度不一的"航线"上穿行

飞得更高

军用倾转旋翼机可以像直升机一样起飞，但飞行时又像一架不折不扣的飞机。倾转旋翼机可以在狭小的空间里起飞和降落，这在城市环境中会很有用武之地。

翱翔蓝天

随着道路日益拥堵，越来越多的人可能被迫选择驾机飞上蓝天。正如科幻电影《第五元素》（1997年）中描绘的那样，未来的城市可能会充斥着"飞行汽车"。

什么时候汽车不再是汽车？

2096概念车是真正属于未来的汽车，这种车依靠气垫浮于地面之上，并由电流产生的磁力驱动行驶。该车由导航计算机操纵。该车使用的是可充电的燃料电池，这种电池是汽油和柴油的清洁替代能源。

乘客入口

2096概念车可以改变形状和颜色

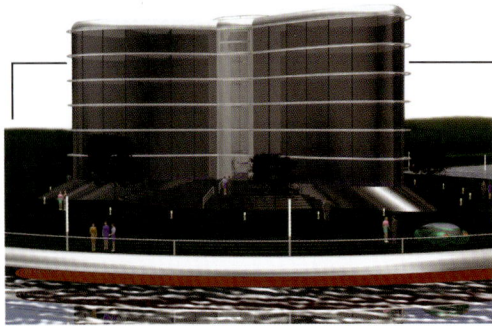

虚拟家园

未来的住所不仅节能，还易于清洁和维护。借助全球通信网络，住所可与外界随时保持联系，因此人们在舒适的起居室里即可轻松地经营企业、购物、安排假期活动等。起居室中配有综合管理系统，包括取暖、照明及安全控制系统，随时满足住户需要。墙体将采用新型互动式材料。住户只要按下按钮，墙壁就能根据特定气氛改变外观。高清晰环绕式电视屏幕和全息投影仪将为全家提供娱乐，送去欢笑。

理想家园
这些房子将由耐用材料建成，不用刻意维护，而且由于实现了全自动化，房子可对天气变化做出反应，并通过调节供暖和制冷系统保持室内环境温馨宜人。

淋浴室墙壁上的扫描装置与健康卫生系统相连

功能强大的淋浴设施
当你淋浴时，"健康卫生系统"会扫描并监测你的健康状况。与之直接相连的是健康中心，健康中心有全家人的完整病历记录。

各取所需
由于与通信系统相连，餐桌屏幕上可呈现报纸信息及最新的新闻。人们还可以在吃饭时通过屏幕与远方的亲朋好友联系。

互动式屏幕

配有柔软屏幕的互动式在线图书

家庭作业助手
全息投影仪（Holojectors）既可用来消遣，也可成为家庭作业的得力助手。

借助全息投影仪上课将变为现实

蜘蛛大小的纳米机器人在地毯上来回巡视，以保证其干净卫生

家具将由特殊的自我清洁材料制成

能使身体得到放松的设施

在未来，人们可以在家中的医疗沙发上休息放松。与医疗沙发相连的是特殊物理治疗设备，该设备可提供健康、饮食和运动方面的专家建议。

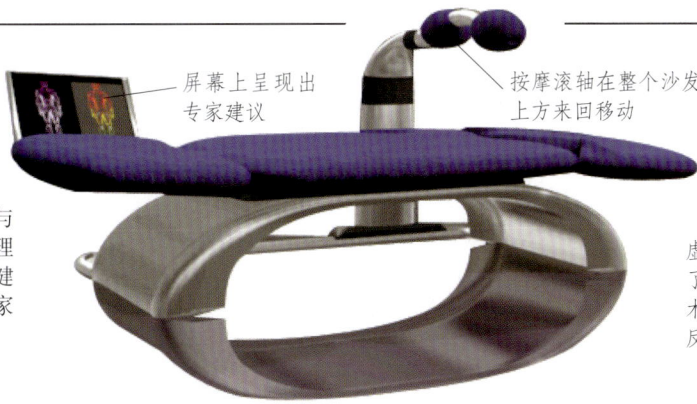

屏幕上呈现出专家建议

按摩滚轴在整个沙发上方来回移动

虚拟中心集合了思想控制技术和人工感觉反馈系统

手腕设备

这款手腕会向佩戴者提供所需信息，譬如体育赛事比分或交通状况报告。

虚拟现实练习机

有了虚拟现实练习机，家庭成员可以练习惊险的运动，如登山、蹦极等。

夹式腕带

房屋墙壁根据气氛改变图像

虚拟现实耳机

未来的耳机将配备摄像机，这种耳机会以立体声记录人们的活动。借助于虚拟现实耳机，人们在娱乐、学习及工作中就可以体验到3D图像的乐趣了。

思想认知传感器

工作站

在家中工作现已成为许多人青睐的生活方式。未来，人们在小型工作站里即可利用一切必要方式处理日常商务活动。

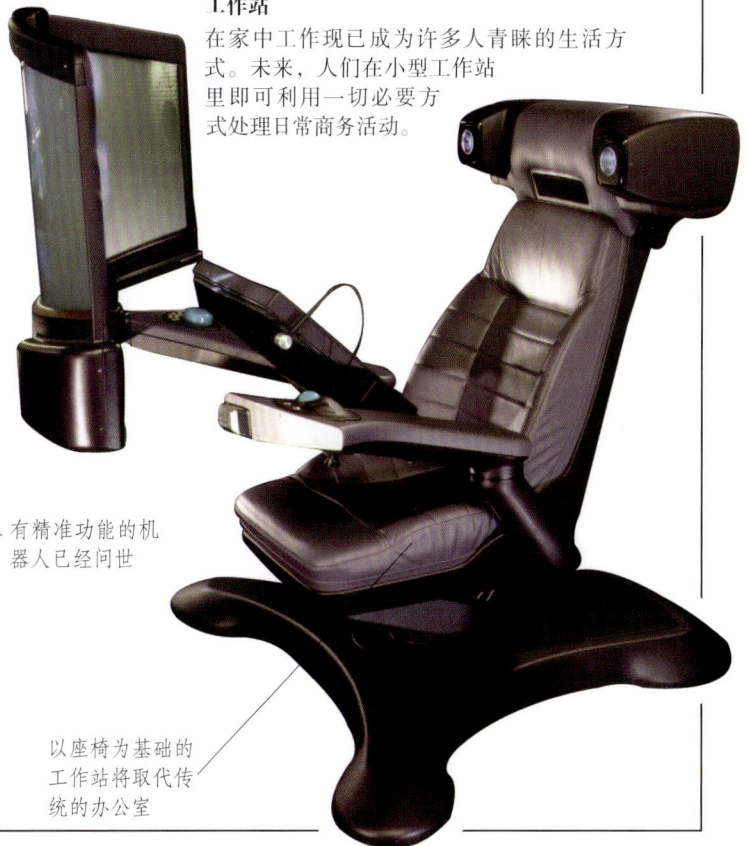

有精准功能的机器人已经问世

机器人服务员

像真空吸尘器或割草机等有精准功能的机器人可在家中执行一些任务。一张能够呼之即来的餐桌固然有用，但如果它还能将用脏的玻璃杯收拾起来继而投放到洗碗机中那就更好了。

以座椅为基础的工作站将取代传统的办公室

211

惬意的生活

想象一下这样的场景：你站在公共汽车站等车，这时你的"时尚徽章（hot badge）"突然发出信号，提示你身后的人和你喜欢一样的音乐。知道了这一点，或许你就可以主动跟人搭讪进而成为朋友了。在未来，技术会给我们带来什么呢？这两页文字将对一些技术稍作介绍。友好的机器人将学习如何执行简单的任务，并发展自己独特的个性。如今有些事情在家中上网就可以解决，比如购物或办理银行业务等。在不久的将来，我们同样也可以在家中看医生。有了电子旅行向导和"翻译耳机"，外出旅行会更加趣味盎然。

在家中购物

在家中购物已经成为现实，一开始人们借助邮购，后来就利用电视购物了。现在网上购物流行起来，不过这种购物方式可不像20世纪50年代人们幻想的那样（如上图所示）。

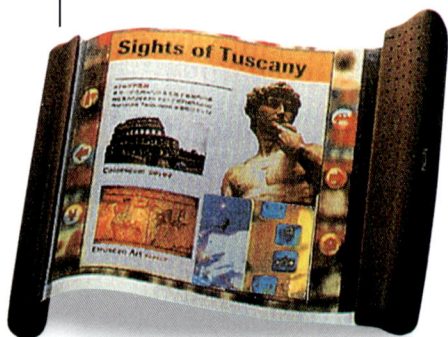

拉出式旅游指南

该旅游指南有一个内置的旅游地计划器，可提供当前游览国家的相关信息。这些信息会在柔软的拉出式屏幕上显示出来。

情感储存罐可以做成任何形状、任意大小

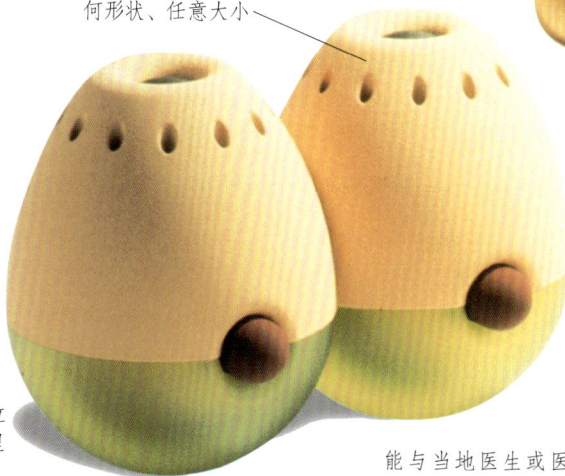

情感储存罐是很好的装饰品

情感储存罐

情感储存罐将成为珍贵的礼物。每个储存罐都有一个小屏幕和扬声器，外加一个气味仓。赠送这种礼物的人可以用它来存储特别的瞬间，比如从家庭录像中截取的一段视频。人们甚至还能储存最喜欢的气味。这样，得到礼物的人就可以随时回味那些特别的瞬间了。

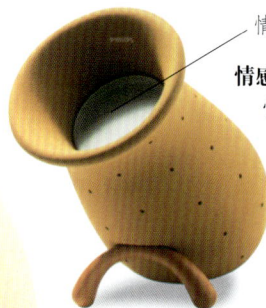

人们只用将垃圾投放到桶里就可以了

能与当地医生或医院取得联系的可视电话

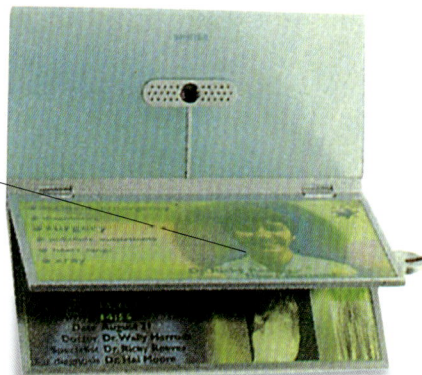

家庭医疗箱

家庭医疗箱可检查家人出现的任何疾病症状，而掌上电子计算机则能够进行全面的医疗诊断。医疗箱备有电子百科全书及测量体温、血压和心率的设备。 人们可以将信息发送给当地的医生或医院。此外，借助于医疗箱，医生还可远程监控病人病情。

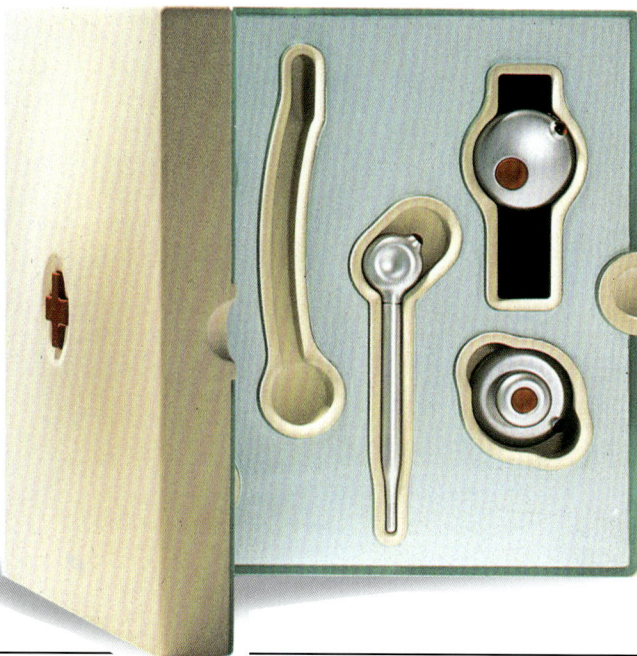

智能垃圾桶

智能垃圾桶可将垃圾进行分类，消除其异味，并能将垃圾压缩打包，以利于收集和再利用。

智能卡

使用现金将成为历史，因为携带智能卡会更加安全。指纹或语音识别技术能够确保智能卡仅限其所有者使用。

发现"朋友"后，"时尚徽章"变亮。

能显示照片的视频屏幕

交友

"时尚徽章"可携带所有个人信息。它们将佩戴者的个人信息传送出去，同时也可接收来自其他徽章的信息。一旦发现信息匹配，徽章就会向其佩戴者发出信号。

翻译耳机

"翻译耳机"这种小型装置可紧紧地嵌入耳内，能够实现两种语言间的同声传译。

智能卡储存了持卡人所有个人信息

触摸板

Flippin da traxx –
<<turn it up or turn it
off>>

个人网络

这件小玩意儿是专为青少年设计的。它是一款通信设备，但也可以用来获取音乐和视频等娱乐资源，同时它还能访问图书馆之类的信息服务机构。

这款电子宠物能够发出声音回应主人

电子宠物可以做成任何形状

电子宠物

图中这些机器人宠物的与众不同之处在于它们是我们的伙伴而不是仆人。它们能够回应人们的情感需求，并能对口头命令以及触摸或手势做出反应。这种机器人带有传感器，因此它们会对自己的家产生熟悉感。像动物宠物一样，它们也喜欢被人宠爱。

复杂的大脑

大脑是人体最复杂的器官，也是人类了解最少的器官。虽然今天的医疗技术已经非常先进，但我们对大脑的工作原理仍然所知甚少。人们可以使用脑电图仪（EEG）来测量脑电波。借助于生物反馈技术，人们甚至可以控制和改变脑电波模式。电子计算机进而对这些信号的变化情况进行监控，并以此来操控电子设备，例如电视屏幕。大脑负责存储记忆和控制感情。了解人的思想和感情仍然是心理学理论（比如精神分析学）的主题。然而与此同时，科学家们正在研究将电子计算机芯片直接与人脑相连，以此来记录我们生活的点点滴滴。

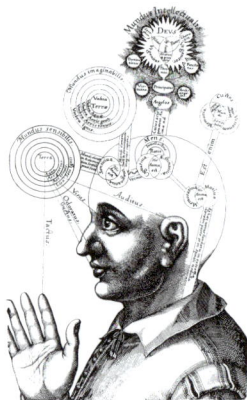

大脑的力量
几个世纪以来，科学家和哲学家们都认为，人们之所以会有不同的心智活动可能与大脑的某些特定区域有关，正如这幅17世纪的画像所描绘的那样。但现在人们清楚地认识到，这些不同的区域之间往往互相依赖。

65岁时的西蒙德·弗洛伊德

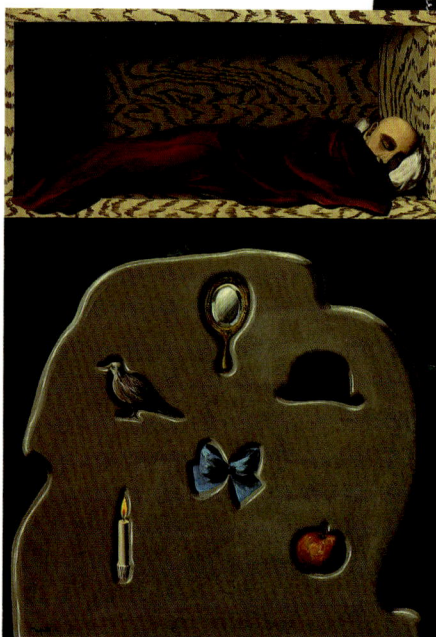

鲁莽的睡眠者（1927年）

解梦
西蒙德·弗洛伊德（Sigmund Freud，1856—1939）开创了精神分析学，从此确立了精神疾病分析和治疗的方法。弗洛伊德宣称，通过对梦进行解析，我们可以深入了解潜意识。

艺术中的梦境
超现实主义画家雷内·马格利特（René Magritte，1898—1967）在其画作中借用了弗洛伊德的理论，探寻人的潜意识。

睡眠模式
睡眠有两种不同类型：快速眼动（REM）睡眠和非快速眼动（NREM）睡眠。在快速眼动睡眠阶段，人在做梦时会伴随有大量眼睛、身体及大脑活动。在非快速眼动睡眠阶段，眼睛、身体和大脑的活动会有所不同。快速眼动睡眠和非快速眼动睡眠这两种睡眠模式是交替出现的。

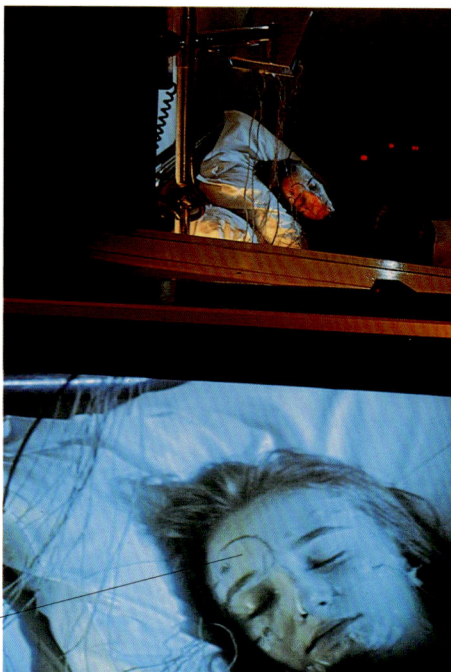

电极与监测仪器相连，用以测量大脑活动

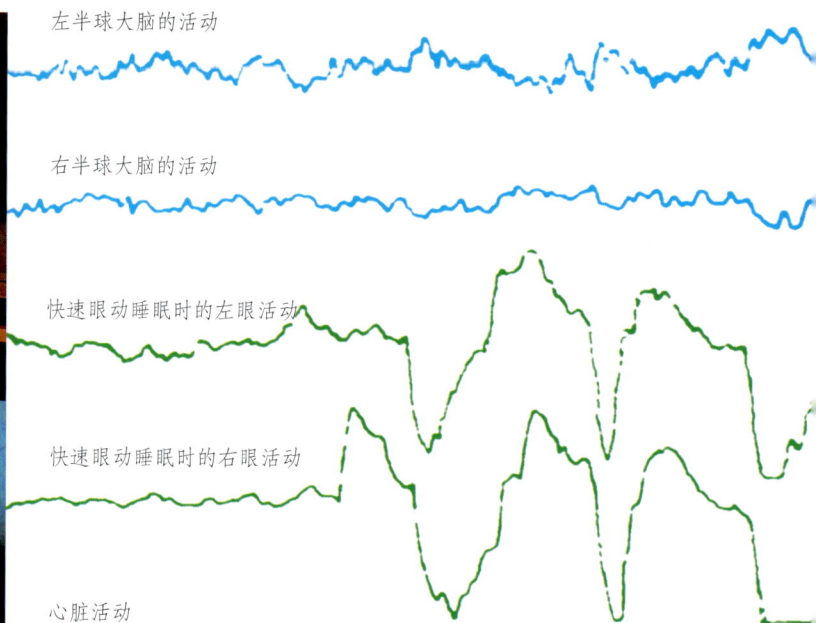

左半球大脑的活动

右半球大脑的活动

快速眼动睡眠时的左眼活动

快速眼动睡眠时的右眼活动

心脏活动

驾驶的动力

研究人员发现，大脑活动模式可由脉动光激活。利用成熟的生物反馈技术，这名特殊的科学家可以控制自己大脑对灯光的反应。大脑活动增强时，模拟飞机会偏向右侧；而大脑活动变弱时，飞机就会偏向左侧了。

这名科学家的大脑活动与脉动灯频率协调一致

个性移植

这是电影《永远的蝙蝠侠》中的场景，影片中金·凯瑞（Jim Carrey）通过脑波装置吸收别人的脑能量。科学家们正在研究将神经末梢与微晶片相连的方法。

绿线表明飞机相对于地平线的方向飞行

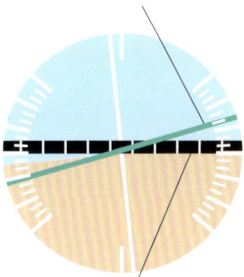

在模拟器里的科学家控制标度盘

意识控制物质

日本科学家制作的仪器可以检测大脑警觉时 β 波的变化情况。懂得了如何控制脑电波后，无论是电视还是中央供暖系统，人们都可以用意念操纵其开关了。

护目镜佩戴者通过集中意念使图标变亮

护目镜上的电极可捕捉 β 波的变化信号

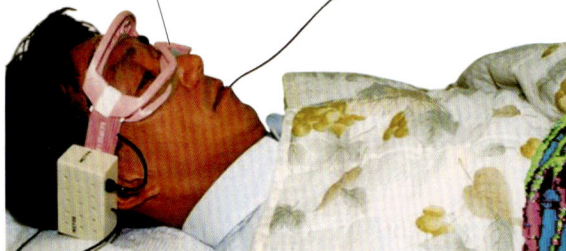

大脑的不同部位承担不同的功能

大脑的内部世界

这是一张由电子计算机生成的头颅图片，图片上的头颅"盖子"已被取下，该图显示了大脑内承担最复杂功能的多个部位。

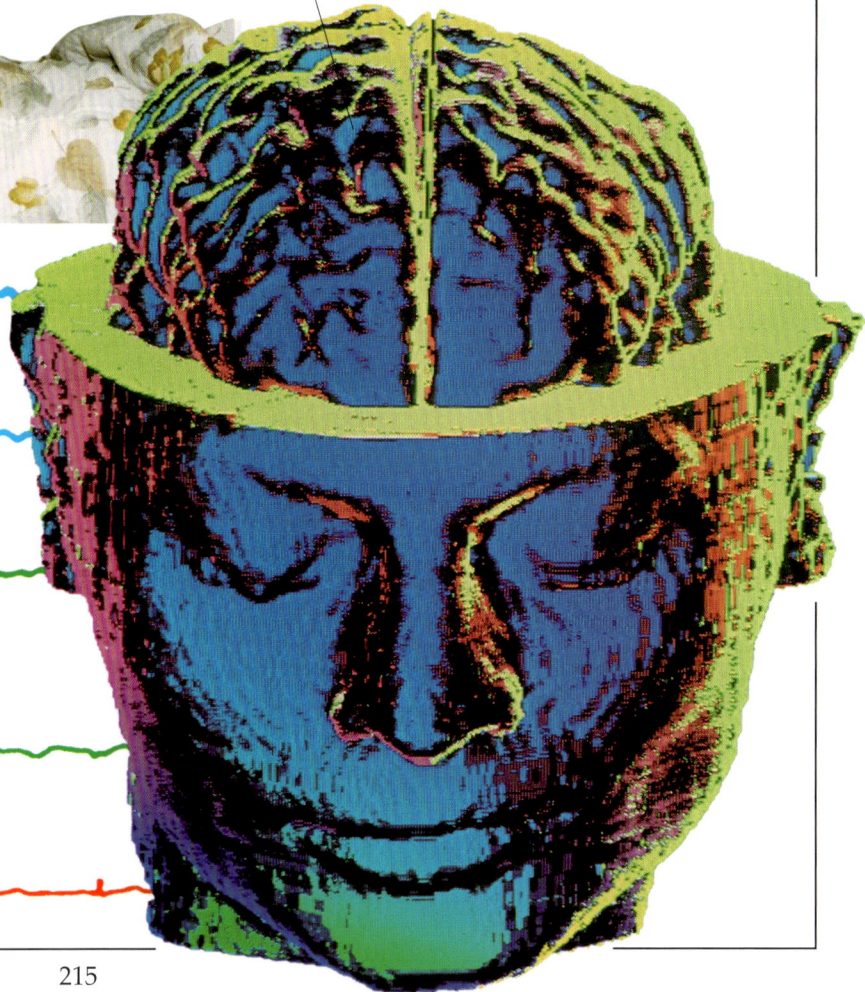

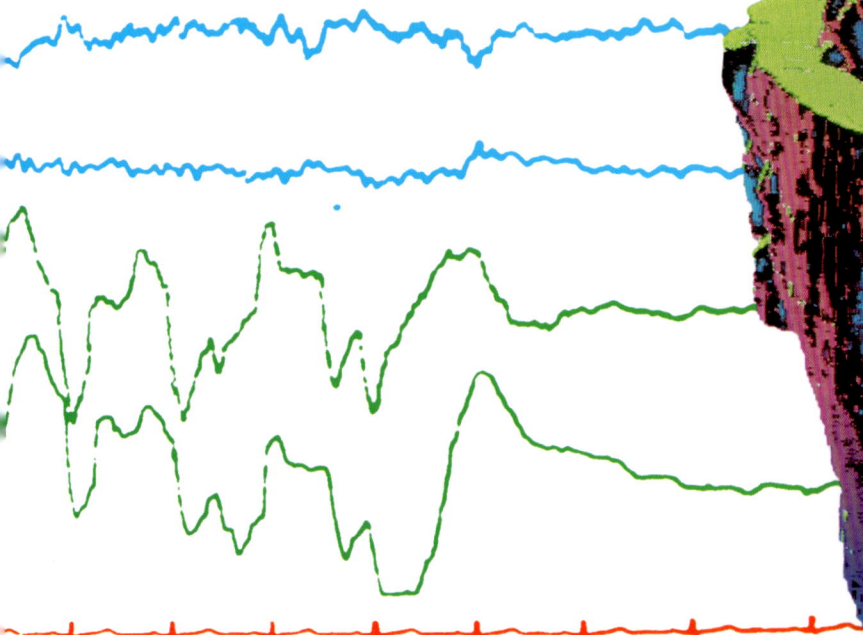

认识我们的身体

人体一向都很神秘，因为长期以来人们一直无法弄清其工作原理。解剖学家通过分解尸体绘制出了第一张准确的人体解剖图。后来随着X射线的发现，人们可以透过皮肤和肌肉看清人的骨骼了。到了今天，医生已开始利用成像技术监控病人和诊断疾病了。超声波可用来观察子宫内胎儿的生长发育情况。磁共振成像技术（MRI）能够重建人体内部某一层面的三维图像，医生则可以据此诊断病情。有了电子显微镜，我们可以窥探细胞内部和观察DNA结构。未来，我们还会拥有完整的基因组档案。

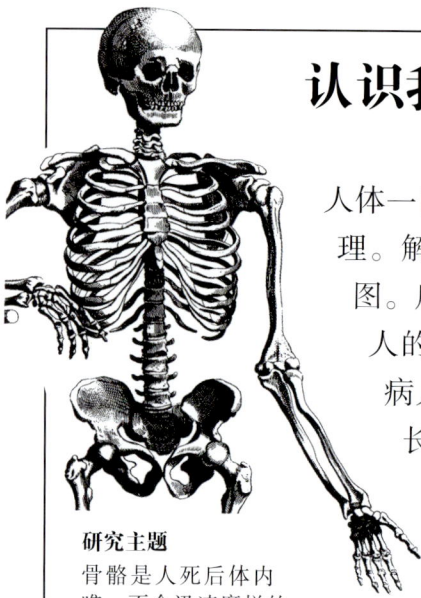

研究主题

骨骼是人死后体内唯一不会迅速腐烂的部分，它决定了我们的体形，使我们能够直立行走，同时也是支撑我们身体的框架。

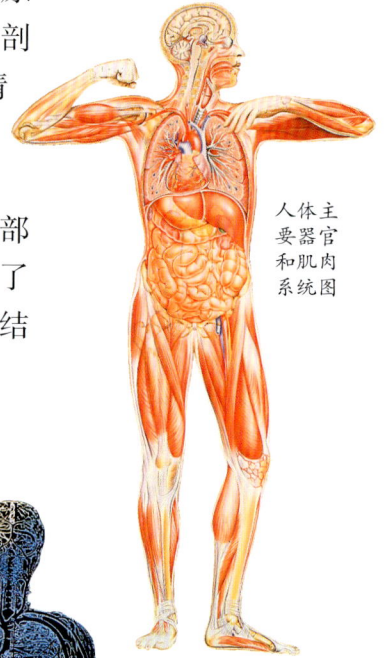

人体主要器官和肌肉系统图

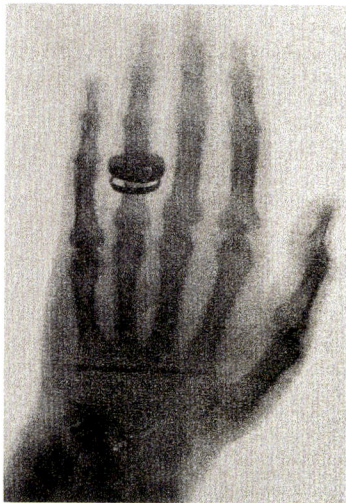

电子计算机制作的传统静脉系统图

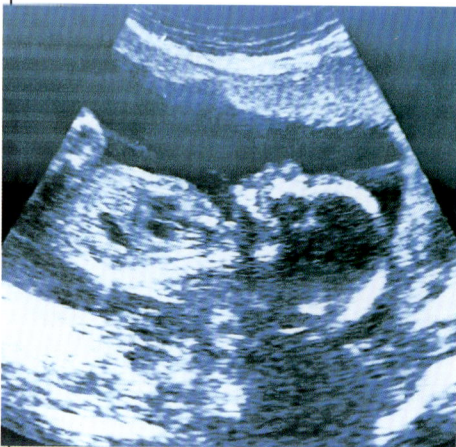

人体内部

1895年，德国物理学家威廉·伦琴（Wilhelm Roentgen）给他妻子的手照了一张X射线照片。这样，人们不用切开皮肤就可以查看身体内部状况了，这可是有史以来第一次。

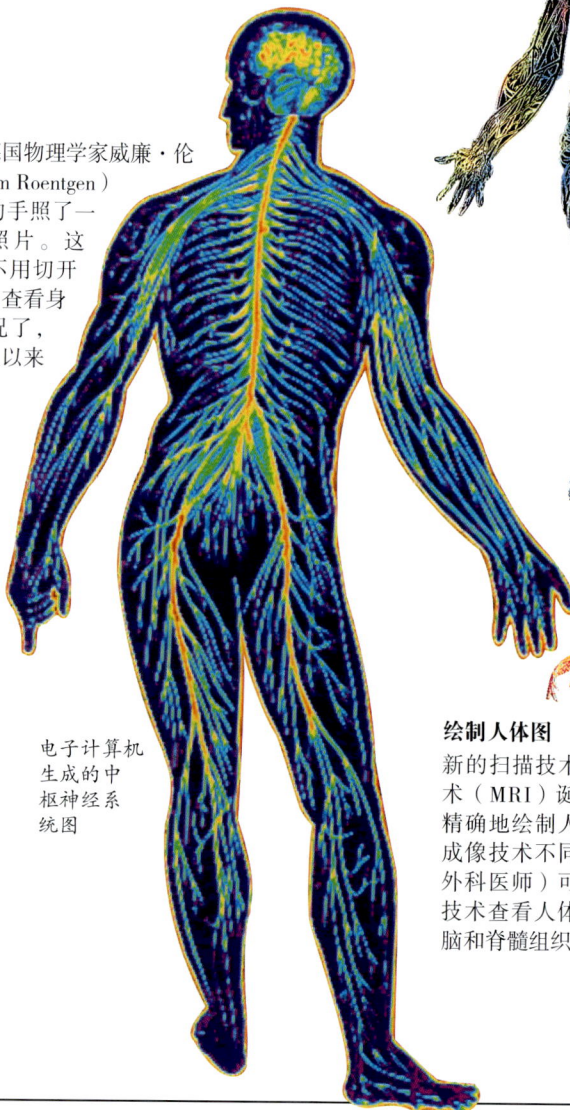

经过电子计算机处理后的肌肉骨骼系统图

电子计算机生成的中枢神经系统图

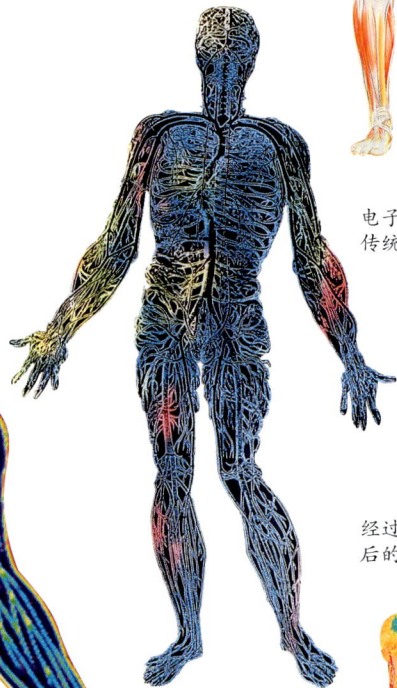

绘制人体图

新的扫描技术如磁共振成像技术（MRI）诞生后，人们可以精确地绘制人体图了。与其他成像技术不同，医生们（包括外科医生）可利用磁共振成像技术查看人体内的软组织，如脑和脊髓组织等。

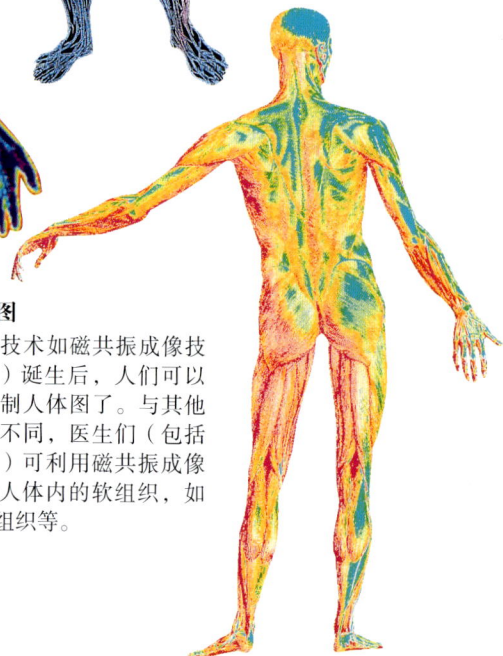

用声音观察

利用超声波，人们可以获得在子宫内发育的胎儿的图像。超声波也可用来检查人体内部器官。

凑近细看

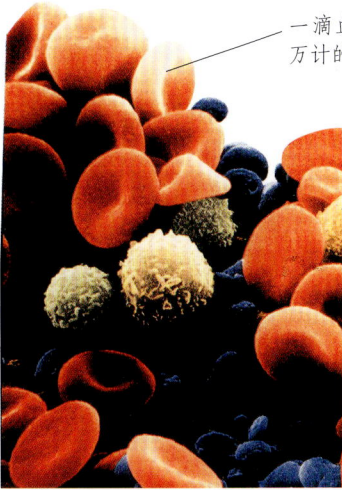

一滴血液中含有数以百万计的细胞

今天，微生物学家已开始使用功能强大的电子显微镜研究细胞。这张高倍放大的血液样本图是使用扫描电子显微镜制作而成的。该图显示了三种常见的血细胞——红色细胞为红细胞，白色细胞为淋巴细胞，蓝色细胞为血小板。

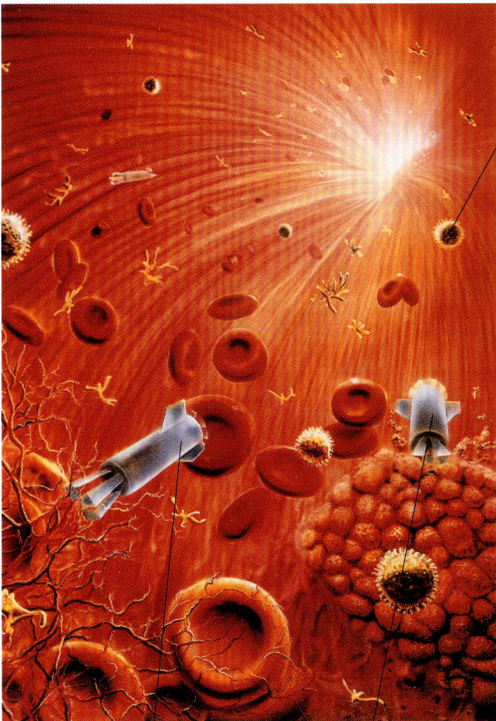

生命密码

脱氧核糖核酸（DNA）里储存着生命的密码，它存在于每一个细胞核中，记录着每个人的遗传信息。DNA由两条细长的螺旋链组成，这两条螺旋链互相盘绕，形成了所谓的双螺旋形状。两条螺旋链则由一种叫碱基对的化合物连接在一起。

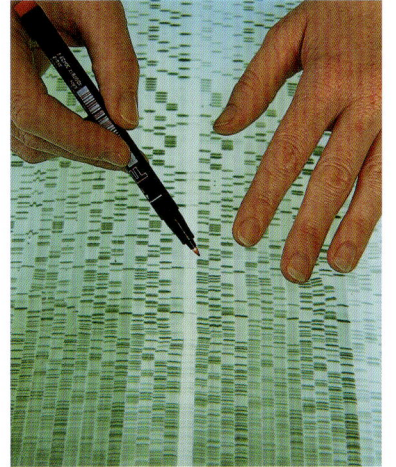

纳米机器人由中性材料制成，所以不会受到白细胞的攻击

纳米机器人

如今，借助高功率电子显微镜，科学家可以在原子水平上进行观察和操作。现在，科学家们正在研制纳米机器人。它们能够在分子水平上修复或清除病变组织。插图中的纳米机器人正在破坏人体血管内的病变组织。

独一无二的指纹图谱

1984年，DNA鉴定成为国际公认的合法鉴定手段。每个人的DNA分子都是一个独一无二的信息序列（同卵双胞除外）。法医能够通过鉴别化学序列（上图）以确定这些DNA样本是否属于同一个人。该序列可从极小的证物中获取，如在犯罪现场发现的一根头发或一滴血。

纳米机器人的旋转刀片可破坏肿瘤

纳米机器人在攻击血块

图像被存储在电子计算机里

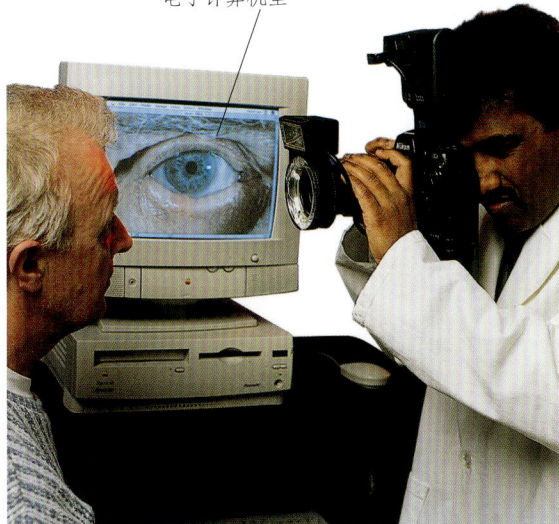

碱基对呈互补状组合在一起

碱基序列构成了细胞的遗传密码

即时信息

在制作患者病历时，医生可以使用数码相机为患者眼睛拍照。随后，该图像就会在电子计算机屏幕上显示并存储。在不久的将来，每个人都会有自己的电子病历。在医生诊所或医院就诊的患者可以及时查询自己的病史档案。最终，患者完整的病史档案及其遗传密码都将记录在一张智能卡上，无论患者身在何处都能随时调取。

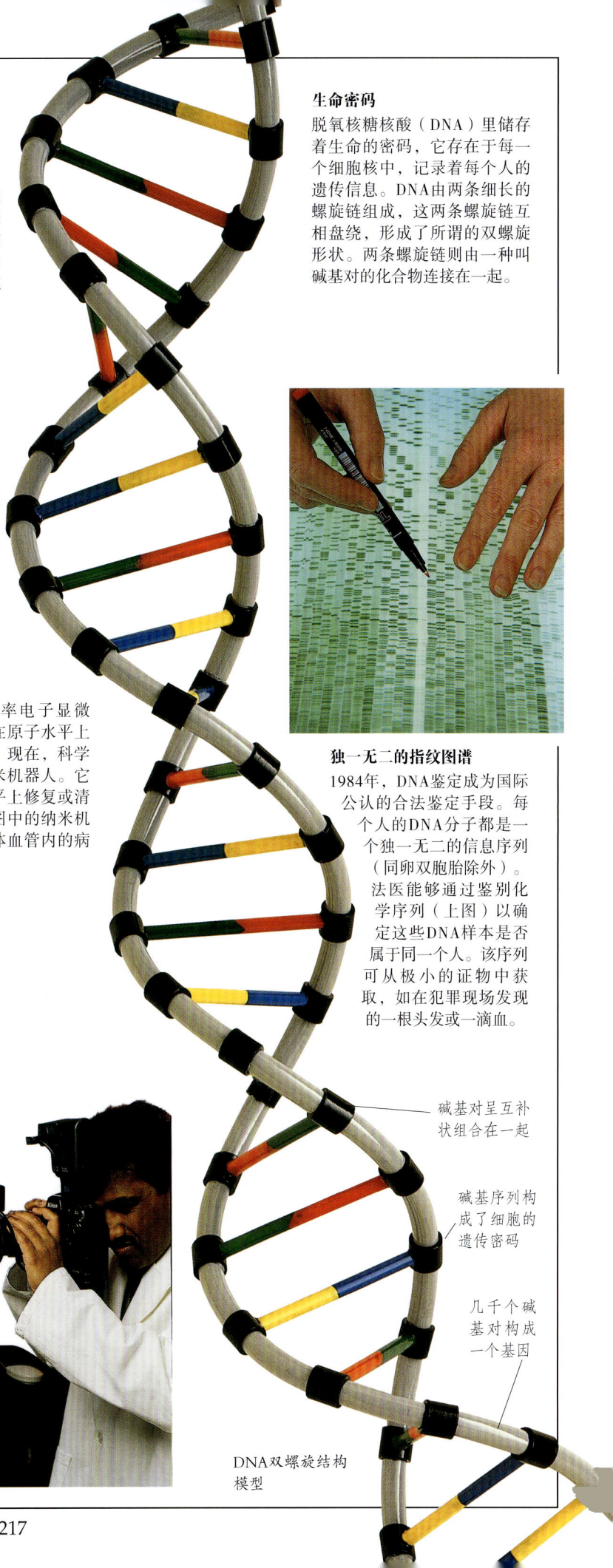

几千个碱基对构成一个基因

DNA双螺旋结构模型

基因工程

20世纪最伟大的传奇之一就是基因工程使我们操控生命的能力得到增长。人类目前正处在能够对地球上的生命体进行根本性改变的边缘。通过自然选择的方式通常需要数百万年才能形成的物种，在实验室内一晚上就可以得到。终有一天，遗传专家还可能把那些或因社会原因或因医学原因而被认为不好的特性从人类身上去除，用更令人喜欢的特性取而代之。这种基因工程不仅将改变人类生理，也将改变社会本身。

怪物之谜
一些人担心基因工程会创造出新的怪兽，例如古代神话中的奇美拉（喷火女怪，是狮子、山羊和蛇的混合体）。

杀灭害虫
通过基因修改一只北非蝎子含有的毒素病菌，人们很有可能制造出一种更有效的针对粉纹夜蛾的杀虫剂。这种变种病毒使杀虫效率提高了25%。

化学码
DNA分子是由被称为脱氧核苷酸的单位组成的，这些单位形成了复杂的序列。从基因角度讲，酶可以切分序列，从而改变某些因素。明白酶是如何运作的能让我们更好地了解基因。

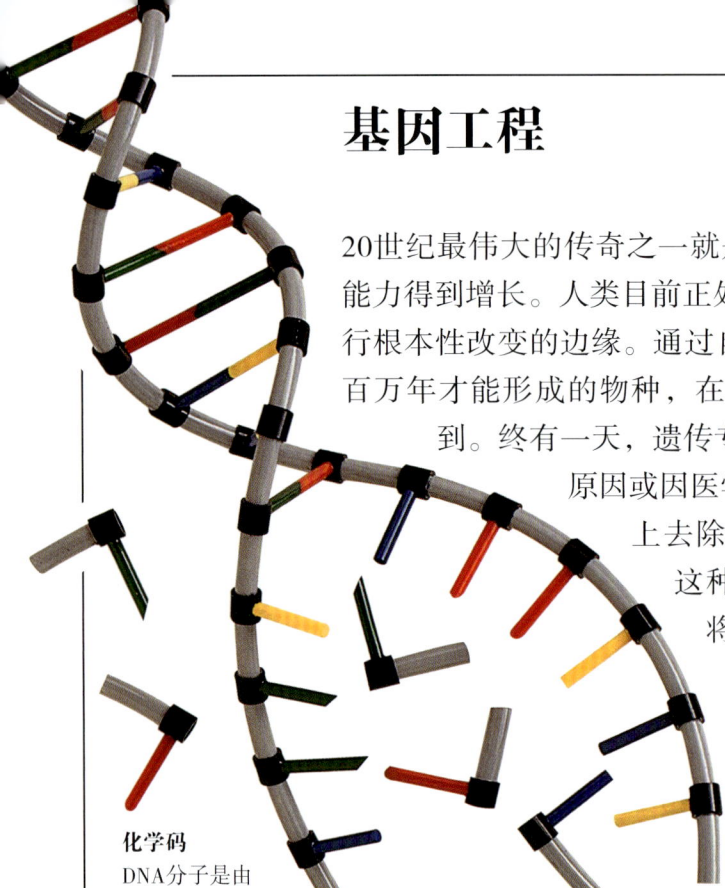

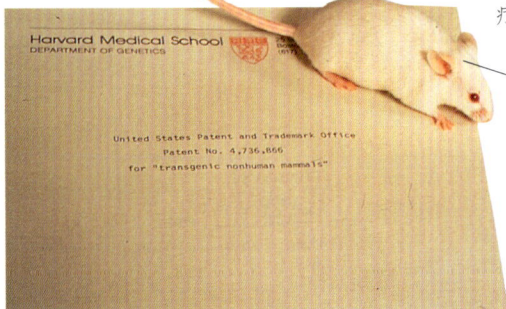

膀胱纤维化患者必须依靠药物治疗才能存活

哈佛老鼠被专门用于癌症研究

基因治疗
当一个有缺陷的基因从父母传递给子女时，就会发生先天性缺陷，比如膀胱纤维化或肌肉萎缩症等。基因专家现在能分离出这些带病基因。人们希望，不久的将来，就能用健康基因取代有缺陷的基因。

独一无二
这只在哈佛大学被用于基因工程癌症研究的老鼠，于1988年成为世界上第一个被申请专利的哺乳动物。一些基因专家认为，如果他们创造出一种独特的活器官，那么他们应当有权支配其用途。然而，一场国际性伦理争论暂停了进一步的专利申请。

克隆动植物

基因科学最令人难以置信然而又是最令人困扰的发展方向之一是克隆动植物。克隆体就是其DNA捐赠者完整的翻版。1997年克隆羊多利问世，这是第一只用另一只成年羊的细胞克隆而成的羊。基因专家已经克隆人类胚胎用于医学研究。如果他们研究成功，不久就有可能为病人移植克隆人体器官和组织。然而，克隆活人还是一个极具争议的话题。

提供细胞的羊　　将要被克隆的羊

将要被克隆的羊的DNA

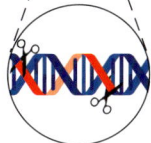

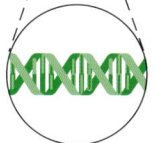

从细胞中移出的DNA

被剪断的DNA

DNA和细胞融合

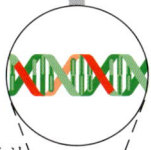

新的DNA

克隆胚胎被植入第三只羊体内

贫瘠土地的替代品充满营养物

多利是DNA捐献者的翻版

成年体细胞的细胞核被注射到卵细胞中

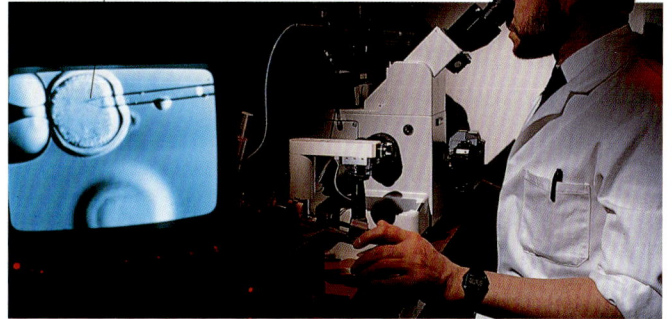

生命的火花

有很多办法把DNA从一个细胞转移到另一个细胞。在多利这个案例中，体细胞的细胞核被植入一个去核的卵细胞中（上图）。电子设备使细胞融合并促进其生长。还有其他方法，比如使用细菌携带DNA，或将带有基因的微粒射入卵子中。

多利的诞生

多利的克隆过程与三只羊有关。一个细胞取自第一头母羊，细胞的基因被移除。从第二只母羊的细胞中提取DNA，并与第一个细胞融合。一旦胚胎形成，就将其植入第三只羊体内，并最终生出多利。

克隆羊多利

植物革命

基因改良技术已经应用于农业，用来增加作物产量，增强抗害虫能力，或者提高在恶劣环境下生存的能力。这些谷物也是克隆体，它们是从经过基因改良的植物个体细胞生长起来的。

数不尽的克隆

在美国，牛已经被成功地克隆。克隆牛会使农民最大限度地获得高品质的牛，比如提高产奶量或使肉质更细嫩。基因工程还可以让牛奶中含有人类所需的特殊蛋白质。

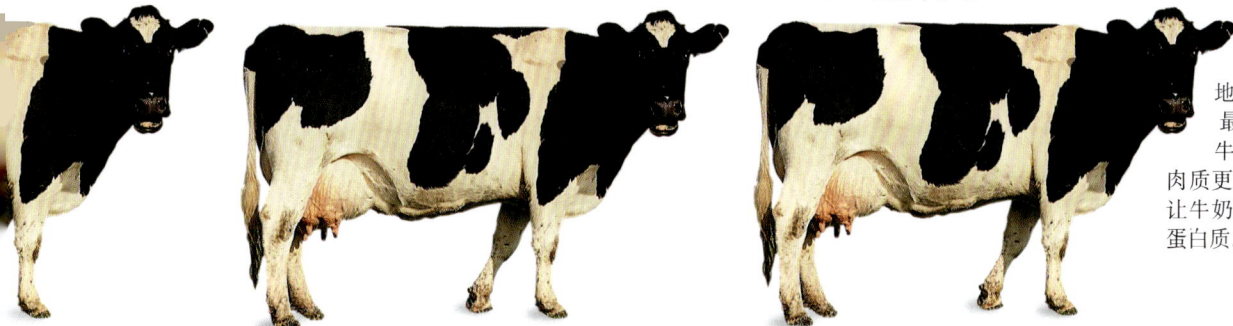

未来食品？

世界人口在增长，食品需求也在增长。但是干旱和作物歉收的问题未得到根治，害虫也变得"百毒不侵"。与此同时，精明的消费者常年购买新鲜食物，而他们也很担心为增加产量而使用化学药剂可能带来的副作用。通过改良动植物的DNA，科学家们希望能够为农业带来革命性的发展。尽管基因工程能带来大量收益，但仍然争议不断。一些科学家担心，一旦他们操纵自然，那将是开弓没有回头箭，出现任何错误都将无法挽回。

太空快餐
人们对于宇航员的太空食品总是饶有兴趣。20世纪60年代宇航员们只能吃含有营养物质的脱水食品和药片。它们味道真的太糟糕。

未来的太空食品
如果有一天我们选择生活在太空，那么在那里生产食品将极为重要。这位艺术家设想宇宙飞船农场形如一只巨大无比的车轮。离心力用来替代重力，不断生长的作物会释放出氧气，可以补充飞船的氧气供应。

寒冷气候会损伤土豆

含有抗寒基因的比目鱼

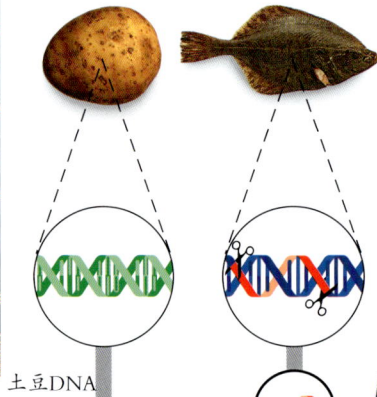

土豆DNA

抗寒基因被识别

抗寒基因被剥离出来

喜食甜食
在未来，你可能可以敞开肚皮吃巧克力蛋糕了。未来的甜食经过基因改良将不再致肥，所以可以吃蛋糕而不吃进脂肪。

花生可能导致致命过敏反应

防过敏坚果
大多数过敏者都是轻度过敏，最多起轻微皮疹或胃痛。但有些过敏反应却非常严重，比如，对花生过敏会导致重病或者死亡。对于操控花生基因的研究正在进行，以便于移除过敏反应的所有风险。

鱼和薯条的新联姻
来自比目鱼的基因可以被移植到土豆上，来提高其抗寒能力。但是人们也担心如果对自然环境中绝不会杂交的物种之间互换基因的话，长期效果吉凶未卜。

通过以下方法之一进行基因改良
·基因枪
·细菌
·电或化学方式
·注射

鱼的抗寒基因与土豆基因DNA融合

经过基因改良生产出抗寒土豆

未来虫害控制
近些年来，大量的化肥、除草剂和杀虫剂被用于保护作物，提高产量。基因改良作物可以抗病虫害，这可能会消除对作物喷药的需求。

加速生长
经过基因改良制造出生长激素后，这种鱼18个月就可食用，而不是通常的3年。基因改良是应对鱼类枯竭的法宝。但是对于其他生物进行相似试验却带来很多严重的伦理问题。

改良果蔬

超市的货架上不久将会塞满基因改良过的水果和蔬菜。它们经过改良，味道更好，营养更丰。由于保存时间更长，所以浪费更少，对于特定种类的食物，有缺陷的基因会被移除，有益基因取而代之。一些水果和蔬菜也会通过基因改良抵御有害病毒、细菌和害虫，喷洒化学杀虫剂将成为历史。

草莓更加甘甜多汁

圣女果可以抵抗普通害虫，提高二三成的产量

玉米可以抵抗玉米螟，这种害虫使欧洲玉米的产量减少二成

通过改良，梨子和猕猴桃等水果可以延长在商店的上架时间

香蕉通过改良可以产生一系列疫苗

热带水果，比如菠萝，可以在寒冷环境中生长

花菜可以披上红色或者蓝色外衣，样子更加吸引人

土豆含水量更少，烹炸起来吸油更少

圆白菜和西兰花不用化肥也能生长良好

变化中的人体

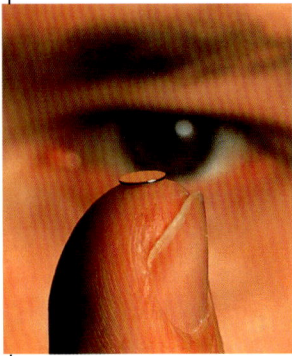

人体精巧而复杂，易受疾病侵袭，很容易受伤。近些年，医学的进步连同新药物和材料的发展，已经允许外科医生换掉病人身上伤病劳损的某个部位。成功的器官移植意味着人们即使遇到那些20年前可能置他们于死地的疾病，也能存活。正在开发的人造器官，可以给接受这种器官移植的人很高的控制力、舒适度、可靠性和灵活性。科学家也正在试验通过移植把人体细胞和微芯片联系起来，创造出人类身体和前沿电子计算机技术的结合。此项工作前途无量。总有一天，移植机器和电子计算机会意味着人体运转更加高效，人们更加长寿。

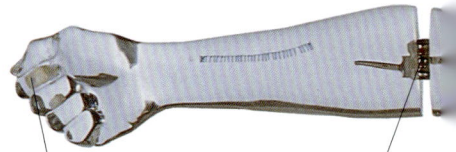

身体芯片

科学家正在探索一种联系人类神经细胞和芯片的方法。这可以用来应对大脑损伤。通过半导体视网膜来刺激视觉神经，某些形式的失明已可以治疗。

关节炎患者的聚乙烯手指关节　　钛和聚乙烯胳膊肘

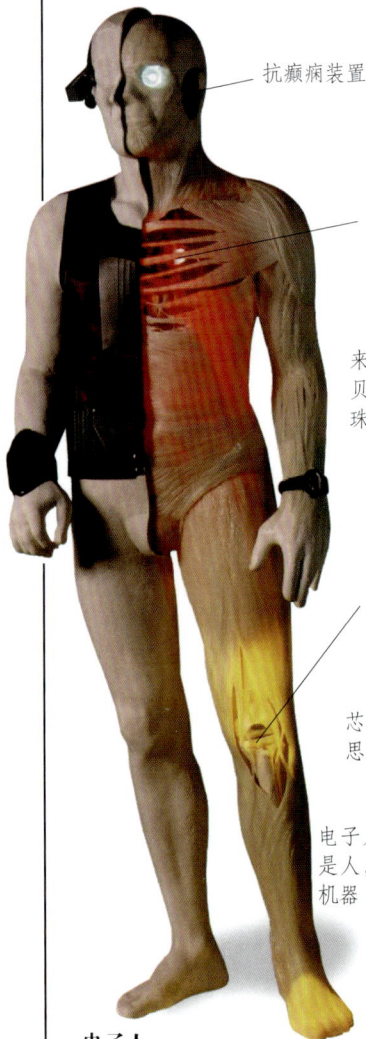

抗癫痫装置

心脏起搏器可以下载信息

来自牡蛎贝壳的珍珠壳

电子止痛器

芯片控制思维

电子人：一半是人，一半是机器

未来的移植

这个婴儿（右图）在五天大的时候就接受了器官移植，成为世界上年龄最小的器官植入者。科学家们用基因改良过的动物器官做实验，以克服捐献者不足的难题。

再生骨骼

人类骨骼可以通过使用混合了骨骼和血液细胞的珍珠壳（左图）进行再生。移植之后，它刺激了新骨骼的生长。

皮肤在纤维蛋白凝胶里生长

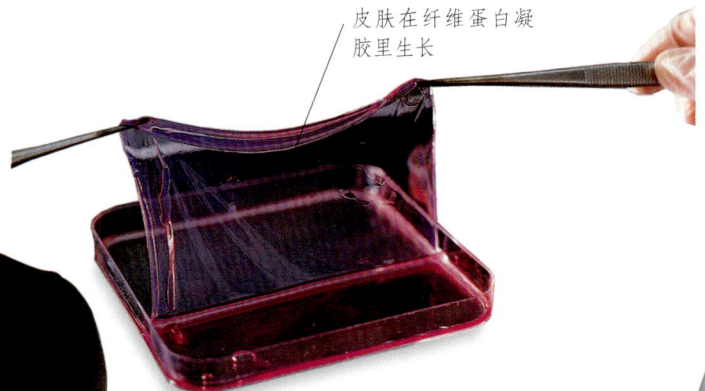

电子人

虚构的"电子人"，比如来自《星际迷航》中的船长皮尔德（右图），兼具极大的力气和敏锐的视觉。在未来，通过类似"电子人"等真正半机械人的创造，人类和机器的界限不再明确。

新型皮肤

通过在一块营养丰富的凝胶中培育皮肤细胞，可以人工创造出新的皮肤。复制的皮肤细胞增长迅速，只用3周就可长1平方米。这种人工皮肤可以应用于严重烧伤后急需皮肤移植的病人。

钛和聚乙烯移植可以取代脚趾关节

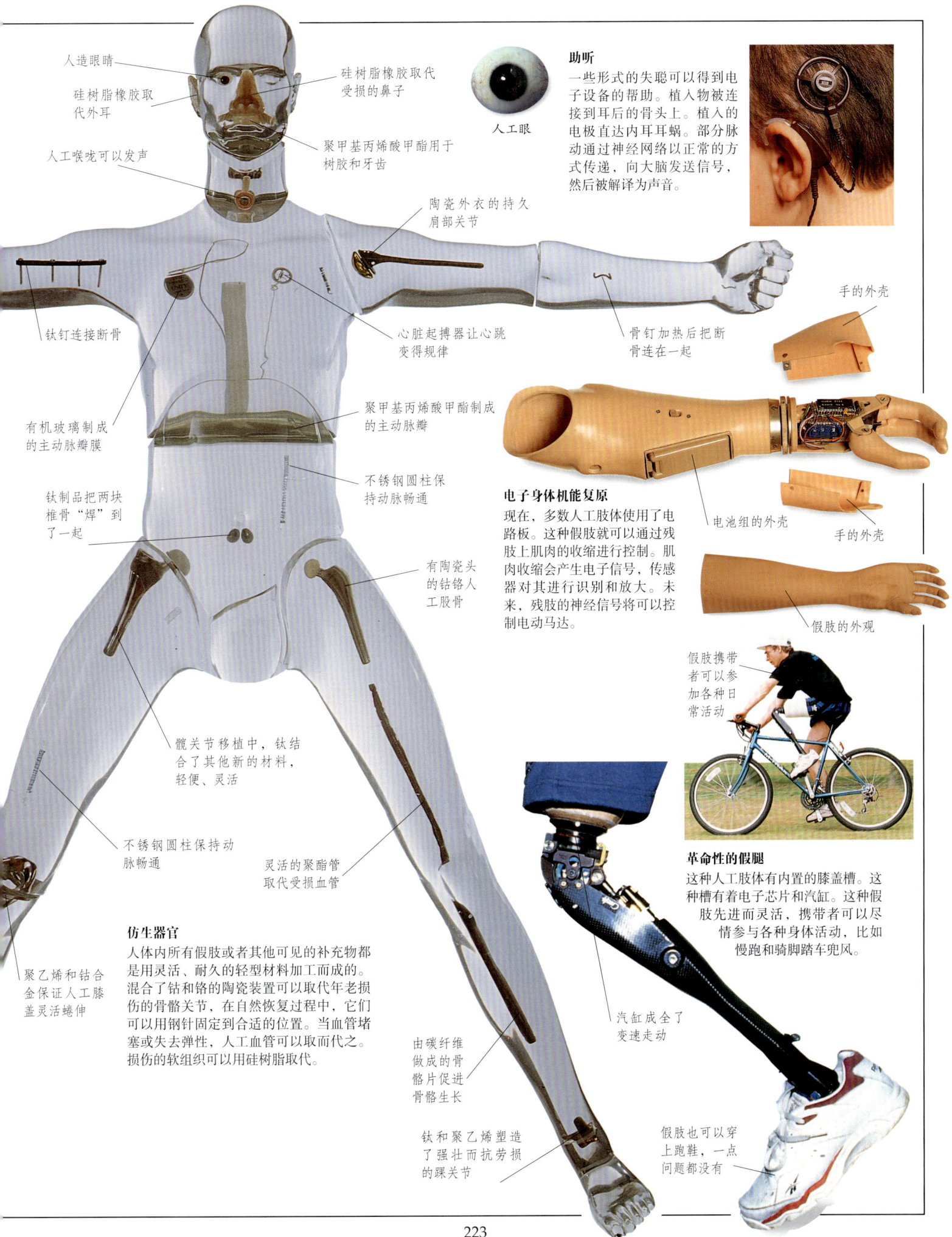

人造眼睛

硅树脂橡胶取代外耳

人工喉咙可以发声

钛钉连接断骨

有机玻璃制成的主动脉瓣膜

钛制品把两块椎骨"焊"到了一起

不锈钢圆柱保持动脉畅通

聚乙烯和钴合金保证人工膝盖灵活蜷伸

硅树脂橡胶取代受损的鼻子

聚甲基丙烯酸甲酯用于树胶和牙齿

陶瓷外衣的持久肩部关节

心脏起搏器让心跳变得规律

聚甲基丙烯酸甲酯制成的主动脉瓣

不锈钢圆柱保持动脉畅通

有陶瓷头的钴铬人工股骨

髋关节移植中，钛结合了其他新的材料，轻便、灵活

灵活的聚酯管取代受损血管

由碳纤维做成的骨骼片促进骨骼生长

钛和聚乙烯塑造了强壮而抗劳损的踝关节

仿生器官

人体内所有假肢或者其他可见的补充物都是用灵活、耐久的轻型材料加工而成的。混合了钴和铬的陶瓷装置可以取代年老损伤的骨骼关节，在自然恢复过程中，它们可以用钢针固定到合适的位置。当血管堵塞或失去弹性，人工血管可以取而代之。损伤的软组织可以用硅树脂取代。

人工眼

助听

一些形式的失聪可以得到电子设备的帮助。植入物被连接到耳后的骨头上。植入的电极直达内耳耳蜗。部分脉动通过神经网络以正常的方式传递，向大脑发送信号，然后被解译为声音。

手的外壳

骨钉加热后把断骨连在一起

电子身体机能复原

现在，多数人工肢体使用了电路板。这种假肢就可以通过残肢上肌肉的收缩进行控制。肌肉收缩会产生电子信号，传感器对其进行识别和放大。未来，残肢的神经信号将可以控制电动马达。

电池组的外壳

手的外壳

假肢的外观

假肢携带者可以参加各种日常活动

革命性的假腿

这种人工肢体有内置的膝盖槽。这种槽有着电子芯片和汽缸。这种假肢先进而灵活，携带者可以尽情参与各种身体活动，比如慢跑和骑脚踏车兜风。

汽缸成全了变速走动

假肢也可以穿上跑鞋，一点问题都没有

机器人和机器人技术

自从20世纪50年代第一条自动化生产线投产以来，很多日常工作就可以用机械方法高效完成。机器人可以把人类从艰难而危险的工作中解放出来，比如排雷和焊接工作。机器人减少了工人枯燥重复的工作需要。跟雇用员工相比，维修机器人花钱更少。今天，先进的机器人移动自如，并且配备了具有视觉功能的摄像头和触觉电子感应器。最新的技术包括：机器人可以走路，在即将摔倒时恢复身体平衡，可以识别人脸。一些组织研究机器人技术多年，旨在探索这种技术如何在家庭中得到实际应用。未来，机器人管家可能为我们做饭，处理所有杂活。

人们认为，人形机器人看起来更加友好

机器人Manny
机器人制造者开始制造人形机器人。这些机器人造型尺寸各异，但是已经有几款具有人类特点了。这款昵称Manny的机器人用来测试防护服，例如太空服、消防服和在处理化学物质等危险环境下穿的衣服。

关节被完全连接起来

能够平衡易碎物体的能力

机器人身上模拟排汗和呼吸的系统

苦力
这张插图来自1896年的《科学画报》，展示了未来农场里的机器人工人。机器人的确在今天的工业社会中成为常见的一景，而农业也更加机械化。

捷克语robot（机器人）原指奴隶般的田间劳作者

工业自动化
机器人可以准确而持久地重复工作数小时。工业电子计算机控制的机器人可被用于汽车生产，完成不同的任务：焊接、钻孔和给机身喷漆。机器人可以通过编程，执行特定的任务，比如焊接汽车车门。然后，电子计算机可以完全接管机器人，指挥机器人以同样模式一次次运行。

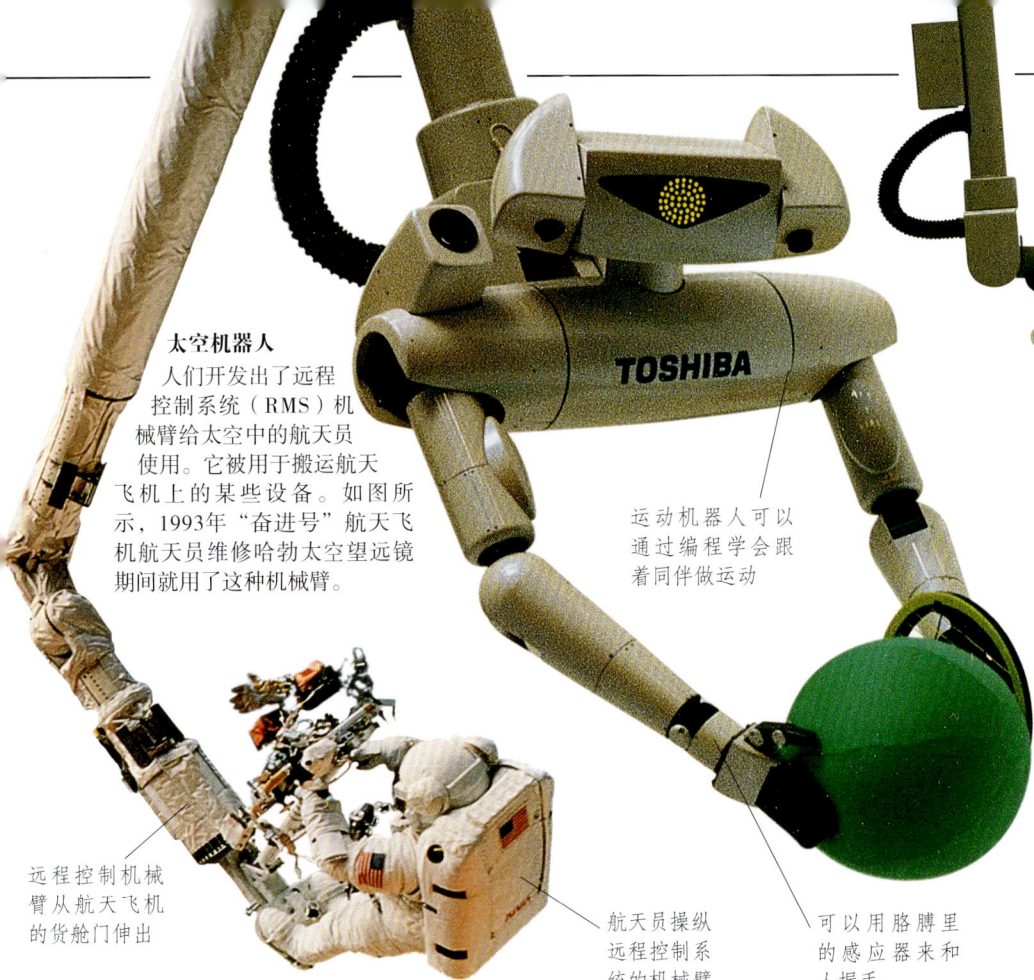

太空机器人

人们开发出了远程控制系统（RMS）机械臂给太空中的航天员使用。它被用于搬运航天飞机上的某些设备。如图所示，1993年"奋进号"航天飞机航天员维修哈勃太空望远镜期间就用了这种机械臂。

运动机器人可以通过编程学会跟着同伴做运动

远程控制机械臂从航天飞机的货舱门伸出

航天员操纵远程控制系统的机械臂

手中的感应器能探测到球

球队队友

一家日本电子公司开发了一台能玩接球游戏的机器人。它可以对声音命令做出反应、辨别颜色甚至识别人脸。虽然这款机器人目前只能玩接球游戏，但人们希望以后此类机器人能够在工厂、医院甚至家庭工作。

可以用胳膊里的感应器来和人握手

机器人内含前沿微型芯片技术

铰链关节让机器人在崎岖地形也如履平地

摄像机

脚含感应器

机器昆虫阿提拉（Attila）

这种机器昆虫可以在复杂地形运动，通过自己的逻辑思考跨越小型障碍。这种能力有可能让它在机器现场维修中大展身手。

内置电池可以维持15分钟

拆除炸弹

这个拆弹机器人正在清除一个可能含有炸弹的公文包。它由一个远离危险区的操作员控制，这位操作员通过机器人身上的摄像机可以看到它的一举一动。

炸弹如果爆炸，灭火器就会启动

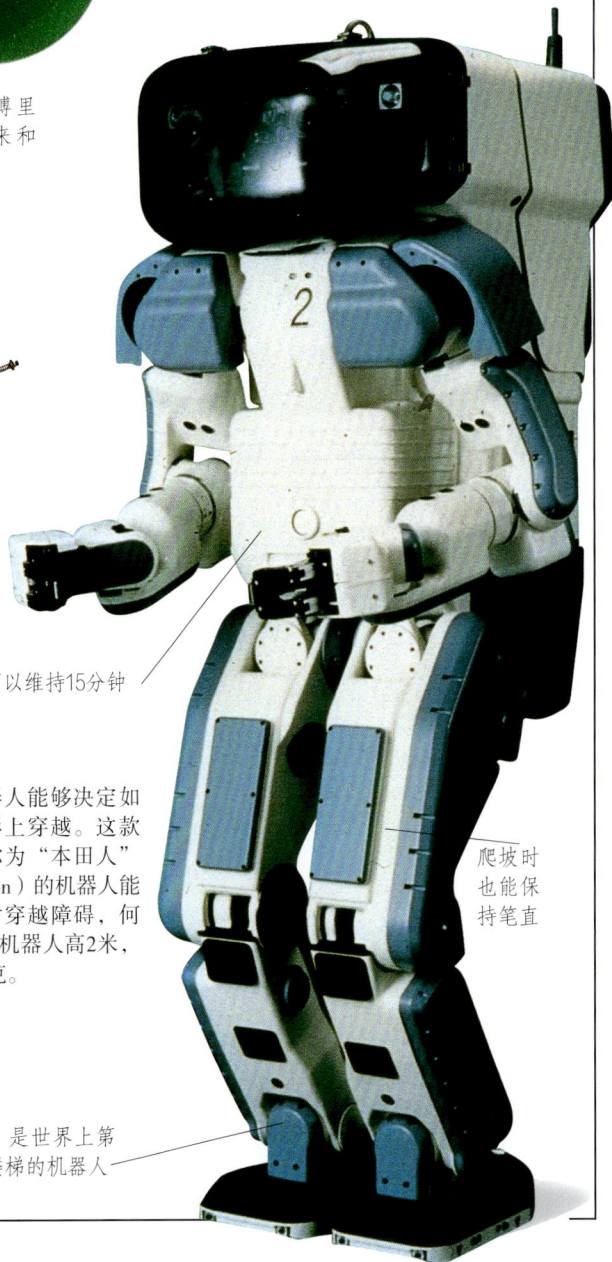

爬山机器人

这款近人机器人能够决定如何在多变地形上穿越。这款被其发明者称为"本田人"（Honda-sapien）的机器人能自己决定何时穿越障碍，何时绕行。这款机器人高2米，质量为210千克。

爬坡时也能保持笔直

"本田人"是世界上第一款能爬楼梯的机器人

会思考的机器

很多人坚信，到21世纪中叶，世界将满是智能机器人，它们将能做出自己的判断和选择。这种机器人智能、独立并且能彼此交流。但是它们都只有某项专长，比如能高速运动的机器人不会同时玩国际象棋。然而，它们高超的技巧、广博的知识、互相交流的能力会赋予它们极大的力量。一些科学家预测，机器人会先进到独立思考的程度。

人工智能

科幻电影《2001年：漫游太空》以A.C.克拉克（1917—2008）的小说为蓝本。今天的超级电子计算机尚不具备疯狂电子计算机HAL的能力，在电影中它控制着飞向木星的飞船，但是未来这很有可能。

加里·卡斯帕罗夫（Garry Kasparov）在思考下一步棋

国际象棋电子计算机"深蓝二代"

深蓝——深陷麻烦

1997年，IBM公司的国际象棋超级电子计算机"深蓝二代"首次在6盘大战中击败了国际象棋大师卡斯帕罗夫。"深蓝二代"可以每秒钟分析2亿个招数并且预测20步，但是当玩象棋时，它是不能运行其他软件或履行其他功能的。

检查烟雾和潮气的特殊感应器

机器人保安

Cybermotion SR2是洛杉矶县博物馆的一台用来侦测闯入者或者火灾等危害的保安机器人。SR2在博物馆内"巡逻"，全凭一张内置的电子地图。通过声呐，它不会撞上任何一件展品。通过电波，它还能和中心电子计算机交流。

无线电连接使埃尔马可以和电子计算机交流

有直觉的机器人埃尔马（Elma）

机器人研究者正在设计不靠指令操纵的智能机器人。埃尔马是一台由英国雷丁大学控制论学院制造的机器昆虫，它的唯一目的就是学会走路。埃尔马有6条腿，互相独立，每条腿由单独的马达控制。试验旨在探索通过独立协调每条腿的运动，是否能跨越地面而不会摔倒。

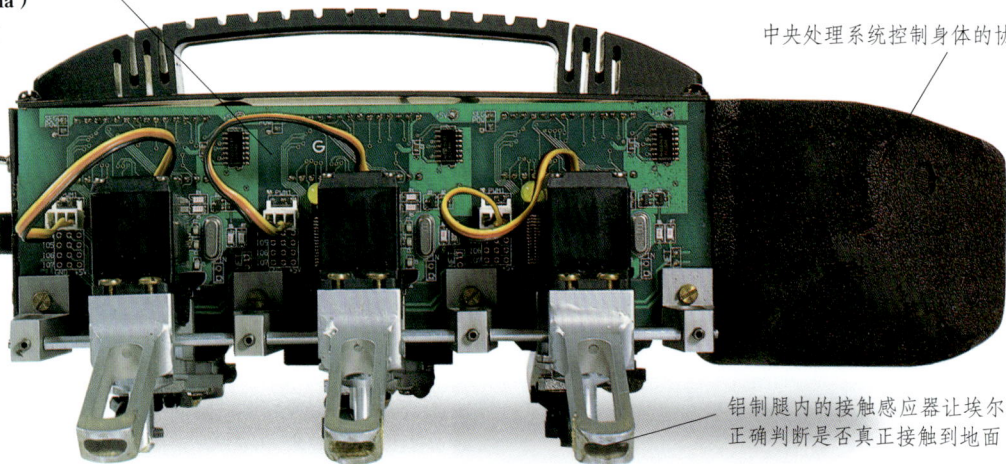

中央处理系统控制身体的协调性

铝制腿内的接触感应器让埃尔马能正确判断是否真正接触到地面

埃尔马休息

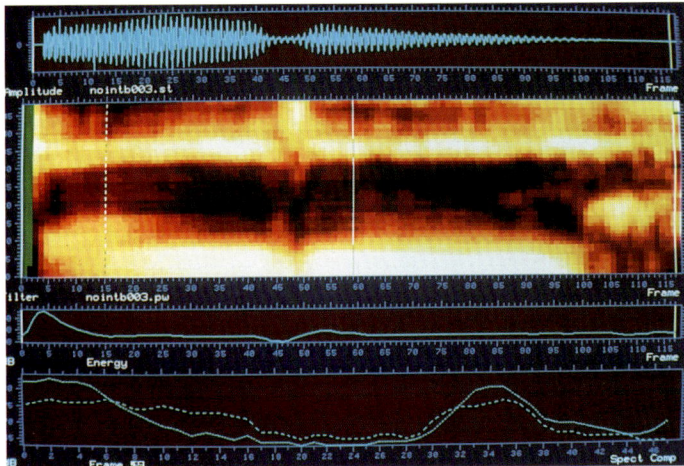

声音识别器

电子计算机界面仍然严重依赖键盘和鼠标。科学家已经着手开发新的系统，能让电子计算机识别声音模式并且听从语言指令。这里显示的计算机图形代表了语音合成词——"婴儿"。

感应器可以感知握紧一个物体需要多大力

人工肌腱形成电信号

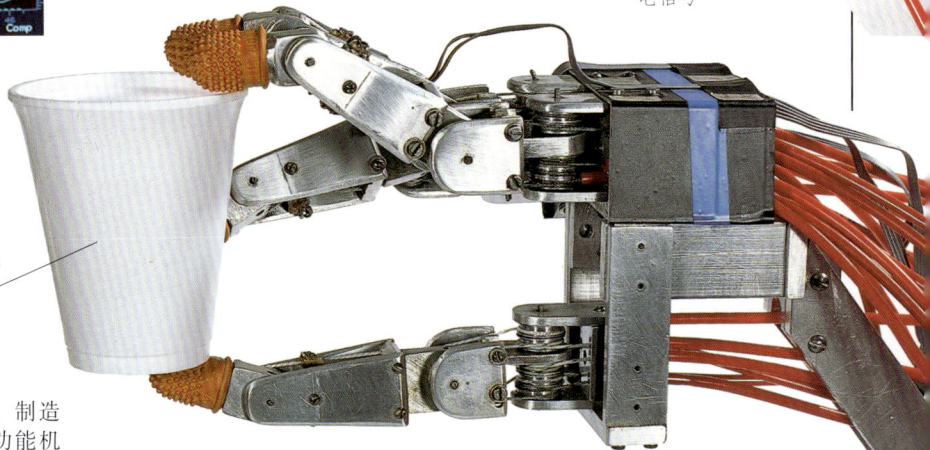

机器人可以手抓多种物体

机器人服务生?

要想拥有相应技术，制造出能干家务活的多功能机器人，我们还有很长的路要走。即使沏茶和把茶送到床边这样的简单任务也超出了现有机器人的能力范围。

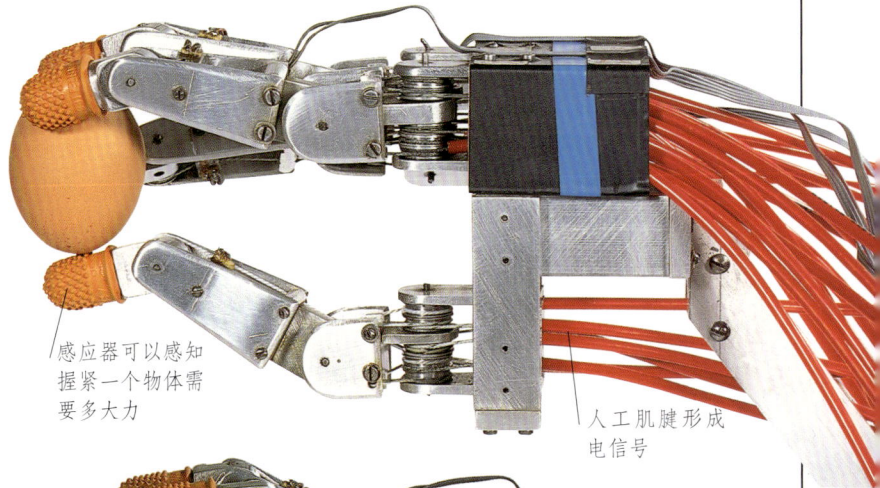

施加最轻的接触

人类双手极端复杂。设计这种电控四指机械手，就是用来研究力量控制的。这些橡胶指尖含有微型压力感应器，可以感知握紧一个物体需要多大力。来自感应器的信息汇入微处理器，它可以同时控制4根指头的动作。每根指头靠电线来操控。这双手可以从错误中学习，但是一旦断电，它所学的一切顷刻化为乌有。

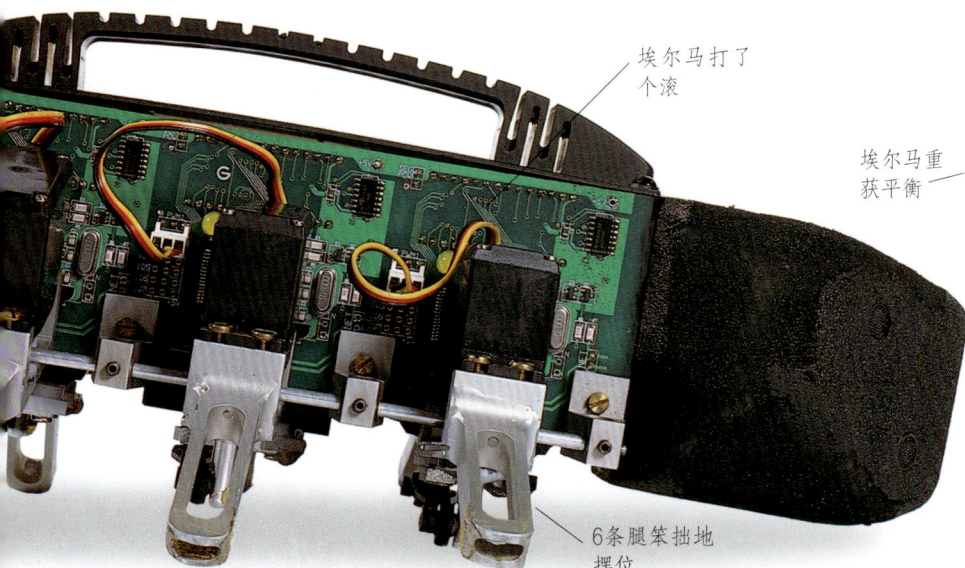

埃尔马打了个滚

埃尔马重获平衡

6条腿笨拙地摆位

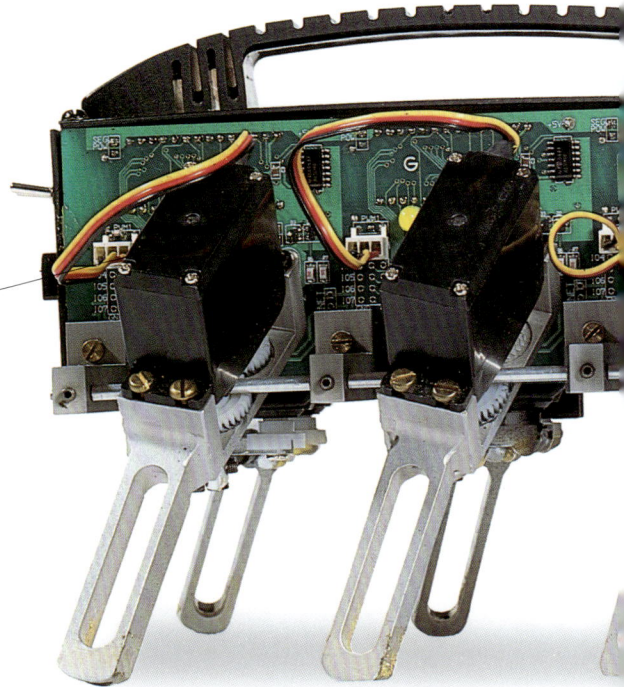

227

（接下页）

（接上页）

人工智能

全世界的科学家和工程师都在积极创造"智能"机器人——即有学习能力的机器人。英国雷丁大学开发了一种能学会执行简单任务的机器人，称为埃尔马。它能学会走路。此外还开发了一种叫作"七个小矮人"的有轮机器人，能够识别物体，并且根据这些信息做出如何运动的判断。目前，机器人的发展方向在于它们能否从经验中学习并且把信息传递给其他机器人。

红外线传送器把信息传给其他小矮人

1 集合
当一群小矮人被放到一起时，它们一边传递"我在这儿"的信号，一边收到其他机器人的信号。如果一个机器人听到若干种信号聚集到一起，就会朝它们移动。

有了超声波传感器，小矮人就不会撞上物体

万一冲撞，还有金属缓冲器

电缆带在矮人底座把感应器和发动机连接起来

七个小矮人
七个小矮人是一组相同的机器人，它们被控制做同样的事情。最终，机器人专家希望赋予每台机器个性，并设计出一种超级交流系统，这能让它们传递更多复杂信息。

马达驱动的车轮能够变速前进和后退

车载可充电电池能持续使用6小时之久

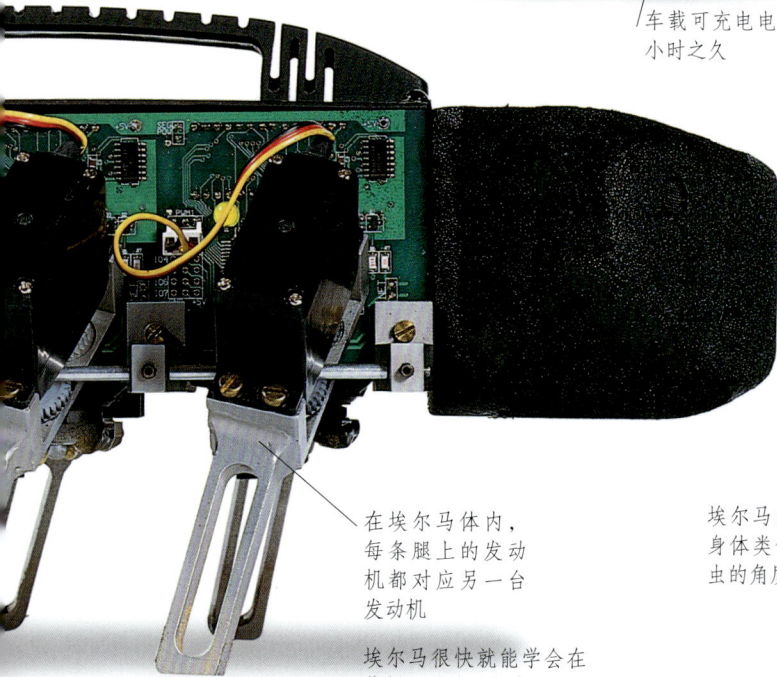

在埃尔马体内，每条腿上的发动机都对应另一台发动机

埃尔马的玻璃纤维身体类似于真正昆虫的角质外骨骼

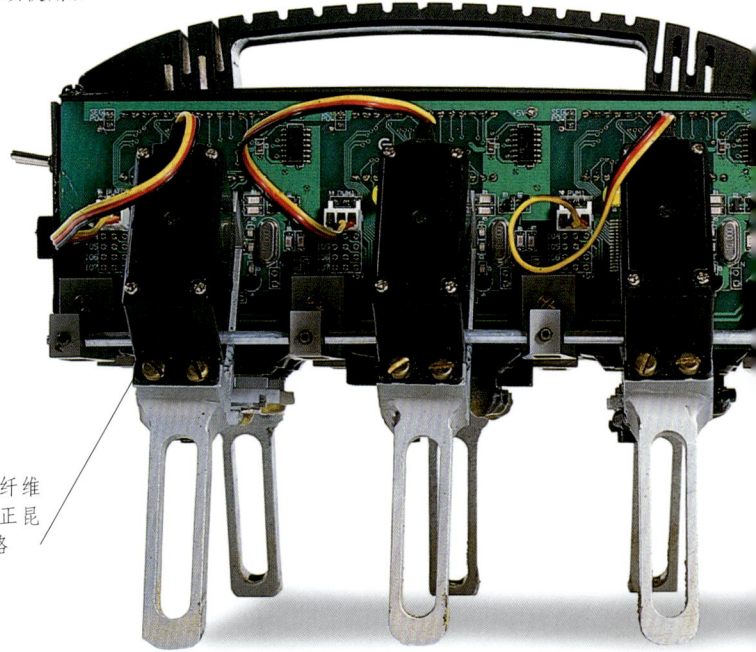

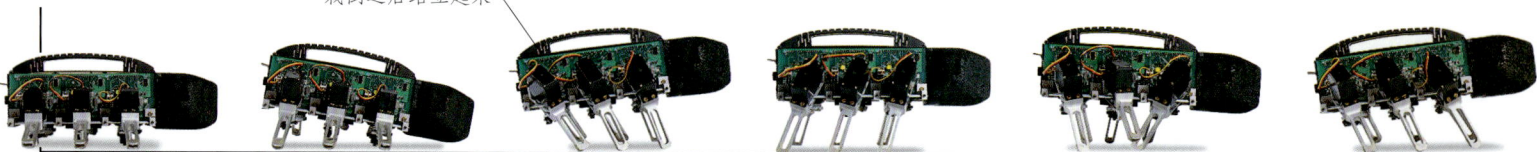

埃尔马很快就能学会在栽倒之后站立起来

228

2 相互交流
小矮人们学会避开其他东西,包括彼此。但是根据它们的程序,它们也倾向于彼此靠拢。它们通过发送和接收红外线信号有效交流。

3 凑到一块
小矮人们从四面八方聚到一起,并彼此避让。如果其中一个发现自己处于视野清晰的开阔地带,就会发送信号"跟我来"。其他小矮人就会跟过去。

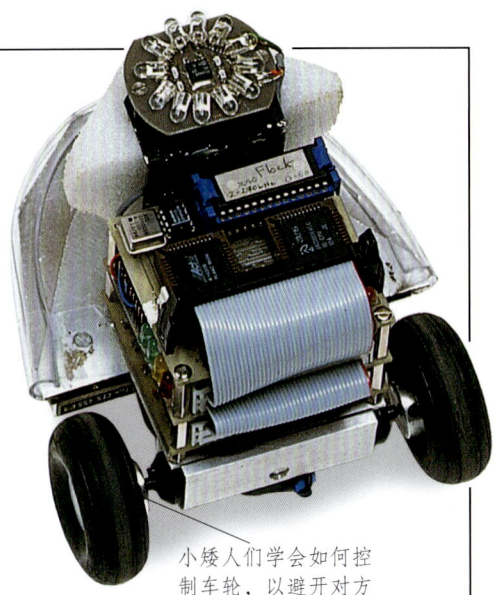

小矮人们学会如何控制车轮,以避开对方和其他东西

每个矮人使用自己唯一的频率传递信息

未来的操作员不论在哪里都能控制卡车

电子计算机操作员监控Navlab的一举一动

Navlab车速可达每小时60千米

NAVLAB II
Navlab II是一种无人驾驶卡车。它由一台名为ALVINN(神经网络智能车道跟踪系统)的电子计算机控制。电子计算机跟人学会如何开车。通过视频相机和激光定位,ALVINN能够监控道路,识别标志和路口。另一台名为EDDIE(高效分散性数据库和界面实验装置)的电子计算机提供了额外的避免碰撞软件。

4 如影随形
最近的小矮人给予矮人小组领导者以信号优先权。有时多个领导信号同时发出,小组就会分离,每个矮人跟随最近的信号。当一个领导者到达另一小组,就会转换成"我在这儿"的信号。

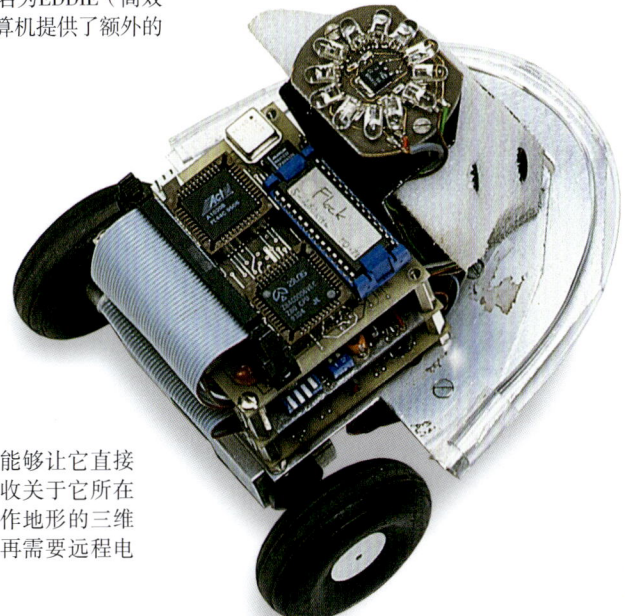

埃尔马这样的机器人路在何方
现在,埃尔马装备了无线电连接系统,能够让它直接和电子计算机交流,如此便能发送和接收关于它所在环境的信息。电子计算机用这些信息制作地形的三维地图。未来,像埃尔马这样的机器人不再需要远程电子计算机的控制。

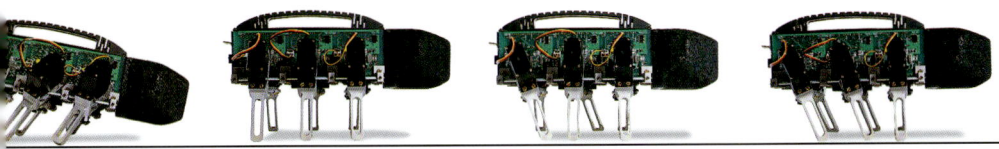

虚拟现实

现实和虚拟现实的界限正在变得模糊。你已经能够通过虚拟现实来"体验"高山滑雪等刺激活动。随着电子计算机功能越来越强大，虚拟经历越来越逼真。你能感到风从发际吹过，白霜沾满睫毛，太阳温热地照在脸上，还有沿山而下时雪靴的颤动。虚拟现实也有实际用途。它提供给我们有益的医学用途。外科医生不仅可以用它传授外科技术，还可以通过它用机械手做手术。在未来，虚拟现实技术会用于培训员工，从卡车驾驶、工程学到高山滑雪以及原子物理都可能与该技术有关。

透过双色眼镜看世界

在虚拟现实技术出现之前，3D影院就已存在。在20世纪50年代，每位3D电影观众都会领到一副硬纸板眼镜。眼镜至关重要，否则电影画面看似对焦不准。当屏幕上的物体似乎飞向观众的时候，人们禁不住要躲闪。

3D眼镜有不同颜色的镜片

虚拟工程

虚拟现实技术让制造商用计算机就能仿制产品，而不用制作昂贵的原型。在这幅图里，一组功能强大的电子计算机，每分钟运行10亿次，指导人们在三维虚拟空间从各个角度观察石油钻井设备。环绕式屏幕和四声道音效带给人们震撼的影音效果。

"飞椅"的控制器让乘客选择如何"周游"石油钻井设备

检查复杂机器最细微的部分也成了可能

虚拟娱乐

人们可以在娱乐中心享受"虚拟驾驶"。在这里，他们可以观看冲浪者乘风破浪的三维现实。在21世纪，虚拟现实的机器出现在家庭后，适合家用的特殊视觉感应器会让你亲身体验乘风破浪的快感。

虚拟手模拟真实手

面罩带给你3D全景影像

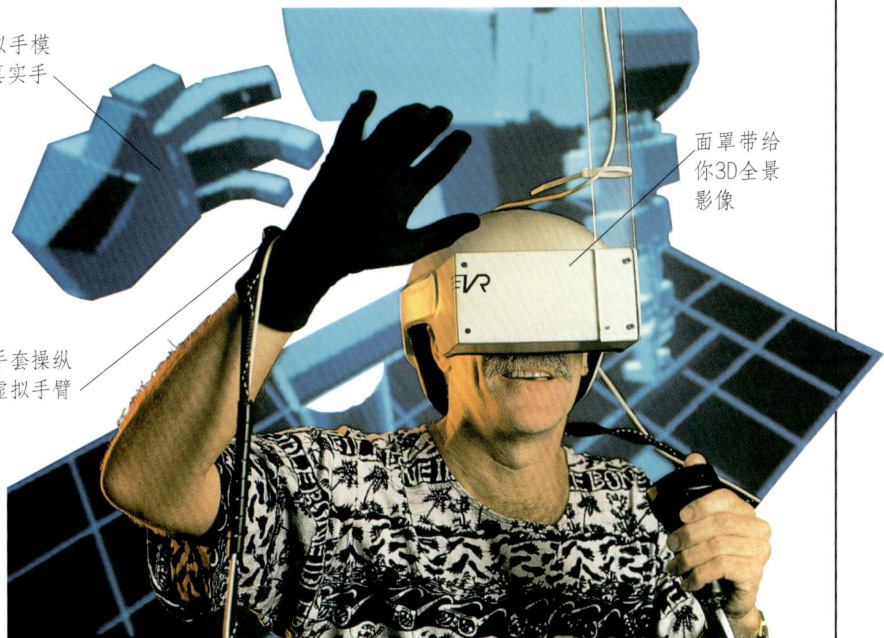

手套操纵虚拟手臂

虚拟控制

面罩和手套让穿着者与虚拟经历互相影响。手套提供反馈，让人感知触觉。图中的人正在开发一种虚拟现实系统，能够用于控制被送到危险环境，比如大洋底部或核电站的反应堆核心里的机器人。

读者可以翻看虚拟书页

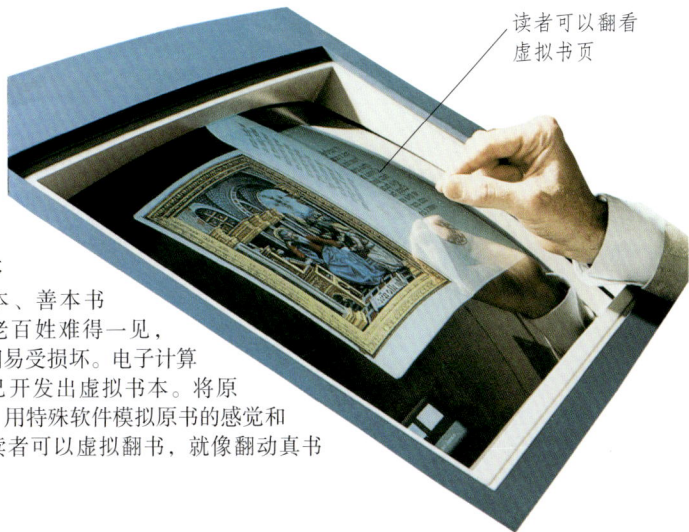

虚拟书本

很多珍本、善本书籍一般老百姓难得一见，因为它们易受损坏。电子计算机专家已开发出虚拟书本。将原件扫描，用特殊软件模拟原书的感觉和结构，读者可以虚拟翻书，就像翻动真书一样。

虚拟图像指示医生如何操作手术

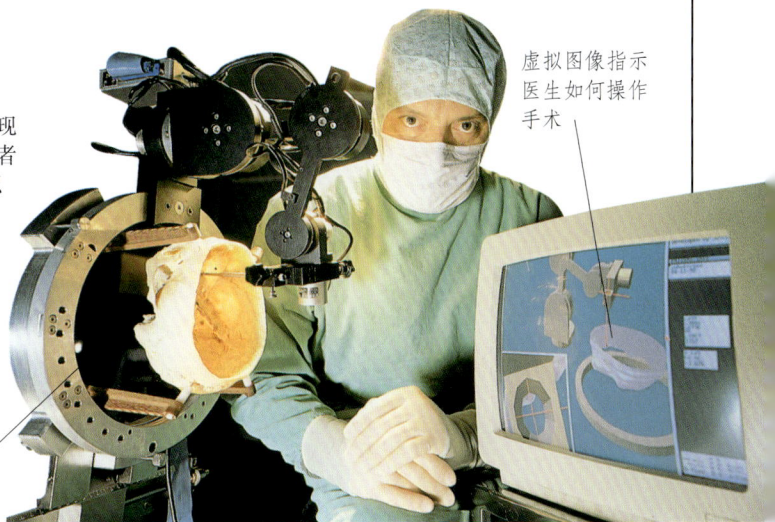

外科胳膊

外科医生正在用虚拟现实技术做手术。受训者使用虚拟现实程序可以提高他们的技术。即使经验丰富的外科医生在真正动刀之前也要练习一下。

环形银幕填满了参与者的视野，让他们完全沉浸其中

人头骨内的机械手

看到无形之物

我们单凭肉眼能看到世界，如果借助一些辅助我们能看得更加清晰。眼镜可以帮助视力差的人看得更清楚，显微镜让我们明辨毫厘，望远镜则让我们看到太空深处。但是仍然有很多东西我们看不到。可见光只是巨大的电磁光谱中的一小部分；此外还有看不见的各种射线，如伽马射线、宇宙射线，还有X射线、紫外线、红外线和微波、无线电波等。这些光谱中的每一部分，都让我们以略微不同的方式看到世界和宇宙。一些光为我们所熟悉，但是另一些光刚刚被发现。X射线用于医学已逾一个世纪。雷达在第二次世界大战时才首次使用，用来定位敌方飞机和战船。今天，紫外线可以帮助驾驶员在夜晚获得更好的视线，同时太空望远镜正在传回来自深邃太空的奇异影像。

X射线眼镜
上图孩子们拿着这些假想的X射线眼镜玩得很开心，这种眼镜在20世纪50年代上市。他们可以装作自己是间谍和秘密特工，能够透视墙壁，甚至看穿皮肤直至骨骼。

正常车前灯照射下前方路段的视野

紫外线车前灯

紫外线车前灯照射下前方路段的视野

新视野
多数车祸发生在晚上。视线很差的时候，驾驶员对前方危险警惕性不足。增加车前灯亮度的想法并不实用，因为这会把迎面而来的驾驶员照得头晕目眩。但是人的肉眼看不到的紫外线可以被荧光材料反射回来，警告驾驶者及时停车。

太阳能电池板

用天线把无线电数据传回地球

卡车的货物在屏幕上清晰可见

观测太空
"哈勃"空间望远镜在1990年升空，探索可见光和紫外线频段的宇宙。1995年，它发回第一张高清图像，拍摄的是天鹰星云（左图），这是距地球7 000光年的一团巨大的气体尘埃团。

安检
全世界机场和港口的海关官员都用X射线机器检查行李。利用新科技可以设计出更大、精密程度更高的机器，能够检查诸如卡车（右图）等交通工具中的所有货物。

一个个氢气构成的气柱是新恒星的孵化器

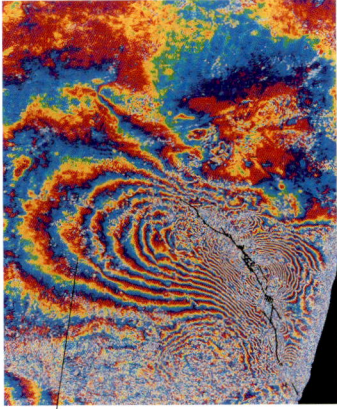

来自太空的风景

这张色彩经过增强的地震图像是 ERS-1 卫星拍摄的。这是从太空拍摄的第一张地震图像，展示了 1992 年，加利福尼亚的地面被地震弄得支离破碎的景象。色彩条靠得越近，地面变形越严重。

色彩条展示地震的冲击波

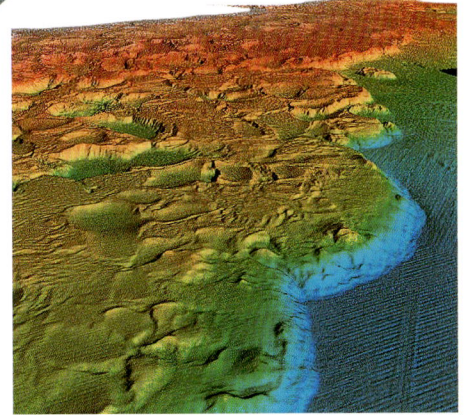

飞行员舱

隐形轰炸机

B-2 隐形轰炸机是由美国诺斯洛普公司和波音公司联合麻省理工学院研制的，其隐形能力不仅包括雷达侦测层面，也包括降低红外线、可见光与噪音等不同信号，降低被侦测与测定的可能性。

洋底

这张取自墨西哥湾海床的声呐图像是由记录洋底回声的船只所拍摄的。不同颜色显示不同深度。

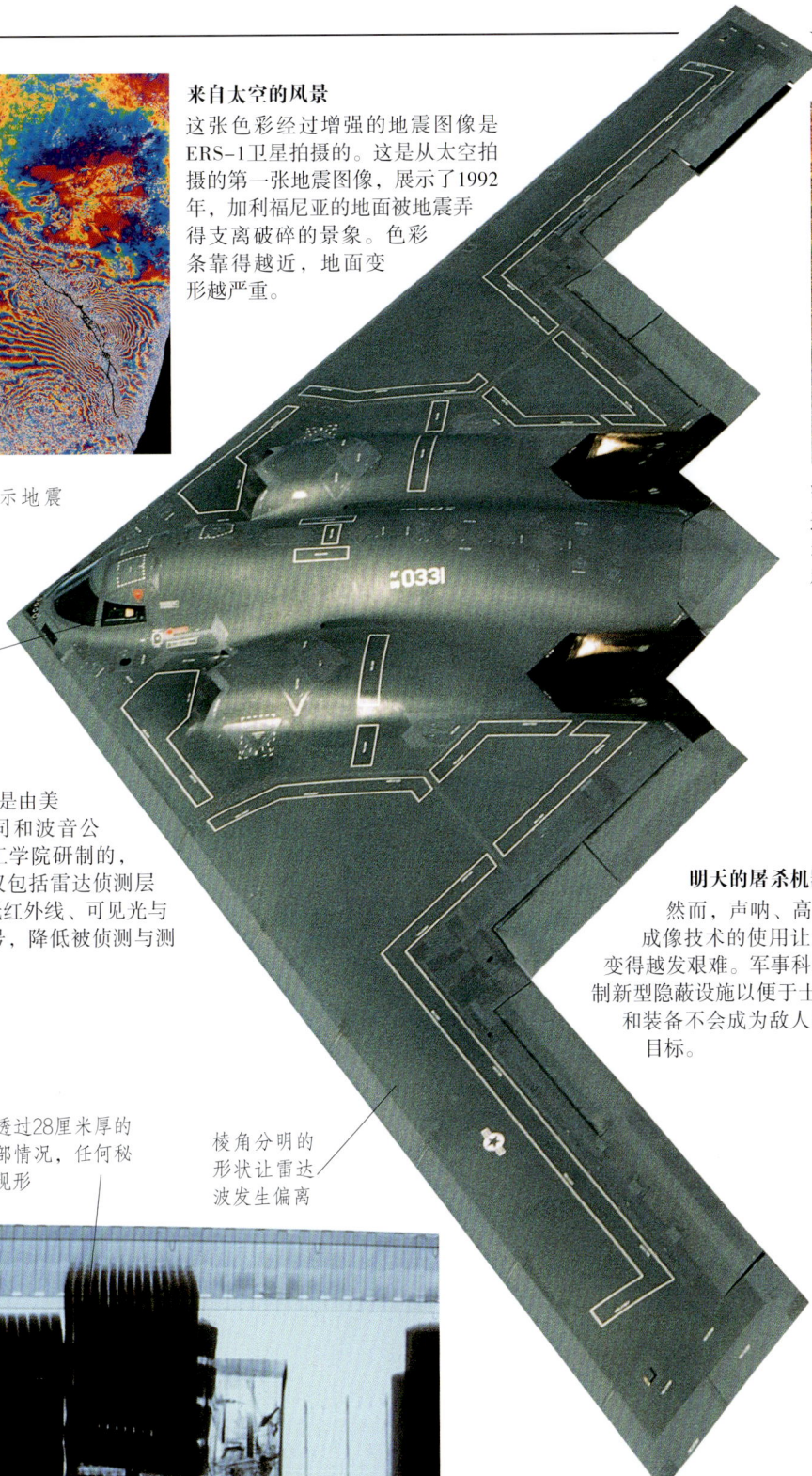

红外夜视仪让士兵在黑夜也能看得见

明天的屠杀机器

然而，声呐、高灵敏度听觉设备以及热成像技术的使用让士兵的伪装和隐蔽变得越发艰难。军事科学家正在研制新型隐蔽设施以便于士兵和装备不会成为敌人的目标。

安检人员能透过 28 厘米厚的钢材看见内部情况，任何秘密货物都得现形

棱角分明的形状让雷达波发生偏离

平视显示器（HGD）可以将战术信息投射到目镜上

"智能"武器带有能识别目标的激光

小型化

微型化时代
集成电路是现代科技至关重要的特征。成千上万的晶体管可以安装到微小的芯片上，从而改变了电子产品的外观和应用模式。

1947年晶体管的发明以及1959年其继任者——集成电路的出现改变了我们的世界。之前，收音机和电视机里笨重的电子管产生大量热量，不得不把它们放到一个很大的容器里。今天，成千上万的电子元器件可以安装到芯片上制成微处理器。而现在，手提电子计算机甚至可以直接与卫星相连来发送邮件和上网。以前，比老鼠还小的收音机似乎不敢想象，但是现在成了现实。以后，零部件还会变得更小。

电力供应
这些尺寸小、重量轻的电池可以为一系列电子产品供电，从手表到相机。

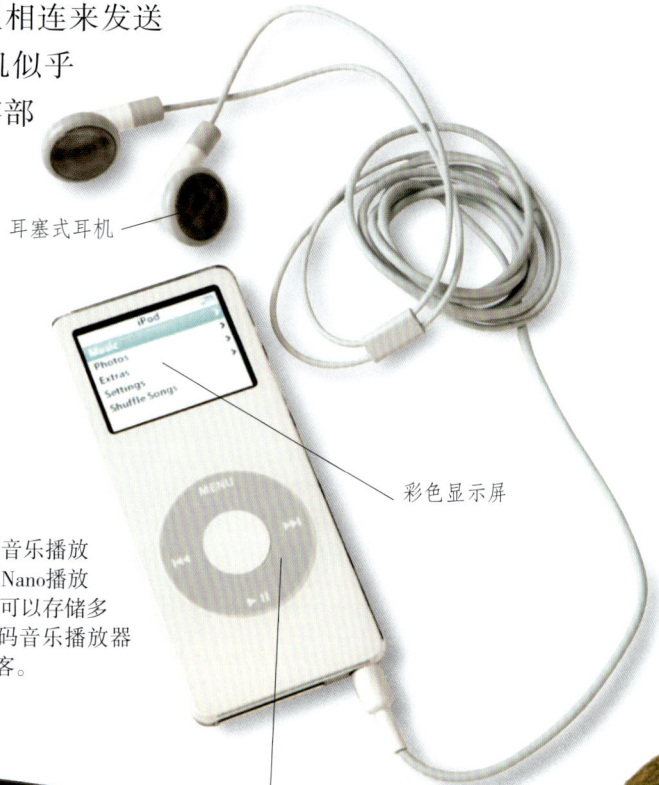

耳塞式耳机

彩色显示屏

随身听
苹果公司生产的第一批iPod音乐播放器与一副扑克牌大小相仿。Nano播放器不足铅笔厚度的一半，却可以存储多达1 000首歌。除了作为数码音乐播放器外，iPod还可存储照片和播客。

ENIAC每次编程都要重新布线

机器巨兽
在晶体管和集成电路面世之前，科学家们依赖电子管技术制作电子计算机。这就意味着电子计算机尺寸会非常大。ENIAC是最早的电子计算机之一，它重30吨，占据了整个屋子。

单击滚轮进入菜单，可以选择播放、暂停或后退

菜单以图标的形式显示在屏幕上

USB闪存盘
口香糖大小的U盘可以存储大量数据，这些数据可以在电子设备之间轻松转移。把U盘插入电子计算机的USB端口，电子计算机即可将其识别为可移动硬盘。

USB连接

"黑莓"
在不到50年的时间里，电子计算机的尺寸已经缩小到可以放在手掌上。"黑莓"系列手机融合了手机、个人管家、无线浏览器、数码步话机和迷你电子计算机的功能。

摄像机

摄像机自20世纪80年代首次面世以来，已越来越普及。人们上哪儿都带着它——无论观看学校戏剧或体育赛事，参加家庭聚会还是度假。最新的摄像机是数字化的，有全彩色屏幕。

液晶显示（LCD）屏幕

变焦镜头

彩色屏幕显示文本和图像

口袋电视

在电视发展的早期，所有的零件都安在一个又大又沉的木箱里。今天，集成电路使我们把电视机"压缩"成更小的设备。这种电视放到口袋里正合适。

外戴式耳机

数码相机

数码相机把图像拍下来存到存储卡上，然后可以下载到电子计算机上观看。这种图像易于存储和编辑，如果你不喜欢这张照片，还可以修改它。

蓝牙耳机

这个小装置能和你的手机建立一个短距离无线连接，这样你通话时就可以把手机放在口袋里。

基本通信

早期的移动电话笨重而不实用。如今，超薄手机越来越流行，小到可以放到衬衫口袋内。为了应对通话距离的增大，人声需要经过数字化处理后再传输。

高分辨率液晶显示屏

拇指控制键（右手）

拇指控制键（左手）

便携式游戏机

您不再需要去游戏室或在电视机前坐着玩三维电子游戏。新一代的游戏机可以拥有掌上游戏平台。使用这个便携式索尼PyStation（PSP），你也可以播放电影、听音乐和上网冲浪。

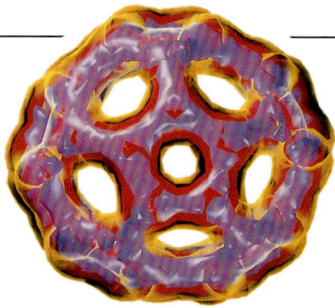

比空气还轻

人类一直在开发新材料。20世纪初塑料的发明改变了我们的世界，塑料成为轻型材料，并替代了传统材料，如木材、金属和玻璃。现在我们已经拥有数百种塑料，还有其他的塑料正在开发之中。塑料可塑性极好，可以用来制造很多东西。但是，大多数塑料不能被生物降解，所以大量的废旧塑料无法得到安全处置。新材料和工艺也许可以提供解决方案。与此同时，科学家们正在开发下个千年可使用的更环保的材料。一些轻型合成材料虽比钢硬，却可以用来做衣服。泡沫金属使用较少的原材料，所以更轻，但材质仍然保持足够的硬度。

巴基球
巴基球是由60个碳原子组成的微小球状结构。它们可能在分子意义上成为一种新工程的基石——制造纳米机器。

空间隔热瓦
"哥伦比亚号"航天飞机底部贴着隔热瓦。隔热瓦由高品质的硅制成，用来保护航天飞机重新进入地球大气层时免受极高温度的影响。

碳棉质地比普通棉料要粗糙

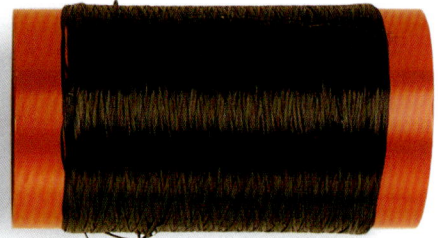

不论多么使劲拉一根碳纤维，你也弄不断它

轻型框架
莲花汽车公司设计的一款轻型汽车底盘的重量只有68千克，相当于以往在用钢材料制成的底盘的一半。它是由一种对温度敏感的合金构成的。金属接头用强力黏合剂连在一起。

铆钉避免接头分离

黏合的底盘既轻又强韧

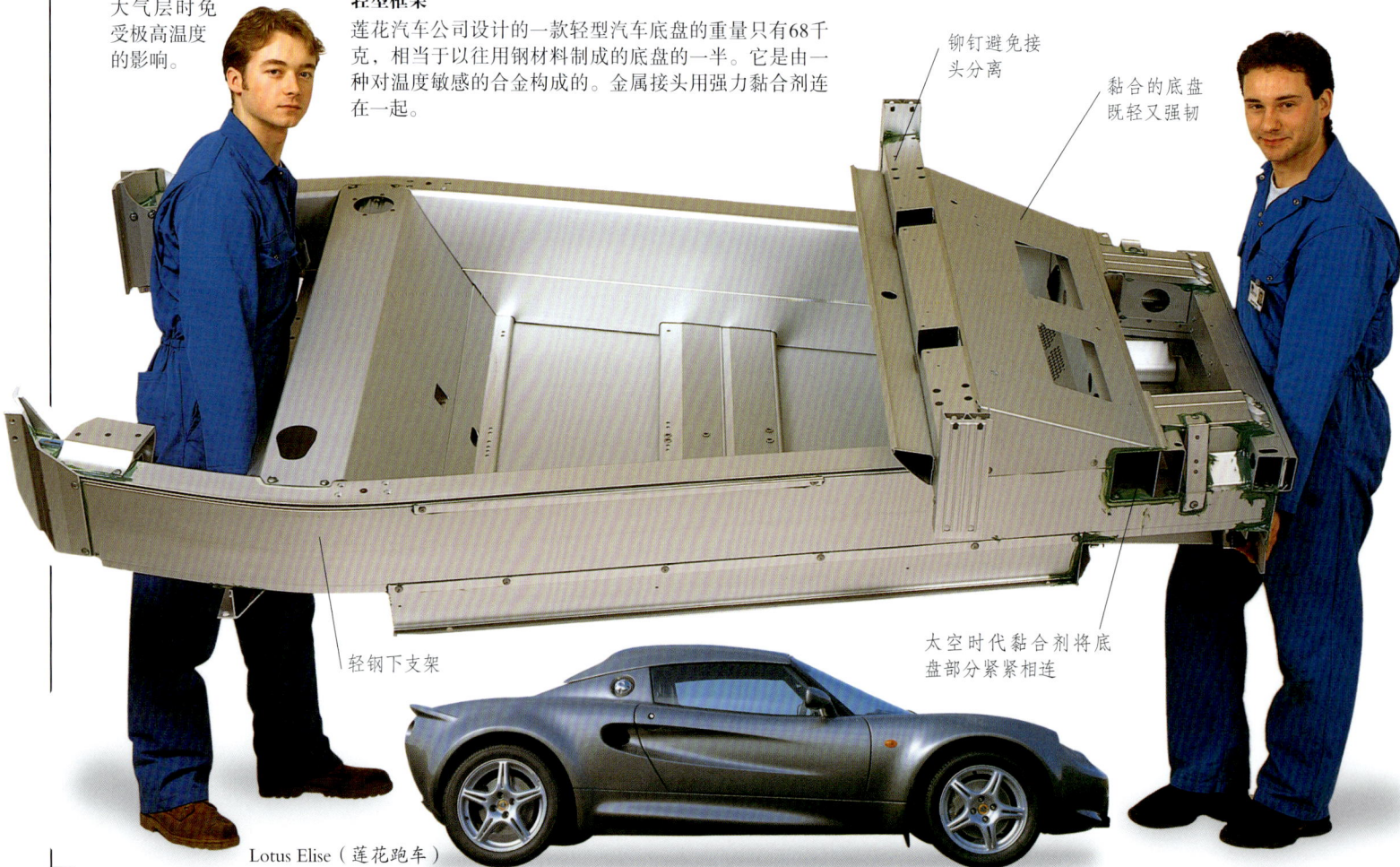

轻钢下支架

太空时代黏合剂将底盘部分紧紧相连

Lotus Elise（莲花跑车）

高科技纤维

这种材料其实是碳纤维。不同于棉料，这种轻质纤维几乎不可能断裂。它可用于所有产品中，不论是高科技战斗机，还是自行车零件。

框架是由碳纤维织成纤维面料并进一步制造而成

非常时刻

凯夫拉纤维是一种类似尼龙的合成材料，但它比钢的强度高5倍，弹性比碳纤维好且抗高温。它可织成防弹背心。这种面料经得起高达400℃的温度，使其比普通的消防服更结实。

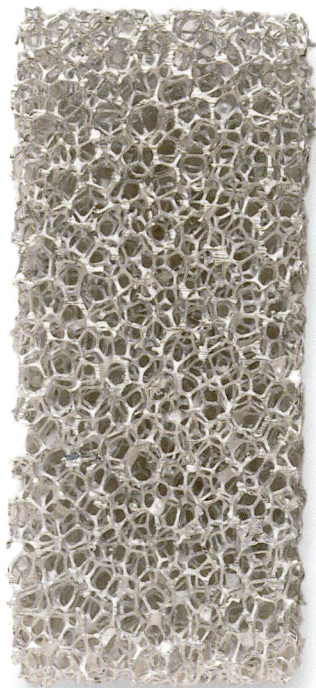

驶向胜利

比赛用自行车必须轻便、结实，具有良好的空气动力学特性。1992年，由碳纤维制作车架的自行车帮助英国选手克里斯·博德曼（Chris Bordman）在巴塞罗那赢得了奥运会金牌。

金属泡沫材料可用于飞机的机身部分

泡沫铝

科学家们正在用普通金属（如铝和锌）发泡来创造各种用途的金属泡沫材料。这种材料结实、防火并能吸收声音。它们已经成功用在航天器上，并将很快在飞机上使用。由于它们比普通金属要轻，可以减少燃料消耗。

海凝胶具有水溶性，在高于10℃的温度便可溶于水

据称SEAgel是第一种"比空气轻"的固体

革新材料

安全乳化琼脂凝胶，即海凝胶（SEAgel），是一种极轻的固体。它是用从琼脂中提炼出来的凝胶制造的。它可以生物降解，易溶于水，并不会损害环境。它可被用作绝缘体，或代替塑料成为一种包装材料。

新领域

纵观历史，人类努力探索地球各处以寻求宝贵的矿物和新的生命形式。现在世界上只有很少的领域尚未开发，我们的目光已经超越了自己的星球，延伸到太空深处。几个世纪之前，以风为动力的木制帆船横跨大洋，进入未知的领域。与这段较近的历史相呼应，未来我们将会发射依靠太阳风为动力的飞船，探索外太空。我们将会在新的行星上聚居，或许还会发现其他生命形式。但是，我们不能依靠地球来为这些任务提供资源和能源。到那时，我们需要开采小行星以获取资源，并使用巨大的太阳能卫星发电。只有到那时，我们才能在月球和附近的行星上建立居住地。

随我飞向月球
20世纪50年代，当我们将要把第一批人类送入太空轨道之时，到太空度假的梦想第一次令许多人浮想联翩。21世纪，月球上将会建立起基地，也许还会出现繁忙的月球旅馆。

在小行星上采矿

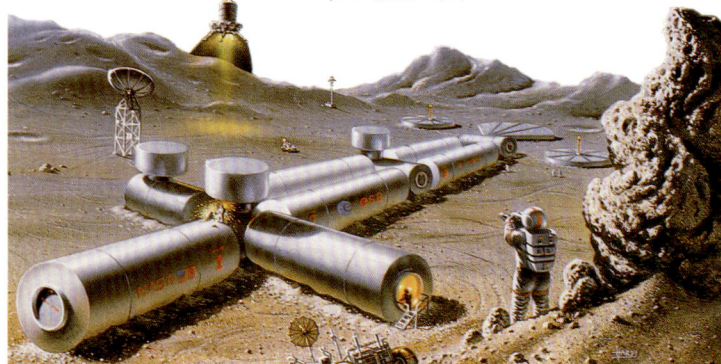

宇宙采矿
月球和小行星拥有非常丰富的矿物自然资源，如已经确定有黄金、铂、镍和铁等。月球尘埃中含有氢气，可以用作火箭燃料，同时也含有氦-3，一种潜在的核燃料。总有一天，人们会开采月球和小行星来获取原材料，这些材料或用于太空旅行，或用巨型太阳能货运飞船送回地球。

用火星岩石建造的建筑

在月球上采矿

时光旅行

另一个令我们心驰神往的领域是时光旅行。它往往是像H.G.威尔斯（科幻小说《时间机器》的作者）这样的小说家的作品主题。

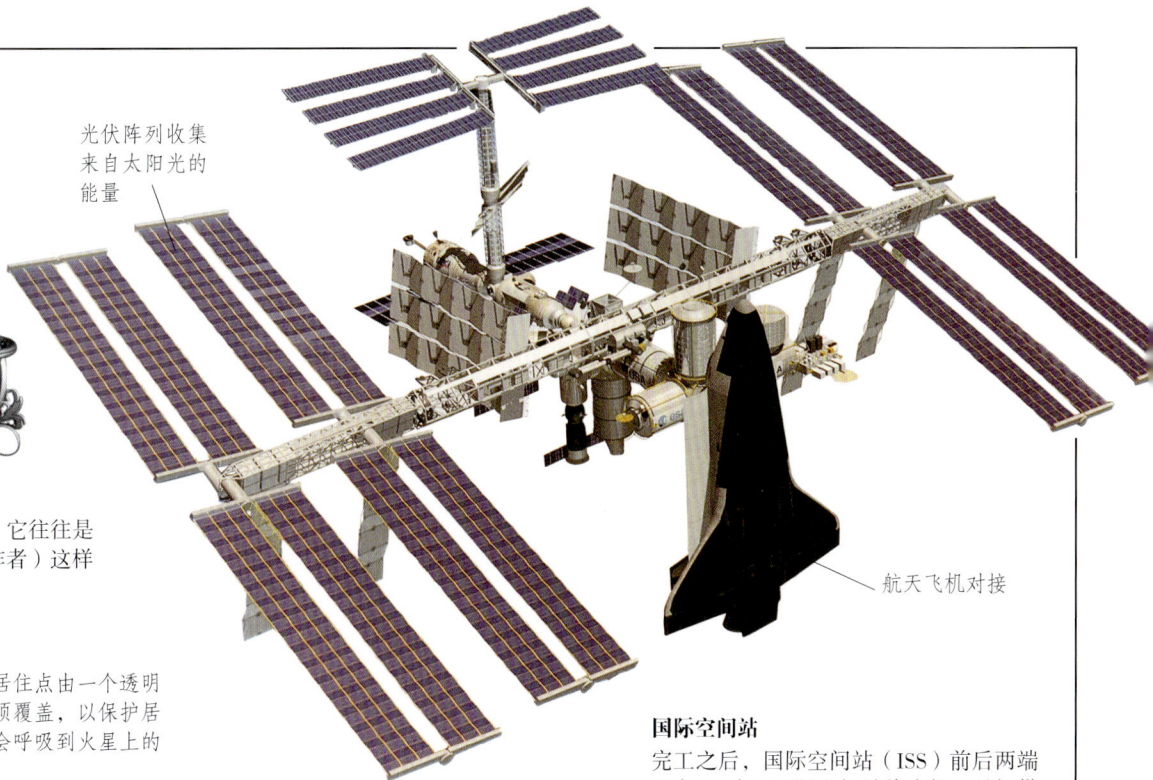

H.G.威尔斯笔下的时间机器

光伏阵列收集来自太阳光的能量

航天飞机对接

国际空间站

完工之后，国际空间站（ISS）前后两端距离110米。国际空间站将为航天员提供一个在地球轨道上的永久性基地。空间站的实验室将用于新材料和工艺的科学研究，并研究长期太空飞行带来的影响。

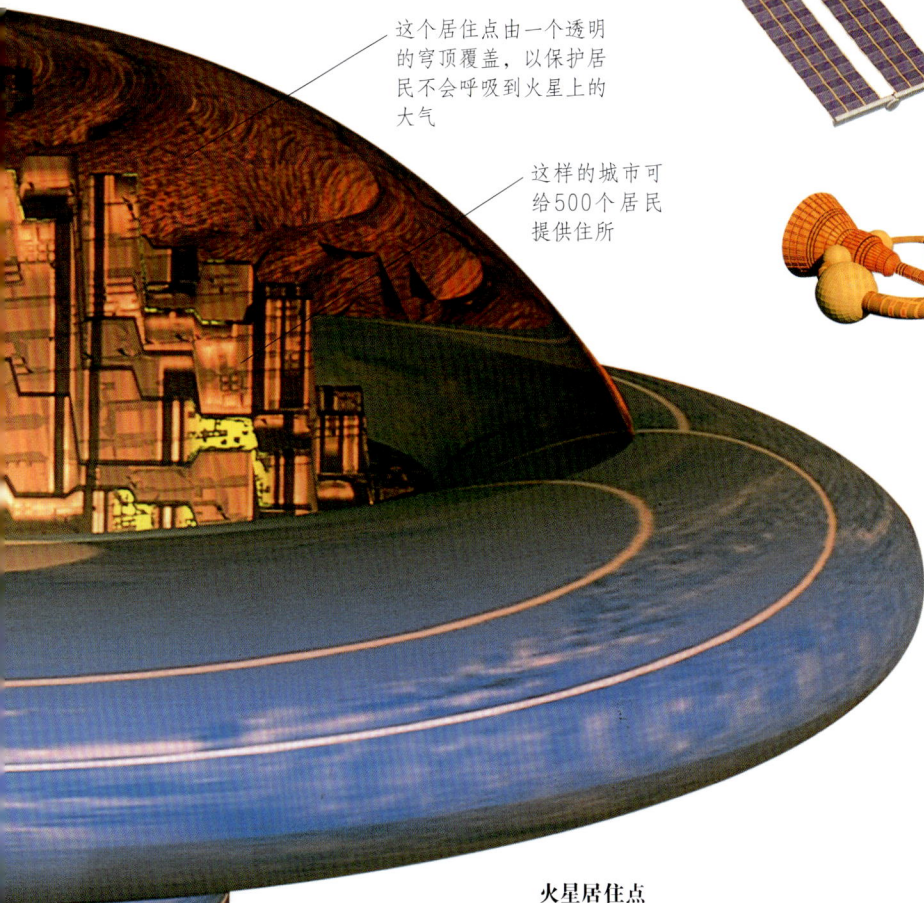

这个居住点由一个透明的穹顶覆盖，以保护居民不会呼吸到火星上的大气

这样的城市可给500个居民提供住所

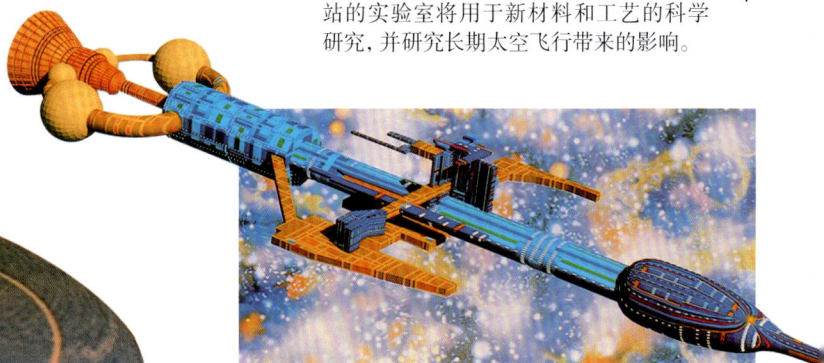

反物质旅行

对于存在的每一个粒子，都有一个相应的反粒子与它在各方面都相同，只是其电荷相反。当物质与其反物质相遇，发生撞击，创造能量。这是艺术家所绘的想象图，展示了由反物质火箭发动机驱动的星际飞船。其想法就是物质和反物质会在燃烧室混合并产生能量。

火星居住点

到达月球只需要3天，但到达火星还需要6个月。因为距离地球如此遥远，当飞船到达火星后，就必须解决返程燃料的问题。需要建立这种有巨大保护性穹顶的建筑，整个城市的人都住在里面。

城市建立在帕沃尼斯蒙斯（一座死火山）的火山口上

有没有外星人？

外星人入侵地球的想法让科幻小说作家和科幻电影制片人魂牵梦萦。鉴于宇宙无限广阔，其他生命形式存在的概率是很高的，但他们长什么样，是否会像人类、昆虫、植物或变形虫，值得好好猜一猜。

生活在未来

在我们身边正在发生的变化将极大地影响我们的生活。分子科学家正在揭示生命体本身的基本过程。我们后代的遗传特性也许有一天会受到遗传工程师的操控。如果机器人研究获得成功，我们可能得和智能机器人共享我们的星球。新材料一直在开发之中。我们的未来也许不在地球上。无论在哪儿，不管那里怎么样，都需要你去发现、参与和享受！

未来城市
在太空建立城市的梦想可能很快就会成为现实。在月球两极地区发现的冰可能被用来制造燃料和氧气。这将提供原料建造第一个小型空间居住点。

人口增长
世界人口的增长加大了对资源的需求。我们将需要国际合作，以确保公平分配和保护环境。

智能卡芯片能记录各种信息

"智能卡"
您完整的个人信息很快就会被记录在一张智能卡上。智能卡综合了驾照、护照、医疗记录、财务状况、就业信息和犯罪记录，将被用于办理所有事务。

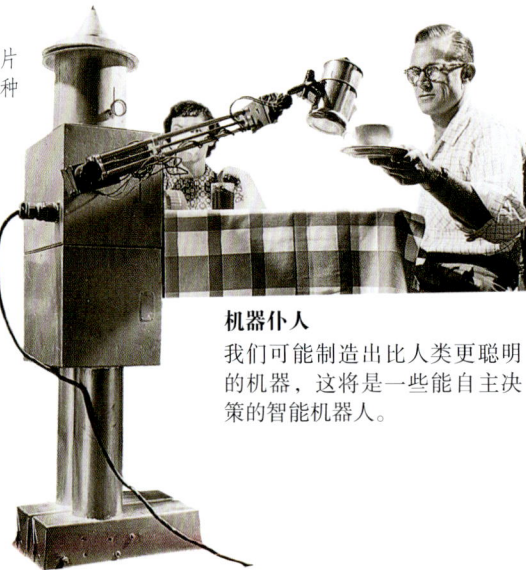

机器仆人
我们可能制造出比人类更聪明的机器，这将是一些能自主决策的智能机器人。

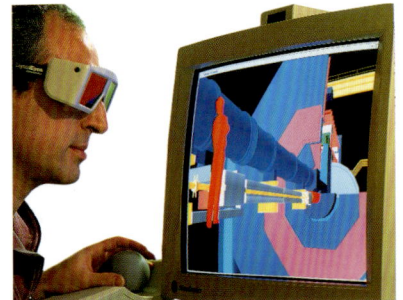

虚拟现实
虚拟现实注定要对我们的生活方式产生重大影响。今后，我们将能够"虚拟"参加比赛。医生会经常使用虚拟现实技术，以协助他们做手术。而科学家，就像这位物理学家一样，将用它来设计出实验或操作方法。

新材料
可以改变形状的材料能用来制造不易损坏的产品。例如，如果某地区遭遇地震，当地建筑物可以按照人的愿望改变形状。

眼镜看似很容易破碎再无法使用

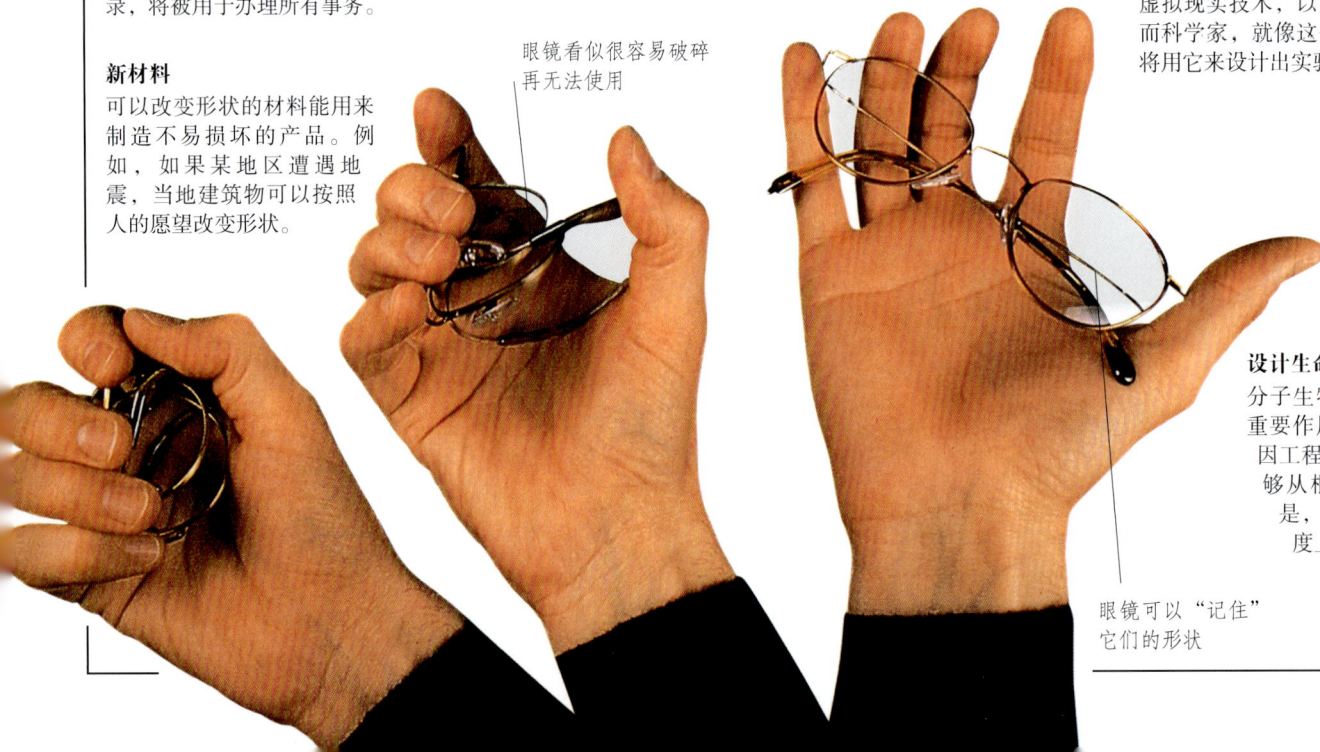

眼镜可以"记住"它们的形状

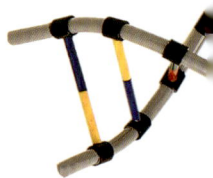

设计生命
分子生物学将在下一世纪起重要作用。DNA的发现和基因工程的发展意味着我们能够从根本上操纵生命。但是，这引发了能在多大程度上干预生命的争论。

接收器

视频明信片

通信

随着互联网和新技术的发展，世界正变得越来越小。在未来，通信设施将包括"视频明信片"（上图）。该卡片将包含一段声音和动态图像。收到卡片的人可以放映录制内容和信息。

客轮可以飞越海洋表面

交通

未来更大、更快、更经济的飞机将投入使用，而卫星追踪系统将确保在日益拥挤的天空飞行得安全。

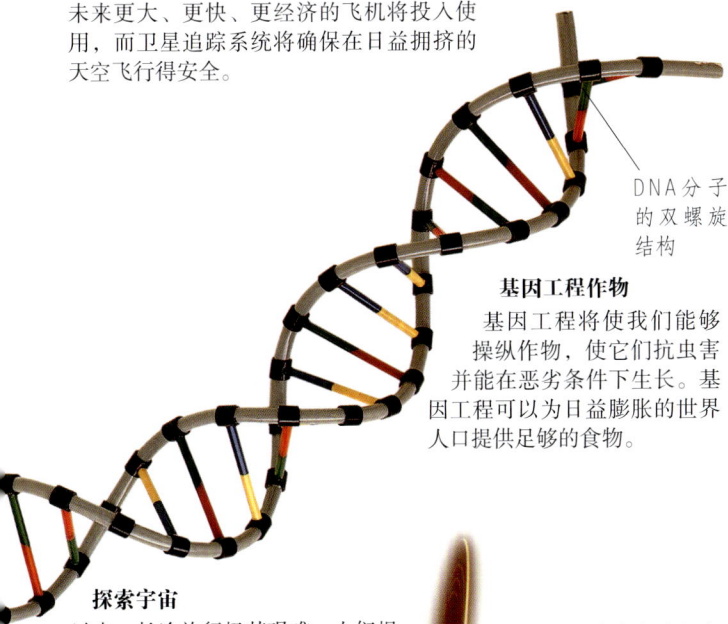

DNA分子的双螺旋结构

基因工程作物

基因工程将使我们能够操纵作物，使它们抗虫害并能在恶劣条件下生长。基因工程可以为日益膨胀的世界人口提供足够的食物。

探索宇宙

过去，长途旅行极其艰难，人们根本想象不到会出现巨型远洋客轮和飞机。然而在未来，人们会经常乘飞船离开地球到其他星球旅行。

艺术家的想象画：惠更斯飞船在土卫六着陆

未来的日历

想象一下，乘坐时间机器前往21世纪中叶。那时的生活是什么样子？通过回顾目前的发展状况，有可能对未来做出预测。很多预测可能发生，有些可能不会发生，但有星号标记的那些预测可能随时在未来发生。

2011年	发明光电转换效率高于50%的多层太阳能电池
2011年	发明机器人安全和消防卫士
2011年	发明从事收取、运输、清洁、整理等家务劳动的机器人
2012年	建成家庭回收和水处理体系
2014年	纳米机器人依靠自带能量在血管漫游
2014年	发明机器宠物
2014年	电子购物成为首要购物方式
2019年	首批人类登陆火星
2020 年	3D视频会议
2020年	发现与疾病相关的所有基因
2020年	人造肺、肾和大脑细胞问世
2020年	出现智能高速路上自动驾驶的汽车
2025年	日本出现深层地下城市
2025年	基因工程产生动植物新品种
2025年	人造肝脏问世
2025年	人类平均寿命超过100岁
2025年	飞翼飞机承载乘客以960千米/小时的速度行驶
2030年	发达国家机器人比人多
2035年	功能齐全的人造眼睛和腿

**	世界渔业崩溃
**	小行星撞击地球
**	发现药物未知的副作用
**	病毒对所有已知的治疗产生免疫
**	国际金融体系瘫痪
**	主要信息中断
**	纳米技术起飞
**	能源革命
**	恐怖主义泛滥，超出了政府的控制
**	首次明确接触外星生命
**	人类基因突变
**	发明时光旅行机器

译者注：以上预测时间为2002年，其中许多已经实现。

视频手表

未来的自动驾驶汽车

查尔斯·巴贝奇的第一台差分机

哈勃空间望远镜

DNA双螺旋结
构的一部分

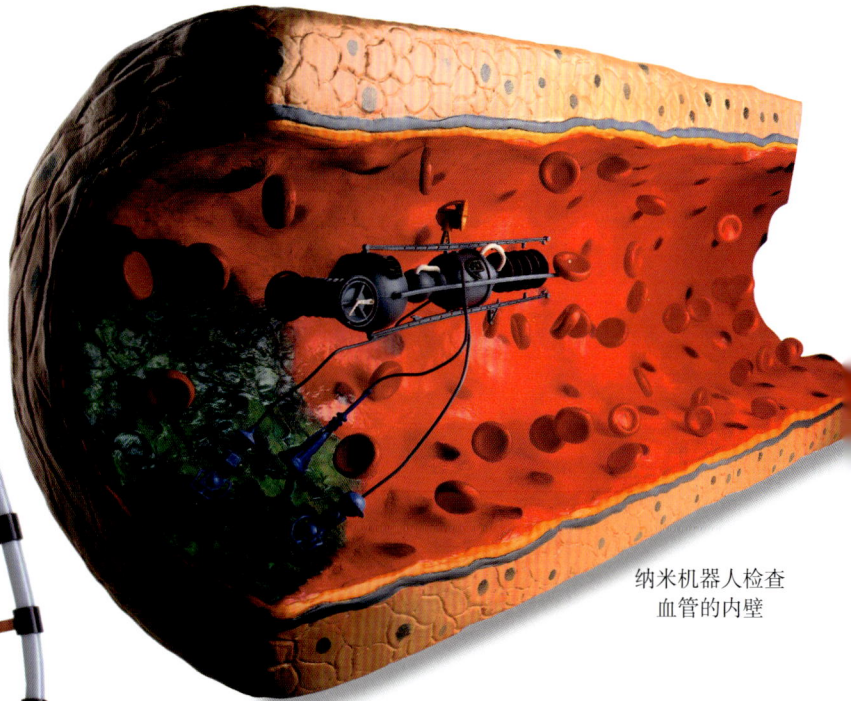

纳米机器人检查
血管的内壁

星盘

查尔斯·达尔文
的指南针

坠落的
羽毛

植物收藏

伟大的科学家

Great Scientists

图说从古至今世界著名的30位科学家，科学史入门读物。

罗伯特·胡克的显微镜

亚里士多德

公元前387年，古希腊著名哲学家柏拉图在首都雅典创办了一个学习中心，称为学院。亚里士多德就是他的学生。亚里士多德出生于希腊东北部的马其顿地区，是一名医生的儿子，担任过亚历山大王子的宫廷教师。柏拉图重视抽象思维和因果性理论。亚里士多德则对自然科学非常感兴趣。他将知识分成不同的领域，并且著有《物理学》一书，阐述了应该怎样探究自然界。亚里士多德观察物质的同时也观察生物体，探索物质和生物体之间的联系，以及这些联系如何构成自然规律。

亚里士多德
（公元前384—前322）
这幅肖像画是15世纪荷兰画家约斯·范·金特绘制的。亚里士多德关于有序宇宙的思想对基督教会产生了一定的影响，成为基督教的中心思想。

降落的石头受到很小或者不受空气的阻力

柏拉图学院
帕台农神庙由政治家伯里克利建造于公元前447年，是雅典帝国权力和财富的象征。这个城市是艺术和知识的天堂，吸引了无数学者特别是那些思考和探索宇宙的哲学家们。

帕台农神庙

公元前384年	亚里士多德出生于希腊马其顿地区东南部卡尔基斯的斯塔吉拉城。
公元前367年	亚里士多德进入雅典的柏拉图学院学习，直到37岁才离开。
公元前350年	亚里士多德撰写《论动物的部分》，并进行其他有关动物的工作，创立了一个新的科学领域——生物学。他还著有《物理学》一书，阐述了他在自然哲学方面的想法。
公元前347年	柏拉图去世后，亚里士多德离开学院，离开雅典。
公元前342年	亚里士多德受到马其顿国王菲利普的邀请，担任他13岁的儿子——也就是之后著名的亚历山大大帝的家庭教师。
公元前336年	到达菲利普国王的宫廷，并在那里住了很多年。
公元前335年	亚里士多德重返雅典，创办了他自己的吕克昂学院，独树一个新的哲学学派。
公元前323年	亚历山大大帝去世。马其顿人在雅典不再受到欢迎，所以亚里士多德退休回到希腊爱琴海的第二大岛屿埃维厄岛的卡尔基斯。
公元前322年	亚里士多德在卡尔基斯去世，享年62岁。
公元前60年	经过安德洛尼克斯·罗兹的收集和整理，亚里士多德的著作第一次公开。

边散步边学习
在意大利罗马的梵蒂冈，这幅16世纪的壁画是一幅经典之作。亚里士多德和他的老师柏拉图位于画的中心。柏拉图手指指向天空，而亚里士多德则指向地面，表明他对地球感兴趣。公元前335年，亚里士多德在雅典创办了自己的吕克昂学院，这里的学生们经常是边散步边讨论问题，所以称为逍遥学派。

公元1505—1511年，由意大利画家拉斐尔创作的梵蒂冈教皇宫签署厅的壁画《雅典学院》

自由落体

亚里士多德认为，地球上的任何物质都是由土、火、水和气四种元素构成的。他认为，物体的降落速度与它们的重量成正比。当石头和像羽毛一样轻的物体同时从高空落下时，这个理论似乎是正确的，因为空气阻力减慢了羽毛的下落速度。事实上，大约2000年后，由伽利略证实，如果不存在这样的空气阻力，物体的下降速度是一样的。

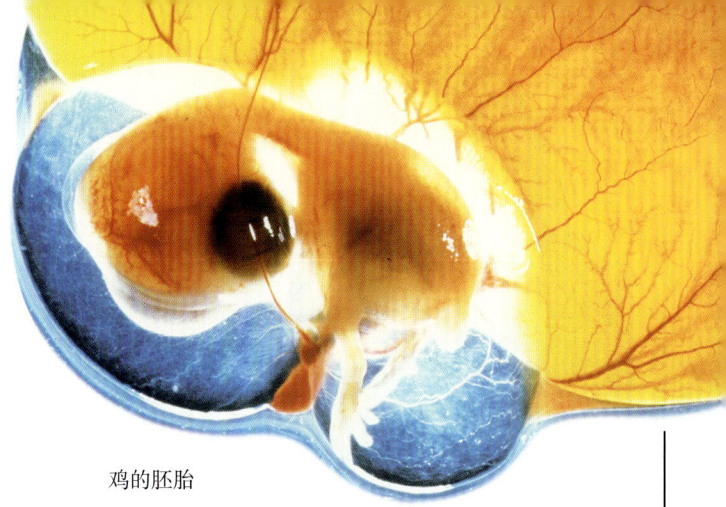

羽毛由于空气阻力，似乎下降得更慢

鸡的胚胎

观察动物

亚里士多德通过解剖50种动物，对动物进行了详细的描述，并撰写了有关动物运动和繁殖方面的文章。在观察的基础上，他精确地描述了鸡胚胎的发育。当亚里士多德观察动物（和物质）的时候，他会考虑四个"原因"："它是由什么构成的？它的存在形式或者它的本质是什么？它是怎样产生的？它存在的目的是什么？"

第一推动力在这里被视为基督教中的上帝

火　气　水和土

月球

太阳

土星、木星、火星、金星和水星，以及它们的符号

天空中不动的星体和它们的代表符号

晶体

亚里士多德认为，宇宙是由旋转的透明体互相包含着组成的，在不动的地球外部存在着一个叫作第一推动力的天体。由左图可以看出，地球位于中心，由四种元素构成（土、火、气和水），同时还有其他天体，包括太阳、月亮、六大行星和星星。

根据亚里士多德和克劳迪厄斯·托勒密（公元85—165）的观点，1539年绘制的以地球为中心的宇宙

"智慧是关于原理和原因的知识。"

亚里士多德

形而上学，公元前350年

黏液质　多血质

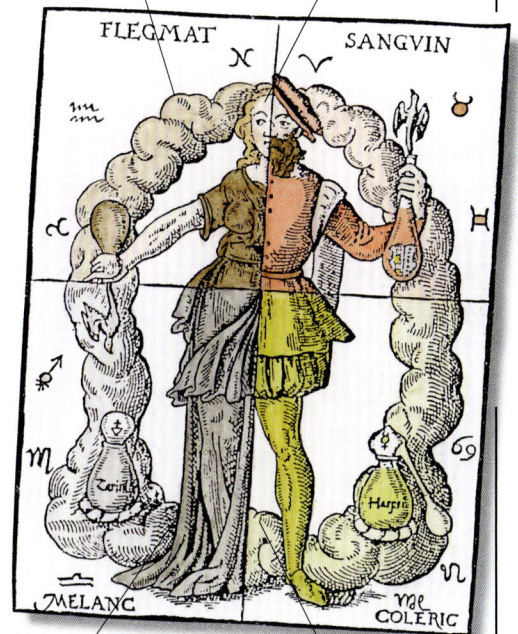

FLEGMAT　SANGVIN

MELANC　COLERIC

四种体液

希腊学者相信构成地球上所有物质的四种元素还与人的性格、体液和季节变化有联系。黏液质代表冷静的性格、冬天（寒冷潮湿）和水。多血质代表活泼好动的个性、春天（温暖潮湿）和气。胆汁质（黄色胆汁）代表热情直率的个性、夏天（炎热干燥）和火。抑郁质与黑色的胆汁有关系，代表抑郁的性格、秋天（凉爽干燥）和土一样。

抑郁质　胆汁质

16世纪体液的雕刻图

245

阿基米德

美国巴尔的摩的沃尔特艺术博物馆现在仍然保留着由数学家阿基米德撰写的中世纪手稿。羊皮纸手稿经X射线扫描，证实这是目前唯一的阿基米德关于浮力的论文副本，也就是古希腊文的《论浮体》。阿基米德最大的贡献在数学方面，特别是他计算出圆柱体与其相对应的球体之间的体积之比。他还用数学知识解释了杠杆原理、滑轮，以及自然世界中其他重要的现象。阿基米德还是一位出色的工程师。他设计了一些机械装置，用很小的力就能提升水和重物。

阿基米德

（约公元前287—前212）

这幅18世纪阿基米德的肖像是由朱塞佩·诺加里创作的。在阿基米德去世后多年，他的生平事迹才被后人整理，但是已很难分辨事实的真伪。

约公元前287年	阿基米德出生于西西里岛（现在的意大利）的叙拉古城。他的父亲是天文学家菲迪亚斯。
公元前275年	锡拉库扎城的国王希尔罗二世任命阿基米德为军事总管。阿基米德和国王是很亲密的朋友。
公元前265年	当阿基米德进入浴盆洗澡时，他观察到水漫溢到盆外的现象。于是，他利用这个原理帮助国王希尔罗鉴定了纯金皇冠。
公元前269年	阿基米德在当时埃及的文化中心亚历山大城跟随数学家欧几里得学习。螺旋水车很可能就是在那里发明的。
公元前263年	阿基米德回到叙拉古城，并在那里度过余生。他主要的原理理论都是在这里完成的，包括力学、浮力原理、计算几何体表面积和体积的方法。
公元前215年	国王希尔罗二世去世，他的15岁的孙子希尔罗·奈莫斯继承王位，但在一年后被暗杀。
公元前213年	罗马著名将领玛尔库斯·克劳狄乌斯·玛尔凯路斯率领大军包围叙拉古城。
公元前212年	在罗马军入侵时，阿基米德不幸被罗马士兵杀害。

亚历山大文化中心

公元前313年，亚历山大大帝在埃及海滨创建了这座城市，成为古希腊新的商业和学习中心。阿基米德曾经在这里跟随一名著名的数学家欧几里得（公元前325—前265）学习。欧几里得编写了著名的几何书籍《几何原理》。

高水位的灌溉渠

密度大的皮球排出的水量多于兵乓球

实心的硬木球几乎淹没

重量大的高尔夫球淹没在水底

较轻的兵乓球漂浮在水中的位置最高

水的密度（每单位体积的重量）小于高尔夫球

阿基米德原理

储水池中漂浮着3个球，但是浸入水中的深度不同，而第四个球却沉入水底。这是因为物体排出液体的体积等于该物体的重量。阿基米德计算出支持物体漂浮的外力——浮力等于该物体排出液体的重量。

246

鉴定王冠

罗马建筑师维特鲁威曾讲述了一个有趣的故事。国王希尔罗二世叫金匠造一顶纯金的皇冠，但他怀疑里面掺杂有其他不贵重的金属，便请阿基米德鉴定。阿基米德无意中进入装满水的浴盆洗澡时，水漫溢到盆外。原来，他发现他的身体溢出的水量是相同的。根据这一原理，就可以鉴定皇冠是否掺假。

彩色雕刻，《浴盆中的阿基米德》，1547年

"尤里卡！"
（希腊语，我找到了！）

阿基米德

维特鲁威·波利奥讲述，公元前1世纪

旋转把手，只需要一点力就可以提升很大的重量

水流出水管，流入灌溉渠中

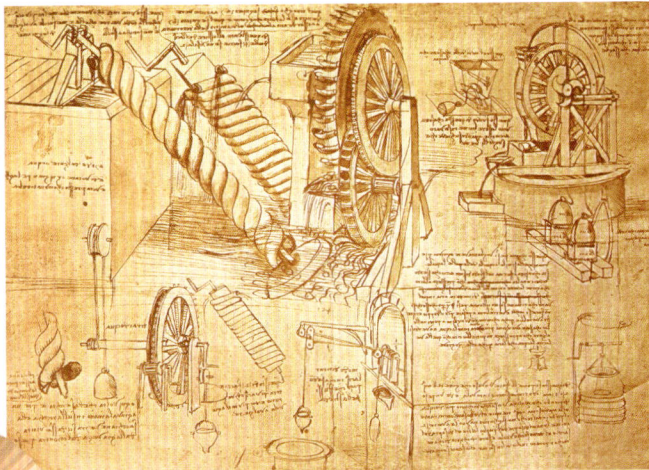

《亚特兰提科斯手稿》中1503—1507年，达·芬奇所描绘的阿基米德的抽水机和水车

负荷的重物

拉起重物需要的拉力

绳子穿过两个滑轮

更重的重物

相同的拉力可以拉起复滑轮上更重的重物

复滑轮

"给我一个支点，我可以撬起整个地球！"这是经常被引用的阿基米德的名言。希尔罗二世让阿基米德设计一个可以移动巨大船只的装置来证明。阿基米德设计了一组滑轮。当在绳子的末端施加拉力时，这个装置就会增大拉力。每一组装置中的拉力是相同的，但提起的重量随着绳子穿过滑轮缠绕的数量增多而逐渐增加。

低水位的河水

刀片状的螺旋管将水输送到水管中

用于灌溉的阿基米德圆角抽水机模型

螺旋抽水机

阿基米德设计的这个创造性的装置是用来把水提升至高处的。这个抽水机由带有刀刃的螺旋轴和水管组成。水管低的一端放在低水位中。当旋转位于水管顶端的螺旋轴的时候，刀刃就会旋转，把水从底部向上提。最新版本的图画是由文艺复兴时期的艺术家和发明家达·芬奇（1452—1519）创作的。

叙拉古城被包围

这个公元前1世纪的浮雕描绘的是罗马的战船。公元前212年，当玛尔凯路斯的舰队包围叙拉古城的时候，阿基米德的设计被应用到战争中。其中一种叫作"爪"，由较重的杆制造而成，可由滑轮和杠杆操作。前端有铁的爪钩可以抓起和掀倒敌人的战船。

张衡

从公元2世纪开始，到14世纪以前，中国在科学和技术的很多领域都处于世界领先地位，比如纸张、精确的滴漏、日晷、指南针、活字印刷术、火药和医疗技术的发展。张衡不仅是一位天文学家和数学家，还是多才多艺的汉朝的官员。他第一次在地图上应用网格系统、观察月食现象，并且在天球理论的帮助下描绘出2500颗星体。

张衡（公元78—139）
在这座用陶瓷制成的雕像中，身着长袍的张衡手中拿着一个金色的天球。他是一位多才多艺的画家、作家和诗人，在30岁时，开始对天文学感兴趣。

中国的造纸业
汉朝的官员蔡伦（公元50—121）通过加入植物纤维改进了造纸术。纸变得更轻、更薄，而且比较便宜，从而取代丝绸成为读书人的书写材料。在中国版图内和之后在中东和欧洲的知识传播方面，造纸术的发展扮演了至关重要的角色。

描绘中国造纸术的18世纪的油画

> **"天空就像一个鸡蛋，而地球就像是蛋黄。"**
> 张衡
> 他的天文学书中记载

公元78年	张衡出生于石桥，今中国河南省南阳附近。他离开家学习文学，并成为一位作家。
公元106年	东汉安帝登基，都城位于河南省洛阳。
公元108年	张衡因他的诗词和其他文学上的造诣而闻名，并开始学习天文学。
公元111年	张衡到朝廷做太史令，全面负责天文观测、占星、历法和天气预报方面的工作。
公元123年	他调整了历法，使其与季节更加具有联系性。
公元132年	张衡设计出一个"测量季风和地球运动"的装置和以水为动力的浑天仪。
公元138年	他发明的早期地动仪可能探测出了中国陇西发生的地震。
公元139年	张衡去世，享年61岁。他的散文诗和科学成就被后人传颂。

天赤道

经过地球两极，纵分地球的圆环

观察星体
张衡设计的第一个著名的浑天仪，是以水为动力、以中心轴为轴旋转的系统。现在，中国南京有黄铜制成的复制品。这是假想的巨大天球的一部分模型。地球周围的联锁环象征着虚构的线，包括赤道和连接南北极的经度线。这些都帮助天文学家定位星体。

张衡发明的浑天仪的复制品，1439年

新月　　　上弦月　　　凸月　　　满月　　　亏月　　　下弦月

阴历

每个月月亮的运动都要经历循环的变化，称为相。每一个循环称为一个阴历月，平均为29.5天。中国传统的历法月份就是根据阴历月制定的。每月以新月开始，一年有354天。当张衡到朝廷担任太史令后，他调整了历法，使之与季节的变化联系得更加密切。

8个龙头对准8个主要的方向

张大了嘴的铜蛤蟆，用于接住龙嘴中落出的铜球

中间的立柱

固定的控制杆

张衡发明的地动仪（重建模型）

地动仪

当感觉到地震的时候，铜仪器中的立柱就会动，通过控制杆使龙嘴张开，铜球落入下面的蛤蟆的嘴里，从而发出声音起到报警的作用。

炸药试验

汉朝（公元前206—公元220）时，炼金术士（也就是早期的化学家）为了长生不老，开始将硫黄和硝石（硝酸盐）混合，结果引起了爆炸。这两种化合物的混合物现在称为火药。公元1050年，这种火药被用于制造焰火，同时也被用于制造火箭和火枪。

地动仪的剖面图（根据重建模型）

丝绸之路

13世纪，马可·波罗沿着丝绸之路从威尼斯到达中国。丝绸之路穿越中国、亚洲中部、印度直达欧洲，长达8000千米。从汉朝时起，骆驼队沿丝绸之路从中国运送丝绸、翡翠、金属制品和陶瓷制品到西方国家，然后从西方带回黄金和奢侈的食物。中国的重要发明像印刷术、火药、星盘和指南针等可能都是通过丝绸之路传播出去的。

马可·波罗往返中国的路线（1271—1295）

阿尔哈曾

公元476年罗马帝国瓦解，中东迎来了黄金时代。762年，伊拉克的城市巴格达成为了新伊斯兰教的中心。当时，科学正处于兴旺时期，涌现出很多学院，如智慧学院。希腊、印度和波斯（现在的伊朗）的很多手稿和书籍都是在这里进行翻译和学习的。阿尔哈曾出生于与巴格达相邻的城市巴士拉，他对物理学、数学（特别是几何学）、医学和天文学感兴趣。传统上，他被认为是光学的创始人。他通过试验观察光的折射和反射现象（光的弯度），并运用数学知识分析试验结果。

阿尔哈曾（965—1040）
七卷本阿尔哈曾的著作《光学》展现了他系统的工作。他的光学理论之后被证实具有很高的价值。他证明了光能通过透镜和盛满水的容器，能通过镜子、曲面和平面反射，他还观察和研究了月光、月食、阴影，以及日落的影响。

公元965年	阿尔哈曾，阿拉伯全名为Abu Ali Hasan Ibn al-Haitham，出生于波斯的巴士拉城，现在伊拉克的南部港市。他在巴士拉和巴格达求学。
公元969年	法蒂玛王朝的哈里发（伊斯兰教的首领）占领了尼罗河流域，创建了埃及的开罗城。
公元975年	哈基姆成为埃及的哈里发。他是一位残酷的统治者，但也是一位科学研究的积极资助者。
1000年	阿尔哈曾撰写光学、天文学和数学方面的书籍。
1015年	阿尔哈曾受到哈基姆的聘请去完成一项不可能完成的任务——治理尼罗河洪水。
1020年	哲学家伊本·西那（阿维森纳）完成了他的科学著作《治疗论》和《医典》。
1021年	哈基姆去世。有资料说阿尔哈曾去西班牙学习，也有人说他留在了埃及。
1027年	阿尔哈曾放弃做一名官员，专心于科学研究。
1040年	阿尔哈曾可能在埃及去世。
1270年	他的伟大著作《光学》被翻译成拉丁文《阿尔哈曾的光学理论》出版，对欧洲学者产生了重大的影响，其中包括罗杰·培根。

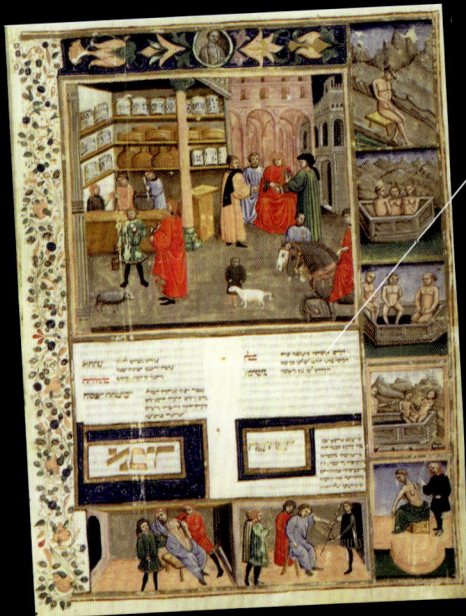

天文学计算机

中世纪的阿拉伯天文学家使用昂贵的精确的星盘，计算出星体的高度，还能进行其他很多计算。那时候，人们认为地球位于宇宙的中心。这个铜制的模型有一个带有天空星图的基础盘，还有一个可以移动的"转盘"用来指示确定的星体。

星图可以旋转

书写在上等皮纸上的阿拉伯的文字

埃及人公元1100年使用的星盘

基础盘上带有可以计算的刻度线

14世纪阿拉伯医师阿维森纳的医学著作《医典》译本中的一页

17世纪土耳其帝国医学条约中的图解。图中，阿维森纳正在用天平称量

伊斯兰教的手稿

这本波斯人的著作《医典》上的内容被手抄至皮纸上，并且配有缩小的图解。伊斯兰教的学者们喜欢阅读阿尔哈曾的书籍，并且抄写和翻译了其中很多关于希腊的内容，还经常添加注释评论。

医学的发展

与阿尔哈曾同时代的波斯哲学家伊本·西那，即阿维森纳（980—1037），教给他的学生们怎样治疗天花。他的百科全书《医典》结合了如伽林等古希腊学者专家和伊斯兰教医师的意见。

开罗最大的清真寺在969年开罗城建成之后就开始兴建，之后成为世界上最古老的大学学习中心之一。阿尔哈曾大概在这里居住过几年，进行教学、写作和抄写手稿等工作。

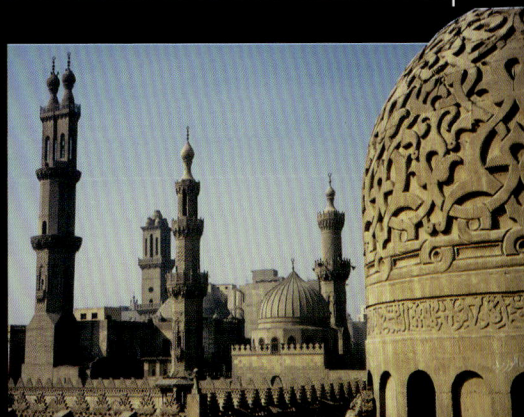

埃及开罗的爱资哈尔清真寺

眼睛的内部结构

阿尔哈曾通过实验证明光线能携带一些信息进入眼睛。他第一次对眼睛的各个部分进行精确描述，并且解释了大脑和眼睛是怎样一起工作让我们看见物体的。光线射入眼睛，经角膜折射通过瞳孔，然后穿过晶状体到达视网膜上。在那里，光线所携带的信息会通过视神经传输到大脑。

眼球周围的肌肉

泪腺

视神经将信息从视网膜传向大脑

晶状体

眼球

头骨

眼睛前面是角膜，角膜后面有色的部分是虹膜，中心的孔是瞳孔

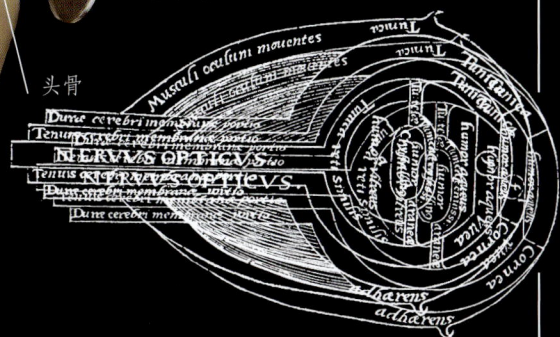

黄昏

阿尔哈曾对光和大气层的厚度进行了详细研究，并且计算出太阳下落到地平线以下19度为终点。他证明这是由于大气层的光的折射（光透过不同密度的物质，其折射程度也不同）。

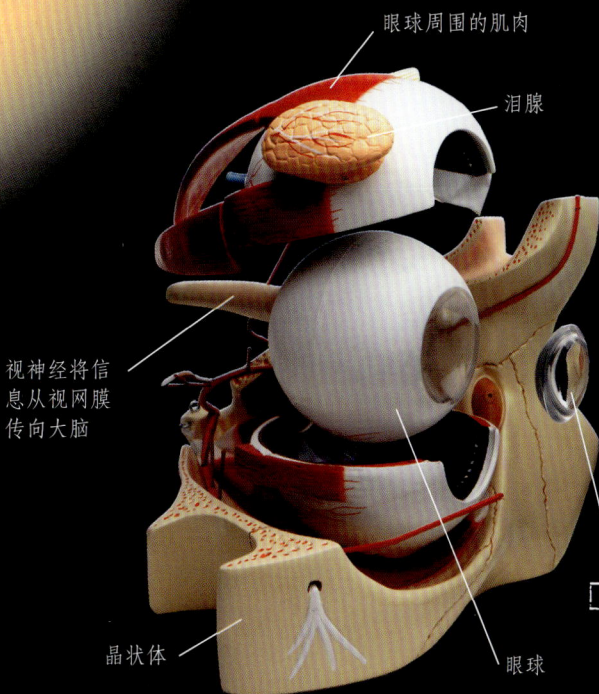

阿尔哈曾《医典》中对人眼的图解，在1572年第一次出版

> **"人能看见物体不是靠眼睛发射出的光线，而是光线被物体反射的结果。"**
>
> 阿尔哈曾
> 11世纪在他的著作《医典》中记载

西班牙摩尔人风格的建筑

在这栋科尔多瓦著名建筑中，拱门和圆柱是西班牙南部摩尔人风格或者伊斯兰的典型装饰样式。从929年到1236年，科尔多瓦是伊斯兰帝国的首都，一直延伸到非洲的西北部。它是中世纪欧洲最先进的城市，人口众多。在宗教信仰的氛围中，科学知识的发展处于旺盛时期。

科尔多瓦的梅斯奎塔

科尔多瓦的讲解员

科尔多瓦的哲学家伊本·路世德，也称阿威罗伊（1126—1198）通过翻译亚里士多德的著作使欧洲对于科学研究的兴趣再度觉醒。阿威罗伊是数学、医学和法律方面的专家，他认为宗教和真理之间不存在冲突。这幅阿威罗伊的肖像是由贝诺佐·戈佐利（1471年）创作的。

罗杰·培根

"神奇的学者"意为博学的教师，这是人们送给中世纪哲学家罗杰·培根的昵称。在欧洲的科学发展还落后于阿拉伯帝国的时期，培根是一位努力工作、充满热情的真理探求者。13世纪，除了在教堂工作的人之外，几乎没有人受过教育。在巴黎大学和牛津大学教授过亚里士多德的著作之后，培根成为圣芳济会的修道士。他将他所有关于数学、物理学、文法和哲学方面的想法集合起来，撰写了一本名为《大著作》的百科全书，并将这本书的纲要邮寄给了在罗马的他的支持者罗马教皇克莱门特四世。但罗马教皇在看到这本纲要之前就去世了。

罗杰·培根（1214—1292）
这幅培根的画像是在他去世后很久才创作的。当他在圣芳济会修道院的时候，由于观点与众不同，遭到其他学者的孤立。但是，也正是因为他的先进想法，他赢得了之后几代科学家的尊敬。

修道院的生活
1253年，当培根加入牛津的圣芳济会修道院时，他深信探索自然世界对于理解宗教信仰是非常重要的。但是，这却违背了圣芳济会修道院的规定，他因此被派遣到巴黎，那里禁止他继续研究。但是大无畏的他仍然从事着基督教历法方面的改革。

1214年	他可能出生于英国萨默塞特郡的伊尔切斯特的一个地主家庭。
1227年	13岁时前往英国牛津大学。在那里，他成为亚里士多德学派的大师和讲师，直到1241年。
1241年	前往法国，并在巴黎大学任教，那里是当时欧洲的科学文化中心。
1247年	回到牛津大学。他购买了很多书籍和设备，全身心地投入到研究和教学中。
1253年	加入牛津大学的圣芳济会修道会。
1256年	被派遣到巴黎的一个修道院，在那里遭到其他学者的孤立。他一直从事历法的改革工作。
1266年	给罗马教皇克莱门特四世写了一封信，提出一些课程改进的建议。
1267年	编写百科全书《大著作》，并将纲要寄给罗马教皇克莱门特四世。
1268年	他将进一步的论著《小著作》和《第三著作》寄往罗马，但罗马教皇在同年去世。
1278年	被圣芳济会监禁在意大利的安科纳10年。
1292年	在英国的牛津去世。

知识的复兴
西班牙城市托莱多在712年被阿拉伯帝国占领。1085年，这个城市又被西班牙夺回，在大教主雷蒙建立的图书馆和翻译中心收集到大量摩尔人的手稿。欧洲学者聚集起来学习和翻译从阿拉伯流传过来的关于科学和哲学的重要书籍，包括亚里士多德的古希腊的书籍。

曲颈瓶，用于蒸馏的一种玻璃容器

炼金仪器

用下面的火焰加热的油

沙漏装满测量时间的沙子

盛装矿物样本的瓶子

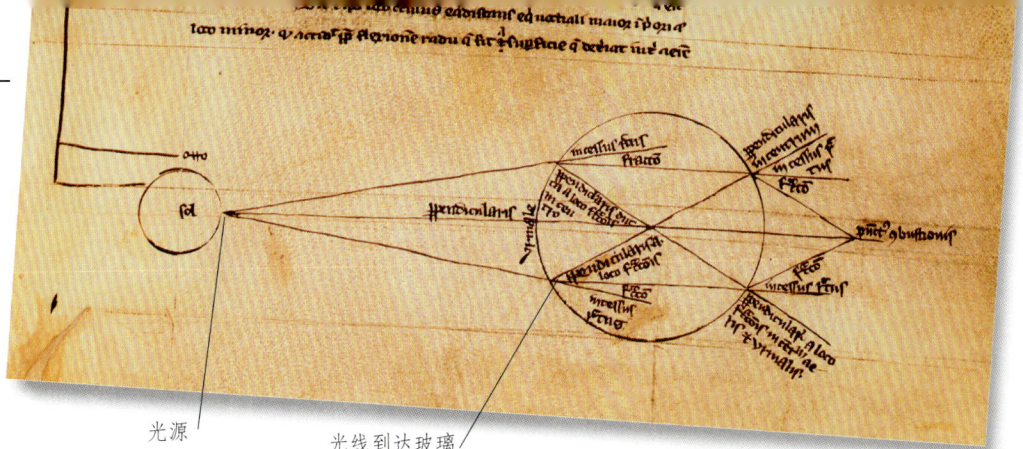

光线和透镜的神奇现象

培根和他的老师罗伯特·格罗塞特（1170—1253）所绘的图解（右图）显示了一束光线通过装满水的容器时，发生了折射。受阿尔哈曾的影响，培根开始对光学感兴趣。他发现光线通过玻璃时形成了一道彩虹。

光源

光线到达玻璃后发生弯曲

13世纪解释说明光线的折射现象的手稿

木头燃烧后变成烟和灰烬

通过实验证明

当时，很多学者都是不提出任何疑问就接受旧知识的，培根则认为不经过实验验证的知识是不能接受的。

"实验科学是知识的女王。"

罗杰·培根
《第三著作》，1267年

炼金试验

这些用于炼金蒸馏的玻璃容器与现代的实验设备很相似，这是中世纪从埃及亚历山大大帝时期传播到欧洲的最早的化学实验方式。培根对炼金术和占星术很感兴趣，他还研究星体是怎样影响日常生活的。而这些学科在今天都不能认为是科学。

宗教历法

在中世纪的欧洲，基督教的历法和季节的改变支配着人们的生活。这份15世纪的法国手稿中描绘了3月份农夫们耕田和在教堂祈福集会的场景。但是，基督教的历法在计算上是不准确的。培根建议进行历法改革，但是直到300年后欧洲才进行变革。

一位不那么有名的佛兰德斯的画家所描绘的勃艮第的时间

油的蒸汽在这里浓缩

装满油的蒸馏瓶

起预报作用的水晶球

带有漏斗的塞子

用于研磨的杵和研钵

用于保存样品的试管

1410年，捷克斯洛伐克共和国的布拉格的钟

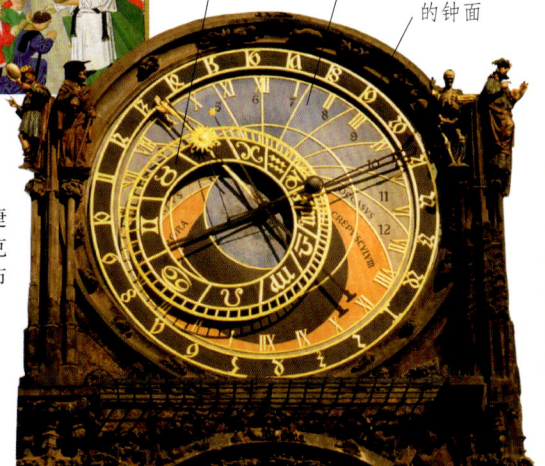

带有十二宫符号的转盘

带有太阳和月亮的转盘

24小时的钟面

钟表

在欧洲的很多地方都有这种宏伟的天文钟，这表明了中世纪人们认为地球位于宇宙的中心。模型的转盘上描绘了太阳和月亮的位置，还有十二宫的代表符号，而地球则位于后面的一个平的固定的圆盘上。理查德·沃林福德（1292—1336）为英国赫特福德郡的圣奥尔本修道院设计了最早的一座天文钟。

伽利略·伽利雷

伽利略·伽利雷是意大利的数学家，他在数学、物理和天文学方面取得了卓越的成就。他生活的时代正是意大利的大城市成为欧洲文艺复兴的中心，以及一些新思想通过印刷的书籍迅速得到传播的时期。受到阿基米德的影响，伽利略用数学取代逻辑学来解决问题。他坚信搜集证据来证明理论是非常重要的，这也是科学研究方法上的转折点。望远镜是他众多机械发明中的一个。他通过望远镜开始揭示太阳系的秘密。

自由落体定律

一个著名的传说描述了伽利略从比萨斜塔的顶部扔下两个不同的物体，以证明不同重量不同体积的物体落下的速度是一样的。正是这些相似的证据，证明了古希腊思想家亚里士多德的观点是错误的。

伽利略·伽利雷
（1564—1642）

伽利略的父亲是一位宫廷音乐家，他希望伽利略做一名医生，但他却成了一位数学家。这是他非凡的科学事业上的第一步。

年份	事件
1564年	2月15日，伽利略出生于意大利的比萨。
1589年	伽利略被聘为比萨大学的数学教授。
1592年	伽利略到威尼斯的帕多瓦大学担任数学教授，讲授几何学和天文学。
1595年	伽利略揭示了潮汐是由于地球运动而形成的。
1602年	伽利略开始钟摆试验。
1604年	伽利略开始进行加速运动理论研究，并由此得出自由落体理论。第一次观察到一个新的星体（超新星）。
1606年	伽利略设计了测温器。
1609年	伽利略制造了一架望远镜，开始研究夜间的星空，并且第一次观察月球。
1610年	伽利略发现了木星最大的卫星，观察到金星和月亮一样有盈有亏，并且第一次观察到土星。
1616年	天主教的宗教裁判所禁止伽利略支持哥白尼的日心说。
1624年	伽利略得到罗马教皇乌尔班七世的担保，开始撰写他的著作。
1632年	伽利略出版了《关于托勒密和哥白尼两大世界体系的对话》。
1633年	伽利略被软禁在他的庄园。
1642年	伽利略在位于阿切特利的别墅中去世。

太阳系

在伽利略那个时代，天文学家们相信地球位于巨大的宇宙空间的中心，天空中的其他星体都围绕其运动。1543年，尼古拉·哥白尼（1473—1543）出版的一本书中揭示太阳位于宇宙的中心。伽利略是第一个为哥白尼的理论提供科学证据的人。伽利略关于木星、月球和太阳的新发现在科学界引起轰动。

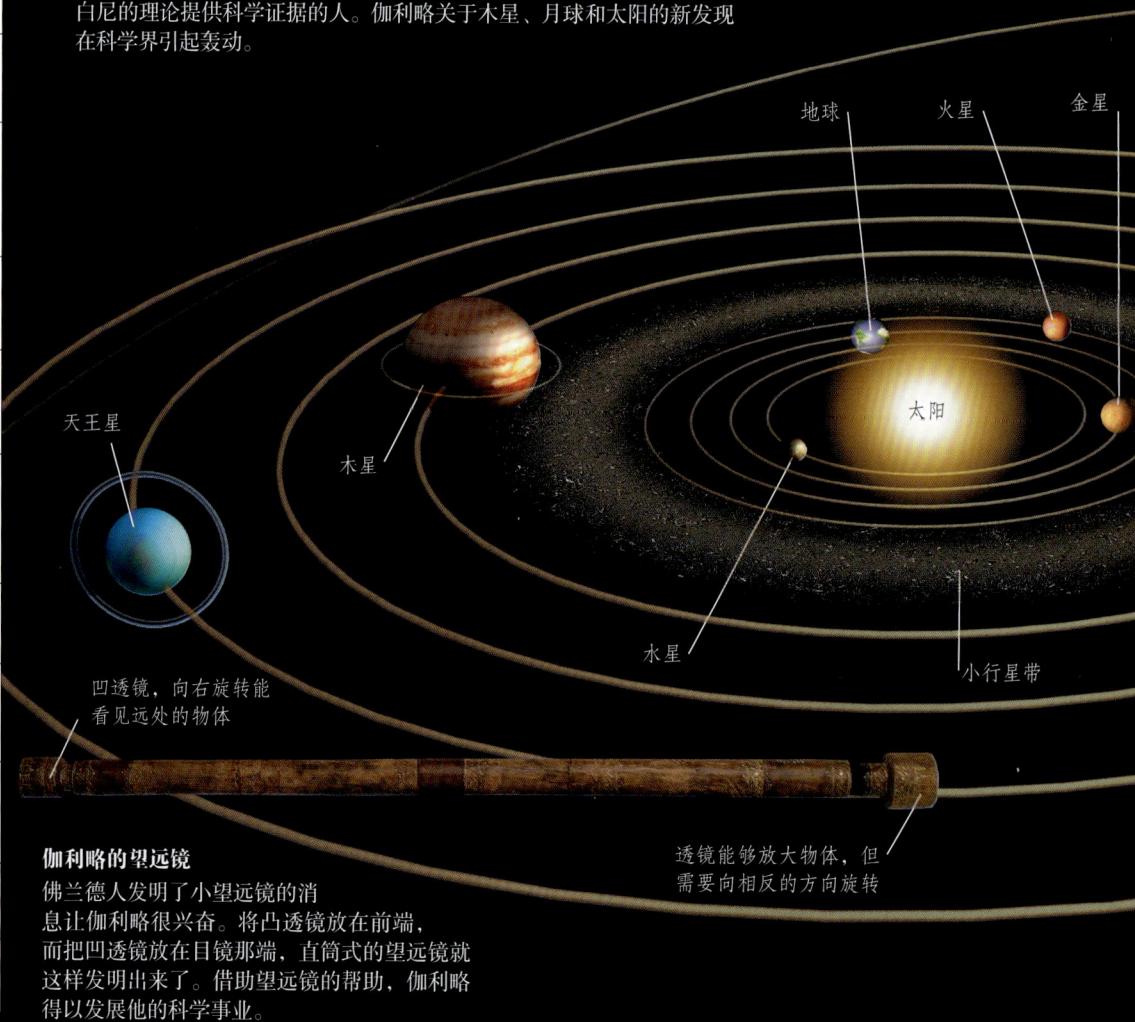

地球　火星　金星

天王星

太阳

木星

水星

小行星带

凹透镜，向右旋转能看见远处的物体

透镜能够放大物体，但需要向相反的方向旋转

伽利略的望远镜

佛兰德人发明了小望远镜的消息让伽利略很兴奋。将凸透镜放在前端，而把凹透镜放在目镜那端，直筒式的望远镜就这样发明出来了。借助望远镜的帮助，伽利略得以发展他的科学事业。

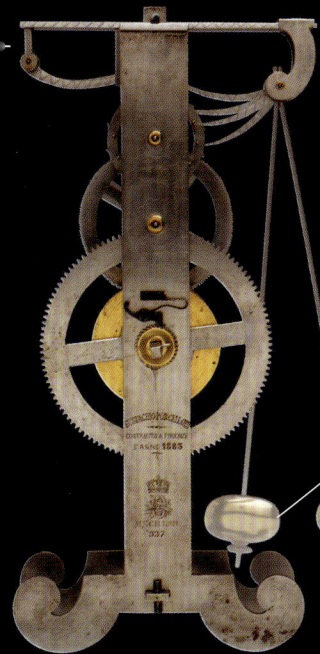

伽利略的摆钟

伽利略看到比萨教堂悬挂的长明灯被风吹得左右摆动，他照着自己的脉搏跳动来计时，发现无论灯的长度是否一样，它们往复运动的时间总是相同的。之后，他设计了一种钟，将钟摆作为机械装置来帮助保证时间的准确性。

钟摆回到其起始位置的时间，叫作一个周期

伽利略摆钟的复制品，1883年

充满液体的封闭管

由于内部气体的膨胀和密度改变，一些球上升

伽利略的测温器

这是一个现代早期的测温器。装有玻璃球的密封管内装满液体和空气。每个玻璃球的密度都不同，且有不同的温度标记。当外界温度发生变化时，管内的液体膨胀或者收缩，从而改变密度，使玻璃球运动。从最下面的那个玻璃球可以读出温度，因为它的密度最接近外界液体的温度。

每一个球都装有不同量的空气和液体

冥王星

宗教裁判所和对伽利略的审判

这幅19世纪的油画描绘的是1633年罗马的宗教裁判所里，年迈的伽利略站在法官席前面。1616年，由于伽利略公开支持哥白尼的学说，他接到了天主教会的警告。当具有同情心的罗马教皇乌尔班七世当选后，伽利略开始撰写新的书籍。这明显是对天主教会早期规定的公然反抗。因此伽利略遭到处罚，但由于当时伽利略已经年迈并且双目失明，所以被判决软禁于他在锡耶纳的庄园中。

伽利略的纪念碑

尽管伽利略希望去世后葬到位于佛罗伦萨的圣十字教堂的家族墓中，但他的遗体直到1727年才被埋葬到那里，并且他的右手中指被仰慕者取走了。今天在佛罗伦萨的科学历史博物馆内，还能看见大理石雕刻的伽利略的塑像。

> "我发现天空中还有很多物体
> 是之前没有发现过的。"
>
> **伽利略·伽利雷**
> 写在给格兰德公爵夫人克里斯蒂娜的一封信中，1615年

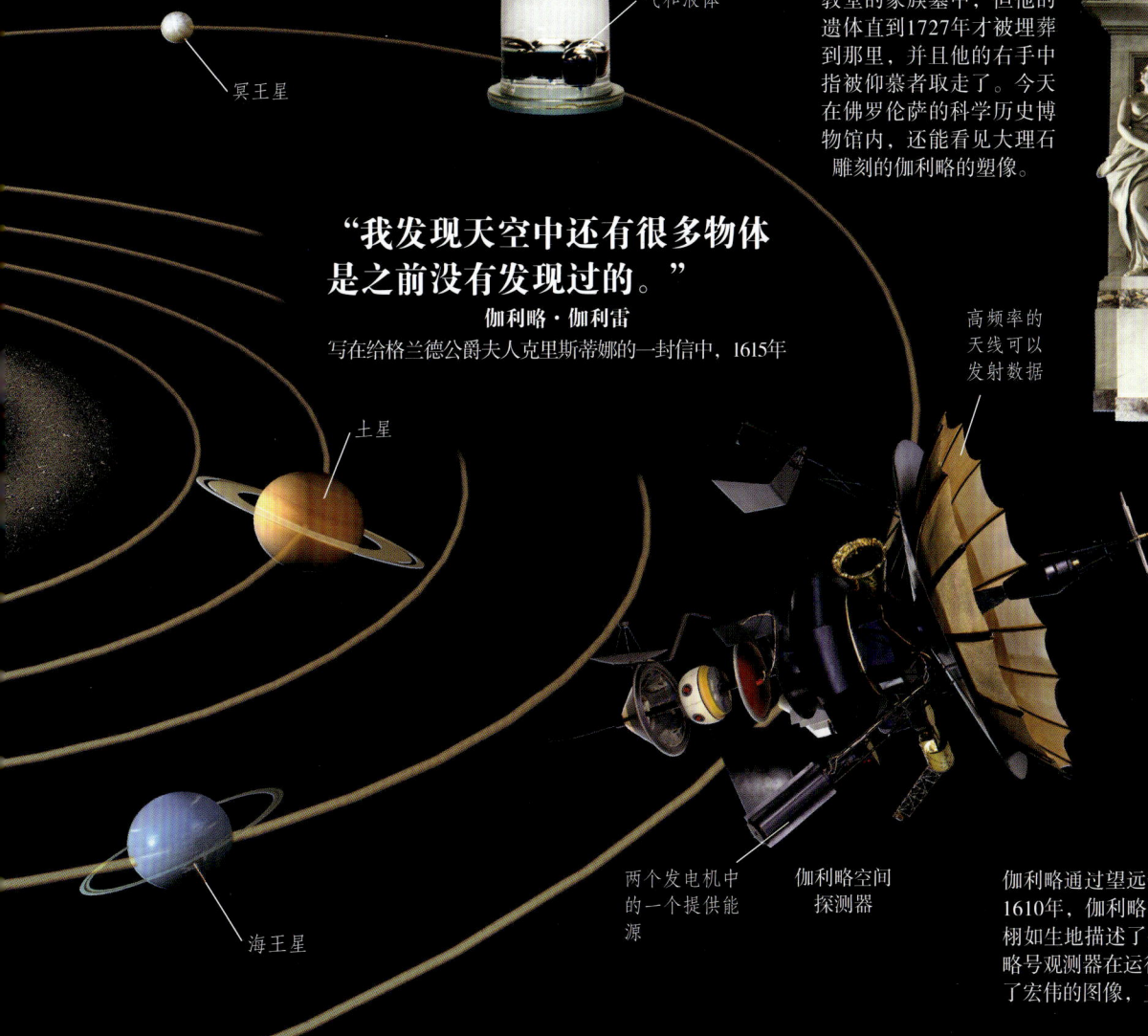

土星

高频率的天线可以发射数据

两个发电机中的一个提供能源

伽利略空间探测器

通过伽利略的探测器观察到的景象

海王星

木星的卫星

伽利略通过望远镜发现木星有它自己的卫星。1610年，伽利略在他的著作《星空信使》中栩栩如生地描述了他的发现。几百年之后，伽利略号观测器在运行了8年之后，从木星上传送回了宏伟的图像，直到2003年坠落于星球表面。

威廉·哈维

威廉·哈维（1578—1657）
威廉·哈维被描绘成一个易怒的人，并且佩戴着短剑。作为一位著名的解剖学家，他有一双灵巧的手，在他黑色衣服的衬托下更显突出。

1604年，威廉·哈维与伊丽莎白女王一世的御医的女儿伊丽莎白·布朗结婚。当时哈维已经毕业于英国剑桥大学和意大利帕多瓦大学，获得了在伦敦行医的资格。他既是一名讲师、医学工作者，同时也是皇家御医。哈维坚持通过观察和实验来证实理论。他质疑已经存在的关于心脏和血液的观点，并开始确定它们真正的功能。他在著作中发表了自己的结论，成为现代解剖学的基础。

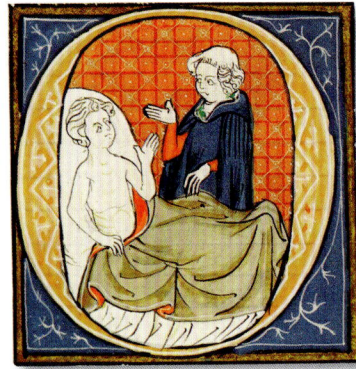

格斗者的医生
这本中世纪克劳迪厄斯·伽林（公元129—200）的手稿表现的是一位医生正在治疗一个患者。这位有很大影响力的希腊医师成为格斗学校的外科医生。他最重要的成就就是发现人体动脉中流动的是血液而不是空气，尽管他认为是血液和灵魂（精神）的混合物。

年份	
1578年	4月1日出生于英国的肯特郡福克斯通，在家中排行老大。
1597年	在坎特伯雷著名的私立学校受过良好的教育之后，他进入剑桥大学凯厄斯学院学习。
1602年	从意大利帕多瓦大学毕业后回到英国。两年后和伊丽莎白·布朗结婚。
1607年	成为皇家医学院成员。1615年，他被任命为卢姆雷恩讲座的讲师，成为解剖学教授。
1609年	成为英国圣巴塞洛缪医院的一名医生，直到1643年。
1616年	在他的解剖学讲座中，他宣布发现了循环系统，但没有公开出版相关书籍。
1618年	成为国王詹姆士一世的御医。
1628年	出版了解剖学著作《动物心血的运动解剖研究》——记录了他所有关于循环的理论。
1631年	成为查理一世的御医，他们成为一生的朋友，还会承担一些外交使命。
1642年	英国国内战争爆发。7年后国王查理一世被处以绞刑。
1651年	发表他在胚胎学领域的研究成果《动物的生殖》。
1657年	6月3日，他在英国去世，被埋葬在艾塞克斯的亨普斯特德县。

解剖教室
这张版画表现的是比利时解剖学家安德里亚斯·维萨里斯（1514—1564）正在拥挤的教堂内解剖尸体。1543年，他发表了七卷著作《人体构造》，包括文艺复兴时期画家创作的人体内部构造的细节刻画。

身体的泵
这个现代模型揭示了心脏内部的工作结构。古希腊的医师伽林认为，血液是通过心脏的动力从血管中抽取的。威廉·哈维通过仔细地实验和解剖动物尸体，证实心脏的搏动如同泵一样使血液在身体内循环。

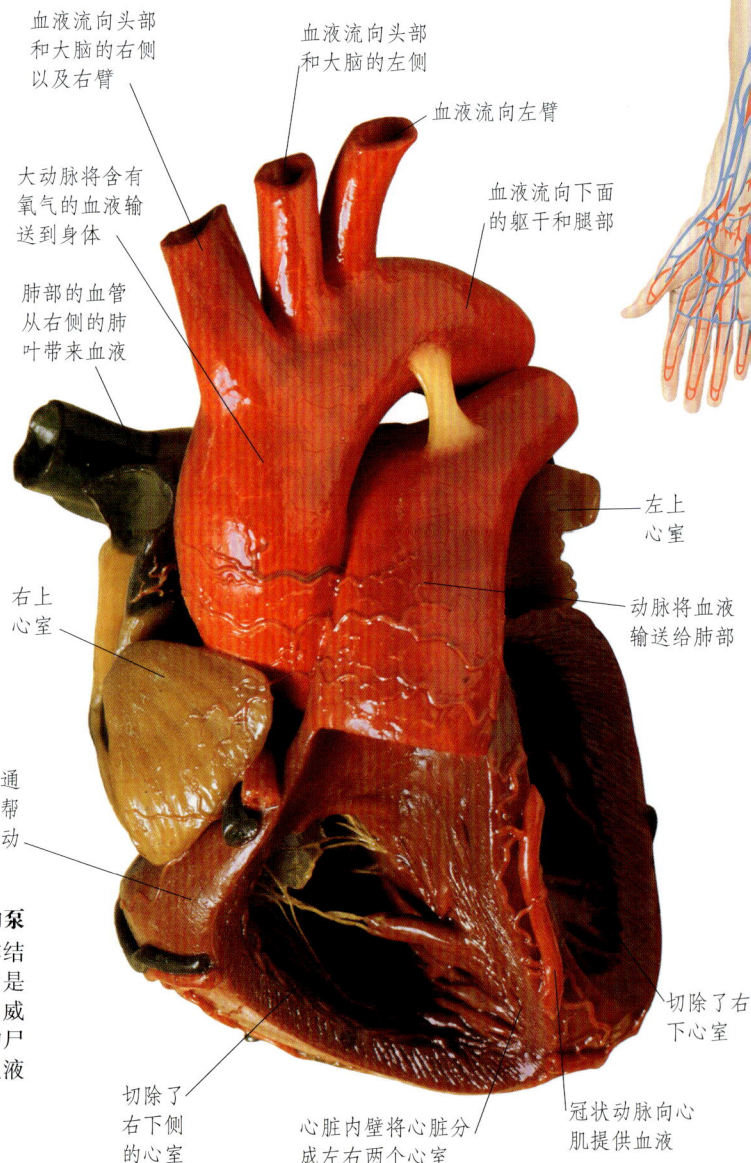

血液流向头部和大脑的右侧以及右臂

血液流向头部和大脑的左侧

血液流向左臂

大动脉将含有氧气的血液输送到身体

血液流向下面的躯干和腿部

肺部的血管从右侧的肺叶带来血液

左上心室

右上心室

动脉将血液输送给肺部

肌肉组织通过收缩来帮助血液流动

切除了右下心室

切除了右下侧的心室

心脏内壁将心脏分成左右两个心室

冠状动脉向心肌提供血液

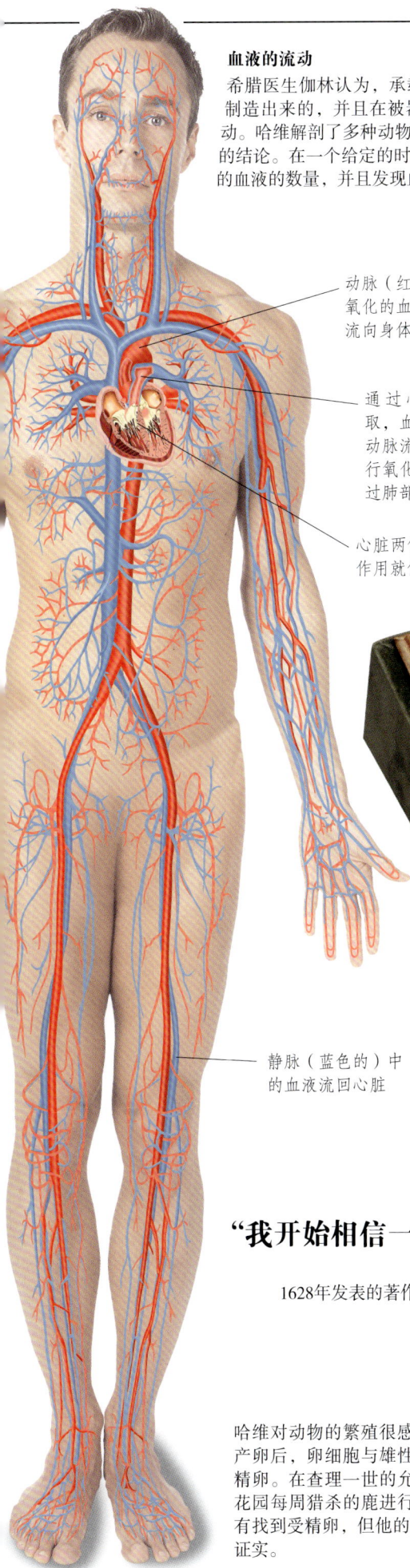

血液的流动

希腊医生伽林认为，承载着养料的血液是由肝脏制造出来的，并且在被器官吸收之前在身体中流动。哈维解剖了多种动物并进行试验，得出了不同的结论。在一个给定的时间内，他测量了流出心脏的血液的数量，并且发现血液是在体内循环的。

动脉（红色）运送氧化的血液从心脏流向身体

通过心脏的抽取，血液从肺部动脉流向肺部进行氧化，然后通过肺部静脉流回

心脏两侧的作用就像泵

静脉（蓝色的）中的血液流回心脏

罗伯特·汉纳创作的油画

御医

威廉·哈维是英国国王詹姆士一世以及他的儿子查理一世的医生。查理一世一直对他的研究颇感兴趣，并帮助他进行研究。这幅19世纪的油画描绘的是哈维正在给查理一世讲解他的关于血液循环的理论。

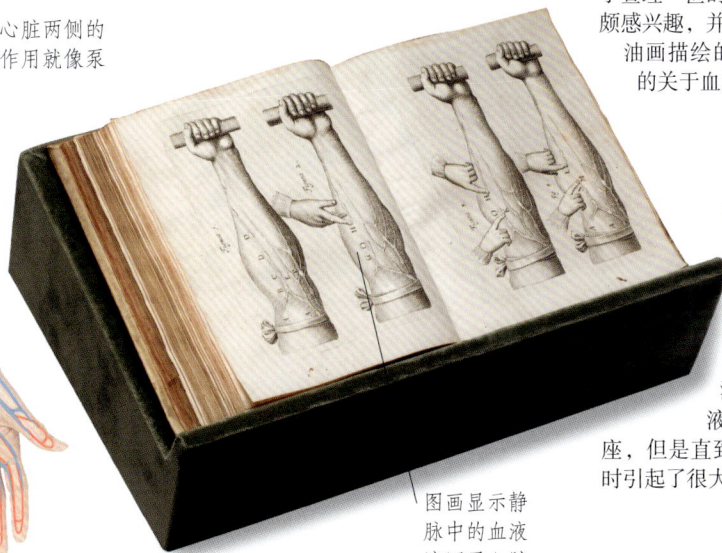

有争议的一本书

当威廉·哈维在意大利帕多瓦大学学习时，他的老师哲罗姆·法布里修斯（1537—1619）发现了静脉瓣。之后哈维证明这些静脉瓣打开使血液流向心脏，然后闭合，防止血液倒流。关于新发现，他做了讲座，但是直到1628年才发表。他的书籍在当时引起了很大的争议。

图画显示静脉中的血液流回了心脏

威廉·哈维《动物心血的运动解剖研究》中的图解

"我开始相信一定存在一个循环运动……"

威廉·哈维

1628年发表的著作《动物心血的运动解剖研究》中所写

小剪刀

解剖刀

中号剪刀

动物的繁殖

哈维对动物的繁殖很感兴趣。他认为雌性产卵后，卵细胞与雄性精子结合后形成受精卵。在查理一世的允许下，哈维把皇家花园每周猎杀的鹿进行解剖。虽然他并没有找到受精卵，但他的理论在200年后得到证实。

红鹿

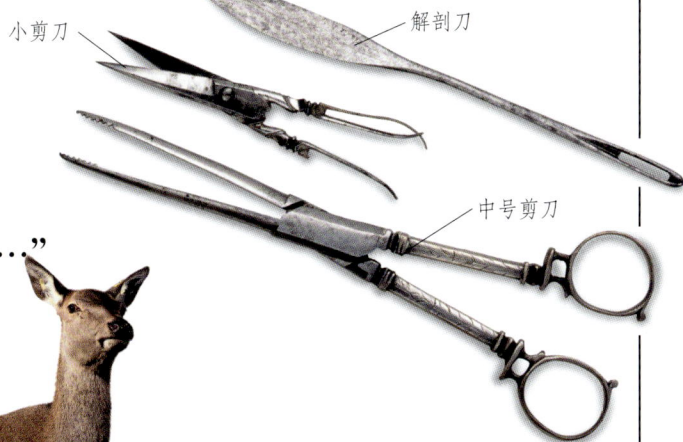

解剖所用的工具

这些器械是17世纪外科手术中使用的。在进行解剖和外科手术时，威廉·哈维会需要一套大小不同的工具。

罗伯特·胡克

罗伯特·胡克爵士
（1635—1703）
由于罗伯特·胡克的避世，所以这幅油画是想象出来的。1705年，理查德·沃勒描述的胡克是"一位积极的、不知疲倦的天才，几乎是最后一位……"

17世纪末，胡克是伦敦皇家学会的实验管理员，这是他研究工作中的重要时期。虽然他是研究自然界的成员之一，但他对建筑学、天文学、化学、地质学、数学、机械学、医学、气象学、自然史和光学也都很感兴趣。在每周向他的学会会员做示范时，他使用的科学器械都是他自己制作的。1666年伦敦大火后，他与克里斯托弗·雷恩爵士（1632—1723）一起参加伦敦重建工作。尽管他早已拥有名誉和成就，但他经常和艾萨克·牛顿争吵，这使他想要隐居的想法愈加强烈。在他去世后，人们在他房间的柜子里发现了一大笔钱。

皇家学会的成立
政治家和哲学家弗兰西斯·培根（1561–1626）坚信实验和观察。受到培根的启发，17世纪40年代，包括胡克在内的一些人开始定期见面讨论自己的想法。这些人还包括罗伯特·博伊尔和克里斯托弗·雷恩，他们在17世纪60年代帮助建立了皇家学会。今天，皇家学会依然是世界科学研究的主要机构。

博伊尔的助手
1655年，胡克成为爱尔兰贵族罗伯特·博伊尔（1627—1691）的助手。胡克帮助博伊尔设计和建造了实验室，用空气泵（左侧）把它抽成真空，观察真空条件下放在玻璃球内的老鼠和蜡烛有什么变化。他们的研究帮助证明了博伊尔的理论（1662年），定义了在压力下气体会发生怎样的变化。

复合显微镜
胡克使用他的复合显微镜进行观察。显微镜的镜身由一系列的管组成，可以通过上下移动来调整焦距。下端的透镜放大物体，目镜进一步放大图像。

> **"这是我一生中读过的最具创造性的书籍。"**
>
> **塞缪尔·佩皮斯**
> 在他的日记中所记载的关于《显微图集》的感想，1665年1月21日

显微镜下观察到的蚂蚁的图画

《显微图集》中的一页
这是胡克的书籍《显微图集》中的一页。他记录了通过显微镜所观察到的事物，并且绘出了微小的物体及其细节，比如跳蚤、蜜蜂的刺、雪花和一小片软木塞的单一细胞。这本书是皇家学会第一批出版的书籍，也使胡克一举成名。

用于照射标本的油灯

用于上下移动显微镜来调节焦距的螺旋

聚光器将光线聚焦到物体上来照明标本

凸透镜将光线聚焦到物体上

用于放大物体的主透镜

用大头针固定的标本

胡克定律

弹簧受到拉力作用时就会延长，但松开之后它就会弹回去，除非拉力过大使弹簧失去弹性。1660年，胡克发现弹簧延长的弹力与施加的作用力相等。

施加作用力时弹簧就会伸长

可调整的光圈能够控制进入的光线

位于两个标线之间的气泡表明表面是水平的

现代水平仪

独创性的发明

罗伯特·胡克关于机械学的思想被应用于很多著名的装置中。弹簧用于调控钟表，托马斯·托姆皮恩（1639—1713）所制作的怀表就采用了弹簧。胡克制作的眼模型带有可调整的隔膜来控制光线进入虹膜，这个原理被应用于照相机。胡克设计的仪器中的接头被用于交通工具中连接刚性杆。他还设计了最早的水平仪。

目镜内的透镜可以放大图像

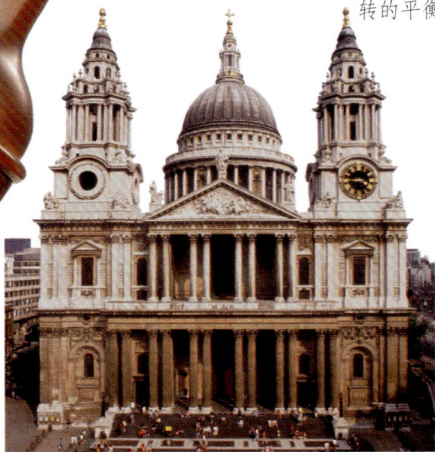

19世纪40年代，照相机内的光圈

连接两个旋转轴的结合点

汽车内的等速变向节，1935年

表内的运转部分由旋转的平衡弹簧调控

托姆皮恩制作的怀表，1675年

重建的伦敦

1666年的大火烧毁了伦敦之后，担任伦敦城测量员的罗伯特·胡克和克里斯托弗·雷恩负责重建伦敦城。新的圣保罗大教堂要归功于天才建筑师雷恩。但胡克也参加了重要建筑的规划和建造，比如下水道、铺石路面、市场和码头等。靠近起火地点的纪念碑的圆柱是根据胡克的设计建造的。

新建的圣保罗大教堂

伦敦大火

1666年9月2日，伦敦大桥附近布丁巷的一间面包房着火。大火持续烧了4天，烧毁了城市的大部分建筑。这幅油画描绘了泰晤士河上载满人的船只拥挤的场面。

1635年	7月18日生于英国怀特岛，父亲是一位牧师。
1648年	胡克成为英国油画匠彼得·利利爵士的学徒，并且进入威斯特敏斯特学校学习。
1653年	进入牛津大学克赖斯特彻奇学院学习。在那里他遇到化学家罗伯特·博伊尔。
1655年	受到罗伯特·博伊尔的聘用成为他的助手，并在那里度过了7年时间。
1662年	开始为期5年的皇家学会实验室管理员的工作，这是一份有薪水的科研工作。1663年，他成为皇家学会会员。
1665年	担任格列夏姆学院的地质学教授。出版了他的书籍《显微图集》。
1666年	担任伦敦市测量员，在伦敦大火后帮助重建伦敦城。
1668年	在长达20年的研究工作后，胡克公布了他的弹性定律。
1684年	关于牛顿的著作《数学原理》，胡克和牛顿发生了争执。
1703年	饱受忧郁症和疾病折磨，3月3日在伦敦去世。

艾萨克·牛顿

"我现在证明的是世界系统的结构。"这是艾萨克·牛顿在他的巨著《数学原理》中所说的。这位天才的英国数学家和实验者是科学史上最重要的人物之一。他运用数学的一系列简单的基本原理解释了宇宙中一切物体所受到的引力。牛顿还揭示了光的性质，并且投身于神秘的炼金术。作为一名政客，他之后担任了英格兰皇家造币厂的厂长，并且在英格兰皇家学会担任会长长达24年。

艾萨克·牛顿爵士
（1642—1727）
牛顿是一个孤独、忧郁、难相处的人。他有很强烈的竞争意识。在他的研究中，他经常冒着很大的危险，比如目不转睛地直视太阳，甚至用锥子（短剑）插自己的眼睛。

落下的苹果
传说：一天，牛顿坐在自家庄园的花园中，看到一个苹果掉落到地上。于是，他开始思索，提出了宇宙引力作用的理论，指出是这种力把两个物体拉在一起（苹果落向地面），而这种力的大小取决于每一个物体的质量（包含物质的多少）。质量大的物体受到的地心引力大于质量小的物体。

鼠疫年
1665年，人们为了躲避鼠疫，纷纷逃离伦敦市。当时牛顿在剑桥大学学习，学校因为鼠疫停课一年。他返回林肯郡的家乡埃尔斯索普庄园，在这里他提出了继伽利略之后关于物理学的最具有革命性的观点。

太阳位于太阳系的中心

水星

金星

太阳系仪演示离地球最近的星体

指示器表明这些星体排列的月份

《数学原理》
天文学家埃德蒙·哈雷（1656—1742）劝说并支持牛顿出版发表他的想法。因此，《数学原理》出版（1687年）。在这本书中，牛顿运用三个数学运动原理来解释作用力（比如，万有引力）是怎样控制运动的物体的。牛顿的想法在很大程度上改变了人们对于宇宙的理解，直到爱因斯坦的理论的出现。

使模型运动的把柄

盘上显示月份和十二宫图

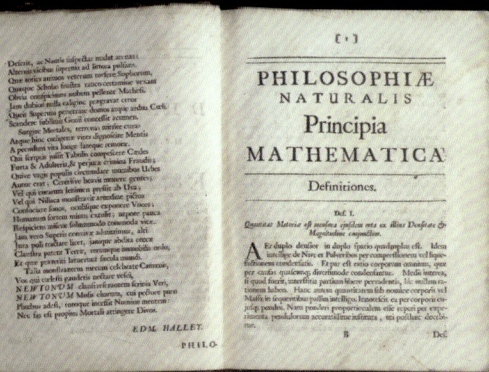

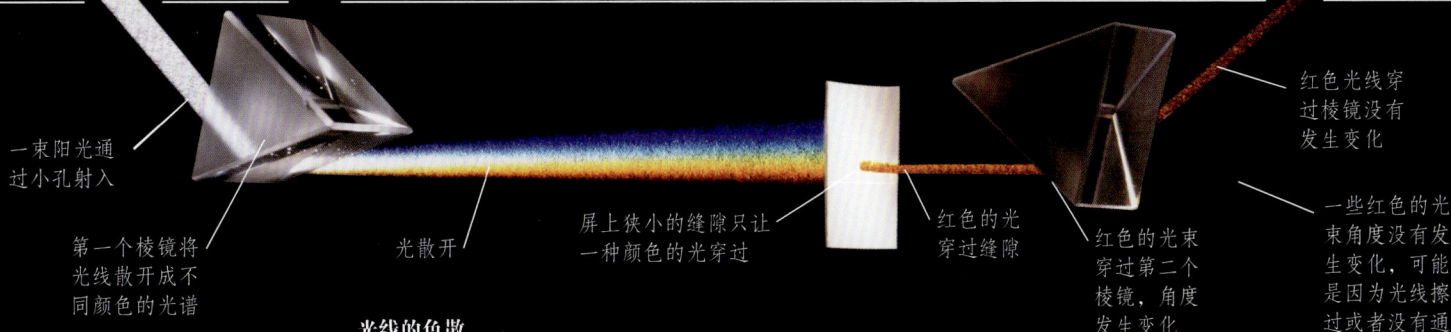

一束阳光通过小孔射入

第一个棱镜将光线散开成不同颜色的光谱

屏上狭小的缝隙只让一种颜色的光穿过

光散开

红色的光穿过缝隙

红色的光束穿过第二个棱镜，角度发生变化

红色光线穿过棱镜没有发生变化

一些红色的光束角度没有发生变化，可能是因为光线擦过或者没有通过棱镜

光线的色散

在埃尔斯索普庄园期间，牛顿设计将一束光穿过百叶窗的缝隙，观察光线变成彩虹的颜色。他利用两个棱镜做实验来说明白光可散开成一组不同颜色的光束（称作光谱），且不会再分裂。他在著作《光学》中描述了他的发现。

目镜透镜

光线从这里射入望远镜

内置的凹透镜可以将光线反射回目镜

牛顿的反射望远镜

反射望远镜

第一架望远镜是折射望远镜。当光线通过透镜散成不同的颜色时，形成的图像具有模糊的颜色边缘。1668年，牛顿设计了一架新的望远镜。镜子将光线聚焦穿过上面的透镜，然后将光线反射到一面小的镜子上，穿过另一面透镜到达观察者的眼睛。由于这个贡献，牛顿被选为皇家学会的会员。

> "如果我看得远，是因为我站在巨人肩上。"
>
> 艾萨克·牛顿
>
> 写给胡克的关于伽利略和开普勒的信，1676年

地球围绕着太阳旋转

月球围绕着地球旋转

星体的运动

德国天文学家约翰尼斯·开普勒（1571—1630）认为星体的运动是由于太阳的引力导致的。牛顿认为宇宙中的每一个物体与其他的物体之间都存在着引力。太阳和星体之间的作用力与苹果和地面之间的作用力是一样的——也就是地心引力。这个作用力使星体保持在固定的位置上并围绕太阳旋转，月球围绕地球运动。

炼金术士

牛顿花了30年时间炼金。在剑桥他的实验室里，他进行了无数次实验和计算，并且全部都详细地记录了下来。就像大多数炼金术士一样，他努力想找到点金石——能够带给它的拥有者以智慧，而且能把普通金属变成金子。

年份	事件
1642年	12月25日出生于英格兰林肯郡的埃尔斯索普庄园。他是一名早产儿。
1661年	进入剑桥大学三一学院学习。
1665年	回到埃尔斯索普庄园，对数学、光学、物理学、天文学和微积分学进行研究。
1668年	被选为剑桥大学三一学院的成员。
1670年	在剑桥大学进行光学讲座。
1671年	向伦敦皇家学院展示他的反射望远镜。
1672年	被选为伦敦皇家学会的会员。
1687年	《数学原理》第一部出版。
1696年	搬到伦敦担任皇家造币厂的厂长。
1703年	担任皇家学会的会长。
1704年	出版《光学》。
1705年	被圣安妮皇后封为爵士。
1727年	3月20日在伦敦的肯辛通去世。之后被葬在威斯敏斯特教堂。

安托万·劳伦特·拉瓦锡
（1743—1794）

拉瓦锡受过良好的教育，因为对自然世界的研究而得到尊重。他成为一名律师，但他对地质学和化学的兴趣更大。

1743年	8月26日出生于法国巴黎的一个富裕家庭，是一个勤奋好学的孩子。
1767年	绘制了法国第一幅地质学地图。
1768年	被选入法国科学院。担任包税官，并且给他征税的权力。
1771年	与包税官业主13岁的女儿玛丽·圣安妮·皮埃尔特·保罗结婚。
1774年	英国科学家约瑟夫·普里斯特利发现了氧气，但是称其为燃素。
1775年	担任皇家火药协会的委员。
1778年	拉瓦锡确认并命名氧气。
1787年	发表他的书籍《化学命名法》，描述了化学化合物的命名系统。
1788年	说明空气是氧气和氮气组合而成的混合气体。
1789年	出版了第一本现代化学教科书《化学概要》。巴黎人民攻占巴士底狱，法国大革命爆发。
1794年	5月8日去世。他自首担任过包税官，与他的岳父在同一天被法国大革命政府处以绞刑。

安托万·劳伦特·拉瓦锡

18世纪末期，法国在科学和政治方面正处于新思想启蒙阶段，而安托万·劳伦特·拉瓦锡处于它们所带来的变化的最前沿。在巴黎，由于皇家火药协会具有很高的地位，所以他们为拉瓦锡提供了一个具有先进设备的实验室，让他在那里进行试验，完善了化学学科。他确定了33种元素，为氧命名，帮助解释了燃烧和吸收（呼吸）的过程，对科学术语进行改组编制，并且出版了第一本化学教科书。

获胜的队伍
这个陶瓷浮雕描绘的是拉瓦锡正在做试验，而他的妻子玛丽·圣安妮在旁边的桌子上记录数据。对于拉瓦锡的工作，他的妻子的贡献是无价的。她学习英语翻译其他科学家的工作成果，主办聚会讨论化学，为丈夫的书籍绘制精美的插图，并且为他写研究报告。

化学革命
拉瓦锡的实验室使用天平来比较化学物质在发生像燃烧这样的化学反应前后的重量变化。他指出物质可能发生改变，但重量是一样的。这就是质量守恒定律，即虽然物质可能改变形式，但它不能被创造或者被消灭。拉瓦锡还将元素进行分类，比如磷、硫、碳和水银，这类不能分解的物质称为单质。

指示器指示横梁平衡

横梁

用于放置待称物体的盘子

放砝码的盘

化学天平

红磷

硫磺

碳

水银

氧气和蜡烛结合
才能引起火焰

蜡烛芯向上
提供燃料

燃烧

燃料是由蜡烛产生的一种蒸汽，和空气中的氧气结合，产生热和光，然后生成新的化合物。早期的理论认为，是材料中有一部分在燃烧时被释放，这种没有颜色、没有重量的物质称为燃素，但后来证明燃素是不存在的。

笑气

伦敦皇家科学院证明了空气的化学组成，这是德国漫画家詹姆斯·吉尔雷画的一幅漫画，描绘了化学家正在用笑气（氮氧化物）装置进行实验讲座和科学研究的场景。

蒸馏器内装有水银，加热时形成氧化物形式（氧化汞）

连接蒸馏器和广口瓶

因为蒸馏器内有氧化物生成，所以广口瓶内的空气减少了

试验的热源

拉瓦锡的竞争者

英国牧师约瑟·普里斯特利（1733—1804）与拉瓦锡在同一时间进行研究气体的试验。普里斯特利发现发酵能够产生二氧化碳（他称之为混合气体），之后他发明了碳化水。他发现了10种气体，并通过试验证明了动物呼吸需要空气。

命名氧气

拉瓦锡设计了一个12天的试验。水银在一个蒸馏器内被加热，另一边连接一个广口瓶。在蒸馏器内会产生一种淡红色的物质，为氧化物，而广口瓶内的空气体积减小。空气减少的质量等于被氧化物吸收的质量。他称被吸收的空气为氧气。

水槽内盛有更多的液体水银，当有氧化物生成而使广口瓶内的空气减少时，水银就会上升

拉瓦锡关于氧气的水银试验的模型

按比例制作的断头台模型

断头台模型

拉瓦锡是一位自由主义者，支持社会和政治改革，并且他还帮助新的独立政府建立公制系统。但是，他因为曾经是包税组织的成员而被捕入狱，并被送上了断头台。

"一瞬间就砍下了拉瓦锡的头颅，
可是100年也产生不出像他那样的头脑。"

约瑟·路易士·拉格朗日
著名的数学家，一起完成模型的拉瓦锡的同事

1706年	1月17日出生于美国马萨诸塞州的波士顿。他的父亲以制造肥皂和蜡烛为业，他是家中的第10个孩子。
1723年	到费城当印刷厂的学徒。印刷、写作和出版使他拥有大量的财产。
1737年	担任费城的邮政局局长。
1743年	建立美国费城社会学院，帮助科学研究人员讨论他们的发现，并发明了热效能——富兰克林暖炉。
1746年	使用莱顿瓶进行电学试验，在伦敦开始与彼得·克林森合作。
1750年	发明了避雷针。为了证明它的作用，他两年后进行了在雷暴下放风筝的试验。
1751年	被选入宾夕法尼亚议会。他的电力试验被公开发布。
1753年	由于他在电学方面的贡献，获得了皇家社会科学院的科普利奖章。三年后被选为皇家社会科学院成员。
1776年	帮助起草和签署了美国独立宣言。
1784年	发明了双焦点眼镜。著名的发明还包括游泳的蛙鞋。
1790年	4月17日去世，被埋葬在宾夕法尼亚的费城。

本杰明·富兰克林

18世纪时，人们对于电能这种神秘的能量知之甚少，直到富兰克林在他的家乡美国费城开始一系列的试验。其中最著名的试验就是证明雷电是由电造成的。他是著名的哲学家、发明家和政治家，他最开始只是一个印刷厂的学徒，最后成为美国新民主政府的建国元勋。在科学和政治方面，他总处于新思想的前沿，并且经常出使欧洲。他最伟大的发明是避雷针和双焦点眼镜。

本杰明·富兰克林
（1706—1790）
这幅富兰克林的肖像画绘制于1782年，当时他作为美国第一位出使法国的大使住在巴黎。他还在英格兰居住了多年，所以他在这两个国家都有很高的社会声誉。

穷理查德年鉴
年鉴用于收集有用的原理或者格言。记录富兰克林经典箴言的这页年鉴写得很满，例如他说"匆忙只能制造垃圾"。他于1732年创办了穷理查德年鉴。在1753年出版的第20版中，包括了"怎样保护房子等免受电击"的建议。电学成为富兰克林最感兴趣的领域。

放电的金属球

金属盖

电荷随金属链向下传送

电荷存储于带有金属外套的玻璃广口瓶里

莱顿瓶
1745年，荷兰人发明了一种新的装置来储存电，这就是莱顿瓶。在费城朋友的公司内，富兰克林开始使用莱顿瓶进行导电试验。他给他伦敦的朋友彼得·克林森写了5封信，详细生动地记录了他的研究细节。

电力风筝试验
富兰克林制作了一个丝质风筝，上面安装了灵敏的电线，在手上缠绕干燥的丝巾（使手绝缘），然后将风筝放飞到雷电中。受到电线吸引，雷电会从云中顺着湿带（好的导体）向下传导到带有金属钥匙的莱顿瓶中。

支持圆盘
的玻璃管

锌盘

铜盘　纸盘

电池组

电击游戏

科学家们因为在实验室里发现了电而感到
非常兴奋。这幅图画描绘了在一个社交聚
会上的示范。这个仪器产生的静电使人的
身体通电，通过手指传送静电。

云放电形成雷电

导管从云上
吸引电荷

电荷通过大楼
上的电线安全
传导到地面

电的流通

意大利科学家亚历山德罗·伏特
（1745—1827）相信金属能产生电。
他在锌盘和铜盘之间放上被盐溶液或
酸溶液浸泡过的纸盘，让它们与金属
起反应，从而产生电流。这就是第一
个电池。

动物体内的电流

意大利解剖学家路易
吉·加尔瓦尼（1737—1798）
惊奇地发现当用刀解剖死青蛙
时，它的肌肉会抽搐。他认为这是由
于青蛙体内的电流引起的。虽然现在我
们知道，这是由于神经发送信号到全身从
而产生电气化学刺激，但在当时还是引起了
很大的反响。

青蛙的肌肉接收到来
自大脑的反应信号

"说得好不如做得好。"

本杰明·富兰克林

在穷理查德年鉴中写道，1737年

1783年9月3日签
署的巴黎条约

本杰明·富兰
克林的署名

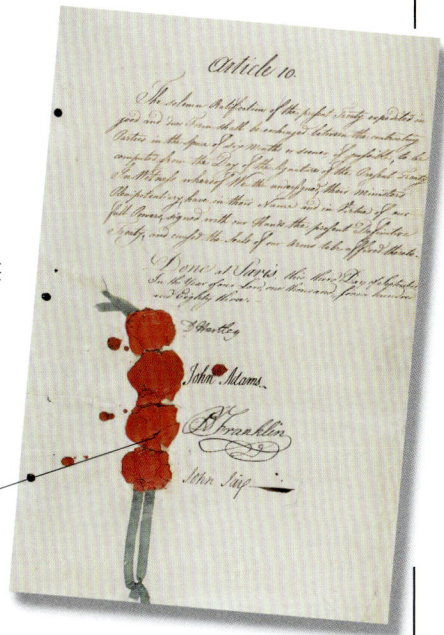

电火

如果雷电没有被安全地接地（中
和），雷电就会击中最高的物体，
还会造成严重的人员伤害。富兰克
林设计了避雷针连接金属电线垂在
大楼的外侧，将电荷安全导入地
下。这幅图描绘的是纽约帝国大
厦，这栋大楼每年大约受到100次
的雷击。

出色的政治家

1783年，本杰明·富兰克林帮助协商《巴黎条约》，
这个条约确定了美国从英国的殖民统治下独立。伦敦
成为他的第二故乡，但他忠于美国的改革，在1775年
战争爆发之前就回到了美国。作为美国建国的先驱之
一，他签署了美国《独立宣言》。

265

约瑟夫·班克斯

英国博物学家和探险家约瑟夫·班克斯在詹姆士·库克船长（1728—1779）领导的第一次科学航行中环游了世界。当三年后他返回时，带回来的档案中包括数百种以前不知道的动物和植物。他毕生对植物学的热情反映在他职业生涯的每一个方面。在伦敦，他把他的收集品制作成标本集，位于索霍区广场的房子成为科学团体的会议地点。作为英国皇家学会的会长，他的影响是很深远的。

来自巴西的叶子花属

约瑟夫·班克斯爵士（1743—1820）

这幅油画由乔舒亚·雷诺兹爵士创作的。28岁时，作为一名植物学家的他已经获得了相当大的名气。这要归功于他和库克船长的那次航行。

1743年	2月13日，班克斯出生于在英格兰伦敦一个富裕的地主家庭。
1760年	进入牛津大学学习。在那里，他对植物学产生了浓厚的兴趣，并且继承了一大笔遗产。
1766年	被选入皇家科学院成员。跟随英国皇家海军舰艇到新西兰和拉布拉多半岛航行，去采集植物、动物和矿石标本。
1768年	受到皇家科学院的委托，与詹姆士·库克进行了长达3年的航行。在航行中，他发现了很多新物种，并且带回数千个标本。
1770年	4月20日，停靠在澳大利亚东海岸的鲍特尼海湾。之后建议这里应由犯人进行开垦。
1772年	领导了英格兰第一次到冰岛的科学探险。
1778年	成为皇家科学会的会长，一直担任了42年。
1781年	由于他在科学和公共生活方面的贡献而被封为爵士。
1788年	建立了皇家林奈科学院——世界上最古老的生物科学院。
1797年	担任位于克佑的皇家植物园的非正式园长，和乔治三世一起工作，使那里成为植物研究中心。
1820年	6月19日在中塞克斯郡的艾勒沃斯去世。他将自己的书籍和标本都捐献给了大英博物馆。

卡尔·林奈

图画中描绘的瑞典博物学家卡尔·林奈（1707—1778）穿着拉普兰服饰。他是一位勤奋的植物学家，并且以它们的性征为基础创立了生物命名和分类系统，直到现在仍在使用。在库克船长的航行中，林奈的学生丹尔·索兰德一直陪伴着约瑟夫·班克斯。

"没有人带着良好的或者优秀的装备航海，而目的只是为了探索自然历史。"

约翰·埃利斯

给卡尔·林奈的关于库克的第一次航行的信中写道，1768年

库克的第一次航行

1768年8月12日，皇家科学院派出一艘探险船，詹姆士·库克担任船长，植物学家班克斯也在船上。航行路线从非洲西部海岸的马德拉群岛，穿越大西洋到达美国南部，环绕霍恩海峡到达位于太平洋南部的塔希提岛。在返回英格兰之前还要前往新西兰、澳大利亚和非洲南部。

袋鼠

压干的在航行中收集的锯齿状的拔克西木属标本

为植物命名

在探险过程中，班克斯仔细收集植物，并制成标本。这幅由西德尼·帕金森画的锯齿状的拔克西木属植物来自澳大利亚，在班克斯的书籍《标本集》中出现过。使用林奈的系统，它被分类为拔克西木属，并且也属于锯齿，意为"叶子边缘是锯齿状的"。

266

班克斯和库克
居住的大船舱

全体水手睡
在甲板上的
吊床里

奋进号
库克的船——HMB（他的皇家帆船）奋进号为这次太平洋航行进行了整修。一些探险队成员包括植物学艺术家西德尼·帕金森因患痢疾而死亡。但是，班克斯成功地回到了家乡。他收集了以前在欧洲未曾见过的1400种植物和1000种动物的标本。

供应品的
储存室

奋进号的横截面

波利尼西亚人
这幅画是图帕绘制的，他是由班克斯带上船的波利尼西亚的主教。这幅画描绘的是穿着华丽的羽毛斗篷的毛利商人，用一块树皮衣服与班克斯交换小龙虾。而在船离开新西兰之前发生的一些小冲突使几个毛利人不幸死亡。

恩惠号上的面包树
皇家海军恩惠号在海军上尉威廉·布莱的带领下，奉命前往塔希提岛运输面包树到牙买加。1789年，布莱被叛徒赶上一艘小艇任其漂流，但最终他们安全上岸，并且在1791年返回塔希提岛完成了任务。

面包树的果实

带格子的盖可
以让阳光通过

班克斯标本集
中芙蓉属的植
物干标本

班克斯的标本集

锯齿状拔克西木
属植物的图解

阿拉伯橡胶树
（拔克西木属
植物）

沃德植物箱
班克斯将来自世界不同国家的植物标本带回位于克佑的皇家植物园。由于有乔治三世的支持，克佑成为世界植物学研究中心。1827年发明的沃德箱使运输活的植物变得更加容易，因为在漫长的海上航行中，沃德箱能够为植物提供稳定的生存环境。

乔治·居维叶

1795年，乔治·居维叶在巴黎成为国立自然历史博物馆的一员。居维叶用博物馆收集者的身份创造了一个特殊的职业——研究动物解剖学。他声称他能够从一块单一的骨头而重新得到哺乳动物的骨骼。随着法国军队把从海外捕获的一箱箱样本一批批送到博物馆，居维叶逐渐获得证据支持他的理论。他观察到，史前哺乳动物的骨化石，例如长毛象，与今天存活的哺乳动物都不相同，与那些完全灭绝的远古兽类也不相同。居维叶是脊椎动物古生物学（研究已灭绝的具有脊柱的动物化石）的奠基人。

男爵乔治·居维叶
（1769—1832）
这幅画由玛丽·尼可拉斯·鲍恩斯·康佩丝（曾经为拿破仑画像）所画。居维叶出身卑微，但却成为法国研究院的一员，幸免于很多政治上的巨变。

腕足类动物化石印迹（有壳的海生动物）

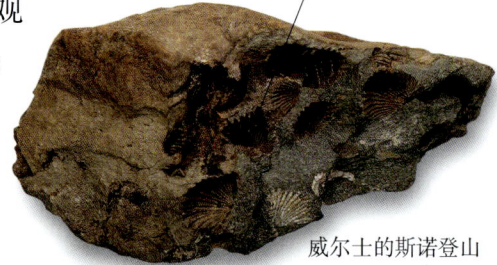

威尔士的斯诺登山山顶上的多壳岩石

神秘的岩石贝类
在山顶上，他发现了保存贝类的石头。18世纪的很多欧洲人相信这些贝类是从《圣经》中的洪水灾难中保留下来的。然而，这些贝类其实是化石，是由动物的遗体掉进远古海洋底部的松软沉积物而形成的，这些沉积物变硬成为岩石，随后受外力作用向上形成高山。

1769年	8月23日，出生于蒙贝利亚尔，位于法国的朱拉地区。
1784年	开始在斯图加特的卡罗林纳州学院的四年学习，此后在大革命早期担任法国家庭教师。
1795年	在巴黎，加入国立自然历史博物馆。
1799年	成为法兰西学院自然历史学的教授。
1801年	开始研究鱼类，引导鱼类自然历史的研究。
1802年	开始从事贝类（例如蛞蝓、蜗牛和乌贼等动物）研究。
1804年	观察巴黎周围发现的哺乳动物化石的年代，表明地球的年纪比那个时代所能接受的更长。
1808年	被任命为拿破仑创建的帝国大学委员会委员。
1812年	出版《化石骨的研究》，报告了29种新物种。
1813年	出版他的论文《地球理论随笔》。
1817年	出版《动物王国》，用自己的图解进行说明。
1826年	取得了隆重的军团荣誉，并且在1831年成为男爵，被委任为国家理事会主席。
1832年	5月13日，死于霍乱。

消失的兽类
剑齿象是具有獠牙的巨大生物，直到1500年前一直生活在亚洲。居维叶分别检查了现代大象的头骨和它们祖先的化石，同时还研究了自然历史博物馆动物园内的有生命的样本。1796年，他比较了大象和西伯利亚长毛象化石的牙齿，显示它们是完全不同的物种。居维叶声称长毛象已经灭绝，但这种说法没有被大家接受。另一种灭绝的大象，后来被居维叶命名为美洲乳齿象。

牙齿

变成化石的剑齿象头骨

剑齿象的獠牙相互靠拢，有3米长

大象的獠牙长度只有长毛象的一半

牙齿

现代亚洲象的头骨

寻找化石

这些化石搜索者正在法国南部德佛（Durfort）的史前遗址上进行挖掘。那些化石属于巨大的长毛象属，它们遍布欧洲，大约在100万年前灭绝。在18世纪和19世纪，随着露天采石和道路建设的增加，大型化石被挖掘出来。

改变的形式

居维叶的组员、法国自然主义者吉恩·巴普蒂斯特·迪·拉马克（1774—1829）是无脊椎动物方面的专家，他提出了早期的进化理论。拉马克提出有生命的物质会进化，不断地改变它们的形态以适应不同的环境。这里的四种蝴蝶被发现于南美的不同地区，属于不同的亚种（同一物种的不同组别）。它们能够相互杂交，外表上只有轻微的不同。拉马克关于生命物质进化的看法是正确的，但实际上的进化并不遵循他所说的规律。

Agrias claudina lugens，秘鲁

Agrias claudina godmani，巴西中部

Agrias claudina claudianus，巴西东南部

Agrias claudina intermedius，委内瑞拉，哥伦比亚的东南部

"生活在地球上，经常会被可怕的事件惊扰。"

乔治·居维叶

出自他的《地球表面的革命性巨变》一书，1825年

蓬乱的长毛象

与现代存活的大象相比，头骨结构差异很大

成为化石的乳齿象的脊柱

消失的世界和物种

超级火山爆发、地震和洪水都会对生物产生破坏性的影响。居维叶确信，因为地球历史上发生的一系列悲惨事件，使一些物种灭绝，同时存活下来的动物也迁移到其他地方。他的理论在《地球理论随笔》书中发表。他是第一个提供证据证明物种灭绝的人。

查尔斯·达尔文

作为一位年轻的学生，查尔斯·达尔文看上去注定要从事医学或宗教方面的职业，但他真正热衷的是自然和历史。1831年，他获准跟随英国海军舰艇小猎犬号进行研究。在这次航行中，他见到了各式各样的野生动物和地球上一半的地质。他逐渐发展了关于所有物种都是衍生于以前灭绝的物种的理论，并认为产生的原因是自然选择，这个过程称为进化。经过许多年，达尔文收集了很多的科学证据，但是他仍然保持沉默，直到1858年自然主义者阿尔佛雷德·华莱士（1823—1913）发表了相似的思想。1859年，达尔文出版了《物种起源》一书。

查尔斯·达尔文（1809—1882）
达尔文在他生命的后期，留起了他标志性的白胡子。年轻时代的达尔文个子很高，棕色头发，身体健康，能够从事长期的航行。但当他返回时，因在航行途中患上寄生虫感染，导致他异常衰老。

1809年	2月12日，达尔文出生于英国的什罗普郡。他的祖父和外祖父分别是物理学家和哲学家伊拉斯谟·达尔文、陶瓷家乔赛亚·韦奇伍德。
1825年	进入苏格兰的爱丁堡大学学习医学，但对此失去兴趣。
1827年	为了获得农学学士学位而进入剑桥大学的基督学院学习。开始收集甲虫，经常去英国皇家学会、伦敦林奈学社和伦敦的现代动物园。
1831年	陪同剑桥大学的地质学教授亚当·塞奇威克（1785—1873）到南威尔士考察。开始跟随英国海军舰艇小猎犬号进行5年的海外航行。
1837年	到伦敦的地质学会发表他的首次讲演。
1838年	出版一卷《动物学》，包括5本书，其中有一部是关于他在小猎犬号航行时收集的哺乳动物化石的描写。
1839年	在英国皇家学会挑选同事。以《记录与评论》为书名发表他在小猎犬号上的航行回忆录。
1859年	出版《物种起源》。
1871年	出版《人类由来》，升华了他的进化思想。
1882年	4月19日，死于心力衰竭，葬于威斯敏斯特教堂。

小猎犬号的航行
达尔文加入英国海军舰艇小猎犬号，开始他长达5年的航行（1831—1836）。轮船到达大西洋的佛得角群岛，沿着南美洲的海岸航行，通过太平洋到达澳大利亚、毛里求斯，然后离开东非海岸。达尔文满载日记和搜集的样本而归。

达尔文的签名

指南针

小猎犬号上的望远镜

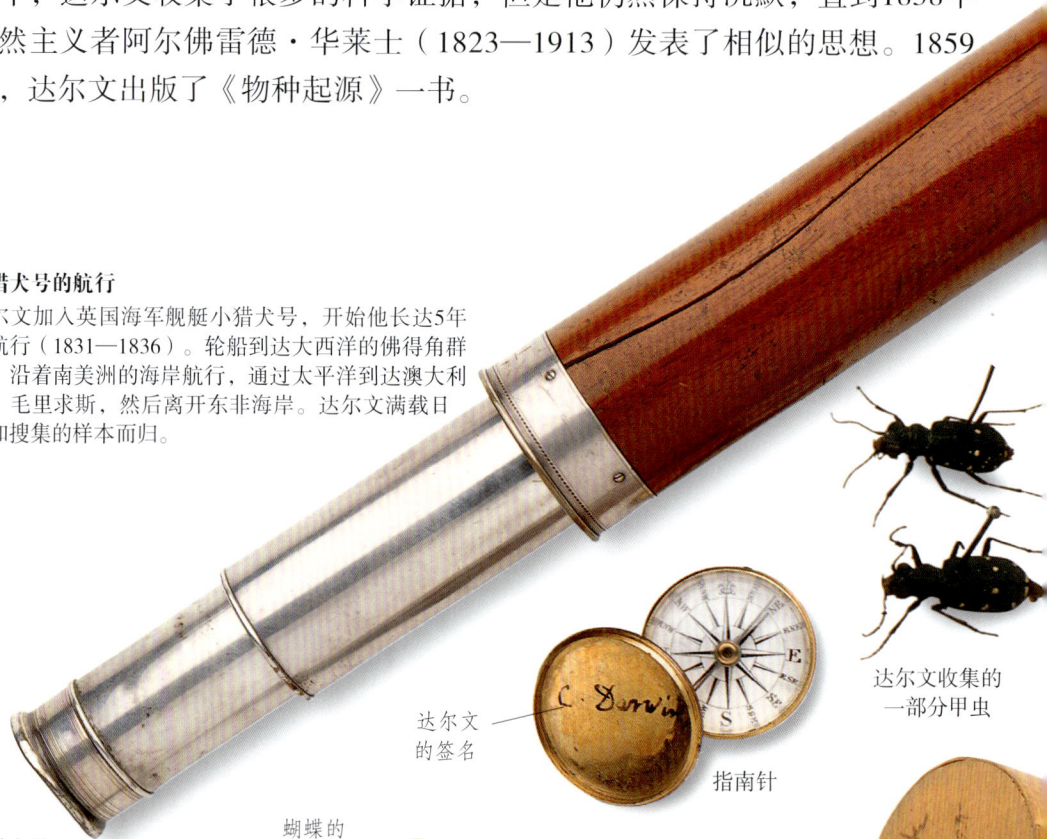

蝴蝶的翅膀

达尔文收集的一部分甲虫

朱红色的捕鹰鸟

达尔文故居中装有样本的收集箱

巨大的乌龟
英国海军舰艇小猎犬号访问了大龟群岛，这是太平洋上的一个崎岖不平的火山群岛，距离南美洲的厄瓜多尔1300千米。当地人指出，每个岛屿上的巨龟都有轻微的差异。达尔文也注意到，每个岛屿上鸟雀的嘴形状各不相同，因为它们的食物不同。他推断，一个物种从本土离开，或是离开所居住的岛屿，就会发展成新的物种。

巨大的乌龟

犰狳类，与鳞屑相像

现代犰狳类

雕齿兽模型

改变的证据

达尔文在航行时，研读了查尔斯·莱尔（1797—1875）的《地质学原理》，同时找到了地球的景观如何经过数百万年变化而形成的证据。他观察到巨大有甲的灭绝动物雕齿兽化石和小体积活犰狳类动物的相似处。达尔文认为雕齿兽是犰狳类的祖先。

最初的物种家系树草图

达尔文的《生命树》笔记中的插页，1837年

自然选择理论

达尔文指出，生物体通过自然选择而发生进化。这意味着，一个物种中某些个体因为比其他的个体更优秀而存活下来，因为它们的某些特征，例如锋利的爪，能够帮助它们适应周围的环境。然后，它们将这些优点传递给后代，这个过程在未来的后代中得到延续。

"我已经宣布了这个法则，根据自然选择规律，其中每一个轻微变异如果有用就会被保留下来。"

查尔斯·达尔文
《物种起源》，1859年

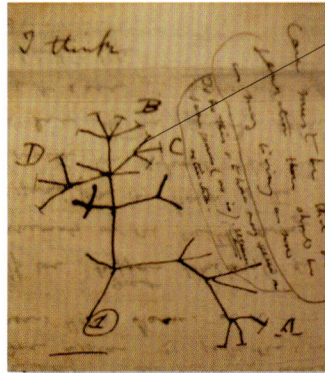

辩论

达尔文在《物种起源》中指出，可以通过追踪现存生物而找到普通的祖先，认为人类与动物之间存在相互联系。这挑战了基督教的创世观点。达尔文已经推迟发表他的理论，因为他预见到来自教堂和很多科学家的敌对的反应。这张漫画就描绘了作为类人猿的达尔文是被怎样嘲笑的。

《大黄蜂》杂志上的漫画，1871年

达尔文的笔

显微镜的载玻片

达尔文的小猎犬号笔记本

达尔文的故居

1842年，达尔文搬到肯特郡。在那里，他安静地生活，从事进化论、蚯蚓和兰花的研究。身为自然主义者，达尔文甚至注意到他的小女儿逐渐变化的面部表情。当他的女儿艾米在10岁夭折时，他很心痛。他的故居现在作为博物馆仍然存在。

查尔斯·巴贝奇

查尔斯·巴贝奇（1791—1871）
巴贝奇主要的兴趣在数学（统计学）、制造业、技术学和政治经济学方面。他帮助创立了几个学术性的学会。

纵观查尔斯·巴贝奇的一生，他一直从事着大型自动计算器的设计。他的家庭很富裕，他是一位天才数学家，对很多不同的实践和科学都很有兴趣。他对印刷的天文学表格和数学表格情有独钟，这些图表驱使他去设计自己的伟大机器。虽然巴贝奇直到去世也没有成功——尽管如此，他仍然作为现代计算机的先驱者而受到尊敬。1991年，他的差分机2号等比例操作模型由伦敦社会博物馆制作完成。差分机的打印机在9年之后完成，由4000多个零部件组成，重量超过3吨。

年份	
1791年	12月26日，出生于英国伦敦市。成年后，与德文郡的乔治安娜·惠特莫尔结婚。
1810年	被剑桥大学的三一学院接受，但是对数学教学可用性的水平感到很失望。
1812年	与大学同学约翰·赫谢尔和乔治·皮科克共同建立分析学会。
1814年	毕业于剑桥大学的彼得豪斯学院，获得农学学士学位。
1816年	在伦敦，选择分析学会的成员。
1819年	开始制造小型的差分机，直到1822年才完成。
1820年	选择爱丁堡的分析学会的伙伴，帮助建立英国皇家天文协会。
1823年	因他在差分机方面的进展而获得英国皇家天文协会的金质奖章。他开始研究第二个更大的机器。
1827年	成为剑桥大学数学的卢卡斯讲座教授，任职12年，但是从未进行过演讲。
1833年	遇到阿达·奥古斯塔，将他关于分析机的理论翻译为意大利文。
1836年	完成分析机的设计，但是从未建成。
1871年	10月18日死于伦敦，默默无闻。

帕斯卡林手工计算器

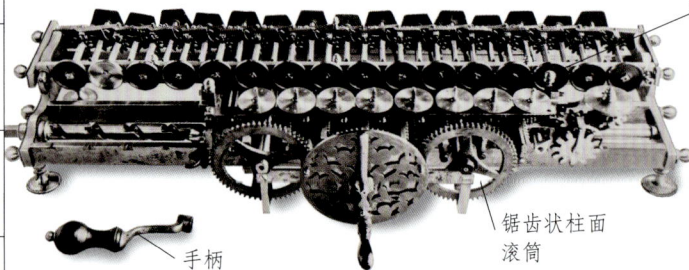
莱布尼茨的踏式圆柱形转轮计数机

手柄

锯齿状柱面滚筒

手工计算器

法国哲学家布莱兹·帕斯卡（1623—1662）和德国数学家戈特弗里德·冯·莱布尼茨（1646—1716）共同设计了机械计算器。在帕斯卡林手工计算器中，数字被齿轮计算，答案通过视窗显示。莱布尼茨在1694年制造的踏式圆柱形转轮计数机中简化了设计，这台机器能够进行加法、减法计算，以及有效的乘法和除法运算。

巴贝奇的差分机1号

1821年，巴贝奇开始研究他的第一台大型差分机，设计的机器能够进行自动化计算。这台设备最令人惊叹的部分是它需要25 000个压模铸造的金属零件，重15吨。这也是保留下来的最古老的自动化计算器。巴贝奇虽然得到政府的基金资助这个项目，但最终放弃。因此，他开始了差分机2号的研究。

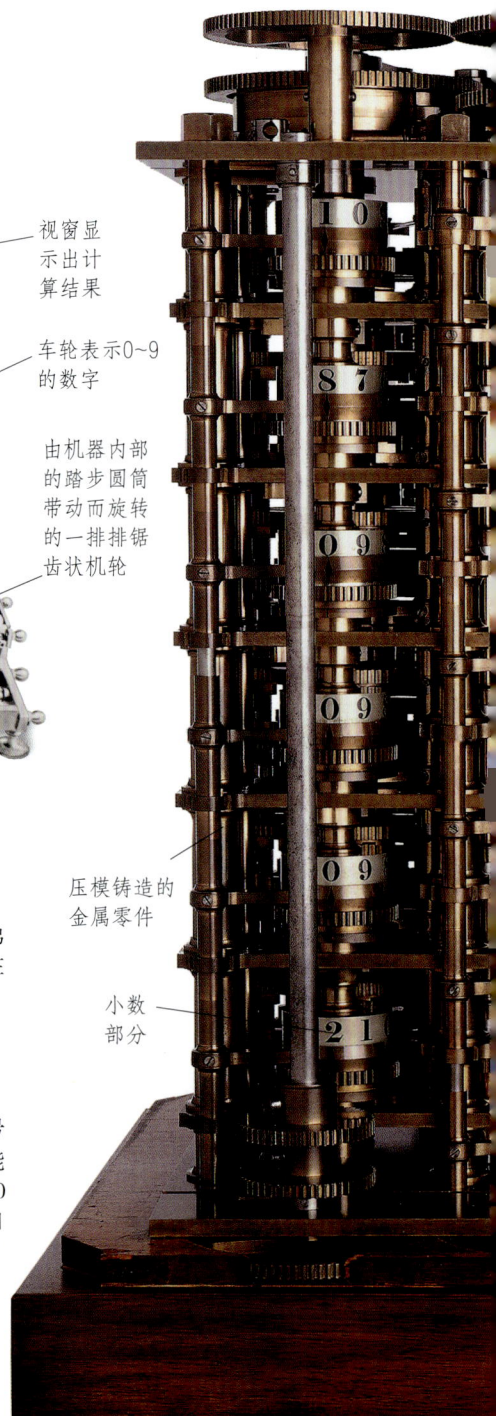

视窗显示出计算结果

车轮表示0~9的数字

由机器内部的踏步圆筒带动而旋转的一排排锯齿状机轮

压模铸造的金属零件

小数部分

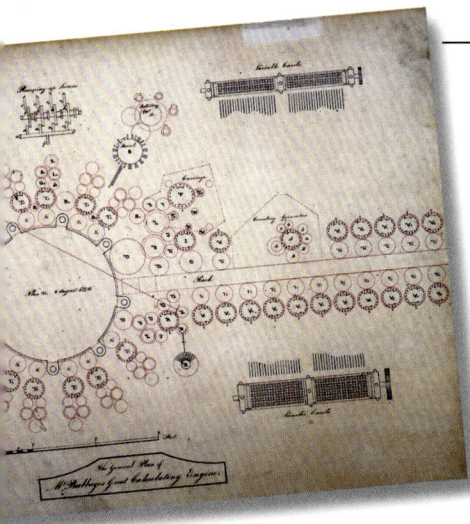
分析机示意图，1840年

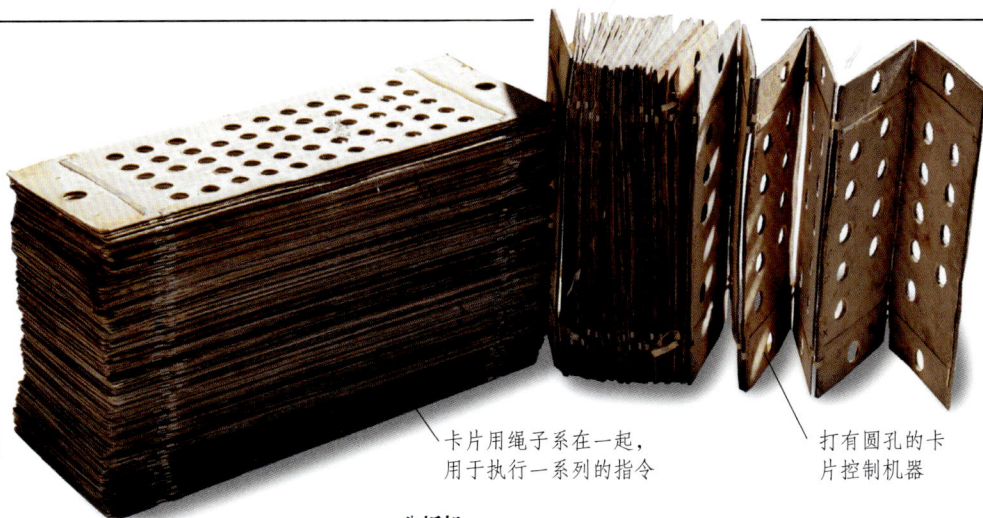
分析机的打孔卡片

卡片用绳子系在一起，用于执行一系列的指令

打有圆孔的卡片控制机器

分析机

1833年，巴贝奇在他的差分机基础上继续前进，进行分析机的研究，这种机器能够为特定目的应用打孔卡片的字符串进行编程。与现代的计算机相似，它将数字保存在一个记忆装置中（存储器），还有一个中心处理单元（轧机）。分析机的组成部分比差分机更多，而且需要蒸汽机启动，因此从未建造。

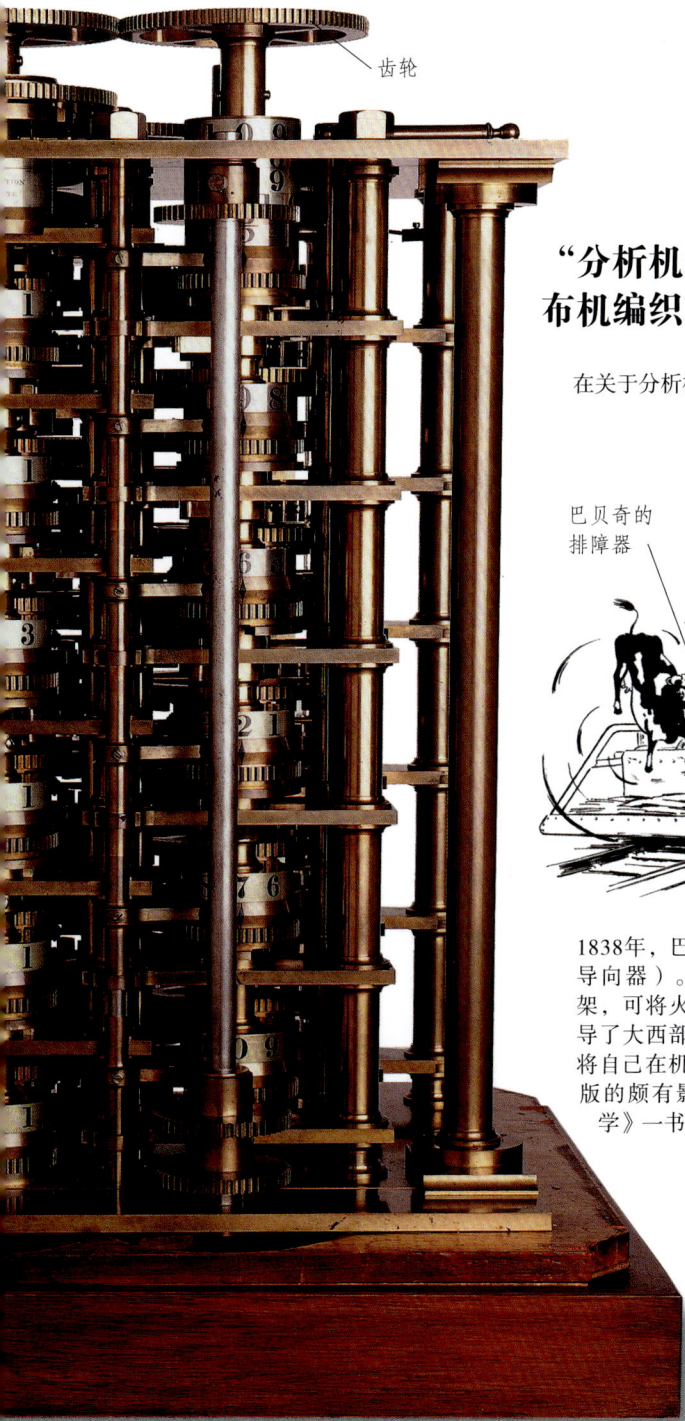
齿轮

> "分析机组合的代数模式就像提花织布机编织花和叶子一样。"
>
> 阿达·奥古斯塔
> 在关于分析机的论文的翻译笔记中写道，出版于1842年

阿达·奥古斯塔

阿达·奥古斯塔（1815—1852），拜伦的女儿，一位有天赋的女社会活动家，是巴贝奇分析机的狂热支持者。她提出用分析机来计算伯努利数的方法，就是现在公认的早期计算机程序。

巴贝奇的排障器

排障器

1838年，巴贝奇设计了火车排障器（或称导向器）。火车引擎前面突出的金属框架，可将火车道路上的障碍推走。他也指导了大西部铁路的其他安全测试实验。他将自己在机械方面的经验写入了1832年出版的颇有影响的《机械和制造工业经济学》一书中。

何勒内斯的打孔卡片

1801年，法国的织布商约瑟夫–玛丽·雅卡尔发明了用打孔卡系统控制织布机的模式。这张照片中，统计学家赫尔曼·霍勒雷斯（1860—1929）以此为基础来编程他的制表机器，处理1890年美国人口普查数据。

迈克尔·法拉第

迈克尔·法拉第曾在伦敦当过印刷商的学徒，接受过的教育较少。但在1812年，一张著名化学家汉弗莱·戴维爵士（1778—1829）演讲的免费门票改变了他的一生。他被戴维雇佣为化学助手后，陪同戴维进行了欧洲科学之旅。1821年，法拉第成为伦敦皇家学会装备最好的实验室的管理人。他是一个十足的实验性科学家，着迷于电磁学（通过运动的电荷产生磁性）。法拉第设计了利用磁场产生持续不断的电流的方法，他将此方法应用于早期的电动马达和发电机模型的设计中，这些设备将机械运动转化为电力。

迈克尔·法拉第爵士
（1791—1867）
迈克尔·法拉第和他的妻子莎拉都是基督教教徒。但他作为自然哲学家的一生使他彻底脱离了他的牧师生涯。

年份	
1791年	9月22日，法拉第出生于伦敦，父亲是来自英国北部的铁匠。
1805年	成为印刷商乔治·雷伯的学徒。
1810年	加入周末聚会的团体都市哲学会，讨论和倾听关于科学的主题演讲。
1813年	被任命为皇家学会戴维的化学助手。
1821年	提升为皇家学会主管。
1830年	成为伍尔威奇皇家军事学院的化学教授，任职21年。
1831年	发现电磁感应、电力变压器和发电机的工作原理。
1836年	被任命为三育学会的科学顾问，管理英国和威尔士之间的沿海海域安全导航。
1845年	发现抗磁性，存在于磁场内的物质会显示出磁性。同时，证实磁力与光的相关性。
1867年	8月25日，死于伦敦。

磁铁
线圈

磁场
法拉第最著名的实验之一就是证明磁场能够产生电流——这个过程称为感应。1831年，他论证了在电线圈内部和外部移动磁铁能产生力，可通过电流计测量。

指针的摆动表明感应电流

孩子的圣诞节讲座
法拉第在每年一次的圣诞节上为儿童听众演讲。后来，此事在经典著作《蜡烛的历史》中出版。他忠诚地将科学知识传播给广泛的听众。在皇家学会里，由不同领域的带头科学家为年轻人举办的圣诞节演讲直到今天仍在继续。

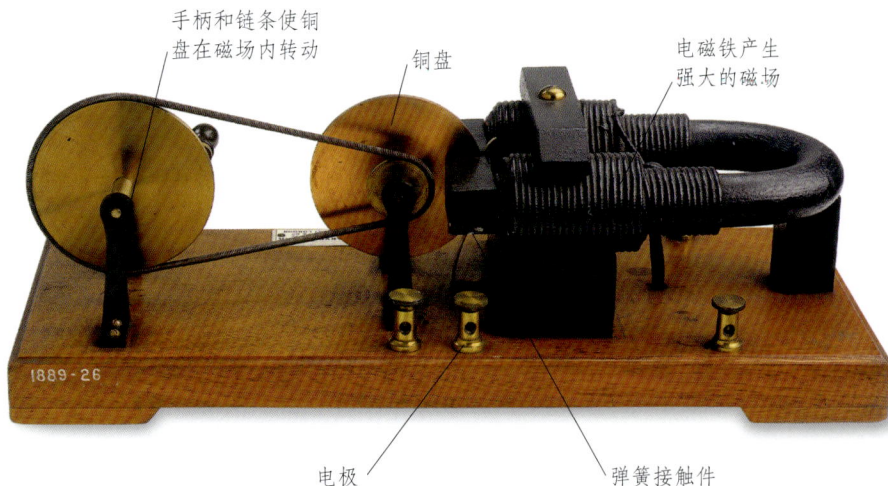

手柄和链条使铜盘在磁场内转动
铜盘
电磁铁产生强大的磁场

1889-26

电极
弹簧接触件

电动马达
1831年，法拉第制作出了第一个电动马达的样本。在模型中，铜盘在磁铁的两极之间自转，产生电动力。如果基座上的电极连接电路内的铜盘到电流计上，电流计就会显示出稳定的电流。铜盘停止时，电流也停止。

托马斯·爱迪生

被誉为"门罗帕克奇才"的爱迪生，是一位不知疲倦的发明家和精明的商人。当他还是年轻的电报发报员时，他就开始了发明生涯。后来，他在美国新泽西州的门罗帕克市建立了一个实验室。为了延长灯泡的使用时间，他研究了3000多种不同材料的灯丝。爱迪生建立了电力分配公司，同时开发了具有潜能的能源来改变工厂、家庭和娱乐场所。

托马斯·爱迪生（1847—1931）
爱迪生展示着电影放映机，这是放映机的窥视孔阅读器和先驱，由他的助手威廉·迪克森设计。

录音圆筒

录制声音的话筒

碳丝受热后发光

爱迪生的留声机

灯泡内为真空，防止灯丝燃烧

电流加热碳丝

"天才是百分之一的灵感，加上百分之九十九的努力。"
托马斯·爱迪生
《哈珀月刊》杂志，1932年9月出版

优秀的发明家

爱迪生根据其他人的想法不断完善，终于制造出了第一个商业白炽灯泡。他的实验室雇佣不同的科学小组，获得的专利发明超过1000项。实际上，其中被生产的仅有电动投票记录仪、留声机、自动收报电报机、活动电影摄影机，还有对贝尔电话的一个改造设计。

《弗雷德·欧特的喷嚏》

1889年，这一系列运动图像在爱迪生的新泽西制片厂创作出来。实验室工人弗雷德·欧特打喷嚏的每一个过程都通过一系列的影像被记录在胶片上。这个机器称为活动电影摄影机。这是爱迪生从爱德沃德·迈布里奇（1830—1904）用数百个支架捕捉运动过程中受到启发而创造的。

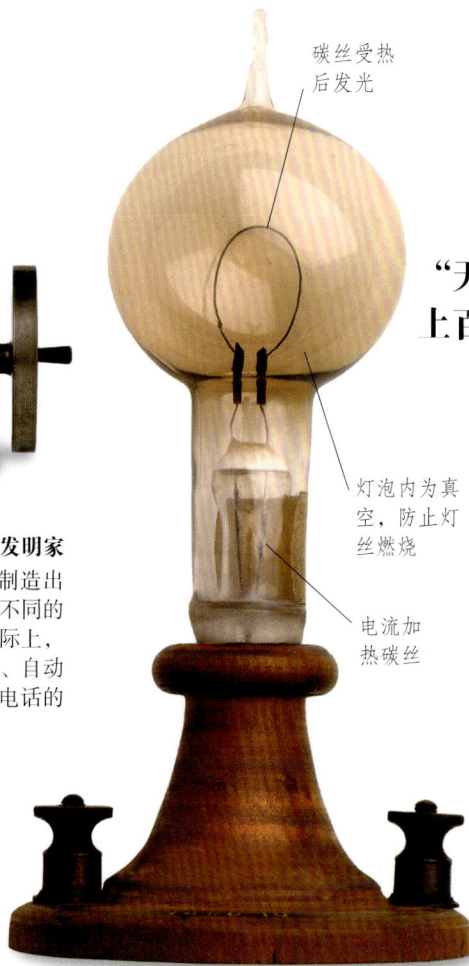

爱迪生发明的白炽灯泡

电力时代

1882年，爱迪生帮助南曼哈顿岛建立了珍珠街发电厂，他决定打破汽油是街灯的主要能量来源的垄断。电力通过网格系统提供，巨大的市场因爱迪生制造的电力部件而得到发展。

年份	事件
1847年	2月11日，出生于美国的俄亥俄州，由妈妈对他进行家庭教育。
1862年	在密歇根州的休伦港作为电报发报者开始工作。
1868年	发明电动投票记录仪，这是他的第一个专利发明。
1876年	搬迁到新泽西州的门罗帕克，建立他的第一个全面的工业研究实验室。
1877年	发明碳质扩音器，应用于电话听筒内转换声音。
1879年	第一次演示白炽灯。
1881年	在纽约市成立爱迪生电灯公司。
1893年	演示他的制作和显示运动图片的系统，获得专利。
1909年	碱性蓄电池出现在市场上，大量应用于商业途径。
1931年	10月18日，在新泽西州西奥兰治的家中去世。现在，那里是爱迪生国家历史遗址。

路易·巴斯德

19世纪早期，细菌和其他微生物（体积很小，以至于仅在显微镜下才可见）引起疾病仍是一个谜。法国生物化学家路易士·巴斯德是证明微生物复制的第一人。他关于疾病的微生物理论引起了医学科学的改革。他强调，医院应该应用卫生学的实践知识来防止感染继续传播，例如洗手。同时，他还研究疫苗，保护动物和人类免受某些引起恐惧的疾病的危害。

路易·巴斯德（1822—1895）
19世纪80年代，芬兰艺术家阿尔贝特·爱德菲尔特在路易·巴斯德的实验室内，花费数周创作出了这张画像。当时，巴斯德已经是世界著名的科学家，他正仔细地观察着一块脊柱研究狂犬病。

生命中的生命
这些葡萄上覆盖着很小的自然酵母菌，这是一种单细胞菌类，因为细胞的一部分发芽而产生。过去，人们相信，条件适宜的地方就会突然萌芽产生生命，这就是众所周知的自然发生说理论。巴斯德通过他的试验证明，实际上，微生物由有生命的物质产生。

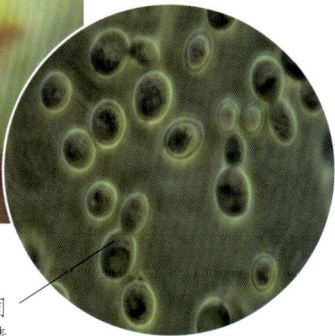

覆盖在葡萄上的酵母菌

糖与酵母共同作用产生酒精

萌芽中的酵母细胞

有颜色的水阻止空气进入

从水中冒出的二氧化碳气泡

塞住瓶口防止微生物

"在观察的领域，机遇偏爱有准备的头脑。"
路易·巴斯德
来自他在里尔大学的就职演讲，1854年

酵母将糖转化为酒精，同时形成二氧化碳气泡

葡萄汁与糖的发酵

卫生的牛奶
牛奶销售之前，必须经过特定的时间被小心地加热到特定的温度，从而减少牛奶内的有害微生物（例如细菌、病毒和霉菌）的数量。这项技术称为巴氏消毒法。19世纪60年代，巴斯德首次将这项技术用于提高酒的发酵率。

提高酒精的发酵率
巴斯德检测到了酿制好酒和酸酒的酵母细胞在形态方面的差别。他发现，活酵母菌产生酒精（1856年），即使发酵过程氧气充足。使用正确的酵母，当液体被加热到55℃（122°F）时，其他的微生物就会被消除。

拯救桑蚕

法国西南部的桑蚕工业很繁荣。1864年，政府要求巴斯德帮助那些桑蚕养殖者，因为他们的蚕茧经常被疾病破坏。两年之后，巴斯德发现感染是由两种类型的寄生虫引起的。所有感染的蚕虫、蚕卵和喂养用的桑叶被全部销毁。

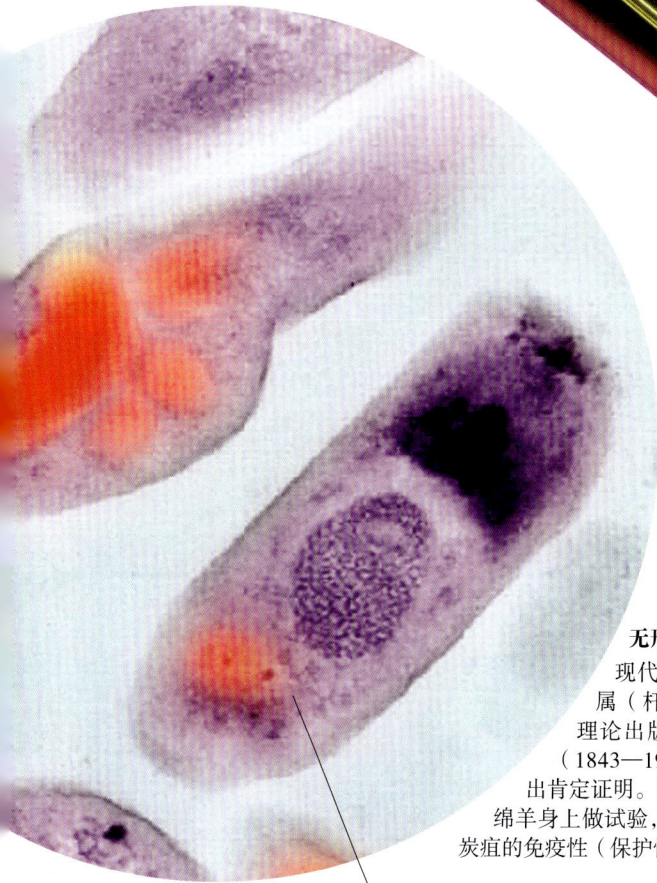

反射镜增加物体的光亮

目镜透镜

放置载玻片的平台

物镜透镜

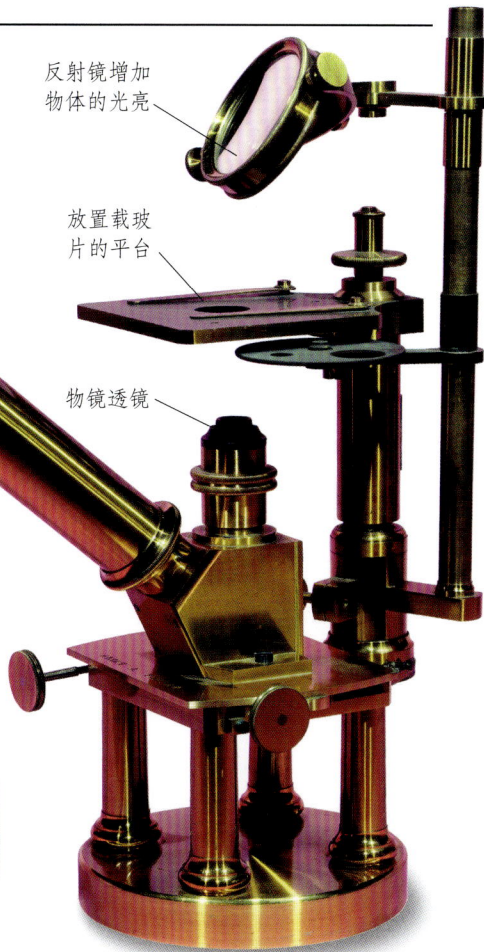

巴斯德的显微镜

电子显微镜下的炭疽影像

杆状的炭疽杆菌

无形的敌人

现代电子显微镜显示致死性疾病炭疽是杆状菌属（杆状细菌）。1878年，巴斯德的疾病细菌理论出版。1876年，德国内科医生罗伯特·科赫（1843—1910）首次对特定微生物引起炭疽的结论给出肯定证明。巴斯德的研究进一步证实了这一论断。他在绵羊身上做试验，生成一种注射液，称作疫苗，能够提供对炭疽的免疫性（保护性）。

年份	事件
1822年	12月27日，出生于法国的朱拉地区。
1849年	成为斯特拉斯堡大学的化学教授。在这里，他在关于有机化合物内的晶体结构方面有重要发现。
1854年	成为里尔大学的化学教授。在这里，他开始关于发酵方面的研究。
1857年	成为巴黎高等师范学校科学研究所的管理人和所长。
1861年	发表关于疾病自然发生说理论的反证试验。
1864年	抵达法国南部，研究桑蚕的疾病，证实某种特定的微生物只引起一种疾病。
1865年	获得巴氏消毒法的专利，用这种方法破坏酒内不必要的微生物。
1881年	在绵羊身上实验抗炭疽病疫苗。
1885年	首次成功将狂犬病疫苗应用于人体。约瑟夫·迈斯特在被患有狂犬病的病狗咬伤后康复了。
1888年	首家巴斯德研究所在巴黎开业，这是一家研究疾病预防和治疗的私人研究所。
1895年	9月28日，巴斯德在巴黎附近的圣克卢去世。

狂犬病病犬

这只狗嘴边的唾液泡沫，显示它正在承受狂犬病的病痛折磨。这种疾病是由一种病毒引起的。他认识到，疾病影响中枢神经系统。他通过提取感染动物的脊髓液，生产出一种疫苗，在对狗的试验中获得成功。

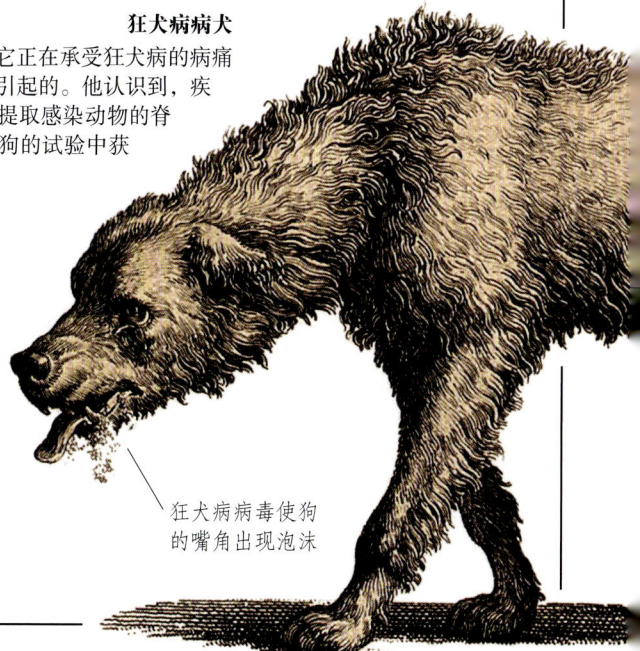

第一支狂犬病疫苗

1885年，为了防止狂犬病的发生，9岁的约瑟夫·迈斯特成为第一个接种疫苗的人。巴斯德已经发现，疾病较弱的菌株能给予动物免疫性来抵抗疾病。当男孩成功地康复后，他感到非常宽慰。

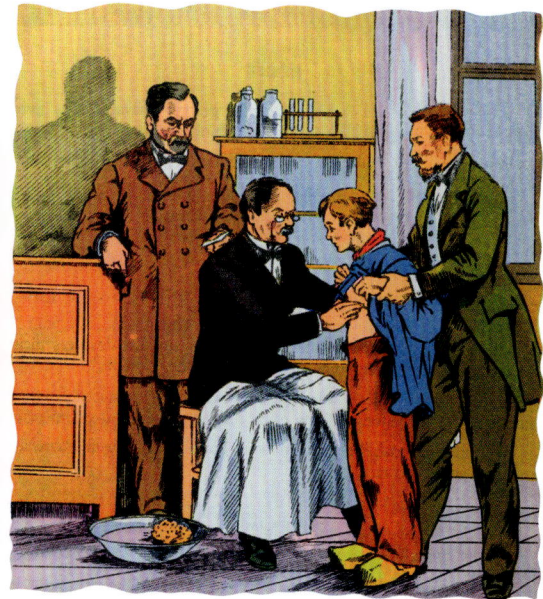

狂犬病病毒使狗的嘴角出现泡沫

德米特里·门捷列夫

1869年，当俄国化学教授德米特里·门捷列夫计划为他的学生编一本教科书时，已经确定的元素有63种——现在被确定的有117种。这里所说的元素，是构成所有物体的最基本的单一的物质，那些经常组合在一起构成的物质叫作混合物。19世纪，化学家们发展了新的技术，可以使他们从混合物中分解并且离析出更多的元素。当知识发展到原子（组成元素的单元）时，科学家们开始寻找元素分类的方法。门捷列夫把它们排列在周期表上，成为现代化学的奠基石。

德米特里·伊万诺维奇·门捷列夫
（1834—1907）
门捷列夫邋遢的外表极具传奇性。他是一位很好的教师和自由主义支持者。在一次长途旅行中，他乘坐三等舱旅行，与俄国的农民讨论问题。

1834年	2月8日，门捷列夫出生于俄国西伯利亚的托波尔斯克市。
1849年	到墨西哥旅行，去申请上大学，但没有被接受。
1850年	开始成为圣彼得堡教育学院的一名学员导师。
1859年	在德国师从罗伯特·本生（1811—1899）。
1864年	成为圣彼得堡科学技术学院的教授。
1867年	被任命为圣彼得堡大学化学系教授，在1868年开始编写著名的教科书。
1869年	出版了第一本有效版本的元素周期表。
1876年	由政府派遣到美国学习石油的生产。
1882年	与德国化学家洛塔尔·迈耶尔（1830—1895）共同获得戴维勋章。
1890年	为支持抗议学生而辞去教授职务。
1893年	被任命为重量和测量局局长。
1907年	2月2日，由于流行感冒在圣彼得堡逝世。

什么是元素?

元素是由一种类型的原子构成的物质，这种原子不能被分解成其他物质。嵌入到这个岩石中的是金，一种金属元素。元素可以出现在自然界，比如金；或者可以从混合物（由两种或两种以上的元素构成的物质）中被人工离析出来，比如磷。

嵌在石英
岩石中的金

钠

排列元素的顺序

当门捷列夫创造了他的周期律和周期表时，他和其他的化学家试图将元素按照一定的顺序进行排列。一种方法是用物理性质对它们进行分类，例如硬度、颜色和脆度。另一种方法是用化学性质来分类——例如，它们怎样与其他元素发生反应。例如，铜（Cu）是一种略带红色的金属，比铁软，容易弯曲；镁（Mg）被加热时会着火；水银（Hg）是唯一一在室温下呈液态状的金属。

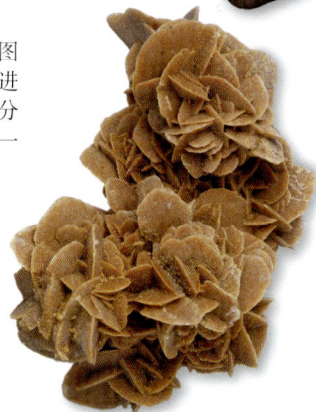

溴

铁

锌

圣彼得堡的教授

在俄国的圣彼得堡，门捷列夫作为大学教授时居住过的公寓被作为博物馆保存着。他非常受学生们的爱戴。由于学生们缺乏一本好的化学教科书，这促使他编写了他的著作之———《化学原理》。

铜

纯钾的离析

英国化学家汉弗莱·戴维（1778—1829）因为发明了矿用安全灯而为人所知，他也发现了新的元素。他使用电流熔化了碳酸钾和苏打（碳酸钠），生成了一些小的亮珠。这样，他就通过现在称为电解的过程离析出了两种金属元素——钾和钠。

电池提供电流

电线传导电流

碳酸钾被电流熔化

原子的重量

1808年，英国科学家约翰·道尔顿（1766—1844）提出，每一种元素都由相同尺寸的原子构成，并且不同元素的原子可以通过重量被识别出来。原子被认为是物质最小的组成部分，这么微小的东西怎么称重呢？道尔顿用最轻的元素的一个原子——氢的重量来比较不同原子的重量。

> "元素如果按照它们原子的重量排列，会显示出一定的规律性。"
>
> 门捷列夫
> 《化学社会》杂志（伦敦），1889年

汞（水银）

镁

化学卡片

门捷列夫给每个元素制作了一张卡片，并且写上了它的符号、重量以及它的物理性质。他把卡片按照原子的重量在一张表中排列。相互垂直排列的元素有重复与它自身相近性质的规律。如果一个元素不符合这个模式，门捷列夫会重新评估它的重量。1869年3月，周期表及其说明已经准备好了。

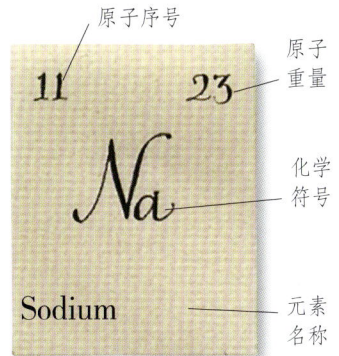

原子序号

原子重量

化学符号

元素名称

化学卡片

被垂直排列的元素在纵队中的化学性质相近

水平的行被称为周期

门捷列夫的周期表

这个表提供了关于每个元素的信息最快的查询工具。门捷列夫设计的格子状的模式把它们从最上端左侧的氢开始，按照原子重量顺序排列。每个元素都有一个原子序号并且把它们按行列进行排列，这样使那些有相近性质的元素互相垂直排列。门捷列夫的系统在当时并不是唯一可用的，但它的特殊性在于他预言了仍有未发现的元素存在，并且为它们在他的表中恰当的位置留下了空间。

玛丽·居里

玛丽·斯可罗多夫斯卡是一个渴望知识的年轻学生，她在1891年到达法国，寻求在她的祖国波兰被拒绝的大学教育。她与一位和她一样富有理想和坚定信念的法国物理学教授皮埃尔·居里结婚。被铀发出的神秘射线所吸引，玛丽和皮埃尔发现了两种具有更强放射性的元素钋和镭。在皮埃尔意外死于1906年之后，玛丽便独自工作，抚养两个女儿。玛丽·居里不仅是第一位获得诺贝尔奖的女士，也是第一位两次获得诺贝尔奖的人。

玛丽·居里（1867—1934）

玛丽·居里是一位世界著名的科学家。她拥有很多奖章、荣誉、博士头衔和勋章，是巴黎大学的第一位女教授。她是妇女们出色的模范，激励她们追求自己的事业，并鼓励她们成为科学家。

年份	
1867年	11月7日，玛丽·斯可罗多夫斯卡出生于波兰的华沙。
1891年	到法国巴黎学习科学。
1895年	与巴黎大学的物理学教授皮埃尔·居里结婚。
1898年	他们发现了两种放射性元素——钋和镭。
1903年	成为法国第一位完成博士学位的女性，与她的丈夫和导师亨利·贝克勒尔共同获得诺贝尔物理学奖。
1906年	皮埃尔不幸被四轮马车撞死，玛丽接替了他在巴黎大学的位置。
1911年	获得诺贝尔化学奖，成为第一位两次获得诺贝尔奖的人。
1914年	成为巴黎大学镭学院的院长，筹备X射线为第一次世界大战服务。
1920年	创立居里基金用来更长久地研究辐射学。
1921年	到美国进行筹款旅行，参观了华盛顿的白宫，成为耶鲁大学的名誉博士。
1934年	7月4日，因癌症去世。

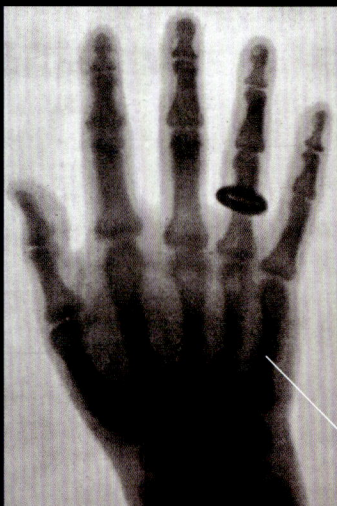

骨头看起来比较黑，因为射线没有穿过它

早期的X射线，1896年

一种新型射线

1895年，德国教授威廉·伦琴（1845—1923）拍下了第一张他妻子的手的X射线照片。当使用阴极射线管时，他惊奇地发现射线可以穿过肌肉但不能穿过骨头和金属。伦琴称这些射线为X（X的意思是未知）射线。后来证明它与光（电磁的）有同样类型的波。射线和光通过波传播，但是射线的波长更短，这样使它们有更大的能量穿透较软的物质。

放射性的岩石

一些物质发出看不见的射线和粒子，甚至在黑暗处使摄影底片感光。法国物理学家亨利·贝克勒尔（1852—1908）在1896年使用铀盐时第一次发现这个作用。他的学生玛丽·居里用专用名词"放射性"来描述当原子分裂成为不同的形式时能量是如何释放的。大多数的原子核是稳定的，常有相同数目的质子（确定是带电的粒子）和核子（不带电的粒子），但是它们在不稳定地衰减时，会释放出 α、β 和 γ 射线（高能量的光线），直到它们失去放射性为止，这个过程将需要数百万年。

沥青富铀矿

放射性的笔记

居里夫人发现的放射性物质在电子管中能发出暗淡的像圣诞树小彩灯一样的光。但他们并没有意识到放射性物质对他们的健康造成的危害。最终，玛丽和她的女儿都因为暴露于放射性物质下而患癌症去世。巴黎的法国国家博物馆内的玛丽·居里的笔记本仍然具有放射性，对那些想参观的人们提出健康警告。

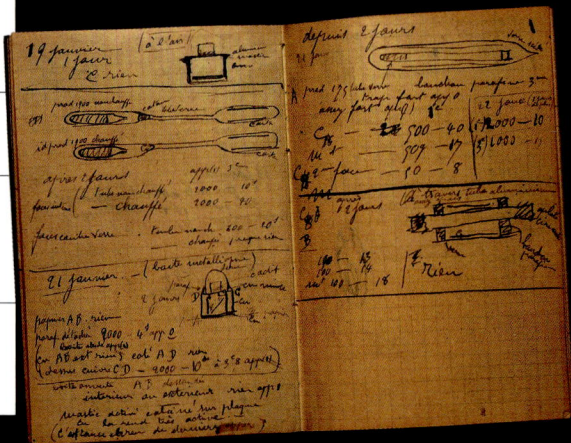

Le Petit Parisien
SUPPLÉMENT LITTÉRAIRE ILLUSTRÉ
UNE NOUVELLE DÉCOUVERTE — LE RADIUM
M. ET Mme CURIE DANS LEUR LABORATOIRE

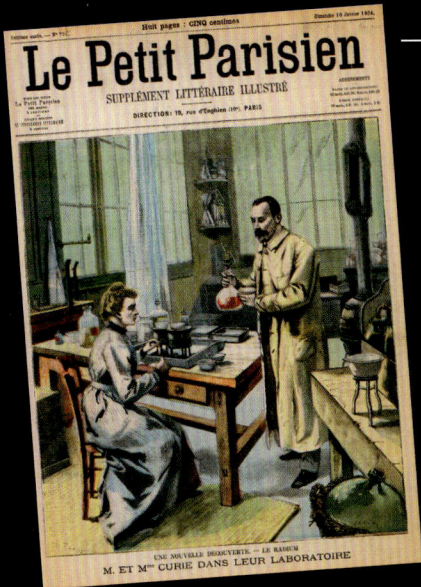

居里夫妇的追求

1898年，居里夫妇发现了钋和镭。他们为了得到放射性盐基化合物而寻找大量的铀矿石、沥青铀矿。沥青铀矿被分解成不同的物质，再分解直至出现结晶体，它们的属性被仔细地检测。

连接电流计的终端

密封室的门

放材料的金属盘

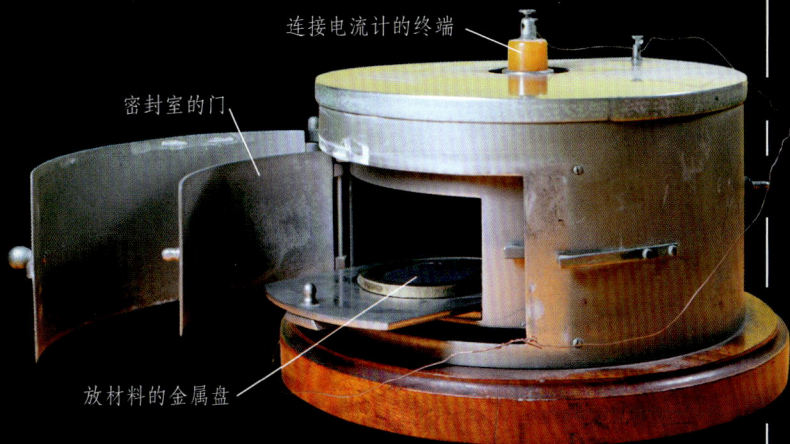

电离箱

居里夫妇使用敏感的设备来检测不同物质的辐射能力。这个小箱包含两个金属盘，并且有能量供应维持它们之间的导电场。当一种辐射性物质被放在低的金属盘上时，辐射破坏了来自原子中的一些电子，失去电荷的原子被称作离子。运动的离子形成了极微小的电流，能被可以探测和测量电流的设备电流计测量出来。

> **"一个新的世界向我开放，那是科学的世界。"**
>
> 玛丽·居里
>
> 摘自1923年她在巴黎学习时的自传体笔记

镭发射的辐射粒子的轨迹

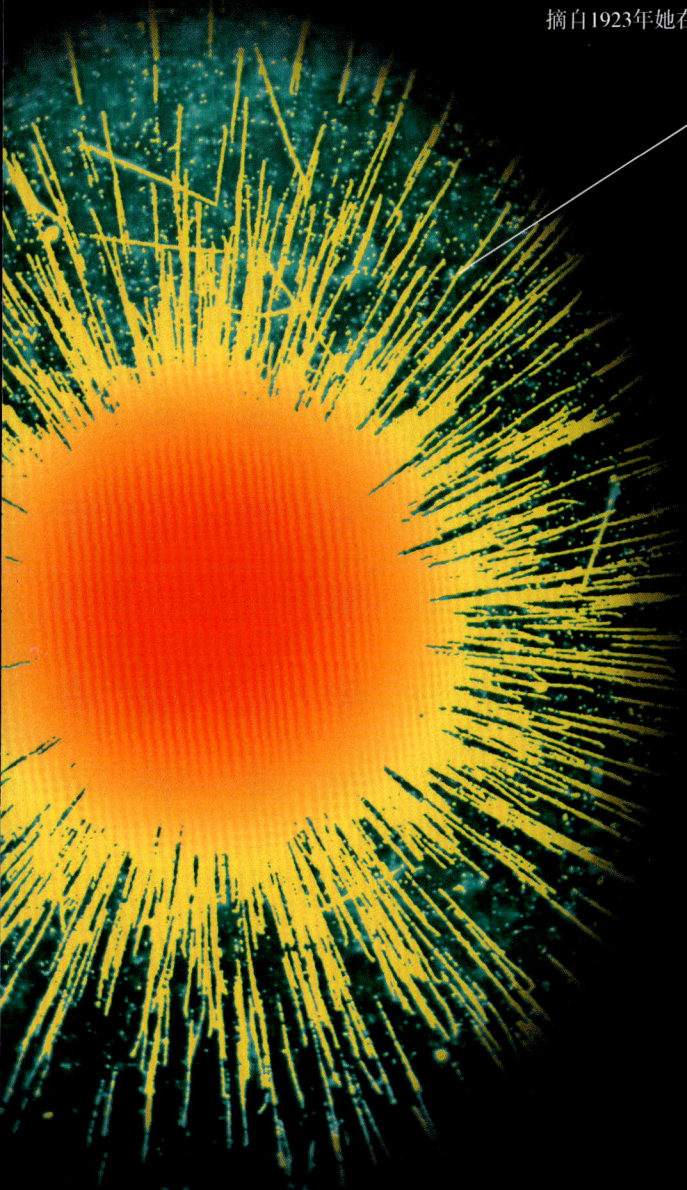

在战争中工作

居里夫妇相信知识是用来分享的，而不是为了从他们的发明中获取利益。在第一次世界大战中，玛丽用她获得的诺贝尔奖奖金给汽车装备了X射线设备，并且开了一辆到前线去。她培训妇女们，包括她的大女儿艾琳，作为她的放射学助手。居里基金是在战后由玛丽资助设立的，开拓了使用镭治疗癌症的研究。

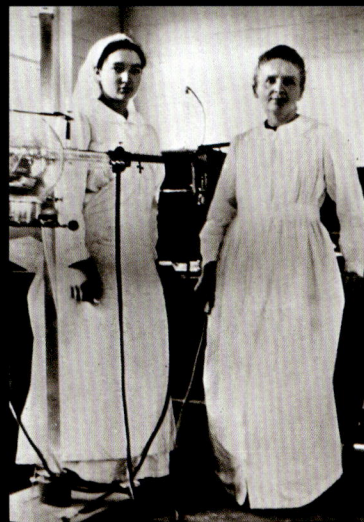

欧内斯特·卢瑟福

玛丽·居里

艾伯特·爱因斯坦

索尔韦会议

1911年，第一届关于物理科学改革的世界会议在比利时的布鲁塞尔举行。与玛丽·居里一起参加会议的有艾伯特·爱因斯坦和欧内斯特·卢瑟福。玛丽是参加会议的唯一一位女性。这一年，她第二次获得了诺贝尔奖。

镭盐的生动色彩的照片

欧内斯特·卢瑟福

卢瑟福男爵（1871—1937）
卢瑟福热忱于处理自己的工作，喜欢能得出结果的让人印象深刻的简单的方法。

1895年，欧内斯特·卢瑟福离开新西兰乡村的家到剑桥大学从事研究学业。因早已对无线电波感兴趣，他热衷于对放射现象的研究。他与化学家弗雷德里克·索迪（1877—1956）一起发现了一些元素的原子衰变成不同的更轻的原子，并且因为这个发现而在1908年获得了诺贝尔奖。他构思了非凡的探寻原子内部结构的实验，并且制造了第一次核反应。到了1931年，他成为卢瑟福·纳尔逊男爵，一位世界级的科学家，并且成为研究核物理学动力学领域的激发力量。

1871年	8月30日，出生于新西兰南部纳尔逊附近的春园镇，在12个孩子中排行第四。
1894年	从克赖斯特彻奇（新西兰城市）的坎特伯雷大学毕业。
1895年	最初成为英国剑桥大学的研究学者，但没有从那里毕业。他发明了一部电磁波探测器。
1898年	报告了铀辐射中 α 和 β 射线的存在，成为加拿大麦吉尔大学的物理教授。
1903年	当选为皇家学会会员。
1907年	成为英国曼彻斯特大学的物理学教授。
1908年	因为对放射性研究工作的贡献而获得了诺贝尔化学奖。
1910年	开始了原子内部结构的研究，并且在1911年宣告发现了原子核。
1914年	被封为爵士。在第一次世界大战期间从事潜艇侦察工作。
1919年	成为卡文迪什实验室主任。完成了第一次人工诱导核反应。
1920年	预言了中子的存在。
1925年	成为皇家学会主席。
1931年	成为物理学会主席，工作了两年。
1932年	原子核被约翰·科克罗夫特（1897—1967）和欧内斯特·沃尔顿（1903—1995）分解了。
1937年	10月19日，在剑桥去世。骨灰被安葬在威斯敏斯特修道院。

卡文迪什实验室
1926年，卢瑟福在剑桥的实验室。正是在这间实验室，他在原子科学领域中取得一些伟大的发现。1895年，卢瑟福作为研究学者来到卡文迪什实验室，他的老师是J.J.汤姆森教授（1856—1940）。1919年他返回剑桥，并且成为一名鼓励和支持年轻同行并给予灵感的领导者。

两块金属板间的高电压创造了导电区域

加热的阴极（负极）产生了电子

阴极射线穿过低压气体

电子穿过狭缝（正极）

镀锡卷板创造了电磁场

阴极射线装置

测量射线角度的刻度尺

亚原子离子的发现
这个装置有金属电极，能产生包含电子的阴极射线流（负电荷的粒子）。它在1897年被汤姆森用来证明原子不是物质最小的单元。他通过在导电区域的一束射线在磁场内被偏移的多少进行测量。射线弯向正极，他因此认定它一定带负电，并且这些粒子一定比原子更小更轻。

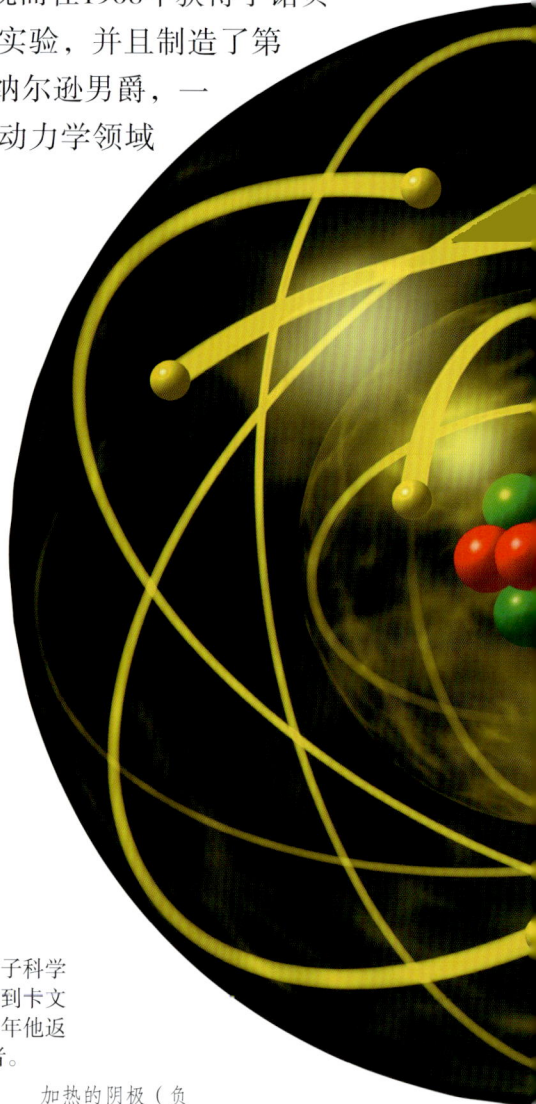

第一个原子模型

汤姆森教授用在电极管中不同的气体和不同的金属产生的阴极射线来尝试他的粒子实验。他得出结论，所有的物质中都有电子。1904年，他制作了这个原子的模型，显示出一定数量的带有负电的电子附着在带正电的球体上。

电子

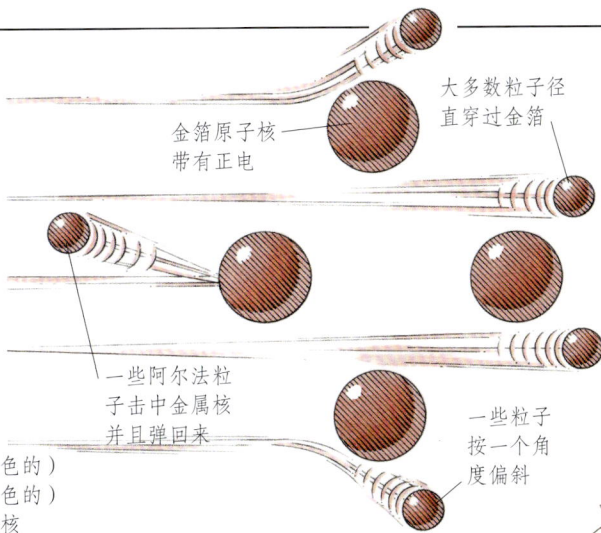

金箔原子核带有正电

大多数粒子径直穿过金箔

一些阿尔法粒子击中金属核并且弹回来

一些粒子按一个角度偏斜

发现原子核

1911年，卢瑟福发表了他在加拿大麦吉尔大学的实验结果。他用一个叫作散射器的装置，将带有电荷的阿尔法粒子射向一片金箔。大多数的粒子直接穿过，其中一些粒子在微小的角度被弹回，非常少的粒子被直接弹回。这个实验显示出原子的内部空间几乎是空的，但是在中央有一个带有正电的区域——原子核。

由电子（红色的）和中子（绿色的）组成的原子核

围绕原子核运动的电子

"这是让人难以置信的，就好像一个15英寸弹壳击向一张薄纸，它竟会弹回，并且击中你。"

欧内斯特·卢瑟福
描述他的粒子散射实验，1909年

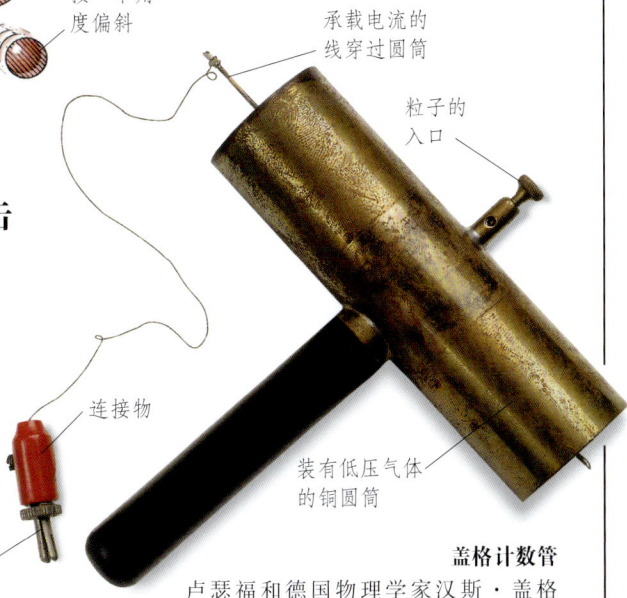

承载电流的线穿过圆筒

粒子的入口

连接物

连接电源螺杆电极

装有低压气体的铜圆筒

盖格计数管

卢瑟福和德国物理学家汉斯·盖格（1882—1945）一起在英国曼彻斯特大学工作，观察放射性材料产生的射线。这个计数管是盖格设计用来检测放射的计数装置。当一个阿尔法或者贝塔粒子进入时，它在铜筒和充满气体的中央电线之间激发出电流。

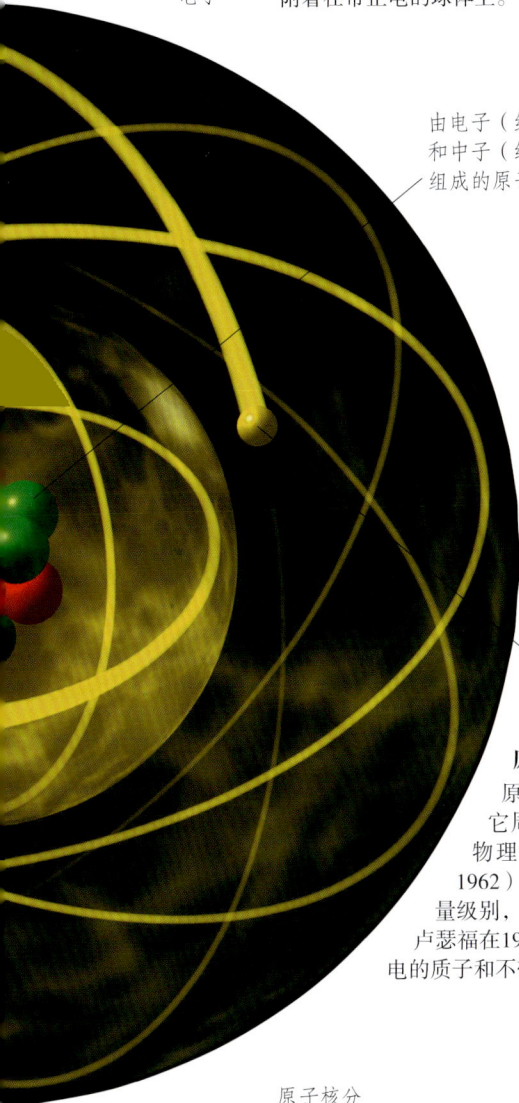

原子的内部

原子的中心包括一个原子核和它周围高速运动的电子。丹麦的物理学家尼尔斯·玻尔（1895—1962）发现所有的电子都有不同的能量级别，使它们保持在固定的轨道上。卢瑟福在1919确定在原子核中肯定有带电的质子和不带电的中子。

使用根据实验建造的气体冷却反应器发电

被称为堆的核反应器为武器生产燃料

英国的谢拉费尔德

冷却塔

原子核分裂为两个

原子是怎样裂变的

卢瑟福用铀的阿尔法粒子轰击氮原子来释放质子，把氮元素转变为氧元素。这是第一次通过被称为核裂变的过程使一种元素改变成为另一种元素。20世纪30年代，物理学家们发现重的放射铀原子核（图上所示）能够被分裂并释放巨大的能量。当原子核裂变成两个更小的原子核时，它释放出在链反应中使原子核进一步激发和裂变的中子。

裂变产生的中子

核能量

通过核裂变产生的能量被用来制造原子能武器，但在二战以后，反应器被用来发电。在反应器核心内的燃料杆中的中子在一个链反应中引发裂变。它们产生的热量被水吸收，产生蒸汽驱动涡轮产生能量。

年份	事件
1879年	3月14日，出生于德国乌尔姆镇。
1900年	从瑞士苏黎世联邦理工学院获得教师执照。
1902年	在瑞士专利局工作。1905年发表文章奠定了现代物理学的基础，包括《狭义相对论》。阐明了著名方程式$E=mc^2$。
1911年	成为捷克斯洛伐克布拉格的德国大学的教授。
1912年	在苏黎世成为理论物理学教授。
1914年	成为威廉皇家物理研究所的所长和柏林大学的理论物理学教授。
1916年	发表了《广义相对论》。1919年，一次月食的观察结果巩固了他的理论。
1921年	因为阐述了光电效应而获得诺贝尔奖。
1933年	移民到美国。
1945年	8月6日，第一颗原子弹投向广岛。
1955年	4月18日，爱因斯坦去世。他的大脑被保存下来供科学家们研究。

艾伯特·爱因斯坦

当德国物理学家艾伯特·爱因斯坦1955年逝世时，他的大脑被一位病理学家拿走进行了研究。与预期的结果相反，他的大脑尺寸和普通人的大脑尺寸一样。爱因斯坦是一位数学天才，用无与伦比的能力来看待现存的物理学定律，并且用新的具有革命性的方法把它们展开。他预言原子内包含着能量，并且改变了我们对宇宙是怎样运行的理解。在第二次世界大战期间，尽管爱因斯坦不愿意看到原子能被用于制造原子弹，但他还是支持了同盟国的核武器项目，因为他害怕纳粹德国用自己的发现发展核武器。

艾伯特·爱因斯坦
（1879—1955）
爱因斯坦这张伸舌头的照片是他在72岁生日时照的。他的理论使他成为科学巨星。虽然他在成年后是一名耀眼的科学家，但他9岁时还在学习流利地讲话。他也有强烈的社会良知，为了社会正义和世界和平而参加社会运动。

ANNALEN DER PHYSIK.

爱因斯坦相对论的诞生
1905年，当爱因斯坦还是瑞士伯尔尼一个专利局的初级职员时，他在空闲的时间里参考其他科学家的工作写了一些文章，并把它们发表到最高科学期刊上。那一年，爱因斯坦因为相对论的诞生而闻名。在这些发表的论文中，他的《狭义相对论》详述了早先关于空间、时间、光和物质的知识，把它变成了新的、未知的领域。

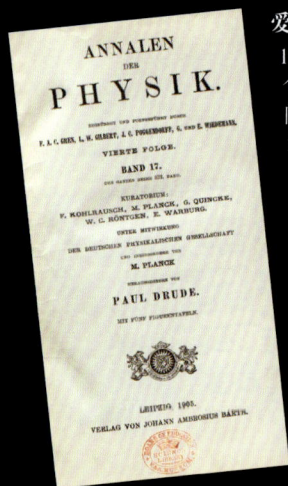

$$"E=mc^2"$$

艾伯特·爱因斯坦
《狭义相对论》，1905年9月出版

爱因斯坦的理论
作为一名理论物理学家，爱因斯坦很少需要实验。他用思维工作，把它们用方程式写在黑板上或信封的背面。爱因斯坦最著名的方程式是$E=mc^2$，表述了物质的能量和质量之间的关系。

1934年11月，爱因斯坦用来发表演讲的黑板

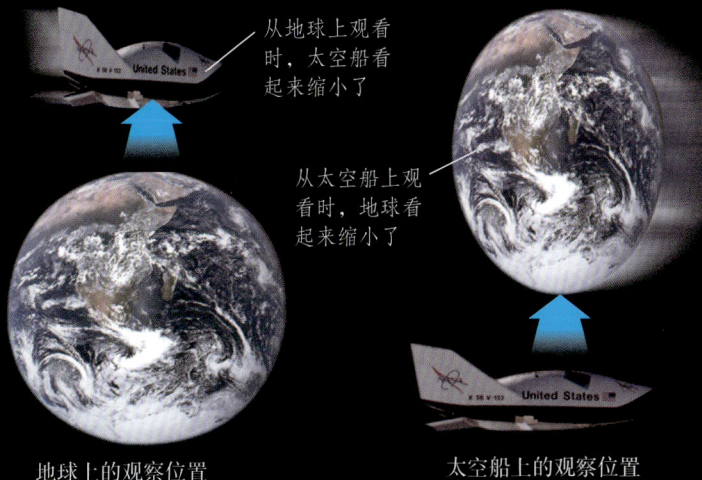

从地球上观看时，太空船看起来缩小了

从太空船上观看时，地球看起来缩小了

地球上的观察位置

太空船上的观察位置

爱因斯坦的重力

做空中造型动作的跳伞运动员在进行自由落体运动时，他们下落的加速度和把他们向地面上拽的重力相等。在无重状态下，他们的感觉与宇航员在太空的感觉相似。由于受到这个被称作等价原理的影响，爱因斯坦完成了广义相对论。牛顿阐述了重力是两个物体之间的一种力。爱因斯坦所说的重力不是那样的一种力，而是一种物体的作用，比如太空里的太阳和行星。

自由落体的跳伞运动员感受失重状态

狭义相对论

艾萨克·牛顿认为空间和时间是不变的。爱因斯坦发现它们在被称做时空的地方相互联系，并且与一个物体的质量和能量相关。物理学的法则在太空和地球上是一样的，没有东西能比光的速度快——这个速度不会改变。时间、长度和质量将依靠人运动的位置和速度来测量。普通速度的差异不会被觉察，例如在地球上。但是如果某人在地球上能够看到太空船以近乎光的速度从太空飞来，飞船将会看起来比平时短，质量变大，并且它的时钟将会变慢。同样地，对于太空船的全体人员来说，地球看起来将会缩小，它的质量也会变大。

超级能量

1945年6月，同盟国的曼哈顿计划在美国新墨西哥沙漠进行了第一颗原子弹的试验，代号为"Trinity"。他们使用少量的钚，产生了巨大的具有破坏性的能量。这是爱因斯坦的方程式$E=mc^2$的应用。他的方程式叙述了物体的质量可以用它的能量来衡量。这说明质量可以转换成能量，能量也能转换成为质量。这个过程的一个典型例子就是核裂变。

莉萨·迈特娜

当纳粹德国控制了她的祖国奥地利时，天才的犹太物理学家莉萨·迈特娜（1878—1968）于1938年逃亡到瑞典。作为一位核分裂的先驱，她认为核分裂可以启动破坏性的爆炸装置。

在Trinity测试中通过原子链反应释放的巨大能量

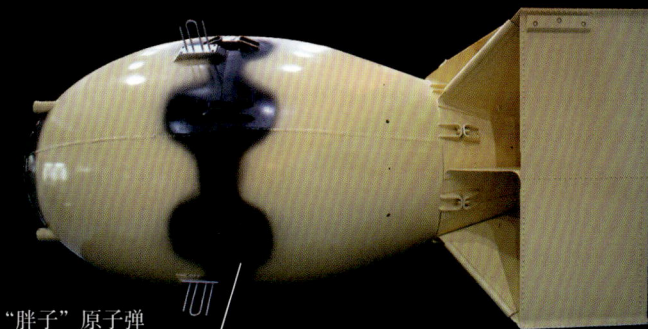

"胖子"原子弹

原子弹仅携带了1千克（2磅3盎司）的钚

曼哈顿计划

三件核武器在二战期间通过曼哈顿计划被制造出来。这个计划以美国新墨西哥洛斯阿拉莫斯镇的秘密实验室为基地。第一颗在测试场发射，第二颗在日本广岛发射。"胖子"原子弹在1945年8月9日在日本长崎市投放，造成4万人死亡。虽然爱因斯坦支持核项目，但他是和平主义者，所以并没有被邀请参加这个计划。

阿尔弗雷德·魏格纳

关于地球的一个最基本的理论来自研究气象学的阿尔弗雷德·魏格纳。魏格纳在1915年介绍他的大陆漂移理论时，主张地球大陆曾经是一个巨大的超大陆，叫作泛大陆，直到300万年以前它们才破裂开了。到了20世纪60年代这个说法被证明是正确的。关于海底和地幔自然性质（地核周围热的岩层）的发现为其理论提供了有价值的证据。魏格纳的理论发展成为板块构造地质学，阐述了是地球内部的力引起了地震、火山爆发、山脉和大陆漂移。

1880年	11月1日魏格纳出生于德国柏林。
1904年	获得德国柏林大学天文学博士学位。
1906年	加入探险队到格陵兰研究北极大气流通量。
1909年	开始在德国马尔堡大学执教。
1910年	注意到南美洲和西非的海岸线看起来好像它们曾经结合在一起。
1911年	发现了化石证据来支持他的主张。
1912年	第一次介绍大陆漂移理论。
1914年	在第一次世界大战中受伤，后从德国军队退伍。
1915年	《海陆的起源》出版，宣称大陆曾经是一个整体。
1924年	成为奥地利格拉茨大学的气象学和地球物理学的教授。
1930年	带领探险队第四次去格陵兰，但是在11月2日或3日被冻死。

阿尔弗雷德·洛塔尔·魏格纳（1880—1930）
魏格纳对格陵兰进行了四次探险。在北极的野外进行研究很危险，在给野外营地提供供给、庆祝完生日后，他在回来的路上去世了。

发射一个气象气球

气象气球
魏格纳是第一个用气象气球追踪大气环流的人。1906年，他和哥哥库尔特创造了一个在德国上空使用热气球旅行测试气象设备52小时的世界纪录。1930年，到格陵兰探险的探险队成员们在魏格纳的带领下放飞了一个气球，来检测冰层上方的大气温度和湿度。

北极的雪橇
拉雪橇很艰苦，套成一队的爱斯基摩犬能够拉着很重的东西快速地穿过冰面。当魏格纳探险队的雪橇驱赶者沉入深雪时，他用狗拉雪橇行进了400千米，把供给带到一个内陆考察站。

厚厚的毛皮抵御寒冷

爱斯基摩犬

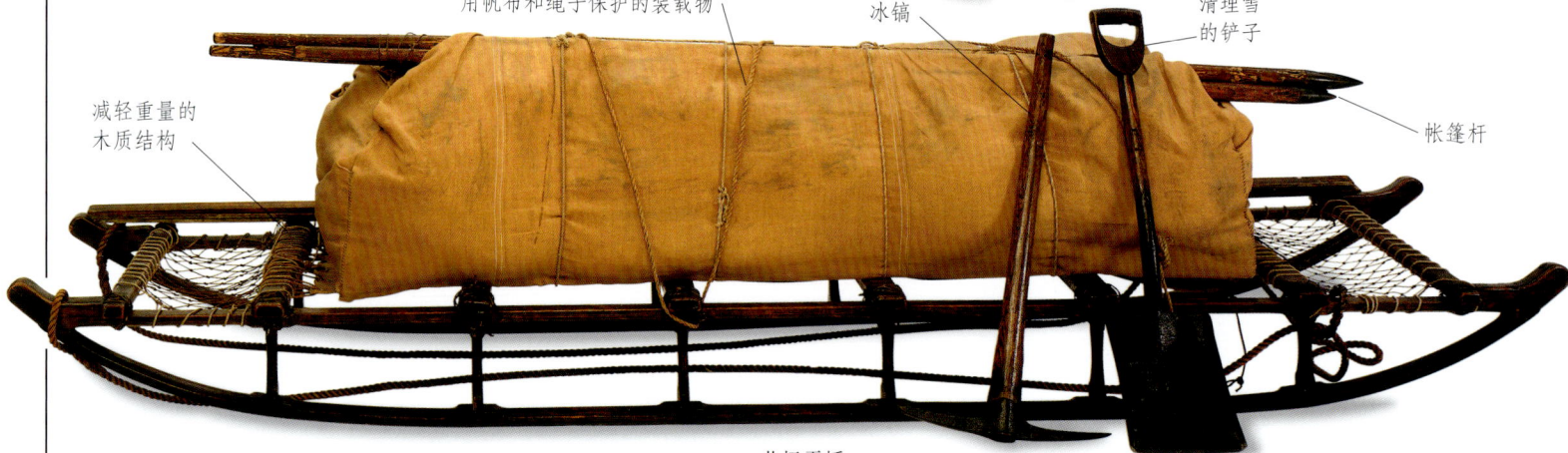

减轻重量的木质结构

用帆布和绳子保护的装载物

冰镐

清理雪的铲子

帐篷杆

北极雪橇

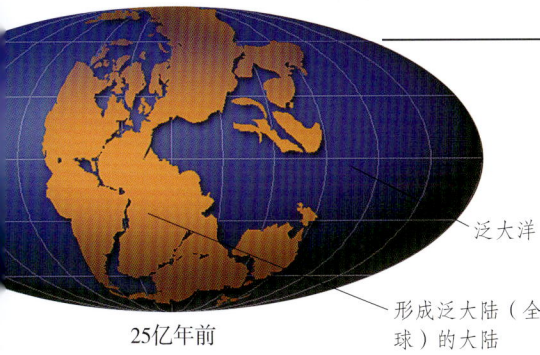

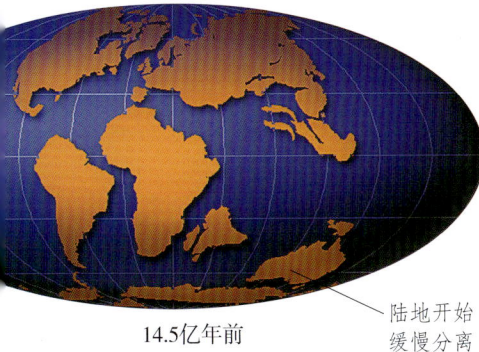

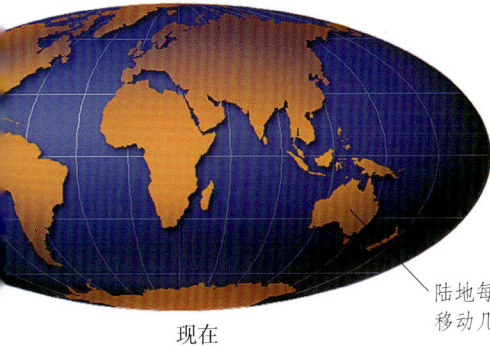

25亿年前

泛大洋

形成泛大陆（全球）的大陆

14.5亿年前

陆地开始缓慢分离

现在

陆地每年仍旧移动几厘米

深海探测

深海潜水器的里雅斯特号是一艘可载两人的潜水艇。1960年，它搭载着它的设计师、探险家雅克·皮卡德（生于1922年），下潜了11 000米到达海沟（位于太平洋）。水下探测也揭示了火山和海洋山脉一样形成了地球周围的山脊。

雅克·皮卡德的里雅斯特号

板层分离处的海洋中部山脊

形成的火山岛

海洋地壳

大陆地壳

板块接触处的山脉

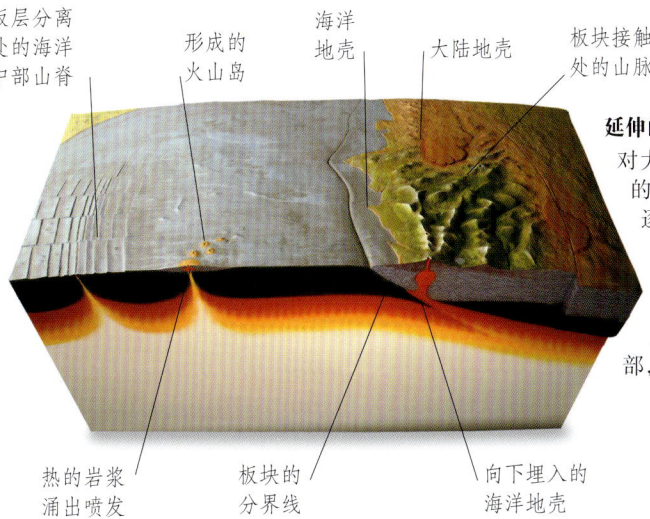

延伸的海洋地层

对大洋地层的研究显示，大洋地层的岩石比陆地上的年轻。新的地壳逐渐由地球喷出的岩浆形成（熔化的火山岩）。在大洋中部，山脊冷却凝固，使老的岩石向外延伸。同时，地壳被吞没在埋入大陆地壳的大洋峡谷的边缘底部，逐渐使火山升高。

热的岩浆涌出喷发

板块的分界线

向下埋入的海洋地壳

漂移的大陆

魏格纳注意到，南美洲的大西洋海岸线和非洲的海岸线巧妙地结合在一起。他还发现，在被大洋分开的一些国家出现了同样的化石和同样的岩石类型。1915年，他制作了地图，指出世界上的陆地曾经结合在被称为泛大陆的一个大陆块上，而在上百万年里它们已经逐渐分离了。

构造的板块

地球的外壳是由被称为构造板块的巨大板块构成的。以百年为尺度，它们在热点上缓慢移动，较软的岩石在它们的下方。在这个地球上，红色的线显示出一些较大的板块接触部位的分界线。在南美洲的东海岸和非洲的西海岸，大洋底已经加宽，使两个大陆互相远去。

"让它们漂移，分开然后重新会聚。"

汉斯·克鲁斯，德国地质学家
基于魏格纳的陆地漂移理论

南美洲板块

纳斯卡板块

红线表示板块分界线

中非山脉

非洲板块

东海岸板块

秘鲁—智利峡谷

南美洲板块的大陆部分

斯科舍板块

南美洲板块的大洋部分

287

埃德温·哈勃

20世纪初期，人们对于宇宙的了解向前迈出了一大步。这是一个令人振奋的物理学新思想的时代，具有更强大功能望远镜的高科技天文台开始修建。1919年，敏锐的年轻天文学家埃德温·哈勃成为了美国洛杉矶附近的威尔逊山天文台的工作人员。他开始仔细研究仙女座星云的螺旋臂状物内的变星。星云由很多组星星组成，看起来像雾蒙蒙的云。在10年内，他发现远在我们自己星系——银河系外还有很多星系，宇宙正迅速向外拓展。

1889年	11月20日，在美国密苏里州马锡菲市出生，后来全家搬到了芝加哥。
1910年	在芝加哥大学获得数学和天文学学士学位。作为罗德奖学金获得者，他转到了英国的牛津大学，花了3年时间获得法学硕士学位。
1917年	从芝加哥大学的耶基斯天文台获得博士学位。
1919年	带着新近完成的2.5米长的世界上最大的胡克望远镜，加入洛杉矶威尔逊山天文台。
1924年	发表他的发现，在银河系外还有其他的星系存在。
1929年	确认宇宙正在扩张。米尔顿·休门森系统地阐明了哈勃的法则，帮助天文学家确定了宇宙的年龄。
1931年	艾伯特·爱因斯坦参观了哈勃所在的威尔逊山天文台，并对他的发现表示了祝贺。
1942年	在二战时期离开威尔逊山天文台入伍，战后又返回。
1953年	9月28日，在加利福尼亚州的圣马力诺死于心脏病。

埃德温·哈勃
（1889—1953）
在美国加利福尼亚的帕洛马山天文台，哈勃为5.1米长的赫尔望远镜设计了一个强大的反射器。望远镜在1948年开始运行，以威斯康星州耶基斯天文台和威尔逊山天文台的奠基人、天文学家乔治·赫尔（1888—1938）的名字命名。

变星
美国天文学家亨利埃塔·斯旺·莱维特（1868—1921）在哈佛大学天文台主要负责查找星星亮度变化证据的照相底片。1912年，她发现了按照一定规律变亮和变暗的造父变星，还设计出了测量与造父星云距离的方法。这为其他天文学家提供了非常珍贵的工具。

星云

银河系附属物

发现仙女座
威尔逊山天文台位于南加利福尼亚州的圣盖堡山上1742米处，曾是世界上最大的两个望远镜的所在地。1923年，哈勃使用2.5米长的胡克望远镜发现了位于仙女星座螺旋臂状物内的造父变星。他用这颗星来计算仙女星座的距离是近百万光年。哈勃也得出结论，仙女星座是和银河系一样的星系。

威尔逊天文台的胡克望远镜

螺旋形的星系

椭圆形的星系

不规则形的星系

星系分类

哈勃为星系制定了一个分类方法。他根据星系的形状进行了大概的分类，并且按照音叉模型进行排列。螺旋形星系（S）比较紧密，而且空间比较广阔；椭圆形星系（E）平滑呈圆形；不规则星系则没有特殊的形状。还有带条纹的螺旋形星系，在中心核周围有由中心放射出的呈手臂状的星带。

哈勃望远镜

这个望远镜是在1990年由发现号航天飞机发射的，它每97分钟围绕地球运转一周，并发送回远距离星系的图像。由于装置了高灵敏度的设备，这架望远镜能比地球上任何一个天文台更准确地单独分析光的波长。

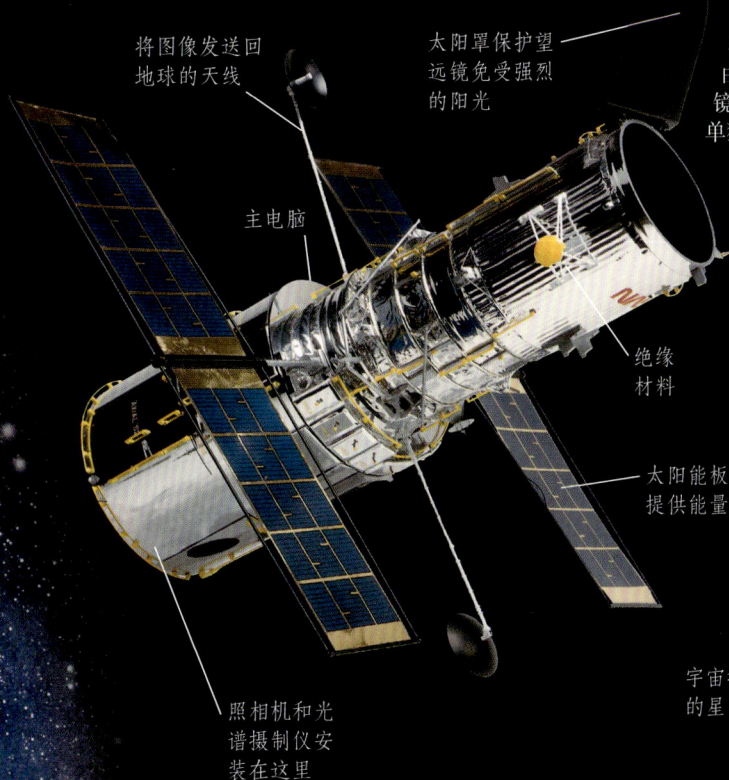

将图像发送回地球的天线

太阳罩保护望远镜免受强烈的阳光

主电脑

绝缘材料

太阳能板提供能量

照相机和光谱摄制仪安装在这里

仙女星系

> **"天文学的历史就是一个延长距离的历史。"**
>
> 埃德温·哈勃
> 《宇宙的统一》，DW Schiama，1959年

宇宙扩张，移动的星系慢慢远离

早期宇宙内的星系

大爆炸后迅速形成的早期的宇宙

远离的星体

地球

光波随着星体的远离而延长

向地球射来的光波

用于计算移动的光谱带

星体光谱的光谱带

哈勃定律

随着星系远离地球，它所放射出的可见光则向着彩色光谱带上的红色一边移动。这是因为宇宙空间的扩大而使光波被拉伸为更长的波长。1929年，哈勃和他的同事——天文学家米尔顿·赫马森（1891—1972）阐明了这个法则，描述为星系的红移与星系和地球之间的距离成比例。星系离地球越远，红移就越快。

宇宙膨胀

哈勃按照星系沿着一个轴（一侧）的运动速度和与地球之间的距离绘制了一个图表。这使他能够找到称为"常量"的一条线，来说明宇宙是按照一定的速度膨胀的。星系的移动不会穿越宇宙空间，但是会随着宇宙空间移动。宇宙空间没有边际。天文学家们认为"大爆炸"事件代表着宇宙的开始。

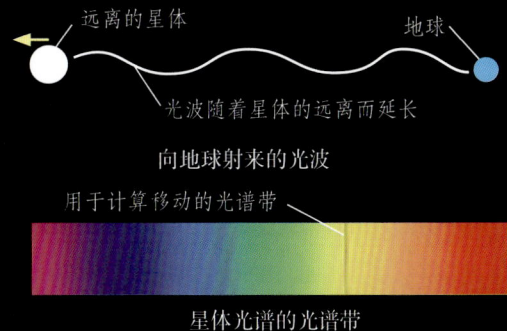

弗朗西斯·克里克和詹姆斯·沃森

化学名称DNA代替脱氧核糖核酸变成了一个普通的词语。早在20世纪50年代，科学家在努力理解它在活的生物体细胞中的作用。当两个局外人弗朗西斯·克里克和詹姆斯·沃森加入这个领域后，美国的莱纳斯·鲍林（1901—1994）和伦敦国王大学的一个研究小组开始着手解决方法。他们收集了信息，并且建立了组成DNA的大分子模型，直到指出它们的准确形状。1953年3月4日，他们开始组合成一条双螺旋结构；3月7日完成；4月25日出版。自此，他们发现了"生命的秘密"。

修道院的园艺师

奥地利修道士乔治·孟德尔（1822—1884）用上千株豌豆属植物进行艰苦的工作，发现了它们是怎样遗传着特性的，比如颜色。他发现成对的"因素"决定了它们后代的形态，他的理论后来被解释成为基因。达尔文相信后代具有双亲特征的结合，但是门德尔发现它们也存在不同。

核苷酸（由糖、磷酸盐和碱基三部分组成）

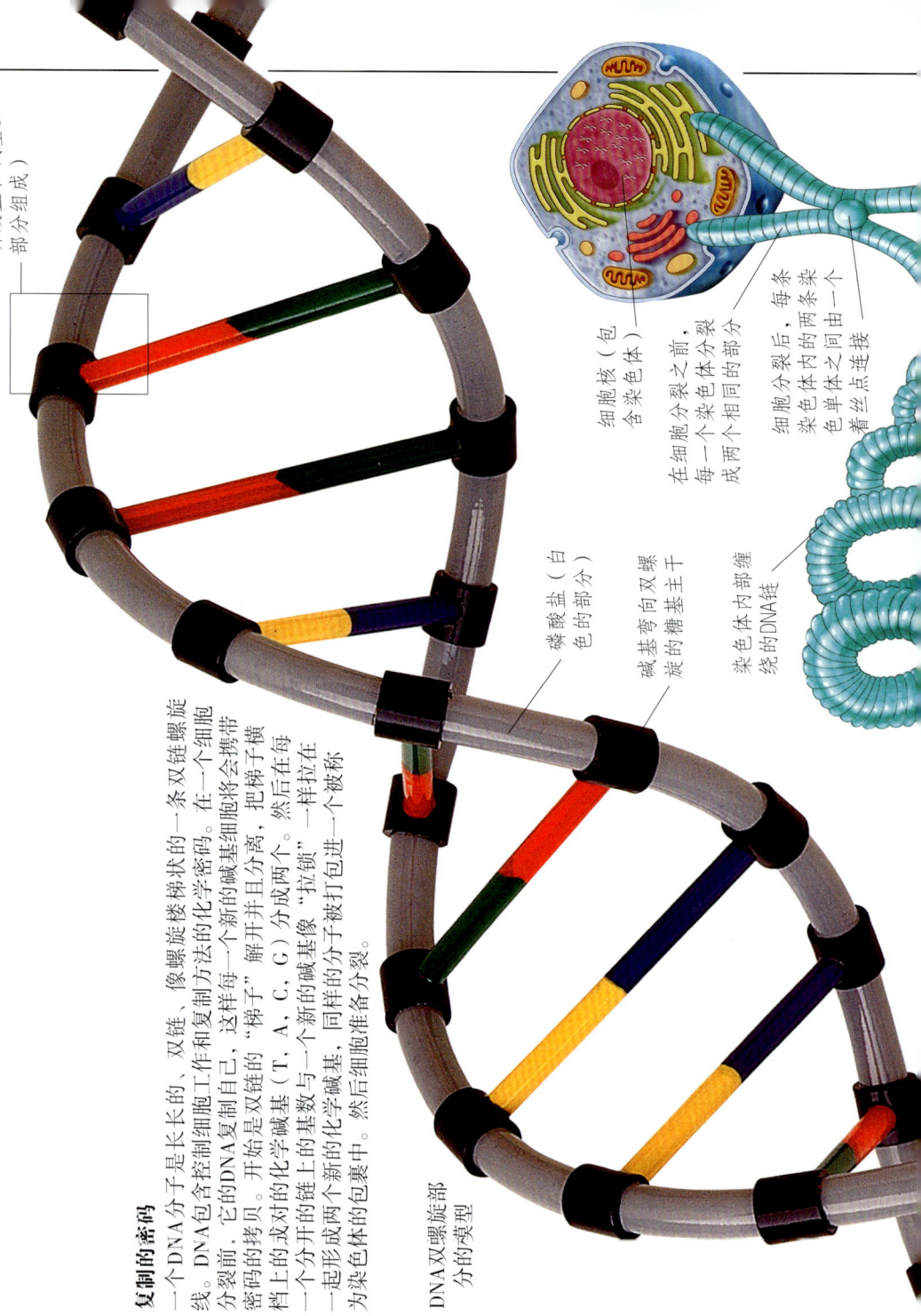

磷酸盐（白色的部分）

碱基向双螺旋的糖基主干

细胞核（包含染色体）

在细胞分裂之前，每一条染色体分裂成两个相同的部分

细胞分裂后，每条染色体内的两条染色单体之间由一个着丝点连接

染色体内部缠绕的DNA链

复制的密码

一个DNA分子是长长的、双链、像螺旋楼梯状的一条双螺旋线。DNA包含控制细胞工作和复制方法的化学密码。在每个细胞分裂前，它的DNA复制自己，这样每一个新的细胞将会携带密码的拷贝。开始是双链的"梯子"解开并且分离，把梯子横档上的成对的化学碱基（T、A、C、G）分成两个。然后在每一分开的两条链上的基数与一个新的化学碱基，同样一起形成两个新的化学碱基像"拉链"一样拉在一起形成两个新的分子被打包进一个被称为染色体的包裹中。然后细胞准备分裂。

DNA双螺旋部分的类型

弗朗西斯·克里克（左，1916—2004）与詹姆斯·D·沃森（右，1928—）
美国人詹姆斯·沃森和弗朗西斯·克里克在他们的DNA模型周围摆了一个轻松的姿势。他们在剑桥大学卡文迪什实验室创建了一个动力学团队。DNA不是他们最初的专业领域，但是他们通过研究遗传基因方面取得的成就超过了研究常规的方法取得的专家。

胸腺嘧啶（T）

腺嘌呤（A）

鸟嘌呤（G）

胞嘧啶（C）

基本颜色说明

分裂后染色体的臂状物

基因是DNA的一部分

放大的人类染色体的视图

生命的蓝图

每一个人类细胞中央都有一个圆的细胞核，包含46条染色体——从父母亲那里各获取23条。在每条染色体内部紧密缠绕的是DNA长链。每一个个体都是特有的。这就是人们可以通过DNA来识别每一个细胞核的原因。DNA告诉每一个细胞执行的任务话动做什么。DNA的每一个分子包含编码的任务话动的密码。这些密码一代向另一代复制，基因是DNA分子的一部分，控制着一个人从他或她的父母那里遗传下来的特征。

被埋没的女士

科学家罗莎琳德·富兰克林·威尔金（1920—1958）和莫里斯·威尔金（1916—2004）一起在伦敦国王大学进行DNA晶体X射线拍照片的工作。没有经过富兰克林的授权，她的DNA的X射线照片被展示给了克里克和沃森。X射线照片肯定了DNA的分子是双螺旋结构，这对证明他们的成功至关重要。直到她去世后很多年，她的贡献才得到承认。

"我想我们发现了生命源于生命的基本复制机能。"

弗朗西斯·克里克

给他的儿子迈克尔的信中写道，1953年3月17日

人类基因组计划

美国国家卫生研究所"人类基因组计划"国际研究项目是为了确定人类的DNA是由3万个基因组成的，并且计算出30亿个碱基对的排列顺序。所有的基因组都是由这些以不同顺序排列的碱基片段构成的。电脑的显示屏上彩色的带状物描绘的就是克里克和沃森发现的双螺旋结构。2003年，在克里克和沃森发现DNA的双螺旋结构50年后，小组宣布公布大部分工作已经完成。

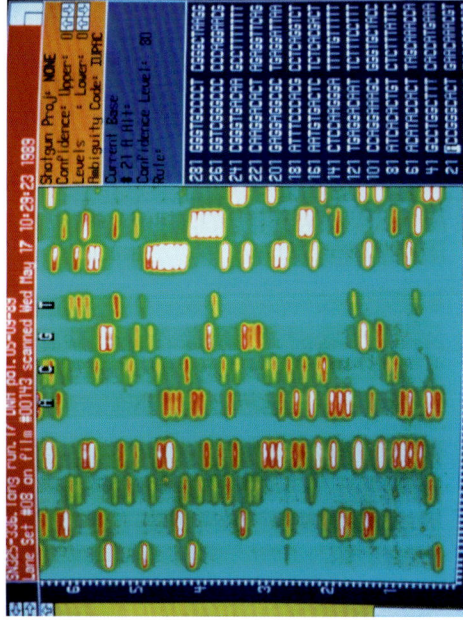

来自人类基因组计划的DNA序列的一部分

交互糖类和磷酸盐形式的主链

胞嘧啶和鸟嘌呤总是成对出现

胸腺嘧啶和腺嘌呤成对出现

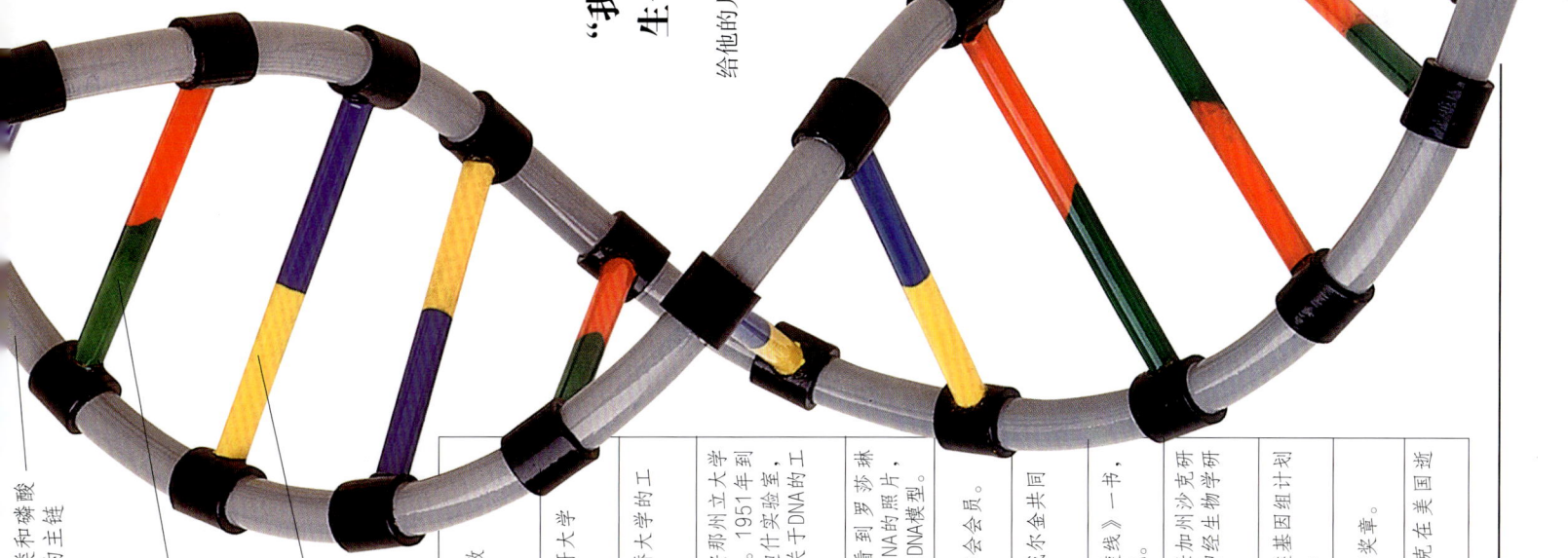

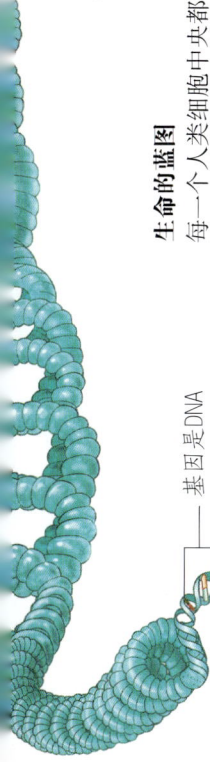

年份	事件
1937年	克里克毕业于伦敦大学。
1947年	沃森从美国芝加哥大学毕业。
1949年	克里克开始到剑桥大学的工作。
1950年	沃森完成了印第安纳州立大学动物学博士学业。1951年到剑桥大学的卡文迪什实验室，和克里克开始了关于DNA的工作。
1953年	克里克和沃森看到罗莎琳德·富兰克林·威尔金的DNA的照片，而后完成了他们的DNA模型。
1959年	克里克成为皇家学会会员。
1962年	他们与莫里斯·威尔金共同获得了诺贝尔奖。
1968年	沃森写了《双螺旋线》一书，讲述了他的发现。
1976年	克里克前往美国加州沙克研究所任教授，进行神经生物学研究。
1988年	沃森被任命为人类基因组计划（HGP）的负责人。
1997年	沃森获得国家科学奖章。
2004年	7月28日，克里克在美国逝世。

艾伦·图灵

第二次世界大战期间，英国的密码破译者们在靠近伦敦的布雷契莱庄园的一所国家机构工作，破译从德国陆军和海军秘密电台截获的情报。艾伦·图灵是他们中一名才华横溢的数学家，他发明了破译德国恩尼格玛密码的机器。图灵关于计算的思想超越了他所在的时代。战争结束后，他为几个大型计算机项目工作，包括设计自动化计算机装置（ACE）、英国第一台存储程序式计算机。20世纪末，他关于几乎能在包括生活的所有方面帮助我们的智能机器的思想变成了现实——现代计算机诞生了。

艾伦·图灵（1912—1954）
图灵在布雷契莱庄园的绰号为"教授"，他诙谐幽默，工作勤奋，并且擅长越野长跑。他所在的团队成功地破译了德国海军的情报，拯救了许多要被德国U潜艇击沉的英国舰艇。

年份	
1912年	6月23日出生于英国伦敦，是一名印度文职人员的儿子。
1934年	获得英国剑桥大学数学系的学士学位。
1936年	到美国的普林斯顿大学，提出了"图灵机"构想—— 一部能够阅读和执行程序的机器。
1939年	9月，在英国向德国宣战后开始在布雷契莱庄园工作。与戈登·韦尔什曼（1906—1985）一起设计了"炸弹"密码破译装置。
1940年	揭开了德国海军恩尼格玛密码系统的秘密。
1945年	因在战争中的贡献而荣获英帝国勋章，加入英国国家物理实验室。
1946年	首次提出设计自动化计算机装置的报告。
1947年	加入曼彻斯特大学，致力于曼彻斯特 Mark I 计算机软件工作。
1950年	设计了"图灵测试"来评估装置完成智能对话的能力。
1951年	被选为皇家协会会员。
1954年	6月7日，死于氰化物中毒，可能是自杀。

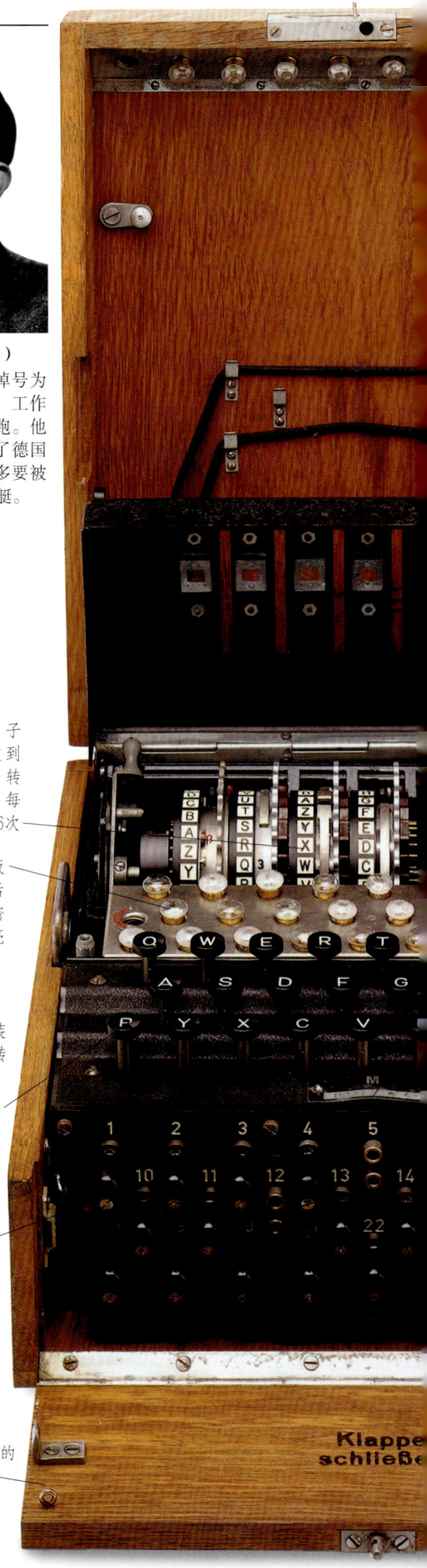

"炸弹"密码破译机
图灵的破译机2.1米宽，2米高，重约1吨。他们把恩尼格玛机器的转子放入这台机器，通过电子信号随着盘绕的感应器旋转到不同的位置，从而发现密码的缺点。

德国的恩尼格玛装置
这台机器简洁而且便于携带，用来加密和解密德军事情报。当文字被键入时，就会被转换成电子混合信号。但是由于使用简短重复的文字和对话，使英国密码破译者找到了一种通过"炸弹"密码破译机猜测部分情报的方法。

3.通过转子（轮）接收到的电流，当转子转动2次，每个字母变化6次

4.照明灯板接收到最后的指令，密码字母点亮

恩尼格玛装置上负载转子的轴

1.印有字母的键发送电流到插头板

2.通过插头板接收到的电流来对字母做一个改变

木制的框架

伟大的思想家们

电子数字积分计算机（ENIAC）于1946年在美国宾西法尼亚大学制造完成。它重27吨，高2.4米，长30.5米。约翰·莫奇勒和埃克特设计的计算机用来计算炮弹的轨道。电子数字积分计算机把它计算的结果在一张卡片上冲孔，然后转换为可以打印的数据。它的电路非常庞大，有18 000只真空管。

电子数字积分器和计算器

程序设计的创始人

美国海军少将格雷斯·霍波（1906—1992）于1943年加入美国海军。她立即被派往为大型计算机Mark I工作。霍波拓展了程序和软件的使用，使计算机用起来更加简便，包括第一批计算机语言COBOL。

早期使用的晶体管

支撑架

固定两点金属丝探针的支架

锗晶体

第一台工作的晶体管的复制品

第一代晶体管

这种最早的晶体管有10厘米高，是美国贝尔实验室工作组在1947年研制的。如果把两个电气插头放到由锗分子制造的晶体上，当有电流通过时，电流会被扩大。

家庭计算机

微软公司的创始人比尔·盖茨通过把自己悬挂在33万张纸上来演示CD的存储能力。当盖茨和他的伙伴哈佛大学学生保罗·艾伦看到一台自己装配的便宜的微型计算机MITS牵牛星8800的广告时，他们看到了计算机被普遍使用的潜能。1975年，他们放弃大学学业致力于软件开发，并创建了微软公司。

万维网

网络将我们与信息连接在一起。万维网是由蒂姆·贝纳斯·李创始的，开始是为欧洲原子核研究委员会粒子物理实验室设计的，用来帮助在不同地方工作的团队中的科学家们。

詹姆斯·洛夫洛克

地球系统科学是一门研究整个地球，包括它的生物圈、大气和地质的科学。这种将星球看作一个相互联系的整体的思想要归功于作家和环境保护论者詹姆斯·洛夫洛克。他不仅是一位自由科学作家，而且还是医学探索者、（美国）国家航空航天管理局的太空科学家、气象专家和地质学家。他设计了探测地球大气化学成分的仪器，并且用来探测火星上的生命迹象。20世纪60年代，洛夫洛克提出了地球作为一个生命体且具有自我调节以维持生存适宜的条件的理论。他以希腊大地女神的名字将这个理论命名为盖亚。

詹姆斯·洛夫洛克
（生于1919年）
这是洛夫洛克在美国华盛顿大学，效力于国家航空航天管理局的喷气式发动机推进器实验室时的照片。

电子捕捉探测器
1957年，洛夫洛克设计了一种手持设备，称为电子捕捉探测器（ECD），用来探测水、土壤、空气中微量的化学污染。他发现甚至在南极洲的动植物中也有相同的污染。20世纪70年代，研究显示一些称为CFC（氟氯化碳）的化学物质，能够破坏阻挡紫外线的臭氧层。

"我们应该成为地球的心脏和灵魂，而不是它的疾病。"
詹姆斯·洛夫洛克
独立报，2006年1月16日

雷切尔·卡森

企鹅君主

寂静的春天
20世纪50年代，美国生物学家雷切尔·卡森（1907—1960）开始关注DDT（二氯二苯三氯乙烷，杀虫剂的一种）的使用。她使用洛夫洛克的电子捕捉探测器收集数据用于她的研究。她的《寂静的春天》一书发表于1962年，给出了化学药品是怎样进入食物链的说明。DDT于1972年在美国被禁止使用。

杀虫剂喷洒农作物

1919年	7月26日，洛夫洛克出生于英国赫特福德郡莱斯奇沃思花园城市。
1941年	毕业于曼彻斯特大学化学系。1948年在医学研究理事会工作，获得医学博士学位。
1954年	成为洛克菲勒旅游团成员。
1957年	发明了ECD（电子捕捉探测器）。
1961-1964年	在喷气式发动机推进器实验室，致力于使用仪器分析月球的土壤和探测火星上生命的迹象。
1964年	开始自由科学作家的生涯。
1970年	监测爱尔兰西海岸上的大气，发现了CFCs（氟氯化碳）。自助乘船到南极洲旅行，回来继续研究。
1974年	成为皇家学会的成员。
1979年	《盖亚：对地球生命的新看法》一书出版，并且即刻成为巨著。
1997年	获得日本蓝色星球奖。
2006年	出版《盖亚的复仇》，发出让人觉醒的警告：这个星球已经病了而且处于危险中。

融化的大冰原

从1979年至2003年，通过对人造卫星所收集的数据进行的研究显示，北极大面积的冰原已经融化。大家广泛认同这是由于全球变暖造成的（大气的平均温度上升）。

地球的第一张人造卫星图像

有生物的星球

"从太空第一眼看到的地球是一个蓝白相间的球体，这让人们感到惊奇和喜悦。"这是洛夫洛克1967年对地球的具有历史意义的描述。地球上的大气、陆地、海洋及生物存在着调节生命条件的相互作用。在与美国微生物学家林恩·马格利斯（生于1938年）工作时，洛夫洛克推进了盖亚关于地球是一个独立生命有机体的理论。

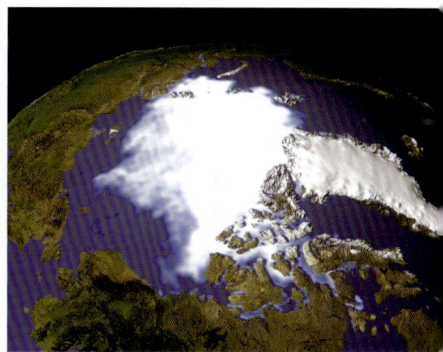

海盗登陆车挖沟取样

火星上没有生命

1976年7月20日，从轨道航天器发射的海盗登陆车1号到达火星。洛夫洛克对于在那里没有发现生命迹象一点也不惊奇。因为他通过研究火星的大气，发现火星上非常荒凉，不太可能维持生命有机体。

海盗登陆车1号

火星表面

争论

环境保护者们在法国瑟堡港举行反对核动力的运动，但他们的观点并不被洛夫洛克所认同。环境保护者们认为那是消耗世界能源，而洛夫洛克认为核动力是解决能源问题的办法。

温室效应的影响

包围着地球的大气是由混合气体组成的，包括氮气、二氧化碳、水蒸气和氧气。一部分这样的气体吸收了太阳射来的热量，这就是人们所知道的温室效应。工业、农业、交通和房屋建设引起污染并产生额外的二氧化碳。这是改变了性质的温室效应，引起了温度额外升高，我们称之为全球变暖。

当温室气体增加，从地球上散失的热量减少

球面更远处的温度上升

地球散发出更多的热量

大气中温室气体吸收的热量再一次返回地球

从地球流失的热量

包含温室气体的上层大气

温度升高后的地球发出的热量

大气使从太阳射来的热量偏离太空

太阳的能量进入大气，使地球升温

多罗西·霍奇金

20世纪30年代，霍奇金作为化学工作者开始她的工作生涯。当时，晶体学（研究晶体内原子如何排列）还是一门新兴科学。她接受应用X射线分析重要的生物学材料的晶体结构的培训工作，并且成为这个领域的佼佼者。1964年，她成为第三位获得诺贝尔化学奖的女性。霍奇金也是一位忠诚的社会主义者和和平主义者。

多罗西·克劳富特·霍奇金
（1910—1994）
这张照片拍摄于20世纪40年代。当时，多罗西·霍奇金正致力于青霉素的研究。她从事这项研究多年，性格温和，大量的时间都在实验室里的工作台和计算机上度过。

晶体内部
晶体是由原子或分子组成的固体，具有确定的形状和体积。晶体由重复的单位晶格模式构成，其内离子相互连接成三维结构，例如立方体或六边形。霍奇金有一个分析工具箱，用于检验她的家乡苏丹喀土穆的花园小溪里的石头。

锂辉石

铁铝榴石

蓝铜矿和孔雀石

金绿玉

粉晶

"我的生命全部奉献给了化学和晶体学。"

多罗西·霍奇金
《多罗西·霍奇金传》乔治娜·费里，1998年

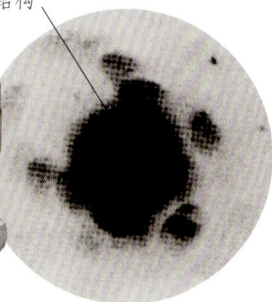

斑点模式表明晶体结构

硫酸铜晶体的X射线表现

浅盘内的硫酸铜晶体

黄铜管材构成的照相机

20世纪20年代，贝纳尔的X射线衍射照相机

钟面用于支撑和旋转晶体

跳动的射线
在1912年，德国物理学家马克斯·冯·劳厄（1879—1960）拍摄了一张X射线照片。他用射线从不同的角度照射硫酸铜单体晶体，引起晶体衍射（散射）。同时，晶体内原子反弹。霍奇金的导师约翰·贝纳尔研制出早期的衍射照相机。贝纳尔和霍奇金首次提出了生物学材料的晶体衍射模式。

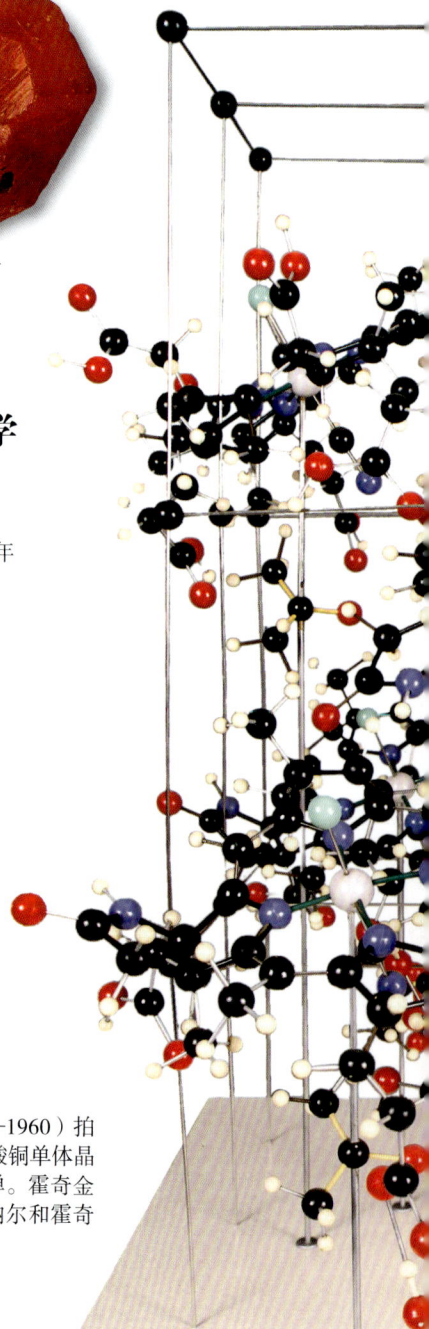

青霉素

青霉素霉菌经常发现于食物内。1928年，苏格兰科学家亚历山大·弗莱明发现，青霉素霉菌能够阻止细菌生长。20世纪40年代，青霉素作为抗生素用于治疗细菌感染。为了成功地制作和使用青霉素，必须了解青霉素的化学结构。因此，霍奇金在英国牛津大学分析研制青霉素晶体，指出青霉素是一种大分子物质。

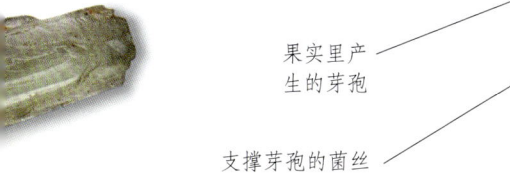

果实里产生的芽孢

支撑芽孢的菌丝

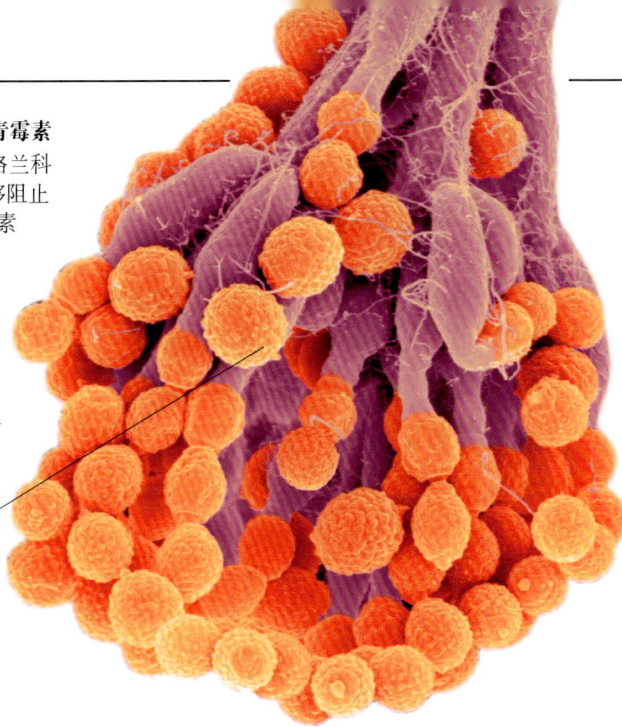

食物内的青霉素模型

致命维生素

维生素是控制机体活动必需的化学物质。缺少维生素B_{12}会引起严重的疾病——恶性贫血，疲劳、头痛和神经损伤。科学家在生肝内发现维生素B_{12}，分离出红色晶体形式，把结果告诉了霍奇金和她的小组。他们花费了7年的时间于1956年研究出维生素B_{12}的原子和化学带模式。科学家开始尝试大量生产。维生素B_{12}模型的研究基于X射线照片的数据。

1958年，布鲁塞尔大学展览的维生素B_{12}模型

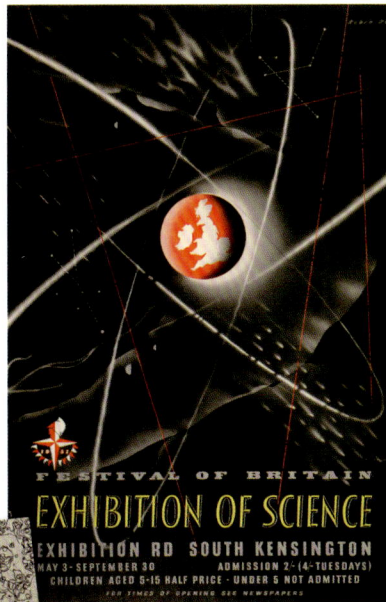

1951年，英国艺术节（罗宾艺术节）海报

欢乐的分子

第二次世界大战期间，对原子的认识和X射线如何工作的研究有了快速的进展。英国于1951年举办了艺术节，这是科学界和文化界的国际性展览。为了庆祝霍奇金发现胰岛素的球形和杆状模型，艺术节的建筑物和壁纸的设计上也应用了这些结构。

根据胰岛素分子结构设计的图案（艺术节设计组，20世纪40年代）

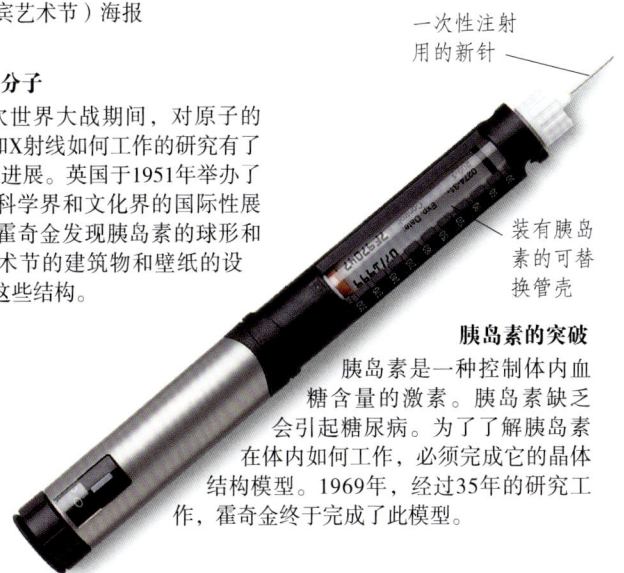

一次性注射用的新针

装有胰岛素的可替换管壳

胰岛素的突破

胰岛素是一种控制体内血糖含量的激素。胰岛素缺乏会引起糖尿病。为了了解胰岛素在体内如何工作，必须完成它的晶体结构模型。1969年，经过35年的研究工作，霍奇金终于完成了此模型。

现代胰岛素注射器

年份	
1910年	5月12日出生于埃及的开罗，是考古学家和艺术丝织专家最大的女儿。
1921年	返回英国，进入萨福克的约翰·莱曼爵士学校。
1928年	进入牛津大学的萨默维尔学院（仅接收女子），学习物理学和化学。花费4年的时间学习晶体学。
1937年	获得剑桥大学公共卫生博士学位，嫁给研究非洲历史的权威专家托马斯·霍奇金。
1942年	开始研究青霉素，美国／英国规划生产药物。
1947年	1946年完成青霉素结构并发表，之后被选为英国皇家学会会员。
1953年	由于和平科学会的会籍，被美国当局否认美国签证，不能参加研讨会。
1964年	因为维生素B_{12}结构而获得诺贝尔化学奖。
1965年	获得功绩奖章，仅仅有英国的皇室和其他24位成员获得过此荣誉。
1969年	完成稳定体内血糖水平必需的激素胰岛素的结构模型。
1970年	成为英国布里斯托大学的名誉校长。
1976年	获得英国皇家学会的享有声望的奖项科普利奖。
1994年	7月29日，在英国希普斯顿死于中风。

理查德·费曼

物理学家理查德·费曼的研究领域就是量子电动力学，观察粒子和微小的能量"包"（量子）如何在原子内相互作用产生电磁辐射。费曼的简图就是显示这些粒子之间相互作用的代码。

理查德·费曼（1918—1988）
费曼是一位卓越的科学家，他诙谐幽默，常给人灵感。他称他所研究的领域为"光和物质的神奇理论"。他是诺贝尔奖获得者、有名望的作家和演讲者、牵引频率采集器的制作者。他还会演奏圆筒鼓。

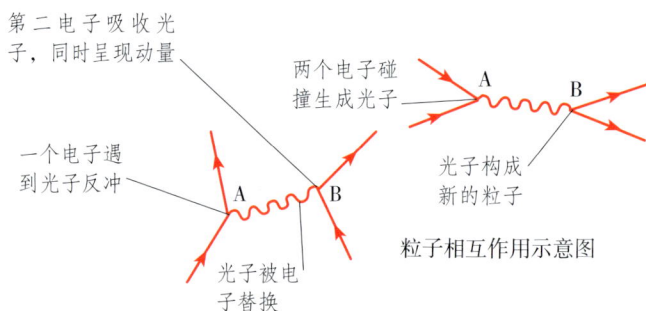

> **"所有的科学知识都是未知之数，持有怀疑和不确定的经验态度非常重要。"**
>
> 理查德·费曼
> 《一切的意义》，1998年出版

1918年	5月11日出生于美国纽约市的法洛克卫，是俄籍犹太移民家族的儿子。
1939年	获得美国麻省理工学院（MIT）数学专业的理学学士学位，对理论物理和量子机械学（亚原子粒子的行为）产生兴趣。
1942年	在普林斯顿大学获得博士学位。在那里，他从事原子弹科研计划，爱因斯坦参加了他的第一次研讨会。
1943年	参加曼哈顿岛科研计划，从事原子弹研究。
1945年	被任命为康奈尔大学理论物理学教授。
1945年	到加利福尼亚理工学院。
1965年	与朱利安·施温格（1918—1994）、朝永振一郎（1906—1979）共同获得诺贝尔物理学奖。
1985年	出版他的第一畅销书《别闹了，费曼先生》。
1986年	被任命联合组成调查"挑战者号"灾难事件的小组。
1988年	2月15日，死于胃癌。

费曼的示意图

这是科学家描写亚原子粒子如何相互作用的示意图，每一条线就代表一个粒子。右侧的示意图表示，A点的一个电子（直线）碰撞原子外B点的另一电子相互交换光子（曲线）。左侧的示意图表示，A点的电子相互破坏，生成一个光子，在B点重新物质化而产生新型物质。

"挑战者号"灾难
1986年1月28日，太空航天飞机"挑战者号"在美国佛罗里达州的肯尼迪航天中心起飞。几十秒后爆炸，飞机上的7名航天员全部遇难。包括费曼在内的专家组被任命调查引起此次飞机火难的原因。在没有进行实验的情况下，他提出灾难是由航天飞机升压器上的O形环失效引起的，在发射之前检查出O形环已被腐蚀。

加速的粒子
原子内，细小的亚原子粒子围绕原子核急飞。原子释放其中特殊位置的亚原子粒子，从而将原子完全打碎。当数百万瓦特功率的粒子射线流击打较小的金元素和其他元素的目标时，巨大的电火花就会通过粒子射线融合加速器II，阻断粒子离开原子。

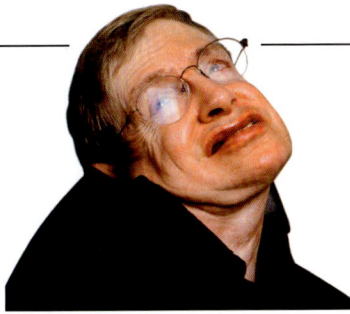

史蒂芬·霍金

史蒂芬·霍金在轮椅上虚弱的形象是高智商头脑可以战胜一切问题的象征。尽管身有残疾，但是他作为一位天体物理学家和科学的传达者，在探索黑洞和宇宙的产生方面有着很先进的思想。在过去的几年里，他的著作《时间简史》一直是畅销书。因为有很高的科学声誉，他经常为公众演讲。

史蒂芬·霍金（出生于1942年）

当霍金21岁时，他被诊断患有运动神经元疾病，该病破坏神经细胞，同时引起麻痹。为了交流，他用计算机将他的面部肌肉的信号转变为语言进行演讲。

年份	
1942年	1月8日出生于英国的牛津市。
1962年	获得牛津大学农学学士学位，专攻物理学。辗转到剑桥大学三一大厅学堂，学习宇宙学。
1963年	被诊断患有运动神经元疾病。
1965年	开始从事爱因斯坦的《广义相对论》内的奇点（时空的重力特征）的研究，与罗杰·彭罗斯（出生于1931年）一起工作多年。
1966年	获得剑桥大学康维尔及凯厄斯学院的会员资格。
1970年	提出黑洞可以释放出射线。
1974年	加入英国皇家学会，成为最年轻的成员之一。
1977年	成为剑桥大学重力物理学教授。1979年，被任命为卢卡斯数学教授。
1988年	出版《时间简史》。
2006年	获得英国皇家学会久负盛名的科普利奖。

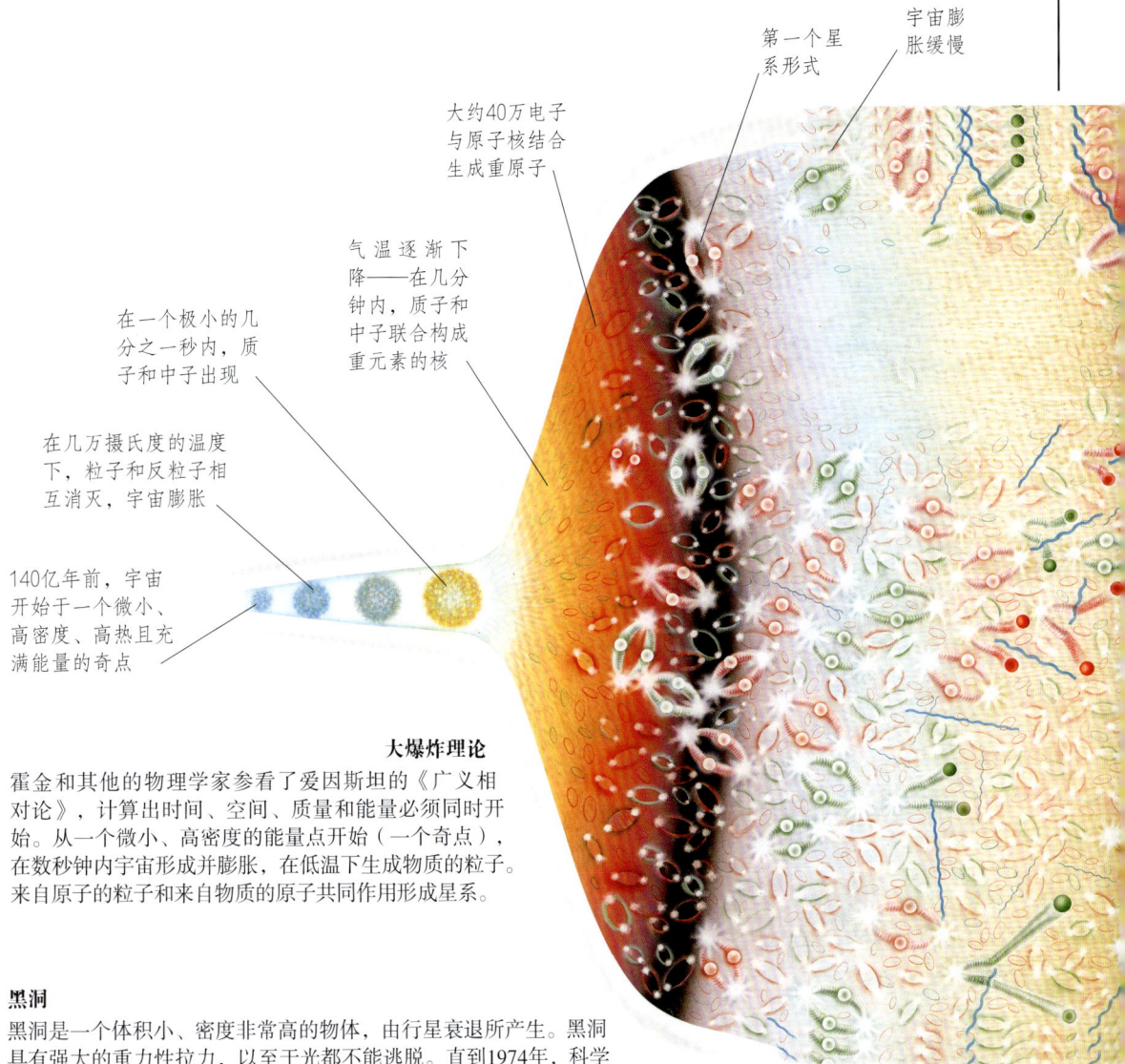

第一个星系形式

宇宙膨胀缓慢

大约40万电子与原子核结合生成重原子

气温逐渐下降——在几分钟内，质子和中子联合构成重元素的核

在一个极小的几分之一秒内，质子和中子出现

在几万摄氏度的温度下，粒子和反粒子相互消灭，宇宙膨胀

140亿年前，宇宙开始于一个微小、高密度、高热且充满能量的奇点

大爆炸理论

霍金和其他的物理学家参看了爱因斯坦的《广义相对论》，计算出时间、空间、质量和能量必须同时开始。从一个微小、高密度的能量点开始（一个奇点），在数秒钟内宇宙形成并膨胀，在低温下生成物质的粒子。来自原子的粒子和来自物质的原子共同作用形成星系。

黑洞

黑洞是一个体积小、密度非常高的物体，由行星衰退所产生。黑洞具有强大的重力性拉力，以至于光都不能逃脱。直到1974年，科学家开始相信，任何物质从不同的途径进入黑洞都会被破坏。此外，霍金指出，黑洞以粒子的形式向外辐射能量。

黑洞被回荡物质的吸积盘包围

黑洞打赌

在2004年的研讨会上，霍金承认与美国科学家约翰·普雷斯基著名的打赌失败。1974年，霍金相信一旦物体被黑洞吞噬，则毫无痕迹保留。现在，他同意关于物体在宇宙空间留有痕迹的说法。

科学与未来

谁将是未来最伟大的科学家？今天，随着科学家小组从事专门的课题研究，科学家开始向很多不同的学科进军。政府和大型组织提供的资金，指引着他们的研究方向。在未来的数年内，科学家将忙于寻找解决全球的气候变化、饥饿和疾病的方法。发现是不断建立思想的科学家们共同努力的结果，但也总有机会给其他人，让他们有特别的发现，例如爱因斯坦或牛顿。

生命起源

澳大利亚西部沙克湾的温暖浅滩中，存在来自岩石墩（也称为叠石层）的单细胞蓝细菌（微生物）。它们利用光产生能量，释放出氧气泡，这个过程称为光合作用。叠石层化石内发现了地球上最早期的岩石，表明这些岩石能够释放生命需要的氧气，构成早期的大气圈。

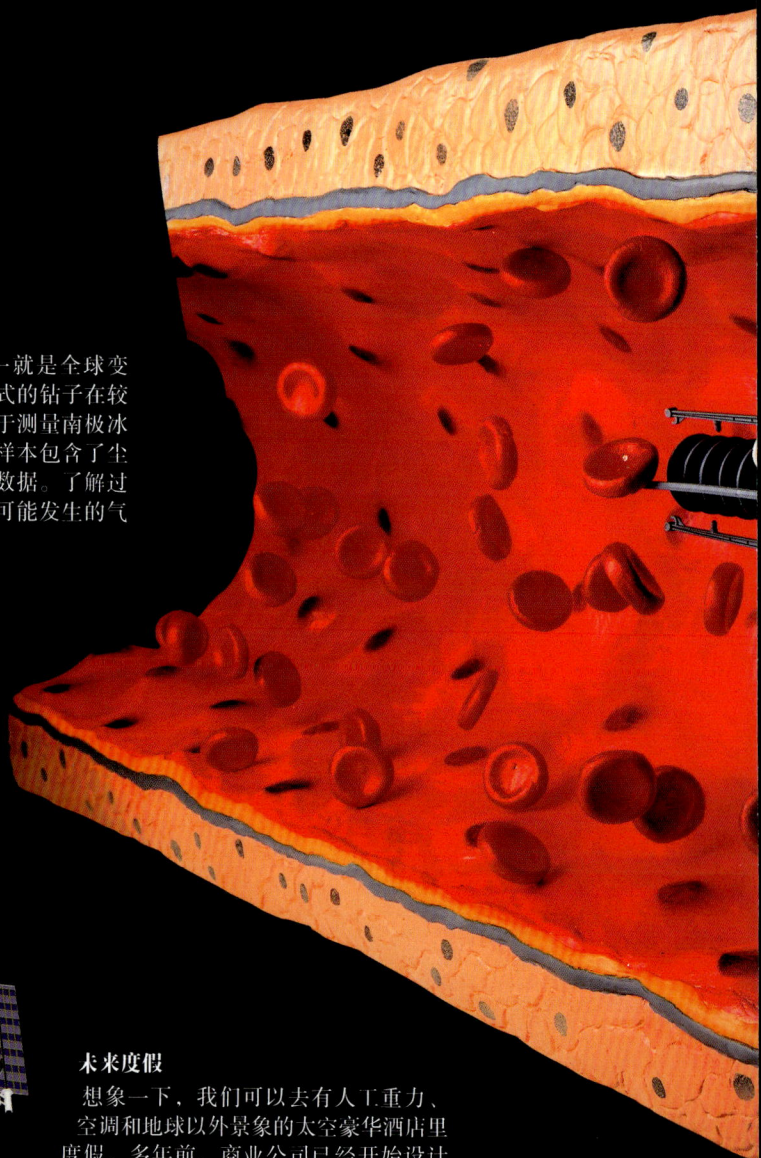

未来气候

当今，科学家面临的最大的挑战之一就是全球变暖。在图上，一位冰川学家正用手提式的钻子在较深的南极冰层内采样。冰层岩心有助于测量南极冰块冰冻和融化的速度。而且，深层的样本包含了尘埃和气泡，可以提供很久以前的气候数据。了解过去和现在的气候知识，可以预测未来可能发生的气候变化。

外太空舱
相互连接
构成轮子

对接窗口

太阳能电池板

未来度假

想象一下，我们可以去有人工重力、空调和地球以外景象的太空豪华酒店里度假。多年前，商业公司已经开始设计太空酒店。这个模型建议应该用太空航天飞机的外太空舱来构成环形装置。

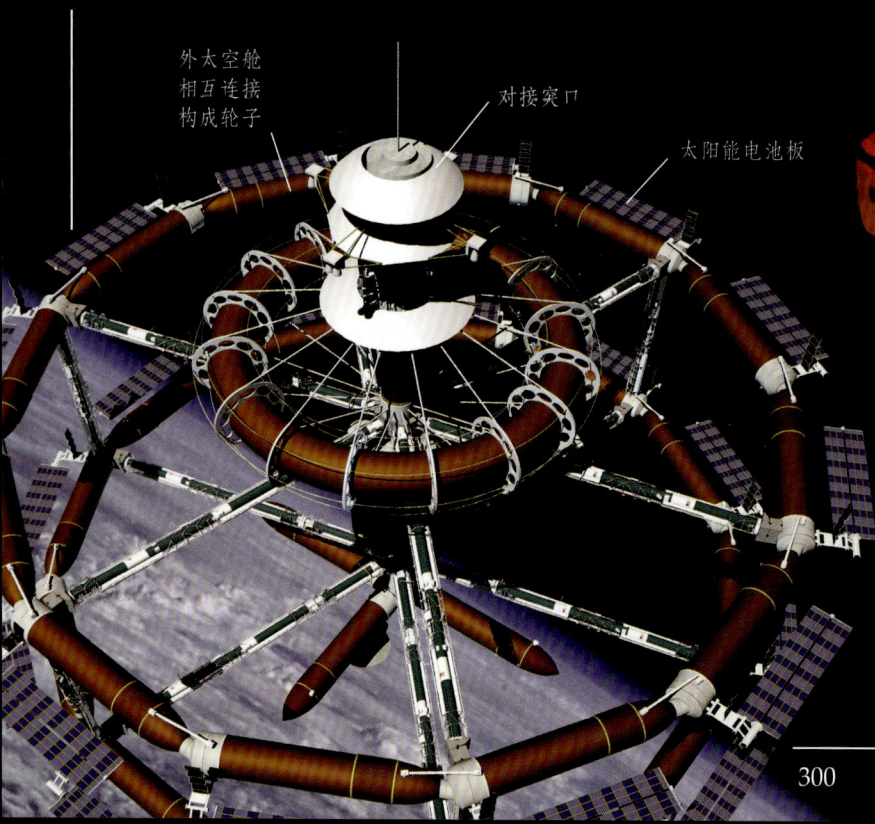

300

来自于植物的燃料

玉米粒以淀粉形式储存能量

在美国，加工玉米可以产生数十亿加仑的乙醇，这种以谷物为基础的酒精可以与汽油混合作为环保燃料。全世界的政府都在为寻找生物燃料来替代石油而提供专门的研究款项。谷物过剩的国家会在这些新型燃料资源中获益。

对抗疾病

禽流感病毒H5N1是需要小心谨慎监测的病毒。如果它在人间传播，将引起全球的大流行。政府和医学专家小组正紧密合作来解决这个全球性的恐慌。医学科学家保持走在研究抗病毒药物（治疗病毒感染）的前列。同时，他们也找到了对抗某些疾病，如疟疾和艾滋病的新方法。

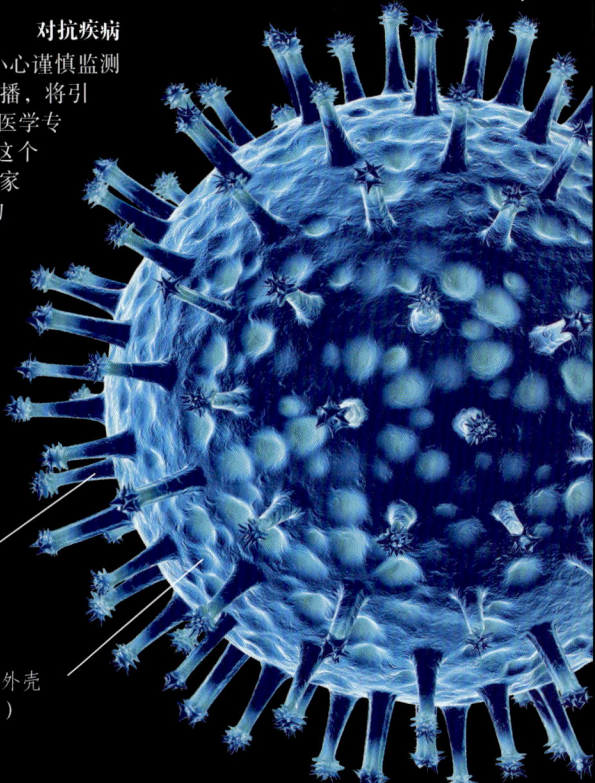

刺突感染患者的细胞

病毒的外壳（壳体）

H5N1鸟流感病毒

血管

看不见的技术

手术可以通过体外遥控来完成，微型机器人可以沿血管将有害的沉积物刮掉。新的技术正在开发，通过操纵单独的原子和分子来生成微小的新机器和材料已逐渐成为可能。其测量单位为"纳米"。

红细胞

从体外进行控制的微型机器人

血管内的有害沉积物

软管将有害沉积物抽成真空

旋转锯刮掉有害沉积物

人工智能

右图是科幻电影《机械公敌》内的一个人形机器人。实际上，能够行走、谈话的机器人在日本已经被开发出来，机器人机械也应用于工业中。机械设备和植入物则可以代替受损的身体部分。

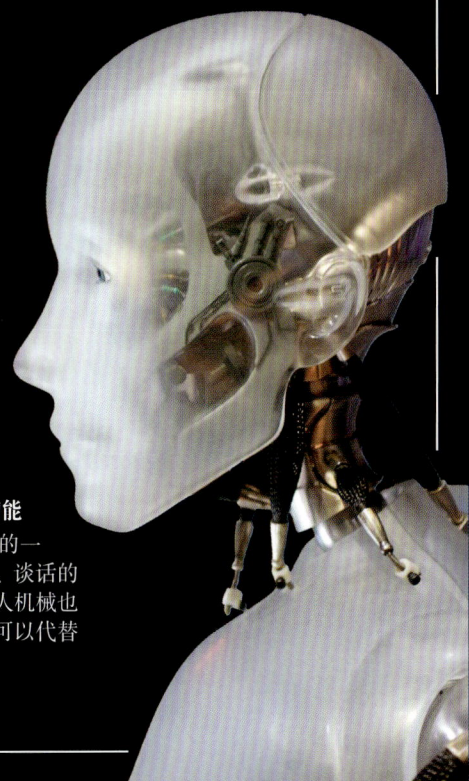

词汇表

后天获得的特性　生物体在其生命周期内获得的特性。锻炼身体时获得的强健肌肉属于后天获得的特性。

适应性　生物体调整的过程，使自身更能适应其生存和繁殖的环境；此外也指任何使生物体更好地适应特定环境的特点。

等位基因　同一基因的两个或多个不同形式中的一个。

氨基酸　一些含有氨基的有机酸，是组成生物体内蛋白质的基本单位。

人工选择　人工对植物或动物进行选择育种，使其群发生变化。例如，狗的一些品种就是由人工选择产生的。

碱基对　由DNA分子组成的化合物。碱基对呈阶梯状的双螺旋结构。

双名法　用两个拉丁词命名生物体的科学命名法，分别包括拉丁属名和种名。现代人类的双名法名称是*Homo sapiens*（智人）。

寒武纪大爆发　寒武纪（5.42亿年前–4.88亿年前）时期突然出现许多新的复杂的生命形式。

灾难理论　19世纪时，人们认为化石从一个地质时期的岩层到下一个岩层的不同变化，可以由地球遭遇的大灾难解释。

细胞　生物体微小的单位。细胞是一切生物的基础。细胞的控制中心是细胞核。

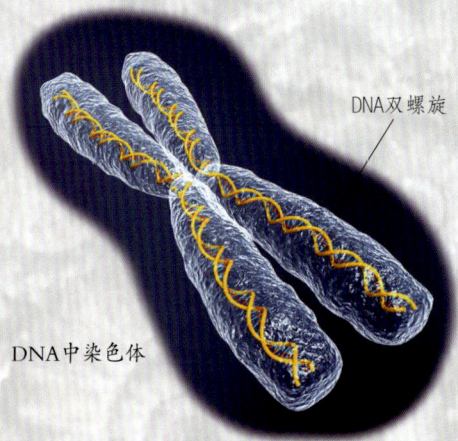

DNA双螺旋

DNA中染色体

染色体　细胞核中像线一样的DNA结构。染色体包含控制细胞活动的所有信息。

遗传分类学　生物分类的方法之一。根据这种方法，与任何其他种群相比，某一种群或分支的成员间与其最近的共同祖先，拥有更多的相似性。也称为系统发生学。

进化分支图　一种树状图，显示系统发育或物种之间进化的历史。

克隆　制作细胞或生物体的副本；同时，副本本身也称克隆（体）。克隆发生在单亲（无性繁殖）生物体上。科学家们已经成功地在实验室中克隆生物体。

共同祖先　由两个或更多的物种共同拥有的祖先，现代人类和黑猩猩有着共同的祖先，生活在至少600万年前。

竞争　两种或更多的生物争夺生存资源的斗争。这种斗争使自然选择得以发生。

达尔文主义　达尔文提出的最初的理论，认为一个物种是从其他物种进化来的，主要是通过自然选择的方式。新达尔文主义加入了孟德尔遗传学说并对达尔文学说进行改良。达尔文本人并不了解孟德尔遗传学说。

洪积论　认为岩石地层和化石是因灾难性洪水而留下来的。

恐龙　已经灭绝的陆地爬行动物，生活在中生代。

DNA　脱氧核糖核酸（Deoxyribonucleic Acid）的缩写，它存在于每个细胞中，并使后代具有亲代的遗传特点。

显性基因　一种基因（等位基因），通常表现在生物体的外观或外形上。

双螺旋结构　DNA分子像扭曲的梯子一样的卷曲形状，它控制着遗传过程。

酶　一种蛋白质，能够加速或调整生物体的化学反应。

胚胎　处于发育早期的未出生的生物体。

进化　遗传基因以及生物体随着时间的推移发生的演变。

灭绝　某一物种全体死亡的正常过程，物种灭绝后会被一个或多个新的后裔所取代。

化石　保存下来的生物体生存的痕迹。化石通常是身体遗存（骨骼、牙齿或贝壳）、脚印或身体形状的印迹。

化石形成过程　生物遗体被埋葬后保存的过程，沉积物使其转化为岩石。

基因　一个带有特定指令制造特定蛋白质的DNA。基因是遗传的基本单位，它可以传递给下一代。

包头龙（*Euoplocephalus*）

遗传密码　DNA分子中碱基的特殊排列方式。遗传密码告诉细胞如何将DNA序列转化成氨基酸，这样就能制造出蛋白质。

遗传漂变　随机出现在一个种群的遗传结构的变化，发生在分子水平上，不是由自然选择造成的。

基因组　细胞或生物体中的所有DNA。

基因型　生物体的基因型是生物体所继承的遗传密码。它与环境相互作用，产生生物体的表型。

属　生物分类级别，包含一个或多个种，它们之间是彼此最近的亲属。

地质时期　由岩石地层及其特征化石所标明的时间单位。地质时期的时间表述单位是宙、代、纪、世、期、阶。

青蛙化石

302

骡子——驴子和马的杂交后代

遷徙 个体和种群的移居，可能导致其生殖隔离和最终形成新物种。

分子 一种微小的化学粒子。分子由更小的原子构成。

突变 细胞的遗传物质发生改变。如果生殖细胞发生突变，它可以从一代传到另一代。

自然选择 某一种群由于不适应某一环境而逐渐消亡的过程。那些较为适应的种群会生存得更好，并产生更多后代。结果是，它们能够将基因传给下一代。

自然神学 认为生物体适应周围的环境是神的设计。

表型 有机体的基因型与环境的相互作用而产生的外形上的特点。

板块运动 地球外层坚固岩石板的缓慢运动。新的洋底岩石不断生成，而旧的洋底岩石则不断被回收。

蛋白质 由氨基酸构成的链状分子。由蛋白质构成的有机（碳基）化合物，这是所有生物的特性。

重演理论 19世纪的一种错误观念，认为胚胎发育时会重现祖先所有进化过程。

隐性基因 遇到显性基因效果不显露的基因（是一种等位基因）。只有在遇到同样的隐性基因时，它才显示出来。

RNA 核糖核酸（Ribonucleic Acid）的缩写，存在于所有生物体内，负责将遗传信息（DNA密码）转录到蛋白质。

沉积岩 岩石一种类型，是由岩石碎片和其他生物的遗骸组成的。

性选择 生物个体因为其交配行为受到异性青睐而产生的选择作用。这可能涉及竞争，例如雄性为获取雌性而争斗，或是雌性根据雄性的求偶行为来选择对象。

鸳鸯之间的求爱场景

种 一群可以在野外繁殖的生物体；同时，也是生物分类的最小单位，通常以拉丁文的双名法命名。

自发产生 曾一度流行的观念，认为新的有机体能够自发地从非生命物质产生。

亚种 出现在一个物种中的具有明显特征的生物，经常由于地理因素与原来物种分离开来。亚种通常是形成新物种的第一步。

分类学 对生物体进行分类和命名的学科。

四足动物 有四肢的脊椎动物，或者由这类动物进化而成的动物。

均变论 19世纪的一种学说，认为要想了解过去，必须将其与过去发生作用的自然力量联系起来。

变异 具有相同遗传基础的生物体之间自然发生的个体和群体之间的差异。

脊椎动物 有脊椎骨的动物。脊椎的每块骨头称为椎骨。

遗传 生物体每一代之间的基因联系。

原始人类 直立行走，脑容量较大的哺乳动物中的一种，从类人猿进化产生。人类是原始人类的后代。

杂交 两个独立但相关的物种的后代。杂交种的后代是不育的。

冰河时期 地球的历史上极度严寒的阶段，当时的冰层比现在要厚得多。

无脊椎的蚯蚓

继承 生物特性通过DNA从一代传递给下一代的过程。

交配 生物的有性生殖，包括交换生殖细胞和DNA。

过渡生物 某种生物或化石物种，显示为已有物种和新物种间的中间阶段。

无脊椎动物 没有脊椎骨的动物。

隔离机制 物种认识同类的方法，以此来保证成功繁殖。气味、声音、颜色和行为方式等信号往往被用作隔离机制。

拉马克主义 让·巴普蒂斯特·德·拉马克提出的错误的学说，认为个体可以继承其父母后天习得的特性。

位点 染色体中特定等位基因的位置。

大灭绝 罕见且相对短暂地造成生物大量死亡的事件。

孟德尔遗传学说 有关控制个体的性状从亲代传承到下一代规律的学说，该学说认为这一控制规律是通过显性基因、隐性基因等来实现的。

迁徙的黑脉金斑蝶

词汇表

截肢 一种外科手术，肢体比如腿被切除。由于医疗技术的革新使得感染和损伤可以治愈，现在截肢已不常见。

麻醉剂 用来阻断从身体向脑传递的疼痛信号的物质。在手术中或者麻醉局部，或者麻醉全身。

燧石（当作简易斧头）

角度 从一点出发的两条直线组成一个角，可以用其角度——它们在以该顶点为圆心的圆中所占的部分——来描述。圆被设定为360度，下午三点时的钟表指针占到了四分之一圆，其角度为90度。

正极 是电路中电子流出的源头。（参见"电极"。）

自动 任何系统或者是机器自我运行，没有人为外部控制或者施力。

梁 机器或者建筑物中坚固的水平支撑杆，由木头或者金属制成，承载越过一定距离的力。

计算 数学中通过规则限定的方法运算求解。这个词语来自罗马时代用来帮助解答数学问题的鹅卵石，它叫作生石灰。

负极 电路中电子流入的一级。电荷向负极的流动可以用来给物品镀银——物品用导线连接，作为负极，吸引银离子。（参见"电极"。）

化合物 一种化学物质，由两种或者更多其他物质合成。

耕作 为争取作物最好的生长所做的劳动，尤其是通过耕地、施肥和除草以及通过轮种来保持土壤养分均衡。

汽缸 发动机中的管状空间，产生压力推动其他部分。在汽油发动机中，汽缸越大（以升衡量），发动机产生的动力就越强。

隔膜（膈膜） 薄但结实的薄片物质，常为圆形，中间部分能够伸缩。在人体胸腔和胃之间有一片大的膈膜，以帮助呼吸。

有效率的 用来描述机器或者系统以能量或者人力消耗非常少的方式工作。

电气 描述以电为重要角色的物体或者事件。

电 与带电粒子有关的一种能量，在蓄电池中静止不动或沿导线运动。

电极 电池中电流的来源或者终点。电极能用多种材料制成，但常是金属。

实验 对某个理论或者理论的一部分进行的受控试验，用来提供支持或者否定某科学主张的证据。

燧石 一种普通石头，其有用的特性是能够破开并削制出锋利的刃。燧石在史前时代曾被大量采掘，并用来制作简易工具。

焦点 光线通过透镜后汇聚的点。

力 能促使、阻止或者改变物体运动。

摩擦 接触面之间对运动的阻碍。摩擦力产热，比如摩擦双手取热。

齿轮 有齿的轮，可将能量从一个运动部分传至另一个部分。自行车上的齿轮保证在不同速度下有效率地骑行。与齿轮密切相关的是滑轮，滑轮无齿，与绳一起使用。滑轮被用于电梯，以及建筑工人用其来提升重物。

电梯上的滑轮

发电机 利用线圈穿过磁场的动作将动能转化为电能的机器——与电动机工作原理恰好相反。自行车发电机就是一个简单的例子。

工业革命 从农业社会到机械化社会的剧烈改变，在18世纪即将结束时首次发生在英国。这个进程的重要部分包括大量移民从农村到城镇的重新安置，以及在工业许多方面的动力机械的出现。

信息技术 为比人类更可靠有效地处理信息而设计出机器、程序以及系统的技术。最好的例子是计算机。

筷子使用杠杆原理

灌溉 由水坝、水渠、管道以及其他工具组成的系统，帮助我们维持作物生长所需的稳定的水供应，尤其是在降雨无法预知的地区。

杠杆 刚性杆，以其纵向一点为支点，用来传力。如果杠杆动力臂长于阻力臂，杠杆就能放大人所施加的力。

升力 克服飞行器的重量并且使其离开地面需要的力量。对飞机来说，当空气流过弧形且有角度的机翼时就会产生升力。高速空气流推动机翼下表面，推动飞机升起。

对数 用另一数（比如10）的指数表示数的一种方式。100的对数是2，因为$100=10^2$。只有正数才有对数。对数相加等同于它们所表示的数相乘。首先是计算尺，接着是计算器，使对数运算能够自动化。

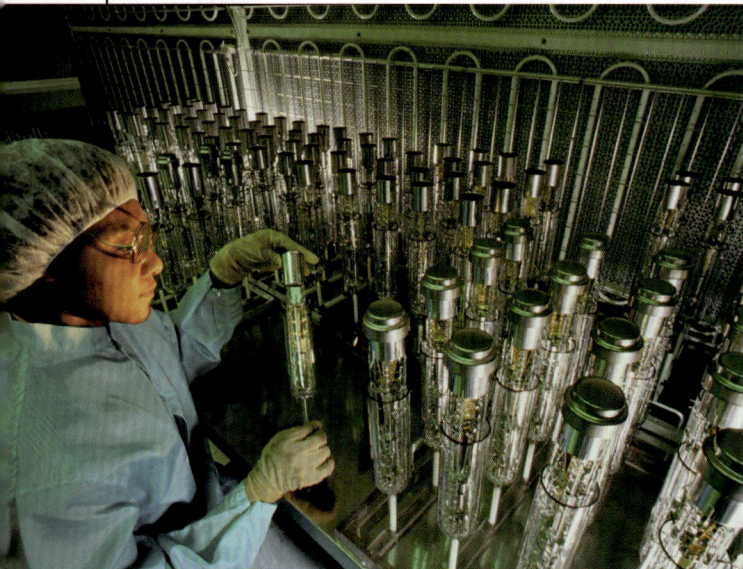
工厂正在制造阴极射线管

现象 一项经历或者事件，特别是为人类观察时所感受到的。

活塞 平头管状机器部件，在汽缸内上上下下运动。活塞或被机械推动，泵出室内气体或者液体，或转移汽缸内压力来带动机器其他部件运动。

栓轴 一个围绕另一部件运动的机器部件。枢纽可以是简单的铰链，也可以有更复杂的结构。栓轴也被称为轴承，因为它们通常承受一定负荷。

压力 一物体对另一物体的"按压"的力量。常施加到那些形态自由的物质上，如液体或者气体，汽车轮胎内的空气就是一个例子。

棱镜 透明物体，通常是玻璃，用来改变光束的方向。棱镜现常用来将光分成几个光束。

接收器 侦测并翻译信号，将其转变为如声波这样人可感知的形式的工具。日常例子就是收音机或者音乐系统中的调谐器组件。

储液器 存储液体，例如机油或者饮用水的容器。

密封 紧密结合，常用橡胶或者其他防水材料，阻止气体、液体逃逸或者进入密闭的空间。

溶液 溶液是一种液体与其他物质——另一种液体、气体或者固体的混合物。

技术 知识——技能以及新工具的创造和使用的实践应用。新的科学发现和旧知识的新引用都可以推动新技术进步。

发射机 一种能将信号转换成可通过特殊介质传给接收器的设备。比如移动电话或者对讲机。

真空 完全空的或者几近空的空间。抽走容器中所有的气体或者液体便可达到真空状态。

阀门 片状或者塞子状物，用来控制气体或

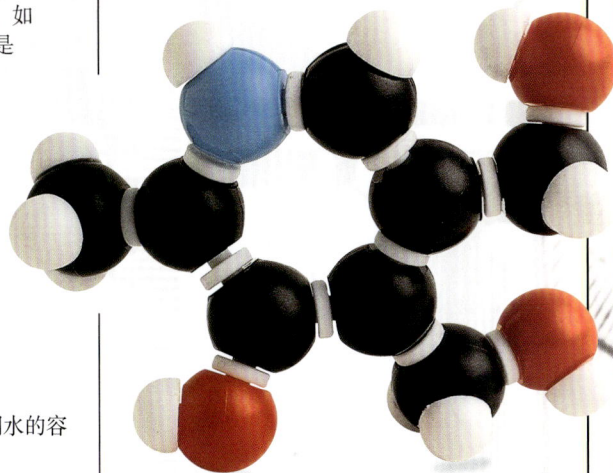
彩球代表维生素B6分子中的原子排列

者液体从一个空间向另一个空间流动。有些阀门控制流动方向，有些控制流动时间。阀门在大多数泵系统中至关重要。动脉中阀的存在使科学家发现了心脏的真正功能——泵。

其旋翼在旋转的直升飞机

机械的 指那些简单运动定律起到主要作用的行为或事件。常用来描述机器的活动。

媒介 信号或者能量从一点到达另一点需要经过的材料或者系统。

分子 化合物的基本单位，由两个或更多原子结合组成。分子大小各异。特长链分子常用来制作一些现代材料，比如聚乙烯。

词汇表

飞艇：ABC Lightship A-60+，1994年

空气动力学 研究空气中物体运动的学科。

飞艇
翼型 机翼的弧形形状，机翼上表面从前缘到机翼后缘都比其下表面长。

副翼 安装在机翼翼梢后缘外侧的一小块可动的翼面，可使飞机向一侧倾斜。

空气制动器 能从机翼处扩展出来的翼板，使飞机减速或陡降。

飞艇 飞艇是一种长形、细薄且比空气还轻的航空器，里面通常填充氦气或者热空气；常常借助旋转的螺旋桨帮助完成起飞和降落。

高度表 安装在飞机上用于测量飞机高度的仪器。

人工地平仪 用于显示飞机位置同地平线之间关系的仪器，该仪器使飞行员在恶劣天气条件下或夜晚能更安全地降落，通常被称为陀螺地平仪。

自转旋翼机 一种利用起飞时的相对气流吹动旋翼自转以产生升力的旋翼航空器，它的前进力由发动机带动螺旋桨直接提供。

自动导航装置（或自动驾驶仪） 能自动稳定飞机，使其在遭遇涡流等干扰后能重新回到原来航线的电子系统。在现代飞机上，设置自动驾驶仪后，飞机便会遵循一定的航线。

升降气囊 飞艇气囊内（里面有比空气轻的氦气）充满空气的隔舱，用来控制飞艇的高度，释放空气使飞艇变轻，从而使其上升；注入空气使飞艇变重，下沉。

双翼飞机 有两对机翼的固定翼飞机。

转向架 飞行器上的一种降落架，通常有两对或更多的轮子。

曲率 飞机机翼剖面的弯曲度。

驾驶舱 机身上供驾驶员使用的机舱，有时其他机组人员也可以使用。

CRT阴极射线管显示器 "玻璃驾驶舱"内阴极射线管屏幕显示飞机飞行和导航的信息。大部分现代客机上，CRT显示器已经被液晶显示屏取代了。

飞船 能够被操控的飞行器。

涂料 涂在织物上的清漆，使织物更坚固更紧绷。

空气阻力 在飞行中，使飞机减速的气压。

偏航角指示器 显示飞机偏航角度的仪器（由于侧风的作用，飞机向侧面运动）。

HH-65海豚直升机，1994年

升降舵 安装在飞机尾部能使飞机上下运动（俯仰）的翼板。

升降副翼 与副翼和升降舵有同样功能的机翼控制面。

气囊 飞艇的壳体（外面通常覆盖尼龙材料），里面装有为飞艇提供升力的气体。

飞船 有防水船体外壳的飞机，其可以在水上行驶。

飞机机身 飞机的主体部分，源于法语词"fuseler"，意思是呈纺锤形。

"玻璃驾驶舱" 传统仪器被彩色阴极射线管（CRT）或液晶显示屏等电子仪器所取代的驾驶舱。

滑翔率 无动力滑翔时飞行器每下降1米所飞过的距离。滑翔率1：45意为每下降1米能飞过45米。

滑翔机 翼展大的非动力航空器，能利用上升的暖气流在空中停留，通过方向舵、升降舵和副翼操控。

吊舱 飞艇中乘客和机组人员乘坐的客舱。

悬挂式滑翔机 特殊材料在简单挂架上构成机翼，通过上升暖气流提供升力。飞行员借助吊带或体袋悬挂在机翼传动翼下面，通过左右移动自己的身体重心来操控滑翔机。

直升机 由旋转叶片提供动力，使之上升、进行操控的飞行器。它能垂直起飞、缓慢飞行、盘旋、向任何方向移动。由于它的机动性，经常用于交通监控和救援工作。

H-4大力神飞船，1947年

热气球 主要用于娱乐的轻于空气的飞行器。现代的热气球使用固定在吊篮上方的丙烷燃烧器加热气囊里的空气（可参见气囊的定义）。

驾驶杆 用来操纵飞机的驾驶杆，所以飞机才能下降、上升或者转动。

前缘 机翼、旋翼或尾翼的前部边缘。

升力 空气在机翼附近运动产生的向上的力量（可参见翼型的定义）。

纵梁 飞机结构的一部分，和机身长度相等。

马赫数 在一定条件下，（如高度、空气密度、温度）飞机的空速和音速的比率，用奥地利物理学家马赫（1838—1916）的名字命名。马赫1等于音速，或在11 000米每小时1060千米，马赫2是音速的两倍，依次类推。

超轻型飞机 有一台小型发动机的露天玻璃

太阳能
超轻型飞机，1989年

纤维车悬挂式滑翔机，在美国和澳大利亚被称为"超轻型飞机"。

硬壳式构造 飞机机身没有内部支撑结构，几乎所有的结构负荷都由机身外壳承载。

单翼机 只有一对机翼的固定翼飞机。

非刚性飞艇 飞艇的一种类型，没有内部架构，它的形状是通过升降气囊内气体和空气压力来维持。

扑翼飞机 靠拍动机翼行进的飞行器。

倾斜 提高或降低水平尾翼上的升降舵使飞机向上或向下（也可参见升降舵和水平尾翼的定义）。

螺旋桨 驱动飞机向前行进的旋转叶片。

刚性飞艇 有内部架构的飞艇。

浪动 通过调整副翼使一边的翼尖升高，另一边翼尖下降的运动。

方向舵 使飞机向左或向右的直立的平板。

斯卡夫环 大约从1916年左右直到20世纪30年代，安装在英国飞机上使用的机关枪上，能使枪手旋转枪支，朝很多方向开火。

翼梁 同机翼长度相同，为机翼提供支撑的结构。

音速 海平面处，声音的速度大约是每小时1 225千米，往空中越升越高，直到海拔1 000米以上音速保持不变，约为每小时1 060千米。

失速 当失去升力时，飞机便会向下俯冲，可能会进行旋转。

支撑柱 抵制压力的垂直支柱；例如，飞机机身处纵梁之间（可参见飞机机身、纵梁的定义）。

增压器 在海拔较高时，用来将额外空气压入飞机发动机以增加动力的设备。

超音速 速度超过了音速。

水平尾翼 飞机后部的机翼，能使飞机俯仰时保持稳定。升降舵通常连接在水平尾翼上（也可参见倾斜的定义）。

斜旋翼飞机 利用旋翼垂直起飞、旋转然后运行的飞行器。

后缘 机翼、旋翼或尾翼的后缘。

三翼飞机 有三对机翼的固定翼飞机，如20世纪初德国福克三翼飞机。

涡轮风扇发动机 燃气涡轮发动机的一种，其中的一些动力驱动风扇将空气与废气一起

Avro三翼飞机，1910年

排出，从而增加推力。因为它们比涡轮喷气发动机更加经济，噪声更小，所以大多数客机都在使用涡轮风扇发动机。

涡轮喷气发动机 是燃气涡轮发动机的简单类型，压缩机将空气挤入燃烧室内，燃料燃烧产生的热气会使涡轮旋转，驱动压缩机。比大多数客机使用涡轮风扇发动机噪声大。协和式飞机便是用涡轮喷气发动机提供动力的。

涡轮螺旋桨发动机 燃气涡轮发动机的一种，连接到螺旋桨上，给螺旋桨提供动力。

起落架 飞机起落时使用的支架。

矢量推力 飞机飞行的方法，通过旋转螺旋桨或者喷气发动机的尾管产生推力，使飞机向相反的方向运行。一些飞机和战斗机都运用矢量推力。

宽体飞机 商业飞机内部客舱宽敞，每排可设三组座位，中间留出两个过道。因此被称为宽体飞机。

机翼翘曲 通过旋转外机翼边缘而不是使用副翼使飞机倾斜或者旋转的操作。

偏航 通过调整飞机的方向舵，使飞机向一边或另一边转向。

波音747宽体飞机内部，1989年

词汇表

反物质 反物质就是由与构成普通物质的粒子电荷相反的粒子构成的物质。

人工智能 具有类似人脑功能的电子计算机，例如：能自行学习新知识，自主作出决定。

小行星 围绕恒星运行的天体，类似行星，但体积小很多。

生物降解 这一术语指废物可以自然分解，所以一般对环境的威胁不大。

生物反馈 一种能够控制人的身体机能的技术，例如通过监控器来控制心率。

布基球 由碳原子组成的微小的结构，可能在新材料制造中起到重要作用。

细胞 构成所有生物体的一种微小单位。

离心力 物体在做圆周运动的时候，所表现出的一种脱离圆心的趋势，比如甩动绑在绳子一头的石块就会感受到离心力。

角质外骨骼 节肢动物较硬的外壳，如甲虫、螃蟹、蝎子、蜘蛛等。

克隆 通过某种基因工程制造出动物或植物的复制品。

先天性疾病 一出生就带来的疾病或生理不良状况。

多利，第一只克隆羊

电子人 一种半机械半生物体的机器人。

脱水食品 为了储存而把水分脱掉的食品。

数字/数字化 把信息用数字表示，这样就可以存储在电子计算机上或作为一系列电脉冲通过电缆传送。

数字化语音 由电子计算机生成的声音。

DNA 即脱氧核糖核酸，螺旋结构的化学物质，携带植物或动物繁殖所需的所有遗传信息。

脑电图 用来记录人的大脑生物电的曲线图。

电极 生成电流系统的一部分，包括正极和负极。

电磁光谱 辐射的整个范围，不仅包括可见光谱（彩虹的各种颜色），而且包括红外线、紫外线和X射线等。

胚胎 动物或人类在子宫里发育的最初阶段

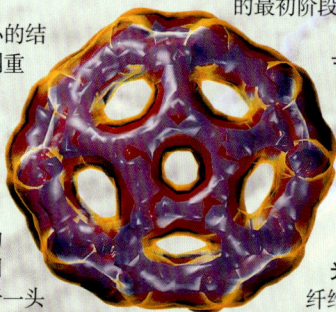

布基球

节能产品 消耗尽可能少的能源材料，可以完成尽可能多的任务的产品。

酶 控制人体细胞的大部分工作方式的化学物质。

光纤 成束的长而纤细的玻璃纤维，用于传输声音和图像。

发泡金属 充满小孔的金属，小孔可以减轻材料重量。

光纤

矿物燃料 由史前时代植物在地下通过地质和化学作用而形成的燃料，如煤炭、天然气、石油等。

频率 声波每秒钟振动的次数。

热核反应堆（核聚变反应堆） 一种通过核聚变反应产生电力的电站。

基因 DNA的片段，能把某种特性从亲代传递到子代，比如眼睛的颜色。

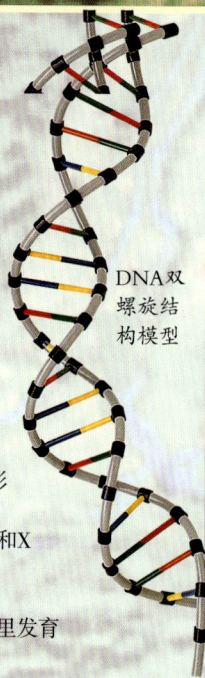

DNA双螺旋结构模型

基因工程 改变DNA的技术，例如：把基因从一个动物或植物身上移植到另一个动物或植物身上。

转基因 植物、动物或食品通过基因工程得以改变。

地球静止轨道 如果一个卫星在地球表面固定地点的上空绕地球飞行，我们就说它处于地球静止轨道。

千兆字节 即10亿个字节，电子计算机存储器的计量单位。

全球定位卫星 构成全球定位系统的卫星之一。借助全球定位系统和对应的设备，人们能确切知道自己在地球上的位置。

全球变暖 描述全球平均温度上升这一气候变化现象所用的术语。

温室气体 如二氧化碳气体。它如果在地球大气中累积，会导致全球气候变暖。

平视显示（器） 现代飞行器上的一种系统，可以把数据投射在挡风玻璃上，这样飞行员不用低头看控制板就能读到数据。

除草剂 一种喷到农作物上清除杂草的化学药剂。

全息投影 一种投射3D影像的设备。

时尚徽章 一种能够显示持有者的爱好和个性的便携设备，它能告诉持有者与之爱好相似的人是否在附近。

移植物 永久植入人体的东西，如心脏起搏器等。

信息高速公路 描述电子计算机间连接状态的术语，它使人们在全球范围内能够获取和传播信息。

时尚徽章

红外线信号 使用红外线发送的信号，肉眼看不见。

集成电路 把整套电子元件集中在一个微小的单元内，通常是在一个芯片上。

国际空间站 围绕地球轨道运行的一个大型

航空器。该站重量超过18吨，内部面积相当于三室的房子。

激光测距仪　一种枪支上的装备，它通过向目标发射并反射回的激光束来精确测距。

磁悬浮列车　一种靠强大的磁场悬于轨道之上（磁悬浮）的列车，可以高速滑行且与轨道没有摩擦。

调制解调器　一种能将电子计算机的数字信息与可以通过电话线传送的模拟信号相互转换的设备。

磁悬浮列车

单轨铁路运输系统　在单轨而不是双轨上运行的火车系统。

磁共振成像技术　可以为身体的内部结构拍摄三维图像的技术。

器官移植　把重要身体器官（例如心脏或肝）从一个人或者动物身上移植到另一个人或动物身上的外科手术。

掌上电子计算机　小到可以手持的个人电子计算机。

杀虫剂　这是一种喷到作物上用来杀灭害虫的化学药剂。

预制件　预先在工厂制作好的房屋部件，将其运到建筑工地上就可以拼到一起。

假肢　用人工肢体或其他人工部位取代自然肢体和部位。

蛋白质　构成所有生物——不管动物还是植物——的基本化合物。

四声道立体声　使用四个喇叭的音响系统，而不像普通立体声系统那样使用两个喇叭。

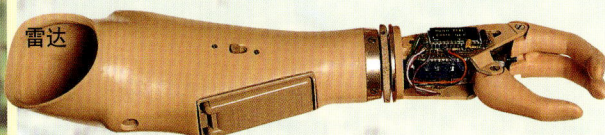

雷达

假肢

通过反射无线电脉冲发现并追踪飞机或轮船等远距离物体的设备。

回收利用　重新处理成品，比如纸张，回收其原材料加以重新利用。

快速眼动睡眠　其特征是眼部的快速转动，此时会做梦。

可再生能源　原则上来说，任何一种可以永远使用而不会枯竭的能源就是可再生能源。风能和太阳能都是可再生能源。

卫星成像　利用绕地卫星传感器采集信息，并制作成近距离的地球表面图像的技术。

感觉器官　用于感觉外部世界的身体部位，如眼睛和耳朵。

传感器　一种使机器对外界环境条件（比如热或光照的改变）做出反应的装置。

卫星影像

芯片　一小片包含了集成电路的电子器件。

模拟器　能让用户产生类似真实感觉的一种机器。

智能卡　含有芯片的卡，以电子信息的形式携带所有个人信息。

精确制导武器　配备精确制导系统的炸弹或导弹，使其达到极高的打击精度。

太阳能　来自太阳的能量，可以用于加热或提供电能。

声呐　通过声波反射定位水下物体的装置。

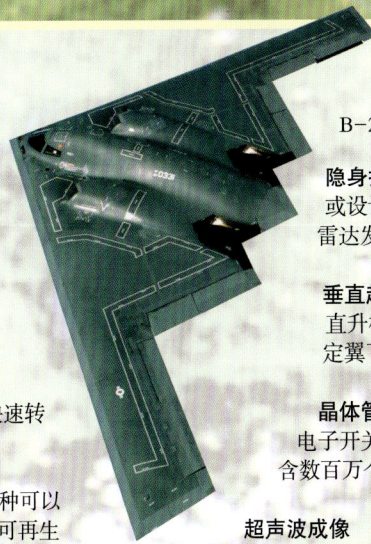

隐身技术　运用特殊材料或设计形式使飞机无法被雷达发现。

垂直起降飞机　起飞时像直升机、飞行中像传统固定翼飞机的新型飞机。

晶体管　计算机电路上的电子开关。一个芯片可能包含数百万个晶体管。

超声波成像　使用超声波获得身体内部影像的技术，例如可以获取子宫里的婴儿的图像。

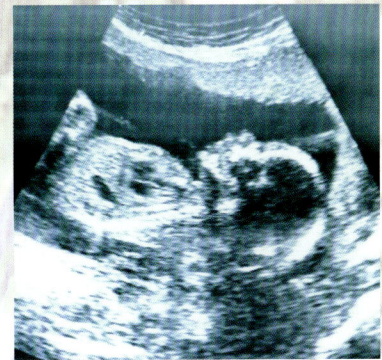

子宫里的婴儿超声图像

紫外线辐射　电磁光谱中不可见射线的一部分。

可视电话　可以看到通话人的新型电话。

虚拟现实　通过电子计算机为用户营造身临其境的幻觉。

语音识别　指电子计算机辨别个体声音，并对之做出反应的能力。

万维网　世界范围内的电子计算机连接建立的网络。

环绕式屏幕　一种弧形电视或电影屏幕，可以让观看者在更大范围内看到画面。

X射线　一种射线，一般用于透视，比如人体透视。

可视电话

309

词汇表

炼丹术 化学的早期形式,主要目的是寻找将金属炼成金子的办法,发现一种可以治疗所有疾病的治疗方法和长生不老的秘密。

α射线 α粒子流组成的一种射线,每个α粒子都由两个中子加入两个质子而组成。α粒子是一种被某些放射性的物质释放出的粒子。

星盘 古代的天体观测仪,用于显示行星和恒星的位置。

原子 元素构成的最小粒子,也是参与化学反应的最小粒子,物质构成的基本单位。原子由中心原子核(本身由质子和中子组成)和围绕原子核旋转的电子构成。

原子弹 一种核武器,利用核裂变(原子核分裂)产生能量。核武器的另一个重要形式就是氢弹,或是热核弹,利用的是原子核聚变(原子核相互结合)原理。

细菌 显微镜下可见的单细胞有机体,因可能引起疾病而闻名,但对物质的分解和再循环也有重要的帮助。

黑洞 太空的某一区域,密度大,重力很强,以至于没有什么物质可以逃脱,甚至是光。

仙王座的变星 也称仙王座不定星,这种星星的光有精确的闪动和周期改变。

链式反应 保证持续的化学反应或核反应,因为反应生成的产物会引起进一步反应。

化学方程式 描述化学反应的一种速记方法,用标志符号来表示参与反应的物质。

化学反应 某种物质的原子重新排列而形成另一种完全不同的物质的过程。

染色体 类似螺旋状或杆状的物质,位于细胞原子核内,携带细胞的遗传基因。每种植物和动物都有恒定不变的数量;人类有46条染色体(从父母处分别获得23条)。

电路 由电气或电子元器件连接而成的闭合回路,使得电流能在回路内流动。

循环 液体沿着闭合的回路或在封闭的空间内有规律地移动,经常用来描述身体内的血液移动。

复合物 两种或两种以上元素以化学方法链接而成的物质,例如,食盐(氯化钠)是由钠和氯组成的。

导体 容易传导电流或热能的物质,很多导电好的物质也能很好地导热。

电荷 粒子被其他物体吸引或排斥的特性,有阴性和阳性两种类型的电荷。每个原子内都含有同样数量的带有阴性电荷的电子和阳性电荷的质子。如果原子获得电子,物体就会带有阴性电荷;如果原子失去质子,那么就会成为带有阳性电荷的物体。

电流 电荷通过物质或沿着电回路的流动。

电化学 用于描述涉及电学和化学变化的过程。例如,电池就是一种电化学设备,因为它是利用化学反应来产生电的。

电磁学 电学和磁学的等价性。电流可以产生磁性。相反地,运动的磁铁也能生成电。电磁铁由卷曲的电线缠绕于铁条形成。

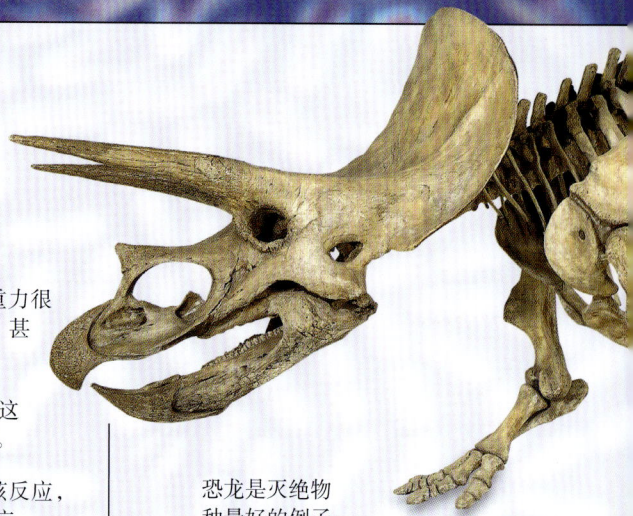

恐龙是灭绝物种最好的例子

电子 原子核外运动的细小粒子。每个电子都有一个单一的阴性电荷。

元素 相同类型的原子构成的物质,不能用化学方法分割成更简单的物质,但可以与不同的元素结合而生成化合物。

进化 随着时间的流逝,物种逐渐发生改变,也可能会产生新的物种。

试验 可控制的测试,用于提供科学思想和理论的或反科学的思想和理论的证据。

灭绝 某一物种或某一族物种逐渐绝种。

力 通过推或拉能使物体移动、翻转或阻止物体移动,或者改变运动的速度或方向。

化石 植物或动物的踪迹或遗体被保存于岩石、琥珀、泥炭或冰内。

星系 星星、行星、气体和尘埃集合而成。星系根据形状分为四种主要类型:椭圆形、螺旋形、条形和不规则形。我们的星系(银河系)为螺旋形。

γ射线 与X射线相似的一种高能电磁射线流,但是能量更高,波长更短。γ射线由放射性物质释放。

基因 遗传物质的基本单位。基因是染色体的一部分,负责在细胞内产生特殊物质。

重力

化学反应

全球变暖 地球大气圈的平均温度增加。

重力 因物体质量而使物体被拉在一起的力，一个物体的重力等于作用于物体上的地心引力。

磁性 磁铁具有的吸引或排斥的性质。每块磁铁都有北极和南极两个磁极。相同的两个磁极（北极对北极，南极对南极）相互排斥。反之，不同的两个磁极（北极对南极）相互吸引。

质量 某些物质的数量。质量是物体的基本特性，即使地心引力改变，质量仍然相同（与重力不同，随着地心引力不同而改变）。

微小生物 也称为微生物，很小的有机体，只能借助于显微镜才可以看到。

分子 通过化学结合而聚集成的原子组。例如，食盐分子（氯化钠）就是由一个钠原子结合一个氯原子而成的。

毫微技术 技术学的一个分支，关注如何制作和处理较小的物体和设备，小到仅能用显微镜观察（或更小）。一毫微是百万分之一毫米。

自然选择 有机体不能很好地适应周围的环境而灭绝的过程。

星云 星系内的气体和尘埃构成的云雾。也用于描述，在夜晚的天空中，通过望远镜观察到的模糊的云状物。

盛满水的玻璃杯可作为棱镜

中子 构成原子核的微小粒子，原子核内的另一种粒子是质子。中子没有电荷。

核裂变 体积大、重量大的原子的核被分裂成体积小、重量轻的原子。这个过程能够产生大量的能量和辐射。

核 在化学和物理学方面，核是指原子的中心部分，由一个或多个质子和一个或多个中子（氢原子除外，氢原子仅有一个质子而没有中子）组成。在生物学方面，核是指细胞的中心部分，内含染色体。

轨道 在天文学方面，轨道指天体（或人造卫星）围绕其他天体运动的路线，例如，月亮的轨道是它围绕地球运动的路线。在物理学方面，轨道常指电子围绕原子核运动的路线。

氧气 无色、无味的气体，大多数有机体生存必不可少的气体。构成地球大气圈内空气的1/5。

臭氧 由氧元素组成。臭氧层位于大气圈内，有助于阻挡来自太阳的有害紫外线。

质点 构成物质的微小部分，"质点"一词常指像电子或中子这样的亚原子粒子。

巴氏消毒法 加热食物或液体的过程，用于破坏致病微生物，例如细菌。

板块构造学 地壳被分为移动较慢的大块板状物的理论。

棱镜 光学棱镜是将光分解成不同颜色的透明物体。

质子 组成原子核的一部分的微小粒子，原子核内另一类型的粒子为中子。一个质子有一个阳性电荷。

滑轮 一种简单的机械，由一根绳子和一个或多个滑轮组成。

辐射 能量以电磁波的形式传播，例如可见光、无线电电波、紫外线、红外线、X射线和γ射线。"辐射"一词也指放射性物质衰变而放射出的粒子和射线。

放射性 粒子或γ射线释放出的发射物，同时一些重元素（例如铀和钍）原子核被损坏。

折射 光线通过透明物质而发生的弯曲。

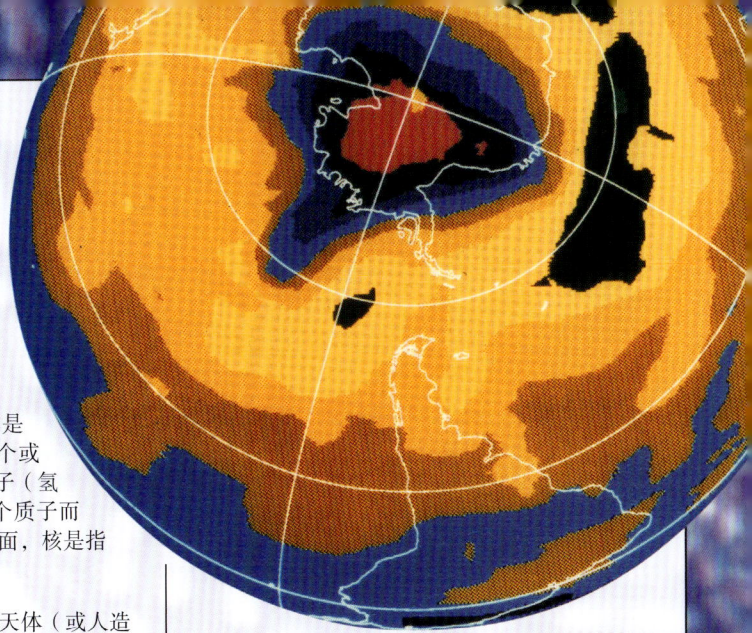

南极上空的臭氧层空洞

科学定律 为了描述自然界内所发生的事件或现象的陈述。

地震仪 一种能够检测地震的仪器。

太阳系 太阳和围绕它运动的天体。太阳系不但包含大行星（例如地球）和它们的卫星，还包括小行星、彗星和流星。

光谱 根据波长不同，白光被分解为多种颜色排列的单色光。彩虹就是一个自然光谱的例子，由太阳光被雨滴分解产生。也指不可见的射线辐射，例如X射线。

统计学 数学的一个分支，用于处理数据信息的收集和分析。

理论 用于解释一系列的事实或观察现象的思想或原理，理论可以通过试验来检验。

疫苗 为机体提供免疫能力的物质，来抵抗致病微生物。

脊椎动物 具有脊柱的任何动物（包括人和其他哺乳动物、鸟类、爬行动物、鱼类）。

病毒 仅仅很小的致病剂量就可在活细胞内复制。

波长 一个波峰与邻近波峰之间的距离，用于描述光、电、磁和声音的频率。

X射线 波长短的高能电磁辐射。在医学领域，广泛应用X射线来提供人体内部结构的影像，尤其是骨组织。

感 谢

进化

DK出版社衷心感谢以下各位对本书的帮助：

Jeremy Adams, John Cooper and Gerald Legg at the Booth Museum, Hove; Solene Morris at Down House; Nick Arnold, Ian Bishop, David Carter, Sandra Chapman, Paul Clark, Andy Currant, Paul Hillyard, Jerry Hooker, Robert Kruszynski, David Lewis, Tim Parmenter, Alison Paul, David Reid, Lee Rogers and Sally Young at the Natural History Museum; Denise Blagden; Tom Kemp, Philip Powell, Monica Price and Derek Siveter at the Oxford University Museum; and Jack Challoner, for all their advice and help with the provision of objects for photography; Margaret Brown of the Medical Research Council, Cambridge; Chris Faulkes of the Institute of Zoology, London; and Jim Hamill at the British Museum (Ethnographic), for their help; Sarah Ashun, Jonathan Buckley, Jane Burton, Peter Chadwick, Philip Dowell, Andreas von Einsiedel, Frank Greenaway, Derek Hall, Colin Keates, Dave King, Karl Shone and Jerry Young for photography; Deborah Rhodes for page make-up. DTP Manager Joanna Figg-Latham. Illustrations Stephen Bull and Frazer May. Index Jane Parker.

出版声明：

No animal has been injured or harmed in any way during the preparation of this book.

For this edition, the publisher would also like to thank: consultant Kim Bryan for assisting with the updates; Lisa Stock for editorial assistance, David Ekholm-JAlbum, Sunita Gahir, Susan Malyan, Susan St Louis, Lisa Stock and Bulent Yusuf for the clipart; Sue Nicholson and Edward Kinsey for the wallchart; Monica Byles and Stewart J Wild for proofreading.

DK出版社衷心感谢以下各位许可使用他们的图片：

(Key: a-above; b-below/bottom; c-centre; f-far; l-left; r-right; t-top)

Alamy Images: blickwinkel / S. Gerth 303cra; American Philosophical Society, Philadelphia: 19bl. Ancient Art and Architecture Collection: 12br, 20br. Bettmann Archive: 54bl, 61bl. The Bridgeman Art Library: 24bl; British Library: 11bl, 11bc. British Museum: 20bl. Neil Bromhall: 63cr; 63cl. Brown Brothers: 45br. Camera Press: 56bl, 62tr. Bruce Coleman: Stephen Bord 15 tr, 39tl; Pekka Hallor 43br, 47br; Hans Rheinard 57br; Konrad Wothe 51cr. Corbis: Dung Vo Trung / Politika 69bc. DK Images: Chris Faulkes: 63tr. Getty Images: Joseph Van Os / The Image Bank 303bc. Giraudon: 44tl. Michael Holford: 10bc, 34bl. Hulton Deutsche Collection Ltd: 17tr, 17cr, 21cr, 25cl, 32tl, 40bc, 47tr, 58cr. Illustrated London News Picture Library: 34cr. Mansell Collection: 16tl, 18tl, 21tl, 23bl, 24cl, 25cr, 33tr, 37cl, 38tr, 40tl, 45cl, 46cl, 67br. Mary Evans Picture Library: 13bl, 14tl, 17br, 23cl, 29bc, 46-3c, 52cr, 60br, 65bl. Professor Rory Mortimore, University of Brighton: 15cr. MRC Laboratory of Molecular Biology: 57l. Natural History Museum Picture Library: 16cr, 22cr,23tl, 28br, 29tc. N.H.P.A.: 42br; Philippa Scott 43cr, 46bl. Oxford Scientific Films: 39tr, 40cr. Peale Museum, Baltimore: 19cl. Pennsylvania Academy of Fine Arts: 18tr. Planet Earth / Richard Coomber 43cl, 51tr. Ann Ronan at Image Select: 14bl, 54tl. Department of Palaeontology, Royal Belgian Institute of Natural Sciences, Brussels: 23tr. Royal Society: 23ct, 27tl, 31tl. Science Museum Photo Library: 11tr; Jean-Loup Charmet 20tl, 21bl, 33cl; Eric Grave 59cl; NASA 33bc, 50cr, 54c, 54cb, 54br, 56cl, 62tl; Novosti 64bl; David Parker 58tl; Pasieka 74clb; Sinclair Stammers 60cr. St Paul's Girls School: 56tl. By permission of the Syndics of Cambridge University Library: 34cl. Transylvania University Library, Special Collections, Kentucky: 26tl. Werner Foreman Archive: 11tl. Professor H. B. Whittington, University of Cambridge: 50tl, 51tl, 64bl. William Sturgis Bigelow Collection, Museum of Fine Arts, Boston: 10tr. Zefa: 41cl, 53tr, 60tl.

Wallchart

DK Images: Booth Museum of Natural History, Brighton c (all butterflies, except 1st from right, 1st row), clb (grasshopper, stick insects and cockroach); The Home of Charles Darwin, Down House (English Heritage) / Natural History Museum, London cl (telescope and compass); Natural History Museum, London bc (flint hand axe), bl (skulls), br, ftr; Getty Images: fcla.

All other images © Dorling Kindersley
更多信息请见：
www.dkimages.com

发明

DK出版社衷心感谢
以下伦敦科学博物馆工作人员，协助供应物品摄影和检查文本：

Marcus Austin, Peter Bailes, Brian Bowers, Roger Bridgman, Neil Brown, Jane Bywaters, Sue Cackett, Janet Carding, Ann Carter, Jon Darius, Eryl Davies, Sam Evans, Peter Fitzgerald, Jane Insley, Stephen Johnston, Ghislaine Lawrence, Peter Mann, Mick Marr, Kate Morris, Susan Mossman, Andrew Nahum, Cathy Needham, Francesca Riccini, Derek Robinson, Peter Stephens, Frazer Swift, Peter Tomlinson, John Underwood, Denys Vaughan, Tony Vincent, John Ward, Anthony Wilson, David Woodcock, Michael Wright.

Retouching: Roy Flooks
Index: Jane Parker
Picture credits
t=顶, b=底, m=中, l=左, r=右

Ann Ronan Picture Library: 81tl, 93br, 93bm, 99br, 102tl, 102mr, 108tl, 108tr, 109tl, 120br;
Bridgeman Art Library: 75, 82bm, 83bl; /Russian Museum, Leningrad 85 mr, 86tr; /Giraudon /Musée des Beaux Arts, Vincennes 94bl, 50mr;
E.T. Archive: 90tr;
Vivien Fifield: 96m, 112ml, 112m, 112bl;
Getty Images: Bruce Forster 304bl;
Michael Holford: 80ml, 82,lm, 82bl;
Hulton-Deutsch: 105tr;
Mary Evans Picture Library: 74m, 76ml, 76tr, 78, 83mr, 83br, 84tr, 85mr, 87tr, 88tr, 89tr, 92br, 94br, 95mr, 100bl, 103m, 104tl, 104mr, 105tm, 106bl, 106ml, 107tr, 107m, 109tr, 114br, 117mr, 118tl, 118bl, 119ml;
Mentorn Barraclough Carey Productions Ltd: 69br Copyright © 2002 Robot Wars LLC/Robot Wars Ltd. Trademarks: Robot Wars and the Robot Wars logo are trademarks of Robot Wars LLC. Sir Killalot, Shunt, Matilda, Sgt Bash, Dead Metal, Mr Psycho, Growler and Refbot are trademarks and designs of the BBC in the UK and are used under licence. Sir Killalot, Shunt, Matilda, Sgt Bash, Dead Metal, Mr Psycho, Growler and Refbot are trademarks of Robot Wars LLC in the world excluding the UK. The Robot Wars television series is produced by Mentorn in association with Robot Wars Ltd for BBC Television in the UK and for broadcasters worldwide;
National Motor Museum, Beaulieu: 113tr;
Science Museum, London: 304tl, 305b;
Science & Society Picture Library: 127m, 127bl, 127bm;
Syndication International: 76tl, 77m, 87tl, 90mr, 92tl, 92mr, 98tl, 99tl, 100tr, 110br, 114br, 116b, 116tr, 120tr, 122bm, 123br; /Bayerische Staatsbibliotek, Munich 88cl; /City of Bristol Museum and Art Gallery 117br; /British Museum 77tm, 88bl, 123tr; /Library of Congress 101tl; /Smithsonian Institution, Washington DC 122br;

除了以上列表中提到，以及第72-73，125和134～305页中的图片之外，本书剩下所有图片均来自合作单位——伦敦科学博物馆。

飞行器

DK出版社衷心感谢以下各位对本书的帮助：

Aeromega Helicopters, Stapleford,
England: pp. 174-175, 176-177
Airship Industries, London: pp. 180-181; and especially Paul
Davie and Sam Ellery
Bristol Old Vic Theatre, Bristol,
England, for studio space: pp. 178-179, 184-185, 186-187;
and especially Stephen Rebbeck British Aerospace, Hatfield:
pp. 158-159, 168-169 Cameron Balloons, Bristol, England:
pp. 178-179; and especially Alan Noble
Musée des Ballons, Forbes' Chateau de Balleroy, Calvados,
France: pp. 132-133
Noble Hardman Aviation, Crickhowell, Wales: pp. 150-151
Penny and Giles, Christchurch, England: p. 171 (flight data
recorder)
RAF Museum, Hendon, London: pp. 140-141, 147, 148, 153,
162-163, 172-173, 176-177; and especially
Mike Tagg
SkySport Engineering, Sandy, Bedford,
England: pp. 142-143, 144-145; and especially Tim Moore
and all the team at SkySport
Rolls-Royce, Derby, England, pp. 160-161

Solar Wings Limited, Marlborough, England:
pp. 184-185, 186-187; and especially John Fack
The Hayward Gallery, London, and Tetra Associates: pp. 130-
131
The London Gliding Club, Dunstable, England: pp. 183-183;
and especial thanks to Jack Butler
The Science Museum, London: pp. 134-135, 136-137, 149,
152-153, 154-155, 163, 164, 170-171; and especially Peter
Fitzgerald
The Science Museum, Wroughton, England: pp. 156-157; and
especially Arthur Horsman and Ross Sharp
The Shuttleworth Collection, Old Warden Aerodrome,
Bedford, England: pp. 138-139, 146, 162, 164-165, 166-167;
and especially Peter Symes

John Bagley of the Science Museum for his help with the text
Lester Cheeseman for his desktop publishing expertise
The publisher would also like to thank Ian Graham for his
assistance on the paperback edition.

DK出版社衷心感谢以下各位许可使用他们的图片：
a = above, c=centre, b = below, l=left, r=right, t=top

Airship Industries: 181br
Austin J. Brown: 151tr; 159tr; 160tr; 179cl.

BAA Picture Library/In-Press Photography: British
Aerospace:
159br, cr. Corbis: Galen Rowell 306tr; Karl Weatherly 306tl;
Harmon: 177br. Hulton Picture Library: 133tc, br; 172tl;
176tr. Jerry Young: 179bl. Mary Evans
Picture Library: 130tc, bl; 132bl; 135tr, br; 138lc; 139 rc;
144tl; 145br; 150tl; 156tl; 157br; 163br; 172lc; 176tl; 177tl;
180tl. Michael Holford: 134tc. Hulton Archive/Getty Images:
Popperfoto: 163tr. Quadrant: 173bc. Retrograph Archive:
185c. Rex Features: 306-307; Dennis Stone 307br; Mega
306bl. Robert Hunt Library: 142bl. Solar Wings: 184bl,
186bl. The Science Museum, London: 134bl; 136bc; 137br.
Jonathan Wolfe/Skydyes: Zefa: 161br; 184tr, br.

Illustration by: Mick Loates, Peter Bull
Picture research by: Suzanne Williams

所有其他图片版权 © Dorling Kindersley.
更多信息请登录：
www.dkimages.com

未来

DK出版社衷心感谢以下各位对本书的帮助：

Professor Kevin Warwick, Michael Hilton, Darren Wenn, and
Dr. David Keating of the Department of Cybernetics,
University of Reading (pp. 228–231); Alistair Florence, Carol
Highmoor, Paul Fleming and Darren Cockle of Lotus Cars
(pp. 238–239); Gary Dalton, Andrew Gower, Paul Murray of
BT Laboratories; Tom Fuke of SiliconGraphics Computer
Systems, Reading, CADCentre, Cambridge (pp. 232–233);
Nicholas C. Thompson, Cole Thompson Associates,
Architects, Project Director INTEGER Intelligent & Green
Housing Project (pp. 204–205); Brian Bloor, Ian Holden, and
Tony Davison of IBM United Kingdom Limited; Neil
Johannessen, curator of the British Telecom Museum,
London; Veneta Paul of the Science Museum, London; Rosie
Hayes of the Oxford Institute of Virology and Environmental
Biology; Nathan Powell of the Meteorological Office;
Millennium Tower Architectural Model (pp. 206–207)
designed by Foster Partners for the Obayashi Corporation;
SegaWorld; Gerald Armin; Gary Ombler.

Editorial and research assistance: Sue Nicholson, Katie
Martin, Joanne Matthews, Robert Graham.
Design assistance: Dave Ball, Catherine Goldsmith.
DTP assistance: Andy Hilliard.
Special photography: Steve Gorton, Dave King.
Additional photography: Jane Burton, Andy Crawford, Philip
Dowell, Philip Garward, Dave King, Ian O'Leary, Tim
Ridley, Jane Stockman, Clive Streeter.
Illustrators: Joanne Connor, Nicholas Hill.
Index: Marion Dent

DK出版社衷心感谢以下各位许可使用他们的图片：
(a=above, b=below,
c-center, l=left, r=right, t=top)

AKG, London: Archaeological Museum, Florence 220tr;
Alamy Images: Apple/D. Hurst 236cr; Sony/Hugh Threlfall
237br; Apex Photo Agency: Arcaid: Neil Troiano 206-207c;
Associated Press: Technos Japan 217c; BFI London Imax
Cinema: Chas. A. Blatchford & Sons Ltd.: 225bra;
Blaupunkt: 209c; Bridgeman Art Library, London/New York:
Staatliche Museen, Berlin 192bc; ©British Library Board:
233cr; Reproduced with permission of Applied Research and
Technology Department, BT Labs: 188tc, tr, 190tl, bl, 212-
213, br; la Cité des Sciences, Paris: Casio UK Ltd.: 237tr;
"Coca-Cola, "Coke," and the Dynamic Ribbon device are
registered trademarks of The Coca-Cola Company and are
reproduced with kind permission from The Coca-Cola
Company: 201c; Corbis: Roger Ressmeyer 195tc, 233tr;
Michael S. Yamashita 211ca, 255cl; Corbis-Bettmann: 192tl,
196tl, 218cl; Corbis-Bettmann/UPI: 232tl, 236cla; Corbis
Sygma: Daimler Benz: 188bl, 210cl, b; Diners' Club: 10tc;
Energy Research and Generation, Inc.: 239tr; Ecoscene: John
Farhar 196cr; ESA: 243bl; Mary Evans Picture Library:
192cb, cra, 206bl, 210tl, 226bl, 229cl, 241br, 243cla,
Sigmund Freud Copyrights 216tr; John Frost Newspapers:
Evening Standard/Solo: Ken Towner 224cr; Futuroscope,
France: Future Systems, London: 188c, 203b; Pascal
Goetgheluck: 242b; The Ronald Grant Archive: The Fifth
Element (1997) Guild 211crb, 1984 (1956) Associated British
Pathé 198tr, Star Trek: Next Generation (TV) Paramount
Television 224b, 2001, A Space Odessey (1969) MGM 228tl;
Robert Harding Picture Library: Charlie Westerman 239tc;
Honda (UK): 202cb; Hulton Getty: 192tr, cr, 193cb, crb,
194tl; The Hutchison Library: Bernard Régent 200–201b,
Liba Taylor 201tl; The Image Bank/Archive Photos: 242c,
Scott Sutton 232cl; Ann Ronan at Image Select: 216tl; IBM:
195tr, 242cl; Courtesy of JVC: 237tl; Courtesy of the Kobal
Collection: Robocop Orion Pictures (1987) 224cr; Lotus

Cars: 238b; The Met. Office: 199tr; Courtesy of Motorola:
237tr; The Movie Store Collection: Batman Forever Warner
Bros. (1995) 217tr; The Time Machine MGM/Galaxy (1960)
241tl; NASA: 194cr, 222tl, 234cb, 241tr; National Motor
Museum, Beaulieu: 203tl; Natural History Photographic
Agency: GI Bernard 220-221b, Daniel Heuclin 220cr;
Courtesy of Olympus: 237cl; The Robert Opie Collection:
193tc; Pepsi IMAX Theatre: 233tl; "Vision of the future"
images supplied by Philips Electronics: 214cl, bl, c, bc, br,
215, 243tl; Popperfoto: Quadrant Picture Library: Flight/
Wagner 211cl; Research in Morion Limited: 236bc; Rex
Features: 194clb, 202cr, 208bl, tl, 210cr, 211bl, 226br, 227br,
239cl, Neil Stevenson 195crb, Greg Williams 197c, ca,
225br; Roslin Institute, Roslin: 221ca; SanDisk Corporation:
236br; Science Photo Library: 221br, Julian Baum 222cl,
240cl, 241cr, John Bavosi 218tr, A Barrington Brown 194cb,
J. Bernholc et al North Carolina State University 189c, 238tl,
308cl, Dale Boyer 196bl, Jean-Loup Charmet 192bl, Custom
Medical Stock Photo 218bc, Earth Satellite Corporation
199tl, ESA/PLI 196-197b, Ken Eward 219tl, Simon Fraser
221cr, Simon Fraser/RVI Newcastle-upon-Tyne 220cb, GE
Astro Space 196cr, Guntram Gerst, Peter Arnold Inc. 196br,
308cb, GJLP-CNRI 217br, Klaus Guldbrandsen 224bra,
233br, Victor Habbick Visions 240-241c, David Hall 202cl,
David Hardy 240bl,W Haxby, Lamont Doherty Earth
Obsersavatory 235tr, James Holmes 216-217b, Ducros
Jerrican 197bl, 209cl, Mura Jerrican 227bl, James King-
Holmes 225tr, Mehau Kulyk 218cr, br, Lawrence Livermore
National Laboratory: 239b, Massonnet et al/CNES 235tl,
John Mead 202bl, Peter Menzel 227cl, Hank Morgan 217tc,
228cb, 229tl, 231cl, c, Nelson Morris 236tl, NASA 195cra,
198bl, 211t, tl, 227tl, NASA Goddard Institute for Space
Studies 199cra,
NASA/Space Telescope Science Institute
234bl, NCSA/University of Illinois 196cl, NOAA 199tc,

313

David Parker 242cr, Philippe Plailly 216bl, Philippe Plailly/ Eurelios 221tr, Catherine Pouedras/MNHN/Eurelios 224c, Rosenfeld Images Ltd. 221cr, Volker Steger, Peter Arnold Inc. 224tl, James Stevenson 225tc, Weiss, Jerrican 197tr, US Department of Energy 226l, Erik Viktor 219cl; Science Museum, London: 193cr; Science Museum/Science & Society Picture Library: 196-197b, 190r, 203tc, tr, 206-207t, 225l, 238cl, cra, 238-239t; Shimuzu Corporation, Space Systems Division, Tokyo: 206bl; Siliconographics, Reading: 308-309bkg; Sony Ericsson: 237c; Frank Spooner Pictures/Gamma: Nicolas Le Corre 234br, 235bl, Alexis Duclos 200cl, Kaku Kurita 207b, 227tc, tr, Pascal Maitre 201tr, Gamma Liaison: Steven Burr Williams/

simulation display courtesy of Massachusetts Institute of Technology/digital composition by Slim Films 209b; Stone / Getty Images: Paul Chesley 206br, 209c, Ross Harrison Koty 235c, Don Lowe 201cl, Andy Sacks 222bl; Sygma: AH Bingen 235br, Hank Morgan 228cb, 229tl, A Nogues 200tl, Ilkka Uimonen 228cb, I Wyman 187clb; Tate Gallery Publications: The Reckless Sleeper (1927) Rene Magritte © ADAGP, Paris and DACS, London 1998 216c Telegraph Colour Library / Getty Images: 200cr, 206bc, 209tr, 218bl, 242tr,m, Dia Max 309cr, Paul Windsor 239cr; Vintage Magazine Company: 197tl, 202tl, 208tl, cl, 214tl, 234tl, 240tl, 242tl; Volvo Car Corporation: 234c, cr.

Jacket credits:
Front: Jose Fuste Raga/Corbis, b; Daimler-Benz, cl; J Bernholc et al, North Carolina State; University/Science Photo Library, tcl; NOAA/Science Photo Library, tcr; Cole Thompson Associates/Architects, Project Director INTEGER Intelligent & Green Housing Project, tr.
Back: Future System, br; Science Photo Library: CNRI, tl; Ken Eward, bl.
All other images © Dorling Kindersley.
更多信息请见：
www.dkimages.com

伟大的科学家

DK出版社衷心感谢以下各位对本书的帮助：
Hilary Bird for the index; Dawn Bates for proofreading; Claire Bowers, David Ekholm-JAlbum, Sunita Gahir, Marie Greenwood, Joanne Little, Susan St Louis, Steve Setford, and Bulent Yusef for help with the clip art; David Ball, Kathy Fahey, Neville Graham, Rose Horridge, Joanne Little, and Sue Nicholson for the wallchart.

DK出版社衷心感谢以下各位许可使用他们的图片：
(Key: a-above; b-below/bottom; c-centre; f-far; l-left; r-right; t-top)

akg-images: 260cl, 264bl, 286cl, 290tc; Bibliothèque Nationale252tl; Bibliothèque Nationale / VISIOARS 248c; Erich Lessing 254tl; Gerhard Ruf 252tr; Schütze / Rodemann252clb; Alamy Images: archivberlin Fotoagentur GmbH 249cr; Sandra Baker 264-265bc; Scott Camazine 277cl, 284-285b; Nick Cobbling 300cl; Dennis Cox 248bc; Mary Evans Picture Library 239, 245br, 262tl, 272tl, 274bl, 280c, 280tl, 281tl; eye35.com 253br; David R. Frazier Photolibrary, Inc. 294bl; Stephen Harrison 264-265tc (Lightning); ImageState 298bl; INTERFOTO Pressebildagentur 271cr; Martin Jenkinson 45br; kolvenbach 311br; Steve Mansfield-Devine 295bl; North Wind Picture Archives 275tr; PCL 244c; Popperfoto 270tl, 281cr; The Print Collector 245c, 247tl, 251cr, 279tr; QCumber 276cl; Ruby 299tl; Trip 250tl; Visual Arts Libary (London) 256tr; Visual Arts Library (London) 244tl, 244br, 246tl, 250bc, 256tl, 257tr, 259b, 2261br, 261br, 264tr, 265tc, 267tr, 268tl, 276tl; The Art Archive: 292tc; Musée des Beaux Arts Grenoble / Dagli Orti 262ca; Musée du Louvre Paris / Dagli Orti 13br; Private Collection / Marc Charmet 263tc; University Library Istanbul / Dagli Orti 250br; The Bridgeman Art

Library: 277bl; British Museum, London 273cr; Down House, Kent 271br; Institut de Radium, Paris / Archives Charmet 281tr; Louvre, Paris, France / Peter Willi 255tr; Musée Conde, Chantilly, France/ Lauros / Giraudon 253c; Musée Pasteur, Institut Pasteur, Paris / Archives Charmet 277tc; Private Collection 247c, 266c; Private Collection / The Stapleton Collection 297c; Private Collection, ? Agnew's, London 28tr; Private Collection/ Philip Mould, Historical Portraits Ltd, London 260tl; Warner Fabrics plc., Braintree, Essex 297clb; ? CERN, Geneva: Corbis: 265br, 275l, 293tc; Theo Allofs / Zefa 300tr; Archivo Iconografico, S.A. 247bl, 253tr; Lester V. Bergman 276clb; Bettmann 246c, 269tl, 282tl, 284tr, 285cr, 287tr, 293cla; epa 285cra; Shelley Gazin 298tl; Historical Picture Archive 274tl; Hulton-Deutsch Collection 281br, 282c; Matthias Kulka 301tr; Danny Lehman 298br; William Perlman / Star Ledger 271ca; Louie Psihoyos 293bl; Steve Raymer 278br; Roger Ressmeyer 288bc; Visuals Unlimited 297tc; DK Images: Tina Chambers / Courtesy of the National Maritime Museum, London 260br; Andy Crawford / Courtesy of David Ward 278crb; Andy Crawford / Courtesy of the Royal Museum of Scotland, Edinburgh 240bl, 260cr; Andy Crawford / Courtesy of the Royal Tyrrell Museum of Palaeontology, Alberta, Canada 311tl; Andy Crawford / Geoff Dann / Courtesy of the Imperial War Museum, London 292-293c; Geoff Dann / Courtesy of The Science Museum, London 295cla; Courtesy of Darwin Collection, The Home of Charles Darwin, Down House (English Heritage) 270cb; David Exton / The Science Museum, London 257crb; Neil Fletcher / Oxford University Museum of Natural History 268cra; Nelson Hancock / Rough Guides 275bl; Colin Keates / Courtesy of the Natural History Museum, London 262b (Carbon), 296c (Rose Quartz); Alan Keohane / Courtesy of the Arizona Mining and Mineral Museum, Phoenix 296c

(Azurite & Malachite); Dave King / Courtesy of Down House / Natural History Museum, London 240br, 270ca, 270cr, 270c, 271bl, 271bc; Dave King / Courtesy of the Booth Museum of Natural History, Brighton 242cl, 269tr; Dave King / Courtesy of the Science Museum, London 241bc, 254bc, 258br, 269cla, 261t, 261cl, 272ca, 275cl, 275c; John Lepine / The Science Museum, London 248tl, 248–249c, 249ca; Andrew Leyerle / ; NASA 249t, 285tl; NASA / Finley Holiday Films 255br; Courtesy of the National Maritime Museum, London 286bc; Courtesy of the Natural History Museum, London 267br; Andrew Nelmerm / Courtesy of the Royal British Columbia Museum, Victoria, Canada 269bl; Liberto Perugi / Courtesy of the Museum of Natural History of the University of Florence, Zoology section 'La Specola' 256br; The Science Museum, London 240tl, 272–273bc; James Stevenson / Courtesy of the National Maritime Museum, London 267tl; Clive Streeter / Courtesy of The Science Museum, London 242tr, 247tr, 255tl, 259cra, 260bl, 262cb, 263clb, 264cr, 264br, 265tr, 274cl, 274br, 279tl, 280crb, 283cr; Clive Streeter / Peter Griffiths - Modelmaker 289br; Harry Taylor / Courtesy of the Natural History Museum, London 268cb, 269bc, 279cl; Francesca Yorke / Courtesy of the Bradbury Science Museum, Los Alamos 285bc; European Space Agency: R. Gendler 288–289c; Flickr. com: 264c; Rob Francis: 269br; Getty Images: Alfred Eisenstaedt / Time Life Pictures 294clb; J.R. Eyerman / Time Life Pictures 288c; Hulton Archive 293cra; Imagno 286ca; Donald Uhrbrock / Time Life Pictures 294cla; NASA: The Hubble Heritage Team (AURA / STScI) 289ftl; NSSDC 295c; The Natural History Museum, London: 258tl, 266–267c, 271tl; NOAO/AURA/NSF: 289tl, 289tc; Nobel Foundation: Science & Society Picture Library: 255cla, 259c, 259ca, 263cra, 272cb, 273tl, 273tr, 273cb, 284c, 293c, 295tl, 296bl,

296–297c; Bletchley Park Trust 292c; NMPFT Associated Press 284bl; NMPFT Daily Herald Archive 58tl; Science Museum Archive 40tl; Science Photo Library: 20cl, 35br, 53cr, 58clb; A. Barrington Brown 290cl; Harvard College Observatory 288clb; Anthony Howarth 294c; Peter Menzel 291bc; NASA 295tc, 295tr; C. Powell, P. Fowler & D. Perkins 281bl; Space Island Group: 300bl; Still Pictures: PHONE Labat Jean-Michel 245tr; The Wellcome Institute Library, London: 277br, 280bc; Wikipedia, The Free Encyclopedia: 258bl.

Wallchart

akg-images: Erich Lessing (Galileo). Alamy Images: Mary Evans Picture Library (Babbage) (X-Ray); Mary Evans Picture Library (Curie); North Wind Picture Archives (Edison); Popperfoto (Darwin); Visual Arts Library (London) (Aristotle) (Harvey) (Pasteur). The Bridgeman Art Library: Musée Pasteur, Institute Pasteur, Paris / Archives Charmet (Pasteur Miscoscope); Private Collection / Philip Mould, Historical Portraits Ltd, London (Newton). Corbis: (Kinetograph); Bettmann (Einstein); Historical Picture Archive (Faraday). DK Images: Courtesy of Down House / Natural History Museum, London (Darwin Notebook) (Darwin Beetles); Courtesy of The Science Museum, London (Telescope) (Edison Lamp) (Prism) (Zhang Heng) (Seismoscope) (Babbage Engine) (Faraday Experiment) (Periodic Table). European Space Agency: R. Gendler (Andromeda). Getty Images: Time Life Pictures / J.R. Eyerman (Hubble). Science Photo Library: A. Barrington Brown (Crick & Watson). Science & Society Picture Library: NMPFT Associated Press (Blackboard); Science Museum Archive (Mendeleyev).

All other images © Dorling Kindersley. 更多信息请见：www.dkimages.com

绿色印刷　保护环境　爱护健康